御家騒動の展開

吉永　昭

清文堂

はじめに―本書の目的とその内容について―

本書では、前著「御家騒動の研究」(二〇〇八年九月刊、九二六頁、清文堂出版)の刊行に続き、やはり江戸時代に起こった諸藩における御家騒動に対する継続した検討をさらに試みることにしたいと思う。それも今回は特に御家騒動の舞台となったそれぞれの藩における家臣団の形成と御家騒動との関係如何を中心に、騒動の内容の具体的な検討を試みることにしたいと思う。

いうまでもなく御家騒動とは、それぞれの藩において形成された家臣団を舞台に展開されることになった。たとえば、家臣団を構成する家臣ら相互間における利害の対立が理由となってそれが御家騒動にまでも発展する場合や、藩主の家督相続をめぐっての家臣ら相互間における意見の対立などが発展しては御家騒動になる場合など、そこでの原因や形態などはさまざまであったと考えられる。

既に前著では一応、御家騒動の形態如何を第一には、藩政の確立をめぐっての家臣ら相互間における意見の対立が御家騒動にまでも発展した場合や、第二には本藩と支藩との対立・抗争が激化しては騒動にまでも発展した場合、第三には農民闘争の激化とそれに対する対応如何での家臣らによる意見が対立してはそれが御家騒動にまでも発展した場合、第四には家臣らと藩主とが対立してはそれが「藩主押し込め」といった形での御家騒動にまでも発展した場合、第五には家中ら相互間における対立・抗争が御家騒動にまでも発展した場合、第六には藩主の家督相続をめぐっての家臣らの争いが御家騒動にまで発展した場合、第七には政治経済路線の実施如何をめぐっての家臣らの意見の対立などが御家騒動にまでも発展した場合、第八には転封をめぐっての家臣らの間における意見の対立と抗争とが御家騒動にまでも発展した場合、そして第九にはこれまで埋もれていた御家騒動の発掘といった形などに分類することが出来るのではないかとも考えられる。(1) いずれにしても、それぞれの騒動がその藩における家臣団の形成と発展の過程で起こるとすれば、それぞれの藩における家臣団の在り方如何の問題を全く無視しては、御家騒動の研究は一歩も前にすすむことが出来ないのではないかとも考えられる。そこで今回は、前回の各藩における御家騒動の内容についての具体的な検討に続いて、特に、そこでの騒動の舞台となった家臣団の形成とそれの実態如何をも出来るだけ具体的に検討の対象にすることにしたいと思う。また、この家臣団の形成如何を十分に踏まえた上でのそこで起こった御家騒動の実態如何を特に検討の対象にすることにしたいと思う。

しかし、家臣団の成立・展開をも踏まえての御家騒動の実態の解明を試みる場合、そこでの家臣団関係の資料の有無如何が騒動の解明にとっては不可欠だとも考えられる。けれども、この時代における家臣団研究の対象となるべき資料はやはり極めて限られている場合が多く、今回は出来るだけ関係資料の発掘にも努力することにした。しかし、まだまだ充分だとは言えない段階にあるかとも考えられる。今回の作業をひとつの機会として、これからも騒動関係資料の発掘とともに、騒動の舞台となったそれぞれの藩における家臣団の実態の解明とがともにすすめられることをも強く期待したいと思う。

ところで、今回の御家騒動に対する検討では、騒動の舞台またはその母体となる家臣団の発展と展開の具体的な検討を試みる対象としては、北陸地方における六八万石の大藩でもある福井藩の場合と越後高田藩二五万石の場合とを特にその対象にすることにしたいと思う。

まずはこの福井藩の場合は、藩創設期の慶長・元和期には越前藩と呼ばれていた。そこで第Ⅰ編としては越前藩の時代における家臣団の形成とそこで起こった御家騒動、具体的には慶長一七年に起こった久世《くぜ》または越前騒動と呼ばれている騒動と、次には著名な二代藩主松平忠直に対する配流一件（騒動）についての検討をまずは最初に試みることにしたいと思う。

次に第Ⅱ編としては、この越前藩では藩主忠直自身が豊後国に流されたために、その跡をかれの伜であった光長が継ぐことになった。しかし、かれが幼少のために江戸で養育されるといった事情などもあってか、かれに代わっては配流された忠直の弟でもあり、当時、越後高田藩二五万石の藩主でもあった松平忠昌が、藩主光長に代わっては新しくそこでの所持石高を倍増されては越前藩への転封を命ぜられ、かれはこれを機会にこれまでの城下町北《きたの》庄《しょう》を福井または福居と改めては新しく入封することになった。また、これを機会に新しく四代藩主忠昌による家臣団の形成と新しい福井藩における藩政とが開始されることになった。

ところが、かれの跡を継いだ五代藩主光通《みつみち》の時代になると、かれは一方では藩政の改革に取り組んだものの、また、城下における寛文の大火災で福井城の本丸までが、また、重臣たちの屋敷の大半までが焼失するといった災害に見舞われ、さらにはかれ自身をめぐっての家督相続問題が起こり、そのためにかれはその心労も重なっては、遂にはかれ自身が自殺に追い込まれてしまった。また、その後は後述もするように、藩主光通の遺言もあってか、六代藩主にはかれの義弟にあたる昌親が一旦は藩主に就任はしたものの、かれは僅か二年余りでその地位を退き、改めてかれの庶兄にあたる昌勝の嫡子である若い綱昌が相続することになった。しかし、かれはその後における藩政の行き詰まりなどもあってか、「失心」（精神病か）に追い込まれ、当時にあっては藩主の失心はその藩の改易にも結果するとあっては、この藩は改易の危機に直面することになったのである。事実、この藩は貞享三年に起こったいわゆる「貞享の大法」〈半知〉の実施によって一旦は改易を命ぜられ、その直後にこの藩が徳川の親藩だといったその筋目を尊重した公儀による扱いもあってか、領知高を半減されては二五万石の大名として再出発することになったのである。

とすれば、この間に至るまでの家臣団の混乱と分裂とは、さらには、かれらをも含めて城下におけるさまざまな人々らの、また、領民らの、不安と動揺とは、恐らくはその極限状態にまでも達していたのではないかとも考えられる。

以上の経緯を考えると、この福井藩における特に「貞享の大法」に至るまでの藩政の混乱と動揺は、また、そこでの推移如何とは、御家騒動研究の立場からもまた見逃すことの出来ない重要な検討課題ではないかとも考えられる。そこで越前藩における騒動に続いてその後の福井藩における家臣団の動揺・分裂の過程とを、また、この藩がいわゆる「貞享の大法」を迎えるまでの騒動の推移とを第Ⅱ編として改めて検討の対象にすることにしたいと思う。

そして、最後に第Ⅲ編としては、越前藩の最後の藩主となった三代光長は、幼少のために江戸で養育されていたが、既に指摘もしたように、一族間における藩主交替の結果、かれの叔父である忠昌に代わって、そこでの所持石高を大幅に削減された上で寛永元年には越後高田藩二五万石の藩主になった。ところが、周知のように、この藩はその後に藩政が乱れ、延宝七年からは著名な越後騒動が起こることになった。また、この騒動はその後、長期間にわたって続き、その結果、この藩は親藩ではあったものの、遂に改易を命ぜられることになった。そこで改めてこの越後高田藩における家臣団の形成と越後騒動についての検討を試みることにしたいと思う。同時に、二年半以上の長期にわたって続いた越後騒動の内容の全体像を自分なりに描く努力を試みることにしたいと思う。

〈付記〉　江戸前期、越前松平氏一族の略系図について

取り敢えず最初に、これから検討の対象にする越前松平氏一族の支配下で起こった御家騒動の内容の理解をさらに深めるために、具体的には騒動の中心となった越前藩と福井藩、そして、越後高田藩における藩主たちについての略系図を参考のために紹介すると、以下の通りである。

江戸前期、越前松平一族略系図

主に工藤寛正編「江戸時代全大名家事典」東京堂出版などによる。

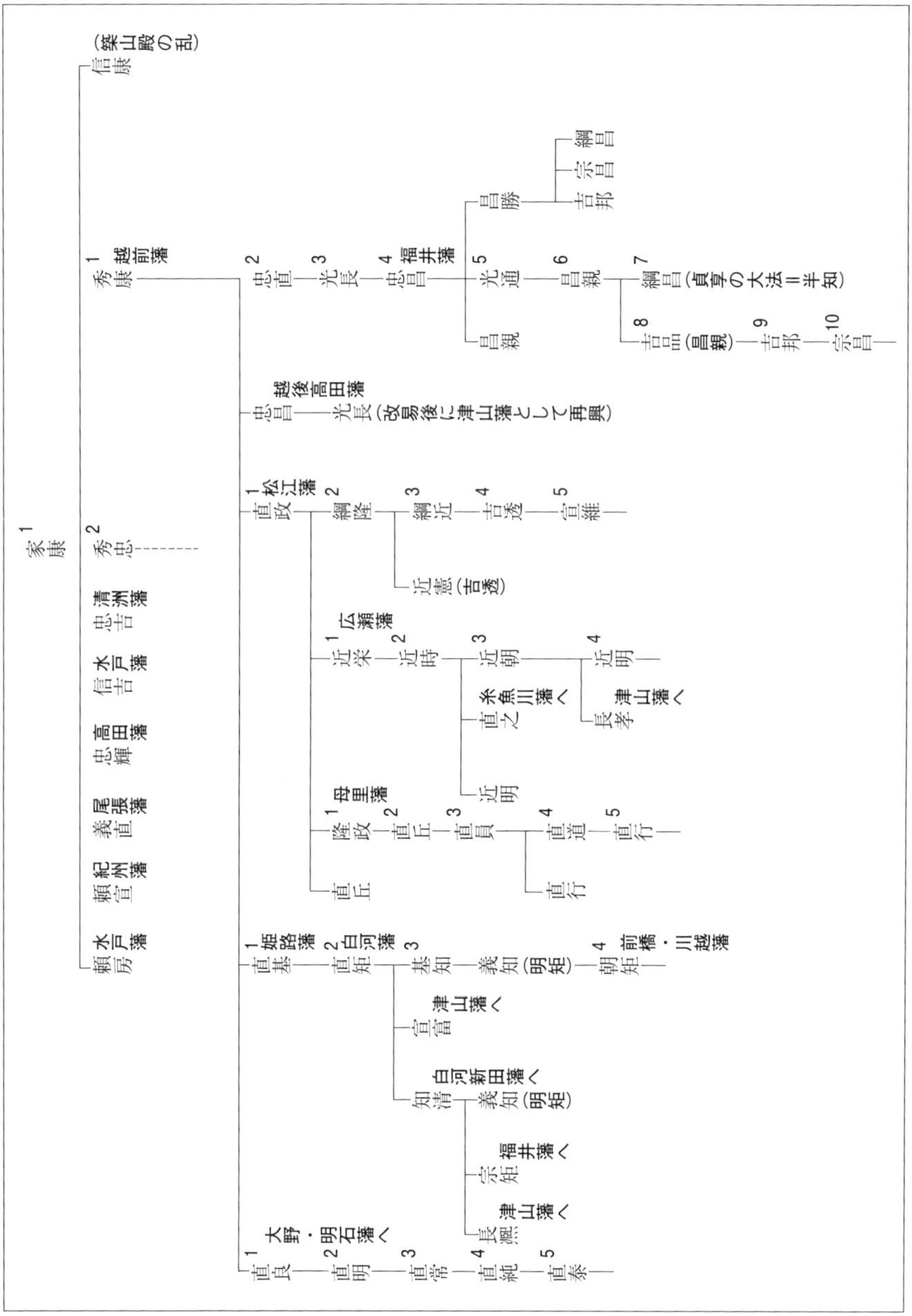

【注】

（1）参考のために前著「御家騒動の研究」（二〇〇八年　清文堂出版）の目次を一応、紹介すると、以下の通りである。

第七章　政治経済路線をめぐる対立・抗争と御家騒動
　第一節　大和国松山藩「宇陀崩れ」について
　第二節　美濃国岩村藩「岩村騒動」について
　第三節　磐城国平藩「松賀騒動」について
　第四節　羽後国秋田藩「佐竹騒動」について
　第五節　日向国佐土原藩「天明騒動」について
第八章　転封をめぐる対立・抗争と御家騒動
　播磨国姫路藩「姫路騒動」について
第九章　埋もれていた御家騒動
　播磨国龍野藩「龍野騒動」について
第十章　家中騒動史年表
　はじめに
　第一節　家中騒動史年表　東北地方
　第二節　同　関東地方
　第三節　同　中部地方
　第四節　同　近畿地方
　第五節　同　中国地方
　第六節　同　四国地方
　第七節　同　九州地方

なお、刊行後、最近に至るまでの管見の範囲内で知ることが出来た騒動関係論文を追加・紹介すると、以下の業績などが注目される。

東北地方では蝦名裕一「盛岡藩における元禄一六年『新法』事件について」(「地方史研究」三四五号)、中部地方では小浜藩「京極家家中騒動」(『小浜市史』通史編上巻』)・内山喜助「牧野秀成の怪死と長岡藩体制の成立」(『長岡地方史』一二号・浦畑奈津子「享保年間富山藩の危機―藩主利興隠居一件と一門親族大名―」(『富山史壇』一六二号)、近畿地方では荒木裕行「天保期水口藩の家中騒動」(『日本歴史』八〇一号)、中国地方では小川国治「徳山藩の内紛と萩藩の対応」(『日本歴史』七三一号、四国地方では木原溥幸「讃岐『生駒騒動』の史料的検討」(徳島文理大比較文化研究所年報」二五)、高野信治「御家物としての鍋島猫騒動」(同氏著『大名の相貌―時代性とイメージ化―』(二〇一四年 清文堂出版)、佐藤宏之「第十章 大名家を継ぐ―松代藩の家中騒動と養子相続―」(『渡辺尚志編『藩地域の構造と変容―信濃国松代藩地域の研究―』岩田書院所収)などがある。

また、小稿第Ⅰ編で具体的に検討を試みる越前藩二代藩主松平忠直の豊後国(大分県)への配流一件(騒動)については、配流後のかれの生活を検討の対象にした入江康太「松平忠直の配流に伴う替地交渉について」(『大分県地方史』二〇四号)・同「松平忠直の居所移転時期についての一考察」(『同』二一〇号)・同「『萩原御姫様』の江戸行―寛永二年の松平忠直の居所と移動―」(『同』二二六号)・同「松平忠直の豊後隠居領と豊後随従家臣について」(『同』二二九号)が既に発表されている事実が注目される。

御家騒動の展開　大目次

御家騒動の展開

中目次——章・節構成——

第Ⅰ編　慶長・元和年間、松平氏支配下の越前藩における家臣団の形成と久世（越前）騒動及び二代藩主松平忠直の配流一件（騒動）について

第Ⅲ編　寛永年間以降、松平氏支配下の越後高田藩における家臣団の形成と延宝七年からの越後騒動の展開について……365

御家騒動の展開　細目次

第四章　再審の開始と第二次処分(改易)の実施について……566

装幀／森本良成

第Ⅰ編

慶長・元和年間、松平氏支配下の越前藩における家臣団の形成と久世（越前）騒動及び二代藩主松平忠直の配流一件（騒動）について

第一章　松平氏越前藩の成立事情について

第1節　藩祖松平秀康の越前国への入封事情について

慶長五年末、開祖松平秀康は父家康から北陸地方における要衝の地である越前藩六八万石の大名に取り立てられ、翌六年には関東結城（現茨城県結城市）から越前国に移り、ここに城下町北庄（後の福井）を中心とした越前藩が新しく成立することになった。また、そこでの家臣団の基礎は、藩祖松平秀康、かれに続く二代藩主忠直の時代に一応、整備されることになったものと考えられる。しかし、それまでの藩祖松平秀康は、天正二年二月に徳川家康の次男として生まれ、同一二年、かれが一〇歳頃には豊臣秀吉の養子（人質）となって親許を離れ、大坂に移り住むことになった。その後、同一八年には秀吉の命で関東の名族であった結城氏の許に養子に出され、秀吉没後の慶長五年に起こった関ヶ原の合戦では、父家康の命で関東にあって上杉氏の進出を阻止するために尽力し、その功績もあって同年一一月には改めて越前藩六八万石の大名に抜擢されることになった。それまでの一〇年余りはかれは城下町結城を中心に、豊臣系大名の一人として一〇万一〇〇〇石余りの領国を既に支配していたと伝えられている。

したがって、かれは越前国に入国するにあたっては、この結城時代にかれが率いていた家臣団とともに入国することになったものと考えられる。けれども、一部の家臣らの中には新しく遠隔の地である越前国に赴任することを嫌い、そのまま結城に留まっては先祖代々の霊を弔うために、帰農した家臣たちがいたことがまた伝えられている。また、藩祖秀康もかれらの願いをそのまま認めたとも伝えられている。(1)

先学の研究によると、(2)当時、藩祖秀康が率いて越前に入国した家臣たちは、第一には、秀康の養子先の主君であった結城晴朝に代々仕えていた譜代の家臣たち、第二に、秀康が新しく結城に入国するそれ以前からかれに仕えていた家臣たちと大きくは二つに分けることが出来るともいわれている。第一の結城家譜代の家臣たちは、結城領での旧来からの土着的家臣らがその中心であり、戦国期における結城氏軍団の基幹を構成していた家臣たちであった。次に、第二の秀康が結城に入国したそれ以前からの家臣たちは、さらにかれが最初に家康の次男として秀吉の許に養子として派遣されたそのときに、父家康から特にかれの付け人として付属させられた徳川譜代の家臣たち、また、養子に入った秀康は秀吉によって当初、河内国で一万石を与えられたが、そのときに養父にあたる秀吉から特に差し添えられた家臣たち(資料では太閤様付人とある)、さらには、秀康がその河内の国で新しく召し抱えた家臣たちとに分けることが出来るともいわれている。そして、これらの家臣たちがこれまでの結城家譜代の家臣たちと並んでともに秀康軍団の基幹を構成していたことが指摘もされているのである。

同時に藩祖秀康が結城に入国したその当初は、かれが支配していた領国の規模は五万石余りであったとも伝えれている。その領国を基盤に、その後における相次ぐ太閤検地の実施、また、かれの支配地がさらに小山領・壬生領・鹿沼領・土浦領などを含めて下野・常陸地方へ拡大された結果、かれは越前入国の当時には一〇万一〇〇〇石余りの大名へと、凡そ最初の二倍近くの規模の大名へと既に成長していたともいわれている。したがって、その間、一〇年余りの間で秀康によって新しく召し抱えられた家臣らが、これまでの家臣団に新しく加わることになったものと考えられる。しかも、かれらの多くは「一旦は家康によって何らかの形で掌握された」、いわば徳川氏の影響

下にあった家臣たちが多かったとも伝えられているのである。(3)

以上の経緯を考えると、越前入国当初における藩祖秀康の率いた家臣団は、極めて複雑な内容の家臣団であったとも考えられる。また、それだけにかれら相互間における勢力争いもまた激しいものがあったとも考えられる。

藩祖秀康は、越前国に入封を命ぜられると、かれの腹心の一人であった本多伊豆守富正や加藤四郎兵衛康寛らの一行を直ちに越前へ向けて出発させている。恐らくその先遣隊の出発にあたっては、藩主秀康の許で新しい越前国を支配するためのさまざまな対応策が既に検討され、それらをも踏まえた上での派遣ではなかったかとも考えられる。

【注】

（1）「結城市史」第5巻近世通史編三三頁。

（2）市村高男「豊臣大名の歴史的位置—結城秀康を中心として—」(「地方史研究」一八一号)参照、なお、同氏には「東国における在地領主の存在形態—鎌倉・南北朝時代の結城氏について—」(「茨城県史研究」第三一号)などがある。

（3）市村高男前掲論文参照。

第2節　家臣らの新規取り立てと補充について

以上のように、関東の結城から新しく越前国に入封した藩祖秀康の率いた家臣団は、そこでの内容が複雑であった。それに加えて秀康は、父家康からこれまでの領知高の七倍近い六八万石の大々名へと一挙に抜擢されたとあっては、そこでの七倍近くに拡大された領知高に見合った大量の家臣たちを急遽、新しく召し抱えなければならなかったものと考えられる(1)。また同時に、かれらを新しく加えた上での家臣団の組織化をすすめなければならなかったものと考えられる(2)。しかもそれは、何時また戦乱が起こるかもしれないといった緊迫した臨戦体制下での、しかも、限られた期間の中で、それらを推進していかなければならなかったものと考えられる。その意味では、かれの直面した事態は極めて厳しいものがあったと考えられる。もちろん、それらに対処するためには、これまでの結城時代における二倍近い領国の拡大に見合った家臣団の整備・拡大のための努力とそこでの経験とが、また、関ヶ原合戦直後における大量の浪人らの発生といった流動化した社会状況とが、ともに生かされることになったものと考えられる。しかし、それにしてもかれの前にはさまざまな困難が、また、いろいろな障害とが、待ち構え、それらの克服とが大きな課題になったものと考えられる。

慶長六年に入封した藩祖秀康は、入国すると同時に、個々の家臣らに対しては、後述もするように、それぞれ宛《あて》行状《がいじょう》を与え、かれらとの間で改めて知行地(給地)を媒介とした主従関係を新しく構築することにしたものと考えられる。しかし、結城からともに移った旧来からの家臣たちに数倍する新しい家臣たちを新規に召し抱えるとあっては、かれらをどういった情報に基づいて、また、どういった人脈を通して、さらには、どういった人々の推薦で、しかも何を根拠にかれらを信用しては採用するのかは、大変、難しい課題であったとも考えられる。しかも、それはまた何時戦乱が起こるかも知れない臨戦体制下で実施しなければならないとあっては、当面した課題は実に大変なものがあったのではないかとも考えられる。

他方、これらと並んでこの藩では、これまでの藩の規模が拡大された結果、採用される家臣らをも受け入れる組織それ自体もまたそれらに平行しながらも模索され、新しく構築していかなければならないとあっては、そこでの難しさは想像以上のものがあったものと考えられる。

この場合、この時期は関ヶ原合戦の直後にあたり、それによって生まれた大量の浪人らの存在が特に注目される。

恐らくはかれらもこの藩における家臣団拡大のための予備軍の有力なひとつになったものと考えられる。しかも、かれらの多くが有力武将らを中心に、その一族郎党らによってなおも結束を固めていたと考えれば、また、本来であれば、そこでの結束を解体させ、そこでの家臣らを藩主直属の家臣団の中に組み込むにしては、また、それを推進するにしては、藩主直属の家臣団それ自体の在り方如何がまだ模索中とあっては、それはすぐには不可能であったものと考えられる。とすれば、取り敢えずの措置として、かれらをこれまでの家臣団とは一応、分離する形で、一方では内外における非常事態の到来に対応しながらも、他方では出来るだけかれらをこれまでの直属家臣団に直接、組み込む努力をもともに重ねながらも、そのまま待機または留保させる方法などが考えられたものと思われる。後述もするように、この藩にあっては藩主直属の家臣ら以外にも、大名分または先手ともいわれた多くの家臣たちが、この時期に作成された分限帳の中には、特に見出し項目もないままに、その冒頭に並ぶことになったのではないかとも考えられるのである。

同時に、藩主自身が支配すべき領域そのものが一挙にこれまでの数倍にも拡大されたと考えれば、また、越前国それ自体が当時にあっては領主不在の国であったと考えれば、そこへの入国にあたっては、領民たちの生活如何も全く分からず、たとえば、領民たちの生活を保証すべく実施されたであろういわゆる太閤検地の実施状況とそこでの領民らの生活如何もまた全く不明のままでの越前国への入封ではなかったかとも考えられる。既に藩祖秀康が越前に入国するそれ以前に、腹心であった付家老本多伊豆守富正らが先遣隊として越前に派遣された事実を既に紹介したが、その派遣には前以て一応、越前国の統治如何のための打ち合わせを踏まえた上での派遣であったとも考えられるが、しかし、それ以上に、現地のおける政治経済事情を確認するために、また、領民らの動向如何をも事前に調査するために、そのための派遣ではなかったかともまた考えられる。現実は藩祖秀康が入国して城下町北庄に本拠地を決めたからといってそれですぐに領国内における治安の維持が、そして、支配の安定とが直ちに保証されるといった現状では到底、なかったものと考えられる。そのためには、まずは藩領域内における重要な政治経済拠点には、まずは藩主の信頼出来る重臣らをそれぞれ配備し、かれらの協力を得ながらも藩祖秀康が全体を統括するといった統治形態の確立がまずは必要ではなかったかとも考えられる。また、家臣らが藩主を中心に団結することによってはじめて領国内における政治的・経済的な安定が、また、治安の安定とが、保証されたのではないかとも考えられる。

事実、藩祖秀康はまずは自分の信頼出来る有力武将らをそれぞれ領内の各重要拠点に配備し、かれらは一方ではそこにおける領民らの協力をも得ながらも、他方では、自己自身が率いたいわゆる陪臣らによる軍事力の強化に努めながらも、領域全体に対する掌握に努めることにしたものと考えられる。そして、それらをも前提にしながらも、藩祖秀康は越前国の全域を自己の支配下におくべく、自己の直属家臣団の育成・強化にもまた努力したものと考えられる。その意味でも、かれに課せられた課題は大変、重いものがあったとも考えられる。

以上、藩祖秀康が関東結城から越前国六八万石へ入封するにあたってのかれの直面した課題を考えてみることにした。特に、この越前地方は戦国の時代から一時期は宗教戦争の舞台ともなり、続いて戦国武将らによる勢力争いの主戦場でもあった。と考えれば、新しく入国してきた藩祖秀康を迎えた領民らの態度はやはり厳しいものがあったと考えられる。そのためには、新しく入国することになった藩祖秀康や腹心の家臣らは、それ相応に毅然とした姿勢で当面した課題にそれぞれが取り組むことが必要不可欠であったものと考えられる。では、新しく発足することになった越前藩における藩政は、また、そこでの家臣団は、どのようにして成立し、その後にどのような展開を遂げたのであろうか。以下、引き続き検討を継続することにしたいと思う。

【注】

（1）たとえば、藩祖秀康の越前国への入封にあたっては「御城下市町之地子米御免被成且百姓之納并村役米等御緩め被成、追々御仁恵之御改革被仰出」(「越前世譜　秀康」)ともある。

(2)　たとえば、秀康が積極的に家臣らを集めた結果、「新参召抱給ふ。武田・北条・上杉・今川始諸家浪人、又者一城之主、戦負浪々之名家相集、世人武士之高野称」と、武士の高野山ともいわれている(「国事叢記」一の二四頁)。

第二章　越前藩における家臣団の形成について

第1節　残された分限帳について

第1項　はじめに―「分限帳」とは―

家臣団の研究にあたっての最も基本的な資料のひとつに残された分限帳がある。分限《ぶげん》といった言葉自体は、その人間の占める社会的身分や地位、財力などを示す言葉として早くから使われていた。(1) しかし、これが江戸時代になって分限帳といった場合、それは大名たちに仕える家臣らの名簿、具体的には、かれらの所持（給地）石高やその名前、あるいは、その格式・役職などをも示した台帳といった意味で使用されるようになったものと考えられる。また、家臣らの特に名簿といった意味でも作成・使用された結果、家臣らの名前を最初からい・ろ・はの順に分類したものまでが作成されるようになった。

越前及び福井藩の場合、この分限帳は一般には給帳と呼ばれ、主に藩主が家臣らに与えていた知行高の明細を書上げた名簿または帳簿の意味で使われている。また、この藩では、後で紹介もするように、特定の重臣らが自分の抱えていた陪臣らをも支配する場合にも、その名簿といった意味でも作成され、利用もされている(2)。さらに、隣の加賀藩では侍帳ともいわれている(3)。同時に、この帳面には、藩主が家臣らに与えた給知高とともに、その家臣らの所属する組織や役職名などがともに注記されている場合も多くみられ、個々の家臣たちが当時、藩主からどの程度の処遇を受け、どういった組織に所属していたのか、また、どういった役目を果たしていたのかなどをも探ることも出来るために、家臣団の研究にあたっては不可欠の資料として注目もされている。同時に、時代の推移とともに、家臣団それ自体の組織や内容・性格もまた変化し、それに伴ってまた分限帳もその形式・内容などが変化していることも見逃せない。たとえば、この藩の場合、慶長・元和期における江戸初期における分限帳といえば、既に家臣団の中でもいわゆる知行取りの家臣(給人)らのみに限定された分限帳だけしか残念ながら残されていなかったが、しかし、時代の発展とともに組織の細分化などもすすみ、その結果、切米・扶持米取りの家臣らだけを特に対象にした分限帳や、知行取りの家臣らと切米・扶持米取りの家臣らとが入り交じった分限帳やいわゆる多数の足軽・小者などをもともに含む分限帳などが作成されるようになるなど、その形態・内容などにもかなりの変化がみられるようになった。

以下、小稿では、その検討の対象を一応、江戸時代前期、特に慶長・元和期における家臣団の在り方如何に限定することにした。しかし、時代を遡り、特に慶長・元和の藩政創設期に近くなればなる程、残された分限帳は極めて乏しく、また、残されてはいてもその殆どは原本ではなく、写本または転写本であったと考えられる。また、この江戸初期には諸大名らをも含めて徳川政権それ自体の構築とそれの安定化にはやはり一定の時間が必要であったと考えられる。その間には政情不安が続き、大名相互間や家臣ら相互間における対立・抗争とが、さらには大名や家臣らの淘汰も行われた結果、藩政が混乱し、その混乱の結果が分限帳の作成にまでも影響されて「分限帳には後世の偽物が多い」といった評価すらも生まれるようになった(4)。けれども、江戸初期における家臣団の研究をすすめる場合も、やはり分限帳の存在を無視しては研究が一歩も前にすすまないのもまた事実だと考えられる。

第2項　残された「分限帳」について

そこで、これから検討の対象にする越前藩の場合、分限帳が比較的よくまとまって残されている事実がまずは注目される。特に初代藩主秀康時代の分限帳をはじめとして江戸時代前期における藩政を担っていた各藩主の時代のものが、その内容にはいろいろと問題があるとしても、一応、揃って残されている。また、その中での主要ないくつかは既に先学らの努力によって翻刻されていることも見逃せない。

そこで、藩の創設期にあたる慶長・元和期以降、その中でこの藩にとっては未曾有の大事件ともいわれている「貞享の大法」(半知)の実施をもともに含めて元禄・宝永、正徳・享保期頃までをもその視野に入れて、この時期に至るまでの残されたすべての分限帳を最初に整理して示すことにした。また、その整理にあたっては藩政の推移を藩祖初代藩主松平秀康と二代藩主忠直(それにごくごく短いものの、三代藩主光長をもともに含む)を中心とした越前藩の時代(第一期)、次に一族間における藩主交替の結果、新しく越後高田藩主から越前国に改めて入国し、これまでの城下町である北庄を改めて福居または福井とした四代藩主忠昌以降、かれに続く五代藩主光通《みつみち》・六代昌親・七代綱昌に至るまでの時代(第二期)、そして、貞享三年に実施されたいわゆる「貞享の大法」以後の時期、八代藩主吉品(よしのり、実は前藩主昌親が再任)・九代藩主吉邦及びかれら以降における時代(第三期)とに、大きくは三つの時代とに分け、続いてその他として支藩(松岡・吉江藩)における分限帳をもともに示すことにした。

(1)第一期　藩祖秀康・二代忠直の時代

＊藩祖秀康（浄光院）の時代（慶長五年二七歳―同一二年三四歳で死去）

（1）浄光院様御代給帳（源秀康公御家中給帳）　松平文庫　「福井市史」資料編4

（2）黄門様御代給帳　松平文庫

（3）浄光院様御代分限帳　松平文庫

（4）秀康公御代御給帳（越前中納言秀康公御代）　越前史料（国立史料館）「大野市史」資料総括編

（5）中納言様御代御給帳　越前史料（国立史料館）

（6）黄門様御代御給帳　続片聾記一

（7）中納言秀康卿分限帳之写　同　一

（8）中納言秀康公御家中（秀康給帳　但し後欠）　勝見宗右衛門文書（県立文書館）

（9）越前北庄御家中分限役附（越前分限帳全二冊の後半）内閣文庫・松平文庫

（10）中納言秀康卿御給帳　大塩八幡宮文書（県立文書館）

（11）越前中納言様御家臣分限帳（中扉「前越州・後越州御家中分限帳」）矢吹家文書（津山郷土博物館）

（12）表題欠、内扉「越前給帳」　虫欠が多い　同　（同　）

（13）中納言様越前侍分限役付　同　（同　）

（14）表紙欠（「秀康給帳」）　金剛院文書（県立文書館）

＊二代藩主松平忠直（西巌院）の時代（慶長一二年一三歳―元和九年二九歳　廃嫡　慶安三年五六歳で豊後国で没、なお、

その跡を継いだ三代藩主松平光長は越後高田へ）

（1）忠直公御家中給帳（西岸院様御代給帳）　松平文庫

(2)忠直公御代御給帳　越前史料(国立史料館)
(3)一伯公御代御給帳(三河守忠直公御代)　同　(同　)
(4)宰相忠直公御給帳　続片聾記一
(5)慶長一五年福井家中給帳　虫欠が多い　矢吹家文書(津山郷土博物館)
(6)慶長一五年戊年　越前福井御家中知行附　但大坂陣之四年前也(越前中納言秀康卿・同三河守宰相忠直卿家従古来覚書一冊并知行附の中の一冊)　同　(同)
(7)慶長一五年越前北庄御家中分限　後福井改　愛山文庫(津山郷土博物館)及び内閣文庫(国立公文書館)「越前分限帳」全　但し慶長一五年二冊綴りの前半「越前北庄後福井改給帳」、松平文庫「越前越後両家分限帳」合三冊の一冊目「慶長一五年越前北庄給帳」、いずれもその内容は同じ。
(8)越前北庄後福井改給帳役附　内閣文庫「越前分限帳」全二冊綴りの前半及び松平文庫「越前越後両家分限帳」合三冊綴りの二冊目とその内容は同じ。

(2)第二期　藩主忠昌以降、光通・昌親・綱昌時代

＊四代藩主松平忠昌(隆芳院)の時代(寛永元年二八歳―正保二年四九歳で没)
(1)隆芳院様御代給帳　松平文庫・「福井市史」資料編4
(2)隆芳院様御代御給帳(軍役附)　越前史料(国立史料館)
(3)伊予守忠昌公御代給帳　続片聾記一
(4)越前宰相忠昌卿御給帳　大塩八幡宮文書(県立文書館)

＊五代藩主松平光通（大安院）の時代（正保二年一〇歳―延宝二年三九歳で没）

（1）源光通公御家中給帳（大安院様御代給帳）　松平文庫・「福井市史」資料編4

（2）越前守光通公御代給帳　続片聾記一

（3）大安院様御切米給帳　同　一

（4）源朝臣光通公御給帳　大塩八幡宮文書（県立文書館）

＊六代藩主松平昌親（探源院）の時代（延宝二年三五歳―同四年三七歳で一旦退く）

（1）福居少将昌親御給帳　大塩八幡宮文書（県立文書館）

＊七代藩主松平綱昌（清浄院）の時代（延宝四年一六歳―貞享三年二六歳　元禄一二年三九歳没）

（1）清浄院様（綱昌）御代給帳　松平文庫・「福井市史」資料編4

（2）貞享元年知行附　越前史料　（国立史料館）

（3）越前守綱昌公御代延宝七未年給帳　続片聾記一

（4）越前守少将源綱昌公貞享三年丙寅春改　同　一

（5）綱昌御給帳　大塩八幡宮文書（県立文書館）

(3)第三期　藩主吉品（昌親再任）・吉邦時代

＊八代藩主松平吉品（探源院）の時代（六代藩主昌親が再任　貞享三年四七歳―宝永七年　七一歳　正徳元年七二歳で没）

（1）松平吉品給帳（探源院様御再勤後給帳）　越前史料（国立史料館）・「福井市史」資料編4

（2）貞享三年吉品公御代給帳　越前史料（国立史料館）

（内容は暇を命ぜられた家臣らの名簿）

（3）兵部大輔吉品公御給帳　続片聾記一

(4)吉品(探源院)様給帳　大塩八幡宮文書(県立文書館)

＊九代藩主松平吉邦(昇安院)の時代(宝永七年三〇歳―享保六年四一歳で没)

(1)吉邦公御代御給帳　享保四年之頃也　続片聾記一

(4)その他(松岡・吉江藩)

(1)延宝三列年吉江給帳　続片聾記一

(2)享保七年松岡給帳　同　一

(3)探源様吉江給帳　越前史料(国立史料館)

(4)松岡御分知知行附　同　(同)

(5)松岡給帳　同　(同　)

以上がこの藩における創設期から藩政確立期、さらには発展期に至るまでの、当時における年号では、慶長・元和年間からいわゆる寛文・延宝年間、そして、発展期である元禄・享保年間頃に至るまでの残された分限帳の総数と各時期(各藩主)ごとに残された分限帳の内訳である。これによると、この藩では、歴代藩主の時代ごとに分限帳が揃って残されていることがまずは注目される。次に、時代を溯れば溯る程、分限帳の存在は、また、その発掘は、難しくなるとも考えられるが、また、残されてはいてもその殆どが写本または転写本だと考えられるが、むしろこの藩の場合、現実は藩祖秀康時代の分限帳が最も多く残されており、それに続いて二代藩主忠直のそれも比較的多く残されている事実が注目される。ではそれは何故なのか。また、この事実は一体何を物語っているのであろうか。

第3項　その形式・内容について―特に慶長・元和期の分限帳を中心に―

以上、現在のところまでの調査を踏まえて紹介した各時期ごとの分限帳の中から、最初に第一期、越前藩の創設期にあたる慶長・元和年間の分限帳に限ってみると、藩祖秀康時代のものが計一四点余り、二代藩主忠直時代のものが計八点余り、合わせて計二二点余りの分限帳が残されている。もちろん、その中には後欠のものや虫欠の著しいものもまた含まれているが、ともあれ、残された分限帳の形式・内容からまずはみていくことにしたいと思う。

まずは残された各分限帳の形式・内容であるが、この越前藩の場合、現在のところそれは大きくは三系統の分限帳の存在に分けることが出来るのではないかとも考えられる。第一は、給米(知行)取りの家臣らを各給人の所持石高の大きい者から小さい者へと、順次、並べたいわゆる名簿形式のものである。また、この分限帳の場合、その内容をそれぞれ集計する作業を通して、当時における家臣団の階層構成の在り方如何を一応、知ることが出来るのではないかとも考えられる(第2節第1項参照)。また、この形式の分限帳は、多くの他の藩においてもそれを見ることが出来る分限帳ではないかとも考えられる。

次に、第二の形式及び内容の分限帳であるが、この形式の分限帳は恐らくはこの藩独自のものではないかとも考えられる。ここでの形式は、まずは藩を代表した有力重臣らからはじまって一〇〇〇石程度迄の、その中にはごく稀にはそれ以下の家臣らがともに含まれている事例がたまにはあるものの、有力家臣ら四〇人から五〇人前後の家臣らの所持石高とその名前とが最初に並ぶ分限帳である。また、それ以降からは改めて主要な役職、それも家老・若年寄・用人らといった役職からはじまるのではなく、続いて次には伏見御供番衆・三河守(忠直)様江戸被成候節御供衆からはじまって母衣《ほろ》衆・御供番衆・御鉄砲頭衆・御馬廻乗五組・御番衆六組と続き、そして、役人衆・御鷹師・無役衆に至るまでの、それぞれの役職に所属した家臣らの所持石高及びその氏名とか続いている分限帳である。またこの藩の場合、この形式・内容の分限帳の方がむしろ多く残されていることが注目される。

しかも、最初に並ぶ有力家臣らには何の見出し項目もないままに始まる場合が殆どであるが、現在のところその中での僅かに残された一冊の分限帳には「大名分」といった見出し項目が、また、別の一冊の分限帳ではその最後に注記の形で「右御先手」といった言葉が記入されている分限帳の存在が注目される。この見出し項目と注記とは一体、何を意味しているのであろうか。

既に指摘もしたように、この越前藩の場合、藩祖秀康は結城一〇万石余りの大名から一挙に六八万石の大々名へと抜擢された。そのために急遽、その所持領知高に見合った、また、それにふさわしい家臣団の整備・拡充の必要に迫られたものと考えられる。そのために全国各地から一族郎党らを率いた多くの有力武将らや家臣たちがかれの許に馳せ参じたものと考えられる。また、その中での有力武将らは、もしも戦国の乱世であれば、場合によっては大名に出世するその可能性をも秘めていた者たちであったとも考えられる。そこで藩主秀康はかれらを処遇する場合には、特にかれらに「大名分」といった名称または格式を与えてはかれらを特別に処遇したのではないかとも考えられる。あるいは、かれらの多くは、藩主の許に馳せ参じたとはいうものの、藩主自身が率いていた家臣団そのものもまだ構築中だとあっては、かれらを自己の家臣団に直接、組み込む余裕もないままに、かれらに宛行状を与えてはかれらとの間での主従関係を結び、また、特に有力家臣らに対しては、かれらに与力を与えてはかれらとの連携及び監察の強化をも目指したのではないかとも考えられる。

さらには、特に有力重臣らに対しては、領内各地の最重要拠点にかれらをそれぞれ配備し、かれらにいわゆる一円的知行の実施を認めては、かれらによるその地域の支配を任せる方式が実施に移されることになったのではないかとも考えられる。いずれにしても、藩祖秀康は特定の重臣らや有力家臣らに対してはそれぞれの地域の支配を任せることをも通して計六八万石といった広大な領域の支配と掌握とを試みたものと考えられる。具体的には、かれらにそれぞれ宛行状を与えてはかれらと主従関係の強化に努めると同時に、思い切ってかれらに一定地域の支配を任せ、かれらによる領域支配をも踏まえては計六八万石といった広大な領域支配の貫徹をも目指すことにしたものと考えられる。また、場合によっては有力家臣らには与力を与え、かれらとの連携の強化を目指すと同時に、かれらに対する監察をもまた強化することにしたのではないかとも考えられる。したがって、かれらは自分に与えられた地域の支配の強化に専念するといった意味では、また、非常事態の到来に備えるといった意味では、藩主による直接支配からは一応、分離された存在ではなかったかとも考えられる。

同時に、藩主自身も自己の直属の家臣団の構築に向けての努力を重ねたと考えれば、当時における藩祖秀康の率いた家臣団は、一方では各領域支配を任された有力家臣らと、他方では藩主直属の家臣団とに一応、分離された形で出発せざるを得なかったのではないかとも考えられる。したがって、当時における分限帳もそこでの結果として、最初に何の見出し項目もないままに、四〇人から五〇人余りの有力家臣らが並び、次に、藩主直属の家臣らがそれぞれ並ぶといった形式の分限帳にならざるを得なかったものと考えられる。当時はまた何時戦乱が起こるかもしれない臨戦体制下にあり、すべてが軍事最優先の時代であったと考えられる。また、一旦緩急の場合、各領域支配を任されていた家臣らは、それぞれが自己の率いた家臣(陪臣)らを率いては出陣し、藩主自身もまた自己の支配下にあった家臣らを率いてはともに出陣したものと考えられる。なかでも「先手」と呼ばれて待機していた家臣らが先頭にたって戦ったのではないかとも考えられる。(5)

以上が、有力家臣らからはじまって下級家臣らに至るまで、そこでの所持石高順に並ぶ分限帳に続く第二の系統の分限帳の内容ではないかとも考えられる。

続いて第三の系統の分限帳としては、残された分限帳の最初またはその最後に特に「役附」といった名称が特に付けられた分限帳がごく僅かではあるが存在する。しかし、その作成の目的や成立事情、さらには内容そのものについても不明の点が非常に多い。その意味では、検討の対象にすることそれ自体にためらいがある。けれども、特に分限帳の冒頭か、またはその最後に、「役附」といった記述がある以上は、この分限帳は当時における藩の組織または職制などをも示したものではないかとも考えられる。

ところが、ここでの対象となる職制は、開祖秀康時代または二代藩主忠直時代の組織または職制ではなく、両者を一括した時代、具体的には藩祖秀康が越前藩を創設して以降、二代藩主忠直が元和九年、その行状如何を公儀から厳しく問われて配流・改易されるまでの約二二年間余りの時期におけるこの藩の組織または役職の在り方如何を示した分限帳であることがまずは注目される。したがって、そこでの各組織の主な責任者は、藩祖秀康時代の家臣らもおれば、二代藩主忠直時代の家臣らもまたそれに含まれて記載されるなど、両藩主の時代の家臣らをもともに含めた主要な家臣らがともに一括しては紹介されているのである。また、そこでの責任者は編纂者らによって恣意的に当てはめられた人物であるために、実態とは全く遊離されたものとなっていることが注目される。

したがってこの事実は、ひとつには開祖秀康時代における組織または職制と、二代藩主忠直時代のそれとが、基本的には余り変わらない、といった共通した認識でこの分限帳は作成されているのではないかとも考えられる。同時に、この分限帳の作成に関与した人々は、その当時の人々ではなく、それ以降に、たとえば、新しく越前藩に代わって福井藩が成立したその時点で、過去の過ぎ去った越前藩の創設期の歴史などに強い興味と関心などを持った特定の人々らによって、また、かれらの協力と調査の結果などをも踏まえて、恐らくは作成されたのではないかとも考えられる。それも慶長・元和といた時期における家老・用人・若年寄・大目付などといった職制を示した資料が全く存在しなかったために、また、臨戦体制下といった厳しい事情もあって職制の在り方それ自身がまだ未整備だといった事情などもあってか、この辺の事情がわからないために、後世の人々があえて調査・検討を試みた上で作成されたものではないかとも考えられるのである。

事実、この分限帳の内容をみてみると、詳しいことは省略するとしても、大坂の陣における人数の変化などの注記がまたみられ、その意味でも、この分限帳は恐らくは大坂の陣前後におけるこの藩の職制の在り方如何を示しているのではないかともまた考えられる。いずれにしても、この時期における藩の職制を示す資料が全く無かったために、後世の人々の手によって恐らくは作成された資料ではないかとも考えられるのである。しかし、かれらによる一応の調査を前提に作成されているために、そこでの職制の担い手は著者か恣意的に記入したもので信用出来ないとしても、そこでの職制または組織の骨格そのものは、案外、実態に近いものではないかともまた考えられる。その意味で今回はそこでの基本的な職制または組織の在り方如何は、大坂の陣前後におけるこの藩の職制の在り方如何の事実をもある程度、反映しているのではないかと考えて、そこでの骨子のみを最後に補注の形で参考のために紹介することにしたいと思う。

以上、残された第三の形式の分限帳の内容如何やそこにおける問題点をも少し考えてみたが、以上のように、この藩にあっては、現在のところ、藩の家老・若年寄・用人・留守居らや、小姓・中小姓などの藩主側近衆、そして、大番頭らや組頭及びかれらの率いられた家臣団の内容などについての説明を試みたものは現在のところ全く残されていないように考えられる。とすれば、町奉行や郡奉行・代官らについての存在なども全く不明のままである。したがって、この藩における創設期における民政組織などの実態については、農村に残されたいわゆる地方《じかた》文書の発掘を通してその実態の解明を試みるしか、その方法はないのではといった思いもまた強くならざるを得ない。その意味では、農村に残されたいわゆる古文書の発掘やそこでの文書の内容如何などから丹念に事実を積み重ねながら推定していくしか方法が残されていない状況にあるかとも考えられる。また、そこでの努力の結果が既に報告もされている事実が注目される(6)。

以下、小稿では第一系統の分限帳の存在を踏まえて当時における家臣団のいわゆる階層構成の在り方如何の検討をまずは試みることにしたいと思う(第2節参照)。(7)次には、第二系統の分限帳によって当時における藩主直属の家臣団の組織、特に軍事組織の在り方如何とそれの推移などについての検討を試みることにしたいと思う(第3節参照)。また、同時に、この藩にあって最大の軍事動員が実施された大坂冬・夏の陣における家臣団の在り方如何についても最後に少し考えてみることにしたいと思う(第3節第2項参照)。そして、残された第三の形式・内容の分限帳については、今回は「補注」の形でその骨子のみを紹介するに留めたいと思う(第二章第4節の補注参照)。

第4項　分限帳と初期藩政の在り方如何について

以上紹介を試みたように、この藩では藩祖秀康時代及び二代藩主忠直時代の分限帳が現在のところかなり残されている。この場合、この残された分限帳には、それが長期にわたって筆写または転写が繰り返されたために、同一内容のものがかなり含まれているかとも考えられる。そのためには各分限帳の内容を詳細に比較検討することがまた必要である。しかし、この作業には多くの時間と労力とを必要とするかとも考えられる。また、その分限帳そのものが第三者によって筆写または転写される過程で誤写され、あるいは、欠落または脱字が生まれ、さらには、場合によってはその順序が間違ったりと、その筆写・転写それ自体にも間違いが生まれたりすることなどをも考えると、比較検討の作業はさらに難しくなるかとも考えられる。そこで取り敢えずは個々の残された分限帳における上位一五人の有力家臣らを、かれら個々人の履歴その他は一切省略するとして、そのままの形で選び、一覧表を作成してみることにした。表Ⅰ―2―①のⒶは藩祖秀康時代、表Ⅰ―2―①のⒷは二代藩主忠直の時代のものである。

まず藩祖秀康時代の表Ⅰ―2―①のⒶをみると、資料⑼・同⑾・同⒀の三点は役付分限帳、しかも基本的には同一内容のものなので除くと、残りは一一点である。この中から上位一五人の重臣らの名前と順序とが全く同じであるものを探すと、最初の資料⑴と最後の資料⒁とは全く同じである。したがって、これは同一の分限帳ではないかとも考えられる。また、資料⑻は、一二位の小栗備後守の名前が欠けるが、それを除けば全く同じである。その意味では資料⑴及び同⒁にその内容が近いかともまた考えられる。次に、資料⑶・同⑷・同⑺の三点もまた全く同じである。したがって、その中身は同じ分限帳だとも考えられる。残された他の計五点の資料の内容はばらばらである。

次に、二代藩主忠直の時代の分限帳であるが、その基本とした最初の資料⑴によると、その最後にこの分限帳を筆写した人物によって「右之帳無之、落申乎」といった注記がある。これはかれが筆写する過程で、後述するように、久世(越前)騒動が起こって処分された人々の名前が原本には欠落していたので、それをあえて追加したのではないかとも考えられる。そこでこの追記の部分をも付記することにした。全体をみると、資料⑴・同⑶・同⑷の三点は、全く同じである。したがって、同一の内容の分限帳であることがわかる。資料⑸・同⑹・同⑺・同⑻の計四点の資料もまた全くその内容や順序が同じで同一の分限帳だと考えられる。前者は久世騒動後における分限帳であり、後者はそれ以前、久世騒動が起こる前の処分された家臣らをもともに含むものであるかとも考えられる。ただ、資料⑵だけは別だと考えられる。したがって、この忠直の時代の残された分限帳は、その原本は三点となるかとも考えられる。

ところで、以上、上位一五人の重臣らを基本に、かれらが掲載されている分限帳の内容如何を探ってみたが、これら重臣らの記載の順序は、当時における重臣らの藩政の中における、また、占める、その位置付けをそのまま示しているのではないかとも考えられる。その意味では、特にそのトップの名前が注目される。そこでこの表Ⅰ―2―①のⒶによって藩祖秀康時代における藩政のトップをみると、全部で計一一点の資料の中で本多伊豆守富正が四

表Ⅰ－2－①(A)　藩祖秀康時代の重臣たち

		資料1	資料2	資料3	資料4	資料5	資料6	資料7	資料8	資料9	資料10	資料11	資料12	資料13	資料14
1	本多伊豆守	①	4	7	7	2	①	7	①		7		4		①
2	多賀谷左近	2	①	①	①	3	3	①	3		2		①		2
3	山川讃岐守	3	2	2	2	5	5	2	2		3		2		3
4	土屋左馬助	4		3	3	①	2	3	4		4		5		4
5	岩上左京	5		4	4			4	6		5		8		5
6	今村掃部	6	3	6	6	4	4	6	5		①		3		6
7	永見右衛門	7	7	5	5	6	6	5	7		6		7		7
8	清水丹後守	8	5	9	9	8	9	9	8		9		6		8
9	吉田修理	9	8	10	10	7	8	10	9		10		9		9
10	久世但馬	10	9	11	11	9	11	11	10		11		10		10
11	林長門守	11	11	14	14	12	14	14	11		13		13		11
12	小栗備後守	12					7						14		12
13	山本対馬守	13	12	15	15	13	15	15	12		14				13
14	本多左門	14							13						14
15	江口石見守	15				11	12		14		15		15		15
		●		○	○			○		▲		▲		▲	●

注)資料番号は第1章第2節の資料名と同じ。
●○は同一の資料を示す。
▲は表題の前後に特に「役附」のある資料である。

表Ⅰ－2－①(B)　二代藩主忠直時代の重臣たち

		資料1	資料2	資料3	資料4	資料5	資料6	資料7	資料8
1	本多伊豆守	①	①	①	①	①	①	①	①
2	多賀谷左近	2	3	2	2	2	2	2	2
3	山川讃岐守	3	5	3	3	3	3	3	3
4	永見右衛門	4	6	4	4	8	8	8	8
5	小栗備後守	5	7	6	6	12	12	12	12
6	吉田修理	6	8	5	5	9	9	9	9
7	落合美作守	7	12	7	7				
8	林伊賀守(長門)	8	14	8	8	11	11	11	11
9	荻田主馬	9	13	9	9				
10	山本摂津守(対馬守)	10	15	10	10	13	13	13	13
11	片山主水	11		11	11				
12	笹治大膳	12		12	12				
13	加藤四郎兵衛	13		13	13				
14	高尾越後守	14		14	14				
15	岩上越中寺(左京)	15		15	15	5	5	5	5
		○		○	○	●	●	●	●

注)資料は第1章第2節の資料番号である。
●○は同一の資料を示す。

回、多賀谷左近が五回、土屋左馬助が一回、今村大炊助(掃部)が一回である。その意味では本多と多賀谷とが突出し、しかも、本多よりも多賀谷の方がむしろ回数が多い。しかし、既に指摘したように、この表I―2―①の(A)には同一資料が含まれているので、筆写の対象となった原本は一一点ではなく七点かとも考えられる。その中でのトップは多賀谷が三回、本多が二回、土屋と今村が各一回となる。それをみると、藩主秀康が支配していたと考えられる慶長年間は多賀谷・本多・土屋・今村らの四人の重臣らがともに協力しては藩主秀康に仕え、その中では多賀谷・本多の両人がその中心であったとも考えられ、この段階では特に家康から付家老に任命されていた本多伊豆守のみが必ずしも大きな役割を果たしていたわけではないことが注目される。事実、本多が藩政の中で大きな役割を占めるようになるのは、後述する久世騒動でかれのライバルであった今村らを倒したそれ以降のことであったとも考えられる。しかし、それでも当分の間はかれを補佐するために将軍秀忠に強く派遣を要請したかとも考えられる親族本多飛騨守成重の存在と協力とが不可欠ではなかったかとも考えられる。

次に、二代藩主忠直の時代であるが、残された分限帳のトップは、いずれも本多伊豆守富正であることが注目される。この忠直の時代は、そこでの藩政の実権は本多によって握られていたものと考えられる。

ところで、以上、みてみたように、この越前藩にあっては意外にも多くの分限帳が残されていることが注目される。その理由のひとつは、この藩が成立はしたものの、また、藩祖秀康及び二代藩主忠直と続いたものの、二代藩主忠直の藩主としての行状が後に乱れ、また、そのためにかれは配流・改易されて豊後国(現大分県)に流されてしまった。また、この配流一件には多くの人々の注目と関心とを集めることになった。こういった理由などがあってこの開祖秀康及び二代忠直に関係した分限帳の存在とそこでの内容とが注目されて分限帳の筆写・転写が行われることになったのではないかとも考えられる。また、越前藩にあっては付家老本多伊豆守富正とかれが率いた一〇五騎の家臣たちは、そこでの藩政の中核を担っていたが、そこでの果たす役割を高く評価されて、かれらはそのまま現地に留まり、新しく入封してきた藩主忠昌にそのまま仕え、これまでの経験を生かしてやはり重要な役割を担うことになったものと考えられる。とすれば、自分らのかつての祖先らの存在が記載された分限帳には強い愛着と関心とを持つことになったのではないかともまた考えられる。

あるいは、この藩で起こった未曾有の大事件として伝えられている「貞享の大法」〈半知〉では、付家老本多以下の家臣団を半減するといった非常事態に直面し、そこでの半減の基準のひとつが、藩祖秀康時代からの奉公の歴史を持った者なのか、あるいは、最近、採用された者なのか、そこによってもそこでの選択が実施されたと考えれば、その事実を証明するためにも分限帳の存在は不可欠であったものと考えられる(8)。また、その意味もあってか、分限帳の筆写・転写が繰り返えされることになったのではないかともまた考えられる。いずれにしても、いろいろとその理由は考えられるにしても分限帳の存在が、再認識された結果、筆写・転写された分限帳が現在に至るまでも残されたのではないかとも考えられる。

【注】

(1)　「日本国語大辞典」(小学館)9巻五五九頁、「日本史用語辞典」(柏書房)七三四頁参照。

(2)　後述するように、付家老本多氏や重臣多賀谷氏の場合、かれらは自分の支配下にあった陪臣らを統率するために、自ら陪臣らに宛行状を発給したり、自分で独自に陪臣を支配するためにやはり「分限帳」を作成していた(後述第4節第3項、同4項参照)。

(3)　越前及び福井藩の場合は分限帳は給帳ともいわれ、隣りの加賀藩の場合は侍帳とも呼ばれている(「加越能文庫目録」上巻二九五頁)。現在のところ、この加賀藩や黒田・柳川藩などでも一応、まとまった初期分限帳の存在がみられるが(ともに各県立図書館所蔵)、まだ本格的な検討の対象にはなっていないように考えられる。

(4)　たとえば、「角川日本史辞典」昭和四三年度版七六二頁。

(5)　この形式の分限帳をどのように理解すべきなのか、現在のところはなおも試論(仮説)の域を出ないとしても、一応、現時点では家臣団の二重構造といった理解で検討を進めることにしたいと思う。

（6）たとえば、本川幹男「福井藩初期の徴租について」（「福井県地域史研究」第9号）参照。

（7）以下、この藩における残された分限帳を対象にして当時における家臣団の在り方如何の具体的な検討を試みることにするが、その前に既に先学らによって検討の対象にされた家臣団研究についての諸業績を紹介すると、取り敢えずは以下の業績などが注目される。

舟沢茂樹「福井藩における知行制について」（「福井県地域史研究」第2号）。

同「福井藩における知行制の一考察」（「日本地域史研究」（昭和六一年一〇月刊）所収。

同「福井藩における士分の存在形態について」（「福井県地域史研究」第6号）。

同「福井藩における陪臣について」（「福井県地域史研究」第10号）。

同「福井藩における藩政機構—「貞享の半知を中心に—」（「福井県地域史研究」第12号）。

他に同氏には「福井藩の変遷と福井松平家」（村上直編「日本海地域史研究」第一四輯所収）、他にも家臣らの昇格・昇進や松平家の官位家格についての論文、福井藩についての通史などもまた見逃せない。

また、同氏以外では以下の業績がまた注目される。

藤野立恵「福井藩初期の家臣」（「福井県地域史研究」第11号）。

角明浩「越前松平家初期における家臣団の再考察—今村盛次・本多富正・清水孝正らの政治的位置を中心に—」（「史学研究集録（國學院大學）」30号）。

なお、本来であれば個々の業績の中にまで立ち入った内容の紹介などが必要かとも考えられるが、今回は家臣団検討の基本的業績として紹介するに留めることにしたいと思う。

（8）この藩は後述するように、「貞享の大法」〈半知〉によって後に領知高を半減されて再出発することになった。この場合、家臣らに対する整理・縮小が実施され、その結果、全体の家臣団の四割余りが整理・解雇されることになったとも伝えられている。同時に、そこでの解雇のひとつの基準には、たとえば、「秀康公より罷在候者は其侭、忠昌・光通公より罷在者親子兄弟之内其品々に而御暇被告下」（「国事叢記」三の二七五頁）といった条件（または基準）もあってか、家臣たちの分限帳に対する関心がより高まり、それらもあって分限帳に対する筆写・転写などが一時期、盛んに行われ、その結果もあってか、比較的多くの分限帳が現在にまでも残されたのではないかともまた考えられる。

第2節　初期家臣団の階層構成について

第1項　残された「分限帳」と家臣団の階層構成について

(1)藩祖秀康(慶長五―同一二)の時代

残された藩祖秀康の時代における分限帳には、家臣団の在り方如何を、具体的には家臣らの各所持石高と氏名とを順次、大きい者から並べた名簿方式の分限帳が僅かではあるが、残されている。これによって家臣団の階層構成を示したのが表Ⅰ―2―②のⒶである。まずは確認すると、この藩の総領知高はいうまでもなく六八万石余り、そこでの家臣(給人)らの総数は一〇〇石以下の拾数人の家臣らをも含めて全体で資料Ⓐでは四九八人余り、同Ⓑでは五二四人余り、同Ⓒでは五一五人余りである。次に、この藩での藩創設期における家臣らの状況を出来るだけ詳しくみるために、家臣らそれぞれをその所持石高別順に、特に一〇〇石単位に分けて表示することにした。また、以下、続く二代藩主忠直の場合も同じ基準によってその内容をさらに表示することにした。

そこでまずは表Ⅰ―2―②のⒶの藩祖松平秀康時代をみると、注目されるのは一万石以上のいわゆる重臣らがこの藩の場合、一一人または一四人も存在している事実が何よりも注目される。一万石以上といえば、一般には大名

表Ⅰ－２－②(A)
松平秀康家臣団の階層構成

	資料(A)	資料(B)	資料(C)
30,000石	2	3	
20,000	2	1	
10,000	7 (11)	10 (14)	(11)
9,000	2	1	
8,000	1	2	
7,000			
6,000			
5,000	4 (7)	2 (5)	(6)
4,000	7	7	
3,000	10	8	
2,000	17	20	
1,000	42 (76)	42 (77)	(77)
900	1	2	
800	13	15	
700	18	17	
600	13	18	(46)
500	32 (77)	34 (81)	
400	46	47	
300	82	95	(167)
200	103	106	
100	83(314)	85(333)	(192)
100以下	13 (13)	14 (14)	(16)
	498	524	515人

注)
資料(A)中納言様御代御給帳(越前資料)
〃 (B)黄門様御代御給帳(続片聾記１)
〃 (C)舟沢茂樹「福井藩における知行制について」(福井県地域史研究第２号)
なお藩主一族および多賀谷・山川の家臣ら３人、寺社寄進17カ処、幸若３人の手当などが続く。

と呼ばれて独立した一国一城の主《あるじ》でもあった。その独立した藩主らに匹敵したいわゆる万石大名らが藩の中に一〇人以上も存在するそのこと自体が極めて異例のことではないかとも考えられる。同時に、この藩における有力家臣らを五〇〇〇石以上、一万石まで、続いて一〇〇〇石以上五〇〇〇石までとに分けてそれぞれそこでの人数をもともに示すことにしたが、特に一〇〇〇石以上の家臣らの人数もまた多く、一〇〇〇石以上の家臣らの総数は資料(A)では九四人余り、同(B)では九六人余り、同(C)では九四人余りとあり、家臣団総数の一九%余りを占めているのではないかとも考えられる。また、ここでの数字を基に仮に一〇〇〇石以上の家臣ら個々人の所持石高の総計とを算出してみると、計三五万石余り、それは領知高総計六八万石の中でかれらの占める割合は五一%余り、全体の約半分余りを占めているのではないかとも考えられる。

次に、一〇〇〇石以下の家臣らについてみると、二〇〇石取りの家臣らが最もその人数が多く、一〇〇石取りの家臣らよりもむしろ多いことが注目される。二〇〇石取りの家臣らはいずれも一〇〇人を越え、一〇〇石取りは八〇人余り、三〇〇石取りの家臣らも資料(A)では、同じ程度の人数である。これらになおも藩主の親族などを加えるのか、あるいは、幸若らの芸能関係者らをもさらに含めるか、などによってもその総人数はまた変化する。二〇〇石以上の家臣らが一〇〇石取りの家臣らよりも多い事実は、当時における戦闘形式が主に騎馬戦がその中心であった事実と何らかの関係があるのではないかとも考えられるが、詳しいことまではわからない(1)。

(2)二代藩主忠直(慶長一二―元和九)の時代

次に、二代藩主忠直時代の状況を示したのが表I―2―②の(B)である。これをみると、まず家臣らの総数であるが、表I―2―②(A)に比べていずれの分限帳でも大きな変化はみられない。両者ともほぼ同じではないかとも考えられる。次に、いわゆる万石以上の重臣らの人数が藩祖秀康の時代に比べると一〇人以下にまで減少している事実が注目される。しかし、それでも六人余りがなおも存在する。これらの事実は、他の一般の多くの藩においてはやはり見られない事実ではないかとも考えられる。また、ここでの減少の事実は、恐らくは後述する久世(または越前)騒動の結果、有力家臣らが処分されたその結果ではないかとも考えられるが、詳しい事情まではわからない。次に、ここでも五〇〇〇以上と、一〇〇〇石以上とに分けて有力家臣らの存在をも示したが、たとえば、一〇〇〇石以上の家臣らをみても、藩主忠直の時代の方が少しは減少しているのではないかとも考えられるが、それでも余り大きな違いはみられないようにも考えられる。

さらに、五〇〇石以下の家臣らの存在をみると、ここでも家臣団の中で最も低い一〇〇石取りの給人らと、二〇〇石取りの給人らとを比べると、むしろ二〇〇石取りの家臣らの方がなおも多い事実が注目される。同時に三〇〇石の家臣らも一〇〇石の家臣よりも多い。後述するように、この藩主秀康及び二代藩主忠直の時代にも、この藩における軍事編成にはかなりの変化があったようにも考えられるが、たとえば、後述もするように、軍事編成の中核のひとつであった馬廻衆五組の解体などがみられるが、それが直ちには家臣団の在り方如何には直接に結びつくまでには至っていないようにも考えられる。また、かれらは解体されたとしても、それが直ちに消滅・解雇されたわけではなく、馬廻衆らは、後述もするように、番外として一括してそのまま留保されたとすれば、家臣らの総人数には余り影響をも与えることは無かったのではないかとも考えられる。

以上である。何しろいわゆる幕藩体制創設期の、また、戦乱がなおも予想されるといった不安定な時期における分限帳ではあり、しかも、残された分限帳のすべてが写本または転写本であり、そこでの成立年代の確定すら難しいとあっては、また、その内容に至っては著しく正確さを欠き、特に二代藩主忠直の時代のものとはいっても、その実態は藩祖秀康時代のものと考えられるものもまた含まれるなど、いずれにしても、ここで示された数字は、また、それらを踏まえた家臣団の在り方如何は、今後ともさらなる検討の継続が必要ではないかとも考えられる。なかでも、後述するように、この藩では藩主交替後の慶長一七年には久世騒動が起こり、この騒動を機会に多くの重臣らが、それも二回にわたって処分されるなど、それによって家臣団の在り方如何は大きく変化したことがまた考えられる。ところが、この事実は重臣らの人数の減少によって一応は、それを窺うことが出来るものの、はっき

表Ⅰ－２－②(B)
２代忠直家臣団の階層構成

	資料(A)	資料(B)	資料(C)
30,000石	0	2	2
20,000			
10,000	6 (8)	6 (8)	6 (8)
9,000	2	2	2
8,000	1	1	1
7,000			
6,000			1
5,000	2 (5)	2 (5)	2 (6)
4,000	6	6	6
3,000	6	7	5
2,000	17	12	19
1,000	39 (68)	43 (68)	39 (69)
900	2	2	2
800	15	15	13
700	16	16	16
600	14 (47)	14 (47)	14 (45)
500	33	32	33
400	47	46	47
300	96(176)	95(173)	96(176)
200	107	101	101
100	87(194)	82(183)	88(189)
100以下	14	13	14
計	512	497	507

注）
資料(A)忠直公御家中給帳または西岸院様御代給帳(松平文庫)
〃 (B)一伯公御代御給帳(　〃　)
〃 (C)宰相忠直公御給帳(続片聾記１)
いずれも藩主一族、寺社寄進地、幸若などへの手当と続く。

りとした形にまではまだ示されてはいないようにも考えられる。また、この藩も大坂冬・夏の陣に参戦し、その結果、多くの犠牲者が出ることになった。しかし、ここでの残された分限帳の多くは、現在のところそれ以前の成立ではないかとも考えられ、ここではその犠牲者の事実を分限帳の中ではっきりと確認することは出来ないようにも考えられる。当時、この戦いには重臣らがそれぞれ率いていた多数のいわゆる陪臣らも参加していたと考えれば、かれらの中からも多くの犠牲者が出たことも想像される。いずれにしても、ここでの残された分限帳から藩政で起こったさまざまな事件などを探ることにはやはり限界があるようにも考えられる。

第2項　家臣団の実態如何について

そこで、分限帳にみられる家臣らの中で、この藩における家臣団の大きな特色であるいわゆる万石以上の家臣らの存在をいま少し具体的にみてみることにしたいと思う。そこで残された分限帳によって藩祖秀康時代における重臣らを示したのが表Ⅰ―2―③の中のⒶである。次に、二代藩主忠直の時代の重臣らを示したのが表Ⅰ―2―③の中のⒷである。

(1)藩の重臣らについて

まずは藩祖秀康時代の重臣らをみてみると、三万石以上の重臣に家康からの付家老である本多伊豆守と結城以来の重臣である多賀谷左近、それに藩祖秀康が亡くなったときにかれの跡を追って殉死した土屋左馬助の三人がいる。続いて後の久世騒動の中心人物である今村大炊助(掃部)二万五〇〇〇石余りがいる。以下、結城以来の重臣である一万七〇〇〇石の山川讃岐守、後に二代藩主忠直の横暴の犠牲になった一万五〇〇〇石余りの永見右衛門、一万四

○○○石の大坂の陣で活躍し、また、大坂夏の陣でその犠牲ともなったと伝えられる吉田修理、敦賀奉行を務め、久世騒動で処分された清水丹後守、そして、一万石の久世但馬と続いている。

他方、二代藩主忠直の時代には、三万石以上の重臣としては本多伊豆守と多賀谷左近の二人、一万石以上の重臣としては、山川讃岐守・永見右衛門・吉田修理・小栗備後守・落合美濃守・荻田主馬らの名前とが続く。この場合、藩主秀康の時代にその名前がみられ、二代藩主忠直の時代にその名前が見られない者は、久世騒動が起こって処分された者ではないかとも考えられるが、何しろ各分限帳によって登場人物に異動がみられ、確定的なことはなおいえないようにも考えられる。あるいは、続く寛永元年には三代藩主松平光長は幼年のために、越後国高田藩二五万石へとその領知高を大幅に削減されては転封を命ぜられているが、この中に松平氏越後高田藩の創設に尽力する

表Ⅰ－２－③　秀康・忠直時代の重臣ら

	出身地	秀康時代(A)	忠直時代(B)
本多伊豆守	三河	39,000	39,000
与力		19,050	19,950
多賀谷左近	下総	32,000	32,000
与力			
山川讃岐守	〃	17,000	17,000
与力			
土屋左馬助	甲斐	30,800	
与力		10,800	
岩上左京	下野	4,000	
与力		1,000	
今村大炊助	三河	25,050	
与力		15,350	
永見右衛門	〃	15,350	15,350
与力		9,350	9,350
清水丹後	〃	11,020	
与力		6,020	
吉田修理	美濃	14,000	14,000
与力		4,000	4,000
久世但馬	尾張	10,000	
与力		4,000	
小栗備後守	三河		15,050
与力			12,050
落合美濃守	尾張		10,000
与力			5,000
林伊賀守	三河		9,930
与力			6,930
荻田主馬	越前		10,000
与力			
山本摂津守	三河		9,400
与力			7,000

(単位は石高)

注)(A)源秀康公御家中給帳(「福井市史」資料編４)
(B)忠直公御家中給帳(松平文庫)

小栗・荻田一族らの名前とがあることもまた見逃せないかとも考えられる。

(2)宛行状の交付について

ここで見られる重臣及び一般の家臣らに対しては、藩祖秀康は越前国に入封すると、直ちに家臣ら全員に対してそれぞれ宛行状《あてがい》を交付したものと考えられる。この宛行状の交付によって、藩主と重臣及び一般の家臣らとの間での知行地(給地)を媒介とした主従関係が正式に成立することになったものと考えられる。また、この給地を介していわゆる近世的秩序の形成が改めて開始されることになったものと考えられる。特に、重臣らの場合、かれらには越前領内における主要な拠点には給地がそれぞれまとまった形で与えられ、かれらによる一円的な支配関係が成立することになったものと考えられる。また、これによって重臣らは、先祖伝来のこれまで率いた自己の家臣(陪臣)団を支配するための条件が整えられることになったものと考えられる。この藩における各重臣及び一般の家臣宛に出された藩主からの宛行状の在り方如何については、再度、特に重臣らに対する知行制度の在り方如何を検討する場合に、そこでの具体例を示しては検討の対象にすることにしたいと思う(本章第4節及び第Ⅱ編第二章第2節など参照)。

以上のように、この藩にあってはまずは藩祖秀康が全国からかれの許に馳せ参じた有力武将らに領内の主要拠点を中心に、それぞれ宛行状を交付してはその交付を通してかれらにその領域一円の支配を任せることにしたものと考えられる。現在のところそこでの主要な拠点と、そこでの支配及び管理などを任された重臣らの名前とを紹介すると、以下の通りである。

まずは付家老本多伊豆守富正には府中(武生)を、多賀谷三経は城北郡柿原を、山川朝貞は吉田郡志比領を、上屋昌春は大野を、今村盛次には丸岡を、清水丹後には敦賀を、加藤好寛は大野郡木本《このもと》(以上、旧県史による)を、吉田修理には足羽北郡南江守を、林長門には勝山地方をそれぞれ与えたとも伝えられている。また、そこでかれらは、先祖代々かれに奉公していた自己の率いた家臣(陪臣)らにもそれぞれ給地を与え、かれらに対する支配の強化にも努めたものと考えられる。同時に、かれらとの間でも給地を介した主従関係の構築が急がれたものと考えられる。この場合、かれらの拠点である府中(武生)・大野・丸岡には特に府中城・大野城・丸岡城とも呼ばれて既に早くから築城が完成していたものと考えられる。しかし、元和元年の一国一城令の実施によって取り壊されたものと考えられる。それだけにこの拠点(支城)の存在は、領国支配にとっては重要な軍事及び経済的拠点であったものと考えられる。

この場合、天下を支配する将軍と諸大名、次に藩主と家臣らとの間にそれぞれ宛行状の交付、発給を基にした主従関係が成立したと考えると、これと同じ関係が特定の重臣らをも含む有力家臣と、かれらが率いた家臣ら、一般にはかれらは陪臣ともいわれているが、かれらとの間での主従関係もまた成立したものと考えられる。とすれば、将軍と諸大名らとの間での宛行状の交付を介した主従関係を仮に第一次主従関係、諸大名らと家臣らとの間でのやはり宛行状の交付を介した主従関係を第二次主従関係と呼ぶことが仮に許されるとすれば、有力家臣らとその支配下にあった家臣(陪臣)らとの間における第三次の主従関係もまた成立することになったものとも考えられる。

現在のところ、有力重臣らが自己の率いた家臣(または陪臣ら)に与えた、また、発給した、宛行状の存在そのものは、現在のところ付家老本多氏の場合にしかそれを見ることが出来ないが、また、それも僅かに二点、しかも、その中の一点は宛名が欠落しており、この二点の存在のみで果たして第三次の主従関係の存在それ自体を証明することが出来るのか、どうか、なおも検討の余地は残るかとも考えられる。恐らくは他の重臣らの場合もやはりそれぞれ各自が自己の家臣(陪臣)らにそれぞれ宛行状を発給していたものと考えられる。しかし、この場合、家臣らがその所持石高以上に多くの陪臣らを所持することは許されず、それは元和・寛永の軍役令の発布によって厳しく制限されることになったものと考えられる。その意味では、家臣らは先祖代々自分に従属した陪臣らを公儀によって、また、軍役令によって、厳しく制限されることになったのではないかとも考えられる。それはこれまでの家臣団における一族郎党らによる団結とそこでの結びつきとをその結果においては封じ込めることになったのではないかとも考えられる。また、ここでの封じ込めを通して領主権力は、家臣らに対する統制をより強化することが出来たのではないかとも考えられる。

(3)与力制度の在り方如何について

次に、この藩における重臣らの存在を既に示した表によると、この中で重臣らの多くがそれぞれ藩主から特に与力(寄騎)または与力知を与えられている事実が注目される。そこでの詳細はまた後述するとしても(たとえば、第Ⅱ編第二章第3節及び第4節参照)、ここでは重臣らの多くが、自分の所持給地以外に与力知、藩主が重臣らに与えた、また、預けた、与力たちの生活を保証するために、給知高とは別に与えた石高を藩主から別に与えられている事実が注目される。たとえば、冒頭に位置する付家老本多伊豆守の場合はその所持総石高は三万九〇〇〇石余り、その中で一万九〇〇〇石余りが与力知(高)である。以下、続く結城時代からの有力重臣である多賀谷・山川両氏にはその記載が何故かみられず、かれらに続く土屋・今村・永見・清水・吉田・久世らの各重臣らにはそれぞれまた与力及び与力知とがともに与えられている事実が注目される。

ところで、与力または与力制度とは、藩主が自分に直属した信頼出来る家臣たちを一時期、特定の重臣らに与える、また、預ける、制度であったとも考えられる。具体的には、敵対する相手に対抗するために、また、相手を撃破するために、前線で展開する味方の軍隊の中で特に必要とあれば、そこの指揮官の許へ藩主が自分の信頼出来る部下を割いては配置する、また、そこでの指揮官に預けては配属させる、といった制度ではなかったかと考えられる。したがって、本来は臨戦体制下にあって一時的に実施された制度ではなかったかとも考えられる。しかし、場合によっては、藩主はかれらを特に派遣することによって配下の重臣たちとの連携を強化するとともに、また、かれらに対する統制・監視の強化をもねらったものとも考えられる。その意味では、応援を受ける重臣らにとっては、かれらの派遣は、自己の軍事力を強化するという意味では歓迎されるべきものであったと考えられる。それも応援のための与力の派遣とともに、かれらの生活を保証するためのいわゆる与力知、具体的には藩主が既にかれらに与えていた給知高がそのまま継続して与えられるといった意味では、与えられた重臣らは、藩主によって自己の軍事力を強化されるとともに、かれらの生活そのものも藩主によって保証されるとすれば、それは何よりも自己の軍事・経済力を強化される結果ともなり、大いに歓迎されるべきものであったとも考えられる。しかし、同時にまた、かれら重臣らは与力らの派遣によって自己の自由な行動を制約され兼ねないといった意味では「もろ刃」の剣でもあったものとも考えられる。

同時に、この制度は戦乱が収束されると、藩主は行政などを円滑に運営するために、たとえば、町奉行や郡奉行らの個人ではなく、そこでの特定の役職にそれぞれ与力らを配置し、そこでの業務の一部を、また、そこでの業務の円滑化をも意図したものと考えられる。その意味では、重臣らにそれぞれ与えられる与力たちと、町奉行や各役職に与えられるいわゆる役与力とは、その果たす役割や目的は全く別個のものであったものと考えられる。したがって、かれらは特に役与力と呼ばれ、重臣らに与えられた与力とは一応、分離された存在であったとも考えられる（なお、与力の詳細については第Ⅱ編第二章第3節参照）。

(4)重臣及び家臣らの出身地について

(A)重臣らの場合

既に紹介を試みたこの藩における家臣らについては、残された分限帳の中に、個々の家臣らの氏名の上にかれら個々人の出身地が注記された事例のものが少数ではあるが、含まれている。(2) いわゆる万石以上の重臣らの場合は、既に作成された表Ⅰ—2—③の最初にそれぞれ出身地を注記することにした。これを改めてみてみると、秀康・忠直両藩主の時代の重臣らは一応、計一五人、その中で七人が三河の出身で一番その人数が最も多いことが注目される。かれらでその半分余りを占めている。次が下総・尾張の各二人となっている。三河国出身者が一番多く、本多・今村・永見・清水・小栗・林・山本らはいずれも三河の出身者である。次が下総で多賀谷・山川両氏ら、尾張が久世・落合氏らと続く。後述するように、慶長一七年に起こった久世または越前騒動では、同じ三河の出身である付家老本多と今村の両者が互いに対立することになった。ここでは後の越後騒動の主人公の一人であり旧上杉氏の家臣であった荻田氏は越前の出身となっている。

(B)一般の給人らの場合

次に、重臣らをも含めて家臣団全体(給人ら)の出身地であるが、先学らの研究を踏まえてそれを示したのが表Ⅰ—2—④である。(3) これをみると、家臣団の形成は大きくは藩祖秀康及びかれの父にあたる初代将軍家康による勢力拡大の結果、本拠地である三河及びその周辺の国々の出身者らか秀康家臣団の中核を占め、それ以降、藩祖秀康が後に関東の名門であった常陸国の結城氏の許に養子になり、その後、その周辺地域へと勢力を拡大した結果、家臣らはまた下野・武蔵・相模・上野国などの出身者らがそれに加わることになったものと考えられる。その意味では、

表Ⅰ－２－④
家臣団の出身地—秀康・忠直時代—

	資料(A)	資料(B)	資料(C)
三河	79人	78人	94人
下野	63	65	69
遠江	49	50	55
美濃	39	36	31
尾張	30	31	28
武蔵	27	27	38
越前	18	17	16
相模	18	20	20
駿河	17	19	17
甲斐	16	14	21
上野	13		14
近江	10		
信濃			14
その他	135	83	
不明		55	90
計	514人	495人	507人

注)(A)舟沢茂樹「福井藩における知行制度について」(「福井県地域史研究」２号)
(B)「福井県史」通史編近世Ⅰの215頁。
(C)慶長15年「越前北庄御家中給帳」愛山文庫(津山郷土博物館)

家臣団の中核は基本的にはやはり三河出身者らと結城時代の家臣たちによって構成されていたものと考えられる。しかし、高禄の家臣らには三河を中心にその周辺諸国の出身者が多く、関東諸国の出身者にはむしろ中小の家臣らが多いことが既に指摘もされていることが注目される。

具体的には、表示によると、家臣(給人)らは、いずれも三河出身者が上位を独占し、七〇人余りから九〇人を越えている。次が下野国で六三人から五七人余り、続いてまた東海地方で遠江・美濃・尾張が、さらに続いて武蔵・越前・相模・駿河・甲斐・上野と続いている。しかし、不明者もまた多くみられ、正確なことまではわからないとしても、一応は、そこでの傾向は読み取ることが出来るのではないかとも考えられる。

【注】

(1) 家臣団の存在とかれらによる馬の所持如何の問題は、当時における部隊編成の在り方如何を考える場合、大きな意味を持った検討課題だとも考えられる。その意味では寛永元年七月に出された「松平忠昌掟書」(「福井市史」資料編6近世4上藩法1)の二二頁以下の内容がまずは注目される。ここでは第三条に以下の記述が見られる。「一知行弐百石より以上乗馬可令所持、至于其以下者可為心懸次第、面々持鑓同前之事」とある。ところが、寛永一一年五月の追加された「松平忠昌掟書」の第四条には「知行三百石より以上乗馬可令所持、弐百五拾石より以上者飼料下行有之間是又所持可仕事」ともあり(同三八頁)、新しく飼料を与えるので二五〇石所持の家臣らもまた馬を所持することが命ぜられていることが注目される。いずれにしても当初は二〇〇石以上の家臣らは馬を所持し、戦場における主力部隊としての役割を果たし、その関係もあってまた人数も最も多かったのではないかとも考えられる。しかし、騎兵戦からいわゆる歩兵を主体とする戦いへの移行するにしたがって部隊編成の在り方如何もまた変化したのではないかとも考えられるが、この点についてはさらに検討の継続が必要ではないかとも考えられる。

（2）既に紹介を試みた「結城秀康給帳」（「福井市史」資料編4所収）によると、それぞれ家臣らにはその出身地の記載がある。

（3）舟沢茂樹「福井藩における知行制について」（「福井県地域史研究」第2号参照。また、他にも「福井県史」通史編近世1の二一五頁以下参照、なお、ここでは福井藩の隣に位置する小浜藩における家臣団の出身地もまたともに表示されている。

第3節　家臣団の組織及び構造とその後における展開について
―特に慶長・元和期の分限帳を中心に―

第1項　家臣団の組織及び構造について

（1）はじめに―再度、この時期における分限帳の在り方如何について―

前節で既にその内容の紹介を試みたように、残された分限帳をみると、家臣らを所持石高の大きい者から順次並べた分限帳が存在する。また、その分限帳によって家臣団の階層構成の在り方如何についての検討を既に試みた。しかし、残されたこの越前藩における分限帳の中には、それ以外に、第二系統の分限帳、具体的にはその冒頭に特に何の見出し項目もないままに、一〇〇〇石以上の有力家臣らの所持石高とその名前とが四〇人から五〇人余りとが並び、それ以下に伏見御供番衆・三河様（二代忠直）江戸被成候節御供衆・母衣《ほろ》衆・御使番衆らが続く形式の分限帳とが存在し、この形式の分限帳が現在のところ最も多く存在する。そして、第三の形式の分限帳としては、既にその形式について説明を試みたように、分限帳の冒頭またはその末尾に「役附」といった言葉が付けられている分限帳が僅かではあるものの、残されている事実をも指摘した。ところが、この分限帳の場合、役附といった名称が分限帳に付けられている以上は、家臣団の役職または組織の在り方如何を示すものだとは考えられるが、後述もするように、そこでの内容の理解が極めて難しい。また、その意味もあって、この第三系統の分限帳にあたるかと考えられるこの分限帳は、この節の最後に、特に補注としてその内容の骨子のみを参考のために収録することにしたいと思う。

そこでここでは第二の系統の分限帳を対象にして慶長・元和年間における家臣団の組織及び構造についての検討を試みることにしたいと思う。具体的にはまずは最初にこの藩がいわゆる伏見在番を務めていた時期における家臣団の組織及び構造とを、次にはそれが廃止されたそれ以降における在り方如何についての検討を試みることにしたいと思う。

そこで残された第二の系統の分限帳であるが、この分限帳での家臣らの記載形式をみると、まずは最初に付家老本多伊豆守三万九〇〇〇石からはじまって次に多賀谷左近・山川讃岐守・土屋左馬助といったいわゆる万石以上らの重臣らの所持石高とその名前とが続き、最後の五〇〇石羽中田左近に至るまで、五〇人余りの有力家臣らが所持石高順に並ぶ。そして、それ以下からは伏見御供番衆、三河守の江戸御供衆、続いて母衣衆・御使番衆・鉄砲頭衆・馬乗頭衆・馬廻衆計五組・番組衆計六組などとが並ぶ形式となっている。また、この形式の残された分限帳の場合、そこでの記載内容をみてみると、一カ所だけには大きな違いがみられるものと、そうではないものとがともに存在するこが注目される。そこでの違いとは、その職制または職種ごとに並ぶ家臣らのその後に、そこでの職制または職種に所属した各家臣らの所持高を集計した結果を、その後に記載した分限帳と、それの記載が全く見られないものとがともに共存している事実がまた注目されるかとも考えられる。そして、現在のところ、職制または職種ごとにそこでの所属した家臣らの所持石高を集計しては示したものの方が多く残されているかとも考えられる。恐らくはこの事実は、分限帳に登録された家臣らが、また、かれらの所属した各職制または各職種別の家臣らの所持石高の集計高が、家臣ら全員に与えられた総所持高の中でどの程度の割合(比率)を占めているのかどうか、といった藩財政上の必要から恐らくは実施されていたのではないかとも考えられるのである。

　ところで、これらの分限帳の利用にあたっては、その分限帳の成立年代の確定がどうしても必要だと考えられる。ところが、慶長・元和期の残された分限帳の場合、そこでの成立年代か明記されているものは一冊もなく、そのすべてが写本または転写本ではないかとも考えられる。また、そういった事情もあってか、その内容も正確さを欠くものが多く残されているのではないかともまた考えられる。しかし、とはいうものの、残された分限帳の中には、一応、その成立の時期を推定することが出来るものもまた含まれていることが注目される。というのは、分限帳の中に、具体的にはそこでのいわゆる見出し項目の中に、それを知ることが出来る項目が残されているからである。たとえば、見出し項目の中に「伏見御供番衆」として家臣らがかつては伏見に派遣されていた事実が紹介されている。また、「三河(二代藩主忠直)様江戸被成候節御供衆」といった項目もまたみられ、二代忠直がまだ藩主後継者の時代には江戸に派遣されていた事実をもまた知ることが出来るのではないかとも考えられる。

　そこで家康の生涯を、また、かれの年ごとにおける日程の内容を詳しく調査したものとしては、既に「徳川家康公詳細年譜」(天文一一年から元和元年まで、中村孝也「徳川家康公伝」東照宮刊に収録)として残されている。しかし、ここでは取り敢えずは岩波「年表」によってかれの足跡をみてみると、家康が征夷大将軍に任命されたのが慶長八年、その翌年の九年から同一一年まではかれは毎年、豊臣氏に対抗するためもあってか、自ら伏見に出掛けている事実が注目される(1)。この場合、藩祖秀康はかれの親族、特に家康の次男でもあり、やはり自ら家臣らを率いては伏見にともに出掛け、そこで家康と行動をともにしていたことが考えられる。また、家康は周知のように、慶長八年二月には征夷大将軍に任命されたが、ところがかれは、当時における「天下は回り持ち」といった下剋上的な風潮を自ら強く否定し、天下はあくまでも徳川家が代々相続すべき旨を、また、それを広く内外に示すために、僅か二年にしてその地位を退き、三男秀忠にその地位を譲っては駿府(静岡)に退き、元和二年、かれが亡くなるまでは家康・秀忠の両者によるいわゆる二元政治が続くことになった。この場合、家康の伏見行には次男秀康もまたともに参加していたものと考えれば、「伏見御供番衆」といった見出し項目は、分限帳の作成年代、それが慶長年間の半ば頃であることをもかなり正確に示しているのではないかとも考えられる。

以下、これらの事実を踏まえて慶長九年以降頃の越前藩における家臣団の組織及び構造とをまずは探ってみることにしたいと思う。また、具体的には、第一には、藩祖秀康自らが伏見に出掛けていた頃の家臣団の在り方如何をまずは検討の対象にすることにしたいと思う。そして、第二には、それが中止または廃止されたその前後以降におけるこの藩の家臣団の在り方如何についての検討とを、以上、大きくは二つの時期に分けて家臣団の在り方如何を探ることにしたいと思う。

なおこの藩の場合、藩祖秀康は関ヶ原合戦後の慶長五年末には越前藩主に就任、翌六年には入国、当時、年齢は二八歳であった。その後、かれは同一二年には三四歳の若さで亡くなり、そこでの治世は僅かに六年間余りであったと考えられる。しかも、秀康の跡を継いだ二代藩主忠直は、当時、僅かに一三歳の子供であった。したがって、かれが成長するまでは付家老本多伊豆守富正らや結城時代からの秀康付きの重臣でもある多賀谷・山川両氏らがかれを補佐していたものと考えられる。その意味では、この藩は発足当初からいわゆる万石以上の重臣らをも多数抱え、その後における藩政の維持と展開のためにはかなりの厳しい試練が既に待ち構えていたものとも考えられる。

たとえば、そこでの最初に直面した課題のひとつが重臣ら相互間で慶長一七年に起こった久世(越前)騒動への対処如何であり、続いて慶長一九年から起こった大坂冬の陣と翌元和元年に起こった夏の陣への参戦であったと考えられる。この両者は当時における家臣団の在り方如何にも大きな影響を与えるものであったとも考えられる。とすれば、この藩における家臣団の存在は、まずは最初に藩創設当初、特に伏見へ出兵していた頃における家臣団の在り方如何が、次には、それ以降、久世騒動及び大坂の陣へと至る頃までをも含めた家臣団の在り方如何とが次の検討の対象になるかとも考えられる。そして、大坂の陣以降、周知のように、二代藩主忠直の行動が乱れ、元和九年、かれがそこでの行状如何を厳しく問われて公儀によって配流を命ぜられるまで、藩政は大きく動揺することになった。また、こうした藩政の動揺・混乱とは分限帳の作成や保存にも直接関係したのではないかとも考えられる。ともあれ、この藩における家臣団の在り方それ自体を探る作業を以下、続けることにしたいと思う。

(2)伏見在番時代における家臣団の組織及び構造について

まず、既に翻刻されている「源秀康公御家中給帳」(内扉「浄光院様御代給帳」)を中心に、[2] 残された同系統の分限帳をも利用してはこの藩が伏見在番を務めていた頃の家臣団の構造を示したのが表Ⅰ—2—⑤である。

これによると、この時期における家臣団は、その冒頭に位置づけられた何の見出し項目もないままに並ぶ五〇人余りの有力家臣たち、具体的には付家老本多伊豆守の所持石高三万九〇〇〇石(内一万九〇五〇石与力)、次に多賀谷左近三万二〇〇〇石からはじまって一〇〇〇石の家臣らに至るまで、場合によってはこれにごく少数ながら、一〇〇〇石未満の家臣らがたまには含まれるが、ともあれ、当時における有力家臣らが一括されて分限帳の冒頭に並んでいる。次に、それ以下から表示されているように、伏見御供番衆・三河様在江戸被成候節御供衆・母衣《ほろ》衆・御使番衆・御鉄砲頭衆・御馬乗頭衆、そして、御馬廻衆一組から五組まで、御番（大番）組衆一組から六組と続き、最後には役人衆・御鷹師（匠）衆・無役衆と並ぶ形式となっている。

以上のように、この当時における越前藩における家臣団の内容は、大きくはその冒頭に並ぶ有力家臣ら五〇人余りと、それに続く伏見御供番衆・三河守御供衆・母衣衆ら以下による家臣団との二つによって構成されていたものと考えられる。とすれば、まずは冒頭に並ぶこの藩における重臣らをも含む有力家臣らの存在をどのように考えたらいいのであろうか。また、かれら以外の藩政のそれぞれの実務を担う一般の家臣らをどのように位置づけて理解したらいいのであろうか。

まずは冒頭に並ぶ有力家臣らの存在であるが、かれらのそれぞれの所持石高（給知高）を調査すると、いわゆる一万石以上の重臣らは一〇人、五〇〇〇石以上一万石までが五人、計一五人である。それ以下は計三五人、その内訳は四〇〇〇石クラスが七人・三〇〇〇石が五人・二〇〇〇石が一〇人・一〇〇〇石がやはり一〇人、そして、この場合は一〇〇〇石以下が三人余りとなっている。いうまでもなくそこでの主体は、いわゆる万石以上の各重臣らによって代表されているかと

表Ⅰ－２－⑤　家臣団の構造（１）
―伏見御供番衆及び三河守江戸御供衆らの時期の家臣団を中心に―

	資料(A)	資料(B)	資料(C)
見出項目なし（有力家臣ら）	50人	50人	46人
伏見御供番衆	81	85	79
三河守様江戸御供衆	18	17	19
母衣衆	8	8	8
御使番衆	14	14	14
御鉄砲頭衆	21	12	19
馬乗頭衆	7	7	7
足軽50人頭	／	9	／
御馬廻衆1～5組	67	68	65
御番組衆1～6組	157	156	155
役人衆	58	57	55
御鷹師衆	13	13	13
無役衆	30	29	31
計	524人	525人	511人
（以下親族その他省略する）	（〃）	（〃）	（〃）

注）資料（A）結城秀康給帳（「福井市史」資料編４所収）
　　同（B）慶長15年越前北庄御家中分限後福井改（内閣文庫）
　　同（C）「表欠」（金剛院文書福井県立文書館）

も考えられる。一〇〇〇石以下の少数の者たちは恐らくは有力家臣らの旧縁故者か、その末裔か、とも考えられる。

ところで、この藩における家臣団の階層構成の在り方如何についての検討を既に試みることにしたが(前述第2節参照)、この藩の場合、藩祖秀康が関東の結城一〇万石余りから越前国六八万石の大々名へと抜擢されたこともあって、越前への入封にあたっては藩祖秀康は有力な腹心の重臣らに対しては、藩領域内におけるそれぞれの政治的・経済的な重要拠点にはかれらをそれぞれ配置し、かれらにその地域の支配を任せる方針を既に実施していた事実をも指摘した。したがって、かれらはそれぞれ重要拠点に館《やかた》を構え、そこでの周辺に自己の家臣(陪臣)らを居住させ、その地域における農民らからの租税の徴収と治安の維持とにあたっていたものと考えられる。同時に臨戦体制下、一旦緩急の場合に備えては軍事力の強化をもはかっていたものと考えられる。他方、藩主秀康は越前に入封すると、そこでの所持石高に見合った、また、その所持石高にふさわしい、家臣団の拡充・整備に迫られ、全国各地から多くの有力武将らを積極的に招致したものと考えられる。しかし、藩主の許に馳せ参じた武将らを自己直属の家臣団の中に組み込むにしては、その直属の家臣団それ自体がまだ模索もされ、なおも構築中だともあっては、かれらにはまずは宛行状を与え、給地を媒介した主従関係を結びながらも、当分の間はかれらをそのまま給地で待機または留保させざるを得なかったものと考えられる。

したがって、分限帳を作成するにあたっても、藩領域各地に居住していた重臣らや、藩主の許に馳せ参じた有力家臣らは、そのまま待機させられていた関係などもあって、まずは最初にかれらが分限帳の冒頭に何の見出し項目もないままに、列挙されざるを得なかったのではないかとも考えられる。そして、その後から藩主直属の形での伏見御供番衆・三河守江戸御供衆、続いて母衣《ほろ》衆・御使番衆ら以下の家臣らが並ぶ形式の分限帳が作成されたのではないかとも考えられるのである。現在のところ、ここでみられる家臣団の二重構造についての何らかの説明がされた記述が他に全くみられないと考えれば、その意味ではなおも仮説の域を出ないとしても、現実は以上のような理由からこの分限帳は作成されたのではないかとも考えられる。また、その結果、家臣団は二つに分かれて記述されざるを得なかったものとも考えられる。

この場合、ここでの冒頭に並ぶ有力家臣らの多くは、戦国の時代であれば、場合によってはかれらは大名にまでも出世出来るその可能性をも秘めた存在の者たちであったとも考えられる。だから藩祖秀康は、かれらを処遇するにあたっては、あえてかれらを大名分と呼んではかれらを処遇したのではないかともまた考えられる。同時に、かれらは非常事態が到来すれば、待機中であったがために、先手と呼ばれては真っ先に敵と戦ったものと考えられる。さらには、藩主秀康はかれらの中での中心的人物らに対しては、特に自己の腹心の家臣らを与力として与えて、また、預けては、この与力の制度によってかれらとの連携の強化をも目指したものと考えられる。同時に、かれらの派遣をも通してかれらに対する監視・監察をもより強化したのではないかともまた考えられるのである。

以上、家臣団を一応、非常事態に対応する形での、領内各地の給地を支配していたいわゆる予備軍的存在の家臣団と藩主直属の軍隊（家臣団）とに分けて考えてみることにしたが、以下、今度は藩主直属の軍隊の内容とそれの推移とをみていくことにしたいと思う。

そこで最初に伏見御供番衆八〇人余りの編成が注目され、続いて三河守（忠直）が江戸へ出るときの御供衆一八人余りとが続く。特に伏見御供番衆の場合、所持石高八三〇〇石（内五〇〇〇石与力）の片山主水が全体を指揮し、かれを所持石高一万石（内与力五〇〇〇石）の落合主膳と四〇〇〇石（内与力一五〇〇石）の竹島周防（後の久世騒動関係者の一人）が補佐することになっている。そこでの部隊編成は八〇人余り、その内訳は一〇〇〇石以上が一二人、五〇〇石以上、一〇〇〇石までが一四人と有力家臣らの占める割合が非常に高いことが注目される。また、続く五〇〇石以下の家臣らの場合も三〇〇石取りの家臣らが二一人と最も多く、それに四〇〇石及び二〇〇石取りの家臣らがそれぞれ一三人と同じ人数になっている。また、一〇〇石取りの家臣らは僅かに九人余りに過ぎない。恐らくこの伏見派遣の部隊は、その主力は騎兵隊として編成され、高禄の家臣ら及び格式の高い家臣らを中心に編成されていた当時における藩を代表した最精鋭部隊ではなかったかとも考えられる。

他方、三河守(忠直)の江戸御供衆一八人余りは、一〇〇石から七〇〇石までのやはり高禄の家臣らでまた構成されている。以下、藩主側近としては母衣《ほろ》衆が八人、かれらはいずれも四〇〇石から五〇〇石までの有力家臣らで形成され、戦いがはじまれば、本陣にあって藩主の側近を固め、在陣である旨の旗印を高く掲げていた者たち、続いて御使番衆は三〇〇石から五〇〇石までの家臣ら一四人で構成され、非常事態が起これば各部隊の配置・指揮・相互連絡などに深く関与していた者たちだと考えられる。

以下、前線部隊の中での鉄砲隊の部隊長として御鉄砲頭衆二一人(内五人は与力持ち)とが並ぶ。かれらの中では遠江の出身者が最も多く、他は三河・美濃・近江ら、中には少数ではあるものの、相模・武蔵の出身者もまた含まれている。所持石高は一〇〇〇石または七、八〇〇石取りの有力家臣らが多いことが注目される。かれらは恐らくは足軽たちを主体とした各鉄砲隊をそれぞれが率いていたものと考えられる。これに対して続く馬乗頭衆は七人余り、その全てが与力持ち、所持石高は五〇〇石前後の者が多く、特にそこでの出身地はいずれも武蔵・相模・下野など、特に下野出身者が多い。かれらは後述する馬廻衆一組から五組編成の騎兵隊とともに、かつては関東結城及びその周辺の原野を旗印を背中に、縦横無尽に走り回っていた者たちではなかったのかとも考えられる。なお、資料(B)の場合にだけが鉄砲頭の人数が他に比べて少ない。しかし、その代わりに次に続く資料にだけは別に足軽五拾人頭九人との記載があることが注目される。

次に戦闘部隊の中心である御馬廻衆(騎兵隊)が一組から五組までが編成されて計六五人から六八人余りとなっている。続いて今度は御番組(後の大番組)衆が一組から六組までが編成されて計一五五人から一五七人余りとなっている。そこで五組編成の馬廻衆と、六組編成の大番組のそれぞれの内容を具体的に調査した結果が表Ⅰ―2―⑥(A)

と表Ⅰ—2—⑥(B)とである。

　これによってまずは馬廻衆らの内容をみてみると、各組の統率者及びかれの補佐にはいずれも一〇〇〇石または一五〇〇石までの有力家臣らがその地位を占め、そこでの構成員の主体は表示されているように、三〇〇石取りの家臣らが最も多く、次が四〇〇石・五〇〇石取りの家臣らでその主体が占められている事実が注目される。同時に二〇〇石取り、一〇〇石取りの家臣らはむしろ少ない事実が見逃せないかとも考えられる。当時は三〇〇石取りの家臣らは特に馬を持つことを義務づけられていたとも伝えられている。これに対して続く後の大番組(歩兵部隊)の構成を示したものが表Ⅰ—2—⑥(B)であるが、これをみると、各組の統率者らは一〇〇〇石以上を占めてはいるも

表Ⅰ－2－⑥(A)　御馬廻衆の構成

	1組	2組	3組	4組	5組	計
1,000石	1人	2人	2人	2人	2人	9
900					1	1
800	1	1	1	1		4
700		2				2
600	2	1		1	1	5
500	2	2	3	2	1	10
400		3	3	1	3	10
300	5		3	5	3	16
200	5	1	1		1	8
100			2			2
100石以下						
計	16人	12人	15人	12人	12人	67人

注)「福井市史」資料編4「結城秀康給帳」による。
　主な出身地は遠江11人・三河10人・越前6人・美濃5人・尾張4人など。

表Ⅰ－2－⑥(B)　御番(大番)組の構成

	1組	2組	3組	4組	5組	6組	
1,000石以上	1人	1人	1人	1人	1人	1人	6人
900							
800							
700	1						1
600				1			1
500			1	2		1	4
400	1	6	1	1		3	12
300	6	5	5	4	8	6	34
200	11	9	11	14	9	8	62
100	5	4	6	6	10	6	37
100石以下							
計	25人	25人	25人	29人	28人	25人	157

注)「福井市史」資料編4「結城秀康給帳」による。
　なお主な出身地は下野国39人・三河13人・遠江10人・信濃と尾張各9人・上野8人・美濃と常陸各6人・甲斐・越前は各5人などである。

のの、ここでの各組の構成員たちの主体は、馬廻衆組と比べてむしろ二〇〇石の家臣らが最も多く、続いて一〇〇石取りまたは三〇〇取りの家臣らとなっている事実が注目される。また、組編成の規模も馬廻衆一組が一二人から一六人らによって構成されているが、大番組衆の方は二五人から二九人の構成となっている。かれらは当時にあってはいわゆる歩兵部隊の中心として活躍していたものと考えられる。なお、既に指摘したように、当初の段階では二〇〇石クラスの家臣らもまた馬を所持していたとも考えれば、一応は歩兵部隊とはいうものの、かなりの機動力を持った軍隊だともまた考えられる。

以上がいわゆる番方といわれている家臣らの状況であるが、ここでは藩主直属の形でまずは母衣衆・使番衆とともに御鉄砲頭衆二一人余り(後には三〇人余りに増加)、かれらは恐らくその配下に鉄砲隊をそれぞれ率いた武装集団でその果たす役割は極めて大きいものであったと考えられる。また、馬乗頭衆ら七人も数々の歴戦の勇士たちで構成され、これまた藩祖秀康にとっては鉄砲頭衆とともに最も信頼出来る有力家臣らであったと考えられ、かれらが中心になって組織化された馬廻衆計五組、大番組衆計六組をもその指揮下に置いていたのではないかとも考えられるのである。

以上の軍事組織に続いていわゆる役方に属した家臣らが続くが、まずは役人衆として一四〇〇石の朝日丹波以下、計五八人余りとが続く。しかし、その詳しい内訳まではわからないが、恐らくは代官らをもともに含む役人たちであったと考えられる。また、これに加えて鷹師(匠)衆一三人の名前があり、最後に無役衆として藩祖秀康の母である長勝院三〇〇〇石・養父結城晴朝五〇〇〇石らの四人とかれら以外の三〇石から六〇〇石に至るまでの家臣ら三〇人余りの者たちが並ぶ。そして、最後は寺社への寄進・手当などとなっている。また、ここで表示されている給人らの総数は、恐らくは五〇〇人を越えていたものと考えられる。

なお一応、この頃における分限帳の内容・形式については既に紹介を試みたが(第二章第1節参照)、その中にあって残された分限帳の中でのひとつの形式としては、家臣らの所属した各職制または職種ごとに、そこに所属した家臣らの所持石高を集計しては各職種の後に注記または付記した形式の分限帳がともに存在することをも指摘した。しかし、この伏見在番の時期における分限帳では、現在のところそれをみることが出来ない。

(3)伏見在番廃止直後及びそれ以降における家臣団の組織及び構造について

(A)伏見在番廃止直後の家臣団の状況

以上、残された分限帳の中での伏見御供番衆と三河守の江戸御供衆らがともに存在していた頃に作成されたと考えられる分限帳を対象に、主に慶長年間中期頃における越前藩の家臣団の構成及び構造如何とを探る作業を試みることにした。しかし、伏見御供番衆及び三河守江戸御供衆もともにその後に廃止されたものと考えられる。この場合、最初に伏見御供番衆のみが廃止された頃に作成されたと考えられる分限帳が、いくつか現在までに残されている。以下、この内容をもここで続けてともに表示することにした。これが表I—2—⑦である。

この表によると、何といっても注目されることは、これまでの見出し項目もなく、有力家臣らが五〇人余りも並ぶ形式

表Ⅰ－２－⑦　家臣団の構造（２）
―伏見御供番衆廃止当時の家臣団―

	忠直資料(A)	忠直資料(B)
見出項目なし	102人	119人
三河守江戸御供衆	18	17
母衣之衆	8	8
御使番衆	14	14
御鉄砲之衆	21	13
御馬乗頭衆	9	7
足軽50人頭		8
御馬廻衆１～５組	68	68
御番組衆１～６組	156	154
役人衆	58	57
鷹匠衆	13	13
無役衆	38	29
	505人	507人
寺社	(19)	(19)
幸若	3	3

注)資料(A)「慶長15年越前福井御家中知行附」(矢吹家文書津山郷土博物館)
資料(B)「慶長15年越前北庄御家中分限後福井改」(津山郷土博物館愛山文庫)

の分限帳の中でのこの時期だけが一〇〇人を越える有力家臣らが並んでいることではないかと考えられる。この藩の場合、伏見御供番衆八〇人余りが廃止され、江戸御供衆のみが残されるとすれば、伏見御供番衆らのその後における身の振り方が問題にならざるを得なかったものと考えられる。このためもあってか、この頃に作成されたと考えられる分限帳の中には、冒頭に紹介されている見出し項目がなく、大名分または先手とも呼ばれていた有力家臣らの人数が急に増加して計一〇〇人以上になっている分限帳の存在が注目される。ここでの冒頭に並ぶ有力家臣らの増加は、恐らくは取り敢えずの措置として、かつての伏見御供番衆らの大部分を吸収したその結果ではないかとも考えられる。

当時における伏見御供番衆は、この藩にあっては藩を代表する最精鋭部隊であったと考えられ、家柄・格式などが高い家臣らがその主体ではなかったかとも考えられる。とすれば、廃止に伴って起こるかれらの身の振り方については、家臣団の最上位に位置づけられた見出し項目のない、しかも、大名分・先手とも呼ばれていた部隊の中にかれらを一時期、取り敢えずはともに含めることにしたのではないかとも考えられる。また、それ以降にかれらの身の振り方をも改めては考えることにしたのではないかともまた思われる。

なお、残された分限帳によると、伏見御供番衆が廃止されて以降、その時期は不明であるが、間もなく三河守江戸御供衆もまた廃止されている。この場合、両者は完全に廃止されたのではなく、次に紹介を試みる分限帳にもみられるように、伏見の場合は屋敷留守居衆四人が、江戸の場合は江戸詰衆として一二人の家臣らが継続して存在していることが注目される。しかし、ここで示した表Ⅰ―2―⑦によると、伏見御供番衆は全廃された形となっており、現在のところその理由については明らかではない。

（B）御馬廻衆一組から五組までが廃止された頃の家臣団の状況

さて、伏見御供番衆と三河守江戸御供衆らがともに廃止されたそれ以降における家臣団の在り方如何が問題になるが、続いてその正確な時期は不明であるが、これまでの軍事組織の中心のひとつであった馬廻衆一組から五組とがともに全面的に廃止されている事実が次に注目される。いま、その事実がみられる分限帳の内容を示したのが表I―2―⑧である。

これによると、冒頭にある有力家臣らの人数も減少して四〇人になっている事実も見逃せないとしても、以下、表示されているように、最初に馬廻衆らが一括されて馬廻衆計九〇人となって冒頭に位置づけられている事実が注目される。また、本来は馬廻衆計五組は大番組計六組と並ぶはずであるが、それが全くその姿が消えているのである。また、その人数も本来は七〇人前後ではないかとも考えられるが、ここではその人数が増加して九〇人となっている。また、その増加の理由もまたよくはわからない。いずれにしても、これまでの軍事力の一方の担い手であった馬廻衆計五組の解体と消滅とは、また、主力部隊のひとつであった

表I―2―⑧
家臣団の構造（3）
―馬廻衆1組から5組までが廃止された頃の家臣団―

	人数	石高	%
見出項目なし（有力家臣ら）	40人	305,560石	60%
馬廻衆	90	55,050	33%
小姓衆	70	31,830	
母衣衆	30	4,500	
使番衆	14	5,500	
馬乗与力持衆	4	9,800	
鉄砲頭衆	30	21,578	
6番組1～6組	143	41,160	
鷹匠衆	13	2,261	7%
伏見屋敷留守居衆	4	1,500	
江戸詰衆	12	4,700	
医者衆	4	750	
代官衆など	28	7,567	
藩主一族など	25	15,820	
寺社・幸若など		1,630余	
計（概数）	（510人）	（510,206石）	100%

注）黄門様御代給帳（松平文庫）による。

騎兵隊の消滅は、この時代における軍事編成のひとつの大きな転換をも示唆したものとして特に注目される事実ではないかとも考えられる。廃止されたその時期は、他に新設された役職がみられないとすれば、伏見御供番衆や三河守御供衆らの廃止直後に極めて近い時期ではなかったかとも考えられる。

同時に、この時点頃から分限帳の形式に変化がみられることも見逃せない。というのは、既に指摘もしたように、この時点から各役職ごとに所属したいた家臣たちのそれぞれの所持石高を集計した結果が、その役職の最後にそれぞれ注記または付記されるようになった事実が注目される。一応、この分限帳に登録された家臣らは五一〇人余り、その所持石高の総所持高は概算すると五一万石余り、表示したように、冒頭に並ぶ有力家臣らの所持石高の総計は四〇人で計三〇万五五六〇石余り、それは家臣団全体の中での六〇%余りを占めている。以下、軍事関係者らの総計の占める比率は計三三%余り、残りのその他は七%余りである。いずれにしてもこの時期は軍事最優先の時代であったと考えられる。

(C)武頭または物頭らの登場と家臣団の状況

この頃に成立したと考えられる分限帳には、ひとつには武頭が登場した分限帳、もうひとつには物頭が登場した分限帳との二つの系統の分限帳とがともに共存していたのではないかとも考えられる。この場合、両者の中にはともに以前から存在していた母衣衆と使番衆とがあるが、武頭の登場した分限帳の方では両者はそれぞれ独立し、後者の分限帳では両者はともに合体されて母衣使番衆となっている。そこでまずは武頭が登場している分限帳の方からその内容を少しみてみることにしたいと思う。

(a)武頭とある系統の家臣団について

まずは武頭といった見出し項目のある分限帳の中のひとつを示したのが表Ⅰ―2―⑨(A)である。

これをみると、表示されたように、冒頭に見出し項目がないままに、有力家臣ら五〇人の名前とそれぞれの所持石高とが続く。それ以下は御小姓衆一二人・大小姓衆・右筆など一四一人（これまでの馬廻衆、後の番外もこれに含まれているのかどうかまではわからない）、そして、次に太閤様御付人三人の名前とが続く。ここで何故、太閤（秀吉）様から藩祖秀康に付属させられた付人三人の名前が紹介されているのか、その理由は現在のところ全くわからない。

これに続いて新しく武頭中として三三人の名前とが続く。以下、母衣衆一〇人・使番衆一六人とが続き、さらに主力部隊である御番（大番）組一組から六組まで、計一六二人余りの所持石高とその名前とが続く。最後は、役人中六六人・藩主一族その他一四人らとが続いている。

表Ⅰ－２－⑨（A）
家臣団の構造（４）
—（A）武頭が登場した時期の家臣団—

	人数	石高	その他
見出し項目なし（有力家臣ら）	50人	353,120石余り	
御小姓中など	12		
大小姓中・右筆など	141		
太閤様御付人	3		
御武頭中	33		
母衣衆	10		
御使番衆	16	129,550石	
御番組中1組～6組	162	62,120石	①25　15,850 ②25　7,850 ③28　6,850 ④24　6,900 ⑤24　6,800 ⑥36　17,870
役人中	66	29,975石	
藩主一族その他	14		
寺社寄進その他	17	800石	
幸若	3	875石	
北庄・府中・大野城代		3,405石	
計	510人余		

注）「秀康公御代給帳」（「大野市史」史料総括編171頁以下参照）
なお太閤御付人としては300石玉薬方真瀬理左衛門、150石岩井庄次郎や200石熊井九郎右衛門の３人の名前がある。

ここでは特に指摘したように太閤様付人三人の存在が注目される。また、後述もするように、藩祖秀康は幼少の時に太閤（秀吉）の許に養子（人質）に出され、秀吉から河内の国で一万石を与えられていた。この時期にかれには太閤様付人が既に与えられていたものとも考えられる（後述第四章第2節第2項参照）。また、最近の研究によると、家康は一時期、豊臣秀頼を中心とした公儀政権と家康を中心とした武家政権との二重政権の政治的構想をも考えていたとも伝えられ、こういった政権構想の中で生まれたひとつが大閤様付人三人の登場ではなかったかとも考えられるが、それにしては付人三人の所持石高は低く、もちろん真偽の程は不明である(後述第四章第2節第2項参照)。

(b)物頭とある系統の家臣団について

次に、物頭とある分限帳の中でのひとつの内容を表したのが表Ⅰ―2―⑨(B)である。これによると、冒頭の見出し項目のない有力家臣らは五〇人、続いて小姓数一一人・大小姓衆二四人・出頭衆三六人らとが並び、次にはそれ以前の分限帳ではその冒頭にあって一括されていた馬廻衆がその名前を「番外」と変えては、また、その人数もまた増加して九五人とが続く。以下、新しく物頭三一人が登場、また、これまでの母衣衆と使番衆とが合体されて母衣使番衆となって計二二人、以下、主力部隊である大番組が計六組、総人数一五三人とが続いている。しかし、この系統の分限帳では、そこでの記述または筆写の不備などがあってか、見出し項目がないままに計四〇人余りの家臣らの紹介とが続き、最後は代官衆や寺社・幸若などへの寄進となっている。その意味では、分限帳の最後の部分が正確さを欠く結果となっていることが見逃せない。

以上のように、ここでの武頭または物頭らが登場する段階になると、残された分限帳には、その内容が二系統の分限帳とに分かれ、前者では武頭、後者では物頭ともあり、特に、前者では太閤様御付人として三人の家臣らの名前とが登場している事実が、後者では分限帳の最後の部分が明確さを欠く結果ともなっている事実などが注目される。

ところで、残されたこの系統の分限帳の場合、どの分限帳をみても、武頭または物頭らはそれ以前における馬乗頭衆と鉄砲頭衆らとが合体して新しく結成されたものであった。また、かれらはともに足軽たちを率いた部隊長として再出発することになったものと考えられる。

表Ⅰ－２－⑨(B)
家臣団の構造（５）
―(B)物頭が登場した時期の家臣団―

	人数	石高	%
見出し項目なし重臣ら（有力家臣ら）	50人	348,170石	63%
小姓衆	11		
大小姓衆	24	78,100	
出頭衆	36		
番外	95		30%
物頭	31	33,960	
母衣使番	22	10,000	
大番１～６組	153	43,210	
見出項目なし	22	15,936	
見出項目なし	18	4,000	
代官衆など	32	6,967	7%
藩主一族など	13	12,000	
寺社寄進・幸若など	18	1,632	
	(525)	(553,975)	
巻末		545,028	
蔵入地		132,300（ママ）	
その他		3,405	
		計680,762石	

注）浄光院様御代分限帳（松平文庫）による。

しかし、そこでの足軽たちの記載内容は各分限帳によって異なり、そこでの足軽たちの実態如何がよくわからない。たとえば、かつての馬廻頭衆らの場合、以前と同じように、与力高がそのまま記載されているものもあれば、与力足軽といった名称の記載もみられ、与力足軽といった場合、そこでの与力高に応じた足軽たちを新しく召し抱えることになったのかどうか、この辺の事情がわからない。また、以前の鉄砲頭衆らの場合、かれら個々人にはそれぞれ足軽何人といった表現が多くみられるものの、中には持弓足軽・持筒足軽といった名称もまたみられ、足軽たちは全員が鉄砲で武装していたわけではないようにも考えられる。あるいは、足軽何人といった表現もあれば、組何人といった表現もまたみられる。また、朝日丹波一四〇〇石の場合には、町奉行足軽五〇人といった表現があり、ここでの足軽は朝日個人に与えられた足軽ではなく、町奉行といったかれの職種に与えられたいわゆる役足軽だとも考えられる。これと同じ事例は鈴木七兵衛一五〇〇石には御舟奉行足軽二〇人とあり、これもまた舟奉行といった役職に与えられていた役足軽かとも考えられる。他にも足軽たちに対する生活保証の在り方如何などの問題をも含めて、あるいは、ここでは全く登場しないいわゆる禄米取りの家臣らの存在をも含めて、江戸初頭における家臣団の在り方如何についてはなおも多くの検討課題が残されているものと考えられる。

以上、伏見御供番衆や三河守江戸御供衆らが廃止されたそれ以降における家臣団の推移を探る作業を少し試みることにした。しかし、そこでの対象とした期間は、この藩は慶長一九年には既に大坂冬の陣が開始されてそれに参戦するので、極めて短い期間であったと考えられる。しかし、それにもかかわらず、この時期における厳しい時代相を反映してか、この越前藩における家臣団にはいくつかの変化がみられる事実が注目されるかとも考えられる。

第2項　残された課題―大坂冬・夏の陣と越前軍の出兵について―

最後に、この藩の場合、慶長一九年を迎えると大坂冬の陣が開始され、この藩は徳川の親藩だといった理由もあって、そこでの総力を挙げては、大坂の陣に参戦することになったものと考えられる。

とすれば、この藩における家臣団の組織及び構造は、なかでもこの藩固有の家臣団の在り方如何は、具体的には一方では有力家臣らがそれぞれ自分の給地を中心に、その地域の支配に専念し、または非常事態の到来に備え、他方では藩主直属の形での家臣たちがそれぞれ協力しては各軍事集団を構成し、やはりともに非常事態の到来に備えるといったいわゆる家臣団における二重構造の在り方如何が、この大坂の陣への参加を機会に、その是非の如何が厳しく問われることになったのではないかとも考えられる。公儀による動員令の実施は、藩主秀康を中心とした家臣団の一元的支配の強化をも強く促すことになったものと考えられる。

では、越前藩ではどのような体制でまずは最初に大坂冬の陣に参加することになったのであろうか。現在のところ、そこでの真偽の程は不明だとしても、また、賛否両論とが存在はするものの、この藩では一一組による家臣団の構成で、また、一万五〇〇〇人の兵力を総動員しては、大坂冬の陣に参加することになったと伝えられている。

そこでの陣容とは、以下のような家臣団の編成であったと伝えられている。(3)

一十月八日、本多伊豆守奉御家中触御備次第　伊豆判物之書付直写、爰ニ寛延頃記之

一番　高一万四千石高　吉田修理亮　三千四百石　牧野主殿助　高千石高　山田又右衛門　七百石高　稲葉馬右衛門

御目付　堀田清右衛門

合一万九千五百石

二番　三万九千石高　本多伊豆守　田口源左衛門

御目付　山上甚左衛門

合三万九千石

三番　一万七千五百石　山川讃岐守　高二千五百石　国枝頼母助

御目付　羽中田善兵衛

合二万石

四番　高九千四百石　山本内蔵助　高四千石　荻野河内守　高三千石　谷左衛門佐

高千五百石　林甲斐守　高千石　山名土佐守　高千石　山田喜太郎

御目付窪島助兵衛

合二万石

五番　高四万石　本多丹下

御目付　中根助右衛門

高合四万石
六番　高三万二千石　多賀谷左近
御目付　高千石　大藤小太郎
合三万三千百石
七番　高五千石　荻田主馬　高五千三百石　笹治大膳
御目付　長田儀大夫
合一万三百石
八番　高一万二千五百五十石　小栗備後守　高四千石　山岡備前守　高四千石　中川駿河守　高千三百石　平
松三十郎
御目付　諏訪源左衛門
合二万八百五十石
九番　御旗本
十番　高一万五千三百五十石　永見右衛門　高二千石　柴田帯刀　高三千石　太田安房守
御目付　植田治太夫
合二万三百五十石
十一番　高五千三百石　片山主水正　高四千百七十石　高屋越後守　高四千石　長谷部右馬助　高二千三百十
石　浅羽左衛門　高二千石　安福和泉　高二千四百石　原縫殿助　高千四百五十石　富永刑部　高千五
十石　村田伝右衛門　高千石　日下部左馬　高七百石　落合八郎右衛門

御目付　横井弥五右衛門
合二万五千五百五十石
総高合二十四万八千百五十石
右御備押始此御座候間、各御相談候而、御使番衆指図次第可被入御念候、以上
十月八日　　本多伊豆守(花押)
各中

以上の陣容が、大坂冬の陣への参加部隊の編成だと一般には広く伝えられている。具体的には、大坂の事情に詳しい吉田修理が率いた軍隊がまずはその先陣を占め、それに続いて付家老本多伊豆守の率いた軍隊が、続いては結城以来の重臣であった山川讃岐守、次いで山本内蔵助、また、本多の同族でもある本多丹下(飛騨守成重)、続いて結城以来の重臣多賀谷左近、かれに続いてこの頃には頭角を表した荻田主馬・小栗備後守らが率いた各部隊編成となっている。そして、九番目には御旗本とあって藩主忠直及びかれの率いた親衛隊とが位置づけられ(石高は不明)、後詰としては永見右衛門・片山主水らの軍隊とがそれぞれ配置されているのである。

ここでみられた越前藩の部隊編成は、この藩が大坂冬の陣へ参加するために急遽、編成替えされたものであったと考えられる。また、全兵力が総動員されたその結果、全体は一一人の有力武将らを中心にした部隊編成にならざるを得なかったものとも考えられる。そして、これまでの越前藩における軍事編成が、一方では有力武将らが待機または留保された形での内外の非常事態に備え、他方ではまた藩主自身が率いた軍隊の構築が急がれたといったこれまでの軍事編成の在り方如何が、また、いわゆる家臣団の二重構造の是非如何とが、これを機会に厳しく問われることになったものと考えられる。そして、出された結果が藩主を中心とした有力武将ら一一人による部隊の再編

成ではなかったかとも考えられる。とすれば、ここでの家臣団の一元化の過程で、また、家臣団の収斂の過程で、どういった事実が問題にされたのであろうか、恐らくは非常事態の到来に急遽、編成替えされただけに、そこではさまざまな問題点が未解決のままに、なおも内包されざるを得なかったものと考えられる。なかでも一一組の部隊編成の中にあっての九番目に位置付けられた藩主忠直及び旗本組の在り方などをどのように考えるべきなのか、それこそ検討課題は尽きないようにも考えられる。

ともあれ、本来であれば、いざ出陣ともなれば、藩主忠直は家康の孫にあたり、二代将軍秀忠の娘婿でもあり、しかも、六八万石の大藩の藩主ではあり、その意味ではかれが真っ先に先頭に立っては全軍の指揮を取るのが当然の姿ではなかったかとも考えられる。ところが、現実は藩主忠直の率いた旗本軍は、全体で一一組に分かれた軍隊のその中にあっては九番目に位置付られているのである。何故なのであろうか。

既にこの時点では、藩主忠直はそれ以前に起こった、後述もする御家騒動である久世騒動または越前騒動が起こったために、そこでの責任を問われたこともあってか、既に新しくかれの後見役に任命されていた付家老本多伊豆守富正と本多飛騨守成重両人らの厳しい監督下に置かれていたのではないかとも考えられる。また、そこでの背後には二代将軍秀忠の娘婿忠直に対する深い配慮があった事実もまた見逃せないようにも考えられる。そういった事情もあってか、かれは全軍の中にあってはむしろその中に包括された形で改めて位置付けられたのではないかともまた考えられるのである。

同時に、ここでの軍事編成の中では、当時の大野郡、特に木之本《このもと》を拠点にしていた重臣らの一人でもあった加藤四郎兵衛康寛（宗月）五〇〇〇石の名前が何故かみられない。かれはあくまでも大坂の陣への参加を強く希望したものの、「越前大野は、一揆処にて候彼地に残り、一揆不起様に致可然之旨本多正信（佐渡守）より申来り、其上忠直公御意之由に而家老中より奉書到来に付」といった理由で、かれは出兵中は拠点を大野に移しては専ら治安の維持に努めていたものと伝えられている。(4) 当時は、この地方にあっては出陣中に農民一揆が起こることが非常に心配もされていたのである。

ところで、既に指摘もしたように、この段階における越前藩における組織または職制の在り方如何はなおも不明のままであった。このために残された後世の人々によって当時における職制の復元作業が行われ、それが現在、「役附分限帳」または「分限帳役附」として残されている事実をも既に紹介した。また。ここでの内容の骨子は補注の形で紹介を試みることにしたが(第二章第1節第3項参照)、これによると、当時における藩の執行部もやはり一一人の有力武将らによって構成されている事実がまた注目されるかとも考えられる。

この場合、この「役附分限帳」によると、家臣団の中核を占めた大番組は一〇組編成になっている事実が注目される。現在のところ、残された分限帳の中には大番組編成が一〇組になっている分限帳が一点だけは残されている。また、この分限帳にだけは、冒頭に並ぶ何の見出し項目のない有力家臣ら五〇人余りの紹介のその後に「右御先手」といった注記がみられる。その意味でもこの分限帳の存在は注目されるが、しかし、そこでの内容の理解が現在のところ大変、難しく、今回はその存在を指摘するだけに留めておきたいと思う。

最後に、なおも付言するとすれば、この時期における分限帳によって越前藩における一応の軍事編成の在り方如何の検討を試みた。しかし、それと並んでこの藩でも家臣団を対象にしてはいくつかの法令が既に出されている事実もまた注目される。現在のところ、先学らの努力によってまとめられた法令集によると、慶長・元和期には計一三点余りの法令が紹介されており、その中で特に家臣ら対象にしたものとしては、具体的には藩祖秀康によるものは「軍法一三カ条」・「年寄衆掟書五カ条」の二点、二代藩主忠直によるものは「松平忠直軍令七カ条」・同年「年寄衆条々一四カ条」の同じく二点とが残されている。

そこでの内容は家臣らの日常生活に対する心得からはじまってその内容は多岐にわたるが、(5) たとえば、慶長五年七月の結城秀康軍法によると、第一条では家臣らによる喧嘩口論の禁止が強く命ぜられるとともに、それに違反した場合は、「於違背之輩者不論理非双方共可誅罰」と、喧嘩両成敗である旨を強く命じて家臣団の結束を固めている事実がまずは注目される。また、第二条では「於味方之地放火并乱妨狼藉事、付、作毛取散田畠之中不陣取事」と、家臣らによる乱暴狼藉の禁止や領民らに対する迷惑行為をも厳しく禁止し、第三条でも「於敵地男女不可乱取事」と、家臣らによる規律の厳守をも強く命ずるとともに第四条では、先手の了解を得たうえでの物見を出すことなどをも命じている。あるいは、「諸事奉行人之指図」を守り、同時に、長柄の扱い如何や押買・狼藉の禁止などがともに命ぜられている。あるいは、慶長一二年九月の家老本多伊豆守と今村大炊頭両人からの掟書では、家臣らの夜中での外出禁止や家臣ら相互間における接待の在り方如何についての注意や、いわゆる「かぶきもの」の召し抱えを禁止すると同時に、農民らに対しては「免合」（租率）之儀其組中と致談合可被相定候」と、免合は組中でよく相談しては実施し、百姓らが欠落ちすることがないようにと強く命じている事実が注目される。

以下、忠直軍令や忠直年寄衆（両本多）から出された条々の内容もまた興味深いものがある。たとえば、特に条々によると、家臣らに対しても「然者侍・中間・小者ニいたる迄拾人組ニ可被申付候」と、十人組の結成を命じ、そこでの相互扶助と秩序の維持とが奨励されている事実がまずは注目される。次に所持する刀の長さ、特に大脇差・小脇差の寸法が定められ、同時に朱さや、びやくたん（白檀）の鞘などか禁止され、また、家臣たちの「かりこん・大ひたい（額）」が禁止され、さらには煙草が禁止されている。さらには足軽・若党・中間・小者らに対する風俗規制の強化も注目される。あるいは、「町屋ニをいて、舞・うたい・こうた・しゃみせん。尺八并みだりに酒を給候事堅可為停止候」ともある。その他、さまざまな規制措置の実施が行われている事実もまた興味深いものがある。藩政創設期とあっては、個々の家臣らに対する対応措置の実施もまた大変なものがあったと考えられる。

【注】

（1）　歴史学研究会編「新版日本史年表」（岩波書店）一五八頁参照。
（2）「福井市史」資料編4所収の「結城秀康給帳」参照。
（3）「国事叢記」一の五四頁以下参照。なお、この資料については「又曰、忠直卿冬御陣御備立甚難為信用、越州庸人等秘為家宝、仍難打捨爰記、後人之偽作ならんか」などともいわれている（国事叢記」五七頁。あるいは、この資料の冒頭には「爰ニ寛延頃記之」ともあり、いずれにしてもこれらの記述は検討を試みる場合、見逃せないかとも考えられる。
（4）この事実については、たとえば、「片聾記」三九頁、「国事叢記」一の六四頁など参照。なお、加藤氏についてはさまざまな逸話などが伝えられているが、たとえば、かれはかつては信州における著名な武将の一人でもあった。しかし、慶長五年正月に大坂で小栗三助を打果して高野へ立退き、後に藩祖秀康公に新しく五〇〇〇石で召し抱えられたともいわれ、また、これを機会にかれの家来たちの一部が公儀の旗本に採用されたともまた伝えられている。なおこの頃に福島正則が越前に来ている事実なども興味深い。
（5）「福井市史」資料編6近世4上の藩法1の「結城秀康軍法」、それに続く「福井藩年寄衆掟書」、さらには「松平忠直軍令」や「松平忠直年寄衆条々」など参照。

第4節　重臣らの給地支配と陪臣たち―特に慶長・元和期を中心に―

第1項　はじめに―宛行状検討にあたっての問題点―

以上、これまで主に残された分限帳を中心に家臣団の階層構成や構造の在り方如何についての検討を試みることにした。ところが、残された分限帳や由緒書などとともに家臣団検討にあたって見逃せないもうひとつの資料として藩主が個々の家臣らに与えた宛行状《あてがい》がある。特に家臣らにとっては、なかでも知行取りの家臣(以下、給人ともいう)らにとっては、これによってかれらの地位・身分格式などが確定・保証されるとすれば、それは何にもまして重要な資料であったと考えられる。

旧藩主松平家(福井藩主)では、家史編纂の目的でその関係者らが大正期に、当時、福井を含めて既に各地に散らばっていた旧家臣らを対象に、そこに残されていた藩政時代の資料調査を行い、そこでの主要な資料の筆写を試みている。その中には藩主から貰った宛行状を大切に保存していた旧家臣らもみられ、それらの写しが現在「松平文庫」の中に残されている。その数量は当時における開架資料によると、凡そ三〇点余りではないかとも考えられ、必ずしも多くはないが、主に江戸初期における家臣団の解明にとっては貴重な資料だとも考えられる。また、最近では古文書学の立場から残された越前・福井藩関係の宛行状を収集・整理した研究成果も既に発表もされている(1)。

以下、当時における重臣たち、また、一部の家臣たちの手許に残されていた宛行状についての紹介を試み、そこにおける問題点、特にこの藩における知行制度の在り方如何を探るための基礎的作業を少し試みることにしたいと思う。具体的には、一応、宛行状が残されている家臣たちの中から、特に重臣らを選び、そこでの内容の紹介を試みるとともに、当時における知行制度の在り方如何を少し考えてみることにしたいと思う。

同時に、この藩にあっては宛行状の検討を試みる場合に、見逃せない問題点として特定の重臣ら、または有力家臣らに対しては、当初から既に与力の制度が実施されていた事実が注目される。この与力の制度とは、既に戦国の時代からその実施がみられ、領主が自分の支配下にある特定の武将らに、また、新しく帰参した有力武将らに、自分の支配下にある信頼出来る譜代の家臣らを与力として与え、または預ける、制度であったと考えられる。また、領主は自分の信用出来る譜代の家臣らを自分の部下になった有力武将らにそれぞれに与える、また、預ける、ことによってかれらとの連携の強化と組織の一元化をも推進すると同時に、軍事力の強化をも意図したものだとも考えられる。また、同時に、腹心の家臣らを派遣することによって武将ら個々人らの軍事力の強化とかれらに対する監察をも徹底させることにしたのではないかともまた考えられる。さらには、部下になった有力家臣らに対して与力らを特に付与するにあたっては、その旨を宛行状の中に既にともに明記することが実施されていたのである。したがって、この与力の制度は、また、それの有無は、個々の有力家臣らに対する宛行状の交付と密接不可分の関係にあったものと考えられる。

また、宛行状を与えられていた有力家臣らは、先祖代々自分自身が所持・支配する家臣(陪臣)たちを別に召し抱えていた。たとえば、この藩にあっては、所持石高二〇〇石以上、一般には三〇〇石の家臣らは常時、馬に乗って戦場で戦い、この場合、乗馬した主人のすぐ側でかれの警護にあたった先祖伝来からの家来たち、いわゆる陪臣らが一緒に戦っていたのである。かれらは一般には藩主直属の家臣らとは別に陪臣と呼ばれているが、個々の家臣らがそれぞれ所持・支配していただけに、また、かれらを取り巻く状況が明治維新以降、一変したために、現在のところ、個々の旧家臣らの手元に残されているいわゆる陪臣関係の資料は極めて乏しいことが注目される。その意味では、陪臣らについての資料にも留意しながらも、その実態の検討を試みることにしたいと思う。

なお、小稿では特にこの藩における宛行状を対象にした検討では、藩祖秀康による結城時代における宛行状をもその視野の中に入れて検討を試みることにしたいと思う。その理由は、いうまでもなくこの結城時代における宛行状の在り方如何が、また、そこにおける知行制の在り方及び与力制度の在り方如何が、その後の越前藩及び福井藩の時代におけるそれらと密接不可分の関係にあると考えたからである。

最後に、現在のところ、残された宛行状の内容は、藩主が特定の重臣らや有力家臣らに対しては領地の一部を割いてまとまった形での、また、複数の村々を一括しては与えるいわゆる一円的知行と、それとは逆に分散した個別の村々や、また、その村々の中での一部をも割いては与えるいわゆる個別分散的知行、あるいは個別細分的知行とに大きくは二つに分けることが出来るのではないかとも考えられる。前者は比較的まとまった領地を一括して与えられるために、そこでの重臣らはその領域に対する一元的支配権を確立することがまた可能になり、それらをも背景に藩政に対する発言権もまた強くならざるを得ないかとも考えられている。その意味では、まとまった知行地を持つ重臣らの存在自体は、場合によっては、藩主の許への権力の集中を阻害する要因のひとつともなりかねない。

他方、個別分散化または細分化された知行の場合は、家臣らに与えられる給地が分散化され、また、細分化されては与えられるために(それは村の中の一部が給地として与えられる結果、同一村内にその給地と蔵入地、または給地と他の家臣らの給地とがともに併存するいわゆる相給地とを伴うことになる)、そこでの管理が難しく、どうしても藩の支配機構、具体的には租税徴収の組織などに依存せざるを得ない場合が多かったともまた考えられている。もちろん、この場合は、特に、戦国末から近世初頭にかけて形成された村々におけるいわゆる村請制度の在り方如何がそれに深く関与することはいうまでもない。いずれにしても、知行割りの在り方如何は、また、そこでの地方《じかた》知行、あるいは、蔵米《くらまい》知行の在り方如何などの問題は、家臣団研究にとっては避けては通れない重要な検討課題のひとつだとも考えられる。

第2項　藩祖秀康の結城時代(天正一八―慶長五)における宛行状について

藩祖秀康が豊臣秀吉の命で下総国における名族結城晴朝の養子として入国したのが天正一八年といわれ、続いてかれは慶長五年末、父家康の命で越前国六八万石を与えられるが、その間、約一〇年間余りがかれの結城時代にあたる。当初、かれに与えられた石高は五万石余りともいわれ、越前入国当時は一〇万一〇〇〇石余り、その間、検地の実施や領地の拡大などをも加わって二倍近くそこでの領知高は増加したことになる。したがって、秀康はその間にこれまで父家康の命でかれの付人に任命され、後に付家老ともなる本多伊豆守富正や今村掃部ら、あるいは、かれらとともに、結城以来の譜代武将でもある多賀谷・山川両氏などの腹心の家臣らがともに、家臣団の充実・拡大に努めたものと思われる。また、その間における家臣らの新規登用が、また、そこでの経験などとが、後の越前国における家臣団の整備・拡充にも生かされることになったものと考えられる。

ところで、下総国結城を拠点とした結城氏の家臣団については、最近、多角的な研究が既に行われ、そこでの研究成果が既に発表もされている。しかし、分限帳などが残されておらず、資料的制約もあって藩祖秀康時代に限定すると、そこではなおも検討の余地が残されているようにもまた考えられる。こうした中で藩祖秀康が家臣らに対して与えた宛行状については精力的な資料の発掘が既に行われ、それらをも踏まえた知行制の解明がすすみつつあることが注目される。具体的には、藩祖秀康時代における宛行状を集めては既に「結城秀康の知行宛行状（寄進状）一覧」が作成もされている。これによると、そこでは発掘された計二八通余りの宛行状及び寄進状とが検討の対象になっているが、その中での約半数に近い一三通余りは寺社への寄進状である。(2)また、それらの規模はいずれも五〇石未満であり、このために寺社への寄進状は一応、除いてまずは宛行状の対象者らをみてみると、藩主を取り巻く重臣及びその一族宛のものはむしろ少なく、それ以下の家臣たちを対象にしたものが多く残されている。また、そこでのその宛行高をみてみると、最高の宛行高は多賀谷安芸守宛の二〇五〇石、最低は長田治部宛の三三石、平均すると四〇〇石余りとなる。

次に、取り敢えずはその最初に位置付けられ、最も宛行高が大きい多賀谷安芸守（政広）及び重臣山川氏の場合についての宛行状を、次に、そこでの知行制度のごく大まかな在り方如何を考えてみることにしたいと思う。

（1）有力家臣多賀谷氏と重臣山川氏の場合

まずは多賀谷氏の場合は、以下の宛行状が残されている。(3)

(a)（豊臣秀吉朱印状）

下野国小山領之内大宮千五百六拾七石并細井・橋本村四百八拾弐石、都合弐千五拾石、令扶助之訖、全可領知候也

天正拾八年九月廿日

朱印（豊臣秀吉）

多賀谷安芸守（政広）とのへ

(b)（結城秀康朱印状）　其方知行分相渡候目録之事

一千五百六拾七石弐斗六升　小山領内　大宮

一四百八拾弐石壱斗七升　藤井内　細井村　橋本村

合弐千五拾石

已上

天正拾八年九月廿一日

（秀康朱印）

多賀谷安芸守殿

これによると、資料(a)は豊臣秀吉から多賀谷宛の、資料(b)は新しく藩主になった秀康から多賀谷安芸守宛の宛行状だと考えられ、その日付は前者が九月二〇日、後者は一日遅れの二一日となっており、秀吉のそれを藩主秀康が直ちに追認する形となっている。ここでみられる両者の朱印状から、また、その背後にいる家康の存在をも含めて、この時期における秀吉・秀康・家康の三者の関係などをどのように理解すべきなのか、興味深い検討課題がまずは考えられるが、ここではそれらの課題は省略するとして、ここでの資料によると、多賀谷に与えられた給地の内容が既に二領三カ村とに既に分散した形で与えられているといった印象が強いようにも考えられる。当時の小山・藤井の両領と三カ村とは恐らくはこの地方において実施された太閤検地の結果、たとえば、天正の検地の結果、成立した村々ではなかったかとも考えれば、既に分散して与えられたといった印象は否めないようにも考えられるが、なお、継続した検討が必要ではないかとも考えられる。

ちなみに、この宛行状の対象になっている多賀谷安芸守は、かつては結城の近くの下妻城を拠点に活躍し、後に秀康の許にあっていわゆる結城四将の一人ともいわれた多賀谷左近大夫(三経)の親族の中の一人であったとも考えられる。また、かれは藩主秀康とともに後に越前に入国し、後述もするように、藩祖秀康・二代忠直の時代の状況は不明であるが、次の福井藩の時代、藩主四代忠昌の時代以降においてもまたかれは二〇五〇石を引き続き与えられている。また、この時代においてもかれの給地は、広く分散され、細分化された形で与えられているのである。

ところが、同じ天正一八年九月二〇日には、多賀谷左近と並んで特に結城四将の一人であった山川讃岐守(晴重)宛にも豊臣秀吉からの宛行状が他にも残されている。これによると、その詳しい内容は省略するが、給地はそれぞれがなおも貫高で示され、その所在地は下野国の本知分と(猿島郡)幸嶋郷とに分かれ、全部で一八カ所の地域名がそれぞれあげられている。また、そこでの貫高合計は一六二二貫九五〇文となっている。ここでの地名が近世初頭におけるいわゆる太閤検地の実施の結果成立した村々なのかどうか、貫高表示から考えると、恐らくはそれ以前ではないかとも考えられ、詳しいことはわからない。ちなみに、これまた後述もするように、この山川氏の場合は特に前述した多賀谷とは違って特に重臣であったがために、後の越前藩では後述もするように、まとまった村々を広く一括して与えられている事実が注目される。

(2)その他の家臣らの場合

ところで、既にその存在を紹介した知行宛行状の「所在一覧表」に戻って宛行状の対象となった家臣宛の給地の内容をみると、寺社への寄進地を除いて単独の村々が給地として家臣らに与えられている事例が一〇件余りを占めている。また、その殆どの給地の村々には、給知高に続いてその村名が記載され、また、その村名の後にさらに「内」といった言葉が付けられている事実が注目される。たとえば、天正一八年九月の藩祖秀康から三崎新右衛門宛の二〇〇石の宛行状が残されているが、これには「(小山領)島田之村内」とあり[(4)]、島田村の中の一部が家臣三崎に給地として与えられているのである。これとは反対に、後述するように、「内」の表現が村名の後に付かない場合もまた見られる。先学らの研究によると、福井藩ではこれを丸村と呼び、その村のすべてが、一村がまるまるその家臣らに給地として与えられたことを示すものだと理解されている。したがって、多くの家臣らに与えられた給地の村々には、その終わりの部分にいずれも「内」の文字が付けられている場合が多く、その村が、他にも蔵入地または他の家臣らの給地をもともに含むいわゆる相給(地)の村々であったことを知ることが出来る。その意味では、いわゆる一般の家臣らに対する知行の在り方如何は、相給をも伴う、または相給地をもともに含む、個別分散的な知行ではなかったかとも考えられる。あるいは、既に指摘もされているように、そこでの知行制は「相給制を知行政策の基調」としたものであったとも考えられる[(5)]。

以上、藩主秀康の結城時代における知行制の在り方如何を既に先学が蒐集された宛行状一覧を踏まえて考えてみたが、これによると、この時期には既に一般の家臣らに対する個別分散化された知行制が既に実施されていたものと考えられる。また、ここでの研究によると、残された宛行状の交付が、また、知行割りが、天正期と文禄期にともに集中していること、それはまたこの結城地方において実施された太閤検地に、具体的には天正の検地と文禄の検地の実施とにそれぞれが対応した形で実施されていること、あるいは、家臣らへの相給地をもともに含む個別分散的知行の実施が、特に譜代家臣らが、また、比較的まとまった給地を与えられていた家臣たちが、結城氏の政治的拠点でもある結城地方に多く集住し、そこでのかれらと給地との結びつきが強い地域をむしろ避けては、新しく領域に組み込まれた地域から、それの実施がみられることなどが注目されている。

したがって、藩祖秀康の結城時代における知行制度の在り方如何は、古くから結城氏に仕え、領主からまとまった領域の知行地を与えられていた譜代の家臣らと、秀康の時代に特にみられたように、個別分散化され、相給制をもともに含む知行地とを与えられていた家臣らとに恐らくは二つの形態に大別されていたのではないかとも考えられる。また、ここでの知行制度の在り方如何は、旧来からの家臣らに対してまとまった領域を与えるいわゆる一円的知行から個別分散化された知行地を与える制度へと転換するその過渡期の現実をも示しているのではないかともまた考えられるのである。いずれにしても、この結城時代における家臣らに対する知行制は、家臣らに対する一円的知行から個別分散的または細分化された知行制への転換期にあったのではないかとも考えられる。

第3項　藩祖秀康・二代藩主忠直の越前藩時代（慶長六―元和九）における宛行状について

藩祖秀康が越前に入国して以降、新しく越前藩が成立・発足することになるが、ここでの藩政開始当初における知行制の在り方如何がここでの検討課題になるかと考えられる。既に本編第二章第2節における残された分限帳の紹介にあたって、この慶長年間には付家老本多伊豆守をはじめとして今村大炊助(掃部)・多賀谷左近・土屋左馬助・清水丹後・久世但馬守・吉田修理など、いわゆる万石以上の重臣たち一〇人余りが藩政の中枢部を構成しては活躍していた事実を指摘した。しかし、これら多くの重臣らの中で宛行状またはそれに伴って与えられる同「村付目録」とがともに残されている重臣らは極めて少ない。現在のところそれは付家老本多伊豆守と多賀谷左近大夫・山川讃岐守の三人の場合のみである。そこでまずは付家老であった本多伊豆守富正の場合からはじめて、以下、多賀谷・山川両氏の場合についてもその内容をみてみることにしたいと思う。

(1)付家老本多伊豆守の場合

これまで結城一〇万石余りを支配していた藩祖秀康は、慶長五年末に父家康から越前国への転封を命ぜられた。そこで早速、付家老であった本多伊豆守富正らは翌慶長六年二月、藩主に先立って越前国に赴任、九月の藩主秀康らの入国に備えて藩政確立のための準備作業に取り組んだものと考えられる。一挙に藩政の規模が七倍近くにまで拡大され、しかも、全くの未知の国での藩政の確立だとあっては、当面した課題は多岐にわたり、大変なものがあったとも考えられる。まず取り敢えずは領国内における主要な領域及びそこでの拠点に信頼出来る重臣らをそれぞれ配備し、かれらをも通しても全領域の掌握にともに努めるとともに、他方では、藩の規模に対応した新しい家臣団による軍事力の整備・強化をも目指したものと考えられる。

まずは付家老本多自身の身の振り方をみてみると、かれは領内の府中(現越前市)を拠点に、その周辺地域の支配・掌握に努めたものと考えられる。ただ、入国当初の慶長六年にかれに与えられたと考えられる宛行状は現在のところ残されておらず、詳しい事情は不明である。しかし、それでも同家に残された家系図の中での説明などによると、たとえば、「以特命拝賜府中城為国老禄三万九千石」ともあり、かれは家臣らにとっては最高の所持給知高である三万九〇〇〇石を既に与えられている。また、残された分限帳(給帳)をみてもやはり石高三万九〇〇〇内与力一万九〇五〇石は変わらず、その給知高及び与力高は筆頭家老の地位にふさわしいものであった。さらに、かれは後の寛永元年には将軍秀忠によって別に六二八二石を加増され(この加増分はかれの同僚でもあった丸岡の飛騨守成重にも与えられる)、その給地(知)高総計は四万五二八二石にも達している。この場合、その加増分六二八二石をも明記した寛永元年の「村付目録」の方は残されているが、これによると、加増分を除いた三万九〇〇〇石が既に慶長六年には既に与えられていたことを確認することが出来る。

以上のように、かれは慶長・元和年間には既にそこでの給知高が他の重臣らに比べてもその最高の給知高を与えられていたものと考えられる。しかし、既に指摘したように、この時期における宛行状や村付目録がないために、そこでの詳細な内訳などは寛永期でないと現在のところ分からない状況にある。

なお、かれの場合、かれが藩主から与えられた宛行状及びその与えられた知行地村々の内訳の詳細を記録した「村付目録」は残されていないものの、かれが自分の所持・支配していた個々の陪臣らに与えたであろう知行宛行状が現在のところ僅かに一点、他に宛名が欠落している宛行状が一点、計二点が残されている事実が注目される。(6) 当時にあっては、将軍自らがそれぞれの大名らに与えたいわゆる領知目録と、続いて大名らが家臣らにそれぞれ与えた知行宛行状とが残されており、前者を第一次の主従関係、後者を第二次主従関係と呼ぶとすれば、家臣らがそれぞれ所持・支配していたいわゆる陪臣らに与えていたであろう宛行状が第三次の主従関係を示すものとして存在していたはずだとも考えられる。ところが、この第三次の主従関係を示した宛行状は、現在のところこの藩にあっては、比較的家臣団に関する資料が残ってはいるものの、それをみることが出来ないのが現状ではないかとも考えられる。とすれば、本多家に残された主人本多がかれの陪臣らに与えた宛行状の存在は極めて貴重な資料ではないかとも考えられる。以下、宛名の残る宛行状の内容を紹介すると、以下の通りである。

宛行知行分之事

一高七拾石　府中領　西袋村之内
一高八拾石　三国領　上こもり村之内
合百五拾石

右令扶助訖、全可領知者也、仍如件

慶長八年正月廿一日富正（花押）

今井孫（弥カ）右衛門とのへ

他の宛名が欠落した宛行状は、その文書に「佐久間家旧蔵」といった注記があり、やはり陪臣である佐久間氏宛のものだと考えられる。本来であれば、それぞれの家臣らからも各陪臣らにもそれぞれ宛行状が発給されていたはずではないかとも考えられるが、現在のところその具体例を示すものはこの二点だけだと考えられる。その意味では、さらなる資料調査が必要ではないかとも考えられる。

（2）重臣多賀谷・同山川家の場合

ところで、付家老本多に続き、ともに万石以上の重臣らである多賀谷左近太夫と山川菊松の場合についてみると、かれら両人はいわゆる結城四将または「結城四天王」の一人ともいわれ、前者はかつては下野国下妻の城主、後者もやはり下野国山川城の城主、ともに結城家譜代の重臣らであった。前者は越前に入国すると、柿原（金津の北）を拠点に、後者は花谷（浄法寺村近くか）を拠点に、それぞれその周辺地域の掌握に努めたものと考えられている。

まず最初に重臣多賀谷氏の場合からみると、残された慶長六年九月の「村付目録」によると、かれは三万石の給地を与えられている。その内訳を表Ｉ―２―⑩中での(A)で示したが、これによると、かれの給地も支配領域名で丸岡領が二三か村、三国領が二三カ村、計二領と四六カ村、両領を中心にまとまった形で一括して与えられていることが注目される。また、かれの給地は、当時における領内一二郡に分かれていた郡制によると、「柿原　坂井郡三万二〇〇〇石　多賀谷左近太夫三経」ともいわれ、その給地は坂井郡を中心に集中していることが注目される。ところが、かれは慶長九年には、二〇〇〇石を加増されているが、その内訳は丸岡領二カ村、三国領三カ村、それに加えて大野領二カ村、西方領一カ村、計四領と八カ村であった(7)。この場合、その加増分については必ずしもまとまった形では与えられていないことが注目される。当時は、一挙に支配領域が一〇万石余りから六八万石余りへと拡大された結果、まずは全領内を掌握するためには特定の重臣らには特定の領域を一括して与える一円的支配が、他方、一般の家臣たちに対しては結城時代から引き続いて個別分散化または細分化された給地とが与えられていたものと考えられ、その結果、加増地の場合は、相給地をも含む個別分散的な知行制が実施されていたものとも考えられる。いずれにしても、この多賀谷氏の場合も、付家老本多氏と同じように、そこでの知行の在り方如何は一円的知行であったと考えられる。

次に山川氏の場合であるが、かれも既に指摘したように、多賀谷と並んで結城氏時代からの重臣の一人であった。また、既に紹介したように、天正一八年に豊臣秀吉から山川讃岐守晴重宛の宛行状が残されており、その宛行高は計一六二二貫九五〇文であった。そこで残された慶長六年九月の藩祖秀康から山川菊松(朝貞)宛の「村付目録」によると、かれは一万七〇

表Ｉ－２－⑩
慶長６年　多賀谷氏及び山川氏の給帳内容

多賀谷氏の場合(A)		
丸岡領	23カ村	
三国領	23カ村	
計	46カ村	(30,000石)
山川氏の場合(B)		
志比領	8カ村	
丸岡領	18カ村	
三国領	7カ村	
計	33カ村	(17,000石)

注)(A)「福井市史」資料編４　662頁以下参照。
　(B)「　〃　」〃　〃　680頁以下参照。

〇〇石の給地を与えられている。また、その給地の内訳を示したのが表Ⅰ―2―⑩中での(B)である。これによると、その給地は志比領八カ村、丸岡領一八カ村、三国領七カ村、計三領と三三カ村となっている。その給地の中心は丸岡領であり、その周辺に位置する三国・志比領の給地をもともに含むものであったと考えられる。また、山川は当時における郡制によると「花谷　吉田郡一万七千石」ともいわれ、吉田郡の花谷がその給地支配の中心であったと考えられる。

なお、かれの給地村々は三領に分散しては与えられ、また、そこでの行政的拠点としては花谷村が選ばれたと伝えられている。しかし、その領域内には修行の場として有名な永平寺周辺もまた含まれていることからもわかるように、かれの給地の多くは山間僻地の村々を多く含む地域であった。その意味では、そこでの拠点(陣屋)でもあった花谷は、行政的な拠点には不向きであったと伝えられている。では、何故、花谷が選ばれたのか。その理由はその周辺が自然的条件が厳しく、ここに拠点をおけば、東の勝山・加賀方面からの城下北庄(福井)へ向けての敵の侵入に阻止するためには有利であるといった判断からであったとも考えられている。その意味でもこの時期は、何事も軍事最優先の時代であったと考えられる(8)。

以上のように、藩政成立当初に活躍していたと考えられる多くの万石以上の重臣らの中で、現在、残された宛行状などから当時における知行制の在り方を知ることの出来る事例では既に指摘したように、本多・多賀谷・山川の三氏の場合のみであった。また、ここで共通してみられる特徴は、かれら重臣らには一括してまとまった給地が与えられており、その基本は一円的な知行であったと考えられる。付家老本多氏の場合は村数が八〇か村余り、そこでのそれぞれの村々が所属する支配領域名は不明であるが、多賀谷氏の場合は二領と四六カ村、山川氏の場合は三領と三三カ村、ともに多くの村々をも含む基本的には一円的知行であったと考えられる。また、宛行状は残されてはいないものの、他のいわゆる万石以上の重臣らの場合もまた同じように、一円的知行が実施されていたものと考えられる。

なお、付家老本多氏の場合、分限帳によると、後述もするように、与力知(高)が特に与えられているが、ここでの残されている寛永期における「村付目録」にはその区別の記載がみられない。他の重臣らの殆どがやはり藩主から与力知を与えられ、または預けられていたものと考えられるが、本多と同じように、一括して与えられたのか、また、自分の給地と与力らの生活を保証する与力知とを分けて記載されていたのか、この辺の事情まではよくわからない。また、既に指摘もしたように、多賀谷・山川両氏の場合に限っては与力の記載が最初から全くみられない。何故なのか、既に指摘もしたように、かれらは結城時代からの腹心の譜代重臣らではあり、藩主秀康による信頼も厚く、そのために特に与力を与えてまでもかれらの軍事力をさらに強化または連携を強める必要も、あるいは、監視する必要も、恐らくはなかったのではないかとも考えられるが、詳しい事情はわからない。

なお、最後にこの越前藩の場合、藩を代表する有力重臣らに対しては、当初から既にまとまった領域の村々を知行地として、また、給地として与える、一円的知行が実施されていたものと考えられる。そこでの最大の理由は、藩祖秀康が関東結城の一〇万石余りの大名から越前藩六八万石余りの大名へと一挙に七倍近い規模の大々名へと抜擢されたことにあったものと考えられる。このためにまずは領内における重要拠点に信頼出来る自分の重臣らをそれぞれ配備し、その地域の支配をかれらに任せ、それらをも通して藩祖秀康は全領域に対する一元的な支配の貫徹をも目指すことにしたものと考えられる。その意味では重臣らに対する知行制度は一円的知行(支配)の形態がその基本であったとも考えられる。同時に、一般の家臣らに対しては結城時代から引き続いて個別分散的な、細分化された知行の実施が継続されていたものと考えられる。

（3）その他の家臣らの場合―大藤氏及び東郷氏の場合―

（A）大藤家の場合

かれは相模国の出身、北条氏に仕え、そこでの功績によって感状その他の古記録類を所持していたが、北条氏滅亡とともにかれも浪人した。その後、藩祖秀康によって結城で召し出され、越前に移り住んだ家臣の一人であった(9)。以下、かれの所持した宛行状を整理して示すと、以下の通りである(10)。

大藤小太郎	慶長　六年	九月	三〇〇石（一郡一カ村	その村の中の内村）
同	同　八年	正月	一〇〇〇石（志比領二カ村	ともに内村）
同金左衛門	寛永一〇年	九月	三〇〇石（三領三カ村	同　）
同	承応　二年	一二月	三〇〇石（同郡三カ村	同　）
同　七之助	明暦　元年	九月	一五〇石（同郡三カ村	同　）
同　次兵衛	万治　二年	六月	三〇〇石（同郡三カ村	同　）
同金左衛門	延宝　三年	一二月	三〇〇石（同郡三カ村	同　）
、同	同　五年	一二月	三〇〇石（同郡三カ村	同　）
同	貞享　四年	七月	一五〇石	

以上である。大藤家の初代小太郎は慶長六年に藩祖秀康が越前藩に入国すると、かれは三〇〇石を府中領上真柄村の村高の中からいわゆる内村として与えられている。したがって、上真柄村の村高は三〇〇石よりもむしろ大き

い村高であり、その中から小太郎は三〇〇石を給地として与えられている。ところが、かれは慶長八年正月には、志比領の中にある今泉村の一部と開発村の一部とを、ともに給地として特に計一〇〇〇石を与えられている。その理由は、かれの祖先はかつての北条氏の中でも有力者ではあり、また、名門の誉れの高い家柄でもあったために、藩祖秀康は恐らく以前からかれに対しては一〇〇〇石を与える旨を既に約束していたのではないかとも考えられる。そのために秀康はその内容は省略するが、宛行状の中にあるように、「重而如約束之可申付者也」と、この時点でその約束をも果たしたのではないかとも考えられる。しかし、その後に藩祖秀康が同一二年には死去し、その後、その理由はわからないが、寛永一〇年九月には、当主が小太郎から金左衛門に交替すると、大藤氏はまたそれ以前の石高である三〇〇石に戻されている。また、その三〇〇石の内訳は坂北領の中の西長田村の中の一〇〇石、今北東領の朽飯村の中の一一七石余り、足羽南領の中の鉾ケ崎村の中の八二石余り、計三〇〇石を与えられている。続く承応二年も石高は計三〇〇石、給地の村も変わらない。しかし、この時点で行政の改革が実施された結果か、よくわからないが、新しい郡制が実施されている。しかし、給地の村々は以前と変わらなかった。

その後の推移であるが、明暦元年九月には代わった当主大藤七之助に与えられた宛行状によると、かれには一五〇石が与えられている。また、給地村々も今北東郡河嶋村と坂南郡小和田村、それに坂北郡の正蓮米村の三カ村とが、いずれも内村であるが新しく与えられているのである。ところが、万治二年に当主が次兵衛になると、再び三〇〇石を与えられている。そして、そこでの給地の村々は、以前の承応二年の当主金左衛門の時代と同じ村々となっていることが特に注目される。その意味では七之助は恐らくは同族の一人ではなかったかとも考えられ、たまたまかれに与えられた宛行状が整理の過程で紛れ込んだのではないかとも考えられるが、この辺の事情はよくわからない。これ以降は表示されているように、その後、当主は次兵衛・金左衛門と続き、その都度、寛文八年・延宝三年・同五年と宛行状が与えられているが、石高と村々は以前の通りである。そして、いわゆる「貞享の大法」によって貞享四年七月の宛行状によると、石高は半減されて一五〇石になっているのである。

以上の推移をみてみると、かれの場合は、いわゆる下級家臣の一人ではあり、かれらの場合は個別分散され、また、細分化された知行が、特定の重臣らとは異なって実施されていたものと考えられる。

(B)東郷家の場合

東郷家は「本国不知生国下野、姓不知秀康公御代結城より御供」ともあり[11]、古くからの藩祖秀康に仕えていた家臣らの一人であった。かれの所持石高の推移を残された宛行状によって整理してみると、以下の通りである。

東郷	左門	元和	三年	三月	三〇〇石	(領地名不明二カ村　ともに内村)
同		同	四年	霜月	四〇〇石	(不明)
同		同	六年	七月	四〇〇石	(五領五カ村　ともに内村)
同	孫之丞	同	九年	六月加増	一〇〇石	(二郡三カ村　ともに内村)
同	左門	寛永	二年	三月	五〇〇石	(二郡四カ村　ともに内村)
同		同	六年	二月加増	一〇〇石	(一郡一カ村　内村)
同		同	七年	一二月同	一〇〇石	(一郡一カ村　内村)
同	庄助	同	一一年	一一月	七〇〇石	(四郡六カ村　ともに内村)
同	仁右衛門	延宝	三年	一二月	七〇〇石	(三郡六カ村　ともに内村)
同	同	同	五年	一二月	七〇〇石	(三郡六カ村　ともに内村)

以上である。東郷家の場合は特に加増が三回実施され、元和三年の三〇〇石から最後の延宝五年にはその所持高は計七〇〇石と増加している。この場合、加増は三回、全てが一〇〇石とは限らず、第一回目は二郡三カ村、他は一カ村ずつとなっている。また、その都度、所持石高は増加している。参考のために最後の当主仁右衛門時代の延宝年間の七〇〇石の内訳をみると、三郡六カ村、その内訳は今立郡が戸谷村一〇〇石・同郡爪生村一〇〇石・同舟枝村一五〇石、坂井郡西村一五〇石・同上番村一〇〇石、吉田郡上中村一〇〇石、いずれもその全てが内村であることが注目される。

ここでは以上、越前藩の時代に本多・多賀谷・山川氏らとともに藩主秀康・二代忠直に奉公していた多数の家臣たちの中からいわゆる一般の家臣らを代表させる意味で大藤氏と東郷両氏の場合を紹介することにした。また、これら以外にも元和六年に三〇〇石からはじまってそれ以降、加増を重ねては承応二年には六郡一一カ村(いずれも内村)一〇〇〇石まで与えられた山本信濃守一族などの事例をはじめとして他にも個々の多くの家臣らの宛行状もまた残されており、個々人ごとにその中に立ち入ってみると、所持給地は少ないものの、それぞれの家臣らの状況は変化に富み、そこでの内容は実に興味深いものがある。当時にあっても、家臣らの所持給知高は、本人の日常生活における藩主に対する奉公如何によって維持されていたものと考えられ、それなりの家臣相互間における淘汰が実施されていた事実もまた注目される。特に慶長・元和の時期の越前藩にあっては、まだ臨戦体制下にあったと考えられ、そこでの淘汰はより厳しいものがあったものと考えられる。

以上、越前藩主時代における重臣ら及び極く少数ではあるが、一般家臣らの場合の宛行状をもとともに示すことにした。ここから考えられる越前藩時代におけるこの藩の知行制度は、付家老本多伊豆守や多賀谷・山川氏らのいわゆる万石以上の重臣らの場合は、有力重臣らに対してはいわゆる一円的知行が実施されていたものと考えられる。しかし、一般の家臣らに対しては、かつての結城時代と同じように、個別分散的または細分的な知行制度が実施されていたものと考えられる。けれども、所持給知高が何石以上あれば、そこでの所持給地の内訳をも書き上げた「村付目録」とがともに与えられていたのかなどについては、現在のところはっきりしない。

第4項　重臣多賀谷氏と陪臣たち

次に、重臣らの給地支配に続いて今度はその重臣らの支配下にあって先祖伝来、当主に奉公していた多数のいわゆる陪臣たちの存在が注目される。そこで付家老本多氏に続く有力重臣らの一人であった多賀谷氏が直接支配していた陪臣らの存在について以下、出来るだけ詳しくみてみることにしたいと思う。

そこで当時における有力重臣の一人であった多賀谷左近であるが、かれは藩祖秀康の結城時代からの重臣らの一人であり、同僚山川讃岐守とともにいわゆる結城四将の一人としても早くからその名前を知られていた(12)。残された当時における分限帳によると、その所持給知高は三万二〇〇〇石とある。そこでかれに先祖伝来、奉公していたいわゆる陪臣たちであるが、かれが自分の住む本拠地であった柿原村の名前をとって付けた「柿原給帳」に、陪臣たちの名前及びそこで当主から貰っていた所持石高とが記載されている。また、これとは別に慶長一七年に作成された「柿原知行帳」にもまたかれの支配下にあった陪臣らの存在が同じように、記載されている(13)。そこでこの残された両資料によって多賀谷氏の所持・支配していた陪臣らについて以下、具体的にそこでの存在の在り方如何をみてみることにしたいと思う。

そこでまずは重臣多賀谷氏の給帳によって陪臣らの人数について示したのが表Ⅰ―2―⑪の(A)・(B)である。(A)は給帳に示された人数、(B)は知行帳に示された人数である。これによると、陪臣らの人数は前者が一〇七人と後者が九九人である。他に(A)によると、最後に別枠で親族など四人の名前とその所持高とが付記されている。一般に三万二〇〇〇石程度の大名らの支配する家臣団の人数がどれくらいなのか、充分な調査を実施していないこともあって現在のところ全く不明であるが、多賀谷の場合は、そこでの日常生活における家臣団の中核は一〇〇人前後の陪臣らによって担われていたものと考えられる。また、資料(A)によると、一〇七人に続いて以下の「此外歩行之者四十人余丹下四郎兵衛預ル、切米取并足軽等数多有之候」といった注記があり、給地所持の陪臣ら以外にも四〇人余りの徒《かち》者と多数の切米・扶持米取の家臣らや足軽らがともに存在していたものと考えられる。

ところで、ここでの各所持給知高の中での最高は白井源左衛門の七〇〇石、最低は三〇石となっており、二〇〇石取りと一五〇取りの陪臣らが最も多く、ともに合わせて計三〇人余り、次が一〇〇石取りの陪臣らが一九人となっている。また、一〇〇石以下は一三人または一四人となっている。他方、五〇〇石以上の白井・喜多岡・堀中・丹下の四人には特に老中といった注記があり、この中での上位三人には特に領主多賀谷から与えられた給知高以外にもそれぞれ三〇〇石・二〇〇石・二〇〇石が「公儀より被下」とあって、公儀からまた別にそれぞれに与えられている事実とが注目される。ここでの公儀とは恐らくは藩主秀康を指すものだと考えられ、老中とはまた家老を意味するかとも考えられる。

表Ⅰ－２－⑪(A)
重臣多賀谷氏の陪臣たち

	資料(A)	資料(B)
700石	1人	1人
600	2	2
500	1	1
400	2	2
350	1	1
300	4	3(2)
250	4	4
200	30	28(27)
150	30	26(24)
100	19	17
80	8	9
70	2	2
50	2	2
30	1	1
計	107 ※	99(95)

注)資料(A)年欠「柿原給帳」(「福井市史」資料編４)
資料(B)慶長17年「柿原知行帳」(「福井市史」資料編４)
※資料(A)によると別枠に親族ら４人、計750石が付加されている。

これによると、藩主秀康は重臣多賀谷の陪臣らの中での特に有力陪臣らに対してまでも給知高を別に直接に与えている事実が注目される。また、そのことによって藩主は、各重臣らの支配下にあった陪臣らに対してまでも自己の支配の貫徹を目指し、同時に、有力重臣らに対する監視をも意図していたのではないかとも考えられるのである。

いずれにしても、藩主が家臣団を統率するにあたって実施していた給地を媒介とした主従関係の構築は、そのまま有力家臣らが自己の陪臣らを支配する場合にも同じ方式が実施されていることが注目される。と同時に、藩主は有力家臣らによる各陪臣らに対する支配の継続如何にまでも介入し、かれらの中での特定の有力陪臣らにも給地の一部を直接与えることによって有力家臣およびそこでの陪臣らに対する支配の貫徹をも目指していたものと考えられる。

次に、「知行帳」によって個々の陪臣らに与えられた給地の在り方如何をみてみることにしたいと思う。まずは老中筆頭に位置づけられている白井源左衛門尉の場合を示すと、以下の通りである。

一高四四六石二斗五升　　三国領　蔵ケ市《（垣内）》村
一高一六二石二斗三升五合　丸岡領　二郎丸村内
一高　九一石五斗一升五合　三国領　西村内
　高七〇〇石　　白井源左衛門尉

これによると、老中とある白井源左衛門の三カ村の給地の内容は、三国領の蔵ケ市（垣内）村、これは村全体が白井の給地（丸村）として与えられ、残りの丸岡領二郎丸村と三国領西村は村名の後には内とあり、村の一部が給地（内村）として与えられている。したがって、白井はこの与えられた三カ村（丸村一カ村・内村二カ村）からの年貢収入によってその生計を立てていたものと考えられる。また、かれは自分の家来・小者または譜代の召使いらをも従属させていたものと考えられる。とすれば、かれ自身が重臣多賀谷の陪臣だと考えれば、陪臣である白井自身もまたかれ自身の陪臣らを別に従属させていたものと考えられる（また陪臣か）。また、かれらのまた陪臣らが当主白井が多賀谷から与えられていた給地の管理にあたり、非常事態には当主白井とともに戦場ではともに戦ったものと考えられる。その意味では、藩祖秀康と重臣多賀谷との関係は、また、多賀谷と陪臣白井との関係は、さらに、白井と「また陪臣ら」との関係は、藩主秀康による家臣らに対する一元的支配の中に包括されていたものと考えられる。同時に、陪臣白井と「また陪臣ら」との関係は、藩主による家臣団統制をその末端にあって補完・補充するものであったとも考えられる。

以下、この白井の場合を基本として、各陪臣らに与えられた給地所持高の大小の順番でその給知高とその村数、そして、その村の内訳（丸村か、内村か）を調査して示したのが表I—2—⑪(B)である。また、ここでは給知高は同じであっても、与えられた村数が異なる場合、また、村数が同じであってもその村の内訳、具体的には丸村と内村の割合とが異なる場合とがみられる。この場合は、同じ給知高の中の家臣らをそれぞれ区別して示すことにした。たとえば、上位二番目にある給知高六○○石の所持者は二人であるが、その村数はともに三カ村、また、その内訳は二人とも丸村は一カ村、内村はともに二カ村を与えられている。次に、四

表I－2－⑪(B)
重臣多賀谷氏の陪臣たちの人数・給知高及びその内訳について

	陪臣の人数・内訳		給地村数	丸村	内村
700石	1人		3	1	2
600	2		3	1	2
500	1		3	1	2
400	2	1人	4	1	3
		1	4	0	4
350	1		2	0	2
300	3(2)	1	4	0	4
		1	5	0	5
250	4	3	4	0	4
		1	5	0	5
200	28(27)	26	4	0	4
		1	3	0	3
150	26(24)	23	3	0	3
		3	3	不明	
100	17		2	0	2
80	9		2	0	2
70	2		2	0	2
50	2		2	0	2
30	1		1	0	1
	79人(95)				
他に150	1		2	0	2

注）資料(B)慶長17年「柿原知行帳」(「福井市史」資料編4)による。
（　）内の人数は実際の数字を示す。

番目の給地高四〇〇石も二人であるが、ともに給地の村数は四カ村であるが、その内訳は前者が丸村一カ村、内村は三カ村、後者は丸村は存在せず、全部が内村なので両者はそれぞれ区別してその内容を示すことにした。以下、これによって陪臣ら九九人、実際の計算では九五人の内訳をみてみると、陪臣らに与えられた給地村数は、最高が五カ村、最小は最後の三〇石取りの一カ村である。その多くは三カ村または四カ村を与えられている者が多い。その中で丸村を与えられている者はやはり所持給知高の大きい四〇〇石以上の有力陪臣四人らだけに限られている。他はすべてが内村で与えられている。

その意味では、村の中を分割し、細分化して与える知行の在り方がやはり支配的であったものと考えられる。また、こういった村の中を細分化して与える、また、相給地をもともに伴った土地を与える、さらには、異なった支配領域に属した村々を、その村の中を分割して与える制度は、藩主直属の家臣団の場合も、また、有力重臣らに抱えられていた陪臣らの場合も、ともに基本的には同じではなかったかとも考えられる。

以上が重臣多賀谷氏が召し抱え、支配していた陪臣らに対する支配の基本であったと考えられる。しかし、さらにその内部にまで立ち入った場合、陪臣とはいってもその内容は複雑であったと考えられる。また、かれら以外にもなおも多くの譜代・下人らや召し使いなどの零細な人々が多数奉公していたと考えれば、かれらをも含めて家臣団の内容をどのように理解すべきなのか、検討課題は尽きないようにも考えられる。なお、ここでの課題は後述する福井藩における重臣狛《こま》氏の場合（第Ⅱ編第二章第4節参照）でも引き続き検討の対象にすることにしたいと思う

【注】

（1）本多俊彦「福井藩の知行宛行状について」（『古文書研究』第八〇号）、残された宛行状の所在・成立年代・形式・内容・紙質などについての検討が実施され、その意味では貴重な研究成果だとも考えられる。しかし、宛行状といった場合、それの検討を通して歴史上における何を明らかにすることが出来るのか、たとえば、知行制度の在り方如何を

一応は明らかにすることが出来たとしても、なおもどういった検討課題が次にさらに残されているのか、などをも一歩踏み込んで明らかにすることがさらに強く求められているのではないかとも考えられる。

（2）江戸初期の場合、藩主らによる寺社への寄進状が多く残されている事実が注目される。当時における寺社の存在が周辺の領民らの生活と深く結びついていたと考えれば、寺社に対する寄進は、藩主たちにとってはその地域に対する勢力拡大を目指す以上は、必要不可欠の政策であったとも考えられる。

（3）「結城市史」第1巻古代中世史料編二七四・二七五頁。

（4）・同（5）市村高男「前掲論文」参照。なお、関連する業績としては他に黒田基樹「結城秀康文書の基礎的研究」（「駒沢史学」48号）がある。

（6）「本多家文書」（同）及び「福井県史」資料編6中近世4の一九九頁参照。

（7）加増分については「結城秀康知行宛行状」（「福井市史」資料編4の六六三頁参照。

（8）「永平寺町史」通史編三〇〇頁参照。

（9）大藤氏については「大藤小太郎名乗不知、本国生国とも相模姓源秀康公御代於結城被召出」とあり「越藩諸士元祖由緒書全」（「続片聾記」九所収三三七頁以下）参照）。なお、小稿ではこれ以降、「越藩諸士元祖由緒書全」は「由緒書全」と呼ぶことにする。

（10）松平文庫（県立文書館所蔵）による。

（11）東郷家の場合、「由緒書全」によると、結城時代から奉公していた家臣と四代藩主忠昌に姉ヶ崎時代から奉公していた家との二系統の家に分かれている。ところが、「福井市史」資料編4所収の「当時御家老并高知格之面々」によると、両者は一系統にまとめての説明が行われている。

（12）・同（13）「柿原給帳」及び「柿原知行帳」（「福井市史」資料編4近世2藩政（上）五八九頁以下及び六六四頁以下参照。

第二章補注（1）

大坂の陣出兵当時における越前藩の組織について―資料「越前北庄御家中分限役附」の骨子の紹介について―

第1項　資料「分限帳役附」または「役附分限帳」の成立事情について

この藩の場合、第一には、家臣団の階層構成を表す分限帳、第二には、家臣団の組織及び構造を示した分限帳に続いて、第三の形式として、分限帳の表題の冒頭に、またはそれの末尾に、「役附」といった言葉が記載されている分限帳がごく僅かではあるが、存在する事実が注目される。

この第三の形式の内容は、その表題に役附といった言葉があるものの、特定の年における家臣団の内容、特に職制または職種とを表した分限帳ではなく、藩祖秀康・二代忠直の両藩主の時代を一括した時代である約二二年間余りにおける家臣団の職制の在り方如何を示したものとしてむしろ注目されるのではないかとも考えられる。また、何故、この形式の分限帳が注目されるのかといえば、この藩では両藩主の時代における職制または職種を具体的に示す分限帳が、この慶長・元和といったこの時期頃にはまだ体制そのものが構築中でもあり、しかも、何時また戦乱が起こるかも分からないといった臨戦体制下でもあり、まだ職制または職種を中心とした分限帳を作成するだけの余裕が恐らくはなかったのではないかと考えられる。もちろん、この時期における分限帳の内容の紹介を既に試み、その中には役人らの存在が既に明記もされていた。また、代官らの存在をもまた確認することが出来た。しかし、それ以上の細かい職種などは不明のままであったと考えられる。たとえば、家老・年寄・用人らや町奉行・郡奉行らはともかくとしてそれ以外の普請奉行らや勘定奉行らなどの職制そのものは当初はまだ未整備ではなかったかともまた考えられる。あるいは、当初にあっては何事も軍事最優先で、そこでの家臣らが行政的機能をもともに兼ねていたのではないかとも考えられる。こういった事情もあってか、この藩にあっては現在のところ、特定の年に作成された役職または職種を中心とした分限帳は現在のところ、残されてはいないようにも考えられる。

そのために、この事実に特に興味と関心を抱いた後世の人々、たとえば、藩主秀康及び二代忠直による波乱にみちた時期に強い興味と関心とを持った後世の人または人々らが、自分らの調査の結果を踏まえて恐らくはそれ以降の福井藩の時代になって、役附といった名称を付けた分限帳をあえて作成したのではないかともまた考えられるのである。

したがって、後世の特定の人または人々によって作成された分限帳であるために、当時における職制の主な骨子は一応、判明したとしても、それぞれの役職または役種に誰が就任していたのかまではわからず、また、調査もすることも出来ずに、当時における特定の有力家臣らをそれぞれの役職に適当に、また、恣意的に、あてはめたのではないかとも考えられる。その意味では、職制・職種の骨子そのものは一応、肯定されるとしても、そこでの職種の担い手は現実と全く遊離したものにならざるを得なかったものともまた考えられるのである。だからここでの家臣らは、藩祖秀康時代に活躍した家臣らもおれば、二代藩主忠直の時代に活躍していた家臣らもまたともに含まれるなど、全く現実とは乖離したものにならざるを得なかったものとも考えられる。

しかし、後述もするように、また、ここでは特にその内容の骨子を紹介するように、この分限帳の内容によると、最初にいわゆる大名分として一一名の重臣らの名前が並んでいる事実などからも考えると、恐らくは久世騒動以後、この藩の家臣らが大坂冬の陣に出陣するその前後頃の家臣団の組織または職制の骨子を案外、踏まえてはこの分限帳は作成されたのではないかともまた考えられる。また、文中にも大坂の陣に参加するにあたって特定の職種には増員が実施された旨の注記もまた存在する。また、ここでの藩を代表する大名分一一人の重臣たちは、この藩が大坂冬の陣に参加した当時における職制と、そこでの人物及び人数は別にしてそこでの骨子は全く同じである事実とが注目される。とすれば、この藩における職制または職種は、この時点頃までには恐らくはこの藩にあっても既に成立していたのではないかともまた考えられる。

なお、この分限帳の成立にあたっては、巻末に弘化二年の春に松井［智か］春が筆写した旨の注記がある。筆写とあるので既に存在していたこの分限帳を、かれ自身がこの越前藩における創設期に興味と関心とを持っていたがために、自ら筆写したのか、あるいは、第三者に特に筆写を命じたものか、この辺の事情もまたわからない。ともあれ、こういった分限帳が現実には作成され、それが現在に至るもごく少数ながらもまた残されているのである。

第2項　「分限帳役附」にみられる組織一覧について

以上、この分限帳には、難しい問題が多く含まれているかとも考えられ、また、研究に直接利用することには躊躇せざるを得ないかとも考えれるが、参考のためにその骨子のみを紹介することにした。その内容は大きくは藩執行部と軍事組織、次に行政及び家政組織とに分かれ、それぞれの職種とそれには所属した家臣らの名前とが紹介されている。

(A)藩執行部について(以下、個々の家臣らの所持石高は省略する)

大名分　一一人　恣意的に振り当てられた者は、本多飛騨守・荻田主馬・吉田修理亮・久世但馬守・小栗備前(後)

守・落合主膳・江口石見・岡島壱岐・林伊賀守・片山主水・鷹屋筑後
家老　四　本多伊豆守・土屋左馬助・今村掃部・永見右衛門
若年寄　二　高木備前・福岡伊織
御城代　二　多賀谷左近・山川讃岐守
敦賀奉行　一　清水丹後
奏者番　六　山本摂津《(対馬カ)》守・松平備前・小笠原能登・太田安房・岡野越後・北条右衛門
以下、省略する

（B）軍事組織について

大番組について

＊大番頭并組頭　番頭　一　中川源太郎　組頭　二人（氏名は省略）
同　同　一　笹治大学　同　二
同　同　一　生駒右近　同　二
同　同　一　加藤四郎兵衛　同　二
同　同　一　長谷部采女　同　二
同　同　一　山岡備前　同　二
同　同　一　中川駿河守　同　二
同　同　一　山田織部　同　二
同　同　一　笹嶋兵《(庫カ)》部　同　二
同　同　一　谷左衛門佐　同　二

（大番組は一〇組構成　各番頭が統括し、かれを二人の組頭が補佐する。各番頭らの所持石高及び組頭らの氏名及び所持石高は省略する）

＊大小姓組について

大小姓頭并組頭	番頭　一	谷　伯耆	組頭　一
同	同　一	大久保内膳	同　一
同	同　一	内記淡路	同　一
同	同　一	林内蔵助（図書カ）	同　一
同	同　一	天野山城	同　一
同	同　一	石川志摩	同　一
同	同　一	酒井弥五右衛門	同　一
同	同　一	朝日丹波	同　一
同	同　一	大藤小太郎	同　一
同	同　一	水野大蔵	同　一
同	同　一	嶋田右京	同　一
同	同　一	小栗市正	同　一
同	同　一	村田外記	同　一
同	同　一	村田伝右衛門	同　一
同	同　一	片庭周防	同　一

（大小姓組は一五組で構成、各組の番頭の所持石高及び番頭にそれぞれ一人の組頭がかれを補佐する、名前及び所持石高は省略する）。

大目付　　四人

以下、さらに続いて各軍事組織の統率者らの名前とその所持石高とが続く。たとえば、御側衆一三人・御小姓頭三・御馬廻頭八・中小姓頭二・小従人頭二・御歩頭二・御持弓頭二・御持筒頭二・百人大将四・御長柄頭四・惣鉄砲頭一五・御弓頭一九人などが続く。

（C）行政及び家政担当者らについて

町奉行二・御代官頭一・御使番一八・御目付一五(以下、詳細は省略する)以上である。ここでの各役職(職種)の合計数は七五余り、所属家臣(責任者)数は約四一〇人余りである。また、その内容を取りあえずは藩執行部・軍事組織の統率者・行政及び家政関係の責任者らとに分けると、大名分に続く藩執行部を担う重臣らは計二六人余り、軍事組織の各責任者は計一四〇人余りとなる。この場合、その中の惣鉄砲頭には「右之内［　］ハ大坂御出陣之節、俄被仰付候」と、大坂の陣の前に急遽、任命された者たちだといった注記とがある。

とすると、この藩の場合、本格的な職制が成立したのは、幕府創設の慶長八年頃ではなく、慶長一九年の大坂冬の陣頃には既に成立したのではないかとも考えられる。それまでは、いわゆる家老・用人・若年寄など以下の職制に代わって当時における軍事関係者らが、当時における行政的機能をも同時に担っていたのではないかともまた考えられる。ともあれ、この組織一覧をみると、この時期になると、その内容は大きく拡大・細分化され、かなり整備されているように考えられる。

また、ここでみられる組織の細分化の背景には、恐らくはこれまでの分限帳は主に給米取りの家臣(給人)らのみを対象に作成されていたが、改めて切米取り・扶持米取りの家臣らをも含めて家臣団全体の在り方如何が検討され、それをも含めて家臣団の拡大・整備が実施されたその結果、細分化がよりすすんだとも考えられるが、現在のとろ、禄米取りの家臣らについてかれらを対象に作成されたであろう分限帳は全く残されておらず、詳しい事情はわからない。

あるいは、以上の紹介した組織では、特にここではその組織の中では軍事編成のみを抽出して示したが、恐らくはそれらの組織は、後述する久世騒動が終わった段階で、すぐに始まるであろう大坂の陣への出兵に対応するために、案外制定されたのではないかとも考えられる。

いずれにしても、この段階におけるこの藩における職制または組織の在り方如何については、なおも継続した検討が必要だと考えられる。

第二章補注(2)

陪臣らについて

初めて陪臣らの存在が紹介された「福井市史」資料編第4巻に収録された資料の存在は大変重要な資料ではないかとも

考えられる。また、明治初年における陪臣らの内容を紹介された舟沢茂樹「福井藩における陪臣について」（同「福井県地域史研究」第10号）の論文もまた、この藩における陪臣ら及び明治初年に起こった武生騒動の解明にあたっても、大変、貴重な研究成果ではないかとも考えられる。

以上のように、陪臣らの存在は当初の越前藩の場合にはその存在をみることが出来たものの、しかし、後述する福井・越後両藩における家臣団、それもいわゆる江戸初期における分限帳に限っては、陪臣らについてのまとまった記述は現在のところ残されておらず、陪臣らについての検討は放置されたままではないかとも考えられる。しかし、両藩に全く陪臣らが存在していないかといえばそうではなく、たとえば、福井藩の場合は、第Ⅱ編で後述するように、各給人らを調査の対象にした「宗門改帳」には、具体的には重臣狛《こま》氏を対象にした宗門改帳には陪臣らが記載され、また、第Ⅲ編での越後高田藩の場合には、後に著名な越後騒動が起こって美作反対派の零細な家臣らが多数脱藩にまでも追い込まれているが、その過程では多くの陪臣らがこれまで従属していた給人らとともに脱藩している事実が注目されるのではないかとも考えられる。

第三章　久世(越前)騒動について

第1節　はじめに―久世(越前)騒動とは―

この越前藩において慶長一七年一〇月に起こった久世または越前騒動とは、どういった内容・性格などの御家騒動なのであろうか、以下、最初に騒動の具体的な内容について、一応、確認しておくことからはじめたいと思う。騒動の内容は、以下、紹介する「稿本福井市史」上巻によると、以下のような内容の騒動であった。

「藩祖秀康士を愛し、重禄を以て聘用し、統領の才を集めたるが、忠直幼にしてこれを統率することを得ず、互い勇名を誇り威権を争ふに至れり。

老臣本多富正、今村盛次相対立し、家臣は二派に分れ確執止むことなかりしが、偶々久世但馬と岡部二(自)休、領内百姓の紛議に端を発し、久世の組大将野々村十左衛門、岡部領内の百姓を焚殺したりと争ひ、更に深刻に、更に各々其一方を庇護し、遂に一藩の騒動を惹起するに至れり、本多富正・竹島周防・牧野主殿・由木西安等は久世に黨し、今村盛次は忠直の外戚中川出雲と結び、谷(野)伯耆、岡部の相奉行広澤兵庫等は岡部に加担し、終に久世と岡部との訴論となれり。岡部は本多富正に依怙の所置ありとなしこれを糾弾するに至れり、今村盛次は敦賀の城代清水丹後、勝山城代林長門と謀り、中川出雲をして久世の訴を非なりと、屡々忠直に譏せしめ、終に久世但馬成敗の事を決し、本多富正に命じて、単身久世の邸につきて自裁を勧めしむ。かくして久世の手をかりて本多を失非、然る後に久世の族をつくさんとせり、久世よく其消息を察し、本多に後事を托し、武道の意地を貫き、本多富正を大将とせる討手を自邸に引負ひ、一矢を酬いて後、火を其邸に放ちて自刃す。時に慶長十六年八月二十日なり、二十一日由木西安、上田隼人の両人を攻め潰せり」（登場人物の所持石高は省略する、後述の「処分者一覧」参照）(1)。

以上が騒動の主な内容である。恐らくはここでの騒動に関する説明は、後述もするように、当時、残されていた各種の文献資料やいわゆる実録資料「久世騒動記」などの内容をも充分に吟味・理解した上での記述ではなかったかと考えられる。その意味では、現在においてもこの内容は、騒動の実態またはその性格などをも一応、まとめたものとして注目されるかとも考えらる。

次に、この騒動の収拾にあたっては、以下の記述が続く。

「慶長十七年十一月十三日、本多富正、今村盛次、清水丹後等関東に至り、家康に争議の顛末を訴ふ。家康時に武蔵忍に放鷹す。富正、盛次等忍に到る、土井大炊頭家康の命を奉じ、盛次の旅館につき富正を招き、二人の訴ふる所を記し、帰って之を家康に上る。家康覧ること両三回、江戸に於て秀忠（将軍）と共に決すべしと。富正、盛次等も亦江戸に赴く、二十八日西ノ丸にて、両御所直々の裁断を受くることとなり、当日、雙方登城す、かくの如きことは、嘗て其例なきを以て、諸侯士大夫陪臣に至るまで、庭上庭下満座となり耳を欹て凝らしてこれを聞く。盛次辯舌あり、富正口才遥に劣る、将軍先づ富正の目安を聴き、一々吟味を遂ぐ、盛次等之に答ふること明快、之れに反し富正は目安に現はしたる外に一言なし、本多佐渡庭に侍し、富正の訥々たるをもどかしくや思ひけん、如何に伊豆この日安の外に申す事なきやと、此時富正巾着より三ケ條の手簡を取出し之を捧ぐ、事盛次等の私曲と不軌に及ぶ、家康之れを見て大に怒り、盛次を詰る、盛次答ふること能はず、罪を忠直に帰せんとす、家康彌々憤り、即座に今村盛次を奥州岩城に、清水丹後を仙臺に、林長門を出羽最上に、其餘の徒黨は各地に謫せらる」とある。そして、最後には「十八年更に中川出雲を信州に配流し、谷(野)伯耆を改易に、落合美濃を紀州へ御預け、広沢兵庫は二休の相役なれば配流せられ、さきに盛次等の為に高野に放たれし牧野主殿は赦されて帰国し舊禄を賜はる、かくして事件は全く落着せり」とある(2)。

以上が「家康の裁断」、つまり家康による騒動関係者らに対する処分の内容である。これによると、一応、騒動収拾の過程及び処分の具体的な内容までをも一応は知ることが出来るかとも考えられる。ただ、騒動の内容を説明した前段の終わりには、騒動が起こったのが慶長一六年八月二〇日とあり、後段の処分の説明では、その日は同一七年一一月二八日ともあり、騒動の開始からそれの終わりに至るまでの期間は一年以上と意外にも長いことが注目される。当時は徳川の公儀政権が成立したまだ当初の時期ではあり、幕政の基盤そのものも必ずしも安定していたわけではなく、何時また戦乱が起こるかもわからない臨戦体制下であったと考えると、やはり騒動に対する即断即決が強く求められていたのではないかとも考えられる。とすれば、果たして騒動が起こったのが慶長一六年八月だとする開始の時期が果たしてそうなのか、また、裁断終了の日時である翌年の一一月二八日をも含めてなおも検討の余地が残されているのではないかとも考えられる。

事実、残されたこの藩における家譜などによると、騒動は慶長一七年一〇月二〇・二一日頃に起こり、その情報が公儀に到着するや否や、また、この藩が徳川家の親藩でもあり、また、この騒動によって対立していた重臣らの中から豊臣家への内通者が出ることもまた心配されてか、公儀は直ちにそれへの対応措置の検討を始めたものと考えられる。また、そこでの第一次処分の実施は恐らくは同年一一月二七、二八日頃ではなかったかとも考えられ、処分はやはり即断即決ではなかったかとも考えられる。また、その後に後述もするように、土井利勝が自ら越前に出向いて第二次処分が実施されることになったものと考えられる。

なお、ここで見られた幕府による裁断の内容などをみてみると、たとえば、将軍の面前で行われた騒動責任者ら相互間における対決の場面、また、この形式の裁判が当時にあっても異例の形式であったともあるが、果たしてそうなのか、また、そこにおける問答の内容なども、後述もするように、実録資料「久世騒動記」などに出ている場面と全く同じであり、果たしてそのまま史実として理解するにはなおも検討課題が多く残されているのではないかといった思いもまた強い。何しろ残された第一次資料が全くといってよい程存在せず、また、それの発掘にも既に限界があるかとも考えれば、残された実録資料を安易に研究に利用することには充分に慎重であるべきことが強く求められているのではないかとも考えられる。

以上、まずは取り敢えずは最初に、これまでの騒動研究における成果をみてみることにした。しかし、これ以降における騒動研究の成果としては、既に新しく刊行されている「福井県史」通史編3及びそれに続いて刊行された「福井市史」通史編2における研究成果などが注目される(3)。

ここではこれまでの研究成果などをも踏まえて、騒動が当時における幕政の幅広い展開の中で位置づけられ、また、ここでは互いに対立する双方の政治的勢力の内容がわかりやすいように、特に表示されるとともに、この騒動の本質が藩祖秀康が高禄で有力武将らを召し抱えた結果、かれらが互いに権威を競って対立した結果、また、若い藩主忠直(当時は一七歳頃か)が重臣らをうまく統御することが出来なかったために、家臣ら相互間における対立と抗争とが、付家老本多富正一派と今村盛次一派との対立に収斂された結果が騒動にまで発展することになったのだといった指摘などが注目される。また、これを機会に付家老本多伊豆守の藩内における地位が確定されることになったといった指摘もまた行われている。あるいは、ここでの騒動では双方に多くの家臣らが騒動の犠牲になった事実もまた指摘されている。さらには、騒動で処分された家臣ら及びその子弟たちのその後における追跡調査の結果もまた報告されている事実が注目される。

いずれにしても、諸藩で御家騒動が起こった場合、公儀による喧嘩両成敗の方針の結果、藩それ自体が改易される事例が多い中にあって、この藩ではその可能性があったにもかかわらずに、徳川の親藩であったがためにか、改易を免れ、特にその存続を認められたために、騒動に対してはより多くの人々の興味と関心とがさらに集まることになったのではないかともまた考えられる。

【注】

(1)・(2)「稿本福井市史」上巻一四一頁以下参照。

(3)「福井県史」通史編3巻一二九頁以下、「福井市史」通史編2巻第1章四〇頁以下など参照。

第2節　残された騒動関係資料について

現在のところ、騒動に直接関係したいわゆる第一次資料といわれているものは、当時、藩の執行部を構成していた重臣らの発給文書などに、たとえば、その名前が残されている程度で、具体的な騒動の内容にまで立ち入った文書などは殆ど残されてはいないようにも考えられる。現在、残された主な騒動関係資料は、大きくは文献資料と、いわゆる実録資料との二つに分けることが出来るのではないかとも考えられる。

前者は、公儀自身の命によって編纂された各種の資料集、たとえば、「徳川実紀」や、徳川家康関係資料を収録した「朝野舊聞裒藁」計二六巻、その中でも特に巻一五やまた「當代記・駿府記」などがあり、次に、この騒動が起こった福井藩において編纂された各種の資料、たとえば、「松平家家譜」や「越前世譜」など、さらにはこの藩における騒動当事者の一人でもあった付家老本多伊豆守富正家において作成された家譜や騒動関係資料などの存在が広く知られている。さらには、この騒動に対して関心と興味などを持った後世の研究者らによって執筆または編纂された記述の中にも、たとえば、新井白石の「藩翰譜」や榊原忠次の「御当家紀年録」、あるいは、家臣でもあった大道寺友山の記述した「越叟夜話」などの中でも久世騒動に関する記述がまた含まれている(1)。

次に、後者の実録資料としては越前・福井両藩関係の資料を編纂しては収録した「片聾記」や「続片聾記」、そこで収録されている「久世但馬記写」・「久世但馬一拵」、次に井上翼章編の「越藩史略」及び田川清介編の「国事叢記」の中に収録された騒動関係資料も、ここではっきりとした書名の注記までは見られないものの、恐らくは残された類似の実録資料などでの存在を前提に叙述されたのではないかとも考えられる。また、当時、存在していた城下福井での矢町にあった会津屋清右衛門(鳳来軒)から刊行されたと考えられる実録資料「久世騒動記」が、現在、松平文庫の中にも残されている。これらのいわゆる実録資料の存在は、既に指摘もしたように、その扱い如何にはいろいろと問題点が含まれてはいるものの、やはり騒動研究にあたっては見逃せない資料ではないかとも考えられる。

なお、実録資料といえば、本書の第Ⅲ編で検討の対象にした越後高田藩では、延宝七年からはじまった著名な越後騒動の場合には、当時、騒動に直接関与した一部家臣らの手によって、政争の相手である小栗美作及びその一派を批判・攻撃するために、また、自分らの正当性を広く世間に強く訴えるために、自ら実録資料を執筆・編集し、それを全国各地に配布したいわゆる実録資料「越後騒動記」などがいまもなお各地に残されている。その意味では、残された資料の内容は極端な勧善懲悪史観によって貫かれているものが多い。その意味では、越前藩で次に登場する二代藩主松平忠直の行動如何を徹底的に糾弾するために書かれた各種の実録資料とその内容・性格などは殆ど同じではないかとも考えられる。しかし、同じ実録資料とはいっても、その内容は多種・多様であり、いずれにしても他に騒動関係資料が極めて乏しい中での実録資料の扱い如何は大変、難しいものがあるのではないかとも考えられる。

以上、最初にこれから検討の対象にする久世騒動関係資料の凡その内容と性格などについての紹介を試みることにした。以下、これらの資料を利用しては騒動の実態をさらに掘り起こし、そこでの騒動の在り方如何について少し考えてみることにしたいと思う。具体的にはまずは第一に、騒動の歴史的背景及び騒動が起こった原因などについて、第二には、騒動の経緯及び展開などの実態如何を、そして、第三には、この久世騒動の処分の実態とそこでの騒動が越前藩における藩政の展開の中で、一体、どういった意味や役割、そして、歴史的位置を占めていたのか、といった問題点などについても以下、少し考えてみることにしたいと思う。

ところで、最後に、以上のような問題意識で関係資料と向いあった場合、最初に直面する問題は、ここでは一応、騒動関係資料を文献資料と実録資料との二つに分けてはみたものの、果たしてそのこと自体にどれ程の意味があるのか、ないのか、といった問題に直面せざるを得ないかとも考えられる。ということは、ここで紹介した文献資料も、また、実録資料も、そのいずれの資料も、いわゆる第一次資料とは言い難く、その編集・執筆に時期の違いや執筆・編集者の違いなどはあるものの、ともに第三者の手によって書き残された資料や、記録された資料などをも収録したものではないかとも考えられる。ともに編集され、記録されたものだといった意味では、両者は全く同じではないかとすらも考えられる。しかし、だからといって両者は全く同じかといえば、前者は騒動に関する個々の資料や伝承などを、後者の実録資料はそれ自体が一個のまとまりを持った物語・説話として記述されているといった意味などでは、はっきりと異なるものだとも考えられる。ともあれ、こういった違いなどをも考えながら、以下、騒動の実態如何について少し考えてみることにしたいと思う。

【注】
(1) いわゆる文献資料としては、「台徳院殿御實紀二十巻」慶長一七年一一月―一二月をはじめとして「朝野舊聞裒藁」巻一五「東照宮御事蹟第五八三、慶長一七年閏一〇月」六二頁以下参照、本書はいわゆる実紀と同じように、残された諸文献である慶長年録・武徳編年集成・宮本当代記・慶長見聞書・武徳大成記・家忠日記・駿府記などの諸文献に記載された騒動関係の記述を集めたものとして注目される。
他に、「當代記・駿府記」一八四頁以下、「新編藩翰譜」第1巻一四頁以下、「御当家紀年録」三四三頁以下、「越叟夜話」(「福井市史」資料編4近世藩と藩政(上)三九頁以下)参照。

さらに「片聾記」二八頁から三七頁、「続片聾記」二の五四二頁から五五八頁、「越藩史略」巻之三の九〇頁から九九頁、「国事叢記」一の四四頁から五三頁など参照。他に「本多家家譜」など、いずれも騒動についての詳しい記述がある。本来であれば各資料にみられる騒動の内容・経緯・性格などの比較検討が必要だとは考えられるが、その対象となる各資料の殆どがいわゆる第一次資料ではないために、難しい問題が多く、今回は思い切って省略することにした。

第3節　久世騒動の原因とその後の展開について

第1項　騒動の歴史的背景について

まずは騒動が起こった歴史的背景としては、以下の記述が最も注目される。「抑越前国は故中納言秀康公。人物を好み勇士を愛し給ふ事なみなみならず。凡勇名の聞えある輩。山林に沈淪したるものあれば、かならず聘を厚くして禄を重くして招給ひしほどに。諸家を退身せし勇士等。山のごとく越府に集まれり。さるほどに黄門《(秀康)》うせられし後は、この勇士各勇名にほこり威権を争い。国中すべて静ならず」(実紀)とある。

開祖松平秀康が越前藩の創設にあたっては諸国から有力武将らを積極的に招聘した結果、[1]また、かれらを特に優遇した結果、かれら相互間における勢力争いが表面化したのだと伝えられている。また、開祖秀康が三四歳の若さで亡くなり、その跡を継いだ二代藩主忠直が僅か一三歳の若さで家督を相続するとあっては、しかも、この藩における家臣団の階層構成でも具体的に指摘したように、いわゆる万石を越える有力重臣らが年によっては一〇人以上も存在するとあっては、かれら相互間における対立・抗争はやはり不可避であったとも考えられる。既に、この藩における家臣団の特質のひとつとして、残された分限帳には何の見出し項目もないままに、その冒頭に有力家臣らが五〇人前後が非常事態に備えて待機または留保されている事実をも紹介したが、こういった家臣団の構造そのものが騒動を生み出す歴史的背景またはその基盤になっていたものと考えられる。

しかも、これまた既に指摘もしたように、この越前藩の場合は、ここでの何の見出し項目がない有力家臣らの所持石高の総計は、給人ら全体に与えられる総石高の既に五〇%から六〇%以上をも占めており、藩主が直接支配するいわゆる蔵入(米)地をはるかに上回っていたのである。[2]とあれば、藩主個人の経済的な基盤は脆く、むしろ藩主の地位は特定の重臣らの存在によって強く制約され、藩主自身は重臣ら相互間における対立・抗争をも抑え込むということそれ自体が既に不可能に近い状況にあったのではないかとすらも考えられる。ましてや藩主による家臣らに対する一元的支配の強化には程遠いものがあったのではないかともまた考えられる。

と考えれば、久世騒動とは、この藩固有の家臣団の構造、具体的には有力家臣らとそれ以下に続く家臣らとによる併存と共存といった家臣団の体制そのものが生み出した騒動ではなかったかともまた考えられる。あるいは、家臣団における有力家臣らの突出した存在と、それ以外の藩主直属の家臣らによる併存または共存体制を、仮に家臣団の二重構造と考えることがもしも許されるとするならば、こういった家臣団の構造そのものが生み出した騒動でもあったのではないかともまた考えられるのである。

第2項　騒動の直接の原因について

この久世騒動が何を理由に、どういった形態で起こったのか、これが次の検討課題となるかとも考えられる。ところが、この原因についてもいろいろと指摘はされているものの、それらをはっきりと断定することは、現在のところ、難しいのではないかとも考えられる。

現在、あえてその理由を絞り込むとすれば、町奉行岡部自休の給地内(石森村六八二石か)に居住していた百姓夫婦が、また、その妻は再婚ではなかったかとも考えられるが、この夫婦が久世但馬守の支配下の家臣らの指示によってともに殺害(焼死とも)されてしまった。また、ここでの犯人探索の過程で訴人があって、この事件が久世但馬守の家臣らの指示によって実施されたことが明らかになった。また、この訴人は牧野主殿や竹嶋周防らの扱いで既に国外に逃亡したとも、殺害されて文珠山の麓に埋められてしまったともある。この事実が判明したために、怒った岡部がこの事実を直接に藩の執行部に訴え、それが原因になって家中を二分した騒動にまで発展することになったのだと伝えられている。何しろ残された各資料によると、さまざまな事実が語られてはいるものの、その中から事件の真相を探し出すことは、現在のところ極めて難しい。

以上である。なお、これに関係しては、殺された百姓夫婦が最初から岡部の給地内の百姓であったのか、なかったのか、といった事実の認定などからはじまって騒動の仕組みや登場人物も多種多様で、既に指摘したように、それらを統一された形にまとめて理解することは、現在のところ極めて難しい。以下、参考のために、この騒動に関係して登場する主な人々の名前とかれらの果たしたとされる役割とを付記するとすれば、以下の通りである。

＊騒動の犠牲者ら、町奉行岡部自（二）休の給地内（石森村）の百姓夫婦、一部には固有名詞があがってはいるものの、正確な名前まではやはり不詳。それに百姓の妻の前夫、他の一部資料によると、この夫婦の舅《しゅうと》もまた殺害されたともある。

＊百姓殺害を指示したと伝えられる但馬守の家臣たち、本人は強く否定はしているが、但馬守自身とも、次に与力大将野々村十右衛門とも、しかし、かれは後に国外に逃亡する。また、野々村とともに木村八右衛門（家老とも）の名前もまた登場する。

＊訴人らを匿い、かれの処置に直接関与したと考えられる家臣ら、牧野主殿・竹嶋周防の両人、両人はともに本多伊豆守派、牧野は後に高野山に逃げ込み、許されて後に藩政に復帰。竹嶋は反対派によって刀を奪われ、その身柄を拘束されて城中に監禁され、後に許されるも自分の行為を恥じて自殺する。

以上である。

なお、当時にあっては、家臣団の主体であった多くの家臣たちは、藩主からそれぞれ給地を与えられることによって主従関係を構築していたものと考えられる。また、そこでの家臣らの給地の殆どは、一部の特定の重臣らを除いては、他の多くの家臣らの給地は藩の蔵入地や他の家臣らの給地とが互いに入り交じった形でのいわゆる相給がその基本的な形態ではなかったかとも考えられる。とすれば、家臣らは、そこで所持した給地及びそこで生活していた農民らとの間での、たとえば、その給地の境をめぐっての、また、年貢の確保をめぐっての、さらにはその農民の所属如何をめぐっての、さまざまな紛争が場合によっては起こることになったものと考えられる。しかし、それらの紛争の全ては、村請制の確立の過程を通して余程のことがない限りは、関係役人らをも含めて当事者間における話し合いで解決されていたのではないかとも考えられる。ところが、そこでの紛争が起こったのが町奉行であった岡部の給地であったと考えれば、かれは町奉行としてその職務上、そこで起こった紛争の解決に自らが積極的に対処すべき立場にあったものと考えられる。しかし、その対処にあたるべき役割を持った岡部自身が、そこでの役割を自ら放棄しては直接藩執行部にその解決を訴え出るとあっては、そこでの紛争は和談の成立どころが、藩執行部をも巻き込んだ騒動にまでも発展せざるを得なかったものと考えられる。

第3項　騒動の展開について

事件が表面化すると、残された資料の中では、騒動関係者らによって一時期、和談（内済）の話が出たが、これは直ちに否定されたともある。また、ここで起こった両者による対立を処理するための組織や関係役人らの存在が現在のところ全く不明なために、また、既に指摘したように、藩の職制または職種にそれぞれ所属した役人らそれ自体を示すような分限帳もまた存在しないために、起こった事件がどういった経緯をへて藩の執行部にまで伝えられ、最初に誰がこの処理を担ったのかなども全くわからない。

ともあれ、騒動は藩政を直接担う付家老本多や重臣の今村掃部ら一派らによって処理されることになったものと考えられる。既にこの時期における藩執行部の人々による発給文書の検討では、騒動直前頃における文書発給者の場合、そこでの最後の署名者には今村掃部が圧倒的に多いことが既に指摘もされている事実が注目される。(3) こういった事情もあってか、今村らを中心とした重臣らによって会合が度々開かれている。また、この会合には当然のこととして付家老として騒動収拾の当事者の一人でもあった付家老本多伊豆守富正も、最初は出席していたが、後には今村らは岡部の意見を会合で代弁するだけだとしてそこへの出席を辞退している。それだけかれは反対派によって追い詰められていたのではないかとも考えられる。

事実、付家老本多伊豆守は、その立場上、本来であればともに一心同体で行政の確立にともに尽力すべき立場にあった町奉行岡部自休や、かれの相役でもあったとも伝えられている広沢兵庫らの今村一派への参加、あるいは、かれらの本多への裏切りによって、本多と今村両人らとが互いに激しく対立していたのである。以下、その本多家で後に編纂された家譜などによってそれ以降における騒動処理の在り方如何をみてみると、一〇月になると、事態は緊迫化して既に今村一派が騒動収拾のための主導権を握ることになったものとも考えられ、また、続いて以下の事実などが注目される。

一〇月一七日には、岡部領内における百姓殺害事件で、岡部にその事実を訴えた訴人の身柄を預かり、当人を国外に逃亡させたとも、また、殺害したとも伝えられている竹嶋周防がその責任を問われて今村一派によって刀を奪われ、城郭内に幽閉されている。また、今後は城内への出入りには今村及び清水丹後守の手形が必要となった。

その前の一〇月一二日からは今村掃部は自分の地元(給地)である丸岡から家臣らを次々に動員しては自分の屋敷を守らせ、続いて多賀谷左近・永見右衛門らの藩の重臣らもまたそれぞれ自分の給地から家臣らを動員、さらに、本多伊豆守自身も、その背後でどういった動きがあったのか、なかったのか、この間における事情はよくわからないにしても、本多に久世但馬守の身柄を預ける旨の指示があり、かれもまた給地府中(現越前市、それ以前は武生市)から自分の家臣らを動員しては久世の屋敷を守らせることにしたのだとある。

事態が緊迫化した二〇日には、家老本多に対して改めて久世にこれまでの訴訟の経緯及び訴人らの訴えの内容を読み聞かせ、かれ個人に切腹を申し渡すべきだといった藩主忠直からの指示があって、かれは単身、久世の屋敷に乗り込むことになったのだとある。もちろん、その背後で何があったのか、たとえば、今村が藩主忠直の生母である清涼院及びその兄にあたる中川出雲守らと提携し、若い藩主忠直に本多に対するさまざまな中傷を試み、その結果、藩主忠直自身が今村ら一派によって籠絡され、本多は若い藩主忠直の指示によって単身、久世の屋敷に乗り込んだとか、また、今村一派は本多を単身、久世の屋敷に送り込むことをも通して本多及び久世一族の滅亡までをもともに密かに画策していたのだといったさまざまな噂が流されてはいるが、もちろん、真偽の程はわからない。

単身、久世の屋敷に乗り込んだ本多は、これまでの経緯を語って久世に自害をすすめたものの、久世は一度も自分の意見を申し立てる場すらも与えられず、いわゆる「片口ばかり」の一方的な指示には到底、承服出来ないとして強く切腹には反対し、両者による会談は決裂している。しかし、久世はかつて本多の紹介によって越前国の重臣に召し抱えられたといった過去の経緯や、かれとの以前からの交流などもあってか、かれの家臣らがその場での本多の殺害を強く主張したが、久世は自分の家臣らの怒りを抑えてその身柄を釈放したのだとも伝えられている。

本多が屋敷を出たことを合図に、かれの屋敷を既に取り巻いていた本多や多賀谷・永見らの率いた軍隊による総攻撃が開始されて激戦となった。最後は久世の一族郎党らは屋敷に立て籠もり、火を放って自刃して果てたと伝えられている。また、この間の激戦の模様などは残された「當代記・駿府記」の中での記述や、残された編者田川清介の「国事叢記」一の中での久世騒動関係の記述などに詳しい(4)。翌二一日には、久世の親族でもある由木西安・上田隼人の両人もそれぞれ誅伐され、この騒動は久世一族の武装反乱と、本多らを中心とした武装鎮圧軍の出動とによってその結末を迎えることになったのである。なお、戦いでは鉄砲が最初から使用され、本多自身も鉄砲で負傷したが、具足で身を固めていたために大事には至らなかったとも伝えられている。いずれにしても、そこでの激戦の詳細は省略するものの、双方に多くの犠牲者らが出ているが、ちなみに、今村掃部父子は城の櫓からその戦いの模様を見物していたとも伝えられている。また、この騒乱は藩主自身が率いたいわゆる旗本軍が出動して鎮圧したわけではなく、本多・多賀谷・永見といった当時における各重臣らがそれぞれ自分の給地から動員した自分らの軍隊（陪臣）とがその主体であった。また、これに最後まで抵抗した久世但馬守の率いた軍隊も先祖伝来の一族郎党らを中心とした軍隊であった。

第4項　騒動後の処分について

騒動が終わると、騒動関係者らは次々に江戸に向かった。当時、家康は武州忍で鷹狩りの最中であったが、後の大老土井利勝がかれらの宿舎を訪ねては双方からの事情聴取にあたった。家康は将軍秀忠とともに江戸で対応することを伝え、一〇月二〇日頃には評定が実施され、その結果は今村一派の敗北となり、関係者らの処分となった。そこでの処分の具体的な内容については、残された「片聾記」及びその中で紹介されている実録資料「久世但馬記写」、「続片聾記」所収の実録資料「久世但馬守一拵」、これらには既に処分者一覧が作成されている。[5] そこで前者による処分者一覧の内容をそのまま紹介することにした。また、ここではその紹介にあたっては、そこでの一覧の前に書かれている短い文章の内容もまた大変興味深いものがあるので、ともに紹介することにした。それの内容とは以下の通りである。

或人云右之対決は、那須野之御狩之節、御假小屋にての事也と云々。
慶長十七壬子年十月廿日但馬守御成敗と事異本に有之。

壱萬石内四千石与力　久世但馬守　御成敗　当時佐野又太郎屋敷
同　倅半兵衛　同
同家老木村八右衛門　同

御裁許　　同与力大将野々村十右衛門欠落
千七百石　岡部自休　配流(死罪とも)
弐萬五千五拾石　＊今村掃部　岩城配流
壱萬五千五拾石　＊中川出雲　信州配流
壱萬五千拾石　＊清水丹後　仙台配流
弐千八百石内千弐百与力　＊広沢兵庫　配流　自休相役
弐千石　＊谷(野)伯耆　改易
壱萬石　＊落合美作　紀州へ御預け
三千四百石　＊牧野主殿　高野より被召返
四千百七拾石内千六百七拾石与力＊竹嶋周防　御免御預に而自害
六百石　＊御右筆上田隼人　御成敗
弐千石　＊出頭由木西安　同断
八百石　高須武大夫　討死
同嫡子　同断
同半市　高名
三萬六千七百五拾石内壱萬六千八百石与力　本多伊豆守　責(攻)口
同家老井上内匠　伊豆しより(ママ)具足諫言
矢野伝左衛門　石守(ママ)村郡奉行
大町靫負　代官

（＊は「福井市史」通史編2近世における表「久世騒動の対立」に出ている処分者ら、この表では林の名前がみられない。）

以上である。既に処分の具体的な内容は、既に小稿の冒頭でも既に紹介されているように、慶長一七年の第一次処分に続いて翌一八年四月には、後の大老土井利勝自身が越前にまで下り、藩主忠直の母清涼院の兄にあたる中川出雲守を中心に、谷(野)伯耆・落合美濃らをそれぞれ処分することで終わっている。処分が第一次・同第二次処分と二回にわたって実施されたことの背後でどういった政治的な動きがあったのか。なかったのか。たとえば、本多家に残された家譜には、評定所に出頭する前に本多が藩主忠直の生母である清涼院と面会し、その場でかれが評定所に申し立てる訴状の内容を清涼院に伝え、それをまた清涼院が今村らに伝えた事実が収録されている。これがもしも事実であれば、第二次処分で清涼院の兄である中川出雲守が処分された事件の背後には、本多と清涼院、また、本多と中川らとの間での確執の存在が考えられるのでは、といった思いが強い。

ところで、ここでの処分の内容をみると、処分の内容が、成敗・配流・改易・預け・討死など多様であることがまずは見逃せないかとも考えられる。また、配流もそこでの配流先が指定されているものと、ただ配流とのみの事例の違いもある。また、改易や預けともあり、それぞれの罪名の内容の違いがよくわからない。しかし、罪人らが出た場合、その身柄がそれぞれ大名らに引き渡されたと考えれば、あるいは、預けられたと考えれば、その裁決の場にはその対象になるべき大名たちがまた出席していることがその前提になるのではないかとも考えられる。いずれにしても、この時期における裁決の在り方如何の検討などは、残された今後における検討課題のひとつではないかとも考えられる。

なお、この処分が終わった五月には、本多伊豆守富正の立場をさらに強化するために、将軍秀忠の積極的な意志なのか、伊豆守自身が特に願ったのか、そこまでは不明だとしても、新しく本多一族でもあった本多飛騨守成重が改めて今村の跡の丸岡に入封し、ともに協力しては若い藩主忠直をともに補佐することになった事実が注目される。と同時に、両人はその後、将軍秀忠によって藩主忠直の後見人に任命されているのである。

さらに翌一九年の一〇月には、大坂冬の陣が起こり、越前藩は総力を挙げて、具体的には藩主忠直は一万五〇〇〇人の軍隊を率いては参戦することになった。まだ、久世騒動およびその跡始末が十分には終わらないその中での大坂冬の陣への参戦となったものと考えられる。

【注】

(1)「台徳院殿御實紀」巻二十慶長一七年一一月の項。
(2)本書第二章第3節第1項参照。
(3)斎藤嘉造「越前府中領主本多富正とその差出し文書について」(「福井県史研究」第5集)、特に表4参照のこと。
(4)たとえば、他にも徳富蘇峰「近世日本国民史」第一四章、内藤耻叟「徳川十五代史」など、さらに福井藩松平家や付家老本多家の各「家譜」などにもその紹介がある。寄手は二〇〇人余り、久世の犠牲者らは一五〇人余りともある。
(5)「片聾記」巻の一の三四頁以下参照。なお、「越前世譜」では岡部自体は死罪とある。

第4節　一応の総括—特に騒動評定の在り方如何について—

最後に残された検討課題としては、騒動処分者を決定した評定所における裁決の在り方如何をめぐる問題がある。既に小稿の冒頭における「稿本福井市史」上巻における評定の在り方如何についての説明によると、また、残された実録資料「久世騒動記」などにおける評定での基本的な在り方如何などを考えると、いずれもそこでの基本は同じであったと考えられる。そこでの詳細は省略するとしても、残された資料などでは、まずは評定は江戸表で実施され、また、そこでの審議は衆人環視の中で広く公開した形で行われていること。次に、それは家康・秀忠父子らの面前で行われていること、そこでの内容は最初に本多伊豆守、続いて今村の反論とが続き、今村は弁舌巧みであり、それに対して本多ははるかにそれに劣り、本多は一旦は今村によって窮地に追い込まれてしまった。しかし、本多の側に控えていた本多佐渡(正信)が堪り兼ねて伊豆守に助言を試み、そのこともあって本多伊豆守富正は密かに懐中に用意していた今村掃部のこれまでの横暴を暴露した訴状三カ条を読み上げ、これによって形勢は逆転し、本多伊豆守の勝利が確定されることになったのだといった筋立となっていることなどが注目される。また、これを見る限り、そこでの筋書きが余りにも立派過ぎ、また、読者をも意識した政治的な性格の強い筋書になっているのではないかといった思いが強い。果たしてそうなのか、といった思いの方が先に立つ感は否めないようにも考えられる。しかも、現実の政治は綺麗ごとではすまされないといった思いもまた否定出来ないようにも考えられる。

ところで、当時にあっては親藩越前藩で起こった重臣久世但馬守による武装反乱事件には、多くの人々の注目と関心とが集まることになった。また、公儀もこの親藩越前で起こった重臣久世の軍事反乱に注目し、そのために関係者らに対する江戸への喚問となったのではないかとも考えられる。そして、そこでの調査と吟味の過程を通して藩内における本多らと今村一派らとの対立が判明し、それの結果が久世但馬守の軍事反乱にまで発展した事実が明らかにされたものと考えられる。とすれば、本多も、かれに対立した今村も、ともに両人は三河の出身者でもあり、かつては家康の腹心の家臣らであった。また、かれらは家康に対するその忠誠心を見込まれて家康の次男秀康の付け人に特に抜擢された家臣らであったとも考えられる。

したがって、両者はともに協力しては、また、家康の期待に応えるためにも、ともに両者は協力しては藩祖秀康、次の二代藩主忠直に奉公すべき者たちであったと考えられる。ところが、今村が本多を排除して自己の政治的勢力の拡大を意図し、そこでの結果が久世但馬守の武装反乱にまで発展したとすれば、家康にとっては今村の政治姿勢は、到底、許されるべきものではなかったとも考えられる。そこでの今村の行為は、また、そこでの彼の政治姿勢は、場合によっては下剋上の行為にも該当するものではなかったかとすら考えられる。現在、伝えられているこの騒動に対する家康の態度を示すものとして、以下の言葉が注目されるかと考えられる。

「家康（大御所）難じて曰く、今村久世一派（戸を閉ざすの党）を誅するに向かうの時、何ぞひとり本多を遣わして今村行かざるや、本多は家老にして封禄今村より多し、しかるに本多を使うこと小臣を使うがごとし、これ今村の罪なりと、今村閉口す、すなわち今村及び清水丹後を配流せらる」とある(1)。

ここでの家康の言葉は、今村らが、家康の期待に反して付家老本多に反抗し、その地位に取って代わろうとしたその行為に強く反発し、具体的には、審議の過程で特に明らかにされたように、本多が単身、久世の屋敷に乗り込んでかれに自害を命じたその事実に家康は驚いているのである。ここでは騒動の本質はいわゆる一老の座をめぐっての争いだと考えられ、誰がみても今村の行為はあってはならないものであったとも考えられる。とすれば、この事実をあえて評定の場で、しかも何も衆人環視の中で、さらには将軍ら父子の目の前で、さらには、家康にとっては自分の身内である親藩越前藩で起こった騒動を関係者ら全員を集めてまでもあえて公開・審議する必要があったのか、なかったのか、むしろ公儀権力の確立を誇示するためにあえて必要であったとする考え方と、むしろなかったとする考え方もまた存在するかとも考えられるが、しかし、恐らくはその必要性はなかったのではないかとも考えられる。また、事件そのものも、家康自らが選んだ家臣の一人であった今村が、家康の意志に反して本多に取って代わろうとした事実は、家康自身にとってもまた後味の悪い事件ではなかったかとも考えられる。とすれば、そのためには関係大名や役人らが内々に集まっては処理すれば、それで十分ではなかったかとも考えられる。ましてや、慶長・元和期といえば、いうまでもなく臨戦体制下の緊迫した時代であり、そういった緊迫した中で何も衆人環視の中で関係者やそれ以外の家臣・陪臣らをも広く集めてまでも評定を行うということそれ自体も、また、その余裕も、あり得ないことではなかったかともまた考えられる。

ところで、この久世騒動における評定の在り方如何は、そこでの徳川実紀の記述をも含めてその全てが後に編纂された福井藩にある家譜や本多伊豆守家における家譜の編纂、さらには後に編纂された「片聾記」・「続片聾記」やそこで収録されているいわゆる実録資料「久世騒動記」など、あるいは、「越前史略」・「国事叢記」などに収録されている評定の在り方如何に基づいて記述されていることが注目される。それは騒動が起こった当時における残された第一次資料ではなく、その全ては後世になって編纂されたものに基づいて叙述されているのではないかと考えられる。

とすれば、そこにおける家譜や騒動記の編纂目的をまずは最初に明確に理解した上でのそれらの研究における利用が改めて強く要請されているものと考えられる。既にこの藩における家史や家譜の編纂事業については、先学の労作が既に発表されているが、これらの業績をも踏まえて編纂の目的、そこでの編纂の意味などの検討が次の検討課題ではないかともまた考えられる。編纂された事実を事実として無批判に継承することは、場合によっては歴史の捏造にもなりかねないともまた考えられる。いずれにしても、編纂された結果、叙述された記述と、その編纂以前における実態との間における乖離如何の問題を十二分に検討した上での理解・利用とが必要ではないかとも考えられるのである。

とすれば、衆人環視の中での、多くの人々を集めた上での、しかも、対決する両者の言い分を公開の場で公表するといった評定の在り方如何が、さらにはそこでの裁決がいわゆる家康による「鶴の一声」によって決定されるといった方式は、果たして現実に存在していたのであろうか、恐らくそれは編纂の過程で創作された可能性の方がより高いのではないかともまた考えられる。いずれにしても、編纂された事実と、現実に処理された事実との乖離如何についてては、慎重な対応が強く求められているのではないかとも考えられる。その意味では、既に紹介を試みた騒動関係者らの一覧の冒頭で紹介した「或人曰右之対決は、那須野之御狩之節、御假小屋にての事也」(続片聾記)といった言葉は見逃せないようにもまた考えられる。ここでは審議は江戸ではなく、当時、家康が滞在していた現地で実施されたと伝えられているのである。

この点については、他に残されているこの藩によって編纂されたいわゆる「越前世譜」によると、その中にはそこでの叙述にあたってはそれぞれ出典を欄外に注記している系統のものが残されている。これによると、四万田源之丈が執筆した資料の部分が引用されているが、それによる騒動の実態は以下のようなものであった。(2)

具体的には、騒動が起こり、この騒動を心配した一族の松平忠昌(藩主忠直の弟)が公儀に越前に自ら出向くことを願い、それが拒否された事実の紹介に続いて以下の文章が続く。「公方御立腹被遊越前ヨリ本多伊豆守・今村掃部其外ノ者三十余人被召寄、将軍様御聞可被成処ニ其時分大御所様下野国那須野ノ御狩ニ御越被遊候間、其へ伺出可仕旨上意ニ依テ江戸御老中迄那須野へ御越有テ本多伊豆守・今村掃部両人ハカリ御前へ被召出、岡部自休、寓意之通委細御聞届被為成、今村掃部・清水丹後・岡部自休・中川出雲其外弐十余人流刑死罪ニ被仰付、本多伊豆守富正・牧野主殿助易貞ハ越前へ御帰シ被為成候(以下省略)」と、関係者らに対する処分は江戸表ではなく、現地での審査の結果、決定されたとある事実が注目される。また、四万田の著作は他にも残されているが、たとえば、資料表題「七番　隆芳院(秀康)様御事覚書」によると、(3)やはり同じ内容の記述がまた残されている事実が注目される。

そして、この事実は案外、世間では広く伝えられていたとも考えられ、既に紹介を試みた「続片聾記」の中にある騒動処分者一覧のその冒頭にその旨を伝える言葉としても記述もされたものと考えられる。

なお、騒動は那須野における処分では終わらずに、それ以降、後の大老土井利勝(かれの大老就任は寛永一五年からか)、が自ら越前に出向いてかれによる第二次処分が実施され、藩主一族である中川出雲守らが処分されたことで終了することになった。

いずれにしても騒動における処分は、江戸ではなく、家康が当時、鷹狩りのために滞在していた那須野で実施されたのではないかとも考えられる。とすれば、何故、そこでの審査が江戸表における審議となったのか、そこでの理由が改めて問われるのではないかとも考えられる。

【注】

（1）「御当家紀年録」巻四の慶長一七年の項、三四五頁参照。

（2）この点についての見逃せない研究としては長野栄俊「貞享期における越前松平家の家史編纂―「家譜」・「世譜」編纂前史―」（「若越郷土研究」53巻2号）がある。

（3）騒動に対する処分が家康が居住していた那須野で実施されたと考えれば、また、一部では密かに言い伝えられていたように、那須野の仮小屋で実施されたと考えれば、江戸表における衆人環視の中での処分の在り方如何は、後世の人々らによってむしろ創作されたものであったとも考えられる。ちなみに、「松平家文庫目録」一三頁によると、四万田源之丞については「四万田は名を政弘、天和元年家督相続、元禄一五年に致仕、「藩政に明るく著述多く」とある。また、かれの著作としては、「黄門様隆芳院様御事覚書」・「隆芳院様大安院様御事」の二つがとりあげられている。いずれにしても、処分の場所を家康の鷹狩り先の那須野と考えると、これまでの久世騒動に対するイメージは根底から崩れるかとも考えられる。さらなる検討の継続が必要かとも考えられる。なお、「越前家御由緒」（松平文庫）によると「上意ニ依テ江戸御老中迄那須野へ御越有ヲ」とあり、また「古来寄物語（同）でも那須野とある。あるいは、「久世騒動記―久世但馬守滅亡之始終―」（越前書肆福井矢町会津屋清左衛門『鳳来軒』刊）によると、「一於駿府掃部伊豆対決之砌、伊豆殿訴状之案文江戸へ、御鷹野に御越先にての対決なり、或人云那須野の御猟野節、御小屋ニて也と」ともある。

第三章補注

小稿脱稿後に福井市立郷土歴史博物館の印牧信明氏から鳥居和郎・根本佐智子「後北条氏遺臣桜井氏の越前関係文書に

ついて」(『神奈川県立博物館研究報告』第41号)を紹介された。この論文によると、新しい忠直関係資料の紹介とともに、慶長一七年に起こった久世騒動の時期には、忠直は「行儀不足」を理由に江戸に留め置かれていた事実が紹介されている。とすれば、かれの置かれた立場と久世騒動との関係如何についてはさらなる検討が必要ではないかとも考えられる。

第四章　二代藩主松平忠直の配流一件(騒動)について

第1節　はじめに―「忠直略年譜」の作成を中心に―

慶長一二年、越前藩の藩祖松平秀康が三四歳の若さで死去すると、その跡を嫡子であった一三歳の忠直が継ぐことになった。かれはその後、周知のように、大坂の役が終わるとその行状が乱れ、菊池寛の小説にある「忠直卿行状記」でも広く知られているように、公儀の命で元和九年には豊後国(大分県)に流され、その跡を嫡子仙千代(三代藩主光長)が僅か九歳で継ぐことになった。

いま、二代藩主であった忠直の一生を以下、たどってみると、かれは当初からその存在自体が注目されていた大名らの中の一人でもあった。かれは北陸地方における要衝の地であった越前藩六八万石の大藩を支配する有力大名の一人として、また、徳川家に最も近い、家康を祖父に持った親族大名の一人としても、その存在は多くの人々によって早くから知られていた。しかもそれに加えてかれは、これまた当時、広く知られた御家騒動である久世(越前)騒動が起こると、直接その騒動の収拾にあたるべき当事者としても、さらには、その後に引き続いて起こった大坂冬・夏の両陣、なかでも夏の陣においては敵将の一人であった真田幸村及びかれの率いる軍隊を破り、大坂城一番乗りを果たした大名としても、また、そのかれ自身が祖父家康から諸大名らの目の前で直接その功績を褒められるなど、多くの人々の強い関心と注目とを一身に集めた大名の一人でもあったとも考えられる。

ところが、そのかれが大坂の陣が終わると間もなくして、一般には元和四年頃からともいわれているが、その行状が乱れ、取り巻く家臣らや女性らをも手討ちにするなど、暴虐・非道の限りを尽くしては暴君とまでもいわれるようになった。また、そのために若くして（二九歳か）改易され、流された豊後国（大分県）では不遇の一生を送った悲劇の藩主としても、また、多くの人々によって注目された存在でもあったと考えられる。そして、そのかれのたどった波乱万丈の生涯は、現在に至るまでもなおも人々の間に広く伝えられ、話題にもされているのである。

ところで、そのかれに関する資料は、また、特にかれの実像を示したいわゆる第一次資料は極めて少ない。場合によって皆無に近いのではないかとも考えられる。けれども、それにもかかわらず、かれに対する関心の広がりもあってか、かれに対する著作類は小冊子ながらも現在、既に一〇冊余りが既に刊行されて、多くの人々によって広く読まれてもいるのである(1)。

そこで最初に、そのかれを対象にしては、主に藩主松平家で既に編纂されている「越前世譜」を中心に、かれの五六年間に及ぶその生涯を以下、改めてみてみることにしたいと思う(2)。また、そこでのかれの一生は大きく分けると、三つの時期に分けることが出来るのではないかとも考えられる。第一期は、かれが生まれてから慶長一二年に一三歳で父秀康の跡を継いで二代目越前藩の藩主になるまでのかれの幼年時代、次の第二期は、かれが家督を相続してから元和九年、その不行跡の責任を厳しく問われて配流されるまでの越前藩における藩主の時代、最後は、かれが豊後国に流されて慶安三年に同地津守で五六歳で死去するまでの配流の時代との三つの時期とに大きくは分けることが出来るのではないかと考えられる。そこで以下、まずはそれぞれの時期におけるかれの生き方如何をたどってみることからはじめたいと思う。また同時に、それぞれの時期におけるかれの直面した課題とそこでの研究上における問題点などについても以下、少し考えてみることにしたいと思う。

なお、最初に検討の対象にするかれの幼年時代に限っては、資料とする「越前世譜」には、これといった記述がみられない。そのために、代わって「越前人物志」上巻などからかれの幼年時代に関する記述をみてみることにしたいと思う。それ以降のかれの藩主時代については、既に指摘もしたように、藩によって編纂された「越前世譜(忠直)」によって、かれが藩主になってから大坂の陣が終わるまでの時期、続いて項を改めて大坂の陣が終わってから永見右衛門誅伐一件及びかれの配流に至るまでの時期とについてみてみることにしたいと思う。さらに最後に、かれが豊後国に配流されてから同地津守で死去するまでは、同地における研究者らによって忠直は既に検討の対象にされ、そこでの検討の結果もまた発表もされているので、これらの業績及び資料によってそこでの推移をごく簡単に検討することにしたいと思う。

【注】

(1) 一応、これまでに刊行されている忠直関係の著書を参考のために列記してみると、以下の通りである。

「松平忠直卿の生涯」島崎圭一　昭和　四年
「松平忠直遺跡」郷土史跡伝説研究会　同　六年
「松平忠直公」久多木儀一郎　松平忠直公奉賛会三三十年祭刊行　同　一四年
「松平忠直卿」黒田傳兵衛　同　三四年
「忠直血笑記」読売新聞福井支局　同　五〇年
「忠直卿と犬公方」―松平忠直と徳川綱吉の病跡―玉丸勇　昭和五〇年
「私本松平忠直」則武三雄　同　五一年
「忠直公往来」八木源二郎　同　五八年
「忠直公狂乱始末」渡辺克巳　同　五九年

「熊野神社蔵『松平一伯関係文書』」　大分県史料（37）第2部補遺（9）　同　五九年
「忠直乱行」中嶋繁雄　同　六三年
「一伯公」柴田義弘、松平忠直公三百五十年祭奉賛会　平成一一年
「時代を駆けた風雲児松平忠直」大分市歴史資料館　平成一九年
など、

なお、他に「大分県史」近世2及び「大分市史」上巻なども参照。

これら以外にも周知のように、南條範夫「大名廃絶録」・海音寺潮五郎「悪人列伝」の中でも忠直は検討の対象とされている。さらに、地元における研究者である柴田義弘氏による調査結果「忠直公の御墓について」（私家写真版）によると、かれの廟所は大分市内に二カ所、他に高野山・東京白山、鯖江市にそれぞれ存在することが紹介されている。しかし、何故か福井には存在しない。けれども福井藩の歴代藩主が忠直に全く無関心であったわけではなく、たとえば、幕末に活躍した一七代藩主松平慶永（春嶽）も忠直の名誉挽回に熱心に取り組んだ一人であった。その詳細は印牧信明「松平慶永と茂昭による忠直追孝活動について」（『福井市立郷土歴史博物館『研究紀要』』一九九九年）がある。

ちなみに忠直の実像を最も深く追究した著書の一つに柴田義弘「一伯公」がある。後述するように、小稿でも問題提起を試みた主君押し込めの事実については、同書によると、以下の指摘が特に注目される。「以上のことから越前での乱心説は、一伯と称し参観は己の勝手次第とした藩主忠直の放縦ともいえる行為を制御出来なくなった国家老両本多の謀略とも考えられる」（「一伯公」五七頁）ともある。

また、小稿脱稿後に黒田日出男「岩佐又兵衛と松平忠直―パトロンから迫る又兵衛絵巻の謎―」（「岩波現代全書103」）が刊行されている。

（2）「越前家譜　忠直」（福井県立文書館所蔵松平文庫）。

第2節　二代藩主忠直の生涯について

第1項　幼年時代について

まず幼年時代については「越前世譜」には、かれに関する記述は全くみられず、一般に流布している他の資料や関係年表などからかれの幼年時代を探ると、以下の事実をまずは確認することが出来るのではないかと考えられる。(1)

文禄　四年　六月　忠直結城(または大坂とも)で生まれる。母は中川氏(清涼院)、幼名国丸または長吉。
慶長　五年　九月　元服、一一歳　将軍秀忠の一字を貰って忠直という。
同　一二年閏四月　父秀康死去、江戸から帰国してその跡を継ぐ、一三歳。

以上である。人間形成にとって最も重要だと考えられる幼年時代については、既に指摘もしたように、全くといってよい程わからない。かれの祖父にあたる家康の場合、かれは六歳で駿河(静岡県)の今川義元の許に養子(人質)に出され、その後も波乱に充ちた生涯を送るが、かれは養子時代には臨済宗の僧である太原雪斎について多くのことを学んだと伝えられている。また、家康の次男で忠直の父でもある秀康についても、嫡子忠直と同様にその幼年時代については、特にかれの人間形成にあたって強い影響を与えたような人物やさまざまなかれに関する逸話なども現在のところ全くといってよい程不明である。しかし、祖父家康も父秀康もいずれも人質時代に苦労し、それらがかれらの人間的成長の励みになっていたものと考えられる。(2) これに対して忠直は、秀康の嫡子として比較的恵まれた安定した生活を送っていたものと考えられ、また、この小稿での冒頭に紹介した菊池寛にいわせると、生まれて以来、叱られた経験のない人間であったとも伝えられている。

当時にあっては、大名らが我が子を独立させる場合には、自分の腹心の家臣らを子供に付人として付属させ、この付人らが子供の成長を終始助けるといった仕組みがとられていたと考えられる。その意味では、父秀康もかれが豊臣秀吉のところに養子（人質）に入るときには、家康の腹心であった本多作左衛門重次の子供を、後にかれに代わって秀康の一歳年上かとも考えられる、重次にとっては甥にあたる本多伊豆守富正を付人として派遣し、また、かれ以外にも後に富正と鋭く対立する今村掃部をはじめとした複数の家臣らが付人として派遣されていたものと考えられるが、詳しいことはよくわからない。(3) また、秀康が秀吉によって関東の有力武将であった結城晴朝の許に養子に出されるときにも、秀吉自身もまたかれに後で太閤様付人ともいわれた家臣らを派遣したとも伝えられている。そして、これらの付人らがその後における父秀康の活躍を昼夜にわたって補佐したものと考えられる。

また、嫡子忠直が生まれた二年後の慶長二年には、忠直の誕生に続いて同じく清涼院を母に持った次男虎之助（後の福井藩主忠昌）が生まれている。かれは一一歳で駿府で祖父家康にお目見えを果たし、最初は上総国（千葉県）姉ケ崎に一万石を与えられている。このかれの独立にあたっては、父秀康はかれの父家康の例に見習ってやはり自分の腹心である岡部豊後守をはじめとして永見志摩守・上三川左衛門・毛受《めんじゅ》庄助・安藤治太夫ら十数人の家臣らを忠昌の付人として派遣していた。(4) かれはその後、常陸国（茨城県）下妻三万石、ついで信濃国（長野県）川中島一二万石、さらには越後国（新潟県）高田藩二五万石の藩主となり、最後にはかれの兄である忠直がその後に行状が乱れて流されると、兄忠直に代わって新しく越前国福井藩の藩主となった。その間、かれら付人たちが中心になっては終始藩主忠昌を補佐することになったものと考えられる。

忠直の場合は嫡子ではあり、恐らくは父の許で養育され、かれの意向を受けた付人らがやはり直接・間接に、かれの養育には深く関与したものと考えられる。しかし、この辺の事情は現在のところよくわからない。その意味では、かれは親許にあってそれだけ恵まれた生活を送っていたものと考えられるが、しかし、そのかれと終生、苦楽を共にするような付人らに特に恵まれなかったことは、かれにとっては、また、かれのその後における人生にとっては、大変、不幸なことではなかったかとも考えられる。

同時に、忠直の人柄・性格などについてもよくわからない。稿本「福井市史」上巻では「資性豪毅、力人に過く」とあり、[5]また、「越前人物志」上巻では「禀性剛毅にして」とあり、[6]さらに「実紀」によると「この卿(忠直)剛強にして」とも、[7]あるいは、「続片聾記」では「元来忠直卿短気剛強之生質故」ともある。[8]かつて父秀康が木曽路を通って江戸へ参勤しようとしたときに、関所の番人たちが秀康一行が鉄砲を持参しているのでこれを咎めた。しかし、それを聞いた秀康は激怒し、かれらを逆に叱りつけては、そのまま通って江戸に到着した。早速、この事実は家康にも伝えられたが、これを聞いた家康は相手をよくみて対応するようにとの指示を与えただけで秀康の行為をそのまま黙認したとも伝えられている。また、このことが広く伝えられると、さらには、かれが家康の次男だといった事実などもあって、これ以降は越前藩は他の大名らとは違って「制外の家」ともいわれるようになったのだともある。[9]恐らくはこういった父秀康の激しい気質と人柄もあってか、子供の忠直もまた父親譲りの剛直な性質ではなかったかとも考えられるが、これまた詳しいことはよくわからない。

第2項　藩主時代について

(1)藩主就任から大坂の陣まで

以上、忠直の幼年時代についての検討を試みたが、次に藩主時代におけるかれの行動とその後における越前藩の推移とをともに続いて追ってみることにしたいと思う。この場合、かれの藩主時代は、藩主就任から大坂冬・夏の陣までの時期と、その後にかれの行状が乱れ、改易されるまでの時期とに大きくは二つの時期に分けることが出来るかとも考えられる。そこでそれぞれの時期におけるかれの行動をみるために、既に指摘したように、残された「越前世譜」からかれに関する主な記事を抜き出して「忠直略年譜」を作成してみることにした。また、この「略年譜」から、かれの藩主就任から大坂冬・夏の陣に至るまでの時期と、それ以降、かれが元和九年に改易されるまでの時期とを分けて、それぞれの時期におけるかれの行動を追ってみることにしたいと思う。

まずはかれの藩主就任から大坂の陣に至るまでの期間であるが、この時期を「忠直略年譜」(1)として以下、示すことにした。

「忠直略年譜」(1)—藩主就任から大坂の陣まで—

慶長一二年閏四月　父秀康死去、忠直江戸から帰って家督を継ぐ、一三歳。
同　一六年　三月　忠直上洛。
同　　　年　九月　将軍秀忠三女(または四女とも)勝姫、江戸を出発、土井利勝らが付き添い、途中駿府で家康に会って城下北庄（現福井）に到着。月末に結婚、忠直一六歳、勝姫は一三歳とも。

同　一七年一〇月　久世騒動起こる。一一月末に第一次処分実施。

同　一八年　四月　土井利勝北庄へ。翌月にはかれによって第二次処分実施。

同　一九年　四月　本多伊豆守富正・同飛騨守成重、将軍秀忠から忠直の後見人に任命される。

同　年一〇月　大坂冬の陣起こる。越前藩は一万五〇〇〇人余りが参戦する。

同　年一二月　四日　本多丹下・同富正をはじめとして各武将らの率いた越前軍が出撃、加賀前田家の部隊らとともに真田幸村らの守る陣地に肉薄するも頭上から弓・鉄砲で攻撃され、前進を阻まれ、多くの犠牲者が出る。家康、負傷者が多く、撤退を命ずる。同日夜に下知を待たず抜駆したことに対する評定が行われ、秀忠は処分を、家康はかれを許容する。

同　同　月一一日　陣地から大坂方に大砲を打ち込む。

同　同　月一七日　忠直、茶臼山本陣で家康に会い、その成長ぶりを「日本之樊噲《はんかい》」と褒められ、同一九日には岡山本陣で秀忠に会う。

同　同　月二二日　大坂方との和睦が成立。

同　同　月二五日　家康、茶臼山から上洛、越前・加賀・近江・伊勢などの人夫で大坂城の石垣を壊し、堀を埋める作業を開始する。

元和　元年　一月　三日　家康、駿府に帰る、同月末、各大名らそれぞれ帰国する。

同　同　四月　大坂夏の陣起こる。

同　同　四月　六日　忠直四条畷に宿陣、翌日、直ちに平野へ、本多丹下・本多富正両名が直ちに家康に会い、翌日の指示を乞う、家康から昨日の道明寺の合戦に遅参したことを「今朝之油断者親之名迄穢す事也」と強く叱咤される。また、明日の先手を加賀の筑前守（利常）に命じた旨を伝えられる。忠直これを聞き「殊之外御残念被思召明日之合戦ニ者是非可致討死と之御意ニ付」と、死を覚悟しての出陣を命じ、両本多も軍令を破っても一番乗りを目指すことを決意、吉田修理らを呼んで軍議を行い、その旨を合流した弟忠昌らにも伝える。

同　同　七日　忠直出陣前に既に忠昌・両本多・吉田修理などは出撃、藤堂・前田軍から阻止されるもその中を強行突破、その布陣に続いて忠直自身も出馬、「御湯漬を被召上、最早餓鬼道え者落間敷そ、真っ先ニ閻魔之廳ニ可着」と命令し、越前軍は「御軍令茂不相待諸手ニ先立真一文字城方え攻懸り粉骨を尽し」て戦い、「真田幸村備えを追崩」し、「本丸を乗り取り、二の丸に火を放ち」と、大きな戦果をあげる。

なお、吉田修理は先駆けの責任を取って後に天満川で入水自殺。

同　同　八日　秀頼・淀君、助命を願ったが、御許容なく生害、同日、家康、茶臼山の陣所を、秀忠は岡山陣所を引き払い、二条城・伏見城に退く。

同　同　同一〇日　二条城へ本多丹下・同富正ら召し出され、家康・秀忠の前で水野日向守勝成と大坂城一番乗りをめぐって対決、「一番ハ三河守、二番ハ日向守たるべし」と決定、忠直は「此度之戦功諸将ニ超英勇天下ニ無比類」と称賛される。しかし、「宗室之儀ニ付」といった理由で「恩賞者後日ニ可沙汰之上意有之」とある。また、とりあえず家康からは初花の茶入れ、秀忠からは脇差と掛軸とを渡され、小栗備後守・荻田主馬らも拝領品をそれぞれ与えられる。

同　　同　五月二三日　討ち取った首の報告を命ぜられ、総数三七五三首と報告、そこでの戦果は、加賀藩を抜いて諸大名らの中では一番であった。
同　　同　六月一九日　忠直は従三位参議に叙任、翌日には本多丹下は飛騨守に。
同　　同　七月　七日　一国一城令に続いて武家諸法度など発布。
元和　元年　七月　　忠直北庄に帰る。

以上が忠直の藩主時代、特にかれの結婚から大坂の陣が終わるまでの主な記述である。そこで、この間における時期を(A)結婚をめぐって、(B)久世騒動をめぐって、(C)大坂冬・夏の陣をめぐって、以上、三つの時期に分けることが出来るかとも考えられる。そこでこれらの時期における忠直の行動と直面した課題などについてみてみることにしたいと思う。

(A)結婚について

一三歳で父秀康のあとを継ぐことになった忠直が、まだ成立後間もない藩政の現状をどのように理解することが出来たのか、いずれにしても、かれを取り巻く現状は、極めて厳しいものがあったと考えられる。現実は、付家老本多伊豆守富正以下の重臣らが、また、父の代からの家臣たちが、一致団結しては若い藩主を支えていくことになったものと考えられる。しかし、既に紹介したように、その後に起こった久世騒動での家臣ら相互間における対立・抗争の契機や理由などが発足の当初から既に秘められていたと考えると、家臣ら一同による団結は既に難しく、それこそ多難な船出ではなかったのかとも考えられる。

こういった中でかれが最初に直面した課題のひとつが将軍秀忠の四女勝姫との結婚問題であった。このことはかれの藩主就任にあたって既に将軍秀忠自らがその意向を忠直及び重臣らに直接、伝えていたともいわれている。[10]それはこれからの娘婿である忠直の行末を心配し、かれの立場を強化するための将軍自らの深い配慮であったものと考えられる。その意味ではこの結婚は、かれにとっては歓迎されるべきことであったとも考えられる。また、かれを取り巻く重臣らにとってもその思いは同じであったものと考えられる。さらには、それだけ忠直のそれ以降の生活が、公儀の意向によってさらに強く制約もされることをも示唆するものであったとも考えられる。「略年譜」によると、慶長一六年九月、将軍秀忠の娘勝姫は江戸を出発、土井利勝が付き添って東海道を下って駿府（静岡）に到着、家康に会って越前に到着している。また、到着した姫君は最初に付家老であった本多伊豆守の住む府中（前武生市、後の越前市）に立ち寄り、そこで休息の後に「御歯黒之式」があり、[11]本多富正夫婦がお供しては北庄（現福井市）に入ったと伝えられ、月末には忠直との婚礼の式が挙げられている。当時、忠直は一六歳、妻勝子は一三歳とも伝えられている。

しかし、両者はともにまだ人生経験が浅く、特に勝姫にとっては生まれてはじめての異国での生活だとあっては、周囲が期待するようにはすすまず、時には安定を欠いた時期もあったらしい。しかし、両者の間では忠直の跡を継ぐ仙千代（後の三代藩主光長）が生まれ、続いて二人の女子が相次いで生まれていることを考えると、暫くは円満な時期が続いたものとも考えられる。けれども、後に忠直の生活が乱れるようになると、両者の不和が心配されるようになった。また、その噂が江戸にまでも届くことにもなった。この頃になると、忠直が武頭らを出入りの門に配置しては勝姫の行動を密かに監視させたとか、あるいは、元和三年頃になると、勝姫と三歳の長男仙千代とが寺社参詣のために駕に乗り、そのまま江戸に向かったといった噂も広まることになった。[12]特に、両者が対立した結果、後述もするように、勝姫付の侍女二人を忠直自らが殺害するといった事件が起こり、騒然となったとも伝えられている。真偽の程は不明にしても、忠直が美貌の女性らを、たとえば、一国にもかえ難い美貌の持ち主であった、その意味では一国とも、一国女とも、呼ばれた女性を側室に迎えるようになると、両者の関係はさらに悪化したものと考えられる。

(B)久世騒動について

慶長一七年一〇月には久世騒動が起こって世間を騒がせることになった。この騒動については既にその内容を説明し、一応の検討を試みた。この騒動の中にあって藩主忠直自身がどういった立場にあったのか、詳しい事情は現在のところよくわからない。既に藩主の座について四年余り、年齢は一七歳、外からみれば如何に年齢が若いとはいっても藩主である限り、毅然とした態度で騒動を未然に阻止し、藩内における対立を抑え込み、秩序を維持、強化するための努力を重ねることがかれに課せられた本来の使命であったとも考えると、かれにとっては騒動の推移とそれの収拾如何は最大の関心事であったものと考えられる。

しかし、この騒動は既に指摘もしたように、藩内における重臣らをもともに巻き込んだ規模の大きい御家騒動であった。また、それはともに三河国の出身で、ともに藩を代表し、ともに若い藩主である忠直を支えていくべき使命を家康から特に与えられていたはずの付家老本多伊豆守ら一派と重臣今村掃部ら一派との両者とが正面から対立し、しかも、それはそれぞれが自己の支配下にある家臣らをもともに巻き込んで起こした騒動でもあった。さらには、それは文字通り藩内を二分する騒動にまで発展したものであった。そして、その結果が久世但馬守による武装反乱にまで発展することになったものと考えられる。それ以前に未然にこの騒動の収拾にあたるべき中立的な政治的勢力が全く欠落し、そのためもあってか、対立・抗争が既に表面化してしまった現状に対しては、若い藩主忠直の取るべき選択は極めて限られていたものと考えられる。それどころか、その対立の一方がかれの生母である清涼院と彼女の兄(または弟とも)でもあり、したがって、忠直自身にとっても伯父にもあたる重臣の中川出雲守とが、しかも、その重臣の中川が今村掃部や清水丹後守・林伊賀守らの今村方の重臣らと既に互いに提携していたと考えれば、藩主忠直の立場はより深刻なものがあったと考えられる。特に今村らが中川を通しては藩主忠直に、対立する相手である本多伊豆守らに対してさまざまな讒言を試みさせ、また、中川自身も忠直に直接・間接に本多らに対する中傷を度々試みたとすれば、忠直の取るべき選択はさらに限られ、むしろ無いに等しいのが現実ではなかったかともまた考えられる

この久世騒動に若い藩主忠直がどの程度、関与したのか、もしも主体的に関与したと考えれば、かれは今村一派と同罪であり、一緒に処分の対象にされるべきはずであったとも考えられる。また、かれの名前が一時期、今村一派によって利用されたに過ぎないとしても、その責任は免れないものであったとも考えられる。その意味で、騒動における処分の結果は、また、今村・清水・岡部、そして、中川らの処分は、かれにとっては深刻なものであったと考えられる。しかも、既に問題にしたように、この最初の処分ではかれの親族である中川出雲守は何故か、江戸には呼ばれてはいない。その裏にどういった思惑があったのか、なかったのか、この辺の事情もまた全く不明のままである。それに加えて、その処分は一回だけでは終わらずに二回にわたって実施されている。このこと自体が、この騒動がどれ程深刻な内容のものであったのかをそのまま示唆しているようにも考えられる。

ともあれ、この処分はさらに翌年五月にまで持ち越されて第二次処分の実施となった。この場合、それ以前に付家老本多自身が既に参府している事実、また、この騒動に最初から関係していた土井利勝自身が直接北庄(福井)にまで乗り込んでは第二次処分が実施されている事実などをみると、その背後でもさまざまな政治的な動きが予想されるが、この辺の事情もまたよくわからない。そして、実施された第二次処分では親族である中川出雲守自身が処分の対象となり、かれは藩政から排除され、信州へと配流されているのである。また、重臣の落合・谷(野)らもまた処分されている。この親族中川に対する処分は、かれが忠直の側近で早くからかれとの交流があったと考えれば、

藩主忠直にとってはその処分はまさに衝撃的なものではなかったかとも考えられる。

この場合、深刻な打撃を受けたはずの忠直が、この騒動を通して何を学んだのか、また、自己の取るべき藩主としての使命を改めて自覚し、それに取り組む決意を既に固めたと仮定しても、翌慶長一九年には大坂冬の陣が、また、続く翌元和元年には夏の陣が起こるなど、時代の波は容赦なくかれ個人の思惑や意志如何をも大きく越えて、また、それをも大きく呑み込んで、動くことになったものと考えられる。同時に、豊臣勢力の打倒といった新しい行動に踏み切った家康は、北陸の要衝で起こったこの御家騒動は、また、自分の身内で起こった騒動は、一刻も早く収拾・鎮圧されるべきものであった。それについては一刻の猶予も許されない状況が到来していたものと考えられる。それは若い藩主である忠直に藩政への参加を、また、もしもかれがかれなりに何らかの藩政刷新への思いをも抱いていたと仮定しても、その思いをも奪うものであったとも考えられる。

ところが、かれの思いとは別に、久世騒動が終わると、騒動に対する処分を通して若い藩主忠直の騒動への対応如何が、また、かれの為政者としての資質如何が、関係者らの中で心配もされ、論議もされていたものと考えられる。また、その結果が「世譜」によると、騒動後の慶長一九年四月には発表されている。その内容とは「御家老本多丹下・本多伊豆守富正被召出忠直君御若輩之内、御後見可仕被仰出」と、将軍秀忠から両本多に対する藩主忠直の後見役への任命であったと考えられる(13)。また、ともに両人が互いに協力しては藩政の運営にあたるべきことが命ぜられているのである。この場合、両人を忠直の後見人に任命したのが、両本多、特に本多伊豆守富正個人の強い要請によって実現したのか、あるいは、将軍秀忠の娘婿である忠直の今後の行く末を心配してのかれ個人による強い要請の結果実現したのか、あるいは、三者の思いがたまたま一致したその結果、実現したのかどうか、この辺の事情は現在のところ全くわからない。

しかし、いずれにしても、両本多に対する後見役の任命は、その後における忠直の思いと行動とを強く規制するものであったと考えられる。かれはこれ以降、後見人らからの強い監視の中で、始まった大坂の陣にかれはかれなりに対応せざるを得なかったものと考えられる。その意味では、藩主としての権力の行使を制約された忠直の思いは、また、それに対する不満は、忠直が久世騒動に直面し、続いて大坂の陣への参加を通して藩主としての使命感を自覚すればする程、その思いはその後、内在化し、鬱積されざるを得なかったものと考えられる。とすれば、かれがその時点で抱いていたその思いとは、また、藩主として抱いていた使命感とは、どういった内容のものであったのであろうか、その有無や内容の如何が、これ以降により厳しく問われることにもなったのではないかとも考えられる。

（C）大坂冬・夏の陣について―特に越前藩の抱えていた課題などを中心に―

（a）越前藩と大坂の陣への参加について

久世騒動が何とか収拾されると、翌一九年一〇月には大坂冬の陣が、続いて元和元年四月には夏の陣が相次いで起こることになった。この場合、戦いに参加した越前軍が抱えていた課題はいくつか考えられるが、とりあえずは、以下の事実などがまずは注目されるかと考えられる。

そのひとつは、越前藩ではその直前に久世騒動が起こり、その規模が大きく、また、この藩が徳川の親藩でもあるといった事情などもあってか、多くの大名らが越前藩における藩政の在り方如何について強い関心と興味とを持つようになったものと考えられる。とすれば、越前藩にとってはこの不名誉な事実を、また、藩政に寄せられている多くの不信感を、出来るだけ早い機会に払拭しては、信頼を取り戻すことがまずは必要であったものと考えられる。また、そのためにもこの藩は大坂の陣を通しての活躍がより必要であり、また、周囲からもそれを強く期待もされていたのではないかとも考えられる。同時に、この思いは藩主忠直も、また、藩の首脳部にとっても、さらには、一般の家臣らにとっても、ともに共通した強い思いではなかったのかとも考えられる。

次に、この藩は藩祖秀康が当初、豊臣秀吉の許に養子に出された経緯もあって、また、その後にかれは秀吉によって関東における有力武将であった結城晴朝の許に養子に出され、一時期、豊臣系大名の一人として活躍した過去などもあってか、一部の人々からは大坂の陣への去就如何が、たとえば、場合によっては秀頼方に味方するのではないかといった噂も存在していたものと考えられる。また、藩祖秀康は豊臣秀頼とは義兄弟の関係にあり、もし秀頼の身に危険が起これば、自分は進んで弟である秀頼を助けるのだと父家康の前で度々公言していたとも伝えられている[14]。また、最近では家康自身も一時期は徳川の公儀体制と豊臣の公儀体制との二重の公儀体制との併存をも考えていたともいわれている[15]。とすれば、戦いが起これば、越前藩は直ちに徳川軍に参加し、その帰趨を直ちに明確にする必要があったものと考えられる。事実、大坂で豊臣秀頼が決起するにあたっては、かれが参加を呼びかけた諸大名らの名簿の中には、松平忠直の名前がはっきりと含まれていたのである[16]。

さらには、真偽の程は不明だとしても、越前藩の場合、藩祖秀康が六八万石の大名に抜擢されたその背後には、隣の外様大名である加賀藩前田氏一〇〇万石の勢力拡大に対して、それを阻止する、また、監視または牽制する、公儀による政治的意図があったのだといった風評が存在していたとも伝えられている。また、弟である松平忠昌が信濃の川中島一二万石から越後高田藩二五万石の藩主に任命されたのも、両松平氏によって双方から密かに加賀藩の動向如何を監視させ、また、それによっても非常事態の到来にも備えるための政治的な意図があったのだとも伝えられている。これが単なる噂に過ぎないのか、あるいは、ある程度、事実であったのか、この辺の事情についてはよくわからない。しかし、これが藩主や重臣らにとって正面から受け止められていたと考えれば、隣の加賀藩に対してだけは、絶対に負けてはならないといった対抗意識が既に生まれ、場合によっては、ある程度、定着もしていたものとも考えられる。たとえば、夏の陣では越前勢は加賀の軍勢の中を強行突破しては、また、加賀藩の家臣らの強い反対を振り切っては、なおも最前線に進出し、正面から真田幸村の軍隊に戦いを挑み、かれを倒すことに成功しているのである。越前藩の場合、戦場においては加賀藩には遅れをとるようなことは絶対、あってはならないことであったともまた考えられるのである。事実、戦いを通して越前藩は、後述もするように、加賀藩が討ち取った敵の首よりもより多くの首を取っているのである。

以上、思いつくままに、越前軍が大坂の陣に参加するにあたっての抱えていた課題を少し考えてみたが、冬・夏の両陣を通しての越前軍の活躍をみた場合、さらにいくつかの問題点を指摘することが出来るのではないかとも考えられる。

（b）藩主松平忠直と大坂の陣について

まずは冬の陣であるが、「忠直略年譜」によると、戦いの先頭に立ち、越前軍を率いていたのは本多伊豆守富正・同飛騨守成重の両本多であった。そして、この年譜でも、また、冬の陣の戦いを紹介したさまざまな資料やそこでの記載内容をみても、越前藩の活躍の内容それ自体は紹介されてはいるものの、藩主忠直個人の存在または活躍を具体的に示す場面は現在のところ殆どみられないのではないかといった思いが強い。本来であれば、藩主自らが先頭に立って出陣し、特に忠直の場合は親譲りの剛直な性格などが広く知られていたとすれば、もう少しかれ個人の活躍がみられてもいいようにも考えられる。しかし、既に紹介したように、この段階では両本多らが既に将軍秀忠から忠直の後見人に任命されているとあっては、攻撃の全権は、場合によっては後見人であった両本多にあり、忠直には無かったのではないかとも考えられるが、この辺の詳しい事情もまたよくわからない。夏の陣では陣中でかれが酒に溺れていた事実などが指摘もされているが[17]、この冬の陣にあってもこうしたかれの行動があったのではないかともまた考えられる。また、こういったかれの行動が、場合によっては後見役の任命によってかれの存在が無視され、それに対するかれの無念の思いが、かれをして異常な行動に走らせたのではないかともまた考えられる。

かれの行動如何と両本多の後見役の任命との間には、場合によっては深い関係があったのではないかとも考えられる。

この場合、戦国から江戸初頭にかけても、いざ合戦とあれば、当然のこととして藩主が先頭にたって戦うのが本来の姿であったと考えられる。しかし、その当時、藩主が幼少の場合、あるいは、病気その他の場合には、藩主一族の有力者らが特に陣代または番代となり、藩主に代わって軍隊の指揮を取ることが一般には実施されていたものと考えられる。ここでの両本多が任命された後見の制度は、恐らくは陣代・番代と基本的には変わらないとも考えられる。また、場合によってはそれ以降もそれが継続されていたのではないかとも考えられる。たとえば、忠直が改易され、かれの乱行を示す逸話やそれらを収録したいわゆる実録資料や説話などが広く世間に流布されることになった。この中にでも忠直と両本多との対立の場面が度々登場する。その中で忠直が国（藩）の仕置きは自分にぜひとも任せて欲しい。両本多は自分の給地、具体的には本多富正は府中（旧武生、現越前市）を、本多成重は給地（現丸岡市）の支配に専念することを強く主張している事実が注目される。[18] たとえば、こういった記述をみると、両本多による後見政治は大坂の陣以降もなおも継続されていたのではないかとも考えられる。もちろん、この事実が記載されている資料がいわゆる実録資料だと考えれば、かれがどういった政治的理念や目的のために、藩の政治を自分に任せて欲しいといったのか、その理由まではよくわからない。

ところが、夏の陣になると、この戦いが主に三日間余りの短期決戦であったといった事情などもあってか、戦いの先頭に立つ藩主忠直の活躍がめざましい。また、既に紹介したように、かれは越前軍を率いては大坂城一番乗りに成功し、諸大名らの前で家康によってその功績を称賛されているのである。その意味では、冬の陣におけるかれの動きと夏の陣におけるかれの活躍をみると、その違いが著しいようにも考えられる。冬の陣の後で忠直は祖父にあたる家康と会い、家康自身から「日本の樊噲」と称賛されたとも伝えられているが、これを機会にかれの処遇に何らかの変化があったのか、なかったのか。この辺の事情もよくわからない。

いずれにしても、将軍秀忠による両本多に対する後見役の任命と藩主忠直のその後における在り方如何の問題は、今後ともに継続した検討がなおも必要ではないかと考えられる。特に大坂の陣でも藩主忠直は後見役であった両本多の監督下にあったと考えれば、そのかれが夏の陣では大坂城一番乗りを果たして諸大名らの目の前で家康自身からそこでの功績を称賛されている事実との間には大きな開きが、また、大きな落差が、あるようにも考えられる。それがその直後頃からはじまった忠直の異常な行動に、また、かれの公儀の意向を無視した行動に、どのように関係しているのか、疑問は尽きないようにも考えられる。

(c)越前藩の軍事編成と大坂の陣について

既に本書の冒頭で検討を試みたように、この越前藩における家臣団の構造は、成立当初に藩祖秀康が各地から有力武将らを積極的に採用したこともあって、既に残された分限帳で具体的な検討を試みたように、この藩における家臣団の構造は極めて複雑であった。大きくは大名分または先手とも呼ばれた有力武将らがそれぞれ自己の家臣団を率いては参加し、かれらをも含むいわゆる「寄り合い所帯」的な性格が強い家臣団であったと考えられる。それは藩主による家臣団に対する一元的支配とは全く程遠いものであったと考えられる。しかも、この体制の中で久世騒動が起こり、今村一派が処分されたことによって家臣団それ自体が大きく動揺し、分裂することになったものと考えられる。そして、その最中での大坂の陣への参加となったものと考えられる。そのために急遽、取られたこの藩における軍事編成は、他に異説があるものの、やはり有力重臣らの存在をそれぞれ前提にした一一組の軍事編成にならざるを得なかったとも考えられる。

具体的には大坂の事情に詳しい吉田修理の率いた一番組にはじまって二番組が本多伊豆守、三番組が山川讃岐守、四番組が山本内蔵助、五番組が本多飛騨守、六番組が多賀谷左近、七番組が荻田主馬、八番組が小栗備後守、九番組が藩主忠直の率いた旗本組、一〇番組が永見右衛門、一一番組が高屋越後守などであり、[19]動員された兵力は一万五〇〇〇人とも伝えられている。この中での藩主自身が率いた旗本組が一一組の中で九番目に位置づけられている その事実そのものが、藩主忠直の藩内における実質的な地位をまさに象徴するものではなかったかとも考えられる。忠直自身がいくら藩政の実権を自分に任せて欲しいと主張したとしても、そこでの実権の内容は、また、かれが自ら動員出来た軍事力は、やはり限定されたものにならざるを得なかったものと考えられる。いわゆる忠直の悲劇とは、こういった家臣団の持つ構造的矛盾の中で生まれたものともまた考えられる。

ところで、大坂の陣では、動員された各大名の率いた軍隊は、大坂城を取り囲む形でそれぞれが配備されることになった。そこでは「禄高一万石ごとに正面一間」とも、「一万石に三間の陣場」ともいわれ、[20]与えられた、また、指定された、狭い陣場で戦うためには、越前藩にみられるような有力武将らをそれぞれ中心としたいわゆる横並びの軍事編成では、直ちにそれに対応することが難しく、直ちに編成替えを余儀なくされることになったものと考えられる。狭い陣場で、また、そこに布陣する敵に対しては、出来るだけそこに自己の持つ軍事力を集中させるためには、繰り返し、繰り返し、攻撃を継続させることが必要不可欠であったものと考えられ、そのこともあって越前軍は、出陣すると早速、軍団の編成替えを余儀なくされたものと考えられる。また、その結果が先鋒一番組、同二番組、同三番組を中核とした新しい軍事編制ではなかったかとも考えられる。同時に、それの左右の脇をも固めるための軍隊もまた必要であったとも考えられる。なお、この軍事編成の具体的な在り方如何については、なお不明の部分が少なくないとしても、越前軍の大坂の冬・夏の両陣への参加は、自己の抱えていた軍隊の軍事編成の脆さを、また、構造的な欠陥をも暴露する結果ともなり、早急にそれへの対応の必要性に迫られたものと考えられる。

（2）大坂の陣終了から忠直の配流一件に至るまで

次に、藩主忠直が大坂の陣終了以降、かれが元和九年に豊後国（現大分県）に配流されるまでの過程について、そこでのかれの活動とかれの当面した課題などについて考えてみることにしたいと思う。そのために引き続き「越前世譜」からかれに関係する事項を抽出して「忠直略年譜」(2)を作成することにした。これを示すと、以下の通りである。

「忠直略年譜」(2)—大坂の陣から忠直の改易に至るまで—

元和　二年　正月　朔日　忠直、秀忠に太刀目録献上、酒井讃岐守がこれを披露。
同　同　三日　謡《うたい》始に参加。
同　同　二月　家康死去、駿府に詰める。
同　同　四月　秀忠にお目見え、「去々年大坂より御帰国無程駿府え御詰直ニ御参勤長々御在府之段、御苦労ニ思召候間、御帰国御休息被成候様上意ニ而、種々御拝領物有之」とある。
同　同　四月　江戸御発駕日光山え御参詣、夫より直ニ中山道通御帰国。
同　五年一二月　六日　長勝院（父秀康母）死去。
同　六年　五月　参勤のために北庄出発、今庄まで行くも「御気色悪敷由ニ而長々御逗留、御病気之趣ニ而同駅より御帰城」とある。また「月日『去々年』より御病気」で「勝姫君と御不和」、「長々御参勤無之ニ付、御病気為御尋上使近藤登之助殿」が北庄に到着、かれは帰府の途中、大磯と平塚の間で落馬して死去する。

同　年　九月二九日　名代として仙千代(光長)が北庄を出発する。
同　八年　　　　　　参勤のために忠直が北庄を出発、再び病気のために関ヶ原に逗留、この間、度々帰国、一二月一七日に帰国、両本多・岡嶋壱岐らは先発、見附・三島駅で四、五カ月逗留、その後に帰国する。
同　同一二月　晦日　重臣永見右衛門(一万二三〇〇石)ら三人、忠直が帰国しても登城せず、特に永見は永平寺に蟄居を命ぜられてもこれに従わず、怒った忠直が討手を差し向けて誅伐、遂に右衛門一族は屋敷に火を放って自滅する。
同　九年　二月一〇日　「国政不穏趣達上聞候ニ付」とあり、清涼院が江戸を出発、同月二二日　帰国した清涼院が浄光院で将軍秀忠の内意を伝える。その内容は国中不穏、越前は要害の地なので隠居(配流)を命じ、仙千代に家督を相続させ、隠居の地は西国に与える旨を伝える。また、忠直は仙千代に家督を命ぜられて本望だと答え、清涼院は直ちに江戸に帰る。
同　年　二月二五日　江戸の仙千代を迎えるために笹治大膳が国元を出発する。
同　年　　二九日　仕置御用の嶋田弾正・阿部四郎五郎・石河三右衛門ら到着する。
同　年　三月一五日　忠直豊後国へ出発、途中、敦賀孝顕寺に滞在、同地の永昌寺で浄光院(秀康)の肖像を迎えて法要、剃髪して一伯と称する。

以上である。なお、忠直が参勤出来なかった時期については、異論があり、修正が必要かとも考えられるが、ここでは取り敢えずはそのまま「越前世譜」の記述に従うことにした。そこでまずは大坂の陣以降における藩主忠直の動きをみることからはじめたいと思う。(21)

（A）大坂の陣以降における忠直について

大坂の陣が終了すると、藩主忠直及び後見人であった両本多らに与えられた課題は、大きくは二つに分けることが出来るのではないかとも考えられる。そのひとつは、終了直後に出された元和元年六月の一国一城令と翌七月の武家諸法度の発布、さらには翌年六月に出された元和の軍役令に、この藩としては如何に対応するのかといった課題であったと考えられる。次の第二の課題は、いうまでもなく大坂冬・夏の陣が終了したことによって起こる戦後処理の問題であったと考えられる。

まず第一の課題である元和の一国一城令は、その言葉が示すように、諸大名らの中で自分が住む居城以外での他の城の破却を命じたものであった。これによって領内におけるいわゆる支城などが破却されるとあっては、それは大名らの支配力の削減をも目的としたものであったとも考えられる。しかし、居城以外の各地の城にはいわゆる門閥譜代などの有力重臣らがそれぞれ配置され、かれらがそこを拠点に領内各地域をそれぞれが支配していたと考えると、大名らに支城の破却を命ずることによっていわゆる「一門払い」の実施を強く促し、その意味では藩主の許における権力の集中をもむしろ促進させる役割をも果すものであったとも考えられる。この藩の場合は、府中や丸岡などに既に城を構えていた両本多氏もその例外ではなく、かれらは大坂から帰ると直ちに城の破却に努めたものと考えられる。また、それらによってこの藩における後述する戦後処理が少し遅れることにもなったともまた考えられる。

さらに、元和の武家諸法度一三カ条の発布も大坂の役による豊臣勢力の一掃に乗じて諸大名らに対する公儀の統制強化を目指したものであったと考えられ、いうまでもなく、それは参勤交代の実施をも既にその中に含むものであったと考えられる。また、それに続く元和の軍役令の発布も、その対象が五〇〇石以上、一万石に至るまでの家臣らを対象にしたとはいうものの、大坂の陣終了後における諸大名らによる新しい軍事編成の指針を示したものとして見逃せない役割を果たすものであったと考えられる。大坂の陣に参加した諸大名らは、越前藩をも含めて大坂の陣への参加を通して、いろいろと自己の家臣団やそこでの軍事編成の在り方如何についての自己点検を余儀なくされていたものと考えられる。その意味では、元和の軍役令の発布は、また、これに続く寛永の軍役令の発布は、公儀による諸藩に対する家臣団編成の一元化をも進める上でも、また、諸大名らによる家臣団統制の一元化をも進める上でも、画期的な役割を果たすものであったとも考えられる。

しかし、越前藩の場合、後述するように、大坂の陣が終了すると間もなくして藩主忠直の行状が悪化したと考えると、また、それ以前に久世騒動が起こり、それの後始末も出来ないままでの大坂の陣への参加といった事情なども重なって、恐らく現状はそれどころではなく、対応はやはり大幅に遅れざるを得なかったものと考えられる。

第二の課題は、大坂の陣終了に伴って起こった戦後処理をどのように行うのかといった問題であったと考えられる。また、これの処理如何は参加したそれぞれの藩にとっては当面した最大の課題であったとも考えられる。たとえば、越前藩の場合、冬・夏の両陣を通して越前軍の活躍は目覚ましく、当時における家臣らに対する論功行賞の在り方如何は、藩主にとっては頭の痛い大変な問題になったものと考えられる。あるいは、大坂の陣で活躍した反面、多くの戦死者や負傷者が出たことを考えると、かれらへの処遇如何もまた問題になったものと考えられる。

当時にあっては家臣らに対する論功行賞の基準は、家臣ら個々人らの戦場において獲得した敵兵の首の数によって評価されるとあっては、また、そこでの事実の確認には必ずそれを証明する証人の存在がまた必要だとすれば[22]、家臣ら個々人らに対する論功行賞を家臣らの不満が出ないように実施するといった作業は大変な仕事であったと考えられる。既に紹介した「略年譜」によると、戦後には幕府によっても直ちにその調査が実施され、越前藩からの報告によると、夏の陣での、特に豊臣方を滅亡に追い込んだ五月六・七日の戦いでは、既に指摘したように、そこでの戦果は三七五三首となっている。次は加賀前田の軍隊でそれは三二〇〇首とも伝えられている。同時に、この戦争では敵味方双方が入り交じった白兵戦がその中心であったと考えると、味方の犠牲者も、また、負傷者もまた多く、恐らくはそれは討ち取った敵の首に匹敵する程の犠牲者ではなかったかとも考えられ、手柄を挙げた家臣らに、また、犠牲となった家族らに、さらには負傷者らに、如何に対応するのかは戦後処理での緊急の課題であったとも考えられる。

しかし、周知のように、戦いが終わって一部大名らに対しては、幕府による論功行賞が実施はされてはいるものの、また、戦争に同じく参加した一族の大名らにも、たとえば、忠直の弟である忠昌に対してもまた実施されているが、その対象は特定の大名らのみに限られ、越前・加賀藩などの大名はその対象外であった。[23]「越前世譜」の編集者によっても、その恩賞は藩主忠直に最初に与えられた初花の茶器以外に、追って与えられるはずであったと特に記述されているのである。公儀による恩賞の最後の実施が元和三・四年頃まで、それ以降に特に藩主忠直の行状が乱れはじめていることをも考えると、この恩賞の見送りは、かれのその後における行動如何を考える場合、やはり重要な意味を持つものであったと考えられる。巷間、伝えられている恩賞が見送られたことに対するかれの不満と怒りは、さまざまな逸話として現在に至るまでも語り継がれているのである。

(B)永見右衛門誅伐一件について

藩主忠直の乱行を具体的に示した事件としては、元和八年末に起こった重臣永見右衛門に対する誅伐一件が広く知られている。かれは藩祖秀康が三四歳の若さで死去したときに、かれの後を追って重臣土屋左馬助とともに殉死した重臣永見右衛門の伜であった。その意味では、かれは藩を代表する文字通りの忠臣の息子であった。そのかれと藩主忠直とが対立し、永見は藩主忠直によって誅伐されているのである。

藩主忠直の乱行が目立ち、特に、かれによる参勤交代が出来なくなると、当然のこととして藩主忠直に対する公儀による処罰如何が家臣らの間でも話題になったものと考えられる。もしも藩主忠直が参勤交代不履行を理由に、また、元和四年頃から表面化したかれの数々の乱行などが公儀に伝えられれば、場合によっては越前藩の改易すらも避けられないとする意見が広まれば、家臣らの心配はより深刻なものになったものと考えられる。同時に、何らかの処分ともなれば家臣らは、場合によっては浪人を余儀なくされるとあっては、また、このことをも覚悟せざるを得ないとあっては、藩主忠直の行動如何は家臣団全体の問題として重く受け止められざるを得なかったものと考えられる。その意味では、家臣らの、また、かれらの家族及び親族らの、藩主忠直に対する行動如何には、また、かれの一挙手一投足に至るまでもが、多くの人々の注目と関心の的にならざるを得なかったものと考えられる。さらには、こういった風潮の広まりを背景に、藩主側近や重臣らによる藩主忠直に対する諫言が繰り替えされることにもなったものと考えられる。

たとえば、新しく忠直の後見役に任命されていた本多飛騨守成重は、正面から忠直に対する諫言を試み、逆に忠直の怒りにふれ、かれは身の危険を避けるために脱藩を余儀無くされたとも伝えられている。また、丸岡を脱出しては京都における板倉伊賀守勝重及び同周防守重宗らを頼っては直面した現状を訴えたとも伝えられている。さらには「洛外ニ居住可由申付、江州栗崎ニ罷在候」ともある[24]。

特に、藩主忠直の参勤交代が難しく、そのためにかれの名代として伜光長が代わって出府すると、忠直の病状を心配した公儀は近藤縫殿助を越前に派遣(かれは帰国の途中、大磯で落馬して死去)するとあっては、その心配はより現実化することになったものと考えられる。たとえば、忠直の乱行の噂が広まると、隣の加賀藩では、「然は、加賀へ被仰付可討潰由評議有之、加州には兼而陣触有て耳をそばだて帯をしめて待居たる由[25]」と、隣の加賀藩では、公儀からの出動命令があれば、何時でも越前藩を討伐することの出来る体制が既に整えられているといった噂などが流布されていたとも伝えられている。あるいは、先学の研究である「一伯公」(松平忠直公三百五十年祭奉賛会刊)

によると、(26)藩主忠直の乱心には、諸大名らの強い関心が集まっていること、また、藩主忠直が関ヶ原に滞在しているために、東国の諸大名らに対しては、緊急事態に備えて帰国の暇がまだ出されていないことなどが、あるいは、そのために下々では越前国の国替えや、処罰如何が話題にされている状況が、さらには、場合によっては越前藩の討伐のために将軍自らが越前国へ出馬するであろうといった噂までが広まり、また、東国では秋田藩でも、西国では豊後国の岡藩(中川氏)でも、非常事態に対応するための準備の必要性が論議または準備もされていることなどもまた見逃せないかとも考えられる。

とすれば、家臣らの、また、かれの家族らをも含めた多くの人々らの、藩主忠直に対する非難と批判の声がより高まることになったものと考えられる。こうした中で藩主が関ヶ原から帰国しても、自らの反対の意志を示すために、藩主を出迎えるための登城を拒否する有力家臣らまでが出るようになった。その中心が永見右衛門・笹治大膳・本多五郎右衛門の三人であったと伝えられている。なかでも永見右衛門は、既に指摘したように、藩祖秀康が亡くなったときに、かれの後を追って殉死した永見右衛門の伜であった。このために藩主忠直は自ら家臣を派遣してはかれを説得し、また、両者の対立を心配した忠直の腹心であった小山田多門が永見に対して一時期、永平寺に蟄居しては忠直の怒りが静まるのを待つようにとの助言が試みられたとも伝えられている。しかし、永見はこれらの助言をも一切拒否し、遂には両者の対立が永見右衛門誅伐一件にまで発展することになったものと考えられる。

あるいは、俗説によると、永見の母、殉死した父右衛門の妻は美貌の持ち主であったとも伝えられていた。(27)その母に忠直が出仕を求めたことから両者の対立がより深刻になったともまた伝えられている。怒った忠直は遂に右衛門の誅伐を決意、兵を派遣したものの、一族及び永見の許に派遣されていた与力らの抵抗が強く、一二月晦日になって家臣たちが元旦を迎えるために家に帰ったその隙に攻撃を再開し、永見一族を滅亡させることが出来たとも伝えられている。あるいは、付家老本多伊豆守が久世騒動のときと同じように、単身、永見の屋敷に乗り込み、紛争の処理に自ら関与したともいわれているが、詳しい事情まではわからない[28]。いずれにしても、この永見に対する藩主忠直による誅伐と、これに対する永見による武装反乱は世間の人々を驚かすことになったものと考えられる。

現在のところ、永見誅伐の規模及び犠牲者の実態などは不明であるが、たとえば、一説によると、永見方が一五〇人余り、攻撃軍には二〇〇人余りの犠牲者が出たとも伝えられている。また、この誅伐によって忠直の乱心の事実はまた内外により広く知られるようになったものと考えられる。

当時、かれは元和八年に参勤交代のために国元を出発したものの、途中、関ヶ原に留まり、その間、密かに国元にも度々帰国していた事実が注目される。また、かれの参勤には本多伊豆守や同飛騨守成重の両人、また、岡嶋壱岐などの重臣らもともに同行し、かれらは先発隊として既に遠州見附宿、さらには伊豆の三島宿にまでも到着してその地での逗留を余儀なくされていたとも伝えられている。

とすれば、重臣らの不在の時期をねらって藩主忠直が度々帰国したその背景に何かあったのか。この永見右衛門の誅伐には正確な事実は不明だとしても、たとえば、「山川讃岐兵ヲ率テ右衛門ガ宅ヲ囲ム」ともあり[29]、重臣山川や多賀谷の名前までもが見られることが見逃せないかとも考えられる。恐らくは越前藩創設期に藩祖秀康を助けて活躍したその当時の当主たちはともに既に死去していたものとも考えられるが、両者に所属していた家臣たちが場合によっては忠直によって動員されたことがまた考えられる。特に、かれらの多くは結城以来の家臣らではあり、これまではかれらはとかく藩政の運営からはむしろ疎外されていた者たちが多かった事実などをも考えると、かれらの一部に忠直との提携の動きもまた見られたのではないかとも考えられる。この誅伐以降、城内の三の丸には藩主及び小山田多門らに反対して処罰された者など三〇〇人の囚人たちか投獄されていたとも伝えられている[30]。果たして三の丸に三〇〇〇人といった多くの検挙者らを収容することが出来たのか、どうかは問題だとしても、この頃には何らかの大きな政治的混乱が一時期、起こっていたことはやはり事実ではなかったかとも考えられる。松平家の家譜によると、藩政は「不穏」の状況にまでも追い込まれていたとも記述されているのである。

ところが、この永見右衛門誅伐一件が起こり、かれの一族が滅亡すると、かれと行動をともにして登城を拒否していた笹治大膳も本多五郎右衛門も、今度は自分らが処分される番だと覚悟を決めたと伝られている。また、本多はこのために既に自分の屋敷を処分しては、笹治大膳と合流しては攻撃軍の来襲に備えたとも伝えられている。しかし、正月を迎えたものの、両人らを攻撃するような動きはみられず、笹治大膳の場合、正月を迎えてかれは登城したものの、そのまま帰宅を許されたとも伝えられている。また、かれはその後、二月二五日には藩主忠直の名代として既に出府していた倅光長を迎えるために国元を出発したとも伝えられている。また、本多五郎右衛門の場合も、そのままその存続を認められている。何故なのか、この辺の事情は現在のところ、謎のままである。また、それ以降、藩主忠直の行動についての実録資料などでの記述は、空白が続くことになっているのではないかとも考えられる。そして、残された各種の記録に再度その名前が出るのは、かれの母である清涼院が二月一〇日頃に江戸を立ち、二二日頃に城下北庄に到着し、忠直に面会するまでは、また、忠直に配流または改易の事実が伝えられるまでは、かれの存在及びかれの行動を示すような具体的な記述は、現在のところみられないようにも考えられる。何故なのであろうか。

(C)謎の空白期間―特に藩主忠直押し込め説について―

永見右衛門誅伐一件が起こると、公儀及び諸大名らによる越前藩に対する関心が急速に高まり、既に紹介したように、諸大名らの中では公儀による越前出兵に備えてその準備を急ぐ動きもまたみられるようになった。この間の事情については既に紹介した先学による「一伯公」や肥後国熊本藩での資料集「綿考輯録」など[31]、また、最近発表された「一七世紀前半西南諸藩における大規模軍事動員」などに詳しい[32]。こういった中で越前藩では、既に指摘もしたように、藩主忠直の動きが表面からは消えた感じは否めないようにも考えられる。とすれば、その背後で何が起こっていたのであろうか。この問題を考える場合、最も注目されるものとして忠直の弟であり、忠直改易後に兄に代わって新しく越前藩、その名前を変えて福井藩の新しい藩主となる忠昌と将軍秀忠との間で取り交わされた会話の内容が注目される。弟忠昌もまた兄である忠直の行動如何を早くから心配していたが、将軍秀忠の質問に対してはかれは以下のように答えている(33)。

「二月初め松平伊予守《忠昌》へ仰聞らる、御意ハ、越前宰相(忠直)儀近年我が侭ニ罷り成り、家来共《永見右衛門》成敗致し、病気の由申し江戸へ参勤申さず、道より帰国ニ付、飛騨守(本多成重)是非参勤然るべき由諫言に及び候へば、却って立腹仕り飛騨守を成敗せしむべき由、上意を得ず永見右衛門生害せしめ候て騒ぎ候段、不儀の次第ニ思し召し候なり、兄の儀ニ候間、其方参り相謀り国の治り申す様ニト御意なり、寔に以て有り難き上意に存じ奉り候、宰相儀兄ニ御座候得共、天下の御ためにはかへがたく存じ奉り候、我等ニ仰付け下され候ハ、越州へ罷り下り対面致し、段々申し聞かせ異見仕り、取て押さえ籠め申す様ニ仕るべく候、定て合点申す間敷く候、左様ニ候ハハ、人手にはかけ申す間敷候と御請け申し上候間、殊の外御機嫌能候て」とある。

この資料の存在は既に先学によっても早くから注目され、また、その内容の理解が大変、難しいかとも考えられるが、取り敢えずは、ここでの内容は将軍秀忠が忠直の弟である忠昌に対して兄の取り扱い如何について尋ねる形となっている。この将軍の質問に答えて、弟である忠昌は、この時点で兄の忠直を「取て押さえ籠め申す」ことを、具体的にはその身柄を場合によって拘束することを、たとえば、部屋や建物などに強制的に封じ込めることをも既に考えていたものと思われる。また、将軍秀忠もこの扱いを既に了解していた事実をも示すものとして見逃せない内容のものではないかとも考えられる。しかし、この押し込めの行為には当然のこととして兄忠直は反対するであろうとはいってはいるものの、それを他人ではなく、自分が、あるいは、藩の重臣らで密かに実施することに対しては両者の間では既に暗黙の了解が成立していたのではないかとも考えられる。この文書が元和九年二月初めとあれば、後述するように、既にこの時点では藩主忠直の身柄は、藩の重臣らによって拘束され、かれは既に押し込められていたのではないかとも考えられる。いずれにしても、藩主忠直の押し込めは、将軍秀忠及び弟忠昌がその事実の報告をまだ正式には受けてはいないものの、そういった事実が起こるであろうことをも、また、その事実が起こったとしても、その事実を既に認める、事前に了解する、暗黙の理解が両者の間で既に成立していた事実をも示すものとして注目されるのではないかとも考えられるのである。

なお、藩主忠直の扱いについては、かれの身柄を一時的には既に拘束した事実が指摘もされている。ただ、それの真偽の程は不明だとしても、忠直の行動が乱れ、かれの女性関係がいろいろと噂になるとともに、かれとかれの妻高田殿との間での関係もまた悪化したものと考えられる。こういった中で忠直が夫人に代わって二人の侍女を自ら殺害するといった事件が起こったとも伝えられている。この時に「城中騒擾、諸老臣聚リ會て、公（忠直）ヲ居室ニ幽シ交番監ス」ともあり、そのためにかれは一時期、その身柄を既に拘束されていたとも伝えられているのである。[34]

あるいは、二月二二日には忠直の母清涼院が急いで江戸を出発して福井に到着し、浄光寺で忠直と会っているが、この会見の模様として「御母公御下向あり、先、忠直卿を一間押込られ、三の丸の篭者三千人余ありけるを悉く御助有」ともある。[35]ここでの「先」の言葉の意味が必ずしもはっきりしないものの、かれの身柄はそのときにも既に拘束され、かれ自身、既に押し込められていたのではないかとも考えられる。また、続いて三の丸に監禁されていた囚人ら三〇〇〇人が解放されたともある。そして、忠直の愛人であった一国と寵臣であった小山田多門などは既に行方不明になっており、「誠に不思議の事共なり」といった記述もある。[36]恐らく忠直が拘束されていた場所は、清涼院と忠直とが面会したと伝えられる当時における浄光寺ではないかとも考えられるが、もちろん、真偽の程は分からない。こういった記述も忠直の身柄の拘束、押し込めの事実をも示すものではないかとも考えられる。

そして、現在のところ、藩主忠直に対する押し込めの事実を端的に示すものではないかと考えられる以下の記述がまた注目される[37]。

「今春越前参議忠直越前国を没収せらる。近年病気と称し江戸に参勤せず、領国において甚だ不法の儀あり。これにより島田治兵衛利政かの地に赴く。忠直の家老等密談し、ついに豊後国府内に配流、竹中采女正これを預かる」とある。これによると、忠直は病気を理由に参勤もせず、また、領内においてさまざまな不法をおこなったので、家老たちが密談しては遂にかれを豊後国に配流したのだとある。ここでは家老たちが、具体的には付家老であった本多伊豆守や同飛驒守らの家老たちが、密かに画策してはかれの身柄を拘束し、かれを豊後国に流したとも考えられるのではないかとも思われる。

既に指摘もしたように、藩主忠直に対しては、重臣らが度々、諫言を試みていたものと考えられる。また、諫言は、特に直諫は、「一番鎗より難し」とも伝えられている。しかし、度々諫言を試みても相手がそれを拒否したとすれば、後に残された多くの家臣たちは、また、その藩主が改易にでもなれば、ともに浪人を余儀なくされたものと考えられる。この場合、残された最後の手段が藩主の押し込め、身柄の拘束ではなかったかとも考えられる。また、こういった家臣らによる主君に対する反逆行為は、当時にあっては当然のことながら絶対にあってはならないものであったとも考えられる。しかし、にもかかわらずその事例が存在することを証明したのが先学による「主君『押込』の構造」の刊行ではなかったかとも考えられる[38]。恐らく藩の重臣らは、本来、その行為自体があってはならないことをも十二分に自覚しながらもあえて御家の存続のために、また、多くの家臣らやその家族のために、さらには家臣団とともに共生する多くの商人や職人らのために、非常手段に踏み切らざるを得なかったものと考えられる。それこそ家老らにとっては苦渋の決断であったものと考えられる。

【注】

(1) たとえば、「越前人物志」上巻一三四頁。
(2) 小楠和正「松平秀康の研究」参照。
(3) なお、本多と並んで一時期、権勢を誇り、後に本多と対立して久世騒動における中心人物となる今村掃部についてはかれもまた家康と同じ三河の出身である。また、片山主水らとともに藩主秀康の付人であったと考えられ、秀康が結城家を相続すると奉行人を務めたとあるが、現在のところそれ以上の詳しいことはわからない(「結城市史」第4巻古代中世通史編七五六頁以下参照。
(4) 「片聾記」四二頁・「国事叢記」一の三九頁など。
(5) 「稿本福井市史」上巻一四一頁。
(6) 「越前人物志」上巻一三四頁。
(7) 「台徳院殿御實紀」巻五九元和九年二月。
(8) 「続片聾記」二の五三六頁。
(9) 「国事叢記」一の三一頁・「続片聾記」二の五〇三頁など参照。
(10) 「国事叢記」一の三八頁。
(11) 「国事叢記」一の四二頁など。
(12) 「片聾記」二六頁及び「国事叢記」一の四二頁。
(13) 「世譜」以外にも「御家老本多丹下成重・本多伊豆守富正被召出忠直君御若輩之内、御後見可仕被仰出」(「国事叢記」一の五四頁)ともある。
(14) 参謀本部「日本戦史」大阪の役一〇頁、島崎圭一「松平忠直卿の生涯」四〇頁など参照。
(15)・(16) 笠谷和比古「関ケ原合戦と大坂の陣」(「戦争の日本史」17)一五二頁及び二一六頁参照。
(17) 「大坂御陣覚書」(「大阪市史史料」第七六輯)、この中では夏の陣における藩主忠直の酒乱の事実が指摘されているが、かれをこういった状態に追い込んだ原因のひとつは藩主忠直が後見人の管理下に置かれていたためではないかとも考えられる。ところが、夏の陣では、合戦が三日間の短期決戦だといった事情もあってか、かれの活躍がめざましい。また、かれは周知のように、大坂城一番乗りを果たして諸大名らの前で表彰もされているのである。この時期におけるかれの位置付けも大変、難しい。

(18) たとえば、「国事叢記」一の九六頁・「続片聾記」巻八の一三〇頁参照。

(19) 「越前史略」巻之三の九九頁、「続片聾記」一の五一九頁以下など。一般には冬の陣における一一組、夏の陣における先鋒三番組の軍事編成だと伝えられているが、この編成については「御陣御備立甚難為信用」と言った意見があることもまた見逃せない（「国事叢記」一の五七頁）。あるいは、「越藩史略」では一一番では筆頭に高屋越後、「続片聾記」では片山主水、次に高屋越後など有力家臣らが並ぶなど違いがみられる。

(20) 「新修大阪市史」第三巻近世一の九八頁以下参照。当時、越前兵の活躍の様子については、上方では「かかれかかれの越前兵、たんだかかれの越前兵、命しらずの褄黒の旗」（つまぐろの旗とは、縁の黒い矢羽根をあしらった越前家の旗印のこと）といった歌が流行したと伝えられている（二木謙一「大坂の陣」（中公新書）。また、同様の歌は岡本良一「大坂冬・夏の陣」（グリーンベルト43）や「越前史略」巻之三の一二一頁など参照。

なお、越前藩と大坂の陣との関係を考えた場合、これまでは大坂の陣そのものの研究成果の中からそこでの越前藩の果たした役割や活躍を確認する作業がむしろその中心であったと考えられる。しかし、最近では残された越前藩関係の資料そのものと正面から取り組み、その中で大坂の陣における越前藩の在り方如何を検討しようとした試みが既に開始されていることが注目される。たとえば、印牧信明「大坂冬の陣・夏の陣と越前勢」（「福井市立郷土歴史博物館平成二四年一〇月刊」参照。また、こういった立場から渡辺武「『大坂夏の陣越前兵首取状』について」（「大阪城天守閣紀要」第1号）の労作もまた見逃せない。

(21) 現在、残されている「越藩年表」・「福井藩御年表」・「袖目金」などやこれに類する「越前家御由緒書」などもやはり「越前世譜」の記載と基本的には変わらないようにも考えられる。それに対して黒田傳兵衛「松平忠直」巻末の杉原丈夫氏作成の年譜、また、八木源二郎「忠直公往来」の年譜などでは元和七年とあり、後者が妥当だとは考えられるが、取り敢えずは今回は年譜に従うことにする。

(22) 渡辺武「前掲論文」参照。
(23) 工藤寛正「江戸時代全大名事典」では忠昌は大坂の陣では首級五七をあげる戦功を上げ、二万石を加増されて常陸国下妻三万石へ、続いて信濃国川中島一二万石を与えられたとある(九八九頁)。なお、「大阪市史」第一の第参編「豊臣時代」二三五頁にはその他の表彰された大名らの紹介がある。
(24) 「大日本史料」第一二編之四四「元和年録」一二二頁参照。
(25) 「続片聾記」二の五四一頁。
(26) 柴田義弘「一伯公」六三頁以下七二頁まで参照。
(27) 「藩翰譜」(新人物往来社刊)第一巻一六頁以下参照。また「国事叢記」二の「忠直卿悪逆并永見右衛門御征伐事」、特に一〇二頁参照。
(28) 「片聾記」一一七・一一八頁。たとえば、他に本多が永見に会って「巧言ヲ以テ貞澄ヲ欺キ、兵備ヲ解シム、永見主従大ニ喜ビ皆四散シテ春ヲ迎フルノ備ヲナス、其虚ニ乗シテ銃士二三百人、急ヲ襲フ」(「大日本史料」第一二編之四の一四八頁ともある。
(29) 「大日本史料」第一二編之四九の一五六頁や「越前史略」巻之三の一一八頁などでは山川讃岐の家臣らが、あるいは、「続片聾記」二の五二九頁では「永見右衛門御成敗多賀谷左近を以て攻略す」ともある。
(30) この三〇〇〇人の人数如何については誇張があるとしても、かれらは「越前史略」巻之三の一三一頁では「凡そ三千人を赦す」とも、「国事叢記」二の九四頁では「三の丸獄屋之者三千計助、一酒一肴求めて悦なり」と、かれらは赦免され、解放されたとある。いずれにしても忠直は逗留中は「度々北庄エ御忍御越被成」と度々帰国しており、また、家中は不穏であったと伝えられている。
(31) 肥後熊本藩関係資料である「綿考輯録」第四巻忠利公(上)六〇頁以下参照。
(32) 「東京大学史料編纂書所研究成果報告」二〇一二—六参照。
(33) 「元和年録」元和九年条、この資料は隼田嘉彦「福井県史『近世編』の編さんを終えて—史料調査、松平忠直の隠居、大野藩の蝦夷地『開拓』—」(「福井県史研究」第15号)の中で既に同氏によっても注目もされている。

(34)「大日本史料」第一二編之四九、松平家譜の一四八頁、また、柴田義弘「一伯公」五四頁など。
(35)・(36)は、ともに「国事叢記」二の一〇四頁参照。
(37)「御当家紀年録」巻五の元和九年五〇二頁以下参照。
(38)笠谷和比古「主君『押込』の構造」(「平凡社選書」119)参照。

第3節　忠直の配流時代について

配流を命ぜられた忠直一行は、元和九年三月一五日には豊後国に向けて北庄を出発、途中、敦賀に滞在しては父秀康の供養を行い、五月二日には同地を離れ、六月には豊後国大分郡萩原に到着している。また、同国の府内(大分市)城主竹中采女正(後に改易)が特に江戸参勤を免除されてかれの身柄を預かり、さらに江戸からは特にかれを監視するために目付二人が毎年七月交替で派遣され、かれを厳しく監視することになった。同時に、かれの賄料として一二カ村、計五〇〇〇石が与えられている。

以下、忠直の配流中における生活などは、これまでに地元における忠直奉賛会に所属した研究者らをはじめとした人々らによって詳しい研究が既に試みられ、発表もされているのでごく簡単にかれの配流中における生活の一端を「越前世譜」から紹介してみると、越前国から同行した三人の女性に加えて豊後国では新しく召し抱えられた三人の女性の名前とがある。その後、忠直は萩原村が海岸に近く、生活環境などが好ましくないことなどもあって寛永三年には津守村に移されるが、そこではその地の住人である堤姓を名乗る一家三人の名前とがさらに加えて記載されている。さらに、この父子三人の外にも他にも召使いらがいるが、かれらの名前などは目下不詳だともある。

北庄からはかれ自身及び妾らをも含めて僅かに四人、家来または男性の同行者はここでは一人もその名前がみられず、詳しいことはわからないが、極めて淋しいものであった。七月二九日には、以下の條々が公儀から越前藩の重臣ら宛に出されている。(1)

條々

一忠直仕置等満事不相届故を以て越前国仙千代丸ニ被仰付、然上者従豊後如何様之子細雖申来、一切不可承引、勿論、自此方返事仕間敷事
一自然従豊後国中来儀無許容而不叶事者、先至江戸令言上、以其上可及返答之事
一家中諸法度之儀堅可申付、若有違背之輩者急度可申上之事
右之趣家中之面々ニ対し不残申触能々可存其旨者也

元和九年七月二九日　　御黒印

本多飛騨守との
本多伊豆守との
小栗美作守との
岡嶋壱岐守との
本多七左衛門との

これによると、ここでは配流された忠直と国元との直接の交流が一切、禁止されていることが何よりも注目される。また、その必要が生まれたときには公儀に必ず届け、その指示に従うことになっている。その厳しい措置の裏

に一体、何があったのか、興味は尽きない。同時に、ここでの宛名の五人の名前が見逃せない。後述するように、かれらは当時、藩を代表した重臣らであったと思われる。その中で本多飛騨守は改めて丸岡藩の創設を許されて独立した大名へ、本多伊豆守富正は新しく越前藩、その名前を改めて福井藩の藩主として入部してきた忠直の弟である忠昌に新しく仕え、これまで通りの地位を認められることになった。また、この両人以外の三人の重臣たち、小栗美作守・岡嶋壱岐守・本多七左衛門の三人は、これまでの二代藩主忠直の跡を継いだ新藩主光長とともに、寛永元年三月にはそこでの詳細は省略するとして、一族間における藩主交替の結果、越後国(新潟県)高田藩二五万石にその所持石高を大幅に削減されて移り、かれらはそのまま藩の重臣として、また、後述するように、七人の侍・与力大将らの中心として、若い藩主光長を支えることになった。同時にそれ以降、同地で御家騒動が起こると、かれら及びその子供たちは、そこで起こったいわゆる越後騒動でもそれぞれが重要な役割を果たすことになったものと考えられる。

なお、忠直の母である清涼院がその後に再び北庄を訪れ、残された勝姫母子らに自分の膝元で養育させたいといった将軍秀忠の内命を伝え、閏八月には両人を江戸に迎えるために秋元但馬守らが北庄に到着している(2)。一時は将軍秀忠の娘で忠直の母でもあった勝姫は、今回の公儀の仕置きには強く反発したとも伝えられている。

ところで、流された忠直は慶安三年九月、五六歳で津守村で死去している。この間、かれの身柄は萩原村から津守村へと移されているが、その周辺村々に対しては以下の触書が出されている(3)。

在中へ仰出さる御条目

一浜津出の物資に遣す時、又自由有之に付参候刻も、其者共わきざしさゝせ申間敷候、若小刀持参候者は竹の筒に入可参候

附萩原近所弐里の内にて参り候時も、戻りにも馬に乗り申間敷事
二宰相様の儀、善悪の取沙汰一切仕間敷候事
三自他所商人、牢人何れも不見知者来り候はば早速其旨可申来候、尚以左様のものにむさとしたる儀共、物語いたすまじき事
右三ケ条の趣組中堅く相触可申付候、万一疎略者候はば可申来候、此方より聞き付候はば一類眷属可令成敗者也
元和九年卯月十日

これによると、配流中の忠直に接触する場合、脇差などの携帯を堅く禁止し、もし携帯した場合は竹の筒に入れること、また、忠直に対しては善悪の沙汰、噂などは一切しないこと、商人・浪人などの見知らぬ者が村に来た場合は、その旨を早速役人らに報告すること、また、接触してはならないことなどが強く命ぜられている。いずれにしても厳しい監視の許にあったものと考えられる。なお、同地で生まれた子供たち三人（男二人・女一人）はかれの死後、新しく越後高田藩主になった長男である藩主光長に引き取られている。

かれの生存中は津守村での生活が最も長く、その間におけるかれの日常生活の実態如何については、同地方における研究者らによって既にその詳細が報告されている。たとえば、一時期、話題となったかれの切支丹信者説の否定などが、現地調査をも踏まえて行われている。同時に、同地方では早くから忠直の存在は注目され、かれの生い立ちをも含めて死去に至るまでの詳細な検討が現在に到るもなお続けられ、また、そこでの研究成果はかれを対象にして結成された一伯公奉賛会から既に刊行もされている。したがって、同地における忠直の配流中における生活のさらなる実態や、また、かれの一生についての最近における検討結果などは、これらの研究業績に譲ることにしたいと思う。それにしても同じ一人の人間に対するその扱いに、また、理解や評価には、福井地方と大分地方とで

は大きな違いがみられることが注目される。

たしかにかれの配流時代は厳しい監視下におかれ、そこでの生活の自由などをも奪われ、その意味では、不遇の生活をさらに余儀なくされたものと考えられる。しかし、一三歳で藩主になって以来、さまざまな束縛の中で、あるいは、後見政治の許での生活を長く余儀なくされていたことを考えると、豊後国におけるかれの生活は、それらの束縛からはじめて解放された生活ではなかったかとも考えられる。かれは与えられた現状をありのままに肯定し、その意味では、最も人間らしい生活を経験することが出来たのではないかとも考えられる。また、その生き方は自然とその周辺の人々にも伝わり、詳しいことは省略するとしても、多くの人々の共感をも得ることが出来たのではないかとも考えられる。また、その結果、地元福井とは異なったかれに対する評価もまた生まれたものと考えられる。また、それが後に奉賛会の結成へと発展し、そこでの最近における研究成果か奉賛会によって刊行されることになったものと考えられる(4)。

なお、かれが豊後で生ませた三人の子供たちは、既に指摘もしたように、かれの死後、越後高田藩主になった伜の光長に引き取られることになった。ところが、そのかれらも直接または間接に、小稿の第Ⅲ編で正面から検討の対象とするように、越後騒動と深く関係することになったのである。

【注】

(1)　藩主忠直の改易処分については「忠直不慎ナルヲ以テ隠居ヲ命シ其子光長ニ跡ヲ嗣カシメ」(「大日本史料」第一二編之四四の二二一頁)ともあり、福井では一般に隠居として理解されている。改易を直ちに領知没収と厳密に解釈し、また、狭義に、規定すれば、隠居だとも考えられる。しかし、かれに対するその後における厳重な監視などを考えると、また、伜光長が半分以上の領知高を没収され、さらに越後高田藩に左遷され、後に越後騒動の結果、一旦は改易されたことなどをも含めて考えると、そこでの実態はやはり改易またはそれに近いものではなかったかともまた考えられる。

(2)「越前世譜　忠直」による。
(3)「中川史料集」(大分県竹田市岡藩、藩主中川氏)二〇六頁参照。
(4)なお、本書の冒頭では最近における各藩における御家騒動研究の主な研究成果を紹介することにした。また、そこでは小稿で直接検討の対象にした越前藩の二代藩主松平忠直の豊後国への配流後における生活については、入江康太氏による一連の研究成果をも紹介することにした。特に最近における同氏による「松平忠直の豊後隠居領と豊後随従家来について」(「大分県地方史229号)によると、忠直と同じ船に乗船したのか、どうかまでは不明であるが、かれには家族をも含め二〇人程度の家臣らが同行したが、その後、小山田らをも含む一〇人程度の家臣らが忠直から暇を命ぜられたともある。

第4節　一応の総括—特に忠直説話の流布をめぐって—

以上、越前藩二代藩主忠直の生涯を主に残された「越前世譜」によってたどってみることにした。かれの生涯は、大きくはかれの幼年時代、次に越前藩の藩主の時代、そして、豊後国における配流時代とに大きくは分けることが出来るのではないかと考えられる。また、それぞれの時代におけるかれの生き方とかれが直面した課題などについても少し考えてみることにした。しかし、かれの実像を直接示すようないわゆる第一次資料が余りにも少ないために、具体的には、かれ自身による藩政への参加の在り方如何やかれの藩政に対する思いなどをも直接、示すような資料が全くといってよい程、残されていないために、結局はかれについて残された逸話や説話などに頼らざるを得なかったとも考えられる。また、藩政の在り方に関係したいろいろな編纂資料などを利用せざるを得なかったとも考えられる。とすれば、そこから描かれた忠直像は、その結果においてかれの実像とはやはり違ったものにならざるを得なかったのではないかとも考えられる。その意味では、忠直の実像に迫るためには、さらなる資料の発掘に努力するとともに、改めて編纂資料や残されたかれに関する説話や物語類の再度の見直しをも通して、かれの実像に迫る努力をさらに重ねることが不可欠だとも考えられる。

特に、小稿では、忠直に対する重臣らによる拘束説、また、押し込み説の可能性如何をも最後に試みることにした。果たしてここでの押し込み説が成立するのかどうか、そのためにもさらなる資料の発掘と残された資料などの徹底した吟味などが強く求められているものと考えられる。

ところで、既に指摘もしたように、藩主忠直に対しては、かれに関する説話や物語などが多く残されている。こうした中でもしも藩主に対する家臣らによる拘束が、また、押し込めが、実施されたとすれば、それは公儀及び藩主らの目指すいわゆる近世的秩序の確立のためには、そういった行為は本来、あってはならないものであったと考えられる。藩主を家来が押し込めるといったことは、たとえ藩主の行為がお家の存続にとっては好ましくないとしても、あってはならないものであったと考えられ、それこそ家来らによる反逆行為そのものであり、それは絶対にあってはならないものであったとも考えられる。もしもそういった行為があったとすれば、それは直ちに隠蔽されるべきものであったと考えられる。そのための手段のひとつとして早くから忠直に関するさまざまな説話や物語などが、あるいは、かれの暴虐非道の振る舞いなどの内容が、あるいは、かれの非人間性を暴露するようなさまざまな物語や説話などが意識的に作成され、それが出回るようになったのではないかとも考えられる。

先学の研究成果である「忠直配流」などによると、(1)忠直説話の内容は、民間説話・東光寺説話・一乗寺伝説・『越府秘録』・『忠直卿御乱行之事』の五系統に分けることが出来るともいわれている。また、これらの説話を収録、または関係する著作としては「藩翰譜」(元禄一四年)・「片聾記」(元文二年)・「南越雑話」(寛延元年)・「越藩史略」(安永一〇年)・「国事叢記」(弘化三年)・「続片聾記」(巻一から巻七までは弘化四年)・「続片聾記」(巻八は安政五年)の成立年代が同時に紹介もされている。また、これらの著作は元禄から安政まで、その意味では忠直が改易されてからそれ以降、幕末に至るまで、ほぼ一貫して作成され、継続して流布されており、重臣らによる藩主忠直に対する押し込めといった事実は、これらの説話類の相次ぐ流布によって継続しては隠蔽され続けられていたのではないかともまた考えられる。

藩主個人の行動如何によってその藩が公儀によって改易される可能性が生まれた場合、当然のこととして藩主に奉公していた家臣ら及びその家族らは浪人を余儀なくされたものと考えられる。また、そういった中で御家の存続をあくまでも目指すためには、藩主の押し込めもまたやむを得ない行為であったとも考えられる。それは家老らにとってはまさに苦汁の決断であった。しかし、他方では藩主個人に対する忠節の念をあくまでも貫くために、藩祖秀康には二人の重臣らが、代わって登場した福井藩主松平忠昌には七人の家臣らが相次いで藩主の後を追って殉死している事実がある。[2]一方では御家存続のために、他方では藩主個人のために、ともに自分の生命を賭けた家臣らの行為それ自体をどのように理解すべきであろうか、与えられた課題はなおも尽きないようにも考えられる。

【注】

（1）　杉原丈夫「忠直配流」（「歴史研究」266号　新人物往来社）・同「忠直伝説考」（「若越郷土研究」4の5号）など参照。

（2）　たとえば、「国事叢記」一の三七頁、「同」二の一四〇頁など参照。

第Ⅱ編

寛永期以降、松平氏支配下の福井藩における家臣団の形成といわゆる「貞享の大法」〈半知〉に至るまで

第一章　新藩主四代松平忠昌による福井藩の創設と家臣団の展開について

第1節　新藩主四代忠昌の福井入封について

第1項　一族間における藩主交代―越前藩から福井藩へ―

(1)新藩主忠昌の福井藩への入国事情について

越前藩主二代忠直の配流によって、これまで続いた藩祖秀康、二代藩主忠直父子による越前藩の歴史は一応、その幕を閉じることになった。しかし、忠直の改易と同時に、かれの嫡子であった光長はごく一時的ではあったが、そのまま父の跡を継いで三代藩主になることが認められ、越前藩そのものは存続を許されることになった。また、そのこともあってか、既に指摘したように、藩主忠直に対する配流処分は、現在のところ、その内容・性格などについてなおも検討の余地を多く残しながらも、表面的には大きな波乱もなく無事に収拾されることになったものと考えられる。けれども、忠直に対する配流処分が、これまで続いた本多伊豆守富正・同飛騨守成重ら両人らによる将軍秀忠の強い意向を受けた後見政治の失敗の結果だとも考えると、そのままの形でのその後における越前藩の存続は、到底、許されることではなかったものとも考えられる。ましてや、嫡子光長が僅かに九歳だとあっては、それはなおさらのことであったと考えられる。

当然のこととして、幕閣の内部では、また、忠直の義父にあたる二代将軍秀忠の許では、越前藩のその後における在り方如何が、早くから論議の対象にされたものと考えられる。その結果が、一族間における藩主交替による越前藩、その名前を変えての福井藩の存続とそれの再建とであったものと考えられる。具体的には、改易された忠直の弟である越後高田藩二五万石の藩主であった松平忠昌が兄に代わって越前藩の藩主に、これまでの越前藩の藩主であり、新藩主忠昌にとっては甥にあたる三代藩主光長が忠昌の跡である越後高田藩主へといった一族間における藩主の交替による藩政の再建であったとも考えられる。

しかし、忠昌が新しく越前藩といったその名前を変えて福居または福井藩の藩主にと決定したその時点では、光長を忠昌の跡に移すといった決定にまでは至っておらず、忠昌は甥にあたる光長の処遇如何を大変、心配しては越前藩主になることをも一旦は拒否したとも伝えられている。しかし、その後に光長の高田藩主への転封が確定し、それを見届けた上でかれは越前（福井）藩主になることを承諾したのだとも伝えられている。(1)

この一族間における藩主交代の結果、新藩主忠昌による越前藩が、また、これまでの城下町であった北庄を福居または福井と改めた上での新しい福井藩が発足することになったものと考えられる。既に新藩主忠昌は、それ以前から本藩越前とは深い関係にあり、既に紹介もしたように、かれは本藩で久世騒動が起こると、騒動収拾のために自ら越前に出向くことを公儀に願い、また、特に大坂冬・夏の陣が起こると、かれは本藩と合流しては両者はともに協力しては生死を賭けてともに戦っていたのである。

その意味では、この一族間における藩主交替による福井藩の再建は、両者はもちろんのこと、将軍秀忠及び幕閣においても歓迎されるべきものであったとも考えられる。

けれども、一族間における藩主交替とはいっても、新しく福井藩主になる忠昌はこれまでの越後高田藩二五万石から六八万石（実態は後述もするように、分家の創出などで五〇万石余り）の藩主へと一挙にその領知高が倍増し、他方、藩主光長はこれまでの六八万石の大名から二五万石余りの大名へと一挙にその領知高が半減以下になるとあっては、両者がそれぞれ再出発する体制が整うまでは大変であったと考えられる。現在、伝えられているところでは、新藩主忠昌は越後高田藩から三〇〇人（騎）を率いては越前に入国し、それだけでは家臣団がなおも不足するために、大幅に領知高の削減を余儀なくされた光長の家臣団の中から特に付家老本多伊豆守富正らを中心とした一〇五人（騎）を新しく召し抱えることで新しい家臣団の骨格を構成したとも伝えられている。他方、光長はその残りの家臣らを率いては越後高田へ移ったと考えられているが、それが残りの全員なのか、あるいは、一部にはさらに浪人を余儀なくされた家臣らが出たのかどうかについては、現在のところ明らかではない。

恐らく当時にあっても家臣団の中核を構成する知行取りの家臣（給人）ら以外にも、多くの切米・扶持米取りの家臣らが、あるいは、多くの足軽や中間・小者たちが、さらには、各家臣らが古くからそれぞれ召し抱えていた陪臣らが多数存在していたものと考えると、忠昌の入国にあたっての家臣団の拡充と整備とは、他方、光長による高田での家臣団の縮小と整備とは、ともに大変な作業を伴うものであったとも考えられる。また、それは容易なことではなかったともまた考えられる。城下町福井に新しく入国した新藩主忠昌は、城下に残されたままの家臣らに対しては寛容な方針で臨んだともまた伝えられている。

また、既に指摘もしたように、前藩主忠直が配流を命ぜられたときに、老中からかれの扱い如何を命ぜられた当時における越前藩の執行部の中枢は、本多飛騨守・同伊豆守の両者をも含めて小栗美作守・岡嶋壱岐守・本多七左衛門の計五人であったとも考えられる。(2) その中で本多飛騨守は一旦はその地位を退き、改めてこれまで自分の居城であった丸岡を中心に丸岡藩四万六〇〇〇石余りを新しく創設することが認められ、そこでの初代藩主となった。本多伊豆守も新しく発足することになった新藩主忠昌の家臣団と合流しては、以前と同じように、そのままその拠点である府中または武生（現越前市）での存続を認められ、藩執行部の一翼を、また、これまでと同じように、その中枢を担うことになったものと考えられる。残った重臣らは藩主光長とともに新しく越後高田藩二五万石へと移り、後述するように、他の四人の重臣らとともに計七人によるいわゆる侍・与力大将らの一人として改めて高田藩政を担うことになったものと考えられる。しかし、そこでの再建に失敗し、後述もするように（本書第Ⅲ編参照）、越後騒動が起こり、そこでの結果、藩そのものが改易によって消滅することになった。これに対して、これまで通りに新しく発足した福井藩における付家老としての地位を保証された本多伊豆守は、これまでの越前藩時代における経験を十二分に生かしては新しく発足した新藩主忠昌の許で改めて福井藩の再建に努力することになったのである。

ところで、新藩主忠昌が率いて福井に新しく入国した家臣団三〇〇人（騎）の具体的な内容については、現在のところよくわからない。藩主忠昌が父秀康の許を離れて最初に上総国（千葉県）姉カ崎一万石の大名に取り立てられて以降、その後、かれは常陸国（茨城県）下妻三万石へ、次にかれの叔父にあたる松平忠輝の旧領でもあった信濃国（長野県）川中島一二万石へ、さらには越後国（新潟県）高田藩二五万石へと転封を繰り返し、その過程で次々に新しく家臣らをそこでの所持領知高の増加とともに召し抱えた結果、その内容はかなり複雑で多様なものではなかったかとも考えられる。

しかし、かれが最初に独立するにあたっては、既に紹介もしたように、父秀康は自分の腹心でもある岡部豊後守（かれは大坂の陣で戦死）をはじめとして永見・上三川・毛受《めんじゅ》・安藤ら十数人の家臣らを忠昌の付人として特に付属させていたが、(3) その後はかれらが一貫しては藩主忠昌を補佐しては家臣団の掌握にも努めたものと考えられる。そして、改めて福井藩の付家老となった本多伊豆守とともに、新しく福井藩政の再建に努力することになったものと考えられる。

なお幕閣も忠昌が徳川一門を代表する親族大名の一人であることを早くから重視し、たとえば、かれの越後高田藩時代には、かれを新しく補佐するために「老練」の家臣である稲葉佐渡守正成を特に付人としてかれの許に派遣、かれは糸魚川で領地を与えられては忠昌を補佐することになった。また、忠昌が越前国に移ると、かれは老齢のために同地にそのまま留まり(のち江戸へ)、子供の正房が藩主に従って越前国に移り、その後も重臣らの一人として藩主忠昌に奉公することになった。(4)

(2)支藩の創設について―大野・勝山・木本《このもと》藩の創設―

福井藩の新藩主になった松平忠昌には、兄の越前二代藩主忠直以外にも、かれの弟で藩祖秀康の三男であった松平直政、続いて生存者としての男子の順位では四男にあたる同直基、同五男にあたる直良の三人の兄弟たちが存在していた。そこでかれらもまた忠昌を近くで助けるために、それぞれ独立した大名に取り立てられることになった。この中で「福井市史」通史編2によると、三男直政は既に上総国(千葉県)姉カ崎で一万石の大名に取り立てられ、乙部九郎兵衛が家老となってかれを補佐していたが、寛永元年には城下町福井の近くの大野に転封を命ぜられ、加増されて五万石の大名となった。また、四男の直基は一時期、父秀康の養子先であった結城家を継いでいたが、間もなく松平姓に戻り、寛永元年にはこれまた大野に近い勝山で三万石を貰って独立した大名になった。五男の直良も同じ寛永元年には大野郡木本(このもと、大野郡木本領家村)を拠点に二万五〇〇〇石を貰って独立した大名になっている。(5)

以上のように、寛永元年には新しく福井藩主になった忠昌を側面から補佐・援助するために、また、さまざまな非常事態の到来にも対応するためにも、かれら兄弟たちによる支援体制が整備されている事実が注目される。また、この支藩創設の結果、藩主忠昌の支配領域は五〇万石余りとなった。

ところが、忠昌自身をも含めてかれら兄弟は、いずれも幕府創業者であった家康にとっては孫にあたり、かれらの存在如何は徳川親族による全国支配をすすめるためにも不可欠の存在(人材)でもあった。このためにまずは大野藩主になった松平直政が寛永一二年には信濃国松本藩七万石に転封を命ぜられ、続いて同一五年にはさらにその石高を倍増しては出雲国(島根県)松江藩一八万石に転出することになった。この松江への転封は島原の乱の最中のことではあり、当時、瀬戸内筋には備後国(広島県)福山に水野勝成が譜代大名として既に配置され、かれには西日本に対する備えを強化すべき使命が既に与えられていたともいわれている。それに対して山陰地方ではその備えがまだ不十分であったがために、三男の直政が改めて松江に入封することになったのだとも伝えられている。また、かれの子孫はそのまま松江で明治維新を迎えている(6)。

また、松平直政が大野を去ったそれ以降の動きをみてみると、大野には同じ一族であり、勝山藩主であった直基が寛永一二年に移り、その勝山藩には木本藩主であった直良が移り、木本藩二万五〇〇〇石は廃藩となり、一時期、本藩がそれを預かることになった。それ以降の動きをさらにみてみると、大野藩に移った松平直基は寛永二一年一二月(正保元年)には出羽国山形藩一五万石へと加増の上で移り、その跡の大野には勝山からは松平直良が入封することになった。また、勝山藩はそのために廃藩、福井藩の預かり地(貞享三年からは幕領)となっている。さらには大野藩主直良の死後はその子直明がその跡を継ぎ、天和二年にはかれが播磨国(兵庫県)明石に転封を命ぜられるまでは続き、その跡には新しく土井氏が入封することになった。

いずれにしても兄弟たちは、今度は徳川政権強化のために各地の重要拠点にそれぞれ配置替えをされている事実が注目される。なお、かれらはいずれも越前藩を創設した松平秀康を本家としたいわゆる越前松平一族でもあった。

しかし、かれらの中心であった本家松平の藩主であった光長自身が越後高田藩に転封を命ぜられ、そこで後述もするように、著名な越後騒動を起こして藩主であった光長自身が改易を命ぜられることになった。そのために直接・間接にそこで起こった騒動の収拾に関与し、ともに一時期、処分の対象になった一族の大名たちもまた出ることになった。しかし、かれらはその後にはそれぞれその罪を許されている。また、ここでみられた支藩のその後における変動などもあって五代藩主光通《みつみち》の時代になると、かれの支配する藩領域は四五万石余りとなっている。

第2項　新家臣団の形成について

(1)家臣団の階層構成について

新しく福井藩主になった忠昌は、入国すると付家老本多伊豆守らの協力を得て、早速、新しい家臣団の形成に努めたものと考えられ、また、忠昌時代の分限帳もまた残されている。これらの資料によって成立期の寛永年間頃における家臣団の階層構成と、さらにはその後における家臣団の構造をも含めた全体像を以下、引き続き少し探ってみることにしたいと思う。

まずは忠昌家臣団の階層構成であるが、これを残された分限帳によって示したのが表Ⅱ—1—①である。これによると、最初に一万石以上の重臣ら三人の存在が注目される。次にいわゆる知行取りの給人らの総数が四五八人と四五六人であることが見逃せない。また、その中にはごく少数ではあるが、一〇〇石以下の家臣ら三人もまたともに含まれている。次に、その内容をみると、一〇〇〇石以上の有力家臣らは計二五人余り、全体の家臣団の中で五%余りを占めている。

表Ⅱ－１－①
新藩主忠昌時代の家臣団と重臣たち

	資料(A)	資料(B)
45,000石	1人	1人
13,000	1	1
10,000	1	1
9,000－10,000	1	1
8,000－9,000	1	1
7,000－8,000	1	1
6,000－7,000	1	1
5,000－6,000	1	1
4,000－5,000	6	6
3,000－4,000	3	3
2,000－3,000	8	8
1,000－2,000	27	25
900－1,000	2	2
800－　900	7	7
700－　800	11	11
600－　700	12	12
500－　600	32	32
400－　500	32	32
300－　400	78	78
200－　300	146	146
100－　200	83	83
100以下	3	3
他に御前様1,000石	1	1
計	458	456

注）資料(A)隆芳院(忠昌)様御代給帳(「福井市史」資料編４)
資料(B)伊豫守忠昌公御代給帳(続片聾記)

以上の事実を既にその結果を具体的に紹介した藩祖秀康時代の慶長年間における分限帳の内容と比べてみると、前者がいわゆる万石以上の重臣らが一〇人以上をも占めていた事実に比べると、有力重臣らの人数が大幅に減少されて、それもまた本多を除いて与力知をも含めて僅かに三人になっている事実がまずは注目される。次に、一〇〇〇石以上の有力家臣らの占める比率もまた前者が一九％余りを占めていた事実と比べると、大幅に減少している事実がまた注目される。その意味では、新藩主忠昌の率いた家臣団は、この時点で藩主を中心とした本来の意味での家臣団の姿をはじめて実現することが出来たのではないかと考えられる。これまでの越前藩の家臣団に見られた一方では、大名分または先手ともいわれた有力家臣らが存在し、他方では、藩主直属の家臣団らがともに共存し、または併存するといったいわゆる家臣団の二重構造がやっと解体され、家臣団が藩主を中心にまとまるといった本来の姿をはじめて取り戻すことが出来たのではないかとも考えられるのである。公儀による一族間における藩主交代による家臣団の再建が、また、家臣団の一元化が、この時点ではじめて本格的に成立することになったものと考えられる。

また、この藩における重臣らの存在であるが、既に示した表Ⅱ―１―①の結果からもその存在の状況を一応は知ることが出来るが、さらに個別にみてみると最高は四万五〇〇〇石の本多伊豆守、次が永見志摩守の一万三〇〇〇石(内三〇〇〇石与力二〇人)、笹治大膳一万石(内五〇〇〇石与力)以下、山本内蔵頭九四〇〇石(内七〇〇〇石与力)・狛《こま》木工允八〇〇〇石(内三〇〇〇石与力二〇人)、さらには太田安房・松平庄兵衛・加藤宗月と続いている。また、この時点からは突出している付家老本多には与力の記載が全くみられない。また、本来であれば個々の重臣らについての出自・経歴などの詳しい紹介とが必要かとも考えられるが、それらは「越藩諸士元祖由緒書全」(片聾記)・「諸士先祖之記」(「福井市史」資料編4)などに譲ることにしたいと思う。(7) なお、この時期でも本多を除いては与力の制度が継続しては実施されている事実がまた注目される。また、そこでの与力の制度は、既に藩祖秀康の結城時代からもその事例がみられ、そこでの人数の在り方如何などは、既に指摘もしたように、各重臣らによってそれぞれにかなりの違いがみられる。そこでの人数などの違いは恐らくそれは与力が与えられたその時期及び藩主と本人との個人的関係如何などの違いもあって生まれたのではないかとも考えられるが、詳しいことまではわからない。

最後に、ここで登場した有力家臣らの中には、現在、その家に伝えられた藩主から家臣宛に出された宛行状が残されている者もある。したがって、この残された宛行状によって当時におけるかれらの知行制度の在り方如何を探ることがまた可能である。現在のところ残された有力家臣らに対する知行形態の在り方如何は、たとえば、笹治大膳・狛木工允ら以下の重臣らについては、改めて後述(第二章第2節参照)することにしたいと思う。同時に、この頃でも実施されていた与力の制度もまた家臣らに与えられた宛行状の中でその旨が記述されるので、引き続きその後における与力の在り方如何についても検討を継続することにしたい思う(後述第二章第3節参照)。

なお、越前藩の時代における分限帳の検討でも問題にしたように、いわゆる給人らの底辺に位置づけられていた家臣らの場合、一〇〇石取りから二〇〇石取りの家臣らに比べて二〇〇石から三〇〇石取りの家臣らの場合がより人数が多い事実を指摘した。この表でも、新藩主忠昌の時代でもやはり一〇〇石から二〇〇石の家臣らが八三人、これに対して二〇〇石から三〇〇石取りの家臣らは一四六人とやはり多い事実が注目される。しかし、次の藩主光通の時代になると、後述もするように、一〇〇石から二〇〇石取りの家臣らの方がより増加している事実がまた注目される。この変化及びその時期如何も家臣団の推移を考える場合、見逃せない問題点のひとつではないかとも考えられる。

(2)付家老本多伊豆守と一〇五騎の参加について

次に、新藩主忠昌の家臣団は、基本的には忠昌が率いていたこれまでの家臣団と、新しく合流した付家老本多伊豆守の率いた家臣団とによって構成されていたものと考えられる。そこで、本多が率いていた一〇五人(騎・給人ら)らの内訳を示したのが表Ⅱ―1―②である。これによると、合流する前に本多自身が既に三万九〇〇〇石余りを与えられていた事実がまずは注目される。かれは周知のように、藩祖秀康が豊臣秀吉の許に養子(人質)に出された時に、そのかれの付人として派遣され、その当時におけるかれの所持石高は僅かに一〇〇石余りではなかったかとも伝えられている。[8]そのかれが既に紹介を試みたように、主君秀康と苦楽をともにし、また、かれの没後はその子供であった二代藩主忠直にも仕えてこれまた苦労を重ね、この間、自分の娘勝子の夫でもある忠直の行く末を心配した二代将軍秀忠の強い援助(六〇〇〇石余りの加増など)もあって、かれは最後には四万五〇〇〇石余りを与えられ、藩を名実ともに代表する人物にまで成長しているのである。

次に、表示した本多が率いていた一〇五人の内訳をみると、この家臣団では一〇〇〇石以上の有力家臣らが計三八人と全体の三七％余りを占めている事実が注目される。既に指摘したように、新藩主忠昌の率いた家臣団の場合、全体の中で一〇〇〇石以上の有力家臣らの占める比率は僅かに五％余りであった。とすれば、本多の率いていた家臣団だけはむしろ有力家臣らを中心に構成されていたのではないかとも考えられる。ただ、この事実が忠昌家臣団と合流することを前提に急遽、編成されたその結果なのか、あるいは、既にそれ以前からこの編成であったのかどうか、まではわからない。たとえば、藩主忠昌は既に指摘もしたように、大坂の陣では越前藩の軍隊とともに一緒に戦っており、そのこともあって越前藩の家臣らについては情報も詳しく、また、参加した家臣の中の一人でもあった雪吹喜左衛門七〇〇石の場合、かれは新しく入国してくる藩主忠昌の軍隊に合流するために、忠昌によって特に選抜されたのだとも述べていることなどを考えると、(9) 付家老本多や新藩主忠昌の意向をも踏まえた上での家臣団が新しく編成されたのではないかとも考えられるが、詳しい事情はなお不明である。

いずれにしてもかれらは新しく編成された新藩主忠昌の率いた軍隊の中でも特に重要な役割を果たすことになったのではないかとも考えられる。そして、公儀及び将軍秀忠は新しい福井藩の発足にあたっては、重臣本多のこれまでの藩政の発展に果たした役割・能力などをも十二分に評価した上で、かれを新しい福井藩の付家老に改めて任命したのではないかとも考えられる。同時に、この時点からはかれに対する与力の付与がみられない。ということは、それだけかれはこれを機会に新藩主忠昌による直接的な支配から離れ、相対的には自立することが出来たのではないかともまた考えられる。

表Ⅱ－1－②
本多氏105騎の内訳

	人数	%	
37,000石	1人	38	37%
5,000－6,000石	2		
4,000－5,000	6		
3,000－4,000	3		
2,000－3,000	6		
1,000－2,000	20		
900－1,000	1	17	16%
800－　900	2		
700－　800	4		
600－　700	4		
500－　600	6		
400－　500	14	49	47%
300－　400	17		
200－　300	8		
100－　200	9		
100以下	1		
計	104人 (105)		100%

注)「国事叢記」２の112頁参照。

なお、本多が率いた家臣団の中での有力家臣としては、笹治大膳をはじめとして山本蔵之助・加藤宗月・太田安房守・牧野丹後守ら以下の有能な家臣らの名前とが続く。かれらの多くはその後も越前藩時代における経験を十二分に生かして藩政の中枢に位置し、直接、藩政の担い手としても活躍することになったものと考えられる。特にかれらは旧越前藩と新福井藩とを一体化させるための重要な役割をそれ以降にあっても果たすことになったものと考えられる。

【注】

（1）「稿本福井市史」上巻一五一頁。

（2）本書第Ⅰ編第四章第3節「忠直の配流時代について」参照。

（3）たとえば「国事叢記」1の三九頁。

（4）本書第Ⅱ編第二章第3節第4項「重臣稲葉正房家の場合」参照。

（5）「福井市史」通史編2近世五九頁以下参照。なお、支藩の創設およびその後の推移などについては、取り敢えずは「藩史大事典」第3巻「中部編」1所収の大野・勝山・木本藩の項など参照。

（6）松平直政の入封及び藩政の開始などは「新修松江市史」一五〇頁以下参照。

（7）いわゆる「由緒書全」（「続片聾記」巻之九）・「諸士先祖之記」（「福井市史」資料編4）・「諸士先祖之記目録」（松平文庫）など参照。

（8）後述第二章第1節参照。

（9）雪吹喜左衛門重英の場合「大坂御陣の節忠直公御供罷越、忠昌公越前へ御入部之時分先方の士百餘人御撰の内に而被召出候由」とある（「由緒書全」）三六五頁。

第2節　五代藩主松平光通《みつみち》及びそれ以降の藩主たちと家臣団の展開について

第1項　藩主光通の家督相続事情について

寛永元年、新しく福井藩主になった四代忠昌は二八歳、それ以降、かれが正保二年に四九歳で亡くなるまでの二〇年間余りがかれの治世にあたる。かれに課せられた当面した課題は、いうまでもなく越前藩二代藩主忠直の配流によって起こった領内における不安・動揺を、また、藩主交替によって生まれた政治的空白を、取り敢えずは早く埋めて、新藩主を中心とした領内における新しい秩序の確立とそれによる支配の安定とを早く実現させることにあったものと考えられる。また、そのためには改めて付家老に任命された本多伊豆守の手腕と協力とが、不可欠であったものと考えられる。さらには、大坂の陣でともに戦った忠昌の家臣らと本多及びかれが率いる家臣らとの融和と一致団結とがまずは強く要請されたものと考えられる。なかでも当時は徳川政権が創設されたとはいうものの、まだ確立の途上にあり、島原の乱が起こるとあっては、また、それ以降もなおもその心配などが残るとあっては、まさに福井藩はなおも臨戦体制下にあったものと考えられる。また、それだけに特に家臣団の団結と強化とは至上命令であったものと考えられる。

ところが、その最中の正保二年に藩主忠昌が亡くなるとあっては、しかも、その跡を継ぐべき後継者であった光通は僅かに一〇歳であった。また、かれ自身がまだ江戸屋敷で養育されていたとあっては、当分の間は藩主不在の時期が続くことになったものと考えられる。したがって、公儀もこの事実を心配し、国元における重臣らに対しては若い藩主に代わって藩政の安定と治安の維持とに努力すべきことを命じ、また、江戸からは特に国目付を派遣しては、藩政に対する監察をも強化したものと考えられる(1)。

ところが、この若い藩主光通の誕生にあたっては、将来、藩政の動揺・分裂を既に予想させる事情が既に生まれつつあった事実がまた注目されるかとも考えられる。ということは、当時は光通をも含めて亡くなった藩主忠昌には三人の男子たちが江戸で養育されていた。ところが当時は、参勤交代の実施などもあってか、藩主は側室を持つことが認められ、その関係もあって同じ年に藩主になる光通と昌勝との兄弟がともに生まれ、遅れて三男の昌親が誕生することになった。しかも、生まれた順序からすると昌勝が早く、その意味では昌勝が長男であった。ところが、藩主の跡は正室が生んだ子供がその後継者になることが既に決まっており、このために次男にあたる光通が五代藩主になることになった。その結果、昌勝には、また、当人は別にしても、かれの養育にあたるべき付人らの家臣らには不満が残ったのではないかとも考えられる。しかし、これに対する不満は公《おおやけ》にすべき性質のものではなく、その後も政治情勢の安定が保証されれば、自然と解消されるべきものであったとも考えられる。

ところが、後述もするように、藩主光通には正室である国姫（新しく越後高田藩主になった光長の娘）との間には男子が誕生せず、かれの側室には倅権蔵が生まれた。しかし、光通はかれを何故か嫌い、自分の後継者としては自分の兄弟の中から、それも兄にあたる昌勝ではなく三男昌親を特に指名し、しかも、かれは三男昌親による相続を自ら公儀に、また、老中らに、強く働きかけることになった。とすれば、本来は長男の立場にあった昌勝及びかれの付人らの家臣らによる不平・不満は、また、新しく生まれた倅権蔵を支持する人々らの怒りは、やがては表面化せざるを得ないものになったとも考えられる。しかし、これらの事実はあくまでも藩主光通の藩主就任それ以降に起こったことではあり、ここではその間の検討は省略するとしても、光通の藩主就任にあたっては、以上のような事情が既に生まれつつあった事実だけは前以て確認しておくことは必要ではないかとも考えられる。また、かれの藩主就任にあたっては、以上の事情が既に秘められていた事実はやはり見逃せないかとも考えられる。

第2項　支藩の創設―松岡藩と吉江藩の誕生―

(1)松岡藩五万石の場合

光通の五代藩主決定と同時に、既に指摘したように、藩創設期に創設されていた大野藩・勝山藩・木本藩の支藩の各当主たちが幕府創業者でもあった家康にとっても一族であったがために、今度は公儀による支配体制を強化するために、それぞれ藩外に転出することになった。この転出もあって今度は、かれらに代わって新藩主光通を改めて支えるために、藩主光通とは同じ年の生まれではあり、長男でもあった昌勝と三男昌親の両人とが、それぞれが独立しては新しく分家を創設することになった。また、かれらがともに協力しては本藩における新藩主光通を補佐し、ともに協力しては福井藩政の発展に協力することになった。また、ここでの両人らによる分家としての独立は、あくまでも光通の支配する領知内における分割で公儀にはその結果を届け出てその了解を得るいわゆる内分知であったと考えられる。

まずは昌勝には五万石が分知されたが、そこでの支配地は七郡に分散されて与えられ、そこでの村々を集計すると一〇三カ村にも達するともいわれ、その意味では藩主昌勝による支配の実態は、かれによる藩領域に対する一元的支配には程遠いものであった。また、この形態が内分知の場合の共通した実態または特徴ではなかったかとも考えられる。また、そのためには、たとえば、領域村々の農民たちから年貢を徴収するにしても、本藩による領域支配の在り方如何にいろいろの面で協力を依存せざるを得なかったものとも考えられる。なお、こういった中で比較的まとまって給地が与えられていた地域が吉田郡の旧芝原庄周辺でもあったことから、この地に新しく陣屋が置かれ、この周辺が松岡町と改称されたともあって藩主昌勝の支配地はそれ以降、松岡藩と呼ばれるようになったのだと伝えられている。この地には家臣及び町人らが集まったために、町割りが実施され、元禄頃には総家数は三五八軒余りに達したとも伝えられている(2)。

また、この松岡藩の藩祖であった松平昌勝には、「松岡町史」などによると、正室及び側室らが存在し、この間、一一人の子供が生まれている。その中で長男の綱昌は後に本家福井を相続していた五代藩主光通が亡くなると、その本家を相続した六代藩主昌親の養子に迎えられ、昌親の藩主辞退後はその跡を継いで福井藩七代目の藩主となった。また、昌勝の六男であった吉邦は、福井藩八代藩主吉品(実は六代昌親の再任)の跡を継いで本藩の九代藩主となった。そして、松岡藩の藩祖であった昌勝が亡くなってその跡の松岡藩を継いでいたかれの三男であった昌平が、その名前を宗昌と替えては今度は福井藩での一〇代藩主になり、この時点で松岡藩は二代、七三年間に及ぶ歴史の幕を降ろし、廃藩となって本藩福井に吸収されることになった。しかし、福井藩主へ次々と人材を送り出すことによって、藩祖忠昌の血統を伝えることが出来、その意味では分家創設の役割を十二分に果たすことが出来たものと考えられる(3)。

また、この藩の場合、「町史」によると、分限帳が残されており、そこでの個々の家臣らの役職・所持石高・氏名とを所持石高順に記載した家臣団一覧が既に掲載されている事実が注目される。これらの集計結果をみると、家臣団は「番外」といわれる比較的上級に属する四〇家と「番士」といわれている普通の身分の士族一二五家が中心になって家臣団が構成されていることが指摘されている(4)。また、かれらに続いていわゆる切米取り・扶持米取りの家臣らが、そして、最後に「此外事方皆御扶持方也」として坊主・足軽・御旗之者をはじめとしてさまざまな雑業に従事する人々の紹介とがある。また、ここでは特に荒子《あらしこ》一七一人・足軽一四〇人・手代四〇人らの存在もまた見逃せない[5]。一応、家臣団の全体像が示されているといった意味では貴重な研究成果だと考えられる。しかし、松岡藩に関係した分限帳は他にもまた残されており、これらの検討をも通しての家臣団の在り方如何は、次の検討課題としてなおも残されているかとも考えられる。

(2)吉江藩二万五〇〇〇石の場合

既に紹介を試みたように、新藩主昌勝による支藩松岡藩五万石の成立とともに、三男昌親にも二万五〇〇〇石が与えられ、新しく支藩吉江藩が創設されることになった。「鯖江市史」上巻などによると[6]、幕府に報告し、その許可を得て陣屋が吉江に置かれたのは慶安元年であったとも伝えられている。また、その領知村々はやはり松岡藩の場合と同じように、六郡四四カ村で構成されており、その中では丹生・足羽・坂井郡には比較的多くの村々が集中していたとも伝えられている。したがって、基本的には松岡藩領の場合にもみられたように、給地村々が本藩福井領内に広く分散される形で与えられ、また、そこでの給地村々はその中に旗本領・福井藩領の村々らがともに含まれたいわゆる相給村が殆どではなかったかとも考えられる。陣屋が置かれた吉江村は交通上の要地でもあり、また、城下福井にも近い場所でもあった。

現在、この吉江藩にも松岡藩と同じように複数の分限帳が残され、本藩福井のそれが給人らのみを対象にしたものとは異なっていわゆる禄米取り以下の家臣らもまた含まれ、その意味では家臣団の全体像を理解することが可能ではないかとも考えられる。しかし、両資料の内容にはまたその違いも多くみられることが既に指摘もされている。詳しいことは「鯖江市史」などに譲るとして、現在のところ吉江藩の場合も松岡藩と同じように、家臣団の主体は本藩福井から派遣または出向した給人らによって構成されている事実などが注目される。

表Ⅱ－1－③　吉江藩の家臣団　延宝3年

	人数	注　記
(A)知行衆	41人	
1,000石	1	皆川多左衛門
600	1	高屋伊織
400～500	1	浦五十左衛門
300～400	2	波々伯部八左衛門・小栗八兵衛
200～300	7	(以下省略する)
100～200	29	(　〃　)
(B)切米衆 (20石7人扶持から10石5人扶持まで) (米20俵から10俵まで)	48 寺　3ヵ所	祐筆・小姓・中小姓など、内医者・武具頭・台所頭・御鷹預り・御前様台所頭を含む。
(C)諸役人衆 (22石3人扶持から8石2人扶持まで)	27	大工頭・台所方・勘定所・代官・御蔵奉行・大工・中間小頭・御馬乗り・鷹匠・御鳥刺・高照院様役人など
(D)御歩行(徒) (22石3人扶持から17石3人扶持まで)	23	徒組
(E)その他 (省略、大部分には10石以下の切米が、荒子には扶持米が与えられている。)	(230人余)	坊主頭・不寝主・奥坊主・上寝・御髪士・下男・飼刺・小道具・小人・駕者・中間・草履取・中間・蔵番・門番・荒子・江戸荒子・鵜籠持・宮番・同荒子など
(F)筒・杉形・長柄	134	
御先筒		21×4
		11×2
御杉形		22×1
長柄		6×1
(手宛の明細なし)		
計	(503人余り)	

注)延宝3年「吉江給帳」(「続片聾記」一の371頁以下参照)

そこで、残された別の分限帳によって改めて吉江藩二万五〇〇〇石の家臣団の内容を整理して示すことにした。それが表Ⅱ－1－③である。これによると、吉江藩の家臣団は分限帳の記載順序に従うと、(A)知行(給人)衆・(B)切米衆・(C)諸役人衆・(D)御歩行(徒＝かち)衆・(E)その他の雑業を担った多くの人々、そして終わりに(F)筒・杉形・長柄衆らをも含むいわゆる足軽衆らの六分野に分けることが出来るのではないかとも考えられる。また、それぞれの分野を構成していた者たちについてはその内容を簡単に表の中に注記することにした。これによると、家臣団の中心はいうまでもなく知行（給人）衆であるが、かれら以外にも切米衆計九〇人余りとそれに徒者《かち》ら計一二三人とが加わって計一一〇人余りであったと考えられる。同時に、それ以上に足軽ら計一三〇人余りの存在もまた見逃せないかとも考えられる。他には役人衆二三人の存在もまた注目される。さらにはかれら以外には、各家臣団の底辺にあってかれらの生活を支えていた二〇〇人を越えるさまざまな業務を担う人々の存在もまた無視出来ないかとも考えられる。また、かれらの中には足軽衆らををも上回る荒子《あらしこ》たちの存在もまた注目される。一般に、家臣団といえば、藩主から所持石高を貰っては生計を立てるいわゆる知行取りの家臣（給人）らのみを考える場合が多いかとも考えられるが、実態はそれ以外にも禄米（切米）取りの家臣らや徒者《かち》たち、さらには役人衆らの存在もまた注目され、しかも、それ以外にもなおも計一〇〇人以上のいわゆる足軽たちもまた存在していたのである。しかも、家臣ら全体をその底辺で支えていたさまざまな業種に従事していた零細な人々らをもともに含めて家臣団は構成され、運営もされていたのである。

最後に、この吉江藩は藩主昌親が慶安元年にはじめて入部したものの、延宝二年にはかれは三五歳で本藩福井の藩主になり、この藩も本藩に吸収されてしまった。その間、かれの在位期間は二五年余りであったと考えられる。しかし、かれにとっては若い時代における吉江藩主としての経験は、たとえ小藩とはいえ、そこで学んださまざまな事実は、かれがその後に本藩福井での為政者（藩主）として大きく成長するための貴重な体験であったともまた考えられる。ここで学び、苦労を重ねたことが後に「貞享の大法」といった福井藩政はじまって以来の苦難の道を乗り切るために、また、いわゆる貞享の大法以降における新しい福井藩の再建をすすめるためにも、大きく役に立ったのではないかとも考えられる。

なお最後に、この表によると、知行衆の占める割合がきわめて低いこと、それに対してその他の人々の占める割合がやはり大きいことなどが注目される。また、給人ら以下、徒者《かち》らまでは藩から給米・禄米が直接支給されているが、さまざまな雑業に従事した多くの人びとや足軽らに対するいわゆる雇用関係の在り方如何は不明の部分が多く次の検討課題になるかとも考えられる。しかし、現在のところ、この吉江藩の場合、後述もするように、残された分限帳からはそこでの実態や内容・性格などを窺うことはかなり難しいかとも考えられる。

第3項　五代藩主光通《みつみち》以降、特に七代藩主綱昌時代における家臣団の展開について

(1)はじめに—残された分限帳について—

これまでの越前藩に代わって新しく入封して福井藩の基礎を築いた四代藩主忠昌が亡くなると、既に指摘もしたように、代わって五代藩主光通が福井藩の創設に努力することになった。また、かれは後述もするように、藩政の刷新と改革とに真正面から取り組むことになった。また、そのための一環としてかれは家臣団の掌握にもまた努力することになったものとも考えられる。その結果、新しく分限帳も作成され、それが現在に至るまでも残されているのではないかとも考えられる。また、特にかれの場合、これまでと同じように、給人らを中心とした家臣団の在り方如何を把握するとともに、それ以下の切米取り、具体的には小姓・中小姓・徒者《かち》らからはじまって家臣団をその底辺において支えていた多くの零細な者たちをもともに含めて、いわゆる家臣団の全体像をも掌握するためにもまた努力を重ねていた事実が特に注目されるかと考えられる。また、その結果、光通時代からは特に家臣(給人)らの階層構成を中心にした「越前守光通公御代給帳」と家臣団の中心である給人らを除いたそれ以下の家臣たちについても記載された「光通《みつみち》(大安院)様御切米給帳」との二冊がともに作成され、それらがともに翻刻されては現在、

揃っては残されることになったのではないかとも考えられる。(7)

また、この家臣団の全体を掌握するための努力は、次の藩主昌親に、しかし、かれは僅か二年余りでその地位を離れるので代わって登場した七代藩主綱昌の時代(延宝年間)にもまたそれが引き継がれることになったのではないかとも考えられる。また、その結果もあってか、かれの時代になると、やはり給人らと、かれら以下の切米・扶持米取りの家臣らなどをもともに含めた分限帳である「越前守綱昌公御代延宝七未年給帳」(以下、略称「綱昌公給帳」という)が作成されて残されることになったのではないかとも考えられる。(8) もちろん、それ以前に既に給人ら以下の者たちをもともに含む分限帳が別に既に作成されていた可能性を全く排除することは出来ないとしても、この藩の場合、現在のところは以上のようにもまた考えることが出来るのではないかとも考えられる。

ところで、この時点で作成されたかと考えられる残された藩主光通時代における既に作成された二つの残された分限帳については、特に後者の場合、さまざまな理由もあってか、現在のところその内容の理解が大変、難しい。そこで今回は家臣団の階層構成の在り方如何についてはこの光通時代の分限帳を、特に最初の分限帳を利用し、禄米取り以下の家臣らについては、ここでの利用は断念しては次の残されているいわゆる「綱昌公給帳」をむしろその中心にして家臣団の検討をすすめることにしたいと思う。

同時に、この藩主綱昌の時代になると、他にも新しく家臣団の組織または編成如何に関係した分限帳が極めて僅かではあるがまた残されている。しかし、それの成立事情やその内容如何についてはいまひとつ不明の点もまた含まれているかとも考えられる。しかし、この時期における家臣らの組織または職制はといえば、たとえば、残された分限帳の中に記載された個々の家臣らの名前の肩書に付けられた職名などから当時における職制の在り方如何を探るしかその方法か残されてはいないとすれば、ここでの検討の対象にする組織または職名などを記載した分限帳は大変、貴重な存在ではないかとも考えられる。そこでまずは最初に藩主光通時代の家臣団の階層構成の在り方如何を、次に、その存在を指摘した資料によって家臣団の組織（職制）の在り方如何を、そして、最後に「綱昌公給帳」によって本藩福井における延宝年間における家臣団の全体像の在り方如何についての検討を試みることにしたいと思う。

（2）家臣団の階層構成について―光通及び綱昌の時代―

まずは残された藩主光通及び綱昌時代における分限帳によって、この当時における家臣団の階層構成の在り方如何をみてみることからはじめたいと思う。これを示したのが表Ⅱ―1―④である。

表Ⅱ－1－④　家臣団の階層構成

	光通時代		綱昌時代	
	(A)	(B)	(A)	(B)
10,000石以上	4	2	2	2
5,000－10,000石	6	8	8	8
4,000－ 5,000	1	1	2	2
3,000－ 4,000	7	7	3	2
2,000－ 3,000	7	6	7	8
1,000－ 2,000	35	30	33	29
900－ 1,000	3	3	2	4
800－ 900	3	6	6	3
700－ 800	12	10	12	11
600－ 700	7	15	10	8
500－ 600	24	22	34	31
400－ 500	26	39	32	32
300－ 400	87	89	104	103
200－ 300	135	127	121	114
100－ 200	127	167	162	173
100以下			6	4
計	484人	534	544	534

注）光通時代(A)「越前守光通公御代級帳」(「続片聾記」による)
(B)「源光通公御家中給帳」(「福井市史」資料編4所収)による。
なお、(A)の終りには「大安院(光通)様御切米給帳」が続く。
(B)には最後に寺社8カ所への寄進高をも含む、そして「御擬作不知分」として無高の家臣らの名前119人が続く。
綱昌時代(A)「越前守綱昌公御代延宝7年給帳」(続片聾記)による
(B)「清浄院(綱昌)様御代給帳(「福井市史」資料4所収)
なお、(A)の終りには「御合力御切米御扶持方」として158人が続く。
(B)最後に出羽守様御前様として1,000石、銀十貫匁渡とある。

これによってまずはいわゆる万石以上の重臣らの動向をみると、光通時代の前期には四人であったが、それ以降になると半減して二人になっている事実がまずは注目される。次に、一〇〇〇石以上の有力家臣らの動向をみてみると、計五〇人余りであり、時期による違いはあまりみられない。次に一〇〇〇石以下の家臣らの動向についてみてみると、藩主光通の最初の頃は二〇〇石取りの家臣らの人数が最も多くみられたものの、それ以降は一〇〇石取りの家臣らがやはり多くなっている事実がまた注目される。なお、綱昌時代には一〇〇石以下の家臣らがごく少数ではあるが含まれている。また、この表ではわからないが、万石以上の重臣らのトップはいうまでもなく付家老本多伊豆守、二位は永見志摩守、三位は笹治大膳であった。また、残された延宝七年のいわゆる「綱昌分限帳」によると、当時における藩の領知高総計は四七万五〇〇〇石余りであった。その中での家臣らの所持石高総計は二九万九六五二石余り、その占める割合は六三％余りではないかとも考えられる。

なお、後述もするように、藩主光通の時代にはかれを中心に藩政の刷新と改革とが試みられ、次の藩主綱昌の時代には、藩政の刷新と改革への動きとがこれまた真正面から否定されるといったいわゆる藩政の在り方如何が激変した時代でもあった。しかし、ここで見られた両藩主の時代における分限帳の内容には、この大きな政策転換を示すような事実は、現在のところ全くといってよい程、見ることが出来ないようにも考えられる。

(3)家臣団の職制または編成について

このいわゆる寛文・延宝期頃になると、既に指摘もしたように、家臣団における職制または編成の在り方如何を一応、知ることが出来る分限帳が、現在のところ一点だけは残されている(9)。しかし、その内容には既に指摘したように、明確さを欠く部分もまた多く見られる。けれども、その内容は興味深いものがあり、ここでは綱昌時代における家臣団の組織及び編成の在り方如何について、それもその骨子のみについて、今回はこの分限帳を利用しては

表Ⅱ－１－⑤　藩主綱昌家臣団の職制（延宝８年）

	人数		人数
御家老　(A)	1人	4	16
御年寄衆　(B)	4	5	16
御家老　(C)	2	6	15
城代　(D)	1	新番　1	16
大名分　(E)	9	2	17
(御留守居)年寄　(F)	2	御手廻	18
奏者番	62	儒医科外科	31
瓦御門番	21	御前様付	3
御取次役	3	信濃御前様付	3
御供触頭	6	出羽守様付	1
小姓頭	2	(不明)	21
中小姓	9	寺社比丘尼など	(省略)
表小姓	22		
武頭	1		
〔　〕組〔　〕	15		
大組頭	2		
御旗頭	15		
御先筒御先弓頭	20		
留守居組頭	12		
御徒頭	4		
御長柄頭	2		
御杉形	2		
使者	19		
御馬印纏頭	2		
番外	21		
御書院　1番	28		
〃　2〃	27		
〃　3〃	26		
〃　4〃	26		
御広間　1〃	38		
〃　2〃	37		
〃　3〃	35		
〃　4〃	37		
〃　5〃	36		
〃　6〃	34		
御留守居　1〃	13		
〃　2〃	16		
〃　3〃	16		

惣〆　720人
内　550人知行取
　　170人切米取
与力　200人
計　920人

注記(A)本多孫太郎
〃　(B)永見志摩・狛木工允・稲葉妥女・本多左衛門
〃　(C)酒井玄蕃・芦田図書
〃　(D)有賀左衛門
〃　(E)笹治大学・松平主馬・本多修理・杉田壱岐・斉藤民部・大谷助六・松平左兵衛・水戸内匠・水戸平兵衛
〃　(F)稲垣市太右衛門・多賀谷権太夫

注)大塩八幡宮文書(県立文書館)による。

その内容を探ってみることにしたいと思う。そこで家臣団における職制を示したのが、表Ⅱ―１―⑤である。これによって以下、そこでの内容をみてみると、以下の事実などが注目されるのではないかとも考えられる。

(A)藩首脳部(執行部)の場合

これによると、この時期における家臣団の職制の内容は、まずは最初に藩首脳部、次に藩主側近衆、そして、一般の家臣団の職制または編成、最後にはその他と続く。そこで最初に並ぶ藩の首脳部または藩執行部の在り方如何についてまずはみてみると、冒頭には御家老または付家老として本多孫太郎(二代目本多家当主)四万石の名前がある。次に、御年寄衆四人(永見・狛・稲葉・本多左兵衛)・御家老二人(酒井・芦田)・城代一人(有賀)、そして大名分としては九人の名前(笹治・松平主馬・本多修理・杉田・斎藤・大谷・松平庄兵衛・山川・水戸)とが並ぶ。そして終りには続いて奏者番二人と特に瓦御門番二一人の名前とか並んでいる。

以上である。これによると、付家老本多がその冒頭にあって家臣団全体を総括する形で位置づけられている事実がまずは注目される。次に、現実の藩政運営の直接の担い手として御年寄衆四人と御家老二人とがいる。恐らくは前者は藩内外における政治的変化や非常事態の到来などに備えるために、後者は現実の藩政運営の直接の責任者としての役割をそれぞれが担っていたのではないかとも考えられる。続いてそれ以前とは違って大名分に属した九人の有力家臣らの存在が注目される。かれらはともに所持石高も大きく、また、かれらの中から後に家老などになった者もまた含まれているところをみると、かれらは藩執行部の予備軍的な存在ではなかったかともまた考えられる。以下、城代は城の警備の最高責任者として、留守居年寄は非常事態に備えてその留守を預かる責任者として、奏者番は藩主と家臣らとの間にあって諸儀式や家臣らの取り次ぎなど、あるいは、藩主を助けては内外における諸交渉などをも担っていた者たちではなかったかと考えられる。同時に、かれら以外の一〇〇〇石以上の有力家臣二〇人余りらは瓦御門番頭に任命され、それぞれの家柄と地位とを特に藩主から保証されていたのではないかとも考えられる。同時に、かれらもまた一旦緩急の場合は、自己の支配下にある陪臣らをもともに率いては出陣したものと考えられる。

（B）藩主側近衆らの場合

藩主及び藩政を担う有力家臣らと一般の家臣らとの間には、御取次三人が、また、御供御触頭六人とが続き、また、藩主の側では御小姓頭二人と中小姓九人・表小姓二二人らがそれぞれ藩主に直接、仕えていたものと考えられる。また、かれらは非常事態が到来すれば、それこそ藩主親衛隊の中心となっては藩主を守ってはその活躍が強く期待もされていたものと考えられる。

（C）一般の家臣らの場合

既に指摘もしたように、一般の家臣らを代表する形で武頭一人・［惣カ］組（頭脱カ）一五人・大組頭二人・御旗頭一五人らがそれぞれ家臣らをも率いる形で登場する。しかし、かれらはいずれも頭《かしら》として一般の家臣らをもまた率いていたはずであるが、そこでの率いていた家臣らの実態如何の説明が欠落していて全くわからない。続いてさらに御先筒頭・御弓頭ら、御留守居組頭・御徒頭・御長柄・御杉形などのいわゆる足軽部隊を率いた頭《かしら》たち、恐らくはかれらはそれ以前における越前藩時代に足軽らを率いていた物頭らの系譜に所属していた家臣たちではなかったかとも考えられるが、しかし、かれらか率いていたはずの足軽らの実態そのものはここでは全く省略されていてわからない。それ以下、使番一九人・番外二一人などとが続いて以下、御書院一番から四番まで計一〇七人、御広間一番から六番まで計二一七人、御留守居番一組から六組まで計九二人、新番一番から二番まで計三三人などの存在が注目される。続いて他にも御手廻一八人とが存在する。そして、その他が続いて最後には「惣計七百二十人、内五百五十人は知行取、百七十人は切米取、与力二百人、計九百二十人」といった数字がある。

以上である。これによって当時における職制または組織の骨子のみは一応は理解することが出来るのではないかとも考えられる。しかし、戦乱が起こって藩が出動した場合、そこでの非常事態に即応した軍事編成は、また、別に作成されていたのかどうか、あるいは、ここでの編成如何はいわゆる軍事機密に属するために公表されてはいなかったのかどうか、たとえば、一旦緩急の場合、家老たちもやはり各軍隊を指揮したとも考えれば、そこではどんな軍事編成が取られ、家臣らがどういった形で軍事編成に直接に関与していたのかどうかなど、この辺の事情も全くといってよい程わからない。非常事態に対応した指揮・命令系統の在り方如何などをも含めてさらなる検討の継続が必要ではないかとも考えられる。いずれにしても、当時における家臣団の在り方如何については、なおも多くの検討課題が残されているのではないかとも考えられる。

（4）家臣団の全体像を求めて―「越前守綱昌公御代延宝七未年給帳」を中心に―

次に、家臣団といった場合、その中心はいわゆる知行取りの家臣（給人）らであった。しかし、現実にはかれら以外にも多くの家臣たちがまた存在していた。また、かれらの生活をさらにその底辺にあって支えていた多くの人々らがまた存在していたことも見逃せないかとも考えられる。では、かれらの実態はどうなっていたのであろうか、以下、最後に藩主綱昌時代におけるいわゆる「綱昌公給帳」によって延宝七年の段階における本藩福井の家臣団の実態如何についての検討を試みることにしたいと思う。

なお、小稿の最初では支藩吉江二万五〇〇〇石における家臣団の実態如何についての検討を既に試みることにした。そこでは家臣団の中心になっていたのはいうまでもなく知行取りの家臣（給人）らであり、そこでの人数は僅かに四〇人余りであった。しかし、この藩ではそれ以外に禄米取りの家臣らが五〇人余り、しかもそれ以外にも諸役人らが二七人余り、徒侍《かち》が二三人余り、それにさらに加えて一三〇人余りの足軽たちによって家臣団の中核は構成されていたものと考えられる。さらには、これに加えてその他として多くの人々、具体的には坊主・奥坊主・下男・小人・中間・籠者、そして特に荒子《あらしこ》など計二三〇人余りの人々らがその底辺にあって家臣らの生活をともに支えていた事実をも紹介することにした。そこで本藩福井の四七万五〇〇〇石の場合も、支藩吉江と同じように、そこでの家臣団全体の在り方如何は、基本的には恐らくは同じではなかったかとも考えられる。では、そこでの実態はどのようなものであったのであろうか。

そこで最初にいわゆる知行取りの家臣(給人)らの存在が注目されるが、かれらの実態如何は既に小稿の最初の第3項(2)「家臣団の階層構成について—光通及び綱昌の時代—」の中で一応の検討を既に試みることにした。また、階層構成を示した表Ⅱ—1—④の中の最後に「綱昌時代」(B)として既に一応はそこでの在り方如何を示すことにし

表Ⅱ－1－⑥　越前守綱昌公御代延宝7年未年給帳(10人以上)

御小姓		30人	
御書院大広間		93	
新番		28	
御免目付		15	
徒		88	
御坊主		88	
諸手代		87	
御医師		11	
諸役人		38	
小算		37	
その他10人以下		8	寺3
計		523人余り	
忍者		21人	
御持筒	31×2	62	
〃	21×11	231	
御先筒	62×2	124	
〃	20×23	460	
〃	24×3	72	
御旗之者	20×2	40	
御留守居筒	30×1	30	
〃	20×3	60	
〃	10×2	20	
〃	15×2	30	
〃	25×1	25	
〃	10×3	30	
御水主	20×3	60	
御杉形	21×2	42	
御長柄	70×2	140	
その他		25	
計		1,417人余り	
御小道具	20×2	40人	
道具		32	
荒子		240	
御小人		101	
新荒子		51	
御駕者		28	
御中間		84	
川除新中間		204	
江戸新中間		104	

その他	8
計	892人余り
女中	44人
家臣ら	13
御前様方	10
寄合	12
御台所方	32
下男	27
御徒	114
鷹匠・丸鳥持など	47
計	300人余り
市番山廻り	40
餌刺・鳥見	40
渡り中間	10
掃除之者	50
作事方	25
諸職人	10
渡り中間	20
花作り	10
その他	53
計	258人余り
総計(概数)	3,445人余り
	(3,500人)
他に給人ら	534人余り
総計	(約4,000人余り)

注)「続片聾記」による。

た。この表によると、当時における給人の総数は五三四人余り、そこでの内訳は万石取りの重臣らが二人、この万石取りを除いて一〇〇〇石取り以上の有力家臣らが計四九人余り、五〇〇石以上一〇〇〇石までが五七人余り、それら以下の者たちをもとに含めて総計五三四人余りであった。

　これを踏まえて特に給人ら以下の家臣らの内訳を示したのが表Ⅱ—1—⑥である。本来であれば記載の内容をそのまま表示することが望ましいが、今回は出来るだけ繁雑さを避けるために、特に各職種に一〇人以上の者たちが存在するその職種・職制にのみに絞り込んで表を作成することにした[10]。これによると、給人ら以外の者たちは大きく分けると、⑴藩主側近衆である小姓たちや諸役人たち、⑵足軽たち、⑶荒子・中間・小人たち、⑷藩主一族に仕える者たち、⑸市番山回りをはじめとして餌刺・掃除・作事・花作りなど、藩政におけるそこでの末端でそれぞれの業務に従事していた人々らに、以上、大きくは五つの分野、また、それに給人らをも加えると全体で六分野に分けることが出来るのではないかと考えられる。そして、そこでの省略した一〇人以下の人々をもともに含めると、給人らを除いては凡そ計三三〇〇人から三四〇〇人余り、それに給人らを加えると、恐らくは場合によっては四〇〇〇人に近い人々がともに生活していたのではないかとも考えられる。

　以下、もう少し詳しくそれぞれの分野の内容をみてみることにしたいと思う。

　第一は、ここでの一覧表の最初に登場する禄米取り以下の家臣らの実態をみてみると、いずれも藩主の側にあっては直接、間接に、かれに奉公していた者たちがその中心になっている。中には医師や藩主が信仰する寺三カ寺の存在もまた含まれている。そこでの個々の内容をみてみると、小姓(三〇人)・書院大広間詰(九三人)・新番(二八人)・御小姓目付(四人)・御徒小頭(二人)・同目付(一五人)・徒《かち》者(八八人)・坊主(八八人)・諸手代(八七人)・医師(一一人)・茶屋(二人)・寺方三カ寺・諸役人(三八人)・小算(三七人)などとが続く。また、かれらは目付・医師らを除くといずれも人数が多い。特に書院大広間詰九三人が最も多く、以下、徒《かち》・坊主・諸手代らが八〇人以上と多い。

かれら以外の者たちを加えると、総計五二三人余りではないかと考えられる。この藩での給人らが五三四人余りだと考えれば、かれらと同じくらいの人数の人々らが藩主の近くで奉公していたことになるかと考えられる。この事実は、既に検討を試みた越前藩時代における藩祖秀康・二代忠直の時代に比べると、藩主の地位がそれに比較にならない程、確立しているその事実をも示すものとして注目される。

第二は、忍者(二一人)をはじめとして持筒(二九三人)・先筒(六五六人)・留守居筒(一九五人余り)、そして、御旗之者(四〇人)、それに水主(六〇人余り)・杉形(四二人余り)・長柄(一四〇人余り)などの存在とが続く。かれらはいずれもがいわゆる足軽部隊の中心となって非常事態が到来すれば、陣地の構築・物資の輸送、そして、いわゆる先手たちの背後にあってさまざまな後方支援にあたっていた者たちだと考えられる。もちろん、緊急の場合には、最前線にあって家臣らとともに敵と戦ったものたちだとも考えられる。かれらもまたその人数は多く、全体で計一四〇〇人を越えていたのではないかとも考えられる。しかし、同じ足軽とはいっても、かれらの内部に立ち入ってみると持筒・先筒・留守居筒とに分かれ、現在のところそこでの違いまではよく分からない。また、全員が鉄砲の所持者たちであったのかどうか、また、その鉄砲は私有であったのか、藩から貸与されたものか、同時に、足軽たちは一般の家臣らとは違って特に足軽屋敷に居住していたともいわれているが、下級家臣らと比べてどこがどのように違うのかなど、これまた検討課題は尽きないのではないかとも考えられる。特に人数が多いだけに、家臣団の中での果たす役割なども、戦国の乱世から江戸前期にかけてはやはり大きいものがあったのではないかとも考えられる。しかし、現在のところこの足軽などについては、そこでの実態の解明は全く放置されたままではないかとも考えられる。最近における先学による労作の表題ひとつをとってみても郷士とはあるものの、足軽といった表現は全く使われていない事実が注目される。(11)

第三は、道具及び小道具(七二人余り)、荒子及び新荒子(二九〇人余り)、小人(一〇一人余り)・駕者(二八人)・草履取(八人余り)などである。やはりここでの中心は荒子・新荒子の計二九〇人余と中間・川除新中間・江戸新中間などの計四〇〇人余りの存在ではないかとも考えられる。[12] 他には、ここでは特に小人一〇〇人余りが、本来であれば藩主の身辺でそこでの使い走りなどの雑役を担うのではなく、ここでは特に労働力としての存在を評価されては、ここに位置づけられているのではないかとも考えられるが、詳しいことはわからない。同時に、道具関係者の存在もまた注目される。かれらは道具の所持者であるとともに、恐らくはさまざまな普請工事などをも行う技術者集団ではなかったかとも考えられる。また、そのためもあってか、機会を見つけては移動する集団ではなかったかともまた考えられるが、これまた詳しいことは全くわからない。他に駕者や草履取りの存在もまた興味深い。いずれにしても、かれらはまとまった労働力としての役割をいろいろな分野で果たしていたものと考えられる。また、かれらを集計すると、九〇〇人余りに達するかとも考えられる。なお、ここでの中心のひとつである荒子については、注記の形でその具体的な存在を考えてみることにしたいと思う。しかし、足軽との区別如何など、これまた検討課題が多く残されているかと考えられる。特に荒子・足軽らの存在は、この北陸地方で起こったいわゆる宗教戦争や戦国の動乱に深く関係した存在ではなかったかともまた考えられる。

第四は、麻布様・御前様に奉公する人々らである。もちろん家臣らも一〇人または一三人と存在してはその他の人々の管理運営などを担っていたものと考えられる。それ以外に女中や台所方、下男などがいずれも一〇人を越えている。他に職種としては手代・坊主・小人・帳付け・椀奉行・水奉行・普請方・料理人・馬方など多様な人々が働いていたものと考えられる。また、かれらに加えてここでも御徒ら一一四人の存在が特に注目される。かれらは主君または夫人らの外出やそこでの治安の維持などをも主に担っていたものとと考えられる。同時に、この中では別に鷹師三七人・丸鳥持一〇人の存在が付記されていることが注目される。また、これに関係する餌刺・丸鳥見は次の分野に分かれては登場している。本来であれば、かれらは藩主相互間の交際や趣味・娯楽などのために存在していたとも考えれば、第一の分野に所属すべき者たちではなかったかともまた考えられるが、詳しい事情まではわからない。鵜匠などはまた次の分野で登場する。最後に関係者らを集計すると三〇〇人余りではないかとも考えられる。

最後の第五は、いわゆる家臣団の底辺にあって藩政を支えていた人々の存在が見逃せないと考えられる。その職種は多岐にわたるが、あえて主なものをみてみると、市番人山回りとして人々の集まる市や各地に置かれた口留番所、それに山回りなどの任務を果たす人々(三五人から四〇人余り)、江戸屋敷で働く人々(六〇人余り)・餌刺・鳥見たちや鵜匠ら(三五人余り)、方々渡り中間ら(一〇人余り)・作事方関係者たち(〈作事方・棟梁大工・仕手大工・左官・籠組・瓦焼・柄巻・細工人ら〉二五人余り、諸職人(鉄砲屋・台屋・金具屋・矢師・研屋など)ら、他に泉水・花作り・茶園・明里蔵奉行や蔵番など、以下、詳細は省略するとしてもさまざまな分野での人々らが存在する。あるいは、他に京呉服渡人・江戸手紙使いの存在なども珍しい。以上、そこでの詳細は省略するとしても、恐らくはこの分野の人々を集計するとすれば、正確な人数は難しいとしても恐らくは二六〇人前後ではないかとも考えられる。

以上、第一の分野から第五の分野に至るまで、いわゆる寛文・延宝期、特に延宝末期における福井藩における家臣団の全体像を探る作業を少し試みることにした。既に指摘もしたように、この藩における家臣団の中心は、いうまでもなく知行取りの家臣(給人)ら五三七人余りであった。しかし、現実は既に紹介を試みたように、かれら以外にさらに多くのいわゆる下級家臣らが、そして、さまざまな業務を担った多くの人々らが、藩政をともに支えていたものと考えられる。現在のところ、そこでの関係者らを仮に集計してみると、給人らをも含めると恐らくは四〇〇〇人に近い多くの人々らがともに働いていたものと考えられる。あるいは、さらに、給人らの中には先祖伝来の陪臣らや有力家臣らには藩主から与えられた特に与力たち二〇〇人以上らもまた含まれていたと考えれば、その人数はさらに増加するものと考えられる。

(5)残された検討課題―当時における雇用関係の在り方如何などを中心に―

最後に、家臣ら及びかれら以外にも多くの人々が城下で働いていたと考えると、そこでの雇用関係の在り方如何などが当然のこととして問題にならざるを得ないかとも考えられる。その意味でこの藩における現状をみてみると、まずは一般にいう切米取り・扶持米取りの家臣らの中で、最初の時期には切米支給のみが、次にそれに加えて扶持米支給がはじまったのではないかとも考えられるが、この辺の実態がよく分からない。

たとえば、大安院、五代藩主光通の時代の切米帳によると、藩がいわゆる雇用していたさまざまな人々に対する、また、個々の人々らに対する手当の内容がともに記載されている。また、そこでは全てが米何石といった形でそれぞれの手当は支払われている。具体的には特に藩政の底辺にあって働く人々らに対しては最高は五〇石前後、最低は五石または六石前後、また、特定の人々、たとえば、荒子や中間らに対しては米何俵といった形での手当が与えられている場合もまた少数ではあるがみられる。ところが、一般にみられる米何石何人扶持といった扶持米の制度はどうも当初の段階では実施されてはいなかったのではないかとも考えられる。しかし、その後は続いては切米・扶持米の表現がみられるようになり、現在のところ、この辺の事実をどのように理解するのかが難しい。

次に、そこでのいわゆる雇用関係の在り方如何であるが、足軽らの場合をみると、既に紹介したように、支藩吉江二万五〇〇〇石の場合、それは分限帳の最後に位置付けられて紹介されていた。本藩福井の場合もやはり最後に、しかし、藩主一族らのその前に、たとえば、小見出し項目の諸役人・小算の次に足軽たちの内容が紹介されている。以下、そこでの詳細は吉江藩と同じように省略するとしても、かれらにもまた生活費が支給されていたはずである。また、後述する第Ⅲ編での越後高田藩二五万石の場合、足軽らはそれぞれかつての物頭らに率いられていたが、そこでは物頭らには自己に与えられていた所持石高とは全く別個に足軽たちへの生活費が別にそれぞれの物頭らには支給されていた事実が注目される。

しかし、福井藩の場合も、また、支藩吉江藩の場合も、足軽らを与えられ、また、かれらを預かっていた物頭らには、特に足軽たちに与えられていたと考えられる生活費用の在り方如何の説明が現在のところ全くみられない。越後高田藩の場合、家臣らや多くの奉公人たちは、藩主から直接、禄米などを支給されて生活を保証されている人々と、藩主がそれぞれの役職やそれに関係した役人らを通しては間接的にかれらの生活を保証された人々とに大きくは二つの形式に分かれていたものと考えられるが、特に、足軽や中間、そして、荒子など、個人名ではなく、人数で一括して処理されている人々の多くは、恐らく藩主から間接的にそこでの生活を保証されていた人々ではないかとも考えられるが、また、その意味では直接・間接の二重の雇用関係がそこでの基本ではなかったかとも考えられるが、この辺の事情が現在のところよくわからない。ともあれ、さらなる検討の継続が必要ではないかとも考えられる。

いずれにしても、この段階における藩を取り巻く経済状況はなおも自給自足の経済が支配的ではなかったかとも考えられる。とすれば、当時における藩政の在り方如何は、あらゆる分野における生産を前提に、そこでの自己調達の必要性に強く迫られていたものと考えられる。そのためには家臣団は必要とした諸物資の自己調達を余儀なくされていたものと考えられる。また、そのためにはさまざまな職種で働く人々をもまた必要不可欠としていたものと考えられる。それらが収斂されては一個の独立した大名及び藩経済は維持されていたものと考えれば、それらをどういった視点で統一しては、当時における家臣団の在り方如何を、また、そこでの家臣団の全体像を考えていくべきなのか、与えられた検討課題はなおも尽きないようにも考えられる。

【注】

（1）「稿本福井市史」上巻一五八頁。国目付として林丹波守・佐久間宇右衛門らの名前がある。

（2）「藩史大事典」第3巻中部編1―北陸・甲信越―の中での「松岡藩」二五八頁、あるいは、「松岡町史」上巻二九一頁以下参照。

（3）・（4）も「松岡町史」上巻二八九頁以下、「同町史」上巻二二三頁以下なども参照。

（5）ここでは足軽よりも人数が多い荒子《あらしこ》の存在が特に注目される。取り敢えずはこの荒子についての一応、説明を試みるとすれば、「田舎で百姓をしていた武士を荒子といって、足軽よりも下の階級に扱われた。城下に近い足羽郡、吉田郡に住んでいて、禄高は六俵一人半扶持で、生活が困難故に平生は百姓をしていた。荒子頭は二拾石四人扶持位の下級武士で、荒子が必要な場合には臨時的に招集し、参勤交代や道普請・川普請等をなし、大阪の役にも出陣したが、この荒子の株は売買され、一代限りの者も多かった。足軽は千三百余人で、福井城下の周辺に住んでいたが、荒子は千九百余人もいた。明治六年武士の禄高を奪って公債を渡したが、足軽迄は武士と認められたが、荒子は認められなかった。太田村増田十右衛門が中心となって明治二十三年士族編入のための趣意書を印刷して同志千九百四十三名と共に嘆願し、明治二十九年五月四日附にて、福井県より士族に編入された」（「足羽郡史」二五三頁）とある。

　なお、関連資料として明治二二年二月の「旧荒子復禄籍嘆願願書類」、明治三一年六月の旧福井藩元荒子組并各種之者願惣代渡辺喜助よりの「家禄御給与願書」（松平文庫）など、あるいは、「荒子奉公ニ付請合証文」（「福井市史」資料編近世6の四四二頁）なども残されている。現在のところ、この足軽以外の荒子の存在が福井藩固有の存在なのか。隣の加賀藩や他の藩でも存在するのかどうか、この辺の事情は現在のところはっきりしない。場合によっては北陸地は周知のように、早くからいわゆる宗教戦争や戦国武将らによる主戦場の舞台でもあった。そのためにいわゆる在地の有力者たちやこれを機会に立身出世を希望した者たちが早くから村を離れては戦いに参加し、かれらの多くが統一権力確立の過程でそのまま取り残されては滞留を余儀なくされた結果が足軽や荒子らの創出にも結果したのではないかとも考えられるが、もちろん、詳しい事情はわからない。いずれにしてもこの地方における政治的・社会的動乱がかれらの創出の母体または基盤になったのではないかとも考えられる。なお、鈴木準道「福井藩事典」七九頁にも荒子についての簡単な紹介がある。

（6）「鯖江市史」上巻三七八頁参照。

（7）「越前守光通公御代給帳」・「大安院（光通《みつみち》）様御切米給帳」、ともに「続片聾記」に収録。

（8）「越前守綱昌公御代延宝七未年給帳」（「続片聾記」に収録。

（9）延宝八年「綱昌御給帳」（「大塩八幡宮文書」福井県立文書館所蔵）、以下のこの藩における職制の検討はこの資料による。

（10）本来であれば、原資料に出来るだけ近い表示が望ましいかとも考えられるが、今回は頁数の制約もあって一〇人以上のみの場合に限っては表示を試みることにした。

（11）最近刊行された長屋隆幸「近世の軍事・軍団と郷士たち」（二〇一五年刊　清文堂出版）は江戸時代における家臣団研究での数少ない貴重な研究成果として注目される。しかし、そこでの書名の表題が郷士となっており、足軽たちは郷士たちの中に含まれた形で処理されているところに足軽研究の遅れを痛感せざるを得ない。

（12）既に荒子についての一応の説明を試みたが、今度はここでは足軽たちの存在を指摘することにした。なお、ここで紹介を試みる資料である「隆芳院《りゅうほういん》（四代忠昌）御代御給帳」では、そこでの冒頭にまずは一〇〇〇石以上の有力家臣ら各個人ごとに用意すべき軍役の内容を書き上げた「伊与守忠昌公御代御軍役附」があり、これの最後に足軽及びかれらと同じ扱いになっている者らをも含めて以下の記載例がある。同時に、ここでの人数が非常に多い事実が注目される。

覚

御乗馬百九十四人　　御持筒組二百九十一人　平筒組五百二十人
御留守居鉄砲組二百七十二人　御持弓組六十二人　御留守居弓三十人
並弓組百四十人　御長柄二百人　御杉形三十七人
御旗五十人　御家中弓七十八人　御家中長柄六百九十八本
御家中旗百二人　（計二千六百七十四人）

第二章　重臣らの給地支配について―寛永期以降を中心に―

第1節　付家老本多伊豆守富正家とその給地支配について

第1項　本多氏とその勢力拡大について

一般に付家老といった場合、いわゆる御三家に仕える重臣ら、たとえば、尾張藩における成瀬家・竹腰《たけのこし》家、和歌山藩での安藤・水野家、水戸藩での中山家の名前が広く知られている。これに対して福井藩における本多伊豆守家の場合もまた一般には徳川親藩に仕える意味でやはり付家老と呼ばれている。既にその紹介を試みた分限帳によると、本多のみが所持石高四万五〇〇〇石余りと、それこそ別格の存在であった。また、この本多氏の場合、かれは家康と同じく三河国の出身ではあり、家康によって幼少のときから家康の次男であった越前藩の藩祖松平秀康に付属させられていた付人らの一人でもあった。

しかし、結城時代におけるかれの所持石高は必ずしも大きいとはいえず、藩祖秀康が越前国に初めて入部したときにも、その先遣隊として重要な役割を果たしてはいるものの、他にも多賀谷・山川・今村・土屋・久世などといった有力重臣らもまた多く、既に指摘もしたように、別格といった地位を当初から既に獲得していたわけではなかったと考えられる。この点は第Ⅰ編における既に第二章第1節第4項でも指摘したように、慶長・元和期における残された分限帳での検討の結果も、その事実を示すものだとも考えられる。かれが本格的にその地位を確立することが出来たのは慶長一七年に起こった久世（越前）騒動以後のことであったと考えられ、この騒動を通してかれは当面したライバルであった今村掃部一派を排除することに成功し、それを機会に付家老としての地位をはじめて確立することが出来たのではないかとも考えられる。

また、かれには当初、かれの跡を継ぐべき男子にめぐまれなかった。そのために慶長一二年にはかれは藩主である秀康の四男であった吉松丸を養子に迎えることになった[1]。しかし、かれが早死すると、同一八年には今度は同僚でもあった本多飛騨守成重（後の丸岡藩主）の子供である大膳を養子に迎えた。ところが、その後にかれ自身に男子が生まれたために、志摩とその名前を変えていた養子は江戸に出て改めて旗本として公儀に奉公することになったとも伝えられている。その意味では、かれの将来を見据えた準備は、また、そこでの目配りは、怠ることはなかったものとも考えられる[2]。

その後、藩祖秀康が亡くなると、かれはその跡を継いだ二代藩主忠直に仕え、また、かれの親族の一人でもあった本多飛騨守成重とともに、二代将軍秀忠の娘婿にあたる藩主忠直の後見役に任命され、これを機会にかれの政治的地位はより不動のものとなったものと考えられる。また、かれら両人は既に指摘もしたように、元和九年に起こった忠直の配流一件（騒動）にも深く関与し、そのこともあって両人らは将軍秀忠からそれぞれ加増され、伊豆守は、そのままその地位を将軍秀忠によって保証され、新しく北庄、その名前を福井と改めて入部してきた四代新藩主松平忠昌の許でまた再びいわゆる付家老に任命され、そこでの地位をさらに固めることが出来たものと考えられる。

他方、かれと同じく後見役に任命され、ともに藩主忠直の補導にも努めた飛騨守成重は、そのままかれの居住地でもあった丸岡で四万六〇〇〇石の大名として改めて独立することを認められることになった。

この場合、将軍秀忠自らが両本多に実施した論功行賞の裏に、どういった政治的思惑や理由が秘められていたのか、どうかは、興味ある話題であるとしても、本多富正は新しく発足する福井藩の創設に、また、その後における同藩の発展にも、かれは深く関与することになったものと考えられる。

なお、この本多氏の場合、既に指摘もしたように、慶長一七年に起こった久世騒動では、かれはまた自分の本拠地であった府中（現越前市）から自分が以前から召し抱えていた家臣（陪臣）たちを動員しては、多賀谷をはじめとした各重臣らの率いた軍隊らとともに、久世の屋敷を攻撃し、かつての同僚でもあった久世但馬守が起こした武装反乱を鎮圧している。また、この段階では有力重臣らによる武装反乱の鎮圧には、藩主直属のいわゆる旗本軍が直接動員されたわけではなく、付家老本多をはじめとした各重臣らが自分の給地からそれぞれ動員された自分の陪臣らを主体とした軍隊が活躍していたのである。また、この反乱事件に続いて起こった大坂冬・夏の陣の場合も、もちろん、藩を挙げての出陣とあっては全ての家臣らが動員されてはいるものの、やはりそこでの戦闘の主体は各重臣らがそれぞれ率いた各軍隊であったと考えられる。当時、藩主直属の軍隊と各重臣らの率いた軍隊とが、どういった形で組織化され、動員され、ともに戦っていたのかについては、現在のところ一応、関係資料の一部が残されてはいるものの、そこでの検討が遅れ、その実態がなおもはっきりしない。また、既に紹介をも試みたように、陪臣らの犠牲者もまた多く、さらには、そこでの戦果を示す「首取帳」の内容をみても本多らの重臣及びそこでの家臣（陪臣）らが討ち取った首数が非常に多いことなどが注目もされるのではないかとも考えられる。(3)

ところで、この本多氏の場合、他の重臣らとは違ってこれまでの先学の努力と研究とによって、また、地域あげての研究に対する支援などもあって、既にかなりの研究成果の蓄積がみられることが注目される。[4] そこでこれらの研究成果をも踏まえて、以下、かれが所持していた給知高の内容及びかれが率いた家臣（陪臣）らの実態如何などについて以下、少し検討を試みることにしたいと思う。

第2項　本多氏の給知支配について

藩祖秀康が越前国に入部すると、慶長六年九月、各家臣らに対して宛行状を発給してはかれらとの間での主従関係の強化に努めたことは既に指摘し、また、重臣多賀谷・山川両氏の場合については、残されている宛行状の検討をも試みることにした（第Ⅰ編第二章第4節参照）。しかし、本多氏の場合は、この時期における宛行状が現在のところ見当たらず、その実態は不明のままであった。しかし、新藩主忠昌が新しく入国した寛永元年には、当時における本多氏の所持石高の内訳を表した「越前国苻（府）中三国領知行帳」が残されている。[5] なおこの場合、家臣ら個々人らに対する宛行状の場合、正式には最初に給地の総石高を藩主が家臣らに与えるための「宛行領知（之）事」（いわゆる宛行状）が与えられ、同時に、いわゆる「村付目録」、具体的には給地の村々の石高と村名との内訳とをともに記載した「知行分目録」または「村付目録」とがともにセットで与えられていた。ここでは前者が欠けてはいるが、後者によってまずは寛永元年における付家老本多の所持給知高を確認することからはじめたいと思う。この内容を示したのが表Ⅱ―2―⑦(A)である。

これによると、寛永元年七月における本多氏の惣給知高は四万五二八二石である。その内訳は大きくは新藩主忠昌から与えられた給地高八五カ村、計三万九〇〇〇石と将軍秀忠からの加増分一五カ村、計六二八二石とに分かれている。加増分は既に指摘もしたように、配流された二代藩主忠直の後見役を同族本多飛驒守とともに務めたために、将軍秀忠から特に両人宛にそれぞれ与えられたものだと考えられる。次にその内訳をみてみると、その表題が示すように、かれの給知高は府中領六七カ村・三国領九カ村がその中心になっている。また、他に西方領二カ村と丸岡領一カ村、それに不明六カ村とが加わっている。加増分の方は府中領六カ村、不明九カ村となっており、両者を合わせると計四領、一〇〇カ村、その所持高総計は四万五二八二石であった。この表をみる限り、給知は府中領・三国領がその中心であったものと考えられる。ただ、当時における藩内各支配領域ごとの区画割りが現在のどの区域にあたるのかといったことがはっきりしないために、確定的なことはいえないが、やはり本多氏の給知村々は府中領と三国領に集中していたのではないかとも考えられる。その意味では、給知はまとまった領域を一括しては与えられていたものと考えられ、そこでの基本はいわゆる一円的知行であったと考えられる。

ところで、この寛永元年の知行帳に記載されている給地村々については、既にその分布図が「武生市史」概説編

表Ⅱ－2－⑦(A)　寛永元年本多氏の知行地内訳

領域	村数	石高
府中領	67	
西方領	2	
丸岡領	1	
三国領	9	
不明(三国領か)	6	
高合	85	39000石
加増分		
府中領	6	
不明(府中領か)	9	
	15	6,282石
計	100	45,282石

注)「府中三国領知行帳」(本多家文書)

表Ⅱ－2－⑦(B)　本多家知行地の内訳
―承応から延宝5年の場合―

承応2年		寛文9年		延宝3・同5年	
郡名	村数	郡名	村数	郡名	村数
南仲條郡	27	南條郡	27	南條郡	27
丹生北郡	10	丹生郡	10	丹生郡	10
今南西郡	15	今立郡	30	今立郡	30
今南東郡	12	足羽郡	2	足羽郡	2
今北東郡	3	吉田郡	6	吉田郡	6
足羽南郡	2	坂井郡	8	坂井郡	8
吉田郡	6				
坂南郡	5				
坂北郡	3				
9郡	83	6郡	83	6郡	83

(9郡総石高40,000石)

注)「知行分目録之事」(本多家文書)
他に「武生市史」資料編及び福井県南條郡誌の中にも同じ資料が収録されている。

に収録されている(6)（煩雑さを避けるためにここではその紹介は省略する）。また、この藩の場合、これまでも度々指摘もしたように、後の貞享三年にいわゆる「貞享の大法」〈半知〉が実施され、藩の総領知高が半減を余儀なくされるといった未曾有の出来事が発生した。そのためにまた付家老本多の給地村々もまた半減を余儀なくされている。

そこで「武生市史」に参加した編纂者らの努力の結果でもあるこの分布図をみると、第一に、本多氏の根拠地である武生を中心にその給地が集中して与えられていることがまずは注目される。特に、武生（現越前）市の中心部にそれこそ給地の村々が集中していることがわかる。また、第二に、武生の周辺にも、特に今立・南條郡といった武生に比較的近い地域にもまた給知の村々が多く与えられている。そして、第三に、藩内を南北に走る北陸街道が隣の加賀藩と接する北部地域にも給知村々が比較的固まっては与えられ、さらには同時に、全領内においても点々と給地が広く分散して与えられていることもまた見逃せない。いずれにしても、拠点武生（現越前市）を中心にその周辺に集中して給地が与えられてはいるものの、必ずしもその地域だけとは限らず、北陸街道の北部に、さらには、全領内にまでも点々と広く散在して与えられていることが注目される。その意味では、給地は必ずしもまとまって与えられているとは限らないとも考えられる。

この場合、その原因としては、給知村々の設定にあたっては、本多氏の付家老としての意向が、たとえば、給知の一部を全領内に広く散在させ、各地からの情報収集に努めるとか、また、重要拠点に給知の一部を特に設定してはそこでの治安の維持に備えるとか、あるいは、生産力の高い地域に自己の給知を特に設定するとか、何らかの政治的意向が反映されたその結果ではないかとも考えられるが、現在のところ詳しいことはわからない。なお、既に紹介を試みたように、慶長・元和年間に重臣多賀谷氏に与えられた給知の内容については、その給知の村々を一括しては与えるいわゆる丸村と、その村の中の一部とを与える内村、具体的には相給村とに分かれて与えられていたが、本多氏の給知における丸村と内村との区別は、この段階ではわからない。恐らくはその全ては丸村ではなかったかとも考えられるが、現在のところはっきりしない。

次に、この本多氏の場合、その後の承応二年・寛文九年・延宝三及び同五年の宛行状がともに残されている。承応二年は藩主忠昌の嫡子五代藩主光通が福井に初めて入部し、藩政に初めて直接関与した年、寛文九年はかれによって藩政改革が開始されたその翌年、延宝三・五年は藩主光通が自刃し、藩主が光通から昌親へ、さらには綱昌へと交代したその時期にあたり、藩政の展開にとってもそれぞれ重要な画期にあたることが注目される。

次に、とりあえずは、これらの各「村付目録」を整理して示したのが表Ⅱ―2―⑦Ⓑである。これによると、まずは初代本多富正(当時、仏門に入って元覚斎という)が慶安二年に死去、その跡を二代当主本多昌長が相続したが、かれは相続にあたって弟である左近正房に対して五〇〇〇石余りを分与している。そのためにかれの給知高総計は四万石となった。しかし、その後における給知高には変化はみられない。また、寛永元年にみられた府中・西方・丸岡・三国といったそれ以前の区画割りの名称は解消され、それが何時の時点で改正されたのかは不明であるが、承応二年には南仲條郡・丹生北郡・今南西郡・今南東郡などをはじめとした一二郡制が既に実施されている。また、寛文九年(実は同四年からか)には、これまでの一二郡制がさらに八郡制へと改められている。この間、承応三年から延宝五年に至るまでの二五年間余りは、一二郡から八郡へと郡名の変化はみられるが、そこでの給地村々は計八三カ村、給知高四万石は変わらず、そこでの村数及び給知高の変化はみられない。

同時に、そこでの内訳をさらにみると、たとえば、寛文九年・同延宝三及び同五年の場合、給地村々は今立郡三〇村・南條郡二七カ村・丹生郡一〇カ村と三郡には給地が多く、それ以外の足羽・吉田・坂井の三郡は一〇カ村以下の給地の分布となっている。いずれにしても、本多氏の給地村々は、その領域によっては、たとえば、拠点武生を中心にした領域では給知が集中して与えられてはいるものの、しかし、他方では各領域を越えてもまた給知は与えられており、この特に遠隔の地域に設定された村々が、既に指摘もしたように、かれの付家老としての立場から、何らかの政治的意図を持って特に選定された地域及び村々であったのか、どうかについては現在のところ明らかではない。一般には、領内における政治的・経済的な重要な拠点に重臣らをまずはそれぞれ配置し、その地域全体を掌握させ（いわゆる一円的知行の実施）、それらをも踏まえて藩主が全領域に対する支配の貫徹を目指す方針がとられ、その後における加増分などはより分散した形での給地を与えられることになったのだとも考えられるが、藩の蔵入地如何の存在、あるいは、既に慶長・元和年間及びそれ以降における給地の在り方如何やその中で既に話題にした丸村と内村との関係などをも含めて、家臣らに対する給地の在り方如何についての検討は、今後ともさらに継続されることが必要ではないかとも考えられる。

第3項　本多氏の陪臣たちについて

(1)本多氏の陪臣たち

本多氏は藩主から四万石余りといった破格の給知高を与えられると同時に、かれ自身もまた多くの陪臣らを支配していた。そのかれの支配下にあった陪臣らの存在を、改めて広く世間（全国）に知らせたのは明治三年に起こった武生騒動であったと考えられる(7)。この事件は、かれに召し抱えられていた陪臣らが、本藩直属の家臣らと同じような待遇を求めては明治新政府を相手に決起して起こした事件であった。同時に、この事件は、同じ境遇の許に置かれていた全国諸藩の陪臣らにも大きな影響を与えるものであったと考えられる。

以下、本多氏の抱えていた陪臣らについては既に地元における郷土史研究会所属の先学らの努力もあって丹南史料研究会編「武生越前府中本多家家臣録」（一）が刊行され、陪臣らの実態が明らかにされたことが注目される。これによると、一般の重臣らの場合、その支配下にある陪臣らを支配する時には藩主と同じように、独自に分限帳を作成しては陪臣らの管理・統制にあたっていたものと考えられる。既に紹介を試みたように、越前藩の時代における重臣の一人であった多賀谷氏の場合も、既に検討を試みたように、やはりかれは分限帳を作成しては自分の支配下にあった陪臣らを支配していたのである（第I編第二章第4節第4項参照）。ところが、本多氏の場合は、陪臣らの支配・管理にあたっては、分限帳に代わって「正月御礼」・「正月御礼式」・「正月次第」といった表題の付いたものを作成しては、分限帳の代わりに使用していたのではないかとも考えられる。

推測すると、恐らく本多氏の場合は、かれの家臣（陪臣）らは正月元旦には帯刀しては主人の住む館《やかた》に集まり、ここで新年の挨拶（お目見え）を交わし、そこで主従関係の再確認を行っていたのではないかとも考えられる。具体的には家臣（陪臣）らは、書院引渡持参太刀・引渡持参太刀・持参太刀・歩行《かち》（徒）中、そして礼銭の五つの各グループにそれぞれが分かれてはお目見えを果たしていたのではないかとも考えられる。また、そこでの結果が年ごとに整理されては「正月御礼式」の作成となったのではないかとも考えられる。また、それらの一部が本多氏の場合、現在に至るまでも残されていたのではないかとも考えられる。

また、これらの残されていた「正月御礼式」の内容が翻刻されては「本多家家臣録」として新しく刊行されたのだと考えられる。そこでその内容の骨子を要約しては以下、少し紹介すると、その内容は既に指摘もしたように、本多家の陪臣らはそれぞれ五つの身分に分けられては正月には当主との間でのお目見えを果たしていたものと考えられる。寛文一二年の場合を要約して紹介すると(8)、それは以下の通りであったと考えられる。

⑴右於書院引渡持参太刀、人数五人、かれらは家老たちであり、そこでのかれらの所持石高は一〇〇〇石から二〇〇〇石まで。

表Ⅱ－２－⑧　武生本多家家臣構成別人数（寛文11年から延宝６年まで）

年＼構成別	書院に於て引渡持参太刀	引渡持参太刀	持参太刀		歩行中	礼銭	計
			小姓中				
寛文11年(1671)礼式	5	45	57	34	24	31	196人
〃 12年(1672)礼式	5	63	55	20	11	48	202
延宝元年(1673)礼式	5	51	49	33	26	29	193
天和３年(1683)礼式	5	29	27	10	11	15	97
貞享元年(1684)礼式	家老７	御側用人 8 表 用 人28 ）36	49		鳥目84		176
〃 ３年(1686)礼式	5	35	52	40	20	27	179
元禄６年(1693)礼式	5	28	28	8	11	15	95

注)「武生越前府中本多家家臣録」(一)「丹南史料研究」巻末163頁。この中での冒頭の部分を利用することにした。

(2)右引渡持参太刀、人数六三人、四〇〇石から五〇俵まで、なお、所持石高の記入のないものが七人含まれている。

(3)持参太刀、人数七五人、この中がさらに小姓中五五人、一五〇石から一八石まで、その他として二〇人が記載されている。全体で無記入は一八人。

(4)歩行《かち》中一一人、二〇石から一七石まで、無記入は六人。

(5)右礼銭　四八人、二〇石から五石まで　無記入の者は三一人。

以上である。これによって陪臣らがそれぞれ五つの身分に分かれては当主本多氏とお目見えの儀式を果たしていた事実を確認することが出来るが、かれらが別々にそれらを行っていたのか、あるいは、グループによって他と一緒に行っていたのか、または、別々の部屋でか、大広間でか、終わったその後で酒宴が開かれていたのか、どうかなどは、よく分からない。ただ、記録者の不始末もあってか、出席者の中での所持石高の有無がはっきりしない者たちが意外に多いことも見逃せないかとも考えられる。

　このお目見えの儀式は毎年、実施されたものと考えられ、現在のところ、調査の結果を踏まえて一応、寛文一一年から寛保三年までの推移が「武生本多家家臣構成別人数」としてまとめて表示されている。そこでこの表の中から最初の寛文一一年から元禄六年までの部分をそのままここで表示することにした。これが表Ⅱ—2—⑧である。

これによると、いわゆる寛文・延宝期から貞享三年の大法(領知高半減)に至るまでの家臣団の構成員(陪臣)の推移をみてみると、たとえば、陪臣らの人数が特に天和三年の九七人を除いては二〇〇人前後、その推移の中で天和以降、貞享にかけてはそれが二〇〇人を割り込んでやや減少の傾向にあることをまずは知ることが出来る。次に、かれらは既に紹介したように、五つの身分に分かれてはそれぞれがお目見えを果たしている。いずれにしても、そこでの詳しい実態は不明にしても、正月元旦のお目見えの儀式を通しては当主と家臣らとによるいわゆる封建的主従関係の再確認とが実施されていたものと考えられる。

以上は寛文一一年以降におけるいわゆる正月お礼式の内容とその後における推移であるが、ところが、資料調査の結果では、現在のところそれ以前に作成されたと考えられる分限帳が一点だけ残されている。[9] しかし、この分限帳には作成年代の記載がなく、作成された時の当主である本多内蔵助の名前だけが残されている。そこで二代当主の在位期間を調べると、かれは慶安二年から寛文九年までとなっており、恐らくこの分限帳は、この間に作成されたものと考えられる。また、この分限帳は表題は分限帳とはなってはいるが、そこでの内容は、既に紹介を試みたように、「正月御礼式」と同じ内

表Ⅱ－２－⑨　本多内蔵助分限帳
(慶安２年—寛文９年)

表(A)

右於書院(太刀)引渡	3人
右(太刀)引渡し	14人
右給知と相唱申候	37人
右持参太刀	70人
右礼銭小役人	52人
	176人

表(B)

家臣団の階層構成
(慶安２年—寛文９年)

所持石高	人数
200石	1人
155〃	1
150〃	3
130〃	2
125〃	1
100〃	5
80〃	4
70〃	8
50〃	4
〆	(29)
14石２人扶持	30
11石２人〃	4
10石４人〃	3
10石２人〃	11
8石４人〃	1
8石２人〃	23
6石２人〃	4
10人〃	19
8人〃	1
5人〃	8
3人〃	4
鼻紙代	2
合力米	39
計	178人

注)越前市立図書館「本多家」文書による。

容であることがまた注目される。そこでこれによって寛文一一年以前における陪臣らの在り方如何を次に参考のためにみてみることにしたいと思う。そこでの調査の結果を示したのが表Ⅱ—2—⑨のⒶとⒷである。

これによると、最初の表Ⓐでは、陪臣らの身分、同Ⓑではかれらのいわゆる階層構成の在り方如何を示したものである。まずはⒶをみると、やはりこの時期も陪臣らは五つの身分に分かれては正月には、それぞれが当主内蔵助とのお目見えを果たしていたものと考えられる。その意味では、この儀式は寛文一一・同一二年のそれ以前にも同じように実施されていたものと考えられる。しかし、内蔵助の在位期間は二〇年間余り続くのでかれの就任の時には既に開始されていたのか、あるいは、かれの就任中に開始されたのかまではわからない。また、身分の区別もそれ以降とは異なり、その名称及びその内容の理解が難しい。しかし、基本は陪臣らは五つの身分にそれぞれが分かれ、それ以降と全く同じであったと考えられる。

同時に、この分限帳では、この時期における家臣団のいわゆる階層構成の在り方如何を知ることが出来る。それを示した表Ⓑによると、陪臣らは知行取りの給臣らと禄米取りの家臣らとに、大きくは二つに分けることが出来る。しかし、給米取りの家臣の全体に占める比率は一七％余りに過ぎない。かれら以外は禄米取りとその他の家臣らであり、かれらの占める割合が非常に高いことが特に注目される。最後に鼻紙代二人と合力米三九人の存在とが注目される。しかし、その実態はよくわからない。前者は一時金または米か、後者は現物（米）給与かとも考えられるが、はっきりしない。特に後者は人数が多いだけに今後とも継続した検討が必要ではないかとも考えられる。

なお、ここで示された給人らの場合、最高の所持石高は二〇〇石が一人、一五〇石クラスが四人と、かれらの所持石高が極めて低いことが注目される。四万石の大名といえば、一〇〇〇石以上の有力家臣らの存在が十二分に予想することが出来るかとも考えられるが、本多家の場合、陪臣ら全体に対する所持石高がこの時点では意外にも低い事実が注目される。何故なのか、ところが、寛文一一年の御礼式では佐久間治部右衛門はこれまで二〇〇石から八〇〇石に加増されている。また、本多十左衛門も四〇〇石と加増されている事実が注目される。翌一二年の御礼式では、家老の井上八十郎は一〇〇〇石、以前の佐久間はやはり八〇〇石と、この二人が突出しており、他の家臣らはいずれも四〇〇石またはそれ以下が多い。何故、この時期頃に加増なのか、また、加増とあっても家臣ら相互間における所持石高にかなりの違いがみられるのかどうか、疑問は尽きない。

貞享三年の場合にも、残された資料によっていわゆる家臣団の階層構成を知ることが出来るが、そこでの詳細は省略するとしても、これによると、一〇〇〇石が一人、他は半分の五〇〇石取りがやはり一人、四〇〇石が三人となっており、今度はやはり有力陪臣ら相互間における所持石高の開きもまた大きい事実もまた見逃せないようにも思われる。本多は付家老として福井藩の家臣団の中では突出した地位を占めていた。同時に、この体制はそのまま本多氏自身の場合にも継承されてか、武生における陪臣団での中での相互間におけるいわゆる格差がまた大きいことが見逃せないようにも考えられる。

(2)本多氏の江戸屋敷の場合

次に、表Ⅱ―2―⑩は本多氏の江戸屋敷の構成を示したものである。本多は家老の身分でありながらも当時の福井藩主であった松平綱昌の江戸屋敷とは別に、自分の屋敷を特に江戸に与えられていた事実が注目される。(10)また、そこに勤務する家臣らの規模は計一二人と限られてはいるが、そこには二〇〇石の留守居一人が常住し、かれを補佐するために二五石・一八石取りの家臣ら二人とが任命されている。恐らくかれらはここを根拠にさまざまな外交活動を、また、情報の収集活動などを行っていたものと考えられる。また、ここでのかれらの活動は、公儀の了解のもとで実施されていたものと考えられる。その意味では、本多は一人前の大名として処遇されていたのではないかとも考えられる。事実、かれは出府すれば柳の間に所属し、他の大名らと少しも変わらない待遇であったとも伝

表Ⅱ－2－⑩　武生本多家家臣江戸屋敷勤務
貞享3年(1686)正月

役職名	人数	給禄
留主居	1	200石
留主居副	2	25石　18石
納戸	1	16石
台所	1	17石
雑用役	3	15石
坊主	4	13石　8石　20俵　2人扶持
計	12	

表Ⅱ－2－⑪　武生本多家家臣福井屋敷勤務
貞享3年(1686)正月

役職名	人数	給禄
惣頭	1	200石　福井屋敷常詰
小児医師	1	150石
医師	1	20人扶持
奉行	1	100石
番与	5	150石　20石　2人　18石　2人
代官	1	20石
台所目付	1	17石
雑用役	1	15石
作事	1	15石
台所奉行	1	15石
以下台所下男29人、その他を含めて計37人は省略する。		

注)ともに「武生越前府中本多家家臣録(一)」167頁による。

えられている。(11) それは付家老・国家老と呼ばれるにふさわしい存在であったとも考えられる。

なお、本多の場合、たとえば、若い当主たちが証人として江戸に派遣されてそこで養育されていた事実が注目される。たとえば、「今年本多富正二男主膳江戸え為証人罷越、内蔵助罷帰る」とも伝えられ(12)、内蔵助(二代当主)はそれまでは江戸で証人として養育されていたと考えれば、その意味でも江戸屋敷の存在は不可欠であったとも考えられる。あるいは、本多は藩祖秀康の付家老に任命されるその前から既に江戸に居住していたものと考えられ、かれの一族の中では江戸住みの者もまた多かったのではないかとも考えられる。あるいは、当時は他の家康に仕える有力家臣らとの間での相互の交流なども盛んではなかったかとも考えられる。

(3)本多氏の福井屋敷の場合

また、この表によると、福井城下にも居住地府中(武生)とは別個に福井屋敷を構えていた事実が注目される(表Ⅱ—2—⑪)。その規模は計五一人、二〇〇石の惣頭を中心に、また、かれらの警護にあたる一〇〇石取りの奉行一人と番与(頭)五人の存在もまた見逃せない。他に小児医師一人、代官一人の存在などもまたみられる。残りの多くは家政関係の家臣らだと考えられ、その意味もあって国元における福井屋敷の表示については、台所関係者らは一括してまとめて表示することにした。

一般に家老といえば、かれらは藩主から城下に屋敷を与えられ、常時、そこに居住しては藩主を補佐していたものだと考えられる(13)。しかし、本多の場合はその本拠を武生に構え、城下福井には別に福井屋敷を持ち、形の上では特に付家老と呼ばれては藩主に対しては一応、相対的に自立した地位をこの時点では既に与えられていたのではないかとも考えられるが、この辺をどのように考えるかについてはなお検討課題が多く残されているかとも考えられる。なお、本多は公儀から新藩主松平忠昌に対して改めて付属させられた、その意味では一応、この段階では公儀から一定度の自立性を保証されていた存在ではなかったかと考えられる。したがって、参勤交代には必ず藩主とともに出府し、当主が変われば必ず将軍へお目見えを果たす存在ではなかったかとも考えられる。また、出府すれば大名らと同じように柳の間詰めの存在でもあった。さらには、道中馬継・先触・関所の通行などは他の大名らと全く同じ扱いであった。その詳細は前述の「武生市史」概説編に詳しい。ところが、本多と藩主との間ではいわゆる参勤交代に準ずるような儀式があったのかどうか、あるいは、藩主からの何らかの諮問が、また、場合によっては本多からの何らかの意見具申の機会やその権限などがあったのかどうかなど、両者の関係如何についてはさらに検討の継続が必要ではないかとも考えられる。

【注】

(1)・(2)「武生市史」概説編一七四頁及び一八一頁参照。他に既に紹介したように、斎藤嘉造「越前府中領主本多富正とその差出文書について」(「福井県史研究」第5号が注目される。

(3) 渡辺武「『大坂夏の陣越前兵首取状』について」(「大阪城天守閣紀要」第1号)参照及び「大坂落城之節越州府中之

城主本多伊豆守家来高名附」(「武生古文書覚」第3集所収)参照。

(4) 本多氏の武生入封四〇〇年を記念しては武生立葵会から「府中領主本多富正の生涯」(武生立葵会資料第3集及び「報告書」)などが刊行されている。他に本多氏については「武生市史」概説編及び資料編などがあり、さらにごく最近では新しく「越前市史」資料編4として「本多富正関係文書」が刊行され、また、これには詳しい解説が付記されている。

(5) たとえは、この資料の具体的な内容は武生市立図書館「本多家文書」による。他にも「武生市史」概説編二二一頁以下に「府中領本多家の支配領域」として、また、「南條郡誌」の中の武生町沿革三八二頁以下などにもまた収録されている。

(6) 「武生市史」概説編一八五頁。

(7) 「福井市史」通史編3近現代三四頁参照、また、この武生騒動については「越前市史」資料編14として「武生騒動」がまた新しく刊行されている。

(8) 丹南史料研究第1集「武生越前府中本多家家臣録」(一)の八頁以下参照。

(9) 武生市立図書館所蔵「本多家文書」、表題は「分限帳」とのみあるが、内容は注(8)と全く同じである。この事実は、この本多氏の場合、自己の支配下にあった陪臣らを支配するためには分限帳を作成するというよりも既に紹介したように、それに代わって家臣録を作成していたものと考えられる。

(10) 江戸屋敷の場合、慶長一二年に浅草鳥越と柳原屋敷とを貰ったが、柳原の下邸は不要なので返上したともある「南條郡誌」三八九頁。また、この当時における江戸及び武生屋敷については「武生越前府中本多家家臣録」(一)三四頁以下参照。

(11) 「武生市史」概説編一六五頁以下参照。他にかれは柳の間詰、関所の通行なども大名としての扱いであったことなどが列挙されている(二一八頁参照)。この点については御三家における付家老たちをも含めて再度、検討が必要だとも考えられる。

(12) 「続片聾記」八の一〇頁、本多氏二代当主内蔵助昌長は元和二年には僅か二歳の時に証人として江戸に送られている。

（13）他に台所奉行・台所目付・台所手代・台所下男・納戸・料理人などの人々計四〇人余りが働いている。

第2節　重臣らの給地支配について

第1項　はじめに―新藩主忠昌の直面した課題―

既に指摘もしたように、これまで続いた藩祖秀康・二代藩主忠直による越前藩の場合、いわゆる万石以上の重臣らが一〇人以上も存在し、かれらがそれぞれ勢力争いを繰り返し、それらが収斂されては御家騒動にまでも発展したと考えると、新藩主忠昌に課せられた使命は、そういった有力家臣らを出来るだけ事前に排除し、藩主自身による領域内に対する一元的支配の確立を早急にすすめることにあったものと考えられる。このためにかれの入封とともに、かれを新しく支えるための有力家臣たちが改めて任命されることになったものと考えられる。また、そこでの具体的な内容は、一応、この時期における家臣団の階層構成（第一章第2節第3項）の中で既にその紹介を試みることにした。しかし、ここではさらにその中にまで立ち入っては個々の家臣らに対する給地支配の実態如何をやはり残されている宛行状を中心に少し検討を試みることにしたいと思う。

いま、残された分限帳から藩主忠昌及び次の藩主光通両者の時代における藩首脳部を、また、そこでのいわゆる万石以上の家臣らの存在をみてみると、付家老本多を除くと、万石以上の家臣としては永見志摩守一万三〇〇〇石内三〇〇〇石与力の存在が注目される。しかし、この永見氏は周知のように、徳川本家、特に家康との関係が深く、その由緒もあって藩祖秀康は特にかれを召し抱えていたといった事情などをも考えると、また、そのこともあってか、かれは他の有力家臣らよりも特に上位に、また、所持石高も一万三〇〇〇石を特に与えられていたのではないかとも考えると(1)、かれはその意味では特別の存在であったとも考えられる。とすれば、かれを除いて新執行部の実態をみてみると、既に越前時代とは全く違ってその所持石高は、また、そこでの与力知を除けば、最高は一万石まで、それ以下の有力家臣らによって藩の執行部は、また、首脳部は、既に構成されていたものと考えられる。具体的には、付家老本多と特に由緒の深い永見志摩守を除いては、続く三番目に位置づけられた笹治大膳をはじめとして山本内蔵頭・狛木工允・太田安房・松平庄兵衛・加藤宗月・杉田権之助らは、いずれも万石以下の家臣らであり、むしろかれらを中心に藩の新しい執行部は発足したものと考えられる。

ところが、かれら個々人らについての宛行状の有無はと考えると、現在のところそれは特定の有力家臣らのみに限られており、そこでの所持石高の実態の解明は容易ではないようにも考えられる。しかし、残された関連資料などをも参考にしてはこの段階における個々の有力家臣らの知行の在り方如何を以下、少し探ってみることにしたいと思う。なお、最初に検討を試みる重臣笹治氏の場合、かれの場合は宛行状が比較的まとまって残されており、それによると、かれの所持石高以外にもかれに与えれていた与力に関する記述もまた詳しい。したがって、かれについては最初にそこでの所持給知高の推移及びその内容の検討を試み、与力の在り方如何に関しては、次節の「有力家臣らと与力たち」の中で改めてその実態をみてみることにしたいと思う。

第2項　重臣笹治大膳父子の場合

かれは尾張の出身、詳しいことは省略するとして「秀康公御代下総国結城被召出年號不知」ともあり(2)、藩祖秀康の結城時代に既に召し抱えられていた家臣らの一人であった。父は武田信玄の家来とも、旧姓は山縣とも、後に笹治と改めたとも伝えられている。慶長六年にはかれ宛の宛行状によると、三〇〇〇石を既に与えられ、それ以降も詳しい事情は省略するとして、加増を重ねている(3)。藩主忠昌入封以後の承応二年一二月の大膳の伜刑部の時代になると、その所持石高は七〇〇〇石と与力知三〇〇〇石とを含めてかれの所持石高は計一万石となっている。そこでまずは最初にその事実を示す宛行状を、次にそこでの内容を具体的に示した「村付目録」とをみてみることにしたいと思う。なお、本来であれば、そこでの宛行状の形式及びそこで内容如何はともかく、村付目録の方はそこでの繁雑さを出来るだけ避けるために、各村々の名前と個々の村々における村高などは思い切って省略して紹介を試みることにした(4)。

(a)宛行状
　　　　　　　　　　　　宛行領知事
高合壱万石　所々目録別紙有之
　　内四千百石　与力弐拾七人
右如先規全可令知行之所、如件
　承応二年癸巳年十二月日　　光通(花押)
　　　笹治刑部殿

(b)村付目録の内容

覚

足羽北郡　水越村以下四カ村　（　　　内村四）
足羽南郡　小和清水村以下三カ村（丸村二・内村一）
丹生北郡　別所村以下五カ村（丸村三・内村二）
今南東郡　余川村（　　　内村一）
坂北郡　徳分田村以下四カ村（丸村一・内村三）
坂南郡　横越村以下五カ村（丸村一・内村四）
吉田郡　大願寺村以下五カ村（丸村一・内村四）
高合壱万石内四千百石者　与力二十七人

以上の説明の後に、以下の文章とが続く。

右高都合者御黒印被下候、村付目録如此ニ候、以上

承応二癸巳年十二月日　加藤十右衛門
日下部善太夫（花押）
大谷儀左衛門（花押）

笹治刑部殿

ここでの資料(a)は宛行状の内容を、同(b)は村付目録の内容とをともに示したものである。これによると、新藩主忠昌入封後、約三〇年余り後の承応二年末には、大膳の跡を継いだその子刑部の時代になると、かれの所持石高は

一万石、内四一〇〇石はかれに与えられた与力二七人の生活を保証するために別に与えられたいわゆる与力知であった。また、残された藩主忠昌時代の分限帳によると、かれの所持石高は高一万石、内五〇〇〇石与力ともあり、この時点では与力知が五〇〇〇石から四〇〇〇石に減少しているが、そこでの理由はわからない。また、この分限帳によると、かれの占める地位は、四万五〇〇〇石の本多伊豆守（この時期からはかれに対する与力の記載はみられない）、一万三〇〇〇石内三〇〇〇石与力の永見志摩守に次ぐ第三位であった。本多は別格の付家老、永見は家康と特に由緒の深い人物だと考えると、かれは当時にあって実質的には家臣団の中ではそれこそその頂点に位置する有力重臣でもあったと考えられる。また、かれの所持した給知高の内訳をみると、承応年間とはいえ、かれの領知高は七郡計二七カ村（丸村八カ村、内村一九カ村）とに分散して、また、細分化されて与えられている事実が特に注目される。とすれば、この給地の分散化・細分化の実施は藩主忠昌の入封当初の時期から既にはじまって承応年間にまでも継続されていたものと考えられる。

第3項　重臣松平庄兵衛の場合

既に紹介した藩主忠昌時代の分限帳では、笹治大膳に続いて四人目には松平庄兵衛六〇〇〇石内一二五〇石与力一五人とが続く。かれは「姓源初名庄兵衛、忠昌公御代於信州松代元和三丁巳年被召出」ともあり、(5)藩主忠昌の信州川中島（松代）藩時代に新しく召し抱えられた有力家臣らの一人であった。この松平庄兵衛に対する寛永二年三月の村付目録と、承応二年一二月の宛行状及び「村付目録」とがともに揃って残されている。(6)そこで、最初に新藩主忠昌が入封した翌年の寛永二年三月に交付されたかれに対するいわゆる「村付目録」をみると、そこでの内訳は、以下の通りであった。また、既に笹治氏の場合に注記したように、個々の村々の名前と村高などは省略することにした。

(c)村付目録

丹生北郡　余田村以下二カ村　（　　　内村二）
足羽南郡　和田中村　　　　　（　　　内村一）
坂北郡　　徳分田村以下三カ村（丸村一　内村二）
足羽北郡　花堂村以下三カ村　（　　　内村三）
今南東郡　鳥羽村以下二カ村　（　　　内村二）
吉田郡(坂北)宇隋村以下三カ村（丸村一　内村二）
今北東郡　柳村以下四カ村　　（丸村二　内村二）
高合六千石者　内弐千弐百五拾石与力分

右全可被知行者也　仍如件(朱印忠昌)

寛永二乙丑年三月　日　松平庄兵衛とのへ

以上である。そして、以下の文章が続く。

ここでの藩主忠昌入封当初の資料によっても、重臣松平庄兵衛宛の知行地の内訳は七郡一八カ村(丸村四、他は内村)に分散して与えられているのである。また、表示されているように、そこでの村々は個別の村々の中を割いては与える内村が圧倒的に多いことが注目される。家臣らに与える知行地を分散して、また、細分化して与えるといった方式は、新藩主忠昌の福井入封当初から既に実施され、たとえ松平氏が藩執行部を構成していた重臣らの一人であっても、当初から既に分散した知行制が実施されていたのである。

また、この松平庄兵衛の倅主馬に対しては承応二年一二月の宛行状と「村付目録」とがともに残されている。宛行状によると、その所持石高は六〇〇〇石内二二五〇石与力は変わらず、特にここでは与力の人数が一五人であることが明記されている。また、「村付目録」を寛永期のものと比較してみると、村数には変化はみられないものの、村々のごく一部では寛永期の村名と比べると違いがみられる。

第4項　重臣酒井与三左衛門及びその他の家臣らの場合

以上、藩主忠昌時代における知行制度の在り方如何を主に重臣笹治・松平両氏宛の宛行状と「村付目録」によって探ってみたが、当時における重臣といえば、藩主光通時代の分限帳によると、本多・永見・狛・笹治氏らに続いて酒井与三左衛門(重成)七七五〇石内二二五〇石与力一五人の名前がある。かれは「重成モ忠昌エ御附被成、上総国姉崎以来御奉公申上、大坂両度ノ御陣御供仕於越前御家老職相勤候」[7]と、藩主忠昌の姉カ崎時代から側近の一人として活躍していた人物であった。また、かれの倅酒井玄蕃の場合は、万治二年八月の知行分目録、いわゆる村付目録が残されている。これは残された明暦三年霜月の「知行所村々免定書上」をみると[8]、これまでの所持給知高にさらに追加して与えられた加増分の内訳を示したものと考えられる。そこでの内訳は以下の通りであった[9]。

南中条郡中平吹村以下二カ村　（　　内村二）

今南西郡戸谷村以下三カ村　（内村三）
今北東郡鳥羽嶋村以下二カ村　（丸村一　内村一）
丹生北郡清水山村以下三カ村　（内村三）
足羽南郡田中村以下三カ村　（内村三）
足羽北郡南居村　（内村一）
吉田郡郡下村以下三カ村　（内村三）
坂北郡鎌谷村以下二カ村　（内村二）

以上である。最後に「都合弐千石者　右御黒印被下通也、仍如件」とあり、役人二人から酒井玄蕃宛となっている。かれの場合、加増の二〇〇〇石の村々も一カ村を除いてそのすべてが内村であった。個々の村々のその中を割いては与えられているのである。なお、かれの場合、この藩における家臣らは「貞享の大法」〈半知〉によってその所持石高は半減されているが、かれはその結果、貞享四年の時点での所持石高は四〇二五石であった。

ところで、残された宛行状によって既に紹介を試みたように、まずは最初に藩祖秀康の結城時代における家臣らに対する知行制度の在り方如何を最初に検討の対象にすることにした（第Ⅰ編第二章第4節参照）。また、そこでは藩祖秀康時代における家臣らの一人として、結城時代における重臣多賀谷一族に属していた家臣らの一人でもあった多賀谷安芸守の場合についての検討をも既に試みることにした。しかし、かれの場合、それに続く慶長・元和期の越前藩の時代における宛行状は現在、残されておらず、したがって、そこでの検討では省略せざるを得なかったが、しかし、寛永になって新藩主忠昌が入国し、かれによる福井藩の時代が新しくはじまると、同二年三月には忠昌からかれ宛に出された宛行領知之事（村付目録）がまた残されている。そこでかれに与えられた知行地の内容は、

整理した結果を示すと、以下の通りとなっている。(10)

(d)村付目録　　　宛行領知之事

一三百八十八石七斗五升　坂北郡　嶋田村内
一二百七十石三斗五升八合　同　谷内畠村内
一百八十四石三斗三升五合　坂北郡　今市村内
一三百八十五石二斗三升七合　吉田郡　中角村内
一　十石　同　諏方間村内
一百三十八石三斗九升四合　丹生北郡　古屋村内
一　八十石二斗二升八合　同　萩原村内
一二百二十一石三斗一升五合　今北東郡　大野村内
一三百七十一石三斗八升三合　今南西郡　杉崎村内

以上の後に藩主忠昌から多賀谷安芸守宛に「高合弐千五拾石者　右全可令知行者也　仍而件」とある。

この資料(d)によると、寛永二年には多賀谷は給知高二〇五〇石の宛行状を新藩主忠昌から与えられていることが注目される。しかし、かれの場合は藩の創設期である藩祖秀康時代の宛行状は残されてはいなかったが、それ以前における結城時代にはやはりかれは二〇五〇石を既に与えられていた。とすれば、かれは宛行状は残されてはいなかったものの、結城時代も、また、藩主忠昌時代もともに二〇五〇石を与えられていたと考えれば、藩祖秀康の越前藩の時代もまたやはり二〇五〇石を継続しては所持していたのではないかとも考えられる。また、かれの場合も、給地はこの国におけるいくつかの郡領域をも越えて領内各地の村々にまでも広汎に広がり、その結果は計五郡と九カ村とにそれぞれ分散されては与えられていることが注目される。しかも、そこでの多くの村々は内村として、さらには細分化された形で与えられているのである。

最後に、ここでも一般の家臣らを代表させる形で、また、藩主忠昌時代に召し抱えられた家臣として加賀氏と堀氏の場合をもみてみると、最初の加賀九郎右衛門の場合、寛永一四年の宛行状には「忠昌公御代拝領拝知御朱印之写」ともあり[11]、また、由緒書には「寛永年中被召出先祖不知」ともあり[12]、はっきりしたことは分からないが、恐らくかれは忠昌によって新しく採用された家臣ではないかとも考えられる。以下、同家に残された宛行状を整理してみると、以下の通りである。

加賀九郎右衛門	寛永一四年	八月	二五〇石	（三郡三カ村　内村）
同　孫左衛門	慶安　二年	八月	一〇〇石加増	（三郡三カ村　内村）
同　同	承応　二年	一二月	三五〇石	（四郡六カ村　内村）
同九郎右衛門	延宝　三年	五月	三〇〇石	（四郡六カ村　内村）
同	同　五年	一二月	三〇〇石	（四郡六カ村　内村）
同	貞享　四年	七月	一五〇石	

以上である。かれの場合は当初は二五〇石であったが、慶安二年の加増によって承応二年の宛行状では三五〇石となっている。しかし、延宝三・同五年には五〇石が減少されて三〇〇石となり、後にいわゆる「貞享の大法」を迎え、所持石高は半減して一五〇石となっている。なお、承応二年の場合、加増されて三五〇石となって四郡六カ

村になったが、それが延宝三年には減少してまた三〇〇石に戻ったものの、四郡六カ村はそのまま続いている事実が注目される。この場合、三五〇石の四郡六カ村の内訳は、延宝三年の場合との内訳を調べてみると、坂北郡の中の中筋村は承応年間には一二五石余りであったが、延宝三年には減少して八八石余りに、足羽南郡の下細江村が四四石余りが三一石余りに減少していることが注目される。この二カ村の石高がそれぞれ減少された結果、かれは三五〇石から三〇〇石への減少が実現されているのである。けれども、そこでの減少の理由などはわからない。

次に堀氏の場合であるが、かれは「本国美濃生国紀伊姓藤原、忠昌公寛永八年被召出」とあり[13]、やはり藩主忠昌によって新規登用された家臣らの一人であった。残された宛行状によると[14]、以下の記述がある。

堀十兵衛　承応二年一二月　三〇〇石　（三郡四カ村　ともに内村）

同　萬治二年　六月　二〇〇石　（四郡五カ村　ともに内村）

以上である。この場合、かれの所持石高が三〇〇石から二〇〇石へと減少するとともに、そこでの与えられた村々は、そのすべては内村であるが、その村々の名称とその村々が所属した郡名とが全く異なっていることが注目される。何故なのか、いろいろと考えられるにしても、そこでの理由が現在のところわからない。

以上、参考のために一部家臣らの場合をも恣意的にえらんであえて付加することにしたが、残された個々の家臣らの場合、宛行状の内容や推移をみると、さまざまな動きがみられることが見逃せないかとも考えられる。家臣らの所持石高が時代を越えて常に固定していたわけではなく、やはりかなりの変動があったことが注目される。そこでの理由はさまざまであったが、家臣ら相互間における淘汰や生存競争もやはり激しいものがあったものと考えられる。

【注】

（1）永見氏及びかれと家康との関係などについては、以下の論考がある。「お万の方」（「知立神社展」知立市歴史民俗資料館　平成一九年刊）や次に続く注（2）の由緒書三五五頁以下など参照。

（2）「越藩諸士元祖由緒書全」（「続片聾記」）巻之九所収三四五頁（以下、同資料は「由緒書全」という）。なお、笹治氏（旧姓山県氏）の宛行状などについては「福井市史」資料編3近世1に慶長六年九月及び延宝五年一二月の宛行状の写真及びその内容の解説が収録され、同時に延宝五年における笹治氏知行地一覧がともに表示されている。また、以下、小稿で検討の対象にした笹治氏関係資料の殆どは「福井市史」資料編近世2「藩と藩政」の中に収録されている。

（3）「福井市史」資料編4近世2の六八二から六八五頁参照。

（4）「同資料」六八五頁から六八六頁参照。

（5）「由緒書全」三四四頁参照。

（6）「福井市史」資料編3近世1の七〇四から同七〇六頁参照。

（7）「由緒書全」三四一頁。

（8）「福井市史」資料編3近世の七〇〇頁以下参照。

（9）「福井市史」資料編3近世の七〇二頁以下参照。

（10）「福井市史」資料編3近世の七一七頁参照。

（11）「松平文庫」所蔵。

（12）「由緒書全」四三六頁。

（13）「由緒書全」四三二頁。

（14）松平文庫所蔵。

第3節　重臣らと与力たち

第1項　はじめに―与力とは―

現在、取り組んでいる越前及び福井藩における家臣団の研究の中で見逃せないもののひとつとして与力《よりき》の存在がある。この与力は寄騎とも、寄子ともまた呼ばれている。その起源は詳しいことはわからないが、恐らくは戦国時代における寄親・寄子制度に由来するのではないかとも考えられる。戦乱が続くいわゆる戦国時代から個別の各藩主らによる藩政の成立期に至るまで、領主（藩主）らが自分の許に、各地から馳せ参じた一族郎党らを率いた有力家臣らに、また、特定の武将らに、かれらの軍事力をさらに強化することを目指して、藩主自身が所持していた家臣ら、たとえば、最も信頼出来る譜代家臣らの中から特定の家臣らを特に抜擢しては、かれらに預ける、また、かれらに与える、その家臣たちのことを与力と呼んでいたのではないかとも考えられる。

その目的は、自分の許に馳せ参じた家臣たちや、自らが特に招致した家臣たち、さらには自分に直属した有力な武将たちに、かれらの軍事力をさらに強化するために、また、かれらとの連携をさらに強化するために、さらには与力の派遣を通して藩主を中心とした組織の一元化を目指すために、実施された制度ではなかったかとも考えられる。同時に、藩主は自己の信頼出来る譜代家臣らを抜擢しては、有力家臣らに与力として預ける、また、与える、そのことによって有力家臣らに対する監察・監視をも試みていたものとも考えられる。

その意味では、与力の制度は、藩主の許に馳せ参じた有力武将や、新参の武将らだけをもその対象に実施されていたものではなく、たとえば、この藩の創設期にあたる藩祖秀康の時代から最も藩主が信頼する付家老本多伊豆守ら自身に対してまでもまた与力の制度を実施している事実は、この制度を通して藩主は、当初から軍事力の強化と組織の一元化をも一貫しては目指していたものと考えられる。

ところで、有力武将らや家臣らに与えられ、また、預けられる、そこでの与力たちとは別に、そこでの各職種・各職制ごとに、それぞれに付属させられていた与力たちもまた存在していたものと考えられる。たとえば、町奉行や郡奉行らの指揮下でそこでの職種・業務の一環をも担っていた与力たちもまた存在していたものと考えられる。具体的には、江戸表においては与力・同心らは町奉行としての職種に付属しては、直接、町政の担い手として活躍していたものと考えられる。あるいは、かれらはいわゆる映画・演劇・小説などといった捕り物の世界の中にあっても、与力・同心ともいわれて活躍していたのではないかとも考えられる。したがって、かれらは特定の人物ではなく、そこでの特定の職種または役職に付属させられていた存在ではなかったかとも考えられる。また、そのためにかれらは特に役与力とも呼ばれて一般の与力らとはまた区別された存在ではなかったかとも考えられる。その意味では、役与力は有力家臣らに預けられた与力らとは一応、別個の存在ではなかったかともまた考えられる。同時に、ここでの与力と役与力との関係、特に、資料の上で与力とあった場合、江戸初期には両者らが入り交じった形態にあったことが考えられ、とすれば、両者を分けて考える必要があるのではないかとも考えられる。

以下、小稿では、越前及び福井藩でみられる特定の重臣または有力家臣らに与えられ、または預けられていた与力らが、どういった存在であったのか。また、かれらは当時における藩政の成立と展開の中でどういった役割とを担っていたのか。あるいは、かれらはそれ以降にどういった推移をたどるのか、こういった視点から特に重臣らに与えられた与力らの実態を少し探ってみることにしたいと思う。

ところで、この藩における与力の存在については、藩創設期における分限帳にもその存在がみられ、創設期における藩の重臣らの存在を検討するにあたっては併せて与力らの存在そのものは既に紹介を試みることにした（第Ⅰ編第二章第2節第2項、特に表Ⅰ―2―③Ⓐ Ⓑ参照）。しかし、小稿ではさらに個別の重臣らに与えられ、預けられていた与力の在り方如何についての検討をいま少し試みることにしたいと思う。

なお、与力らは有力な家臣らに一律に与えられたのではなく、各個人によってかなり異なっていることが注目される。与力及び与力高が知行高に比べて大きな割合を占めている者もおれば、そうではない者もまたみられ、中には重臣とはいっても、全く与力が与えられていない者もまた存在する。恐らくは与力が個々人に与えられたその時の政治的状況如何によって与えられた与力の人数やかれらの生活を保証するためにともに与えられるいわゆる与力知または与力高にもその違いが出たのではないかとも考えられる。いずれにしても、この藩においては早くから重臣や有力家臣らに対しては与力の制度か実施されている事実が注目されるかと考えられる。

また、いま少しその内部に立ち入ってみると、最初の秀康時代の分限帳では、その冒頭に位置する付家老本多伊豆守以下、いわゆる万石以上の重臣らには、それぞれ藩主から所持石高以外にも預かった与力たちの生活を支えるための与力知がともに与えられている。ここでの分限帳では、その冒頭に五〇人余りの有力家臣らの紹介とが続くが、その中では二〇人余りが与力知を既に与えられている。また、軍事力の主体となる鉄砲頭衆らは二〇人余りの中で冒頭に位置する五人が与力知を、馬乗頭衆七人または九人らの中ではその殆どが与力知を与えられている。そこでの詳細は省略するとしても、各組織の統率者らにもそれぞれ与力がまた与えられ、かれらは藩主を支えては組織の一元化にもまた協力していたものと考えられる。

以下、さらに特定の重臣らに与えられた与力らの実態如何をみてみることにするが、この制度は既に藩祖秀康の結城時代からも既に実施されているので、最初にこの時期における重臣清水長左衛門の場合を、続く越前藩の時代は、既に分限帳での紹介を試みたように、与力の存在は確認することが出来るものの、その実態を示す宛行状などが清水以外には現在のところそれを見ることが出来ないために省略し、続く福井藩における状況を特定の重臣らを紹介するその中で在り方如何をみてみることにしたいと思う。

第2項　重臣清水長左衛門の場合

開祖松平秀康は、越前藩六八万石へ入封するその前は、関東の下総結城領一〇万石余りの領(藩)主であった。また、かれのこの結城領主の時代から与力の制度は既に実施されていたことが注目される。ここでの与力の制度の実施をみてみると、現在のところ重臣清水長左衛門に対する宛行状が残されている(1)。具体的には天正一八年九月晦日にはかれは結城領主秀康から四カ所計五五一石八斗を、続いて文禄五年正月二〇日には二カ村計七〇八石九斗余りを与えられている。続いて慶長三年にはさらに三〇〇石を与えられている。この時の三〇〇石の内訳は、以下の通りであった。

(a)

宛行知行分之事

高六拾三石弐斗四升弐合ハ　日光領　千本木村之内
高百拾九石三斗八升　小山領　上立木村之内
高五拾四石一斗弐升六合ハ　同　領　下立木村之内
高弐拾壱石壱斗五升七合ハ　結城領　小田林村之内
高四拾弐石九升五合ハ　皆川［　］　大内川村之内

合三百石者
右分寄子給出所無相違可令領知者也　仍如件
慶長三年弐月廿二日
（御黒印）
清水長左衛門とのへ

これによると、ここで清水に与えられた三〇〇石は、最後の文面にあるように、かれ本人に与えられた知行高ではなく、「寄子給」として、また、与力知として、かれに与えられていた与力たちの生活を保証するために、知行高（給地）とは別に与えられたものであった。しかし、これだけでは清水にいつ頃、与力が何人与えられていたのかまではわからない。けれども、藩主から清水に与えられ、または、預けられていた与力らの生活を特に保証するために、ここにある五カ村の村々の中でのそれぞれの一部（内村といい、そこでの村全部を与える場合は丸村といって区別する）が、ここではかれに与えられているのである。そして、かれには他の残された関係資料によると、同年一一月二一日にも土浦領の中でさらに三〇〇石が、翌四年には、また鹿沼郡美濃村の中で三〇〇石とが与えられているのである。

以上のように、重臣らの一人であった清水は結城時代にも度々藩主秀康から加増されるとともに、与力らの人数などは全く不明であるが、「寄子給」または「与力知」をもまた既に別に与えられていたのである。

ところで、慶長五年末には新しく藩主秀康の越前藩六八万石への入封が決定、翌六年に入封が開始されると、藩主秀康は改めて全体の家臣らに対して新しく宛行状を与え、かれらとの間での主従関係の確認をまずは実施したものと考えられる。同時に、特定の重臣らに対しても与力を与える、または、預ける、ことにしたものと考えられる。

以下、有力家臣である清水の場合を引き続き少しみてみることにしたいと思う。

慶長六年九月九日の残された宛行状(「宛行知行分之事」)によると、かれは府中領の中で計八カ村四〇〇〇石を与えられている。続いては以下、紹介するように、一六二〇石の与力知(「寄子知行分」)をもともに与えられている。そこでの内容は、以下の通りであった。

(a)

宛行知行分之事

一高百五拾九石三斗　府中領　大王丸村

一高三百弐拾九石四斗六升三合　同　領　上山中村

一高百五拾壱石八斗七升　同　領　下山中村

一高七百弐拾壱石六斗三升五合　同　領　樫津村

一高弐百五拾六石六斗八升　同　領　加谷村

合千六百弐拾石者

右為寄子知行遣候間、如書付之割符仕可相渡者也

慶長六年丑九月九日　(御朱印)

清水長左衛門殿

以上のように、清水には計一六二〇石がかれ自身の知行地ではなく、寄子知行分として別に与えられている事実が注目される。これはかれには藩主からかれの軍事力などを強化するために特に寄子または与力とが既に与えられ、そのかれらの生活をまた保証するために、藩主からは別に与力知がともに与えられていたものと考えられる。同時

に、ここでの村々には内または内村といった記載がみられない。これはそこで与えられた村々の中の一部ではなく、そこでの村々のすべてが与力知として与えられたことを示すものであった。また、これは丸村と呼ばれていた。同時に、さらに以下、紹介する資料(b)とがセットの形でかれに与えられているのである。

(b)

定

高弐百石　納戸宮内
高百三拾石　関岩見守
高百弐拾石　多賀谷藤八郎
高百石　太田岩見守
（以下、九人省略する）
高七拾石　篠原喜兵衛
高弐百九拾石　同人寄子拾人
高七拾石　和久井主膳助
合千六百弐拾石
右之分寄子知行無相違可相渡者也
慶長六年丑九月九日
（御朱印）
清水長左衛門殿

以上のように、ここでは清水に与えられる、また、預けられる、寄子または与力たちの個々人の名前とかれらに与えるはずである所持石高とを書き上げた一覧とが定としてともに清水に与えられているのである。

資料(a)では、藩主は清水個人に与えた知行地(給地)とは全く別に、かれに与える、また、預ける、寄子たちの生活を保証するために、各村々(これを丸村という)を、また、場合によっては各村々の中の一部(これを内村という)とを示した宛行状とをまずは与え、次には資料(b)では、与える寄子または与力らの個々人の名前とかれらに与える石高とを示した一覧である「定」とがともに与えられているのである。その意味では資料(a)と資料(b)とはセットで与えられるものであったと考えられる。これは藩主が特に有力家臣らに対して宛行状を交付する場合、その宛行状とともに、その知行地の内訳をもともに記載したいわゆる「村付目録」をともにセットで与えることとに対応したものであったとも考えられる。

なお、この清水は二年後の慶長八年正月九日には、「右為寄子給令扶助［　］全可領知者也」として四四〇〇石の「宛行知行分」、いわゆる資料(a)を与えられている。しかし、ここではその寄子または与力らの名前及び与える石高を示した資料(b)は残されていない。恐らくはこの段階でもう一度、重臣らに対する知行制度の変更か、あるいは、所持石高の改正などが実施されたのか、あるいは、場合によってはこの時点で清水が敦賀奉行へと昇格し、そのために加増が実施されたのか、何らかの事情が起こったためではないかとも考えられるが、詳しい事情まではわからない。

また、ここでの資料(a)では寄子知行分としては府中領での五カ村、一六二〇石が清水に与えられ、資料(b)では、その中の一部の家臣らの名前とかれらに与えられる所持石高の内訳は、頁数を制限するために、思い切って省略したが、ここでの与力の総人数は計一五人、その内訳は最高が篠原喜兵衛の二九〇石と七〇石、合計三六〇石、最低は五〇石となっている。また、最高の篠原喜兵衛のみの場合には、かれ本人自身が七〇石を所持するとともに、別に寄子一〇人とが別に与えられ、計二九〇石となっている。特にかれ個人だけが別に寄子一〇人をさらに所持している事実をどのように理解すべきなのか、この時期にはいわゆる与力とは一般には騎兵を意味し、また、それ以外にも兵卒としての徒《かち》与力とがともに併存する形で存在していたのではないかとも考えられるが、現在のところ、そこでの内容がはっきりしない。

第3項　重臣笹治大膳父子の場合

既に指摘したように、その後、越前藩では寛永元年、これまでの初代藩主秀康及び二代藩主忠直らに代わって越後高田から一族の松平忠昌がこれまでの城下町北庄を福居または福井と改めて入国し、新しく藩政の再建に取り組むことになった。以上のような大きな変動はあったものの、後述もするように、与力らの存在それ自体はそのまま福井藩でも、また、後の越後高田藩でもともにそのまま実施され、継続もされているのである。

そこで、次に与力らを与えられた重臣らの中から特定の重臣または有力家臣らを選び、かれと与力らとの関係如何を具体的にみてみることにしたいと思う。そこで最初には、既に前節「重臣らの給地支配について」の中で既に検討の対象にした重臣笹治氏を再度、その検討の対象に選び、今度はかれと与力たちとの関係如何についてまずは検討を試みることにしたいと思う。かれの場合、残された「秀康分限帳」によると、笹治大膳「石高五千三百石、内二千三百石与力」との名前がある。また、かれは寛永元年には四代藩主忠昌が新しく福井に入国すると、かれはそのまま付家老本多とともに城下福井に残っては新藩主に仕えることになった。また、四代藩主忠昌時代の分限帳ではかれは昇進して石高一万石、内五〇〇〇石与力ともある。そこでかれの場合を以下、少し詳しくみてみることにしたいと思う。

現在のところ、初代藩主秀康から笹路（治）宛の宛行状によると、かれは計四カ村、三〇〇〇石をまずは藩主から与えられている。同時に、かれはまた以下、紹介を試みるように、資料(a)の与力知である「宛行知行分之事」、いわゆる村付目録とがともに与えられている。これには以下の記述がある。[2]

(c)

宛行知行分之事

一高　四百三拾石八斗一升　大野領　いなみ《（伊波）》村
一高　三百九拾七石弐斗五升　三国領　下明村
一高　六石六斗八升一合　丸岡領　石丸村之内
一高　千弐百拾五石弐斗五升九合　藤嶋領　高柳村
一高　百石　三国領　鷲塚村之内
合弐千百五拾石者
右寄子為知行遣候間、如書付之割符仕可相渡者也、仍如件
慶長六年丑九月九日　結城秀康（黒印）
笹路《（治）》大蔵殿

これによると、この資料(c)は、藩主秀康がかれに与える、またかれに預ける、与力ら個々人らの生活を保証するために、かれらに与える知行分二一五〇石（いわゆる与力知）の内訳を示したものである。また同時に、これと関連して次の資料(d)がともに与えられている。その内容は以下の通りである。

(d)「結城秀康寄子知行定」

定

高弍百石　内藤忠兵衛
高百石　月岡喜右衛門尉
高弍百五拾石　田布施大隅
高弍百石　柿岡右衛門
高百五拾石　只越大学
高百五拾石　志村次兵衛
（以下、省略する）
高百石　堀込次郎右衛門
高弍百石　柴田左衛門
高一五〇石　同人歩寄子五人
合弍千百五拾石
右之分寄子知行無相違可相渡者也
慶長六年丑九月九日　結城秀康（黒印）
笹路《（治）》大膳殿

　これによると、与力らの生活を保証する個々の寄子または与力たちの所持石高とその名前とが記載されている。また、そこでの与力たちの個々の人数は計一三人、所持高合計は五カ領五カ村、計二一五〇石となっている。その意味では、資料(c)と同(d)とはやはりセットで渡されているのである。

以上のように、藩主秀康が越前藩六八万石を支配するにあたって有力家臣らの一人であった笹治氏は慶長六年九月九日には、かれ自身が四カ村計三〇〇〇石の知行地を与えられると同時に、かれには与えられた与力ら一三人の生活を保証するために、計五カ村、二一五〇石の知行分または与力知とがともに与えられている。また、同時に、かれに与えられる与力たち一三人の名前とかれら個々人に与えられる所持石高の内訳とがともに示されているのである。現在のところ、慶長年間の他の資料が残されていないことを考えると、かれのこの時代における所持石高は既に指摘もしたように、四カ村三〇〇〇石、与力一三人、与力知計二一五〇石、総計五一五〇石がかれの総所持石高ではなかったかとも考えられるが、詳しいことはわからない。

また、ここでの一三人の与力らの中で最後にある柴(カ)田左衛門の場合、本人は二〇〇石の与力知を貰い、同時にまた同人は歩《かち》寄子五人とが与えられている。ここでも歩(徒)与力の理解が難しい。既に指摘もしたように、清水左衛門の与力らの中でも同じような事例が見られたが、現在のところその内容がよくわからない。恐らく与力を原則として馬に乗った騎兵だと考えると、それに乗らない歩兵または歩《かち》与力ではないかとも考えられる。この徒与力の制度もやはり早くから実施されていたのではないかとも考えられる。なお、翌慶長七年一二月には「重而寄子知行被遣候分」として、笹治は計三カ村一五〇石をさらに「加増」分としてまた与えられている。

次に、元和九年一〇月末には、笹治大膳は年寄衆に昇格したために計五カ村(三国領二・大野領一・東郷領二)計二〇〇〇石の加増を認められるとともに、やはり年寄衆になったために、「寄子知行」または与力知として七〇〇石(府中領一・三国領五カ村)、いずれも内村とが与えられている。しかし、ここでは与力の人数まではわからない。

さらに、承応二年一二月と万治元年の場合の宛行状が残されている。前者の場合を示すと、以下の通りである。

(e)

宛行領知(脱カ)之事

高壱万石　　所々目録引渡有之
　内四千百石者　　与力弐拾七人
右如先規全可令知行之処、如件
　承応二癸巳年十二月日　　光通（花押）
　　　　　　　　　　　　笹治刑部殿

この宛行状とともに、いわゆる村付目録が渡され、その最後には「右高都合者御黒印被下候、村付目録如此ニ候、以上」とあって関係役人三人から笹治宛となっている。ところが、万治元年一二月の宛行状によると、石高は八二〇〇石、与力四一〇〇石二七騎とあり、石高は減少しているが、与力の方は同じである。笹治の場合、何故、この時期に所持石高のみが減少したのか、分家のためなのかどうか、その辺の事情まではわからない。

引き続き延宝三年及び同五年の宛行状及び村付目録とがともに残されている。延宝三年は藩主昌親、同五年は次の藩主綱昌へと藩主が交替したその時期にあたっていることが見逃せない。また、両者の内容は、延宝三年一二月には計一〇〇〇石が笹治八太夫に分知されたためにか、その所持高が承応・万治期のそれに比べると、七二〇〇石に減少していることが注目される。しかし、四一〇〇石与力二七人（騎）は以前のままであった。

ところで、この笹治に与えられていた与力らであるが、現在のところ、慶長六年九月の寄子知行または与力知でしかその実態を知ることが出来ない。これによると、人数は既に指摘したように、一三人である。また、そこでの内訳は計三五〇石の柴田左衛門を最高に、二五〇石一人・二〇〇石二人・一五〇石五人・一〇〇石四人となっている。それ以前における結城時代における清水に与えられた与力の所持高は七〇石が四人・五〇石が四人もいた事実と比べると、そのすべてが一〇〇石以上となっている事実が注目される。

最後に、重臣笹治氏が所持していた給地の内訳であるが、ここでは延宝三年及び同五年一二月の場合をいわゆる「村付目録」で調査してみると、かれの所持石高は既に指摘したように、ともに七二〇〇石であった。その内訳は、村数二〇カ村、丸村が六カ村、内村が一四カ村、計二〇カ村であった。やはり村全体が笹治の支配下にある丸村の方が三分の一程度、残りはそれぞれの村の一部がかれに与えられている。同時に、それらの村々は分散してはかれに与えられており、そこでの内訳は丹生郡が四カ村、足羽郡が六カ村、今立郡が一カ村、坂井郡が七カ村、吉田郡が二カ村となっている。

ちなみに当主笹治大学の時代にはかれは「貞享の大法」によって延宝期の七二〇〇石に比べると、その所持石高が半分以上減少して三一〇〇石となっている。それまでに一〇〇〇石が分家などによって既に減少していたのか、あるいは、大法の方針によってその結果が三一〇〇石となったのか、恐らくは前者と同じく相続のためではなかったかとも考えられる。元禄一七年にも分家のために当主笹治尚膳は所持高が二六〇〇石となっている。

第4項　重臣稲葉正房家の場合

また、笹治大膳と並んでやはり重臣らの一人であった稲葉采女《うねめ》正房の場合をみてみることにしたいと思う。同家に伝わる由緒書によると、稲葉佐渡守正成及びそれ以降については以下の記述がある(3)。

稲葉佐渡守正成　当采女曾祖父本国生国氏等之儀去年書付指上候
隆芳院様（四代忠昌）信州川中島より越後国高田江被成御座候節、台徳院様（二代将軍秀忠）御附人ニ被仰付、越後江罷越候、此節従公儀拝知弐万石ニ而糸魚川ニ罷在候、其後越前江御所替之節佐渡守願申上、其身江戸へ罷出、為名代伜出雲（正房）越前江御供仕候

（中略）越後より越前江御供仕罷越候、格式高知初知千石被下置候、
隆芳院様御代　寛永二丑年三月御加増千石（隆芳院は四代忠昌）、
同　　御代　寛永十五年寅年四月御加増千石都合三千石被下置候

（中略）

大安院様御代　慶安二丑年四月、（采女正信）家督三千石無相違被下（大安院は五代光通）同御代　寛文八申年三月、御城代役被仰付御加増千石都合四千石之内ニ而与力七人一人百石御附被成候
同　　御代、寛文九年酉年極月廿七日御家老役被仰付　但延宝元丑年九月迄御城代兼役ニ而相勤候
探源院様御代　延宝五巳年　御先手組頭被仰付（探源院は六代昌親、後に八代吉品に）
清浄院様御代　延宝八申年三月与力七人ノ拝知一人ニ五拾石宛御増被下、依之采女拝知三百五十石御加増都合四千三百五十石ニ被成下（清浄院は七代綱昌）
探源院様御代　貞享三寅年御新知ニ而拝知半減二千百七拾五石
同　　御代　貞享四卯年七月御先手組頭被仰付、与力十人御附被成一人百石宛御蔵米千石被下之

（以下、省略）

これによると、かつては越後高田藩二五万石の藩主であった松平忠昌は、寛永元年、一族間における藩主交替の結果、これまでの城下町北庄を福居または福井と改めて寛永元年、高田藩から新しく福井藩六八万石（現実は分家創設のために五〇万石余り）に入封することになった。しかし、そのかれは越後高田藩主になるその前は信州松代（川中島）一二万石の藩主であったが、かれが越後高田藩主になるときに、二代将軍秀忠はかれの外孫《そとまご》（甥）にあたる忠昌の行く末を心配して稲葉佐渡守正成を特に付人に任命、かれは城下近くの要衝の地である糸魚川に二万石を与えら

れた。寛永元年には高田藩主忠昌は改めて福井の藩主に任命されたが、稲葉は老齢のために自分に代わって倅出雲守正房を福井に派遣、かれ自身は江戸に帰ることにした。このために倅八右衛門正房(幼名采女後八右衛門、妻は永見右衛門娘)は藩主忠昌に従って福井に移り、格式高知、一〇〇〇石を与えられ、最初は「客分」であったが、翌二年には一〇〇〇石を加増され、同一五年四月にはさらに一〇〇〇石を与えられて計三〇〇〇石となった。五代藩主光通の時代、慶安二年四月には倅采女正信が家督三〇〇〇石を継ぎ、寛文八年三月(この年に藩主光通による改革開始)には城代役に任命されて一〇〇〇石をさらに加増されて計四〇〇〇石、その四〇〇〇石の中には与力七人、一人一〇〇石ずつを与えられている。同九年一二月(四月には城下で大火災)には、家老に任命(延宝元年までは城代を兼務)されている。延宝五年には御先手組頭に任命され、同八年三月には、さらに与力七人、一人五〇石ずつを与えられ、このためにかれの知行総高は計四三五〇石となったとある。

以上であるが、かれは藩主吉品(藩主昌親が再任、名前を吉品と改名)の時代になると、いわゆる「貞享の大法」の実施によって領知高は半減を命ぜられている。また、その結果は、ここでは二一七五石となっている。ところが、翌貞享四年七月には「御先手組頭被仰付与力十人御附被成一人百石宛御蔵米千石被下也」ともあり、改めてまた与力を与えられている。とすれば、大法によって一旦は廃止されていた与力の制度は直ちに復活したのであろうか。しかし、かれは先手組の組頭に任命されており、この先手組は戦いが起これば最前線で戦うことを考えれば、ここでの与力は先手組の組頭といったかれの職種に与えられた役与力ではなかったかともまた考えられる。その意味では、以下の明和五年の資料もまた注目されるかとも考えられる。

覚

高千石　　与力拾人

右之通被下置御蔵出ニ而相渡候間、可被得其意候、御朱印者重而可被下旨、以上

明和五年子八月

溝口小一右衛門

稲葉采女殿

これによると、六代采女正美は貞享の大法以降の明和五年になっても高一〇〇〇石、与力一〇人を与えられているのである。これも役与力ではないかとも考えられる。

第5項　その他の家臣らの場合

以上、特定の重臣及び有力家臣の場合について与力らの実態を探る作業を試みたが、以下、かれら以外のやはり有力家臣らの場合について、本来であればかれらの家柄などをも含めた検討が必要かとも考えられるが、それらは一切省略して与力の存在如何を簡単にみてみることにしたいと思う(4)。まずは家老を務めた酒井玄蕃であるが、残された宛行状によると、寛文四年九月・延宝三年及び同五年一二月の宛行状によると、そこでの所持高は八〇五〇石内二二五〇石が与力知、計一五騎とある。家老にふさわしいものであったと考えられる。また、続いてやはり家老であった斎藤民部の場合をみると、家譜によると、初代民部は藩主忠昌によって寛永八年に二〇〇石を与えられ、毎年のように加増が続き、同一四年には一二〇〇石内五〇〇石与騎とある。続いて藩主光通の時代になると、二代民部は承応二年には三五〇〇石、内一〇〇〇石与力とあり、その昇進がめざましい。また、その事実もあってか、初代民部は藩主忠昌が正保二年に死去すると、かれの後を追っては殉死している。以後、光通・昌親・綱昌の時代

もかれは三五〇〇石、与力も継続して与えられている。

最後に、残された多くの家臣らの中から江戸城の基礎を固めたといわれる著名な人物である太田道潅の末裔だとも伝えられる太田氏の場合をみてると、そこでの宛行状の内容は以下の通りである。

太田三弥　寛文四年三月　所持石高二〇〇〇石　内五〇〇石与力五騎

そこでの所持石高二〇〇〇石の内訳は、吉田郡が三カ村・足羽南郡が二カ村、今北東郡が一カ村、今南西郡が一カ村、丹生北郡が一カ村、坂北郡が五カ村、坂南郡が一カ村、計七郡一四カ村にまで広がっている。しかも、そこでの全ての村々は内村であった。

以上の事実は、この段階にあっては、二〇〇〇石の有力家臣らでも与力が与えられていること、また、その所持する村々が七郡にまでも広く分散しては与えられていること、しかも、その一四カ村の全ての村々が内村で与えられ、それらは独立した村々ではなく、それぞれの村の一部が与えられているに過ぎないことなどが注目される。知行はまさに分散化されるとともに、さらには細分化された村々とがともに与えられているのである。

以上、与力の存在及びそれの推移などをも考えてみたが、かれらが藩主から与えられた有力家臣らの許でどのよう扱われ、どういった生活などを送っていたのかなどについては、再度、次節でも検討の対象にすることにしたいと思う。

第6項　残された課題―与力制度の推移について―

以上、有力家臣らとかれらが率いていた与力らとの関係如何についての検討を試みることにした。当時にあっては、与力らの存在は有力家臣らにとっては無視することの出来ない軍事集団のひとつであったとも考えられる。また、藩主はここでの与力たちの活躍を通しては支配下にあった武将らとの間での軍事力の強化を、また、連携の強化をも目指したものと考えられる。同時に、かれらに対する統制の強化をもまた果たすことが出来たものと考えられる。しかし、戦乱の時代が収束されると、与力の制度それ自体は、これまでの役割を果たす機会も次第に減少することになったのではないかとも考えられる。その意味では、それ以前の越前藩の時代に、また、二代藩主忠直自身が起こした永見右衛門誅伐一件が特に注目されるのではないかとも考えられる。

当時、永見は与力高をも含めて一万五三〇〇石余りの所持石高を与えられていた有力重臣らの一人であった。また、かれの父は、藩祖秀康が死去したときに、その後を追って殉死した藩を代表した忠臣でもあった。その忠臣の子供であったかれが、既に第Ⅰ編でも紹介を試みたように、藩主忠直の行状が乱れると、それを心配した余り、藩主忠直に対して正面から諫言を試み、これに怒った藩主忠直は直ちに兵を派遣してはかれの屋敷を襲い、かれをついには誅伐しているのである。また、この事件は多くの人々によって注目もされ、内外の人々をも驚かせる結果ともなったのである。

この場合、かれにはそれ以前から与えられていた与力らの動向如何が問題になるが、かれらについては、以下の記述が残されている。両者の間で戦いが起こると、「然る処、与力此旨を聞馳出し候得共、大橋口に捍の人数大勢固め罷在難通罷帰候処、右之内三十人斗は別而蒙厚恩候ゆへ毛やの川を渡り、屋敷へ馳付何茂致討死候よし、相残三十七人翌元朝御禮に罷出候様にと申来り」ともある。[5] これによると、永見に対する攻撃が開始されると、この日が一二月三一日の大晦日ではあり、かれに付属させられていた与力たちは正月の準備もあってそれぞれが既に帰宅していた。ところが、藩主忠直による永見屋敷へ対する総攻撃が開始されることになった。そこで、この知らせに驚いた与力たちが集まったものの、防備が堅く、永見の屋敷に引き返すことが出来ずに帰宅を余儀なくされた。ところが、それにもかかわらず、三〇人余りの与力たちが、これまでは永見に大変、世話になったとしてあえて永見の屋敷に引き返し、永見とともに戦ってはともに自滅したと伝えられているのである。

当時にあっては、与力たちは藩主の命で有力家臣らの許に派遣され、かれらを援助するとともに、場合によってはその家臣らの動静をも監督し、藩主に対する違反行為などをも厳重に監視する役割をも既に与えられていたものと考えられる。そのかれらが、これまでは当主であった永見に大変、世話になったといった理由によってかれの軍隊にともに参加し、ともに戦ってはともに滅びているのである。本来であれば、かれらは藩主忠直の家臣ではあり、かれに敵対する者に対しては相手を倒す義務を持った家臣たちであったと考えられる。そのかれらが本来の役目を忘れて相手方に寝返るということはあってはならないことであったとも考えられる。また、そういった行為は全く考えられないことでもあった。それが現実には起こるとあっては、既にこの時点では与力の制度は、既に本来の役割を既に喪失していたものと考えられる。とすれば、後の貞享の大法によって与力の制度が正式に廃止されるそれ以前に、既に与力の制度そのものは機能不全になっていたものとも考えられる。

しかし、既に指摘もしたように、貞享の大法それ以降にあってもまた与力たちは存在していたことも事実であった。それは特定の役職に付けられた役与力としてその存在が認められていたのである。

【注】

（1）重臣清水長左衛門の場合に利用した資料のすべては「諜牒余録」上三二八頁以下、三三二頁までの各資料を利用した。また、この重臣清水氏は敦賀奉行として広くその名前を知られた人物であった。たとえば、「福井県史」資料編8中近世5によると、慶長一四年三月の清水・本多・今村の三人による家老連署状が、「敦賀市史」資料編第1巻には同じ三人による伝馬証文などが収録されている。

(2)　重臣笹治氏に関する資料については、前節注(2)参照。また、ここに収録された資料とともに、松平文庫所蔵の同氏関係の宛行状をも併せて利用することにした。

(3)　重臣稲葉氏の場合も松平文庫所蔵の「稲葉文書」1・2を利用した。この資料の中には、同氏の由緒関係文書もまた含まれている。

(4)　以下、ここでは酒井氏・斎藤氏・大田氏の場合も残された宛行状によってそこでの当主と与力との関係を探ることにした。また、酒井氏についてはその中の一部が市史資料編近世2の中にも収録されている。また、家老斎藤民部三一歳の場合、藩主忠昌の跡を追って殉死した七人の家臣らの中では所持石高も多い。同時に、かれをも含む辞世なども残されている(「続片聾記」二の五六七頁参照)。

(5)　「続片聾記」二の五三三頁参照。

第4節　重臣狛《こま》氏と与力・陪臣・奉公人たち

第1項　重臣狛《こま》氏の給地支配について

(1)重臣狛氏について

福井藩に新しく入封した四代新藩主忠昌を支えた藩の重臣らには、付家老本多氏をはじめとして既に紹介を試みた永見志摩守や笹治大膳らがいるが、かれらに続いて四番目には狛木工允八〇〇〇石、内三〇〇〇石与力二〇人の名前とがある。また、かれは次の藩主である五代光通《みつみち》時代の分限帳によると、かれは笹治氏を抜いて付家老本多、重臣永見に続いて三番目に位置し、そこでの所持給知高もまた増加して計九〇〇〇石、しかし、内三〇〇〇石与力二〇人はそのままであった。以下、この有力重臣狛氏を対象にしてかれの率いていた家臣団またはかれを中心に成立していたと考えられるいわゆる生活集団の内容如何についての検討を試みることにしたいと思う。なお、かれは四代新藩主忠昌及びかれに続く五代藩主光通の両藩主の時代には家老職をも務め、付家老本多伊豆守富正や笹治氏らと並んでは広くその名前を知られた重臣らの一人でもあった。

いま、ごく簡単にかれの先祖をたどると、先祖狛山城守家吉、その子家正父子の時代には、かれらは山城(京都府南部)国木津に近い狛《こま》村に居住し、その周辺地域で既に二万石余りを支配していた有力武将らの一人であった。

また後にはその土地の名前を取って狛氏を名乗り、近くの岸田城をも攻め落とし、狛・岸田両城を中心にかれの支配領域は一時は六万石余りにも達したとも伝えられている。また、当時、城主であった狛玄蕃允は大和国における有力武将であった秋山遠江守・戒重《かいじゅう》甲斐守・沢三河守らとともに大和四将の一人とも呼ばれていたともある。ところが、戦国の動乱に巻き込まれ、その間の詳しい事情は省略するとして「太閤秀吉卿ニ相叛摂州之内ニ引籠罷在候」[1]と、玄蕃允は秀吉との戦いに敗れて引退を余儀なくされている。この間における事情の一端については、現在、残されている「狛家知行方古文書写」に収録されている信長をも含む戦国武将らからの狛氏宛の数少ない書状や宛行状の写しなどからもそれを窺うことが出来るかとも考えられる[2]。

そこで、この狛氏引籠もりの情報を伝え聞いた藩祖秀康は、かれを招聘しようとしたが、かれは老齢を理由に一旦は辞退している。しかし、その後に武将として仕えることは辞退して藩祖の母である長勝院に仕えることになったのだとある。また、かれの子供である伊勢守孝澄が父に代わって藩祖秀康に召し出され、秀康の次男で当時七歳であった隆芳院(後の四代福井藩主忠昌)の付人として奉公することになったのだとも伝えられている。それ以降、福井藩主になる忠昌は慶長一二年には上総国姉カ崎一万石の大名に取り立てられ、続いて常陸国下妻三万石へ、さらには、信濃国川中島一二万石へ、そして越後高田藩二五万石の藩主へと異動するが、この間、狛孝澄もまた藩主忠昌と行動をともにしてはかれを補佐し、藩主忠昌が寛永元年に福井藩主になると、かれに家老として仕え、かれが亡くなると、かれの子供である五代藩主光通にもまた家老として仕えることになったのだともある。その意味では、幼年の藩主の部屋住みの時代からかれに仕え、その人柄・能力と忠誠心とを認められて家老にまで出世することの出来た典型的な人物の一人でもあったとも考えられる。

（2）重臣狛氏の給地支配について

次に、同家に残された宛行状写しをみると、元和二年には二通の宛行状が残されており、同年七月には下妻領の中から三五〇石を、同六年霜月（忠昌の信濃国川中島時代か）には八〇〇石を与えられている。また、その後の宛行状では（忠昌の越後高田藩時代か）、高合二五〇〇石、内五〇〇石与力五人とを与えられている。かれが寛永元年に藩主忠昌とともに城下福井に入国したときにも、宛行状は交付されているはずであるが、これは残されていない。次に、承応二年一二月（五代藩主光通が福井に初めて入部した年）には、この年の宛行状は残されていないが、そこでの知行地の内訳を書き上げた覚（村付目録）の方だけは残されている。これによると、秀康の家臣である加藤・日下部・大谷三人らから狛伊勢守宛に一万石、内三〇〇〇石与力二〇人とが与えられている。これによると、かれは承応二年には一万石の村々を与えられたが、その中の三〇〇〇石は与力知、残りの七〇〇〇石がかれ自身の給知であったと考えられる。そこで、この与力知をもともに含む一万石の給知高村々の内訳を示したのが表Ⅱ－2－⑫である。

表Ⅱ－2－⑫
狛氏の給地内訳
―承応2年の場合―

	丸村	内村	計
丹生北郡	2	2	4
今北東郡	2	2	4
足羽北郡	1	2	3
坂南郡	3	4	7
今南東郡	0	1	1
吉田郡	1	4	5
南仲条郡	0	1	1
坂北郡	0	6	6
足羽南郡	0	4	4
計	9	26	35

注）狛氏関係文書（松平文庫）による。

これによると、一万石の中には、与力知がともに含まれているために、どの村が与力知の村で、どの村がかれに与えられた給知の村々であるかといった区別まではわからない。しかし、これら村々の領内における分布の状況は知ることが出来る。また、既に前述したように、これらの村々は、一村全部が知行地として与えられたいわゆる丸村と、村の中の一部分が給知として与えられたいわゆる内村とに分けることが出来る。そこで以下、まずは最初にこれらの村々の分布を郡別に分けて示し、次に、これらの村々が丸村か、内村であるかを確認してそれをも郡別に表示することにした。そして、最後にそれぞれの郡に属した村数とをともに示すことにした。

これによると、かれの与力知をもともに含めた給地は、丹生北郡からはじまって足羽《あすわ》南郡に至るまで各郡域を越えて計九郡といった広い領域にわたって与えられていることがまずは注目される。また、その中で丹生北郡から坂南郡までの四郡では、丸村と内村とがほぼ半数ずつの割合で存在し、これに対して今南東郡以下の五郡では丸村が全く見当たらず、すべての村々は内村のみである。次に、各郡内におけるそれぞれの丸村・内村の給知高の集計をみてみると、狛氏に与えられた給知高が最も多いのは丹生北郡と吉田郡の二郡で、両郡での給知高はともに二〇〇〇石に近い。また、次に多いのが今北東郡、次いで足羽南郡となっている。最も少ないのは南仲條郡の一カ村一一六石のみである。給地が広く分散して与えられているとはいっても各郡による違いもまた大きいことも見逃せない。また、丸村と内村との割合は丸村は九カ村、内村は二六カ村と内村の方がはるかに多く、さらにそれぞれの石高を集計してみると、丸村の総石高は三一〇〇石以上、内村は六八〇〇石以上、内村の方が丸村の二倍以上となっている事実も注目される。

ところで、重臣狛氏はこのかれに与えられた給地七〇〇〇石余りは、一部は自分が蔵入地として直接支配し、それ以外はかれに古くから召し抱えていた陪臣らにやはり知行地としてそれぞれ与えていたものと考えられる。しかし、両者の割合や、その実態如何を直接示すような資料は、現在のところ残されてはいない。この点に関しては、これ以前の慶長・元和期の場合、やはり重臣の一人であった多賀谷氏の場合については既に検討を試みることにした（第Ⅰ編第二章第4節第4項）。そこでの検討の結果では、やはり多賀谷氏も自分に与えられた給地の一部を丸村として、あるいは、内村として、それぞれの陪臣らにも与えていたことが注目される。その意味では、慶長・元和期も、寛永期も、重臣らと陪臣らとの関係は、基本的には同じであったものと考えられる。なお、この狛氏の場合、かれは「貞享の大法」〈半知〉以降も有力重臣の一人として代々、活躍しており、当時における所持石高は四五〇〇石、先学の努力によって文政八年当時における「狛木工給知一覧」が既に作成もされているが、これによってもかれのその当時における給地の村々の具体的な在り方如何をも知ることが出来る。(3)

第2項　重臣狛氏と宗門改めの実施について

(1)資料「寛永二十年『切支丹宗旨改帳』」、内扉「狛伊勢守同与力同家頼宗旨改之事」の成立に至る経緯について

以下、まずは最初に、重臣狛氏に対する宗門改めが実施されるに至るまでのその経緯について見てみることからはじめたいと思う。

一般に宗門改帳といった場合、残されているその殆どはそれぞれの村ごとに作成され、その中では農民ら個々人らが切支丹ではない旨をかれらがそれぞれ所属していた各寺院から証明して貰い、その結果を列挙する形式のものがその基本的形態ではないかとも考えられる。ところが、残されている重臣狛家に対する寛永二〇年の「切支丹宗旨改帳」は、そこでの対象が重臣狛氏及びかれの家族らだけではなく、かれが当時、率いていた与力らや先祖伝来からの陪臣ら、さらには狛氏に奉公していた各種の奉公人たちまでもがともに改めの対象にされていることがまずは注目される。狛氏個人及びその家族だけを対象にしたものではなく、そこでのかれの支配下にあったすべての人々らが改めの対象とされているのである。また、それの結果が一冊の改帳となっているのである。同時に、改めの目的がかれら個々人らが切支丹であるのか、ないのか、にあったために、かれらの年齢如何や、与力・陪臣らの場合は、かれらの所持給知高の如何が全く記載されていないことが注目される。また、かれらの年齢如何もまた同

じである。

いずれにしても、そこでの作成年代が寛永二〇年、対象が藩の重臣らの一人とあっては、それの内容はかれ個人ではなく、藩主からかれに与えられていた与力らや、また、先祖代々、かれに奉公していた陪臣らや、さらにはまた狛家に奉公していた各奉公人らまでをもともに含むものである事実が注目されるかと考えられる。その意味では、この狛氏の宗門改帳の内容は極めて珍しく、大変、貴重な資料ではないかとも考えられる(4)。

同時に、この宗門改帳が作成された場合、家臣らに対する宗門改めは、既にそれ以前の寛永七年には、家臣ら個々人らに対しては、以下、紹介を試みるように、「切支丹改請書雛型」が示されている(5)。

一でうす門徒御穿鑿之儀ハ先年堅如被仰付候、唯今も猶以御改候、我等共内若党・中間ニ至迄壱人も無御座候、壱人宛宗師(旨)を改判申付候間、以来若祈(訴)人御座候者、曲事ニ可被仰付候、仍如件

諸士
姓名　判

寛永七年(八月五日)

御使番中

但諸士以下末々迄手形指出之

これによると、家臣らはこの寛永七年の雛型の内容を理解した上で自分及び家族らが切支丹ではない旨を、それぞれが所属していた寺院から証明して貰い、それの結果を提出することが義務付けられていたものと考えられる。また、この雛型の中には、家臣ら個人またはその家族らだけではなく、「若党・中間ニ至迄」の提出が特に命ぜられているのである。

事実、重臣狛氏から提出された寛永二〇年の改帳には、この雛型の内容に対応した調査が実施され、その結果、改めの対象になった者が狛氏の場合は何と「男女人数合四百五拾六人」であることが明記され、最後に狛伊勢守自身がその改めに間違いない旨を自らが署名(花押)しているのである。

同時に、この狛氏から提出された改帳では、その後にはさらに以下の文章が続く。「右者切支丹の宗旨被成御改に付而拙僧共旦那男女共ニ宗旨書付指上申候通、偏に無御座候、以後為証拠愚僧共加判形指上申候也」とあり、狛氏をも含めて同家に奉公していた与力・陪臣・奉公人ら計四五六人らが切支丹ではない旨を自ら証明した宗派及びそこでの寺院名とがこれまた列記されているのである。また、その旨を証明した寺は計一四二カ寺であった。また、ここで列記された宗派及び寺院名を個々に書き上げたその内容は、寛永後期におけるこの地方における仏教諸宗派の布教の状況如何をも示すものとしてもまた見逃せないかともまた考えられる。しかし、今回はそこでの詳細な内容の紹介までは繁雑さを避ける意味もあってここでは注記に回すことにして思い切って省略することにした(6)。

(2)宗門改帳の骨子について

以上のように、重臣狛氏に対する宗門改めはかれ及びかれの家族らだけではなく、かれが率いていた与力や陪臣ら、そして、各奉公人らをもともに含むものであった。ところが、この改帳をみてみると、そこでの記載内容には、後述もするように、その一部に統一を欠く記述もまた含まれ、正確な人数を把握することが難しい箇所がある。しかし、凡その人数とそこでの内訳とは知ることが出来る。そこでこの改帳の詳細な内容を知るための前提として、この帳面の内容の骨子をまずは示したのが表Ⅱ―2―⑬である。これによると、この改帳では、重臣狛氏及びかれの家族以外にも藩主からかれに既に与えられ、預けられていた、与力二七人とその家族ら、先祖伝来かれが召し抱えた陪臣らとその家族ら六三人余り、そして、各与力及び陪臣らがそれぞれ抱えていた男女の下人たち、さらには狛氏個人が抱える女の召使たち、あるいは、それ以外にも男女をも含む召使いなど、多くの人々らが狛氏の許で働いていたのである。また、そこでの人数の総計は、当主以下、計四六〇人余りである事実が注目される。

また、この表をみると、改めの対象は(1)狛氏及びかれの家族たち、(2)狛氏の許で働く女の召使たち、(3)狛氏に藩主から既に与えられ、預けられていた与力たち、(4)狛氏が先祖伝来から召し抱えていた陪臣たち、そして、(5)狛氏の許でやはり働く男女の召使たちに(ここでは下人の注記はみられない)、大きくは五部門に分けることが出来るかとも考えられる。

表Ⅱ－2－⑬　狛氏の構成(概数)

	当主	家族たち	手代	下人	奉公人	計
1 狗伊勢寺	1	8				8
2 召 使 女					24	24
3 与力たち	27	102	4	112		218
4 陪 臣 ら	61	118		30		148
5 奉公人ら					65	65
計		228	4	142	89	463

注)狛氏寛永20年「吉利支丹宗旨改帳」(越前史料)による。

なお、この場合、狛氏及びかれの家族、続く召使女、そして、与力及びそこでの家来までは見出し項目があり、そこでの対象がはっきりと区別されているが、これ以下は、特に何の見出し項目がないままに、特に陪臣ら、それも特に家族持ちの者やそれに下人をも持った者たち、本人と下人との二人組、独身者たちのみとのグループとが並び、さらには、かれらが交錯してはそこでの区別が難しい記述もまたみられる。その意味では正確な理解が難しいが、あえて何とか分類することにすると、そこでの特に陪臣らの内容は、既に指摘したように、家族持ちの陪臣ら、それに下人をも加えた者たち、本人と男の下人の二人組、最後に独身者たちとの計四グループに分けることが出来るかと考えられる。そして、最後に男女計六五人の奉公人らとに分けることが出来るかとも考えられる。以下、ここでの内容をいま少し詳しくみてみることにしたいと思う。

第3項　重臣狛氏と与力・陪臣・奉公人たち

(1)狛氏及びその家族たち

まずは最初の見出し項目の第一にある当主狛伊勢守及びかれの家族らであるが、かれをも含めて計八人とある。ただし、かれの場合にだけは家族の中には下人は全く含まれてはいない。そこでの内訳は狛伊勢守夫婦・倅夫婦、他は女子三人と孫娘一人、計八人である。また、当主伊勢守と長男である市正は禅宗泰清院、妻は法花《(ママ)》宗妙国寺、三人の女子は妻の法花宗妙国寺とあり、長男の妻だけは一向宗本瑞寺となっている。女の子供は当主の妻の寺院に、男の子供は当主狛の寺院にそれぞれ所属しては切支丹ではない旨の証明をして貰ったと考えられる(以下、家族構成者各人らの宗派如何は、既に指摘したように、繁雑さを避けるために以下、省略する)。

(2)狛氏召使の女たち

見出し項目として第二には、狛家の「召仕女」として計二四人の名前とが続く。苗字がないままに、名前のみ、年齢もまた省略された女性らが続く。もちろん、彼女ら個々人らが切支丹ではない旨を証明した、ここではそれらは省略したが、その宗派及び寺院名とが最後には続く。彼女らの存在は、後述するように、狛氏の陪臣らの場合、独身者が多い事実が注目される。とすれば、恐らくはかれらの日常生活を維持するための役割を果たしていたのではないかとも考えられる。

(3)狛氏と与力たち

見出し項目「与力家来」とあってこの改帳が作成されていた時期には二七人の与力及びかれらの家族たちの名前とが続く。この場合、それぞれの与力たちの家族の中にはその人数には違いはあるものの、そのいずれにも下人らの男女がそれぞれ含まれていることが注目される。さらにもう少し詳しくみてみると、たとえば、与力二七人の中に一人だけは、恐らくは何らかの商売をも兼ねていたのか、家族の中に下人らをともに含むとともに、他に別に手代四人とある家族もひとつの事例に過ぎないとしてもまた含まれている。

以下、参考のために、与力らの中で一番、家族数が多い与力の場合を紹介すると、以下の通りである。

与力家来

一諸木野作右衛門　禅宗　泰清院
一同女房　法花宗　教徳寺
一同よね　同宗　妙国寺
一安之丞　禅宗　泰清院
一竹松　花法宗　教徳寺
一同下人孫市　浄土宗　法行寺
一同下人三蔵　同　宗　同　寺
一同下人吉蔵　一向宗表東明寺西円
一同下人助六　同　宗御堂寺内宗源寺
一同下人三四郎　一向宗表　丸岡領木間村円長寺
一同下人たね　法花宗　経徳寺
一同下人いと　一向宗裏玄京
一同下人こや　禅宗　助倉院
一同下人ふく　一向宗藤嶋超勝寺
一同下人まき　浄土宗　雲把

一同下人仁蔵　　同　宗服部村真正寺

右之通私家頼迄宗旨改寺々之手形取申候而指上候

諸木(野脱カ)作右衛門(花押)

以上、家族数は計一六人、内五人か家族、残りの一一人は下人(男六　女五人)らである。

他方、最も家族数が少ないのは与力服部八郎兵衛の計四人、当主はかれ一人、残りの三人は下人(男二人・女一人)である。したがって、かれは独身者または妻に先立たれた与力ではないかとも考えられる。

なお、この与力らの場合も、宗門改帳だといった理由で年齢及び所持給知高の記載は全くみられない。しかし、かれらの多くは江戸期になると、一〇〇石から二〇〇石前後またはそれ以上の知行地(与力知)を藩主から既に与えられていたものと考えられる。だとすれば、かれらもまた先祖伝来からの零細な小者・又者たちを、具体的には陪臣ら、また、当主狛氏からみると、「また陪臣」らをも少数ではあるものの、それぞれ所持していたのではないかとも考えられる。あるいは、かれらの存在がともに記載されているはずである。

ところが、現在のところ、その記載は全くみられない。とすれば、下人といった表現で各与力らが率いている者たちは、ここではその表現は下人とはあるものの、そこでの実態は知行取りの与力らが率いた陪臣らではないかとも考えられる。当時にあっては、知行取りの家臣らは、かれらは給人ともいわれ、たとえば、一〇〇石に付き数人程度の陪臣らをもそれぞれが所持し、かれらの多くは戦場においては主人とともに出陣し、ともに戦っていたのではないかとも考えられるからである。その意味では、かれらの存在は下人とはあるものの、その実態は恐らくは各与力らが所持した陪臣ではないかともまた考えられる。しかし、現在のところ真偽の程は全くわからない。なお、この狛氏の場合、この宗門改帳にある下人らを集計すると、与力数が二七人、そこでのかれらの個々の家族数を合計すると一〇二人、下人の方は合計すると一一二人と手代四人である。しかし、ここでの下人らの人数は男女とに分かれてはいるものの、かれら相互間における家族としての存在には程遠いようにも考えられる。とすれば、かれらは文字通りの隷属者たち、下男・下女としての労働力としての下人らだともまた考えられ、この辺の理解が難しい。

なお、この与力たちの場合、個々の与力たちらが自分の家族、そして召し抱えていた下人らの中には切支丹の信者がいない旨を確認しては自らその旨を最後に記載し、そこで本人自身が花押するといった形式が取られている事実もまた注目される。

（4）狛氏と陪臣たち

次に狛氏に与えられていた与力たちに続いて、今度は狛氏自身がそれ以前から持つ陪臣らについての記載が続く。かれらの場合はそこでの内容を大まかに分けると、第一には家族持ちの陪臣らとそれに下人をも持った者たち、第二には本人一人と男の下人一人との計二人一組のもの、第三には、本人一人だけのいわゆる独身者らとに分けることが出来る。その結果は、第一の家族持ち、さらに下人らを持った陪臣らは計一九家族余り、第二の本人と男の下人との計二人の組は計一一組余り、第三の独身者は計三一人余りである。ここでは陪臣らの中でまずは独身者が三一人と非常に多い事実が注目される。それに本人と男の下人との二人組を加えると計五〇人余り、かれらが重臣狛氏の陪臣らによる戦闘部隊の中核を構成していることが注目される。

残るのが家族持ちの陪臣らであるが、それらは計一九家族余りである。なお、家族持ちの場合、そこでの下人らを除くと、家族の平均数は四人前後ではないかとも考えられる。また、その中で江戸初期とあれば、場合によっては大家族の存在をも考えることが多いかとも考えられるが、そこでの実態は平均すると四人程度ではないかとも考えられる。また、そこでの詳細はいまひとつ明確さを欠くが、陪臣ら夫婦の中では男女の下人らをともに所持した者、そこでの名前から見て女だけの下人らを所持した者、下人を全く所持していない夫婦だけの者たち、以上に分けることが出来るのではないかとも考えられる。

(5)狛氏と奉公人たち

最後に、やはり見出し項目はないものの、また、その苗字はないものの、六五人余りの男女(男五二人・女一三人余り)のいわゆる召使いらが登録されている。(7) かれらは既に指摘もしたように、当主狛氏の次に位置付けられた召使女二四人とは別に、恐らくは当主狛氏の指示によってさまざまな雑事に従事していた者たちではなかったかと考えられるが、詳しいことはわからない。

なお、最初に当主狛氏の家族に続いて次に召使女二四人の存在を既に指摘した。同時に、狛氏の陪臣らの中心は独身者が非常に多い事実をもまた指摘した。とすれば、召し使いの女性たちは、恐らくは独身者らによる陪臣らの何らかの世話を直接に、または間接に、担っていたのではないかとも考えられる。その意味で、彼女らは一般の、最後に紹介される男女を中心とした奉公人らとはまた区別された存在ではなかったかとも考えられる。

(6)残された検討課題

以上、重臣狛氏を中心とした軍事集団の内容についての検討を主に試みることにした。これはあくまでも重臣狛氏個人が率いた直属の軍事集団の内容如何であり、それこそがかれが最も信頼していた自分の率いた軍事集団ではなかったかとも考えられる。かれ自身は一旦緩急の場合、家老として他の多くの家臣団をも率いては出陣したものと考えられる。この場合は、一般の家臣らで編成されていたいくつかの組を束ねては、また、いくつかの軍事集団らを一括しては、率いてはともに戦ったものと考えられる。しかし、そういった中にあっても、常にかれの身辺にあってかれを警護してともに戦っていたのは、かれ自身が率いていた直属の家臣たち、具体的には与力・陪臣らによって構成されていた狛氏直属の家臣ら、軍隊ではなかったかとも考えられる。

かれらは特に若い年齢の者たちをその中心に編成され、そこでの行動力・機動力もまた抜群であった。また、かれらは若いだけに厳しい訓練にも、また、厳しい戦いの試練にも耐えることが出来たのではないかとも考えらる。そのかれらが当主の身辺にあって常にかれを助けては行動していたものと考えられる。同時に、当主狛氏の支配下にあった与力・陪臣らと召し使いらを合わせた、既に指摘もしたように、そこでの生活集団は計四六〇人余り（資料では四五六人）にもなり、かれらは戦争のない期間でもまたひとつのまとまった生活集団をもともに編成していたのではないかとも考えられる。その意味では、現在のところ、適当な表現が見当らないものの、いわゆる一族郎党らを中心とした自立した一種の共同体的な存在ではなかったかとも考えれる。かれらは互いに物心両面からともに支え合い、助け合っては、日常生活をもともに送っていたものと考えられる。かれら相互間における結束は極めて強いものがあったとも考えられる。また、そこでの結束の強さが軍事力の強さにもまた結果したのではないかとも考えられる。そして、当時の城下町にあっては、大小さまざまな家臣らを中心としたこれらの大小の生活集団が数多くともに存在し、また、かれらによる大小の集団が重層的にもまた絡み合っては存在していたのではないかとも考えられる。

最後に、残された検討課題のひとつとして既に指摘もしたように、重臣狛氏に与えられた与力たちのその中でみられた下人らが、文字通りの下人・下男といったいわゆる隷属的な労働力としての存在であったのか、あるいは、先祖伝来、与力らが所持していた陪臣らであったのかどうか、この点については、なお、さらなる検討の継続が必要ではないかとも考えられる。

また、あえてさらに付言することが許されるとすれば、後述する本書第Ⅲ編で正面から検討の対象とする同じ一門大名である越後高田藩二五万石で延宝年間に起こった著名な越後騒動の場合、ここでは家臣らによる規模の大きい脱藩騒動が起こることになった。とすれば、それらの動きを支えていたのは、また、それが可能であったのは、当時における家臣団の編成それ自体が各重臣らを中心にそれぞれがまとまった生活集団として存在していたその結果、脱藩は零細な禄米取りの家臣らをもともに含めての、また、一族挙げての、脱藩といった行為がはじめて可能ではなかったかとも考えられるのである。

とすれば、藩主らにとっては、個々の重臣らがそれぞれ所持する家臣らの、また、そこでの一族郎党らによる結束を、さらにはかれらを中心とした個々の生活集団そのものの在り方如何をも解体しない限りは藩主による一元的な支配権力の確立はやはり不可能ではなかったかとも考えられる。しかし、何時また戦乱が起こるかも知れないと考えれば、当分の間はこの体制を一面では継続させざるを得なかったともまた考えられる。こういった家臣団に見られるいわゆる二重構造の在り方如何がやがては厳しく問われることになったのではないかとも考えられる。具体的には、有力家臣らにみられる与力・陪臣らを主体とした家臣団構成を封じ込め、そこでの各有力家臣個々における与力・陪臣・いわゆる又者または小者らに対する存在を可能な限り封じ込めて、かれらを藩主を中心した一元的支配の確立の中で、それの確立を側面から補填または補完するための存在に組み替えていく努力が必要ではなかったかとも考えられるのである。いわゆる寛文・延宝期における各藩に共通してみられる藩政の刷新やそこでの改革の動きは、こういった課題をも解決するための一面を共通して持っていたのではないかともまた考えられる。

同時に、この頃からも特に表面化した藩財政の困窮は、各有力家臣らにも大きな経済的な打撃を与え、それらがかれらが率いた与力・陪臣らの生活困窮にもまた結果し、そのこともあってか、特に陪臣らの生活は困窮し、かれらの存在それ自体もまた衰退化せざるを得なかったものとも考えられる。しかし、それでも時代の推移とともに、かれらはさまざまな変化をたどりながらも存続し、たとえば、各有力家臣ら相互間における勢力争いを機会にかれらの存在が再び見直されては幕末維新期を迎えることになったのではないかとも考えられる。その意味では小稿の冒頭でも指摘したように、この福井藩の場合は、明治初年にはいわゆる「武生騒動」が起こり、そこでの首謀者らは一時期、その存在が全国諸藩からも注目されることになったのではないかとも考えられる。また、ここで見られたこの藩における家臣団のいわゆる二重構造は、「貞享の大法」〈半知〉を機会に与力の制度は廃止されたものの、家臣らと陪臣らとによる共存・併存の生活は幕末・維新期に至るまでも継続したものと考えられるのである。

【注】

(1) 以下、かれの由緒などについては他に「狛伊勢守附大学助孝清」(「越前人物志」)上巻三八〇頁以下)があり、特にここでは同氏の大坂の陣における活躍がめざましい。次に「由緒書全」(「続片聾記」九の三四二頁以下)、また、「福井市史」資料編4の四一〇頁など参照。

(2) 松平文書狛氏関係資料参照。

(3) また、文政期における狛氏による給地一覧が既に作成されて発表されている(舟沢茂樹「福井藩における知行制の一考察(「日本海地域史研究」昭和六一年度刊に所収)参照。

(4) 以下の資料はすべて「切支丹宗旨改帳」(松平文庫越前資料)による。

(5) 「切支丹改請書雛型」(「福井市史」資料編6近世4藩法三三頁参照。なお、重臣狛氏を対象にした宗旨改帳に対して農民らを対象にした寛永一五年の「御領村宗旨改之帳」が残されている(「福井県史」資料編7中近世5の八頁参照。そこでの内容は成立期における農村の在り方如何を反映してか、そこでの詳細は省略するとしても、その内容はきわめて興味深いものがある。

なお、一般の宗門改帳を検討の対象にした研究としては渡辺理絵「近世武家地の住民と屋敷管理」(二〇〇八年　大阪大学出版会刊)の中でも武家地の宗門改めについての紹介がある。

(6) 一応、一向宗裏が六〇カ寺以上、三門徒が一〇カ寺・一向宗が二カ寺・高田宗二カ寺などが多く、次が禅宗で二七カ寺余り（なお、内一〇カ寺は記載はないものの、前後の関係から禅宗と考えられる）、法華宗二〇カ寺余り、浄土宗一六カ寺余り、他に知禅宗三・真言宗一などとなってはいるが、さらに継続した検討が必要である。

（7）この奉公人らには下人といった名称はみられない。とすると、この頃の奉公人と下人との内容・性格などの違いなどが今後における検討課題になるかと考えられる。

第三章　福井藩政の展開と動揺・分裂について

第1節　新藩主四代松平忠昌と藩政の確立を目指して

第1項　藩政の確立を目指して

寛永元年三月、一族間における藩主交代の結果、これまでの越前藩主であった僅か一〇歳余りの幼君光長に代わって新しく越後高田藩主であった松平忠昌が、これまでの城下町北庄を福居または福井と改めて入封し、ここに新しく福井藩政が開始されることになった。この場合、忠昌に与えられた第一の課題は、既に第一章で検討を試みたように、新領知五〇万石余りにふさわしい家臣団を早急に編成することであった。同時に、次になすべき課題は、その新しい領知高の町・村々に対する支配体制を一刻も早く構築することであったものと考えられる。以下、ここでは特に後者の領内町・村々に対する支配体制の構築などについて具体的な検討を試み、また、そこにおける問題点などについても少し考えてみることにしたいと思う。

この場合、そこでの支配体制の構築にあたっては、藩主忠昌はもちろんのこと、父秀康からかれに早くから特に付属させられていた永見志摩守吉次・上三川貴基・狛《こま》一右衛門ら以下の付人たちが藩主忠昌にともに協力したものと考えられる(1)。また、忠昌が最初に上総国姉カ崎一万石の藩主へ、次には常陸国下妻藩三万石の藩主へ、さらには信濃国川中島一二万石の藩主へ、そして、越後国高田藩二五万石の藩主へと、その都度、その所持石高を増加させ、また、そこでの所持石高に見合った家臣団の整備・充実や藩政の在り方如何についての整備にも努めてきたと考えれば、その間における努力と経験などとが大きく役に立つことになったものと考えられる。また、新藩主忠昌の福井入封とともに、これまでの越前藩時代における付家老であった本多伊豆守富正らが、これまたこれまでの越前藩における経験を十二分に生かしては新しく奉公することになったものと考えられる。さらには、これを機会に藩主忠昌の弟たちには、具体的には弟直政には大野五万石を、直基には勝山三万石を、そして、直良には木本《このもと》二万五〇〇〇石とを与えては、かれらをいわゆる藩屏として福井藩の守りをさらに固めることにしたものと考えられる。

同時に、藩主忠昌自身も軍備の強化には熱心であった。そのために鉄砲をはじめとする武器などをも新しく製造または購入し、また、それらに対する練達の家臣らをも新しく採用し、あるいは、城内における物資を蓄えては万一の事態に備えることにした。さらには各地から武勇の誉れの高い武芸者らを積極的に招き、島原の乱が起こると、それへの直接の参戦を公儀に願い、その願いが却下されると、家臣らの代表らを出兵させた藩主らの許に直接派遣しては陣中見舞をさせると同時に、そこでの軍事動員の在り方などをも視察させるなど、さらに軍備の強化にも努めている(2)。あるいは、これ以前の寛永五年末には、忠昌は日光東照宮を城内の三の丸に勧請しては社領三〇〇石を寄進、家臣ら個々人らに対しては為政者としての自覚を強く促すことにしている。

第2項　領内統治の整備と強化について

最近における「福井市史」編纂の過程を通して、江戸前期（いわゆる貞享の大法まで）における歴代藩主によって発布された諸法令が体系的に整理・編纂されて発表された意義は大変、大きいものがあるかと考えられる。以下、当時における諸法令の編纂の成果や先学らの研究蓄積などをも踏まえて歴代藩主による藩政の在り方如何を追うことにするが、まずは新藩主忠昌によっても藩政の基礎を固めるための法令が相次いで発布されている事実が注目される。次に、五代藩主光通《みつみち》、そして、僅か二年間余りではあったがその跡を継いだ六代藩主昌親、さらに続いては七代藩主綱昌を迎え、この時点で福井藩は、後述するように、「貞享の大法」によって一旦は改易を命ぜられ、その直後には領知高を半減された上で改めて再興を認められることになったのである。

そこで新しく越前藩から福井藩へと生まれ変わることになった四代藩主忠昌以降、貞享の大法の実施に至るまで、この間の四代にわたる藩主たちの在位年数をみてみると、最初の忠昌が寛永元年から正保二年までの二〇年間余り、次の光通が正保二年から延宝二年までの三〇年間余り、しかし、かれは一〇歳で襲封したために一八歳になった承応二年閏六月に初めて帰国を許されて藩政に参加したために実質的には忠昌の治世と余り変わらず、次の六代藩主昌親は延宝二年から同四年までの僅かに二年余り、そして、七代藩主綱昌が同年から貞享三年に至るまでの一〇年間余りとなる。また、各藩主のそれぞれの在位期間に出された法令数を概算してみると、現在のところ初代福井藩主の忠昌は二五点余り、五代藩主光通時代はそこでの在位は忠昌より長いものの、かれは後述もするように、藩政の刷新・改革に真正面から取り組んだこともあってか、出された法令数は最も多くて九〇点余りと特に多いことが注目される。そして、六代藩主昌親は僅かに二年間の在位で一〇点余り、最後の藩主綱昌の時代は在位期間一〇年間余り、それもその後半の時期には病気（精神病か）で藩政からは身を引き、後見役として六代藩主であった昌親に代わるものの、しかし、藩政の動揺・分裂もあってか三〇点余りの法令が出されている事実が注目される。(3) 以下、各歴代藩主によって出された諸法令の発布とそこでの内容とを踏まえて、さらにはこれまでも利用した「越前世譜」や先学らの研究業績などをも踏まえて、歴代藩主らによる藩政の推移をみてみることからはじめたいと思う。

なお、あえて付言するとすれば、既に紹介を試みた各藩主の時代ごとに出された諸法令を大きくは⑴家臣団関係の法令、次に⑵町及び農村・農民らを対象にした諸法令、そして、⑶交通や普請、治安・治山・治水などの関係法令、そして、その対象を幅広く理解することにして⑷文化関係の諸法令とに分けて、それぞれ出された法令類を以上の基準によってごく大まかに分類しながら発布された法令を年代順に並べる作業を少し試みることにした。

そこでの結果は、繁雑さを避ける意味もあって省略するが、これらから見ることが出来る福井藩における政治・経済的動向としては、新藩主忠昌時代には新しい藩政が開始された時期だといった意味もあってか、それぞれの分野で不可欠だと考えられる法令がそれぞれ出されている。次の藩主光通の時代は在位年数がやや長いこともあって、また、文化面では大安寺の建立や大愚和尚の招聘などと少ないものの、就任当初の正保年間から寛文ごろまでには、家臣らに対する倹約令や農民らに対する郷中法度などの取り締まり関係の法令や、また、交通関係の法度もまた頻繁に出されていることが注目される。また、これに対して寛文八年には家臣らはもちろんのこと、今度は農村や農繁に出されている。続いて特に寛文の三・四年から同八年頃にかけては、毎年のように家臣らに対する諸法令が頻民らを対象にした各種の内容の法令がこれまた集中して出されている事実がまた注目される。これらの事実は恐らくは藩主光通を中心として最初は主に家臣団を対象に、寛文八年からは家臣ら及び特に農村及び農民らの在り方如何に対する福井藩における藩政の刷新または改革が、この時点頃から一斉に実施されたその事実を端的に示しているのではないかと考えられる。

ところが、不幸にも、その翌九年四月には城下町福井はじまって以来の大火災が起こり、権威の象徴でもあった天守閣までもが燃上し、そこでの周辺部からはじまって多くの城下の町々が焼失するといった不幸に見舞われることになった。とすれば、現実は藩政の刷新や改革どころではなく、直ちに多くの罹災者に対する救済を、そして、城下の復興に追われることになったものと考えられる。また、そこでの新しい財源の確保が不可欠になったものと考えられる。特に法令の発布からみると、特に寛文一一年以降、延宝期にかけては徹底した再度の倹約令や家中らに対する借米などが実施されている事実がまた見逃せない。そして、そこでの混乱の中で改革の推進者でもあった藩主光通自身が延宝二年には遂に自刃に追い込まれているのである。

ところで、以下順次、各藩主の時代に出された諸法令や「越前世譜」などによって藩政の推移をみていくことにするが、まずは新しく入封してきた忠昌によって、早速、家臣ら全体に対して寛永元年七月には「松平忠昌掟書」一四カ条及び続いて「同」七カ条が、また、その翌月には「家中武具定」一一カ条・「家中侍衆着物定書」・「家中振舞定書」、そして、同六年には「供侍作法方条々」とがまとまって出され、家臣らの日常生活の在り方如何に関する細部にまでも立ち入った統制令が発布されている事実が注目される。さらにこれらの法令に続いて同四年には「幕府普請役定条々」一二カ条、同六年には「田安門普請手伝普請定書覚」といった普請関係の法令が、そして、同一一年には忠昌入封の当初に出されていた「松平忠昌掟書」一四カ条及び七カ条にさらに加えて一五カ条からなる「松平忠昌掟書」が再度、追加の形で発布されている事実が注目される。これら以外にも同七年には家中宛の「切支丹改請書雛型」が、また、藩主忠昌の上洛に応じては同一一年には「松平忠昌上京ニ付道中法度」・同年「上京道中過料定」・同「在京中辻番法度」・同「在京中横目法度」などもまた出されている。あるいは、幕府による軍役令に対応する形で二〇〇〇石以下の家臣らについては不明であるが、それ以上、一万石に至るまでの有力家臣らを対象にしたこの藩における軍役令である「軍法役付定書」も出されている。続いて寛永元年に出されていた詳細な「松平忠昌伝馬人足定書」に続いて同一一年にも「伝馬駄賃定書」もまた出されている。

以上は主に家臣らを対象にして出された諸法令である。ここではそれらの中でも特にその中心である「従公儀被仰付御法度之旨不可相背之事」の第一条からはじまる「忠昌掟書」の内容などは、さらに立ち入った個々の条文などの紹介が必要だとも考えられるが、しかし、ここではその内容などは省略するとしても、既に指摘もしたように、その多くは寛永元年といった藩主忠昌が福井に初めて入封したその年または藩創設の当初ごろまでにまとまって出されている事実が注目される。そこでの目的は、いうまでもなく、藩主入封当初から家臣らに対しては法令の趣旨を周知徹底させ、多様な出身者で占められている家臣団の融和と結束との強化とをまずは促すところにその目的があったものと考えられる。同時に、かれらに為政者としての自覚を強く促すと同時に、それによって領民らとの間における信頼関係の構築をも強く期待するものであったとも考えられる。あるいは、当初から質素倹約の励行などをも推進させるものであったと考えられる。特に、かれの場合、これまでの越前藩に代わって北陸の「要衝の地」、また、「肝要の地」でもあった福井藩の藩主に、兄松平忠直に代わって改めて任命されたといったそこでの自負と使命感とが、かれをして特に家臣団及び軍備の強化策を実施させることになったのではないかと考えられる。

第3項　領内統治の実態について—特に農民らの逃散を中心に—

次に、寛永期を中心とした領内統治の在り方如何を中心とした法令の整備であるが、新藩主忠昌の入封と同時に、早速、農村支配の当事者であった代官たちに対しては、当時における藩政の最高責任者(年寄衆)でもあった狛木工允・永見志摩・本多伊豆の三人が連署の形で「代官勤方ニ付年寄衆定書」一八カ条を、同時にまた「検見中法度」五カ条とをともに発布しては代官らに農民らに対する基本的な政治姿勢の在り方と具体的な対応如何とを年寄衆白らが示している事実が注目される。あるいは、それの実施にあたっての具体的な注意事項としては翌二年には「納所方条々」七カ条を示しては年貢納入に関する基本的な心得をも示している。また、同七年には農村における労働力を確保する目的もあって「他国奉公等制禁ニ付百姓請書」を提出させ、また、正保二年末には「走百姓宿過料銀定書覚」とを発布しては領内における百姓らの離散の防止に努めている事実もまた見逃せない。同九年には「五人組請書」一四カ条を示しては農民ら相互間における結束と相互扶助の必要性をも強く促している。当時は五人組の存在と同時に、他方ではまた十人組の存在もまたみられ、両者の関係如何については現在のところいまひとつはっきりしない。

　また、これまでに度々利用を試みた藩によって編纂された「越前世譜」の中では、寛永四年五月二二日には以下の記述がある。[4]

「丹生郡米ケ浦之昨年元和六年（申年）庄屋壱人相残、村人一同百六人、船ニ而致出奔候ニ付、方々相尋候處、越後新潟ニ罷在候ニ付、今日召連帰致吟味候處、頭取市兵衛・六蔵・孫市と申者ハ行衛不相知候ニ付、兵四郎・次兵衛と申者両人追而入牢申付之」とある。

　これによると、丹生郡米ヶ浦の農漁民ら一〇六人が庄屋一人だけを残しては船に乗って越後の新潟に逃散したのだとある。そこでかれらを捕らえて吟味の対象にしたが、既に頭取三人は行方不明、そのために二人に入牢を申し付けるのだとある。この事実は寛永期になってもまだ農漁民らによる逃散が恐らくは度々行われていたことをも示すものとして注目されるかと考えられる。特に、庄屋が一人だけ村に留まっていたと考えれば、かれは自分の庄屋としての責任をも深く自覚し、処分覚悟で唯一人で村に残っていたとも考えられ、あるいは、かれ自身が困窮に苦しむ農民らに同情しては農民らを取り締まるべき立場をあえて放棄し、農民たちの為に犠牲になることをも既に覚悟していたのではないかともまた考えられ、直ちにかれの立場如何を理解することは難しいかとも考えられる。いずれにしても、村人たちの困窮から逃れるための必死の思いが、かれらをして村からの集団的逃散に結果したものと考えられる。また、この事実は寛永期になっても農漁民らによる逃散が度々行われていた事実をも示すものとして特に注目されるのではないかとも考えられる。なお、後述もするように、丹生郡米カ浦ではまた割地制度が実施されていることもまた見逃せないかとも考えられる。

以下、ここでの事実を踏まえていま少しこれまでに紹介を試みた農民らに対する法令の内容如何に踏み込んだ検討を試みると、既にその存在を指摘した正保二年一一月には、郡奉行から村々宛に「走百姓宿過料銀定書覚」五カ条が出されている(5)。これをみると、ここではそこでの全文の紹介は省略するとしてもそこでの骨子は、逃散した走り百姓らに対して宿を提供するなど、そこでの手助けをした場合の罰則が定められている。しかも、その罰則は寛永一〇年に既に一度は制定されてはいたが、その内容が余りにも厳重で、それによってその村そのものが「つぶれ申す由ニ而」と、潰れてしまうことが心配された結果、今回は改めて軽減するのだとある。また、そこで軽減された罰則の内容は、たとえば、逃散百姓を泊めた当主(宿主)の場合は銀一枚、両隣り・向隣りは銀二〇匁、村庄屋・長百姓らは銀一〇匁、村中小百姓と寺は銀五匁、後家・やもめからは銀二匁ずつを徴収するのだとある。逃散した農漁民らに対する罰則はもちろんのこと、宿を提供した者たちをはじめとして村中の役人や小百姓・後家・やもめに至るまでの全員が処罰の対象にされているのである。いわば村に住む全農民らのすべてに何らかの形での連帯責任を負わせる逃散阻止政策が現実には実施されていたのである。

なお藩主忠昌時代の法令の中で領内統治にあたっての最大の拠点であった城下町福井に対する法令が現在のところ一点だけ収録されている。その中での町・農民らに対する逃散禁止の措置に関連した以下の三カ条が特に注目されるかとも考えられる。以下、その条文の内容を紹介すると、以下の通りである(6)。

一先地頭之時御領中より欠落之者、何様之儀在之共可罷還、被遂穿鑿其上ニ而望之地江居住可被仰付事
一従御領内男女無其理他国江一切出間敷之事
一男女永代売買仕間敷事
　但御領之内ニ而年季ニ置候儀ハ可為各別

以上である。ここでも領内における人口確保のために、人身売買の禁止をはじめとして人々の国外流失が厳しく禁止されている事実が見逃せない。同時に、当人の希望する場所での居住が奨励もされているのである。また、この事実は、既に紹介した藩主忠昌の入封にあたって藩の年寄衆三人から出された「代官勤ニ付年寄衆定書」計一八カ条の中にも欠落ちの禁止とともに、かれらの望む土地への定住とが奨励もされているのである。

ともあれ、ここでは個々の法令の内容にまでは立ち入る余裕がないとしていても、領内統治に関する法令の中ではやはり租税徴収に関する具体的な内容を示したものが最も多く出されている事実が注目される。それは領主にとっても、また、領民らにとっても、それは最も切実な問題であった。そのためには特にその実務を担う関係役人らに対しては綱紀の刷新を強く促し、同時に、領民らに対してはその果たすべき義務を機会あるごとに繰り返し促すことが必要であったものと考えられる。

あるいは、既に第Ⅰ編第三章第3節で検討を試みたように、慶長一七年に起こったこの藩における著名な御家騒動である久世（越前）騒動の場合も、そこでの騒動の発端は、自分の給地内の農民夫婦が他の領地の役人らによって殺害されたことから事件は起こっている。当時にあっては自分の給地内における農民らを如何にして確保し、かれらをその土地に定着させるかが領主（給人）らにとっては切実な課題になっていたのである。

【注】

（1）たとえば、「片聾記」四二頁参照。

（2）藩主忠昌が入封と同時にいろいろな面で軍事力の強化に努めた事実は、「稿本福井市史」上巻一五四頁以下参照。具体的には全国から著名な武芸者らを集めた事実などが広く知られている。あるいは、島原の乱への出兵を公儀に願い、それが拒否されると、家臣らを出兵中の諸藩に派遣しては陣中見舞いをさせるなどの逸話が残されている。

（3）この藩における諸法令の発布については、先学らの努力もあって「福井市史」資料編6近世4上巻には藩祖秀康以降、「貞享の大法」をへて安永・天明期に至るまでの法令が各年代順にまとめて収録されている（それ以降は資料編6近世下巻参照）。この基本資料の収録は福井藩における研究をすすめるにあたっての貴重な資料だと考えられ、また、これらの研究上に果たす役割は極めて大きいものがあるかと考えられる。本来であれば、個々の法令の内容にまで立ち入った検討が必要だとも考えられるが、今回は取り敢えずは藩政の推移如何をみるために利用することにした。したがって、収録されたこれらの個々の法令については、繁雑さを避けるために個々の収録資料についての出典の記載例を思い切って省略することにした。しかし、特にその法令の具体的な内容などを紹介して検討を試みる場合などは、個々の資料の出典名をともに示すことにした。同時に以下、「福井市史」資料編6近世4上巻をここでは以下、「法令集」と呼ぶことにした。

（4）この米ヶ浦の逃散事件については「世譜」以外にも他に「越前町史」上巻三三四頁以下などに詳しい。また、この村では正徳二年には割地の制度が実施されている事実も見逃せない（牧野信之助「武家時代社会の研究」二九三頁、「城崎村志」一一三頁）参照。

（5）「法令集」四二頁「走百姓宿過料銀定書覚」参照。

（6）「同」一二五頁「福井町札条々」参照。なお、城下町福井については松原信之「福井城下の町方支配と貢租・土地制度の諸問題について」（「福井県史研究」第6号）・同「福井城下戸口の概要とその一考察」（「若越郷土研究」9の3）・同「北庄城の地理的位置とその防御的配慮について」（県立高志高校「研究集録」第1号）などが注目される。

第2節　五代藩主光通《みつみち》による藩政の改革とその挫折について

第1項　藩政の刷新を目指して—家中対策を中心に—

これまでの越前藩に代わって改めて福井藩の創設に努力することになった四代藩主忠昌が正保二年に四九歳で死去すると、その跡を正妻の子供であった光通（万千代）が一〇歳で家督を相続、しかし、かれはまだ江戸表で養育されていたために国元における重臣らが藩主に代わって藩政を担うことになった。また、そのために公儀は国目付を派遣しては藩政の在り方を監察させることにしている(1)。さらに、かれの相続を機会に庶兄にあたる昌勝には五万石（松岡藩）、庶弟昌親には二万五〇〇〇石（吉江藩）が内分知され、光通は残りの四五万石余りを相続することになった。その後、かれは一八歳になった承応二年閏六月にはじめて入国を認められ、これ以降、かれを中心とした藩政が改めて開始されることになった。同時に、これまで国元にあって藩主不在の時期の藩政を担っていた付家老本多伊豆守富正をはじめとして杉田三正・永見吉次・狛孝澄らの重臣らがこの時期に相次いで亡くなり、これを機会に重臣らの間での世代交代がすすむことになった事実もまた見逃せない。

藩主光通は入部すると、直ちに同年七月には前藩主忠昌に続いて今度は「松平光通定書」一七カ条を、さらに同日にはそれに五カ条を別に追加、さらには「家中武具定」九カ条を発布しては家臣たちに対して守るべき基本的な条文を、ここではそこでの詳細な内容は省略するとして具体的に指示していることが注目される。また、明暦元年には特に家臣（給人）ら以外の侍・徒者《かち》・小者、道具持・中間・草履取りなどに至るまでの零細な者たちをも対象にしてかれらの日頃の服装・身なりや所持する脇差類などの在り方如何に至るまで細部にわたる規制と法令の遵守とが指示され、翌同二年には、今度は続いて家臣らに対してもそこでの服装及び供連れの内容や音信贈答・諸奉加の禁止、集会の節での倹約などが、さらに続いては「家中倹約令」六カ条もまた出されている。また、承応三年には「伝馬人足定書」三カ条が、続く明暦元年には「道中法度」一一カ条と「道中不行儀停止条々」とが、同四年には「美濃道通行ニ付請書」の提出が、寛文に入っては同元年には公儀による駄賃定書に対応する形での「伝馬駄賃定書」及び「宿々駄賃定書」がともに発布されている。

他方、いわゆる地方《じかた》支配をめぐっては、かれは入部すると、承応二年七月の「松平光通定書」の発布と同時に、村々に対しても「納所方条々」七カ条をともに発布し、最初に農民らの藩からの逃散が禁止されるとともに、年貢及び付加税の内容の確認とそれの納入とが強く命ぜられている。続いて明暦元年には出郷する役人らに対して「出郷之節心得方条々」五カ条と農民らに対しては「在々百姓衣類等法度請書雛型」の発布とそれに応じた請書の提出とが命ぜられている。前者は出郷する役人らに対する心得を、後者は農民ら個々人らに対する衣類統制などの身分に応じた生活などを厳しく命ずる内容のものであった。

ところが、ここでの請書提出に続いて特に万治三年には「在々百姓他国不出法度請書雛型」が、翌三年は「郷中法度請書」四カ条とが出されている。前者は既に紹介を試みたように、寛永期にも出されていた百姓らの他国への流失を再び阻止するためのものであり、もしもその事実が判明した場合は「咎之軽重を御吟味之上ニ而、或ハ死罪或過料可被取上候旨承届候」と、死罪もあり得ることをも述べたものとして注目される。後者は罪人や不審者、または浪人者らの村々への出入りを厳しく禁止し、治安維持のために村人たちの連帯責任をも厳しく問う内容のものとなっている。

以上、藩主光通の就任当初から一〇年間余りの時期におけるかれの藩政の在り方如何を、主にひとつには家臣団に対する法令施行の面から、次には村及び農民らに対する法令の施行の面からみてみることにした。これらの事実を通して藩主光通は就任当初から藩政の直面していた課題に正面から取り組み、それの解消に努力している事実をも確認することが出来るのではないかと考えられる。とすれば、その間における藩政の現状は、一八歳といった多感な時期に藩主となった光通にいろいろと考えさせるものがあったのではないかとも考えられる。また、世代交代もあって新しく藩政を光通とともに担うことになった重臣らにも、たとえば、「福井市史」によると、飯田主米・稲葉正信らの新しく登用された重臣らも、恐らくは同じ思いではなかったかとも考えられる(2)。しかし、この辺の事情はかれら個々人らの記録が残されていないとあっては、現在のところよく分からない。けれども、かれらが熱心に藩政に取り組めば取り組む程、そこでの直面した課題の深刻さを痛感せざるを得なかったものと考えられる。

この場合、時代はいわゆる寛文・延宝期を迎え、福井藩だけではなく多くの藩では藩政の刷新が、また、改革の潮流が、全国的に既に起こりはじめていたとあっては、たとえば、同じ一族でもあり、かつての居住地であった越後高田藩でも小栗美作らを中心とした藩政の改革が既に実施されつつあったとあっては(後述第Ⅲ編第四章第1節参照)、福井藩の場合もまた直面した現実の刷新を、そして、新しい藩政の在り方如何をやはり模索せざるを得なかったものと考えられる。ところが、現在のところ、これらの動きが何時頃から開始されたのか、また、藩主光通らの藩執行部が、何時の時点から藩政の刷新に、また、改革に取り組みはじめたのか、この辺の事情は現在のところよくわからない。

以下、引き続き法令施行の面からまずは藩政刷新の動きを探ることにするが、最初には、新しく寛文期を迎えて家臣団に対して集中した形での法令が施行されている事実が注目される。まず寛文二年四月には「祝言取遣定」が出されているが、これは家臣らをその所持石高ごとに分けてはそれぞれの所持石高に応じた祝言の在り方如何を具体的に定めたものであった。その内容はいうまでもなく、家臣らの祝言における贅沢を強く戒め、倹約を徹底させることを厳しく命じたものであった。翌同三年にも再度「家中祝儀締覚」四カ条が追加されている。また、同三年末には「家中衣類定」三カ条及びその内容をさらに規制した同様の法令もまた出され、続いて今度はそこでの接待の在り方を規制した「家中振舞定」四カ条が、そして、「礼日供連定」と「供侍作法方条々」とが、翌四年には「家中道具持倹約令」三カ条及び「召使家族他国出停止触」、また、「侍中へ若党等無礼停止触」もまた出されている。

他方、農村に対しては、寛文五年に「村々締方ニ付請書」八カ条、翌六年には「年貢納所等ニ付請書」一〇カ条とがともに出されている。前者は農民らに対して質素倹約・相互扶助の必要性を、また、そこでの贈答禁止、村役人らの責務の確認などや用水管理の在り方など、多伎にわたるものであり、後者は農民らからの年貢の完納を強く促し、また、そのための村中挙げての支援を、また、そのための障害になる諸条件などの排除とを強く求める内容のものとなっている。

以上の動きなどが注目されるが、特にここでは家臣ら個々人らの日常生活にまで立ち入った徹底した質素倹約が強く命ぜられている。また、そのための法令が特に寛文三・四年に集中して出されている事実が何よりも注目されるかと考えられる。この事実はまずは家臣らが、為政者としての自覚を踏まえては質素倹約に徹底すべきことを強く求めたものであった。藩政の刷新、藩政の改革のためには、まずは個々の家臣らが為政者としての責任を自覚し、自らがかれら以外の多くの人々の手本になるべきだといった強い思いが、また、己れ自身をまずは自らが厳しく律すべきだといった考えが、藩政の刷新と改革の実施に向けて藩主光通によって最初に表明され、それが既に寛文年間になって具体化に移されている事実が注目されるのではないかと考えられる。

第2項　藩政の改革を目指して―諸政策の実施について―

(1)藩札の発行について

藩主光通らを中心とした藩政の刷新は、既に指摘したように、寛文三・四年頃からまずは家臣団を対象に開始されていたのではないかと考えられる。ところで、通説によると、この福井藩においては既に寛文元年には藩札が発行され、これが藩札発行の最初の事例だとも伝えられている。(3) しかし、この通説はその後における研究の発展もあって、たとえば、西国備後(広島県)国の福山藩では既に寛永期には藩札が発行されている事実などによって否定はされてはいるものの、(4) 藩札の発行が藩財政や領内における商品生産及び流通にも大きな影響を与えることなどをも考えると、改革は既に寛文元年から開始されていたのではないかともまた考えられる。

しかし、藩札の発行が藩財政の窮乏を解決するために大きな役割を果たすとはいっても、山間僻地をも含む福井藩における自然条件の厳しさや、重臣らが領内各地に、たとえば、付家老本多が城下ではなく府中(現越前市)に本拠を構え、また、領内村々の多くは蔵入地と知行地とに分かれ、それに相給村もまた多いとあっては、あるいは、領内で生活する人々もそれぞれが異なった領主にそれぞれが所属するなど、厳しい社会的条件の中で生活するなど、厳しい諸条件の中で一律に藩札の流通を促進させることは容易なことではなかったとも考えられる。とすれば、藩札の使用開始をもって直ちに改革の本格的実施とは言えないようにも考えられる。現実は藩札の発行開始とはいうものの、それの流通の具体化を示すような事例などは現在のところ極めて乏しいのではないかとも考えられる。そこの意味では、以下、紹介を試みる藩札発行に関する資料が注目されるのではないかとも考えられる。取り敢えずはこの資料の内容を紹介すると、以下の通りである。[5] なお、この法令が残されていた岩本村は著名な越前和紙の生産地として広くその名を知られている五カ村の中のひとつであった。

指上申一札之事

一今度御公儀様より被仰付候趣慥ニ承届、御法度之儀少も相背申間敷候事

一面々御法度之金銭、内所ニ而かつて取扱い仕間敷候御事

一他国江商荷物遣し申候ハヽ、其金銀を御札所ニ而少も無残御札買可申候御事

右之条々前々も被仰渡候へ共、尚以当年ハ堅被仰付候間、我々慥ニ承届相守可申候、若相背金銀之取あつかい仕候を御横目中御見付被成候者、其者之越度ニ可被仰付候、少し異儀申上間敷候、為後日我々一札仍而如件

寛文七年未ノ十二月七日　　岩本村　吉右衛門（印）

（以下、六人略）

この資料は今立郡岩本村（現今立市内）の農民らから提出されたものであるが、これによると、農民らが藩札発行を特に公儀、ここでは藩主の命令だと受け止めてそれに違反しないこと、自分勝手に金銭を扱うようなことはしないこと、他国に荷物を移出し、そこで得た代金は必ず札所（札元）で藩札に交換する旨をも誓う内容のものとなっている。そして、そこでの指示としては「右之条々前々も被仰渡候へ共、尚以当年ハ堅被仰付候間」と、藩札通用に関しては既に以前にも申し渡しているが、今回は改めて強く申し渡すのだとある。また、この申し渡しは寛文七年一二月七日となっている。

続いて岩本村には翌寛文八年四月の同じ表題での「藩札使用方請書」が残されている。[6] そこでの骨子をみると、

第一には、自分で内緒で金銀を扱わないこと、第二に、これからも自分で扱ってはならないこと、この二カ条とがともに強く命ぜられている。そして、もしも内密に扱っていた場合には、また、それを見つけた場合には、特に「御札所まで御断可申上候、御断り於申出ルハ其金銀を其ものニ被下、其上御褒美可被下候御事」とある。札所(元)までその事実を知らせた場合は、そこでの理由如何によっては使用していた金銀の所持をもそのまま認め、その上にさらに褒美までも与えると命じているのである。同時に、この法令に対して岩本村の百姓三六人が、この趣旨を必ず守ることを誓って連判しているのである。ここでは藩札が既に発行はされてはいたものの、まだ金銀の所持者らも多く、現実にはそれの回収がなかなか思うようにはすすまなかったらしい。このこともあって藩では比較的寛大な方針でそれの回収をすすめていたものとも考えられる。

ここでの示された事実をみると、寛文七年末から翌八年春にかけては藩では全領内に対して、また、すべての領民らに対して、藩札の使用を再度、強く命じ、藩札の領内流通の促進を強くすすめていることが注目される。また、この時期には藩札が既に発行はされてはいたものの、金銀の所持者もまた多く、それらの事実をも肯定した上で既に出回っている金銀の回収にあたっては比較的柔軟な方針が取られていたのではないかともまた考えられる。

ともあれ、この藩札に対する再度の強い流通促進は、藩札による領内に対する支配の一元化を目指すものとして、また、金融支配の一元化をも目指すものとして、重要な役割を担うものであったと考えられる。そのためもあって、本格的な改革の実施にあたっては、まずは最初に藩札の発行、特にそれの流通促進とが藩によって最優先の課題として取り上げられ、それの促進とが急がれたものと考えられる。その意味では、改革の開始が藩札の流通の促進から開始されたという事実は、決して唐突の、また、意外な行為ではなかったのではないかとも考えられる。

なお、先学らの研究を踏まえて残された藩札発行に関係する事実をみてみると[7]、そこでの藩札の発行額は銀二八一九貫四〇〇匁(此金高四万六九九〇両)、両替相場小判一両に付き銀札六〇匁、発行のために城下に札所が置かれ、札元には荒木七郎右衛門・駒屋善右衛門の両人とが任命され、他に八人がこれを補助しては正金銀との両替が実施されたと伝えられている。また、城下以外の三国・金津・栗田部・府中の四カ所には札所の支店が、さらには大野郡の勝山・木本・大野にもまたそれぞれ置かれたともある。また、業務を監督するために複数の目付らが任命されていたとも、あるいは、計二一種類の藩札が既に発行されたとも伝えられている。

同時に、ここでの福井藩における藩札発行の動きは、幕府によって実施されたいわゆる寛永通宝の発行、特に寛文元年六月に出された寛永新銭通用に関する法令の発布と不可分の関係にあったものと考えられる。幕府は寛文元年には新しく寛永通宝を全国に広く流通させることによって金融面からの全国諸藩の一元的掌握を試みることになったのではないかと考えると、また、こういった幕府の動きに対応する形で福井藩をはじめとして岸和田藩・大垣藩・岩国藩・名古屋藩などにおいても藩札が発行されている事実などをみると、(8)福井藩の場合も、この機会を利用しては藩札の流通を促進し、金融の面からの藩政の一元的支配を目指したのではないかとも考えられる。しかし、それの普及は思うようにはすすまなかったものと考えられる。そこで既にその内容を紹介したように、藩政改革の本格的実施の一環として寛文七年末には藩札発行及びそれの流通とが再度、強く督促され、再度、実施に移されたのではないかとも考えられる。

(2)再度、緊縮政策の実施について

既に寛文三・四年頃からは家臣らに対しては既に緊縮政策が集中して実施されていた事実を指摘した。また、この藩における藩政刷新の動きは、まずは家臣らから、また、かれらが為政者としての自覚を深め、率先しては質素・倹約に努めるべきだとする方針が実施されていた事実をも指摘した。この方針はそのまま寛文七・八年頃の本格的な改革実施にもそのまま引き継がれたものと考えられる。特にこれまでの対象が国元における家臣らであった

が、寛文八年になると、国元はもちろんのこと、江戸の家臣団に対してもまた開始されている事実が注目される。具体的には、寛文八年には「家中倹約法度書」九カ条が、続いて今度は江戸の家臣らに対しても「江戸供番倹約覚」三カ条、「江戸家中倹約条々」三カ条が、さらに続いて「江戸家中倹約条々」三カ条とがまたも出されている。また、家臣らに対する緊縮と同時に、「寺院造作定」が出されては寺院を新しく建立する場合、その規模・内装などにも制限を加えるとともに、町及び郡奉行らの指図を受けることが命ぜられているのである。

同時に、寛文八年二月には新しく「借米達」と同三月には続いてまた「借米達」とが出されている。これは藩財政の困窮のために、家臣らから藩が資金を借りることを意味するものであった。その通達が改革の一環として家臣ら宛に出されているのである。この借米の制度は、後述するように、同じ一族である越後高田藩でも実施されている。しかし、この藩の場合は有力家臣らを対象にしたものであり、この制度が既に実施されていたので藩による地方知行から蔵米知行制への転換は、有力家臣らの反対も鈍く、そのこともあって実施が可能でもあったともまた考えられている（第Ⅲ編第四章第1節第5項参照）。では、この藩の場合はどうであろうか。以下、最初の借米達の内容を紹介すると、以下の通りである。(9)

覚

御家中知行三ツ五歩ニ納所仕、其上を御借り被成儀可有之、御勝手諸事御簡略被遊候間、其様子ニより三ツ六歩か七歩ニ茂可成候、先面々勝手為心得如此ニ候、就てハ当暮可相究候間、其内小身成者共別而痛可申候間、大身江者此上茂御借り被成、小身之方江増シ被下儀可有之、内々左様ニ相心得可被申候、以上

（寛文八年）二月二十六日

この藩における借米の事実は、「市史」の注記によると慶安三年が最初だともあるが、いうまでもなく、ここでの事実は寛文八年からの改革の一環として福井藩でも借米の制度が再度、実施された事実を示すものと考えられる。この場合、家臣らによる地方知行制の実施を前提に一定の租率に加算してはその分を藩財政の補填に回す旨が指示されいる。しかし、同じ租率で付加税を徴収すると、所持石高の少ない小身者の負担が大きくなり、それでは不公平なので大身者からは今後はさらに別に徴収する予定だとも述べ、負担の公平化をはかる旨が同時に指示もされている事実もまた注目されるかとも考えられる。

続く三月の借米達では、以下の借米の実施にあたっての具体例が指示されている。それを紹介すると、以下の通りである。(10)

一御蔵・給所共百姓代官ニ被成事

一御家中知行七年之平均ニ相極、以後

四ツ弐分以上之知行ハ　　三ツ八分ニ納所可仕

四ツ壱分之知行ハ　　三ツ七分

四ツ三ツ九分之知行ハ　　三ツ六分

三ツ八分七分六分之知行ハ　　三ツ五分

三ツ五分之知行ハ　　三ツ四分

右之通り納所仕、免合より余ル分ハ当霜月中ニ御蔵江御借被成、未進有之ハ来春夏中ニ公儀より取立被遣筈、若借候者御蔵よりたし可被下候、免付之内五厘迄ハ下江加へ、六厘よりハ上江加ル筈

当年者面々知行之内指上申度旨申上ルニ付而、右之通御借り分ニ被成候

（寛文八年三月十八日）

以上の内容となっている。特に第一条では、後述もするように、この藩では百姓代官が任命され、地方知行から蔵米知行制への転換が実施されるが、その旨が最初に通告もされていることが特に注目される。以下の内容は既に紹介したように、藩が財政困窮のために、家臣らから借用するにあたっての具体的な基準（七年平均）の内容を示したものの、しかし、後述するように、翌寛文九年四月には、城下では大火災が起こり、多くの家臣らが被災したと考えると、むしろ藩執行部はこれを機会に逆にかれらの救済に追われることになったのではないかとも考えられる。

（3）農政改革の推進について

（A）地方知行から蔵米知行制への転換を目指して

藩主光通が藩政の刷新と改革とに取り組んだいわゆる寛文・延宝期は、全国的にみても多くの諸藩で藩政の刷新または改革が実施された時期ではなかったかとも考えられる。また、多くの藩では改革の過程を通しては、これまでのいわゆる地方知行から蔵米知行制への転換を実施した事実が特に注目されるのではないかとも考えられる。そこでは大名らの多くは、特に中小の譜代大名らの中では、繰り返される転封などの過程を通しては、これまでの地方知行から蔵米知行制への転換を通して家臣らの所持した給地を藩主自身が召しあげては自己の直轄地に編入し、それによって経済的基盤の拡大に成功した藩もまた多く見られたのではないかとも考えられる。とすれば、福井藩のような大きな藩の場合、そこではどういった動きがみられたのであろうか。

以下、この藩における知行制度の在り方如何、特に地方知行から蔵米知行制への転換への政策転換は、それによって最も利害関係が大きい家臣らそれ自身の問題でもあり、まずはかれらの了解を得ては実施されるべき問題ではなかったかとも考えられる。ところが、残された資料では、むしろ農民らに対する関係資料の中でそれの実施如何が問題とされ、現在のところ家臣ら相互間における問題としては最初はあまり論議の対象にはなっていないようにも考えられる。また、残された家臣団関係の資料では現在のところその記述がみられず、農村または農民らを対象とした資料の中でしかその事実を確認することが出来ないといった状況にあることがまずは最初に注目されるのではないかとも考えられる。これが家臣らを対象にした法令などがたまたま現在のところ、残されていないためなのか、どうか、この辺の事情はよくわからない、そして、この地方知行から蔵米知行制への政策転換の事実は、農民らを対象とした法令の中でそれを知ることが出来る状況にあることが注目される。その意味では、さらなる関係資料の調査が継続しては必要だとも考えられる。

ともあれ、以下、この藩における地方知行から蔵米知行制への転換の事実を示した資料をまずは確認することからはじめたいと思う。現在のところ、この藩における地方知行から蔵米知行制への転換を命じた法令としては、以下の法令が残されている[11]。

(A)

夫銀・小物成等収納ニ付申渡

当年夏成夫銀、綿・麻・大豆・小豆小物成毎年取来通納所可被仕、但右之内諸色値段者町之相場に相隋ひ算用仕筈に公儀御定ニ候、当暮物成指引者御勘定所之値段次第可被遂算用、当秋より面々知行所従公儀可為支配候条、未進取立如例年順路に可被致収納所、百姓等に非分之儀不申懸様知行方申付ル、下々江堅可被申渡事候、以上

（寛文）五月十八日

(B)

未進取立方触[12]

一御家中面々知行未進之儀、去年之未進之分ハ給人損領無之様ニ被成可被下候、其前々より之未進ハ取立申ニ及間

敷事
（以下、三カ条省略）
一当月十八日より面々知行所公儀江請取支配申付筈候、十八日以後知行所江自分之下知催促人等遣被申間敷事
右之通各可被得其意候、納所之分量、所務之日切彼是追而可申触候、以上
（寛文八年）七月十二日

以上である。ここでは農村や農民らに対しては地方知行から蔵米知行制への転換が通告されている事実がまずは注目される。同時に、これからは公儀（藩主）が給人らに代わっては領内における村々を、そして、農民らを、一括して支配することか布告もされているのである。さらには、これに加えて寛文八年七月一八日からは、それまでそこでの給地を支配していた家臣らは、自分の給地への支配の継続が、具体的には、給地に対する指示も、また、立ち入りも、さらには年貢の催促なども禁止されているのである。その意味ではこの知行制度の転換の意味するものは、家臣らにとっては極めて深刻な内容を含むものであったとも考えられる。藩主または執行部はこの政策転換によって領内村々を、また、個々の農民らを、そして、かれらの生活の基盤であった土地そのものをも一括しては支配するとともに、家臣らに対してもいわゆる一元的支配の確立をもより推進することをも目指すことにしたのではないかとも考えられる。その意味では、この知行制度の改革は、藩主にとっても、また、家臣らにとっても、さらには農民らにとっても、極めて重要な政策転換ではなかったかとも考えられるのである。

なお、資料(A)の場合、そこでの注記によると、ここで見られる「当秋より面々知行所従公儀可為支配候条」といった布告の内容は、家老永見の邸宅で「大名分・城代・瓦御門番・御広間・御書院番頭中・物頭・御使番、其外番外」の者たち（本編第一章第2節第3項（3）参照）にその旨が正式に伝えられたのだとある。しかし、この通達が藩

首脳部らに対する初めての通達であったのか、なかったのか、また、それ以前に既にかれらの意見を十二分に聴取したその上での通達であったのか、なかったのか、この辺の事情如何が最も注目されるかとも考えられるが、現在のところよく分からない。

(B)百姓代官の任命について

藩主光通による地方知行から蔵米知行制への政策転換は、この政策の実施を通して領内村々に対する一元的支配を確立するとともに、これまでの家臣出身者らによる代官やかれらを補佐していた下代らに代わってそれ以前における大庄屋制を復活させ、新しく農村の事情に詳しい組頭を、いわゆる百姓代官らを新しく任命することによって農村支配の充実を、そして、後述もするように、割地制度の実施による農村の安定と発展とを、強く求めるものであったと考えられる。

とすれば、ここでの農政改革の中心に位置付けられた百姓代官とはどういった人々で、かれらにはどういった課題が与えられることになったのであろうか、以下、新しく登場した百姓代官らについて、また次に、かれらの活躍が最も期待された割地制度の実態如何などについて以下、少し見てみることにしたいと思う。

寛文八年に新しく任命された百姓代官らについては以下、「百姓代官申渡ニ付書付」に詳しい。そこでの内容を紹介すると、以下の通りである。[13]

一今度在々之様子役人中吟味仕候處ニ、百姓共費之儀小々有之間、向後者其法を被改、百姓代官被成委細僉儀仕候様ニと役人中江被仰渡候事

一只今迄有来小役等百姓費迷惑仕候儀者、役人中僉議之上御赦免可被成候、其余めいを以納所等無滞可相勤事

一百姓自分ニ諸事費分限不似合奢仕無法之儀、吟味之上急度御法度ニ可被仰付旨、是又役人中江被仰渡候、自今以後在々申触候御法度堅可相守事

（寛文八年三月二十五日）

この資料によると、百姓代官を任命した直接の理由としては、百姓どもの余分の支出を出来るだけ抑制しては、彼らによる生活の安定と年貢の完納とをともに期待するものであったと考えられる。

また、この資料紹介での注記によると、寛文八年三月二五日には評定所に小黒町茂兵衛・地蔵堂村又右衛門・三十八社村吉兵衛らが呼び出され、家老永見帯刀や上野次左衛門・嶋田三左衛門・郡奉行鈴木宇左衛門・水谷長兵衛らの立ち会いの許で家老永見がその旨を直接伝えたとある。

また、同じ頃に「村方納所覚」が領内惣百姓（但し付家老本多の知行地は除く）宛に出されている事実が注目される(14)。以下、その内容を続いて紹介すると、以下の通りである。

古来田畠より上り来納所之外、小役諸運上等自今以後免除被成者也、但山手以下地に付而納来諸色者如前々可出之、右之外百姓勝手能納物有之者奉行方より可致下知者也

年々如定可納所覚

一夫米・一口米・一大豆年々相場のごとく可遂算用・一糠・一藁

已上

如此百姓等御憐愍之御政道之上者、弥励農業不可致油断者也

寛文八年申ノ卯月日

惣百姓中

ここでは農民らがこれまでに既に上納してきた付加税の中で藩が特に指定した夫米・口米・大豆・糠・藁以外の品目の納入が免除され、農民らに対しては「百姓等御憐愍之御政道」が実施されることが特に伝えられてもいるのである。

この場合、この資料の注記によると、七三人の組頭、つまり百姓代官らが任命されたとある。この場合、組頭とはいわゆる村方三役の中での組頭か、また、五人組の組頭か、あるいは、それ以前に存在していたと考えられる大庄屋(與頭)か、あるいは、この頃の資料に見られる「一万石の組頭」のことなのか、この辺の事情がいまひとつ不明であるが、恐らくはそれ以前における大庄屋のことではないかとも考えられている。[15] また、かれらがこれまでの家中出身の代官とかれを補佐する下代らに代わっては新しく登場したのではないかと考えられる。また、同じ頃に既に紹介した「郷中法度請書」一七カ条が領内に既に発布されているが、その中での最後の一七カ条では「百姓組頭被仰付候、所務方其外おきての儀、此者共申渡条々少も不可違背」と、これまでの代官に代わって組頭、新しく任命された百姓代官らの命令に従うことが強く命ぜられてもいるのである。あるいは、寛文八年の「借米達」によると、その冒頭には「一御蔵・給所共ニ百姓代官ニ被成事」とあり、かれらはこれまでの藩主支配下の領地村々も、また、家臣らの支配していた給地村々をも、ともに一括しては支配することになっているのである。

ところが、『福井市史』通史編2によると、付家老本多の給地などを除いて四〇万三〇〇〇石余りの領地を七一組に分けては百姓代官が新しく設置されたともいわれている。[16] しかし、それぞれの組の規模はそこでの均等性が認められないことなどがまた指摘もされている。また、そこでの組の構成も一カ所にまとまっているわけではないことがまた指摘もされている。何故なのか、この新しい制度の実施に対する反対の動きが既に表面化したその結果なのか、しかし、現在のところこれ以上の詳しいことはわからない。この場合、農村の現実に詳しい百姓代官の任命は、後述するように、藩の指導下で実施されることになった「割地制度」の実施にも深く関係していたものと考えられる。むしろ百姓代官の任命は、次に紹介する藩の指導の許で実施された割地の全藩的な実施またはそれの推進のために特に設置されたのではないかともまた考えられる。

（C）割地制度の実施について

割地制度とは江戸時代に農民らの租税負担を公平にするために、全国各地で実施された土地の割替制度のことである。この制度の実施は、先学の労作によると[17]、東は磐城・常陸・越後・越前・越中・加賀など、西は土佐・伊予・筑前・筑後・豊後・日向・薩摩・琉球などに至るまで、広範な地域における実施例をみることが出来る。また、そこでの実施形態はそれぞれの村々が実施する村型割地と諸藩がその中心になって領内で実施する藩型割地とに大きくは分けることが出来るともいわれている。小稿の対象とする越前の国でも早くからその実施例がみられたが、特に寛文八年からは藩主光通及び藩執行部らによって短い期間ではあるものの、全領内の村々を対象に全藩的規模で割地の制度が実施されたとも伝えられている。また、この福井藩の場合、その実施例は早くから注目され、先学らの努力もあって多くの研究蓄積が残されていることがまた注目される。既に刊行されている旧「福井県史」には[18]、藩政時代における「割地慣行地分類概表」によると、明治一三年段階で県内を流れる九頭竜・足羽・日野川の流域周辺を中心に八〇カ村以上の実施例が既に報告もされ、その後における市町村史の編纂によっても現在ではこれに数倍した村々での実施例が既に報告されているのではないかとも考えられる。その意味では、現段階における福井藩における割地制度の研究成果は、高い水準にあるものと考えられる。

なかでも寛文期における改革の一環として実施された割地制度の実施にあたっては、既に先学による「福井藩における寛文期の割地について」及びそれの前提になる「福井藩領の寛文期の内検地帳」とが既に発表もされており[19]、さらには、最近、刊行された「福井市史」をはじめとした市町村史には、最近における研究の成果が多く盛り込まれていることが注目される。

本来であれば、まずは最初に割地の起源などからはじまってそれの実施の目的、具体的な実施状況などについての一応の説明を試みることがぜひとも必要ではないかとも考えられるが、これらは最近刊行された各市町村史などでの割地に関する研究成果に譲り、ここでは主に藩主光通の時代における改革の一環として実施された割地の具体例を少し紹介しては、そこでみられる問題点、特に改革と割地との関係如何について少し考えてみることにしたいと思う。

そこで改革の一環として出された割地についての法令は、やはり岩本村（現今庄市）に残されているのでまずは最初に寛文八年に新しく任命された組頭、百姓代官らに対して出された「覚」の内容を紹介することからはじめたいと思う。そこでは以下の法令が出されている[20]。

覚

一村々田畠下シ米承届、其上ニて田地ヲあらため米積り可仕事
一出分・不足分見届かくれ無之様ニ改書付可申事
一かねて知申出分へもさお入米積り委書付可申事
一今度出分之田地不残相改其米つもり書付可申、（小割）こわりいたし其村中百生ニ等分ニ可申付候間、少もかくし置申間敷候事
一当年一作売之田地ハ買主へかかり、村免之通納所いたすへし、来年より田地一作売堅可令停止、但前々買来田地

ハ本主へ返し、来暮より元米五年符ニ利なしニ可相済、若又其まま作らせ度存候者当年より五年之間作らせ、元米なしニ本主へ請取可申事、もちろぬ《（勿論）》五年之内村免に納所可仕事

一村々免合相極候者、其村小百生共田地ろく《（陸、公平に）》ニ当り候様ニ庄や内免を切可申渡事

一当納所十一月晦日切ニ皆済可申付、右之通納所罷成ましきと申百生候者早々可申達候、不成百生ハつふし可申事

一御納所前作毛少も引ちらし不申様ニ堅可申付候、相背百生候ハハ急度可申達候事

右之通組頭共能々入念可申付者也

寛文八年申

以上である。この文書は藩執行部が、特に割地実施の実務を担う責任者である組頭、具体的には百姓代官宛に出されたものだと考えられる。また、この事実は百姓代官らの新設と任命との最大の目的が、全領地内における村々を対象にして実施される割地政策の推進のためであったことを直接に示すものであったとも考えられる。次にその内容は、前半の計四カ条は地割の実施にあたっては可能な限り正確に現状を把握し、また、百姓らに対しては依怙贔屓なく平等に、そして、その結果をも隠すことなく村役人らが把握すべきことを命じたものとして注目される。次の五条目は、後述もするように、既に借財を抱えていた百姓らに対する扱い如何を述べたもの。最後の計三カ条は租率が定まった以上は、村の庄屋たちは年貢の取り立てにあたっては百姓らを公平に扱い、もしも租税の納期日である一一月晦日になってもまだ納入が出来ない者は、「つぶし可申事」と、場合によっては厳しく対処すべきことを命じた内容になっていることが注目される。

特に、この法令の場合、既に指摘もしたように、百姓代官らはこれまでの経験を生かしては、割地の実施でもその役割が特に重視されていること、また、これとともに、各条文の中では特に第五条が最も注目されるのではない

かと考えられる。これによると、当時、困窮していた農民らは、自分の持っていた田畑を既に質入れしたり、一作分の売買をも既に行っていた事実などが注目されるかと考えられる。このために割地の実施にあたっては、藩はかれらを救済するために、特に田地一作売りを禁止させるとともに、既に土地を質入れした者たちに対してはその土地を元の所持者に返却させることをも命じ、この場合の条件は来年暮から五年賦で必ず返済させ、しかも無利子で返却させることをも強く命じている事実が特に注目される。困窮の農民らに対しては、藩は特に優遇措置を実施することでかれらを救済しようとしていた事実が注目されるかと考えられる。この事実は、割地制度の実施によって農民相互間における租税の不公平を無くすとともに、困窮していた農民らに対してもまた優遇措置を実施することによって農民層の分解をも阻止するところにその実施の目的があったものと考えられる。

この通達に対して岩本村から二通の請書が提出されたのではないかとも考えられる。最初の翌九年二月二六日付けの岩本村の農民ら三五人らが連署したその旨の実施を誓った請書の最初の「地割之覚」七カ条の内容を示すと、以下の通りである(21)。

地割之覚

一あぜくろハ棹入申間敷候
一用水新江筋料米公儀より被下分棹入可申事
一堀ハ永荒同事ニ候間打立帳面ニ記可申候、但分米ハ付申間敷候
一先規より証拠正しき寺社屋敷ハ不及申ニ、但免除之旨申伝候屋敷ニ候共棹入申間敷候、并付り、毛付之田畠或荒地たりとも寺社持分ハ棹入申間敷候、但公儀へ年貢相立て候地者棹入可申事
一藪ハ棹入可申事、勿論御立藪ハ棹入申ニ不及事

棹取誓紙前書

一棹取申者百姓ニ対シ依怙贔屓有之間敷候、勿論私之心を以て、或棹の人へ或棹つめ、惣而不正路之儀仕間敷候

寛文九年

以上、七カ条である。そこでの骨子は、割地にあたってはその対象になる土地、なかでも畦・畔に対する扱いをはじめとして全部で六カ条に及ぶ調査（測量）などに対する注意事項が農民ら全員によって確認され、誓約もされているのである。特に、最後には田畑の測量を実施する場合、それを主に担当する者は、また、それを担当するために他村から雇われた専門の算者は、依怙贔屓なく公平に土地の調査を実施する旨が、特に誓約させられている事実は、特に興味深いものがある。

また、同じ年の三月に提出されたもうひとつ「地割定書請書」一一カ条がやはり残されている。今回は割地制度実施についての詳細は思い切って省略したこともあって、参考のためにあえてそのまま省略しないで全文の内容を紹介すると、以下の通りである。(22)

覚

一去年より度々申触通諸事正路に仕義百姓共不残可承届候、尚以物毎有躰可仕事

一去年申渡候村々田地内割之儀、村により割かね申由其沙汰有之候、兼而申触候儀難渋不届候、早々田地高下無之様ニ内割可仕候、割様ハ惣をろくにいたし、くち（鬮）取に可仕事

一出分有之者惣へ打込一村当分ニ割可申候、久敷出分たりといふ共打入割可申事

一地割之上一村ハ何ほとの出分有之と明に書付指上可申候、追而従公儀さほを入可申候、若出分隠置候ハハ、其村

之庄や・長百生壱人急度可為曲事候間毛頭隠申間敷候事
一不足之田地も有程に割ならし、其段公儀へ可申事
一於村々古来諸役免除或屋敷役免除之旨申者有之候、急度判形か証拠無之分ハ用ひ申間敷候、惣村なミに諸事可相
捌事
一借状ニ田地を書入申分、若済申儀不成百生八年府（賦）にいたし可相済候、猥りにしち物之田地押へ取申間敷候、組頭
立会可然様ニ可相捌事
一一作売之田地并本物返し之田地、去年申触通五年府ニいたし、二割つつニ相済シ田地請取可申事、付り、永代売
之田落高ハ返し申間敷候
一親子兄弟之公事者其村中寄合承届理分之方へ可相隋、難分事候ハハ組頭迄相達し可相捌、若非道之者不承届候ハ
ハ其村を致追放公儀へ其旨可達、但親少之非分之之儀有之共子として不相背様ニ可申談事
一諸事相極節証文に判形仕ながら、後日其旨不及由申候ハハ、急度可為越度、証文任判形可相捌之条、自今以後証
文判形仕候者能々承届、其村并近郷のもの証拠を立証文に判形可仕事
一公儀へ御訴訟又ハ公事之節百生大勢不可罷出、自今以後御訴訟之節者三人ニ不可過、公事者相手相手、其外庄
や・長百姓壱人可罷出、証拠人者各別、其外用なくして壱人も罷出候もの過料可申付候間、急度此旨可相守者也

酉ノ二月日

右之条々今度従御公儀被仰出旨慥ニ承届候、少も違背申間敷候、為後日村々庄や・長百生判形仕処仍如件

寛文九年酉三月日　岩本村　吉右衛門

（以下、三五人省略）

以上である。本来であれば、ここでの条文ごとに詳しい説明が必要かとも考えられるが、今回はそれを省略するとして、そこでの内容は第一条から第六条までは、割地実施に直接関係した注意事項、第七条・第八条は窮乏した農民らに対する注意(救済)事項、第九条以下、最後の一一条までは、紛争が起こった場合の処理方法に関するものだと考えられる。また、これらの条文の中では、特に第七条と第八条とがいわゆる農民層の分解を阻止するための条文として最も注目されるかと考えられる。なお、この条文の解釈如何に正面から取り組んだ研究成果も既に発表もされている事実もまた注目される(23)。

ところで、これをみると、この請書の提出は寛文九年の三月とある。既にこの前の寛文八年には、そこでの布告の月日までは不明であるが、割地実施の布告が出されていたと考えると、そこでの情報はかなり早く村々には伝達されていたものと考えられる。ところが、その翌月の四月一五日には、後述もするように、城下福井では藩政開始以来の大惨事である、権威の象徴でもあった天守閣までが焼失し、重臣らの屋敷の殆どが焼けるといった大火災に見舞われることになった。その意味では、農政改革の実施は、また、そこでの農民層の分解を阻止するための条文をも含んだ割地の実施は、まさにその実施の出端《でばな》をくじかれることになったのではないかとも考えられる。後述もするように、それは改革の行方を、また、そこでの命運をも、決めることになったのではないかともまた考えられるのである。

第3項　寛文九年、城下福井における大火災について

(1)寛文大火災の被災状況について

藩主光通及び藩執行部によって寛文八年末頃からは本格的な藩政改革が開始されることになった。ところが、翌年四月一五日には福井藩は藩政開始以来、未曾有の大火災に見舞われることになった。そこでの被災状況はそれこそ甚大であった。この火災については、たとえば、以下の報告が伝えられている。[24]「寛文九年夏四月十五日朝五ッ時、勝見村永雲寺門前より出火し、折柄東南の風烈しく終に大火となり、福井城の外郭門、櫓、天守等悉く廃燼に帰し、夜四ツ時松本台屋小路に至って止む、焼失町数五拾九町、家数三千五百七十九軒、内侍屋敷三百七十五軒、足軽百軒、寺三十七、蘆田図書・本多左近屋敷、三ノ丸天王町より松本八町をのこすのみ」とも伝えられている。

四月一五日朝に城下近くの勝見村永雲寺門前から出火した火災は、折りからの東南の強風によって瞬く間に燃え広がり、有力家臣らが多く住む「高知の屋敷の過半を焼き」、さらには福井城内にまでも燃え移り、城下町創設以来、未曾有の大火災となった。夜になってやっと鎮火はしたものの、そこでの被害は深刻であった。支配の象徴的存在であった天守閣をはじめとしてその周辺の表櫓・裏櫓や楼門、土蔵などまでが焼失し、さらには、周辺の町々にまでも燃え広がるとあっては、それはまさに文字通りの大火災であったと考えられる。あるいは、城東は殆ど焼失、当時、大工町にあった牢屋までもが焼失、そこでの罪人らを急遽、他に移したとも伝えられ、火災は城西方面にまでも燃え広がったとも伝えられている。

また、既に指摘もしたように、そこでの被害の実態は深刻であった。特に、重臣(高知席)らが多く住む地域が焼

失したとすれば、それは直ちに藩政の在り方如何にも直結する事態ではなかったかとも考えられる。そして、何によりも権威の象徴でもあった天守閣が焼失し、藩主光通の宿泊すべき本丸御殿までもがともに焼失したとあっては、かれか急遽、江戸から帰国しても、住む御殿がなく、まずは取り敢えずは重臣芦田図書の屋敷での仮住まいを余儀なくされるとあっては、また、そこでの復興のための陣頭指揮にあたるとあっては、この大火災は藩政の中枢部そのものにも甚大な影響をも与えたものであったとも考えられる。

いずれにしてもこの寛文の大火災は、城下町北庄創設以来の大火災であったと考えられる。とすれば、この大火災は前年から既に開始されていた藩政改革のまさに出端(鼻)をくじく大災害であったとも考えられる。改革派の人々らにとっては、また、その改革の実施に情熱を燃やしていた人々らにとっては、大変、不幸な門出になったものと考えられる。あるいは、これから本格的に開始されるであろう改革の難しさを、さらには、その前途の厳しさをも、痛感させるものになったものとも考えられる。

(2)被災の実態と公儀及び藩執行部による救済について

この寛文九年四月に起こった火災の規模が未曾有のものであったと考えれば、早速、家臣らはそれへの対応に、具体的にはまずは城郭・家屋敷などの再建と町々の復興とに追われることになったものと考えられる。特に、有力家臣らが住む高知席らの家屋敷までもが火災に呑み込まれたと考えれば、それらの復興は何よりも当面した緊急の課題となったものと考えられる。当時、藩主光通は参勤中で江戸に居住していたが、この知らせを聞いて急遽、帰国はしたものの、既に指摘もしたように、藩主自身が住む本丸御殿が焼失したとあっては、焼け残った重臣らの一人であった葦田図書の屋敷で城下再建のための陣頭指揮にあたることになった。また、かれは葦田自身を改めて普請総奉行に任命しては、城下町の本格的な再建を急がせたとも伝えられている。

また、公儀も福井藩における被災状況を心配し、老中久世大和守は家老酒井玄蕃を呼んでは復興資金五万両（銀九千百余貫）を貸与することを伝え[25]、国元の家臣らが大坂にまで出向いてはこの資金を受け取り、被災した家臣らにはそれぞれその所持石高に応じた資金を、また、町人らには各町々の間口に応じた資金を、それぞれ貸与することにして復興を急がせることになった。以下、取り敢えずは城下の再建は、公儀からの資金援助による再建と、藩執行部自身による再建との両面から開始されることになったものと考えられる。

同時に、その再建をすすめるためには、特に公儀による資金をより有効に活用するためには、まずは被害の実態如何を、出来るだけ早く、しかも、正確に把握することが何よりも必要であったものと考えられる。以下、最初に被害の実態を踏まえて実施された公儀による資金援助について以下、具体的にその内容をみてみることにしたいと思う。続いて藩執行部による家臣らや町民らに対する援助の実態をもみてみることにしたいと思う。

(A)公儀による資金援助について

まずは公儀による資金援助であるが、この援助資金を有効に活用するためには、既に指摘もしたように、家臣及び町人らの城下における被災の実態如何を出来るだけ正確に把握することがまずは必要であったと考えられる。大坂で資金を受け取るために家臣らが派遣され、六月一九日には帰国しているので、恐らくはそれに平行する形で急遽、被災の実態調査が行われたものと考えられる。また、そこでの救済方針は被災した家臣らに対してはその所持給知高に応じた資金の貸し付けが、町民らに対してはそれぞれの家の間口に応じた資金援助とがともに実施されることになったものと考えられる。以下、まずは家臣らに対する援助内容を表示することにしたが、それを示したのが表Ⅱ―3―⑭である[26]。この表では、まずは第一に、被災した家臣らをその所持石高順に並べ（そこでの階層別の内訳は利用資料による）、同じ石高の者たちはそこでの合計人数をともに示すことにした。第二には、そこでの一人宛の援助貸金の金額をもともに表示することにした。しかし、これだけでは被災した家臣らが同じ所持石高の者たちの中でどの程度の割合を占めているのかまではわからないために、取り敢えずは当時における藩主光通時代の分限帳を利用しては表示された各階層ごとの総人数をも参考のために、被災家臣らの後にともに（　）内に注記することにした。これによると、以下の事実が注目されるかと考えられる。

(a)これによると、被災者らにはこの藩を代表する付家老本多伊豆守をはじめとして藩の重臣らがともに含まれている事実がまずは注目される。表によると、石高二五〇〇石以上の被災者は計一三人、当時における有力家臣らは分限帳によると計一六人、とすれば大半の被災家臣らが、それは全体の八割以上をも占めている事実が注目される。まさに藩政の中枢部を構成する有力家臣らの殆どが被災しているのである。そこでの状況はそれこそ藩政開始以来の未曾有の危機であったことをも示すものであった。

(b)次に、二五〇〇石以下、三〇〇石以上までの家臣らをみてみても、各所持石高によって大小の違いはあるものの、どの階層の家臣らにも同じく被災者がいるものの、平均すると、そこでの被災者の人数はやはり七割を越えている事実が注目される。

表Ⅱ－3－⑭　寛文9年4月大火の被災者たち

	人数	(注)	1人当りの貸付金
40,000石	1人	(1)	500両
13,000石	1	(1)	200
6,000石より5,800石迄	2	(4)	150
5,000石	1	(2)	130
4,100石より3,750石迄	2	(2)	120
3,500石より3,000石迄	5	(6)	110
2,500石	1		100
2,200石より2,000石迄	3	(4)	90
1,500石	1	(4)	70
1,300石より1,050石迄	10	(10)	60
1,000石より　900石迄	11	(15)	50
800石より　700石迄	8	(16)	40
600石より　500石迄	29	(36)	30
450石より　300石迄	66	(89)	20
250石より　150石迄	93	(206)	15
100石	28	(90)	10
計	262人	(486)	

注）越前資料「鈴木金弥日記抄録」による。
　なお人数の（　）は「源光通公御家中給帳」(市史資料4)による。
　なお「片聾記」にも同様の記述がある。

(c)ところが、二五〇石から一五〇石までは被災者は九三人、総数は二〇六人余り、そこでの被災者の占める割合は四割五分余り、一〇〇石クラスは九〇人余り、全体での被災者の占める割合は三割程度を占めている。いわゆる下級家臣らの多くは、詳しい事情まではわからないが、城下町のむしろその周辺部に主に居住していた関係もあってか、被災の程度が有力家臣らに比べると、低いことが注目される。しかし、それでも三割から四割程度を占めているのである。

以上であるが、これによると、被災者らはすべての階層の家臣らに及ぶものの、有力家臣らであればある程、被災率が高いことが注目される。それだけに後述もするように、大火災は藩政の運営如何にも深刻な打撃を与えるものであったと考えられる。なお、この表をみると、付家老本多が突出して一人で五〇〇両といった多額の援助資金を与えられていることが注目される。かれの場合のみは四万石余りといった突出した給知高をまとまって与えられ、いわゆる一円的知行の実施が認められていた。また、かれだけにはそこでの支配の本拠地は城下町福井ではなく、府中(武生市、現越前市)であった。同時に、既に検討を試みたように、かれだけには城下福井には別に福井屋敷が与えられ、本拠地武生から派遣されていたかれの家臣ら五〇人余りがそこに居住していたものと考えられる。したがって、そこでの規模から考えても被害の程度は、他の旧来からの城下居住の有力家臣らに比べると、やはり大きいものがあったのではないかとも考えられる。しかし、城下居住の重臣らの多くも、先祖伝来からの多くの陪臣らや召し使いなどの零細な人々をも多く抱えていたと考えると、あるいは、また、中には藩主から預けられた与力らをもともに抱えていたと考えれば、既に重臣狛氏の場合について検討を試みたように(第2章第4節参照)、かれらの多くもまたひとつのまとまった生活集団を既に構成していたとも考えれば、やはりかれらの被害も大きく、その面では本多への優遇措置が特に目立つようにもまた考えられ、この辺の評価如何は難しい問題ではないかとも考えられる。

恐らくは個々の家臣らの内情にまで立ち入れば、いろいろな事情の違いがあったものと考えられる。ともあれ、家臣ら全員の過半数以上が既に被災していることを考えると、さらには、特に有力家臣らはその七割から八割余り、殆どすべての家臣らが被災しているとあっては、そこでの影響は極めて深刻であったものと考えられる。

同時に、当時における城下町の在り方如何の問題、たとえば、家臣らと先祖伝来からのかれに奉公している陪臣らや各種の奉公人たちをも含むいわゆる生活集団が、日常生活の中でどういった居住形態でともに生活していたのか、たとえば、当時にあっては生活の基本がなおも自給自足の生活であったと考えれば、野菜畑などをも含むかれらの屋敷及び長屋などの配置がどのようになっていたのか。あるいは、屋敷地の中に零細な奉公人らの住む長屋などは全く含まれてはいなかったのか、どうなのかなど、さらには、何時ごろから住居が藁屋根から瓦屋根に変わるのか、検討すべき課題はそれこそ尽きないとも考えられる。

なお、いわゆる給人ら以外の者たちについては、どのような対策が実施されていたのであろうか。なおも被害の内容については、以下の記述などが続く(27)。

（前略）

一御侍屋敷弐百八拾八軒外ニ御小姓衆弐拾五人

一御台所方弐拾五人　御歩行拾七人　与力百弐人

一小算拾人　御坊主弐拾弐人　足軽百五拾三人

一手代共五拾三人

一御帳付三人　小道具七人　御小人壱人　大工十軒　巧者壱人

一荒子八十人　掃除者五人　寺院三十七軒
町屋弐千六百七拾六軒　町数五十九町

以上である。あるいは、また以下の被災者らに対する援助に関する記述もまた残されている。(28)

一御切米取四拾九人　但壱人ニ五両ツツ、与力へ七両ツツ
一役人御徒御帳付御臺所方五拾六人、但壱人ニ弐両ツツ
小道具者御中間御小人御下男弐拾九人、金三歩ツツ
御土蔵番御足軽諸手代御坊主御鳥飼丸鳥持〆弐百三拾壱人、但壱人ニ五拾匁ツツ
右之外御扶持方斗之輩へも右ニ準シ拝借被仰付候
　高〆小判九千三百三拾八両三歩、此銀五百弐拾弐貫九百七拾匁余

町へハ間割
上町口壱間ニ金壱両ツツ　中町口壱間ニ弐歩ツツ　下町口壱間ニ壱分ツツ
　〆弐百貫匁、此分被下置候也

以上である。これらをみると、家臣ら以下の被害の状況とそこでの援助の一端をも知ることが出来るかとも考えられる。また、すべての人々らに対しても、また、町々に対しても、何らかの資金援助が実施されていることがまずは注目される。あるいは、町々に対する資金援助には「此分被下置候」といった表現もまたみられ、直接、資金が与えられた場合もまた考えられるが、詳しいことまではわからない。いずれにしても、当時は大火災によって藩の財政はさらに困窮に追い込まれていたものと考えられる。しかし、それにもかかわらず、こういった中での幅広い救済措置の実施などは、公儀の意向に加えて藩主光通及び藩執行部の特に被災者らに対する当時の強い救済の思

いが恐らくは反映されたその結果ではないかとも考えられる。

なお、当時にあっては、城下での大火災のために、この時期には農村に対しても何らかの課税強化の政策が次々に実施されたのではないかとも考えられるが、現在のところ、それを直接に示すような法令などは残されてはいないようにも考えられる。この点などをも含めてなお継続した調査・検討が必要ではないかとも考えられる。

(B)藩執行部による救済について

ここではまずは藩執行部による救済の動きを法令施行の面からみることにするが、この藩の場合、火災防止のための法令は、寛文二年に既に「御城中火事有之時之定書」一四カ条が寛文の大火災それ以前に既に発布されている事実が注目される[29]。しかも、この資料に対する注記によると、火災防止法としてはこれが初出だともあり、これがもしも事実だとすれば、これまでの防火に関する備えは極めて不十分であったとも考えられる。この法令によると、一旦、火事が起こった場合に対する家臣らの配備状況などが一応は定められてはいるものの、そこでの内容をここで詳しく紹介するまでもなく、寛文の大火のような規模の大きい非常事態に対処するにしてはその内容は極めて不十分なものであった。このためもあってか、被災の翌一〇年二月には「出火時勤方条々」四カ条が改めて発布され[30]、火事が起こった場合、家臣らは早速各役所に馳せ付け、もしも不審者や盗人らがおれば、場合によって討ち捨てることをも指示するとともに、夜回りの励行や常々防火に備えることをも強く命じている。なお、同年五月には、火災に対応する形で別に「諸職人作料覚」が出され[31]、復興による普請費用の高騰を抑え込むために、作事料金の一覧が改めて指示もされているのである。

また、家臣らに対しては寛文一一年末には「家中借銀書上申渡覚」八カ条が出され[32]、家臣ら個々人らの借金調査が藩によって実施されていることが注目される。これには頼母子から借金した者や、または妻女子供らが借金した場合までもが報告することが命ぜられている。さらには借金がない者もまたその旨を報告することがともに命ぜられている。翌年二月には、この調査を踏まえてさらに「家中不如意者へ助成申渡」五カ条とが出されている(33)。この最初の条文の内容は、当時における藩主及び藩執行部の大火によって被害をうけた家臣らに対する基本的な方針を示したものとして特に注目されるかとも考えられる。以下、その第一カ条のみを示すと、以下の通りである。

一近年御家中侍中借銀過分に成行、身上難渋面々数多有之故、何とそ御救被成度被思召、当暮より物成之内借銀之多少に随ひ御蔵江出し置、御蔵より八木五万俵余御足被成、御家中借銀公儀江御引請、三四年之内貸主方江洗与《すきっと》御済替被下、三四年之後公儀江上納仕候様ニ被成候事

これによると、家臣らの借財は藩が一時的に肩代わりをすること、また、その代わりに家臣らは、三、四年以内にはこれを必ず、すきっと(完全)に返済することが命ぜられていることが注目される。また、この返済にあたっての具体的な方法などが以下、家臣らに対してさらに示されているが、ここでの詳細は省略するとして、この藩による方針は、藩主光通自身の「御意」として家老飯田主米安成から書付をもって全員に申し渡されているのである。恐らく当時は、藩の財政状況は以前からの借財、そして、大火災によって新しく生まれた復興資金の調達、さらには公儀からの借財などをも抱え、財政運営は極めて逼迫していたものと考えられる。しかし、にもかかわらず、あえてこの肩代わりの方針が示された意味は極めて重いものがあったとも考えられる。また、これに関連して寛文一二年二月には家臣らに対して「家中簡略達」三カ条が、さらには再度「簡略・借銀助成等ニ付達」三カ条、「家中縁組ニ付申渡覚」三カ条とが、そして、さらに続いて再度、零細で生活に苦しむ切米取りの家臣らに対しては特に「切米取借銀書上申渡覚」六カ条による借財の調査が再度、実施もされていることも見逃せないかとも考えられる。

以上のように、藩によっても被災者らに対する積極的な援助が実施されたものと考えられる。しかし、災害による藩政の動揺と混乱もあってか、救済の事実はみることが出来るものの、もう一歩、踏み込んだ具体的な内容にまでは、特にそこでの返済如何などについては現在のところ関係資料が極めて乏しく、そこでの実態がよくわからない。

第4項　残された課題―割地制度の中断を中心に―

以上、最後には寛文の大火災についての検討を試みることにした。これによると、権威の象徴であった天守閣の焼失をはじめとしてそこでの被害はそれこそ甚大であった。その意味では寛文八年から開始された藩政の改革はまさしくそこでの出端(出鼻)をくじかれることになったものと考えられる。それも特に有力家臣の多くが被災したと考えると、改革へ向けての動きは一旦は頓挫を余儀なくされざるを得なかったものとも考えられる。こういった中で藩主光通に代表された藩執行部は、当初は全く思いもしなかったさまざまな困難に直面せざるを得なかったものと考えられる。そこでは改革の継続よりも城下町の再建如何が、また、重臣らをも含む家臣団の再建と町人らに対する復興とが何よりも急がれることになったものと考えられる。また、再建には莫大な復興資金が必要だと考えれば、それの調達と、それによってさらにまた藩財政が困窮したとすれば、これらの再建もまた次の緊急の課題となったものと考えられる。

同時に、それによって改革の実施が停滞するとすれば、そこではあくまでも復興を急ぐべきだといった現実重視の意見または政治的勢力と、後退を余儀なくされたものの、やはり改革の継続をも強く求める政治的勢力との競合による藩政の混乱、あるいは、実施する政策の優先順位をめぐっての対立などによる藩政の動揺とが表面化せざるを得なかったものと考えられる。また、特にこの藩の場合、藩政の改革の一環として地方知行から蔵米知行制への転換が実施中であったと考えると、被災した家臣らの多くが再建のために自己の支配下にあった給地村々から再建にあたっての資材の運搬や労働力の確保などを必要とした場合、または城下が被災したために、どうしても農村などからの協力を必要とした場合、既に指摘したように、寛文八年の七月一八日以降は、給地に対する家臣らの立ち入りが既に禁止されていたと考えれば、これに対する批判や反対の動きはやはり激化せざるを得なかったものと考えられる。

特に有力家臣らの給地はかつての越前藩の時代とは異なっては個別分散化された知行へと既に転換されていたとはいうものの、かれらによる、また、かれらの陪臣たちを通しての、給地支配がなおも存続していたとも考えれば、再建のための労働力を自己の給地に依存することが出来ないとすれば、それらを機会にかれらの不平不満はさらに大きくならざるを得なかったものと考えられる。同時に、それは収斂されては改革反対の政治的勢力に発展する可能性をもまた秘めたものにならざるを得なかったものと考えられる。それはまた、藩執行部による家臣らに対する事前における地方知行から蔵米知行制への転換の趣旨が、それ以前に十二分に説明されていたとしても、それは大きくならざるを得なかったものと考えられる。ましてや、家臣たちに対する了承の取り付けが不十分の場合にはより反対の動きは激化せざるを得ないものであったとも考えられる。

また、寛文九年四月に起こったこの未曾有の大火災が当時における家臣団に与えた影響は極めて大きいものであったと考えられる。特に有力家臣らの殆どが被災したとすれば、家臣団の受けた被害は想像以上のものがあったと考えられる。それは藩の執行部を構成していた家臣ら以外にもすべての家臣たちにも大きな打撃と影響とを与えるものであったと考えられる。それはまさに藩の存立如何にも直結した深刻な問題でもあったとも考えられる。

ところで、こういった中で改革の中心に位置付けられていた割地制度に対しては寛文一二年八月には、以下の法令が発布されている事実が注目される(34)。その内容を紹介すると、以下の通りである。

覚

一田地割之事前々ふろくのよし沙汰在之に付、わりかへ候様にと先年申触候、三四年之間在之割替もはやふろく之分事済可申候、割換によって面々持田地自然無沙汰之義可有かについて自今以後公儀より割替之儀不及沙汰候、此上は田地ついへ無之様にいたし、新地少成共ひらき徳用有之様に可仕候、此以前之通百姓中間にてあいたい仕下にて割かへ申分は各別に候、又当年割替可申旨相究様子によりさし延来春なりかへ可申旨堅約束の田地は如相定来春割替可申候、惣て兼約束之様違変仕候は悪き事に候、申定通に可仕候事

以上である。この法令の骨子は、土地割替の事業が一応は終了したので、今後は割替えについての指示は取り止めることにした旨を伝えるものであった。また、百姓らが既にその実施を申合わせていた場合には、来春には必ずそれを実施することをも命じたものであった。その意味ではこの藩において実施された割地制度は、そこでの目的を一応は果したものとして一般には肯定的に受け止められ、理解もされているのではないかとも考えられる。また、成功したとも評価されている場合もまたみられる。しかし、その理解で果たしていいのであろうか。

既に割地制度の実施例として既に今立郡岩本村の場合を紹介したが、ここでの事例をみると、割地に対する村からの請書の提出が実施開始の翌九年の春頃に出されている。既にこの頃は領内における農作業は既に開始されていたものと考えられる。とすれば、実際の割地の開始は、早くても収穫後の同九年暮れから翌一〇年の春にかけて実施されたものと考えられる。ところが、それの実施については特に村人全員による合意形成が不可欠だと考えれば、割地の実施が布告されたからといってすぐにそれの実施が開始出来るものではなかったと考えられる。そこでは村

人ら全員による合意の形成のための時間がやはり必要であったと考えられる。また、この藩では川沿いの村々では既にその実施例が既にみられたとすれば、そこでの割り替えの変更をも調整するための時間がまた必要であったとも考えられる。ましてや自然的・社会的条件がそれぞれ大きく異なった多くの村々が、たとえば、なかには給人らの理解と協力とをなおも必要とした村々がまた存在していたと考えると、村々が一斉に揃って割地を実施することは到底、不可能ではなかったかとも考えられる。

また、既に指摘したように、この藩における割地に対する検討結果は、残されている多くの市町村史に既に収録され、そこでの研究水準が高いことを指摘したが、しかし、その時期を寛文期に限定してみてみると、そこでの実施例は、全藩的規模で実施されたとはいうものの、必ずしもそこでの実施例は多くはないようにも考えられる。もちろん、対象とした時代が江戸前期と古いとあっては、資料が残されている確率もまた低いとも考えられるが、それにしても具体例を踏まえた検討結果は現在のところ、特に藩執行部の意向が徹底する城下周辺部の村々を除くと、極めて乏しいのではないかとも考えられる。その意味ではさらなる資料調査の必要があるのではないかとも考えられる。

また、この場合、割地実施の責任者に任命されていた百姓代官らについての検討結果でも、この段階では「福井市史」通史編によると、かれらの担当する一定の支配領域がまとまって存在していたわけではなく、互いにその領域が交錯せざるを得ない状況に置かれていた事実などが既に報告されている(35)。百姓代官の設置それ自体の整備が遅れているその背後には、一体、何が起こっていたのか。現在のところ、それらの事実を示す具体的な資料を示すことか出来ないとしても、何らかの抵抗勢力の存在が予想されるかとも考えられる。割地実施とは不可分の関係にあったと考えられる百姓代官の整備そのものが充分ではないこともまた見逃せない事実ではないかとも考えられる。

以上、割地実施の現状を少し考えてみたが、寛文一二年といった段階で割地の事業が既に終了したとはとても思われないようにもまた考えられる。とすれば、寛文一二年の八月の段階での割地の終了は、藩執行部が反対勢力の台頭の前に、政策転換を余儀なくされたその結果ではないかともまた考えられる。そして、この割地の中断後、まもなくして延宝二年には改革推進者でもあった藩主光通自身が自殺に追い込まれているのである。その直接の原因は、後述するように、かれの家督相続をめぐっての心労の結果だとも考えられるが、同時にかれが進めた農政改革での、それの事業の中心であった割地の推進が挫折したことも、かれを自刃に追い込んだひとつの原因ではないかともまた考えられるのである。

では、それ以降におけるこの藩の藩政は、どういった推移をたどるのであろうか。また、藩主光通が示した改革への思いは、どのように、その後、継承されていくのであろうか。

【注】

（1）国目付の派遣としては前述第一章第2節注（1）参照。ここでも林・佐久間両人の名前とがある。

（2）「福井市史」通史編2近世七八頁。

（3）たとえば、藩札発行については「国史大辞典」（吉川弘文館刊）11巻七二二頁以下参照。ここでは福井藩が藩札発行の最初の事例だとある。

（4）「福山市史」通史編中巻一一八頁参照。

（5）「法令集」八四頁参照。なお、この岩本村は武生盆地の東辺に位置し、江戸期以前から大滝・岩本・不老《おいず》・新在家・定友の五カ村のひとつとしていわゆる越前和紙の生産地として知られ、江戸になっては紙会所が設置されていた。現在、岩本神社の境内から眼下に広がる村々を眺めると、かつての和紙の生産と取引や後述する割地の実施状況などを思い浮かべることが出来る。

（6）「法令集」九一頁「藩札使用方請書」参照。

（7）この藩における藩札の発行については、既に吉田叡「福井藩札の発行について」（「福井県地域史研究」創刊号）がある。また、同氏には他に「天保期の福井藩札整理と鯖江藩の対応について」（福井県地域史研究」第11号）などがある。

(8) 寛永通宝の流通促進をめぐっては、「法令集」一〇三頁の「寛永新銭ニ付幕府定」及びそこでの注記参照。また、この時期には他の名古屋藩や岸和田・岩国・大垣藩などでの藩札発行がみられるが、たとえば、名古屋藩の場合、寛文六年に発行されたものの、同八年には中止に追い込まれている(『新修名古屋市史』第3巻一八一頁)。

(9)・(10) 「法令集」八七頁「借米達」及び八八頁同「借米達」、同時にともに両資料の注記をも含めて参照。

(11) 「法令集」九四頁「夫銀・小物成等収納ニ付申渡」参照。

(12) 「同」九五頁「未進取立方触」参照。

(13) 「同」九〇頁「百姓代官申渡ニ付書付」参照。

(14) 「同」九一頁「村方納所覚」参照。

(15) この点については藤野立恵「福井藩における大庄屋制度について―組頭から大庄屋へ―」(『福井県地域史研究』第6号)が注目される。なお、以前の大庄屋が百姓代官と名前を変えては再び登場したのか、この時期にかれらはまた一万石の代官とも呼ばれていたのか、この辺の事情がなおもはっきりしない。

(16) 『福井市史』通史編2近世八五頁以下、特に見出し項目「百姓代官」以下参照。

(17) 青野春水『日本近世割地制度の研究』(一九八二年　雄山閣)、特に第4章「越前における割地制」参照。本書は日本全国における割地制度の実施状況を対象にした実証的研究の成果として特に注目される。

(18) 旧『福井県史』第2冊第2編藩政時代二四二頁以下参照。

(19) 藤野立恵「福井藩における寛文期の割地について」(『福井県地域史研究』第9号)及び同「福井藩領の寛文期の内検地帳」(『県史研究』第1号)が注目される。同時に『福井市史』第2章第3節での割地制度の説明などをはじめとして各市町村史における割地の検討結果もまた見逃せない。

(20) 「法令集」九八頁「地割定書」参照。

(21) 同九九頁「地割覚請書」参照。

(22) 同一〇〇頁「地割定書請書」参照。

(23) この時期における土地売買の在り方如何や一作売りなどについては特に『宮崎村史』中巻の「近世農民の土地売券

と借用証」での記述が注目される。

(24) 寛文の大火災については、ここでは「稿本福井市史」上巻一六二頁以下の文章を紹介したが、それ以外にも「片聾記」五九頁以下、「続片聾記」五八七頁以下、「国事叢記」3の一八七頁以下、「越藩史略」二〇〇頁以下などにそれぞれ火災についての紹介がある。

(25) 「稿本福井市史」上巻一六四頁以下参照。

(26)・(27) ここでは「鈴木金弥日記抄録」(松平文庫越前資料)を利用したが、他に「片聾記」六〇頁以下なども参照。

(28) 前掲「鈴木金弥日記抄録」参照。

(29) 「法令集」六九頁以下「城中火事の節定書」参照。

(30) 同一〇六頁「出火時勤方条々」参照。

(31) 同一〇二頁「諸職人作料覚」参照。

(32) 同一〇七頁「家中借銀書上申渡覚」参照。

(33) 同一〇八頁「家中不如意者へ助成申渡」参照。

(34) 青野春水「前掲書」によると、「一応その目的を達成したので寛文一二年藩の土地制度としての割地は廃止され、農民による村単位の割地に復帰し、以後、地租改正まで実施され、一部の村では農地改革まで継続実施された」とある。

なお、この場合、紹介した寛文一二年八月の割地制度廃止に関する法令は、そこでの出典は牧野信之助「武家時代社会の研究」所収の論文だと考えられている。しかし、現在のところ同書にはその原文の紹介はみられず、その意味ではなおも出典探索の課題が残されているのではないかとも考えられる。

(35) 「福井市史」通史編2近世の第2節の特に見出し項目「百姓代官」以下参照。

第3節　五代藩主光通《みつみち》の家督相続問題とそれ以降における藩政の動揺と分裂について

第1項　はじめに―残された資料について―

現在、五代藩主光通以降、後述する「貞享の大法」（半知）に至るまでの藩政の展開とそれの動揺・分裂とを検討する場合、不可欠の資料として既に利用を試みた「越前世譜」や松平家「家譜」などが基本的な資料として残されている。これらは藩による編纂資料ではあり、その間における編纂の経緯などについては、たとえば、「貞享期における越前松平家の家史編纂―「家譜」「世譜」編纂前史―」として既にその一部が発表もされている（1）。いずれもが松平家によって編纂されたものであり、そこでの編纂の目的は、いうまでもなく当時における歴史的経緯を明らかにするために編纂されたものであった。したがって、研究にあたってはこれらの資料は不可欠の文献としてそれの利用が強く期待もされているかとも考えられる。しかし、類似本もまた存在し、いわゆる書誌学的な検討が現在のところ必ずしも充分ではなく、また、そこでの内容如何にも精粗の差が見られるなど、利用にあたってはいくつかの問題点もまた考えられるのではないかとも思われる（2）。以下、小稿ではこれらの中での特に「越前世譜」を中心に、この時期における藩政の推移及び展開を出来るだけ具体的に追ってみることにしたいと思う。

同時に、研究にあたっての不可欠の資料としては、最近、編纂が終了した「福井市史」通史編及び資料編の刊行がある。特に資料編の中には、先学らによる努力の結果が結集され、研究をすすめる上での不可欠な資料が数多く収録されていることが注目される。(3) 同時に、藩政成立当初から貞享の大法に至るまでの貴重な資料もまた多く収録もされている。たとえば、これまではとかく「秘中の秘」として扱われたであろう藩主自身の家督相続をめぐっての遺言書などもまた収録されている。以下、これらの残された貴重な資料などをも利用して当時における藩政の実態如何についての検討を試みたいと思う。なかでも特に小稿では、今回は残された資料の中でも主に「越前世譜」を中心に、これを踏まえて、さらには市史に収録された資料などをもとに含めて五代藩主光通以降、六代昌親・七代綱昌に至るまで、そして、この藩の領知高が改易によって一旦は消滅し、その直後、直ちにそれの半減が命ぜられた「貞享の大法」に至るまでの、藩政の推移を出来るだけ詳しく追ってみることにしたいと思う。

なお、以下の説明にあたっては、特に主な資料として利用する「越前世譜」に限っては、まだ翻刻が終了してはいないこともあって、そこからの個々の原文の引用の箇所は、繁雑さを避けるために、思い切って今回はそこでの書名のみを出来るだけ注記することにしたいと思う。

第2項　藩主光通の家督相続問題について

(1)藩主光通の妻国姫の自害について

城下町福井における寛文九年四月一五日に起こった大火災は、そこでの被害が大きかったために、その前年頃から既に開始されていた藩主光通らを中心とした藩政改革の動きに大きな打撃を与えるものであった。当面はやはりその復興に追われざるを得なかったものと考えられる。

同時に、この頃に藩主光通個人を苦境に追い込んだ問題としては、かれの妻国姫の自害と仵権蔵の江戸への出奔問題とが相次いで起こった事実もまた見逃せないかとも考えられる。藩主光通は父松平忠昌が四九歳で亡くなると、その跡を継いで五代藩主にはなったものの、僅かに一〇歳であった。そのために江戸でなおも養育され、承応二年に初入部、それ以降、かれを中心とした藩政が開始されることになったものと考えられる。また、既に紹介したように、かれの入部に続いて庶兄昌勝が松岡藩五万石へ、続いて同弟昌親が吉江藩二万五〇〇〇石へと入部し、かれを支える体制もまた固まったものと考えられる。

明暦元年四月には光通は、同じ松平一族でもあり、当時、越後高田藩の藩主でもあった松平越前守光長の娘であった国姫と結婚、彼女は「姫君は能書・文学・和歌に達し、堂上にて東の小町と申程の御器量也」（片聾記）ともいわれていた才媛であった(4)。夫婦仲もよく明暦三年と万治二年には娘二人が相次いで生まれたが、しかし、跡継ぎの男子には恵まれなかった。ところが、その妻国姫が寛文一一年三月二八日に突如自害するといった思いもかけない悲劇が起こった。それ以前の二月一二日には娘の一人が佐賀鍋島藩主である松平信濃守綱茂との結婚式を挙げたばかりであったとも伝えられている。その原因としては、越後高田藩主光長の母高田殿（二代将軍秀忠の娘）と彼女の甥にあたる藩主光通との間における、後述する光通伜権蔵の存在をめぐっての確執があったとも伝えられている。国姫もまたこの両者による確執に巻き込まれ、そこでの苦悩が彼女の自害に結果したのではないかとも伝えられている。ここでの確執とは、一般には藩主光通が自分には相続すべき伜がいない旨を書いた起請文を一旦は高田殿宛に提出、それの返却を藩主光通が妻国姫に依頼したことからはじまったとも伝えられているが、もちろん、真偽の程はよくわからない。あるいは、世譜によると、その前の寛文一〇年五月末には病気を患っていた国姫が回復したので、そのために牢屋の罪人らに対する特に恩赦が実施されたとも伝えられているところをみると、彼女はやはり病弱で繊細な人柄ではなかったかともまた考えられるが、これまた詳しい事情はわからない。

当時、高田殿は息子光長が越前藩主六八万石から越後高田藩二五万石へと左遷されたことを怒り、父である将軍秀忠に一時は反抗的態度を取った個性の強い人物であったことなどを考えると、光通と祖母高田殿との間に挟まれた妻国姫（清池院）の悩みもまた深刻なものがあったのではないかとも考えられる。

しかも、この妻国姫の自害は、藩主光通にとっては大きな精神的な打撃であったと考えられ、それ以降は、「夫より仏法に傾き常々は物荒き御人に而有しが慈悲心に成つて、念佛三昧に成、念珠を採持仏堂へ昼夜に三度づつ入給而看経怠り不給」ともあり(5)、国姫の霊を慰める毎日が暫くは続いたとも伝えられている。その意味では、妻国姫の死去は、かれにとっては何にもまして大きな痛手であったものと考えられる。後述するように、かれはもうこの時点で既に自分の前途を悲観し、公儀老中ら宛に、自分の後継者についての遺言書を書き残しているのである。

(2) 藩主光通伜権蔵の江戸への出奔について

次に、藩主光通と伜権蔵親子との関係如何であるが、伜権蔵は藩主光通が若い頃に妾（お三とも）に生ませた子供だと伝えられている。しかし、藩主光通は何故か、伜権蔵を嫌い、自分の腹心であった永見志摩守にかれの身柄を預け、権蔵と直接に会うことを拒否し、また、かれの存在をも無視したとも伝えられている。

その権蔵が一八歳になった延宝元年六月二〇日に、かれは密かに国元を出奔、江戸に向かった。この間の事情は、「六月二十日、権蔵様坂井郡荒谷村（城下から三里余り）ニ兼而御蟄居之処、紀州高野山江御越御出家可被成旨御書置被成、右御住所ヲ今夜竊ニ御立江戸表江発足、此時糠田武右衛門ら中者其外七、八人御供ニ罷越」（世譜）と、権蔵ら一行が江戸へと向かった。驚いた警備の家臣らがその跡を追い、藤沢宿で途中から引き返すように強く説得はしたものの、かれはそれを振り切ってはかれの一族でもあり、また、かれにとっては大叔父にもあたる松平直良（当時、一門である大野藩主か）の屋敷に逃げ込んだ。このためにその責任をとって追跡した家臣らの責任者でもあった堀十兵衛は自刃、その噂は国元において一挙に広がることになったものと考えられる。一説によると、藩主光通は権蔵を高野山に派遣、仏門へ入れることをも考えていたとも、あるいは、国元での牢屋の新設が噂され、そこへの入牢を嫌って急遽、出府したとも、また、かれの母が早くからかれの江戸での成長を願っていたともまた噂され、出府の直接の理由についてははっきりしない。

しかし、その後におけるかれの行動をみると、恐らくはかれの出府を支持する政治的勢力の存在をもまた予想することが出来るのではないかとも考えられる。また、かれの出府を待ち構えていたかのように、かれの起こしたその政治的な波紋は、江戸表においてもまた急速に広がることにもなったものと考えられる。以下、「越前世譜」によってその後のかれに関する動きをいま少しみていくことにしたいと思う。

倅権蔵の江戸への出奔につては、早速、藩主光通から一門である高田藩主光長や松平出羽守(直政)・同但馬守(直良)・同兵部大輔(昌親)らに、また、公儀大目付である渡辺大隅守らにもまたその旨が伝えられている。また、権蔵を預かることになった但馬守(直良)からも福井藩の家老永見志摩・狛木工允・稲葉采女・飯田主米らにもその旨が伝えられている。続いて七月二日には身柄を預かった但馬守自身から、同一〇日には大目付渡辺大隅守自身からも藩主光通宛の書簡が届き、これらに対しては藩主光通自身からもまた自分の意見を述べた書簡が返送されたのではないかとも考えられる。

以下、本来であれば、ここでの往復書簡そのものをも例示しては、その内容の詳細を紹介すべきかとも考えられるが、そこでの骨子のみをみてみると、まずは最初に権蔵の身柄を預かった但馬守から光通宛の書簡によると、自分が権蔵の身柄を預かることになったその間の経緯が説明されて、それへの了解とが求められている。次に、かれを預かることになったその経緯は既に公儀大目付である渡辺大隅守にも直接会ってはその事実をも伝え、かれを介して権蔵出奔の事実は、大老酒井雅楽頭らにも既に伝えられている旨をも報告し、それへの了承をもともに求める内容となっている。続いて出府してきた権蔵本人については「何とぞ御思案ニ而御子様無御座事ニ候間、此度首尾能御同心被遊可然存候」（世譜）と、かれの人柄を高く評価した上で、かれが光通の実子であることをこの機会に是非とも認めて欲しいとも願っている。さらには権蔵自身の人物についても「権蔵殿御気量諸事御心くばり以下無残所御様子」と高くかれを評価し、最後にはもしも藩主光通が権蔵を自分の倅であることをもなおも拒否するようであれば、自分に実子が存在するにもかかわらず、是非とも「かんどう《勘当》御免被成、拙者へ可被下候」（以上、世譜）と、かれの身柄をぜひとも自分が引き取りたいとも述べていることが注目される。また、最後には、来春の光通の出府の時節にはぜひともまた再度相談したいとも述べているのである。

続く大目付渡辺から光通宛の書簡によると、かれはやはり今回の権蔵の出府と、かれが大叔父にあたる但馬守の屋敷に匿われた事実をもむしろ歓迎した上で、また、今回のかれの取った行動を、藩祖秀康自身の波乱に満ちた行動とも比較しながらも肯定した上で、かれ自身もまた権蔵の出府を歓迎している旨が伝えられている事実がまずは注目される。同時に、越後守（光長）が来月一二日頃には一門の寄合を予定しているとも聞いているので、渡辺自身もまたこの寄合にはぜひとも参加したい旨が伝えられている。そして、自分の存命中には藩主光通の家督相続問題はぜひとも解決したいと考えている旨が伝えられているのである。これをみると、かれもまた権蔵による家督相続を強く願っていたものと考えられる。なお、かれはこの書簡の中で「権蔵殿御事、江戸中之者取沙汰残所も無御座候、御老中も御聞、拙者ニ様子御尋候間、有増御挨拶仕候」（世譜）ともあり、権蔵出府の噂は幕閣要人らの間でも既に話題にされていることが注目される。

以上、両人の書簡をみると、かれらは藩主光通の後継者にはぜひとも倅権蔵の相続をと、強く願っている事実がまずは注目される。特に大老酒井雅楽頭の懐刀として活躍していた大目付渡辺大隅守自身が権蔵の相続に肯定的であった事実をみると、恐らくは一門である但馬守と渡辺との交流は、また、そこでの情報交換は、既にそれ以前からはじまっており、両者の間では暗黙の了解が既に成立していたのではないかとも考えられる。同時に、この了解をも踏まえた上での権蔵の江戸への出奔ではなかったかともまた考えられるが、この点についてはなおも今後とも継続した検討が必要ではないかとも考えられる。また、権蔵が江戸へ出奔すると、後述もするように、かれを支持する国元における家臣らがこれを機会に結集している事実もまた見逃せないかとも考えられる。

では何故、藩主光通は伜権蔵の相続には反対であったのであろうか、一般には権蔵を生んだ母の身分の低さが話題となっているが、光通自身の釈明によると、「其上先年十ケ年斗も已前、舊妻呼越シ吉度《きっとカ》段再三申候得共所存有之候故、同心不仕、其已後も再三願候ニ付、舊妻へハ所存之儀少々申聞候」ともあり、[6]一〇年前ごろには両者による話し合いが既に行われていた事実が注目されるが、その話し合いの内容如何については現在のところ全くわからない。しかし、これによると、光通はかれなりに解決には既に努力はしていたものと考えられる。また、権蔵の扱い如何については一門や親族、たとえば、高田藩主光長夫妻らによる意見もまた光通には伝えられていたものと考えられる。同時に、この会見が一〇年程前だともあれば、伜権蔵はまだ幼少の頃ではあり、かれの資質如何が問題になった訳ではなく、やはり相手の素性や彼女らの一族などに問題があったのではないかとも考えられるが、現在のところこの辺の事情も全くわからない。その意味では現在、残されているかれに対する呪詛をも含む「狛《こま》文書」及び「狛家秘書」(ともに松平文庫越前資料)の解明などが次の検討課題としてなおも残されているのではないかとも考えられる。

ともあれ、権蔵の扱い如何が幕閣でも話題にされたと考えれば、また、これへの対処如何は藩主光通をさらに苦境に追い込む大きな要因になったものと考えられる。特に、来年春の出府では、この問題の決着如何が避けては通れない大きな問題になると考えれば、かれの精神的な負担はより大きなものになったものとも考えられる。しかし、この問題に対するかれの考えは全く変わらなかった。翌延宝二年正月の藩主光通から越後守(光長)宛の書簡が残されているが、[7]その中では「今以思案相違無御座候上ハ世伜ニ仕候儀不及申、世伜ニ而無之上ハ御沙汰ニ被及間敷儀ニ候得共、御目見之儀者以　八幡大菩薩明法を不罷成候間、左様御心得被成可被下候」(世譜)と、権蔵を後継者にする考えが全くないことをも申し伝えているのである。また、かれは同年二月一五日には老中稲葉美濃守正則宛にも書簡を送っているが、かれはその中で四月はじめには出府したいこと、また、伜権蔵の扱いについては、自分自身が直接、但馬守(直良)に会って権蔵を後継者にする意志がない旨をも言い渡している。さらに、但馬守がなお不服で何か画策するようなことがあれば、それは全くの筋目違いの行為であり、自分としては到底、承服することが出来ないとも伝えているのである。

(3)藩主光通の自害について

以上が「越前世譜」にみられる藩主光通及び伜権蔵の江戸への出奔の様子である。ところが、これによると、かれは春を迎えた三月一二日頃から国元で体調を崩したために使者二人が江戸へ向けて出立、翌二四日夜にはかれは早くも死去(三九歳)したことになっている。しかも、このかれの死去は自害であったと伝えられている。具体的にはそこでは妖刀村正が使われたとか、家臣らの集まりの中でかれは突如自害したとか、自害の最後に自分の後継者にはぜひとも庶弟である昌親をと頼んだとか、あるいは、通行中の駕籠の中で死去したとか、さまざまなことが伝えられてはいるものの、[8]そこでの自害の実態・真相は不明のままである。そして「同月廿八日去亥年、御病気中四月廿日御認之御遺書御家老稲葉采女《治房》・御宿老芦田図書《吉賢》持参福井出立」とある。他方、四月二日頃には江戸屋敷に上使が到着、一族の中務大輔昌勝・出羽守(綱賢)らが香典銀五〇〇枚を請取り、また、同日に光通死去のために代わって「御国許御締之儀ニ付、兵部太輔《昌親》様え之御奉書」(世譜)が老中から渡されたともある。

ところが、かれの死去が伝えられると、城下福井では、それを聞いた農民らが城下に集まったとも伝えられている。たとえば、「此日凶變の事未だ發せざるに、農民数多城門に集り哀慟《ママ》す、下吏これを制すれども去らず。老臣狛伊勢城門の上より大音にて、公御病気重らせ給ふ處、今又御快き方なるぞ、安堵して立去候へと云ひければ、何れも退散せしといふ」ともある。(9)

この場合、かれの人物評としては「越前史略」を編纂した井上翼章の以下の言葉が残されている。(10)それは「公幼年にして嗣ぎ、老臣年を遂て世を辞す、然れ共、公政を施すこと、慈愛を先にし、憲章を明にして、人を教ゆ、是故に国民、徳を仰ぎ、邦内大に寧し、豈多福と謂ざらんやと、謚して大安と云も亦宜なるかな、惜哉天蚤く其算を奪ふこと」と評価されているのである。この評価は、これまで検討を試みたかれの藩政改革への思いを、また、為政者としての領民らに対する思いなどを考えた場合、至極、当然のことであったとも考えられる。その意味では、かれの藩政に対する思いと取り組みには、歴代藩主の中でも突出したものがあったと考えられる。しかし、現実の藩政は奇麗事では済まされないこともまた事実であったとも考えられる。最後の「其算を奪うこと」といった言葉の意味をどのように理解し、受け止めるべきなのか、課題は尽きないようにも考えられる。

(4)藩主光通の遺言状について

既に紹介したように、藩主光通は自らが先頭にたって藩政の改革に乗り出したものの、運悪く翌九年四月に起こった城下町福井における大火災によって改革は一旦は頓挫を余儀なくされたものと考えられる。また、続いて起こった妻国姫の自害、そして、伜権蔵の江戸への出奔によってかれの家督相続問題が表面化し、それらがまたかれを苦境に追い込み、これらの事情などが重なってそれらがかれの自害にまでも発展することになったのではないかとも考えられる。なかでも、藩主光通は自分の妻である国姫の自害に強い衝撃を受けたことは既に指摘したが、また、このためにかれは体調を崩し、そのこともあって老中らからは見舞のための使者が派遣されるなど、一時は心配される状況にあった。また、この病気もあってか、将来への不安に駆られた藩主光通は、その苦悩の結果もあって寛文一一年四月二〇日には、老中宛に既に二通の書置（遺言）を残していた。その意味では、かれは国姫の自害を契機に既に己の死を既に予感していたのではないかとも考えられる。また、その覚悟で国姫死去後における仵権蔵の江戸への出奔を、さらには、かれをめぐって起こるであろう藩内における家臣団の動揺・分裂などをも既に予想していたのではないかとも考えられる。

事実、以下、紹介するように、かれはこの時点で既に作成していたいわゆる遺言状の中で「此趣可然様ニ死後ニ御披露仰所ニ候、恐惶謹言」と、この書置を自分の死後にはぜひとも幕閣の老中らに披露して欲しいとも強く願ってもいるのである。では、かれの遺言とは、どういった内容のものであろうか。残された同一月日に作成されたと考えられる二点の書置きの中での最初の書置きをそのまま紹介すると、[11] その内容は以下の通りである。

拙者儀実子無御座候、同姓兵部太輔（庶弟昌親）儀くるしからす被為思召候ハハ、何分にも家とくニ被仰付被下候様ニと奉願候、家督ニ被仰付家立ふたい（譜代）の家来分散不仕候様ニ於被仰付、誠以御高恩之上御高恩ニ可奉存候、此趣可然様ニ死後ニ御披露仰所ニ候、恐惶謹言

松平越前守
（寛文一一年）四月廿日在判

酒井雅楽頭殿
阿部豊後守殿
稲葉美濃守殿
久世大和守同
土屋但馬守同

板倉内膳正殿

以上である。この内容は、かれの後継者としてはかれの身内でもある庶兄松平昌勝（松岡藩主）ではなく、むしろ庶弟昌親（吉江藩主）をぜひとも自分の後継者にと願っていることが注目される。同時に、弟昌親を中心に先祖伝来からの譜代家臣らが一致団結し、それによる藩政の発展と展開とが強く求められている内容のものになっている事実がまた見逃せないかとも考えられる。

残された作成の日付が全く同じだといった二通の書置きの中で、まずはかれの後継者に対する思いが、より簡潔に指摘されているといった意味で、最初にその内容を紹介することにした。次の同一月日にともに作成されたと考えられるものには、その冒頭には作成されたのが「寛文一一年亥ノ年御煩之時分遊シ被置」といった注記があり、さらには続いて光通が自害したその年の延宝二年の「四月八日御老中へ指上ル」といった注記がある。本来であればやはりその全文の紹介が必要かとも考えられるが、その内容の骨子は以下の二点から構成されている。(12)

まずは最初に、藩主光通がこれまでに世話になった公儀の御歴々、たとえば、特に大老酒井雅楽頭や稲葉美濃守らへの感謝の気持ちを伝えた文章がまず最初に並ぶ。次に、筋目から考えると、光通の後継者には他にも考えられるが、兵部太輔（庶弟松平昌親）が最も後継者としては適任であることが強く主張されている。たとえば、非常事態の到来を考えた場合、藩主に代わってその陣頭指揮にあたるべき陣（番）代は誰かと考えると、譜代の家臣らはいずれも兵部大輔（昌親）こそが最も適任者だと答えており、自分もまた家臣らと全く同じ意見である。また、たとえ兵部大輔が後継者になったとしても、いろいろと難しい問題に直面せざるを得ないこともまた考えられるが、その場合は自分もまたかれに協力するとともに、他の兄弟や一門の大名らにも、自分がよく頼むことにするので「此上ハ兵部儀別而之御取立者之儀ニ御座候間、何分ニ各御引立可被下候」と、庶弟昌親をぜひとも後継者にして欲しいと強く願っているのである。

以上、この二通の書置（遺言状）は、光通死去後に家老ら二人によって、その日時によると、延宝二年四月初旬には公儀宛に提出され、その内容はいずれもが藩主光通の庶弟である昌親を次の候補者として推薦しているのである。ところで、候補者として推薦された昌親自身の立場から考えると、かれにはその兄である昌勝が既に松岡藩主として存在し、自分もまた吉江藩主として、ともに兄弟が藩主光通をともに支えていくべき立場にあった。また、たとえ光通の推薦があったとしても、兄の昌勝を差し置いて自分が光通の跡を相続することにはかれはかれなりに強い抵抗が、また、自責の念が、あったものと考えられる。さらには、かれが良心的な人物であればある程、その思いは強いものがあったのではないかとも考えられる。とすれば、そこでの熟慮の結果は、自分には実子がおらず、兄の昌勝には既に嫡子綱昌らが存在していたとすれば、また、かれ自身が書簡の中で兄である昌勝に対しては「中務（昌勝）当国之義諸事申付候事ハ家来共同心不仕候」（世譜）と、もしもかれが藩主になった場合には、家臣らが到底承服しないであろうといった指摘などをも考えると、かれの立場からは兄の倅仙菊（後の綱昌）を藩主候補者として強く推薦する以外に他に方法はなかったのではないかとも考えられる。また、兄弟がともに協力しては兄の倅綱昌をともに推薦することによって藩論の統一をも目指すことにしたのではないかとも考えられる。以下、紹介を試みる昌親から一門の各大名ら宛に提出された願書は、その間におけるかれの思いと動きとを端的に示すものとして見逃せないかとも考えられる[13]。

「外包紙」の内容は省略する。

一筆致啓上候、今度稲葉采女（正信、家老）・芦田図書（吉賢、家老）差越申候趣者、越前守（光通）日来之書置二通為致持参候、私儀結構成趣ニ候、如何様ニも可任其意事ニ候得共、色々存旨候間、家老共其外用事ニ加候者共と致詮議候得者得其意候、越前守跡目於仰付者、拙者願之段者中務（昌勝）世倅（仙菊）儀正統ニも候得者、当国之儀被仰付候様ニ与奉願候、越前守家来共へも右之趣中聞候処何茂承届候、此段御相談被成可被下候、委細両人之者可申上候、恐々謹言

松平兵部太輔

（延宝二年）三月廿八日　　昌親（花押）

越後中将（光長）様

松平但馬守（直良）様

松平出羽守（綱隆）様

松平大膳大夫（毛利綱広）様

松平大和守（直矩）様

これによると、松平兵部（昌親）は家老たちとも相談した結果、自分ではなく、亡くなった藩主光通の後継者にはぜひとも自分の兄である昌勝（松岡藩主）の倅仙菊（綱昌）が適任者であることが決まったので、ぜひとも一門でもこの旨をよく相談して欲しいと強く願っているのである。

さらには、これに続いて同日付けで、付家老本多孫太郎以下の藩の重臣ら計九人による連署の形での「兵部太輔願之通相叶候様奉願候、已上」と、以下、紹介を試みるように、昌親の意見をぜひとも実現させて欲しいといった願いがともに重臣らからもまた出されているのである。[14]

「大安院様御逝去之節

上（松平光通）　　覚書

越前守（松平光通）願之通兵部太輔（松平昌親）江家督、家中侍共何茂奉願儀ニ候得共、兵部太輔無拠被申様御座候得者不及是非候、兵部太輔願有之由申聞候、此上者兵部太輔受指図候得者越前守存念も相立候様ニ奉候間、兵部太輔願之通相叶候様奉願候、

已上

（延宝二年）三月廿八日

本多孫太郎（花押）
永見志摩（同）
狛木工允（同）
飯田主米（同）
稲葉采女（同）
本多民部（同）
芦田図書（同）
酒井玄蕃（同）
酒井十之丞（同）

以上の内容の覚書が作成されている事実が注目される。また、その内容は、藩の首脳部全員が揃って昌親の意見には賛成である旨が表明もされているのである。果たしてこの覚書が公儀にまでも提出されたのか、されなかったのか、そこまではわからない。しかし、既に指摘もしたように、この時点では既に藩主光通の伜権蔵は江戸表に出奔しており、五代藩主光通の伜権蔵を次の藩主へと推薦する政治的勢力が既に存在していたことは事実であった。と考えると、この覚書の作成は、その結果においてはこれらの動きを強く牽制し、また、かれらによる伜権蔵擁立の動きをも強く封じ込める役割をも果たすものであったと考えられる。あるいは、短期間の間に重臣らの同意を取

り付けた後継者昌親の政治的能力の高さをも立証するものでもあったともまた考えられる。

しかし、ここでみられた伜権蔵擁立を画策した政治的勢力が権蔵の擁立とともに、前藩主光通によって実施されていた政治的刷新の動きに、また、藩政改革の動きにも、これまた反対であったと考えれば、この覚書の提出のみでは、両者による対立・抗争を直ちには封じ込めることは既に不可能であったとも考えられる。事態は藩主相続如何の次元を越えて藩体制それ自身の在り方如何が、たとえば、具体的には地方知行から蔵米知行制への転換の是非如何などの諸問題などが家臣らには厳しく問われていたものと考えられる。とすれば、事態は藩主相続の在り方如何とともに、藩体制そのものの在り方如何の問題をもともに含むものになっていたとも考えられるのである。

ともあれ、藩主光通のいわゆる遺言状は藩の重臣ら二人によって既に公儀に届けられたものと考えられる。しかし、現実は、その前後から藩内においては後継者に指名された昌親自身がその中心となってかれの兄である昌勝の伜仙菊(綱昌)を自分に代わって次の藩主後継者にする計画が急速にすすめられ、そこでの結果は、後継者昌親自身から、また、かれの意見に賛同した藩重臣らからもまた一門及び公儀宛にも直接・間接に伝えられることになったのではないかとも考えられる。しかし、藩主光通の遺言状は既にこれらの動きとは関係なく、それ以前には既に公儀に提出されていたものと考えられ、世譜によると、五月六日には一門の大名らも揃って登城(昌勝は欠席)、大老酒井から兵部大輔昌親が遺言通りに新しく六代藩主に任命されることになった。同時に、昌親から一門へ対しても提出されていた仙菊の養子一件の扱いについての協力依頼は、今後、考慮する旨とがまずは伝えられたといわれている。そして、続いて五月一二日には再度、一門の大名(昌勝は腰痛のために欠席)らが登城を命ぜられ、老中列座の中で仙菊を正式に昌親の養子にすることが決定され、同一四日には江戸からその旨を報告するための使者が急遽帰国し、国元における家老たちとともに揃って藩祖浄光院(秀康)の霊前でその旨を報告している。なお、昌親が後継者に決定した結果、これまでの吉江藩二万五〇〇〇石はその後に本藩に統合されることになった。

以上が藩主光通死去後における家督相続をめぐっての主な動きである。ところが、この間における事情を伝える「越前世譜」によると、昌親は藩主には任命されたものの、一刻も早く養子に決定した綱昌に藩主の座を譲ることを考え、それをなおも強く期待もしていた。しかし、養子は決定したものの、かれ自身の藩主引退がなかなか実現出来ないこともあってか、その旨をかれは渡辺大隅守や阿部四郎五郎らに、そして、老中稲葉美濃守らに積極的に働きかけている事実がまた注目される。この間における関係者らの往復書簡によると、その内容の詳細は省略するとしても、一二月の晦日になってやっとかれ自身は、養子である綱昌の相続を断念してはいま暫くの間の藩主継続を決心し、そのために登城することにしたのだと伝えられている。また、かれはこれを機会に侍従に任命されたとも伝えられているのである。

第3項　六代新藩主昌親の就任と藩政の動揺について

(1)新藩主昌親の就任について—一部家臣らの脱藩を中心に—

昌親の藩主就任が発表されると、その相続がかれの兄である昌勝ではなく、弟である昌親であること、また、藩主光通には既に伜権蔵が存在するものの、かれの存在が全く無視されていることなどから一部家臣らの中では大きな衝撃が走ったものと考えられる。その結果、家臣らの一部が江戸の権蔵の許に急遽、脱藩するといった事件が起こることになった。具体的には、以下の「片聾記」の記述が注目されるかとも考えられる[15]。

一昌親公を御養子に御願之段、一統登城之上被仰渡候時、五百石被下武頭一人罷出、権蔵君之外御奉公仕主君は無之由申切、供廻り美し敷致即日御国を立退、其外毛受又左衛門・美濃部半七後跡目被下・嶋田三左衛門後跡目被下・恆岡靭負

後跡目被下・牧野内匠・富岡又太郎・矢野七右衛門願申上御暇被下置、右五百石被下武頭は真田五郎兵衛当江戸詰之面々は格別、其外は何茂剃(剃)致候由、其餘も御暇申大身小身五十人程も立退江戸へ来、備中守へ奉公するもの有り」ともある。

また、別に次の文章もある。

「昌親公を御養子に御願被成候由、於御城侍中へ被仰渡処、五百石被下候武(物カ)頭壱人罷出権蔵君之外奉公仕主君は無之由申、供廻り美敷いたし即刻御国を立退候由」ともある。(16)

ここでの最初の武頭と、後の武頭とが同一人物かどうかは、そこでの所持石高などから同一人物ではないかとも考えられるが、いずれにしても、昌親の藩主相続に正面から反対であった有力家臣らが、昌親が後継者に任命されると、これに強く反対し、正装した上で一族郎党らをも従え、胸を張っては堂々と城下を退去している事実が注目されるかとも考えられる。あるいは、かれら以外にも大身・小身らの家臣らをも含めて計五〇人余りの家臣らが脱藩しては江戸へ向かったともあり、事態は深刻であったものと考えられる。

この場合、藩主光通の死去以前から伜権蔵の存在は一部の家臣らには知られ、かれらの中の一部では、光通の後継者にはぜひとも権蔵をといった政治的動きが既に存在し、それらの動きがどの程度、家臣らの間で広まっていたのかどうか、かれの身柄を直接預かった一門の但馬守(直良)は、既に指摘もしたように、権蔵支持勢力の中心であったと考えられる。また、かれはこの件をいち早く大目付渡辺大隅守にも報告し、両者の間では既に藩主後継者にはぜひとも権蔵をといった暗黙の了解が既に成立していたのではないかとも考えると、あるいは、詳しいことは不明にしても、権蔵支持説が一門の中でも広まり、一時は公儀をもまたその意見に傾きかけていたとも伝えられており(17)、これらの事実をも考えると、一部家臣らによる脱藩といった行為は、無視することが出来ないものであったとも考えられる。また、それへの対応如何は、新藩主昌親個人の思惑をもはるかに越える大きな政治的な問題に発展する可能性すらも秘めていたものであったとも考えられる。

だからこそ、この事実を事前に心配していたがために、新藩主昌親自身が藩主就任を最後まで辞退し、代わって兄昌勝の倅仙菊（後の藩主綱昌）の藩主就任を積極的に推薦していたものと考えられる。しかし、その思いが既に難しいとあっては、かれはやむを得ず藩主の座につくことにしたのではないかとも考えられる。とすれば、かれの藩主就任は藩政の再建どころか、むしろそこでの内部における対立と抗争をさらに助長するものであったとも考えられる。また、こういった事実を既に心配したその結果が、かれの藩主就任の辞退でもあったとも考えられる。しかし、それが難しいとあっては、かれはやむを得ずその地位につかざるを得なかったものと考えられる。

(2)藩主昌親の隠居について

以上、予想もしなかった一部家臣らによる脱藩といった事実が現実に起こったと考えれば、また、それは氷山の一角に過ぎず、その背後には権蔵支持の政治的勢力が既に存在していたと考えると、さらにはそれの扱い如何が藩政の分裂にも発展しかねないとも考えると、それらに対する対応如何が、新藩主昌親自身にとっては当面する緊急の課題になったものと考えられる。ところが、この辺の事情を示すような動きは、また、それに関する資料などは、現在のところ皆無に近いのではないかとも考えられる。以下、その内容を紹介するように、現在のところ、それは極めて断片的なものしか残されてはいないようにも考えられる。たとえば、残されている「国事叢記」によると、以下の記述などが注目されるのではないかとも考えられる[18]。

見出し項目「昌勝御家中争論処分」

一昌勝君御家中争論ニ付、十月東部江、昌勝君、猪子平左衛門・中村又左衛門被遣。中嶋将監上方江、嫡子加州江、母妻子者越後江御追放。江戸御聞番田中武兵衛・服部浅右衛門就同罪、松岡江被遣、中根源五右衛門宅にて切腹。

以上の記述がある。松岡藩主昌勝のところでも、この頃にその詳しい内容まではわからないが、藩政が動揺してそれが家臣らに対する処分にまでも発展していたものと考えられる。しかも、時期が時期だけに、この松岡藩における処分は、場合によっては、後述する吉江藩における政争とも何らかの繋がりあるかともまた予想されるが、現在のところそれ以上の実態は全くわからない。ところが、吉江藩でもまたこの時期には以下の騒動が起こっていることが注目される。(19)

見出し項目「御暇（下脱ヵ）さる人々」

一当年御暇被下面々、下山藤兵衛三百石、後直堅君仕。長岡一郎兵衛・秋間茂右衛門二百石・毛受又左衛門二百石・渥美与左衛門二百石・中村十郎兵衛・水谷長兵衛三百石・野中彦左衛門・吉村甚右衛門百五十石・高橋甚右衛門・伊達勘大夫・成田五左衛門三百五十石・笹治七左衛門三百石」

これによると、吉江藩主昌親のところでも家中争論が起こり、やはり家臣らが暇を命ぜられている。ところが、この処分ではそこでの冒頭に紹介された家臣である下山藤兵衛にはその後に「後直堅君仕」ともあり、かれは暇を命ぜられたそれ以降には江戸に赴き、江戸表の権蔵、その名前を変えて直堅に奉公したことになっている事実が特に注目されるかとも考えられる。また、かれは改めて権蔵から家臣として召し抱えられており、これがもしも事実だとすれば、かれは権蔵支持派の家臣であり、その理由もあってか、かれは藩主昌親から暇を命ぜられた者ではなかったかとも考えられる。そして、かれは権蔵支持派の中心でもあったがために江戸の権蔵から改めて家臣として召し抱えられたのではないかとも考えられる。とすれば、かれ以外の家臣らもやはり権蔵支持派に属していたために、ともに暇を命ぜられた者たちではなかったかともまた考えられる。しかし、下山以外の家臣らについてはその後の処遇如何については何の注記もみられない。けれども、かれらは恐らくは権蔵支持派であったがために暇を命ぜられた者たちではなかったかともまた考えられる。いずれにしても下山以外にはその後における処遇如何の記載がみられない以上は、予想することは出来たにしても断定することは出来ないかともまた考えられる。そして、翌四年七月には、昌親は自分に反対した一部の脱藩家臣らやそれの支持者らを処罰・追放した上で、かねてからの念願であった藩主の座を養子である綱昌に譲っては正式に隠居することになったのではないかとも考えられる。

この七月二一日には、以前からの藩主昌親の強い願いが聞き届けられ、昌親と養子仙菊、それに上野介近栄(同じ一門である松江藩の支藩である広瀬藩の藩主)とが同道しては登城し、御白書院において老中列座の上で酒井雅楽頭からこれまでの藩主昌親が「未年若ニも候得共病者ニも有之候間」と、病気を理由に正式に引退が認められ、続いて養子であった綱昌が「家督無相違越前守江被仰付候」と、代わって新しく七代藩主に任命されることになった。

当時、昌親は三六歳の働き盛り、綱昌は一五歳前後ではなかったかとも考えられる。さらに綱昌が年が若いこともあって大老酒井から「併大国之儀、越前守年若ニ国之仕置等諸事無遠慮指図可仕旨、上意之趣御大老酒井雅楽頭殿御達有之」と、隠居を認められた昌親が遠慮なく綱昌を指図・指導することが指示されている。また、昌親父子が退席しようとすると、特に綱昌が呼び返され、渡辺大隅守が付き添って着座すると、老中から「今度兵部大輔強願中上付、隠居被仰付候、尋常之習実子ニさへ年老迄家督譲兼候ニ兵部大輔未年盛ニ而早速家督ゆつり候儀、其方為ニ兵部儀厚恩之者候間、随分孝行可相勤候」との命が特に伝えられているのである。

その内容は、今回の藩主交替が昌親による特に「強願」の結果、実施されたものであることがまずは伝えられ、続いて一般の大名家の場合、藩主にたとえば実子があってもなかなかその家督を子供には譲らないその中での相続許可であることをも諭した上での決定であることが特に伝えられているのである。また、その厚恩に報いるためにも新藩主綱昌が隠居した昌親に対して親孝行をすることが特に命ぜられているのである。さらには「諸事兵部大輔任指図相背申間敷旨被仰出候」(以上、世譜)と、隠居した昌親の教えをよく守ることが強く命ぜられてもいるのである。

なお、藩主昌親の藩主在任期間は僅か二年余りであった。同時に、かれの引退と新藩主綱昌の就任は、その結果において前藩主光通の伜権蔵(直堅)及びかれを支持した政治的勢力の孤立をも促すことになったものと考えられる。しかし、藩主昌親自身に当初からその思惑があってかれは藩主の座から早々に引退したのかどうかまでは、かれ自身に関する記録類が全くといってよい程残されていないためにはっきりしない。

第4項　七代新藩主綱昌による政治路線の否定とそれによる藩政の混乱と分裂について

(1)藩主綱昌による藩政の開始について―改革路線の否定を中心に―

現在、既にその内容の紹介及び検討を試みたように、前藩主光通の時代における法令が数多く残されているが、それに続いて新藩主綱昌の時代に出された法令もまた残されいる。この残された多様な法令の中でまずは家臣らに対する法令としては、延宝四年九月(綱昌は七月に襲封)の「江戸詰諸役人勤方定」、同月の「奥方へ御機嫌伺定」とが、翌五年正月には「借米達」、同三月には「借米再応達」、同八月には「勘定所条目」とが、同七年六月には「勤番方定書」、同一一月には「諸事倹約条々」とが、さらに同八年四月には「江戸家中倹約令」、同一一月には「寸志用赦達」などの存在が注目される。いずれもそれぞれの法令は、そこでの名称が示すような内容であるが、これらの中で特に綱昌の藩主就任の翌延宝五年発布の「借米達」と「借米再応達」とは、藩が財政困窮のために家臣らからその所持石高に応じて借米するために出された法令である。また、この場合、それぞれの家臣らが所持した知行（給）地の在り方如何がともに説明されているといった意味でまずは最初に取り敢えずはここでは特に後者の内容を具体的に紹介すると、以下の通りである(20)。

最前被仰渡通、当暮より免四歩之積り御借り被為成候、御勝手不被成候ヘハ、給知高より平均四歩之積り御借り被成候而ハ不足ニ候ヘ共、御家中も勝手不如意之由御聞及被成候ニ付、先右之通被仰出候、当七月より面々給地致取納四歩之積り可指上候、懸り免段々之儀者追而可被仰聞候間、其節手前ニ而所務難仕面々ハ、御相談之上ニ而御蔵支配成可被下候、已上

（延宝五年）三月日

この資料によると、藩が財政困窮のために家臣らからそれぞれが所持する知行（給）地の石高の大小に応じて借米をする予定である旨がまずは家臣ら一同に伝えられている。しかし、家臣らもまた生活が窮乏していると聞いているので、現在のところ、そこでの給知高からの収入の「四歩之積り」を借米として収納させることを考えている。また、それ以上をさらに徴収する場合には、追ってまた連絡する、以上の趣旨を前以て藩が家臣らに連絡した資料だと考えられる。

ここでは、家臣らに対する借米は、家臣ら個々人らが所持する知行（給）高がその対象の基本（基準）になっている事実がまずは注目されるかと考えられる。とすれば、既に第2節第2項で具体的に説明を試みた藩政改革のひとつの柱であった藩主光通による各家臣らに対する地方知行から蔵米知行制への転換といった新政策は、既にこの段階

ではそれが実施されてはいないのではないかとも考えられる。その意味では、藩が各家臣らにそれぞれ与えていた各知行高（地）を原則としては全て没収し、それらを個々の家臣らに代わって藩自身が一括して支配するといった地《じ》方《かた》知行から蔵米知行制への転換は、既にこの時点では変更を余儀なくされていたのではないかとも考えられる。同時に、もしも家臣ら個々人が自己の知行地から藩に上納する借米の調達が難しいときには、そこでの給地支配に代わってそれを藩に依存する蔵米知行制に変更することもまた可能である事実がともに付記されていることもまた見逃せないかとも考えられる。

いずれにしても、この時点での家臣らに対する地方知行から蔵米知行制への転換といった改革での目標のひとつは、既に放置され、それ以前と同じように、家臣らは自分で所持する個々の知行（給）地を原則としては自分で管理する体制が、もちろん、この場合も農民らによる村請制度の実施を前提にしてそこでの年貢などの徴収の実務は以前と同じように、村役人らによって実施されてはいるものの、それらがまた継続されてもいたものと考えられるのである。恐らくは知行（給）地の蔵米知行制への転換は、家臣らの、特に有力家臣らのそれに対する反対が強いために、途中で挫折を余儀なくされざるを得なかったのではないかとも考えられる。

次に、農村または農民らを対象にした法令であるが、まずは延宝五年二月の「百姓口論等停止触」、同八月には「勘定所条目」、同一〇月には「在方条目請書」、同一一月には「郡方支配ニ付申渡覚」、同閏一二月には「組頭郷盛中止ニ付請書」、同六年七月には「在々条目請書」、同八年一一月には「納所奨励達」などの存在が注目される。[21]この中でその内容が最も詳しい延宝五年一一月の「郡方支配ニ付申渡覚」一九カ条の内容をみてみると、たとえば、第一条では、「於在々申分有之訴状差上事、如先法之御蔵入百姓者代官所へ断差図を請此方江可達、給所百姓者與（与）頭を以可達事」とあり、百姓らは改革以前に実施されていた代官所支配と与《くみ》頭（後の大庄屋）支配とに大きくは二つに分けられている事実が注目される。これまでの改革の時代には特に新しく百姓代官らが任命され、すべての領地はかれらの支配下にあったのではないかとも考えられる。ところが、この時点では以前と同じように、百姓らは代官所の支配下の百姓らと、与頭らの支配下にある百姓らとに大きくは二つに分けられている事実が注目される。その意味では、新しく設置された百姓代官らによる農村支配の一元化の政策は、既にこの時点では放棄され、それ以前の支配体制にまた逆戻りしている事実が注目されるかとも考えられる。

あるいは、次に第一八条では、「壱作売田畑先年御法度候へ共、向後者不苦候間売買可申事」ともあり、これまでは農民たちの没落を防止するために一作売りは禁止されていたが、ここではそれが既に解禁されている事実が注目される。この点は同八月に発布された「勘定所条目」の中での第九条では、「去ル申年（寛文八、改革開始の年）田地・田畠一作売停止之旨被仰付候へとも、自今以後一作売御免ニ候間相対次第売買仕候事」と改正されている事実もまた注目されるかと考えられる。[22] いずれにしても、この頃から改革による農民層に対する分解を阻止するための方針は、あるいは、農民保護を目的にした政策は、この時点から大きく後退し、転換されることになったのではないかともまた考えられるのである。

以上のように、新藩主綱昌にとっての当面した政治的課題は、これまで続いた前藩主光通による改革路線を批判し、それらの方向転換を目指すものであったとも考えられる。とすれば、これまで藩主光通によって抜擢され、改革路線を推進していた家臣らたちの排除やかれらとの意見の対立などもまた不可避ではなかったかともまた考えられる。

その意味では、延宝五年頃に実施されたとも考えられる家老飯田主米の改易（罷免）が注目されるのではないかとも考えられる。しかし、現在のところかれは改革が開始された寛文八年に新しく家老に任命され、それ以降、改革に関する法令などには常にその名前がみられるといった事実などを指摘はすることは出来るものの、かれ自身がどういった経歴の持ち主で、藩政の在り方如何についてどういった考えと具体的な方針、役割などをも果たした人物であったのかといった問題などについては資料の不足もあって、全くといってよい程、わからない。また、かれに対する改易の直接の理由についても藩主の了解がないままに出府しては渡辺・阿部らに意見具申を行ったからだともいわれ（世譜）、それ以上のことはわからない。しかし、かれは改易を命ぜられ、かれ自身は伜の許での隠居が許されたものの、これを自ら拒否し、一時はかつての藩主であった松平忠直が配流を命ぜられたときに立ち寄った敦賀の孝顕寺にやはりかれは立ち寄っては、後には上方に出てその後の一生を送ったとも伝えられている。現実の政治に絶望し、あえて不遇の生活を選んだところにかれの藩政に対する不平不満と批判とが込められていたのではないかともまた考えられる。

(2)改革路線の否定に伴う藩政の混乱と分裂について

以上、検討を試みたように、新藩主綱昌によって実施された政策は、前藩主光通によって開始されていた藩政改革路線の修正というよりもむしろ否定であったとも考えられる。また、それの実施は若い藩主綱昌が藩主に就任したばかりの翌五年から直ちに実施されているのである。本来であれば、藩政の根幹にかかわる法令の発布だと考えれば、そのための準備期間が、さらにはそれの実施以前における各分野への前以ての説明や連絡などが必要不可欠であったものと考えられる。しかし、そういった事実は現在のところ全くみられず、就任の翌年には直ちに実施されているのである。その意味では朝令暮改の感は否めないようにも考えられる。だとすれば、それの実施は大きな混乱と動揺とを招くものであったとも考えられる。

たとえば、改革の柱のひとつであった地方知行から蔵米知行制への転換、そして、それの突然の中止といった動きは、多くの家臣らに戸惑いと衝撃をも与えるものであったとも考えられる。この場合、当初からこの転換の実施には反対であった有力家臣らや特に重臣らにとっては、この動きはむしろ歓迎されるべきものであったとも考えられる。しかし、かれら以外の多くの家臣たち、特に下級家臣らにとっては、かれらへの知行(給)地が広く分散して、または村の中を細分化しては与えられ、しかも、そこでの給地は他の家臣らとの給地とが共存または併存するいわゆる相給地の場合がむしろ多いとあっては、そこからの租税を確保するといったことは大変なことであったとも考えられる。もちろん、当時は既に村請制度が成立しており、そこでの実務は村役人らによって実施されていたとはいっても、他に自然災害や種々の紛争などが起こる可能性もまた考えられ、むしろかれらの多くは、特に下級家臣らは、藩による、また地方《じかた》役人らによる、蔵米知行制への転換をむしろ求める要望の方が多かったのではないかともまた考えられる。

以上の事情などをも考えると、知行制度の改革如何は、家臣らの中でのさまざまな論議を引き起こし、藩政の混乱を、また、そこでの動揺とを、さらに助長させる大きな要因になったのではないかとも考えられる。ここでの政策転換は、藩政の安定に寄与するどころか、藩政の動揺と分裂とに結果したのではないかとも考えられる。

他方、農民及び農村対策についてもこれまでの改革路線の転換が実施されることになった。たとえば、そこでの中心であった農民または農村の分解を阻止するための方針が、既に指摘もしたように、それを放置する方針への転換が実施されることになったものと考えられる。具体的にはこれまで禁止されていた土地の一作売りの禁止が解禁され、さらには土地の永代売買が、たとえば、「売主・買主双方共ニ郡所へ申達、永代之証文ニ村庄や加判形、郡奉行裏判申請可相究候事、自今以後永代之証文ニ郡奉行裏判無之候ハハ、一作売之証文同事ニ可罷成候間其旨堅可相守候事」と、強い条件付きではあったものの、正式には、認められることになった事実などが注目される。あるいは、新しく任命されていた数多くの百姓代官らもまた解任されるとあっては、それは農政の維持には大きな混乱と動揺とをもたらすものであったとも考えられる。

この農村に対する保護政策の放棄とともに、その三年後の延宝八年から翌天和元年にかけては、この越前地方は深刻な凶作・飢饉に見舞われることになった。また、そこでの被害は甚大であった。「八年国内凶荒に飢饉となり、多くの餓死を出せり」とか、「越前大飢饉餓死、道橋多死骸、平岡・石ケ谷ニ埋。米一俵四拾三匁。平生其頃七八匁。拾二匁ヲ高価トス」ともある。(23) これまでに実施された政策転換の結果、被害はより拡大されることになったのである。

以上のように、改革路線の変更はさまざまな分野に大きな影響をも与えるものであったとも考えられる。ところが、現在のところ、ここにおける政治的・経済的な混乱や動揺を直接伝える資料はあまりにも乏しく、そこでの実態如何がなおもよくわからない。特に政治的な混乱がどういった問題点に集中されて表現されているのか、あるいは、誰と誰との対立・抗争にまでも発展しているのか、いないのか、この辺の事情がよくわからない。既に指摘もしたように、家老飯田主米の改易などもそのひとつではないかとも考えられる。そこで取り敢えずは、当時一般に広く噂として、また風評として、既に流布していたと考えられる風説書などから当時における藩政の動揺・分裂の実態などについていま少しその内容などを探ってみることにしたいと思う。

(3)さまざまな風評について

現在、この時期における噂や風説などを現在にまで伝えたものとして「越国外記」と「土芥寇讎記《どかいこうしゅうき》」とが残されている。特に後者は既にその内容が翻刻され、多くの研究者らによって利用もされている。以下、これらによって当時における藩政の混乱・動揺の実態如何をみてみることにしたいと思う。

まずは前者によって当時における福井藩の状況、特にそこでの藩政の動揺をみてみると、以下の記述がある。(24)

「光通卿御遺跡の事を御舎弟（実は兄）中務大輔昌勝へわゆづりたまはずして末の御弟兵部大輔昌親へ遺跡相続の遺言有て終に三月廿四日に越前国福井の城中に於て卒去ありしかは、則大安院と諡なしける、去は兵部大輔昌親卿、光通卿遺言によって越前の大守となりたまいて時めき玉ひける、夫に付て舎兄中務大輔昌勝わ其身五万石を領すといへともその心甚たよろしからざる人なりしゆへ、光通卿見限り申されて養子に仕給はざりけり、弟ニ本家相続され、甚無念に存せられ、益々夜真《野心》をもやし申されけれ者、舎弟《光通》の遺命なれ者是非に及はす月日を過されしか、おもい内にあれは色外にあらわれ、何の事なき兵部殿と少々不和の躰にそ相見へける」とある。

これによると福井藩で起こった騒動の直接の原因は、前藩主光通がその家督を庶兄にあたる昌勝ではなく、庶弟昌親に譲ったことからはじまったのだとある。本来であれば、兄が家督を相続するはずであったが、そのかれが「そのこころ甚だよろしからざる人」であったがために、藩主光通がかれの庶弟であった昌親にその地位を譲ったことからそれが兄弟の不和にまで発展し、それがひいては騒動にまで発展したのだと考えられているのである。ここでは光通の実子である権蔵の存在には全く触れられていないことが注目される。当時は、実子権蔵の存在は、親である光通自身がかれを嫌い、また、かれの存在は出来るだけ隠蔽されていたためもあってか、あるいは、既にその処遇如何は一応、決着がついていたためもあってか、一般にはあまり知られてはおらず、こういった事情もあってか、騒動の原因は藩主光通が兄ではなく、弟である昌親を後継者に選んだことから騒動にまで発展したのだと考えられていたものと思われる。また、こういった理解は一般の庶民たちの間では案外、根強いものがあったのではないかとも考えられる。

続いてさらに以下の文章が続く。「兵部大輔殿《昌親》其心底を察し給ひ、いまた是《己か》にもよつ義《世継》なかりけるゆへ、かの中務殿《昌勝》の嫡子千代丸を養子とし給ひ、仙菊丸と号せらる」とあり、[25] かれは延宝三年末には元服して綱昌と名乗り、翌年には昌親に代わって藩主として越前国四七万五〇〇〇石を相続することになったのだとある。また、仙菊を新しく藩主に迎えることによって弟である昌親は兄昌勝との融和と和解をはかることにしたのだともある。

以上の記述をみる限りは、ここでの騒動を通しての藩主昌親の位置付けはかれの立場を肯定し、むしろかれの行為を擁護したものとなっている事実が注目されるかとも考えられる。では、その後における藩政の展開とかれに対する評価如何をさらにみてみることにしたいと思う。そこでは以下の記述がさらに続く。

「八・九年勤功有ける処に、近年綱昌打続て病気のよしにて出は《(場カ)》もし玉はず引籠り居て我まま気随に月日を送られける、此義に付て、隠居兵部大輔昌親大に立腹し給ひ、越前家の御親類中を招き集られければ(中略)、綱昌の気随我侭とも逐一申述給ひとて隠居なさしめ然るへしと有りけるを、各《おのおの》(々)兵部大輔殿の御腹立を宥め御扱ひにて事済ししか、兎角綱昌の御行跡相替らす」ともある(26)。

これによると、藩主になった綱昌の我がままが続いたので、昌親は一旦は綱昌を隠居させるために一門の大名らにその是非を相談した。しかし、一門はすぐにはかれの意見には賛成せず、むしろかれの怒りを慰めたために、そのままになった。ところが、それでも綱昌の行状が改められないために、「気随我が侭に年月を過さるる天命を恐れざるひと、御相談一決して公儀へ願ひ出し申されける」(27)と、昌親及び一門が遂にはかれを公儀に訴え、その結果、かれは貞享三年三月六日には領地を没収されることになったのだとある〈貞享の大法〉。また、代わって二五万石を与えられた昌親はその後も一門らとの融和に努力したともある。また、ここでも綱昌のわがままが続き、そこでの行状が悪いために、かれは排除され、それが理由となって福井藩は改易を命ぜられることになったのだともある。

以上が「越国外記」のごく大まかな筋立てである。これに対して「土芥寇讎記」の内容は、どうなっているのであろうか。以下、そこでの内容の骨子を紹介すると、以下の通りである(28)。

「同《(延宝)》四年酉辰十二月廿一日舎兄松平中務大輔昌勝之子ヲ養子トシ、称越前守綱昌ト、譲ル家督ヲ、昌親ハ則、令隠居セ。然ルニ処ニ、養子越前守ト不和ニ成、昌親自在所綱昌不業績偏ニ乱気持ノ由、時々御老中迄訴之、仍テ暫ク越前守出仕ヲ被停メ蟄居ス。其濫觴ヲ尋レバ、昌親隠居シテ而諸事心ニ不任、万事勝手以下以前ニ違ヒ不自由ナル故、養子綱昌ヲ退ケ、再ビ越国ヲ横領セント謀リ、斯奸曲ノ術ヲシケルト也、依之貞享三年丙寅閏三月六日、隠居兵部太輔昌親及松平出羽守綱通・同大和守直矩・同若狭守直明四人ヲ殿中ニ被召、上意之趣、同姓越前守綱昌就乱気、知行被召上、之ヲ兵部大輔昌親ニハ今度新規ニ廿五万石越前国福井ノ城ヲ被下也」とある。

これによると、昌親は家督を養子綱昌に譲ったものの、綱昌と不和になった。このために隠居中であった昌親は度々綱昌の不業績を公儀老中らに対して讒言を試み、このために綱昌は蟄居を余儀なくされることになったのだとある。さらにその理由としては、かれは養子綱昌が自分の期待したようにはならないために、再度、藩主の座に戻るために、また、その政治的野心を満たすために、養子綱昌の失脚を図ったのだとある。そして、そこでのかれに対する讒言の結果、昌親をはじめとした松平一門らが江戸に呼ばれ、領地は召し上げられ、改めて昌親には新しく廿五万石が与えられることになったのだとある。ここでは昌親の政治的野心の結果、また、かれの讒言の結果、綱昌は失脚し、藩の領地は没収されたものの、しかし、かれには新しく二五万石が与えられることになったのだとあり、騒動を起こした張本人は昌親であるとされているのである。

また、これに続いてさらに以下の記述が続く(29)。

「昌親生得奸智有テ、手口労《てぐろう》多シ。猿利根《さるりこん》ニテ、先走リ、底意地悪ク、上部《ウハベ》柔和無欲ニ拵へ、内心悋嗇《りんしょく》也。民間ヲ愛スル躰ニテ、貢物等ヲシボリ取ル。士ヲ憐ムニ似テ奪フ事多シ。故ニ浪人スル者多シ。第一文武ノ両道ヲ不レ学、道ヲ不知。故ニ舎兄中務太輔昌勝トモ不快《ズコ、ロヨ》カラ、水尅火也。其始、兄昌勝息千菊丸ヲ養子トシ、家督ヲ譲リ、号越前守綱昌。世以感心スル処ニ、生得慾深キ故、隠居シテ諸事不自由ナルニ付、隠居後悔シ、奸曲ヲ廻シ、養息綱昌ヲ乱気ト申立、令蟄居、再吾身越国ヲ領知ス。其志天下ノ万人舌頭ノ誹《そしり》在此議ニ、大悪ノ無道人無比類者歟」とある。

ここでは昌親は大逆非道の極悪人とまで評価されているのである。

以上、この頃に流布していたと思われる風説の内容を紹介することにした。この場合、「越国外記」についてはそれの成立事情はよくわからない。しかし、「土芥寇讎記」については元禄三・四年頃の成立ではないかとも考えられている。とすれば、この頃の城下福井の状況を考えると、貞享三年にいわゆる「貞享の大法」が実施されたその前後頃の城下の状況を示すものだと考えられる。当時は、大法〈半知〉の実施によって家臣らの多くが、それは全体の四割余り、二〇〇〇人を越える家臣らが、また、それに家族らを加えるとさらに多くの人々が、藩を追放されて浪人生活を余儀なくされていたものと考えられる。また、かれらの生活をその底辺で支えていた陪臣らや多くの零細な職人や奉公人らがまた存在し、かれらもまた大法の実施によってその職を失ったと考えれば、家臣及びかれらの家族らを浪人にまでも追い込んだ、また、多数の陪臣及び零細な奉公人や職人ら、また、かれらの家族をも失業に追い込んだ、藩主昌親（当時は藩主再任のためにその名前を吉品《よしのり》という）に対する不平・不満は、また、かれに対する怨嗟の声は、城下には充満していたものと考えられる。とすれば、ここでのかれに対する風評の内容は、また、噂の内容は、そして、これ以上はないとすらも考えられるかれ個人に対する暴虐無尽の扱いは、極めて一方的なものにならざるを得なかったものと考えられる。ここでみられた記述の内容は、そこでの昌親の実態からは、また、かれの実像からは、程遠いものにならざるを得なかったものと考えられる。そこでは昌親の実施した政策によって路頭に迷うこととなった家臣らの怨念が、また、そこでの怨嗟の声が、吹き出していたものだとも考えられる。

以上、当時における主な風評の内容を紹介することにしたが、どちらの風評もそれなりの理由があって流布していたものと考えられる。しかし、どちらの風評が当時における藩政の動揺と分裂の実態とに近いかといえば、やはり前者の方がより実態に近いのではないかとも考えられる。そこでは新藩主綱昌の登場によってこれまでの前藩主光通及びかれの許に集結した人々らによる藩政改革の政治的路線の実施は否定され、それ以前の状況にまた逆戻りを余儀なくされていたのである。

(4)越後騒動への関与について―高田藩家臣中根長左衛門預り一件を中心に―

最後に、この時期における福井藩の藩政を考えた場合、見逃せない課題のひとつとして同じ松平一門である越後高田藩二五万石で延宝七年から起こった越後騒動の収拾に対しての対応如何が、やはり避けては通れない当面した課題のひとつになっていたものと考えられる。また、ここでの騒動収拾への参加とそこでの失敗とが、この藩におけるそれ以降における藩政の在り方如何にも密接に関係したのではないかともまた考えられるからである。具体的には、この騒動の収拾に直接参加しながらも、それに失敗したことからそれが藩及び藩主の信用失墜にまでも発展したのではないかとも考えられるからである。特に、そこでの収拾失敗によって公儀による藩に対する、また、同じ松平一門に対する、信用が失われ、それが後のこの藩に対する改易にも、また、「貞享の大法」(半知)の実施にも、やはり尾を引くことになったのではないかともまた考えられるからである。以下、この藩における越後騒動に対する関与の在り方如何についても、いま少しみてみることにしたいと思う。

ここでの越後騒動については、本書第Ⅲ編で改めて具体的な検討を試みることにするが、騒動が起こると、同じ一門だということもあってこの藩でもそれの収拾には直接参加することになった。この場合、同じ越前松平一門の大名だとはいっても、騒動に関与したその時期はそれぞれが異なり、たとえば、参勤交代で出府したその時期にたまたま騒動が起こったために、最初からこの騒動の収拾に深く関与した一門の大名らもおれば、また、そのために後に処分の対象になった大名らもおれば、福井藩のように、自己の抱えた固有の問題の処理に追われて遅れて参加せざるを得なかった大名らもあったものと考えられる。しかし、有力な一門大名らが揃っては関与したのは越後騒動の過程で実施された第一次処分の実施(延宝七年一〇月一九日)からであったと考えられる。この処分は騒動を起こした小栗美作らに代表される政治勢力と、かれらに反対する永見大蔵・荻田主馬らに代表される政治勢力とが互いに激しく対立・抗争を続ける中で、美作反対派の中心人物であった五人が公儀の命でそれぞれが一門の大名らに一人ずつその身柄を預けられるといった内容の処分であった。また、この間における詳しい経緯などをもまた第Ⅲ編で後述するとしても、これを機会に福井藩でも美作反対派の中心人物の一人であった高田藩江戸留守居役の中根長左衛門一〇〇〇石の身柄を城下福井で預かることになった。いうまでもなく、そこでの処分の目的は、美作反対派の政治勢力の分裂・分断とそれによる勢力の弱体化をもねらって実施されたものであった。以下、この間の事情を福井藩の場合についてみてみると、その処分の内容は、以下のようなものであった。

まず、福井藩では越後高田藩における江戸留守居として江戸表における美作反対派の指導者の一人であった中根長左衛門の身柄を預かることになった。かれの処分の理由は、以下のようなものであった[30]。

一中根長左衛門事江戸留守居ニ罷在、越後守（高田藩主光長）不相伺永見大蔵より誓紙之儀申越候処、当地に罷在候者共誓詞集隠縭ニ国許遣候事

一今度誤候一統之誓詞仕候以後も不相静様ニ申成し騒動仕候事

これによると、かれは江戸留守居の立場にありながらも藩主の許可を得ず、国元における永見大蔵らの指示で江戸居住の家臣らから密かに美作反対のための誓紙を集めたことが第一の罪状として挙げられている。次に、一旦は誓紙を提出して置きながらも、また、そこでの行為が誤りであったと反省しておきながらも、再度、その趣旨に反対してはなおも騒動を続けていたことが第二の罪状になっていることが注目される。したがって、かれの処分は、江戸表における美作反対派の家臣らの勢力を抑え込み、または封じ込めるためであったとも考えられる。

ところが、ここでのかれらに対する処分は、公儀にとってははじめての処分ではあり、福井藩をも含めて

一門の大名らも、当初から罪人らの扱い如何には苦慮することになったものと考えられる。このために公儀に、具体的にはその処分実施の当面の責任者であった大目付渡辺大隅守らにそこでの扱い如何を尋ねながらの処分となっている事実が注目される。この間の事情は福井藩の場合、残されている「松平越後守家来中根長左衛門松平越前守ニ御預ケニ付、相伺申覚」に詳しい[31]。そこでの内容の一部をみてみると、まずは中根を国元に運ぶために必要な、たとえば、乗物の在り方如何をはじめとしてかれの刀・脇差の扱いや道中警護の仕方、箱根・今切関所通過のときの手形の有無、国許における警備体制、さらには番所の設置や足軽らの手配など、そして、かれの居住地の選択やそこでの日常生活の在り方如何などをも含めてその全てが相談の対象にされていることが注目される。本来、公儀の処分の実施とあれば、それ以前には関係諸役人らが集まっては事前の協議などが必要であったものと考えられるが、しかし、そういった手続きや、打ち合わせもないままに、最初は身柄の扱いのみが確定されたのではないかとも考えられる。そして、必要に応じてはその都度、相談がおこなわれ、公儀の指示で処分が実施されているのである。これらの事実は、処分の杜撰さを、また、準備不足をも端的に示すものであったとも考えられる。

また、中根の場合、かれにはその所持石高に応じた扶持米が与えられているが、かれは処分の対象とされた家臣らの中では最もその所持高が高いこともあってか、にもかかわらずかれには五人扶持が与えられているに過ぎない。また、かれの身柄の拘束中の生活は、罪人というよりも屋敷内における自由な生活が一応は保証され、現実には軟禁に近いものではなかったかともまた考えられる。その意味では、かれらの拘束は一定の、それも比較的短い期間を予想したものであり、美作反対派の勢力が弱体化すれば、また、小栗美作一派とそれに対する反対派とによる対立・抗争が鎮静化すれば、かれらの処分を直ちに解除することをも見込んだ上での処分ではなかったかとも考えられる。その意味では、騒動に対する公儀の認識は、具体的には大老酒井雅楽頭や大目付渡辺大隅守らの認識は、そして、一門各大名らの認識は、極めて甘いものではなかったかとも考えられる。また、そこでの危機感も稀薄なものであったともまた考えられる。

ところで、騒動の現実は騒動収拾にあたる当事者らの思惑をはるかに越えてより深刻なものであった。指導者らの身柄を拘束された美作反対派の家臣らの多くは、それ以降、主君松平光長への奉公の継続よりも、むしろ藩からの脱藩の途を選択することになったのである。事実、翌延宝八年の雪解けの季節を迎えると、かれらによる脱藩の動きが本格化することになった。その意味では当面する事態は、脱藩者らの増加によって家臣団それ自体が分解するとあっては極めて深刻なものになったのである。当時は既に主君と家臣らとの間では、知行地をめぐっての御恩・奉公の関係が既に成立していたはずであったと考えられる。また、具体的には主君から家臣ら一人一人に宛行状が与えられ、主君と家臣らとの間では御恩・奉公の関係が、いわゆる近世的秩序が既に成立していたはずであったとも考えられる。ところが、それにもかかわらず、反対派家臣らによる脱藩といった行為が、また、かれらのそれによる捨て身の行為が、現実には実行に移されることになったのである。それは一体、何故なのであろうか。そして、かれらによる脱藩の広がりは家臣団それ自体を根底から動揺・分裂させることにもなったのである。

これ以降、騒動の最中であった延宝八年五月には四代将軍家綱が亡くなり、かれに代わって五代将軍には綱吉が新しく就任することになった。また、これまで幕政を担っていた大老にはこれまでの酒井雅楽頭忠清に代わって新しく堀田正俊が就任することになった。そして、騒動の処理は新しくかれらによって実施されることになったのである。そこで実施された第二次処分の結果は、周知のように、喧嘩両成敗であった。このために越後高田藩は改易を命ぜられ、騒動関係者らは両成敗の結果、それぞれが厳しく処分されることになった。まさに一門であった福井藩を取り巻く政治情勢も一段と厳しさを増すことになったものと考えられる。

【注】

（1）　既に紹介したように、長野栄俊「貞享期における越前松平家の家史編纂――「家譜」「世譜」編纂前史――」（「若越郷土研究」53巻2号)参照。
(2) 小稿で「越前世譜」といった場合、類似本がある中でかつての福井県立図書館開架資料「松平文庫」の中で展示されていた「越前世譜」を指す。類似本相互間における内容をも踏まえた比較検討などはなお今後の課題として残されているのではないかとも考えられる。
(3) 「福井市史」通史編2近世及び資料編の中での近世関係の資料編は第3巻から第9巻までの計7巻、しかし、法令関係の資料が二冊に分かれているため計8巻。なお、それ以前に既に刊行されている「福井県史」通史編及び「同」資料編などがある。
(4) たとえば、国姫については「片聾記」六二頁、「続片聾記」2の五九二頁、「国事叢記」3の二〇八頁以下など参照。
(5) 「続片聾記」二の六〇〇頁、
(6) 「越前世譜」参照、他に権蔵関係資料としては松平文庫の中には狛文書や越前資料の中での「狛家秘書」などが残されている。
(7) 「福井市史」資料編第4巻近世2の「藩と藩政」(上)七五頁以下、「松平光通書状」参照。
(8) たとえば、「続片聾記」二の六〇一頁・「稿本福井市史」上巻一七四頁など参照。
(9) 「稿本福井市史」上一七四頁参照。
(10) 「越前史略」巻之五二一七頁参照。
(11) 「福井市史」資料編第4巻近世2の「藩と藩政」上七四頁以下、「松平光通書状写」参照。
(12) 「同」同「松平光通書状写」参照。
(13) 「同」同「松平昌親書状」参照。
(14) 「同」同「松平光通逝去に付、家老衆覚書」七九六頁参照。
(15) 「続片聾記」二の六〇二頁。
(16) 「片聾記」六三頁、なお、「国事叢記」三の二三一頁にも同様の記述がある。
(17) 「福井市史」通史編2近世七四頁。

(18)・(19)「国事叢記」三の二三七頁。
(20)「法令集」一二四頁「借米再応達」参照。
(21)「法令集」一二九頁「郡方支配ニ付申渡覚」参照。
(22)「法令集」一二七頁、「勘定所条目」の第八条、この資料の注記にもあるようにこの時点から百姓代官は廃止され、地方知行と蔵米知行がともに復活している事実が注目される。
(23)飢饉については「片聾記」六九頁、「続片聾記」三の六一二頁、「国事叢記」三の二五七頁など参照。
(24)・(25)・(26)・(27)国立公文書館内閣文庫「内閣文庫図書分類目録」和書書名索引一一頁、越国外記四四八(和三三七二三─三─一五一─七三)参照。
(28)・(29)は金井圓校注「土芥寇讎記」巻第四の一二八頁以下参照。
(30)・(31)は「松平越後守家来中根長左衛門松平越前守ニ御預ケニ付、相伺申覚」など(松平文庫所蔵)。

第4節　六代藩主綱昌の「失心」といわゆる「貞享の大法」〈半知〉の実施について

第1項　藩主綱昌の「失心」について

現在のところ、七代藩主綱昌についてはかれは一門である松岡藩主松平昌勝の嫡子であり、前藩主であった六代昌親によってかれの後継者に推薦され、延宝四年七月からは昌親に代わって一六歳の若さでその跡を継ぐことになった。そして翌五年からは、既に検討を試みたように、これまで続いていた前々藩主松平光通によって実施されていたいわゆる政治改革の路線を正面から否定するといった思い切った政策転換を実施に移した人物として注目されることになった。しかし、年齢が若く、政治的経験も全くない人物が、しかも、藩主就任早々、これまでの政策を頭から否定する政策を実施するといったことは、通常では全く予想することも出来ないことであったとも考えられる。その意味では、むしろ異常に近い行為ではなかったかとすらも考えられる。とすれば、かれの藩主就任を待ち構え、自分らの意見をかれに託してはそれを実行に移させた政治的勢力の存在をまずは予想することが出来るのではないかとも考えられる。この場合、具体的にはかれの父であった松岡藩主昌勝の存在が最も注目されるのではないかとも考えられる。

父昌勝はこれまでの越前藩の藩主であった藩祖秀康・二代忠直・三代光長らに代わって、新しくこれまでの城下町北庄を福居または福井と改めては福井藩を創設した四代目藩主である松平忠昌の嫡男であった。また、かれは本来であれば当然のこととして父忠昌の跡を継いで五代目福井藩主になるべき人物でもあったとも考えられる。ところが、側室の子だといった理由で次男光通が五代藩主に任命されることになった。そのためにかれは松岡藩五万石の藩主として、また、三男であった昌親は吉江藩二万五〇〇〇石の藩主として、ともに新しく藩主になった弟光通を支えることになった。

以上の経緯を考えれば、側室の子であったがために藩主になれなかった昌勝の気持ちは恐らくは複雑なものがあったのではないかとも考えられる。続いて既に紹介を試みたように、藩主光通の残した遺言によってかれの後継者には、長男である昌勝本人ではなく、三男であった吉江藩主昌親が就任することになった。この長男昌勝を差し置いての弟昌親の藩主就任には、恐らく昌勝は内心では強く反対であったものと考えられる。しかし、この事実を早くから最も心配していたのは兄に代わって藩主に任命された弟である昌親本人であったと考えられる。だからこそかれは自分には子供がいないこともあって、いち早く兄昌勝の嫡男であった千菊丸、名前を変えての綱昌を自分の養子に迎え、兄の不満の解消に努めたものと考えられる。また、兄昌勝と提携することによって藩内における融和と藩論の統一とを目指すことにしたのではないかとも考えられる。当時は前藩主光通の嫡子権蔵が江戸へ出奔し、権蔵の藩主就任を画策していた政治的勢力が既に存在していたこともあって、この勢力による画策をも封じ込めるためにも、この体制を一日でも早く構築することが当面した緊急の課題になったものと考えられる。また、そのためには藩主昌親自身が一日も早く退陣し、綱昌に藩主の座を譲ることが必要であったものと考えられる。事実、かれは藩主就任二年余りで、また、かれによる「強願」の結果、綱昌の藩主誕生を実現させることが出来たのではないかとも考えられる。

しかし、当面した事態は藩主昌親個人が予想していたよりもさらに深刻であったと考えられる。それは既に指摘したように、藩内における前藩主光通の実施した藩政改革路線をめぐってのそれの推進派と反対派による確執が既に表面化していたからだとも考えられる。この場合、新藩主綱昌の父昌勝がどういった考えでどういった行動をとったのかについては現在のところ全くわからない。けれども、かれのこれまでにたどった経緯などをも考えると、前々藩主光通に対しては極めて批判的であったことはまず間違いないものと考えられる。と考えれば、かれが伜綱昌の藩主就任を機会に、かれを籠絡しては改革路線の変更を強く迫ったであろうこともまた考えられる。さらには改革路線の実施に反対であった重臣らを中心とした政治的勢力もまたかれにその思いを託したこともまた考えられる。何しろ関係資料が全く欠如した段階での推定は極力、避けるべきだとは考えられるにしても、あえて考えれば、以上のような経緯ではなかったかとも考えられる。

この場合、最も注目されるのが隠居した前藩主昌親の動き如何ではなかったかとも考えられる。かれが隠居後も新藩主綱昌を引き続き後見人として補佐していたのか、いなかったのか、この辺の事情が資料の不足もあってよくわからない。かれが隠居するにあたっては、既に紹介したように、老中らが特に綱昌に対して昌親の教えをよく守るべきことを注意した事実を考えると、その後も綱昌の周辺に留まっていたとも考えられる。しかし、かれは改革路線を推進した前藩主光通の遺言によって藩主に任命された人物であった。そこでの推薦理由のひとつには光通自身が実施した改革路線の継承といった思いがもしも秘められていたと考えれば、かれは綱昌によって実施された改革路線否定の政策には恐らくは反対であったとも考えられる。また、藩主光通が自害に追い込まれるその過程で、また、そこでの強い反省のひとつとして、自分とは対極に位置する現実重視の昌親をあえて自分の後継者として推薦したと考えても、綱昌による突然の路線変更に、また、思い切った変更に、かれが直ちに同意したとはとても考えられないようにも思われる。

昌親は周知のように、後の「貞享の大法」以降、再び吉品《よりのり》とその名前を変えて再度、藩主として新しい福井藩二五万石の再建に努力することになるが、そこでのかれが実施した知行制度の改正の内容は、六〇〇石以上の有力家臣らに対してはこれまで通りの地方知行制の継続を、そして、それ以下の中小の家臣らに対しては蔵米知行制への転換をむしろ実施している事実が特に注目される。そこではかれによる現実重視の改革が実施に移されているのである。とすれば、当時におけるかれはやはり綱昌らによる急激な路線の変更には極めて慎重且つ批判的ではなかったかともまた考えられる。

以上の事情などをも考えると、隠居後における昌親はやはり改革反対派によって追い詰められた存在ではなかったのかとも考えられる。そして、そこでの結果は、文字通りの隠居生活を余儀なくされたのではないかとも考えられるが、しかし、この辺の事情も資料が乏しいためによくわからない。

それ以降、新藩主綱昌を中心とした藩政が続くことになるが、まずは藩を取り巻く政治情勢が年ごとに厳しくなった事実がまずは注目される。延宝五年からはじまった改革路線の転換に続いて同七年には、既に紹介を試みたように、一門である越後高田藩ではいわゆる越後騒動が起こって世間を驚かすことになった。本来であれば、騒動が起こった場合、何よりも早く一門の大名らが集まってはそれに対する収拾を相談すべきであったと考えられる。また、その場合は、一門の本家筋にあたる福井藩がその中心になっては越後高田藩を援助し、そこでの騒動を一刻も早く収拾すべきであったとも考えられる。その意味では、本家筋にあたる福井藩の果たすべき使命は、極めて大きいものがあったと考えられる。ところが、藩主綱昌は年齢が若く、それどころか、改革路線の変更をめぐっての藩政が動揺していたと考えれば、それどころではなかったものと考えられる。また、一門の大名らとともに第一次処分によるそれの収拾には参加はしたものの、結果はそこでの無力さを暴露し、公儀の信用をも落とすことになったものと考えられる。翌年になっても騒動は全く予想もしなかった家臣らによる脱藩騒動にまで拡大されることになったのである。

翌八年を迎えると、これまた指摘もしたように、越前地方は深刻な飢饉に見舞われることになった。物価は上昇し、多くの貧民らが続出し、城下でも餓死者の処理に追われる始末であった。特に、ここでの被害者の多くが、また、餓死者の多くが、藩主綱昌自身によって実施された農民保護政策の破棄の結果だと考えれば、綱昌政権は厳しい批判と非難の対象になったものと考えられる。同時に、五月には公儀においても政権の交代があり、新しく五代将軍には綱吉が、大老には堀田正俊が就任し、かれらを中心としたまずは自分の身内である譜代大名らや旗本らに対する綱紀の刷新、「賞罰厳明政策」が開始されることになったのである。(1) とすれば、新藩主綱昌の直面した課題は、また、彼を取り巻く政治的情勢はかれ個人の政治的資質の在り方如何をも越えてかれ個人にも深刻な影響を与えるものであったとも考えられる。

以上のような緊迫した状況の中で翌天和元年三月を迎えると、藩主綱昌が突然、「失心」または「乱心」を起こし、藩主の座を維持することが出来なくなった。かれの病名である「失心」は、一般には精神病だと理解され、何の理由もなく家臣らに切腹を命じたとか、種々の噂が残されている。(2) この場合、既に指摘もしたように、やはりかれの突然の病気の発生には藩を取り巻く政治的・社会的情勢の厳しさや深刻さが、深く関係していたのではないかとも考えられる。かれ自身が激しい政治的変動の波に呑み込まれ、翻弄されたその結果が、かれの病気の前提に、また、病気の背景になったことはやはり否定出来ないのではないかとも考えられる。いずれにしても、かれの突然の「失心」は、家臣らは当然のこととして公儀をはじめとして各方面にも強い衝撃を与えることになったものと考えられる。何故ならば、特に藩主の「失心」が、当時にあっては藩の改易に結果すると一般には広く理解されていたからである。

いま、ここで江戸前期における他の諸藩における藩主の「失心」と、それの結果とが改易となっている具体的な事例をみてみると、(3) それはいずれの藩でもその結果は藩の取り潰し、改易処分であった。「失心」が藩の改易に直結するとあっては、福井藩は藩政開始以来、領民らをも巻き込んでそれこそ未曾有の危機を迎えることになったものと考えられる。それは寛文九年に城下で起こった未曾有の大火災どころではなかったものと考えられる。

第2項　いわゆる「貞享の大法」〈半知〉の実施について

病気になった綱昌は江戸から国元に帰国することも出来ず、浅草鳥越屋敷に隔離、幽閉されることになった。また、隔離された綱昌の身辺を世話するために、家臣らの一部が、特に綱昌付に命ぜられて移ることになった。かれはその後、ここでの屋敷に住み、元禄一二年二月に三九歳で死去している。ともあれ、この藩主の突然の病気のために、また、これを機会に、藩の重臣らは、また、一般の家臣らは、公儀による正式の処分の命が出るまでは恐らくは全員、針の筵に座る気持ちではなかったかとも考えられる。

ところが、公儀による処分はなかなか決まらず、四年余り後の貞享三年三月になってそれが実施されることになった。処分までのいわゆる空白の時期が続いたその理由についてはよくわからない。綱昌が発病したすぐ後の六月末には公儀による越後高田藩に対する第二次処分が開始されることになった。そこでの処分の内容は、既に指摘もしたように、喧嘩両成敗であった。関係者は小栗美作ら一派も永見大蔵・荻田主馬ら一派もそれぞれの派閥の如何を問わず、藩首脳部全員が何らかの処分を受けることになった。また、そこでの騒動の責任を厳しく問われた結果、藩主光長父子は改易を命ぜられ、それぞれその身柄を他の大名らに預けられることになった。詳しいことは後述するとして、恐らくは当時における将軍綱吉に代表される新政権は、ここでの処理に専ら追われていたのではないかとも考えられる。その後、引き続き翌二年には公儀によって各地での代官らが多数処分されるなどのいわゆる「賞罰厳明」の政策が実施されることになった。その意味でも公儀では、この時期に福井藩の処分を直ちに実施するだけの政治的余裕は恐らくはなかったのではないかとも考えられる。また、実施された越後騒動の処分のその後における影響などをも見定める必要もまたあったのではないかとも考えられる。同時に、政権内部でも貞享元年にはそこでの中心人物であった大老堀田正俊自身が殿中で稲葉正休に殺害されるといった事件なども起こり、それもあってか、恐らくは処分はさらに先延ばしされたのではないかとも考えられる。

他方、藩主綱昌の病気以降は、前藩主昌親が代わって綱昌の名代として参勤交代の責務を果たすことになった。恐らくかれは出府すると、公儀における福井藩に対する意向を、たとえば、かつてかれ自身が藩主の座を退くときにそれを強く願った相手でもある老中稲葉美濃守正則らを訪ねては、探っていたこともまた考えられるが、現在のところ詳しいことは全くわからない。そして、貞享三年三月の処分の日を迎えることになったものと考えられる。

以下、「越前世譜」によってその間の事情をみると、そこでの処分の内容は以下の通りであった。

綱吉様御代　貞享三年丙寅

一閏三月六日依召御登城(四時前)、出羽守(綱近)・松大和守(直矩)様・若狭守(直明)様ニも御登城被成候処(去五日御切紙到来)於御黒書院御廊下御老中并御側御用人牧野備後守(成貞)殿列座、上意之趣大久保加賀守(忠朝)殿御達有之

　　上意之趣

先頃彦坂壱岐守を以越前守病気之様子御尋之処、気色不宜趣達上聞御大法有之ニ付、領分被召上旨

上意之趣奉得其意候、追付越前守江為申聞国許江も早々可申遣旨

昌親様御請被仰上、其節加賀守殿左之通上意之趣御達有之

　　　上意之趣

兵部大輔当人之儀、御筋目有之ニ付、新規ニ二十五万石被仰付則福井之城御預被遊旨

阿部豊後守(正武)殿又々左之通御達有之

　越前守江存生之内二万俵被下置旨

右御礼被仰上備後守殿御取合有之、御退去、夫より為御礼御老中御側御用人若年寄中御側衆江御廻勤

以上である。前段ではこれまでの処分の事例をも踏まえて藩主が「失心」したために領知は没収、藩主は改易の処分であった。しかし、後段では、福井藩及び昌親(吉品)の筋目をも踏まえ、これまでの領知高の半分にあたる二五万石を改めて与えるといった内容であった。この大法の実施によって福井藩は藩主綱昌が失心したために、一旦は他の諸藩の事例と同じように、領知召上げの改易処分がまずは実施されることになった。しかし、その直後には、徳川の親藩であるといった筋目を配慮して昌親には改めてこれまでの領知高の半分である二五万石が与えられることになったのである。

この事実は、早速、滝主計・石川宗左衛門両人の早駆によって国元に伝えられ、四月には藩主綱昌が貰っていた

判物と領知目録とが彦坂壱岐守に返却されている。また、月番家老斎藤民部の屋敷に本多孫太郎以下の重臣らが集まってその旨が家中ら上部に伝えられ、さらに斎藤から高知以下の家臣らにその旨が伝えられている。

以上が、いわゆる「貞享の大法」に至るまでの主な経緯である。この大法の実施によって福井藩は一旦は改易を命ぜられ、その直後には徳川の一門だといった理由で領知高を半減されて再びその存続を認められることになった。また、そこでの新藩主には前藩主昌親が再び任命(吉品と改名)されることになった。とすれば、これまで続いた福井藩の歴史は、ここで一旦は終わり、「貞享の大法」実施以降、新しい藩政が改めて開始されたものと考えられる。

第3項　一応の総括―残された課題―

最後に、ここでの「貞享の大法」(半知)の実施によって福井藩は改めて再出発することになった。この場合、再度藩主に任命された昌親(吉品)に課せられた使命は、新しく与えられた諸条件の中でどのようにして福井藩の再建を実施するのかが、また、公儀の期待に応えるのかが、当面した最大の課題になったものと考えられる。与えられた条件とは、たとえば、これまでの領知高の半分の二五万石であった。とすれば、これまでの領知高に対応して既に構築されていた統治機構の縮小を直ちに余儀なくされたものと考えられる。また、そこでの統治機構をともに構成し、ともに担っていた家臣団の整理・縮小をもまずは余儀なくされることになったものと考えられる。とすれば、それはどのような考え方で、どのようにして多くの家臣たちの中から、そのまま残留する家臣たちと、逆に藩から解雇・追放される者たちを分けることになったのであろうか、そこでの在り方如何などが取り敢えずは最初に問題になったものと考えられる。あるいは、領知高が半減されるとあれば、これまで続いた農村支配機構の変更もまた避けては通れない課題になったものと考えられる。とすれば、そこではどのような判断でそれはどのように実施されたのであろうか。それこそ検討課題は尽きないように考えられる。

同時に、ここにおける新しい対応如何が、これ以降における新しい福井藩の推移と発展とに大きく関係（または規定）すると考えれば、新藩主吉品（昌親）に課せられた課題はさらに大変なものがあったと考えられる。「貞享の大法」の実施は、また、それの具体的な内容の検討が、次の新しい福井藩の再出発にあたっては、最初に当面した不可欠の検討課題にならざるを得ないかとも考えられる。

なおもさらに付言することが許されるとすれば、この藩は既に小稿で検討を試みたように、越前藩の場合は、二代藩主松平忠直の配流一件によって一時は廃藩の危機に見舞われたものの、一族間における藩主交替の結果、改めて福井藩としてその存続を認められることになった。続いて七代藩主綱昌の突然の失心によって再度、この藩はそこでの存続が否定されることになった。しかし、ここでも松平一門だといった由緒もあって領知高半減の上で藩の存続と再建とが特に認められることになった。とすれば、その後におけるこの藩の使命は、如何にして公儀の期待に応じて藩を再建・再生させるかにあったものと考えられる。その意味では、「貞享の大法」以後におけるこの藩での再建の在り方如何が、なおも継続しては問われることになったものと考えられる。同時に、藩の再建を認められたこの藩におけるその後の藩政の在り方如何は、いわゆる幕藩体制が動揺・解体するその過程の中でその後、どういった推移をたどるのであろうか、この藩が特に幕末の動乱期にあってもあくまでも公武合体路線を堅持したのは、何故なのであろうか、与えられた検討課題はそれこそ尽きないようにも考えられる

【注】

（1）　辻達也「江戸幕府政治史研究」（一九九六年　群書類従完成会）第5章「天和の治について」参照。

（2）　かれの失心については「片聾記」九〇頁以下及び「続片聾記」三の六四〇頁以下などに詳しいが、かれもまた広い意味では政争の犠牲者でもあったと考えられる。

（3）　取り敢えずは寛永期以降における具体的な事例をみてみると、発狂では正保元年松平長綱（陸奥三春）三万石・同二年池田輝興（播磨赤穂）三万五〇〇〇石・慶安四年松平定政（三河刈谷）二万石・寛文七年水野元知（上野安中）二万石・延宝七年土屋直樹（上総久留里）二万石・同年堀通周（常陸玉取）一万二〇〇〇石・貞享三年松平綱昌（越前福井）四七万五〇〇〇石・元禄六年下総古河（八万石）・元禄一〇年森長成（美作津山）一六万七〇〇〇石・元禄一一年伊丹勝守（甲斐徳美）一万石・同一五年松平忠充（伊勢長島）一万石・宝永二年井伊直朝（遠江掛川）三万五〇〇〇石など（「改易大名表」（日本史総覧）近世1参照）。

第Ⅲ編

寛永年間以降、松平氏支配下の越後高田藩における家臣団の形成と延宝七年からの越後騒動の展開について

第一章　松平氏越後高田藩政の開始と家臣団の構造について

第1節　はじめに─松平氏高田藩政の成立事情と当面した課題─

第1項　松平氏高田藩政の成立事情について

慶長年間、越後高田地方は現在の湊町直江津の東に築城された福嶋城に本拠を構えた外様大名掘秀治、四五万石の支配下にあった。しかし、外様大名の排除・抑圧を目指す徳川家康は、藩主堀秀治が亡くなり、嫡子忠俊が僅か一一歳で家督を相続はしたものの、重臣ら相互間における対立・抗争(御家騒動)を抑え込むことが出来ないことを理由に、慶長一五年、幼君忠俊に改易を命じた。また、その跡には家康の六男であった松平忠輝に七五万石を与えては支配させることにした。かれは領内各主要地域にはそれぞれいわゆる与力大名らを配置し、慶長一九年、これまで水難の危険が常に心配されていた福嶋城を当時の「菩提《ぼだい》カ原」に移し、現在の高田城及び城下町とを改めて建設することにした。この築城にあたっては忠輝の妻の父にあたる伊達政宗を中心として多数の外様大名らが動員されたと伝えられている。

その後、周知のように、藩主忠輝の行動が乱れ、特に大坂の陣における不始末の責任などを厳しく問われ、かれは失脚した。その後、越後国では諸藩が分立したが、城下町高田には元和二年には酒井家次が上州高崎から一〇万石で入封、続いて同四年にかれが亡くなると、その子忠勝が相続はしたものの、翌五年には信州松代への転封を命ぜられ、代わって松代から同じ松平一族でもあった松平伊予守忠昌が高田へ入封して改めて二五万石を支配することになった(1)。

「実紀」によると、寛永元年三月一五日、これまでの越後高田藩主であった松平伊予守忠昌に代わって新しく同じ一族である若い松平越後守光長が越前国北庄(現福井)の藩主六八万石余りから転じて越後国高田藩二五万石に改めて入封することになった。

この若い、当時、僅かに九歳でもあった幼君光長が越後国高田藩に入封するに至った事情を考えると、かれは本来であれば、かれの祖父にあたる徳川家康の次男であった松平秀康が創設した越前藩六八万石の城下町北庄で、秀康の長男忠直と二代将軍秀忠の娘勝子(通称高田殿)との間で生まれたために、将来、何事もなければ、父である二代藩主忠直の跡を継いで越前藩における三代藩主になるはずであったと考えられる。ところが、かれの祖父にあたる松平秀康が三四歳の若さで死去すると、その跡を父忠直が継いで二代藩主になった。しかし、その父であった忠直は僅か一三歳の若さで藩主に就任はしたものの、かれを取り巻く藩の有力重臣らを抑え込み、藩政を軌道に乗せることが出来ずに、既に本書第Ⅰ編第三章で具体的に検討を試みたように、重臣ら相互間で起こった権力闘争である御家(久世または越前)騒動を自ら収拾することが出来ずに、公儀による介入を余儀なくされることになった。また、二代藩主忠直はその後には周知のように、菊池寛の小説「忠直卿行状記」にみられるように、その行状が乱れ、その結果、かれはその不行跡の責任を厳しく問われて元和九年三月には公儀によって配流または改易を命ぜられ、豊後国(現大分県)萩原(後に津守)に配流されてしまった(第Ⅰ編第四章参照)。

このためにかれの長男であった当時、僅か九歳であった仙千代(越後守光長)が、「福井市史」通史編2などによると、取り敢えずは、急遽、その跡を継いで越前藩の三代藩主になった。けれども、越前国は北陸地方を支配するための肝要の地でもあり、最重要拠点のひとつでもあったことから、また、隣の外様大名である加賀藩前田氏一〇〇万石に対抗(牽制)するためもあってか、二代将軍秀忠は、自分の娘(四女とも)である勝子と改易された二代藩主忠直との間に生まれた仙千代が、自分にとっては娘の生んだ外孫にあたることもあってか、その行末を心配した。また、かれの父忠直がやはり若くして越前藩の二代藩主になり、重臣らをうまく統御することが出来ずにそれが御家騒動にまでも発展した事実などもあってか、かれの行末を心配した結果、寛永元年にはかれを改めて越前藩主六八万石から越後高田藩二五万石の藩主に任命し、かれに代わってこれまでは越後高田藩二五万石の藩主であった光長にとっては叔父にあたる高田藩主松平伊予守忠昌(父忠直の弟)を改めて越前藩主に任命することにしたのだと伝えられている。また、かれはこれまでの城下町北庄を福居または福井と改め、以後、この藩は越前藩ではなく、改めて福井藩と呼ばれるようになったのだとも伝えられている。

以上の経緯もあって幼名仙千代、越前藩主であった松平光長は、改めて自分にとっては叔父にあたる忠昌に代わって越後国高田藩二五万石(他に高田殿から譲られた化粧高一万石が加わる)を支配することになったのだと伝えられている。しかし、当時、藩主光長は幼年であったがために、かれは専ら江戸で養育され、かれが成人するまでは越後高田藩では藩主不在の時期が長く続くことにもなったのである(2)。

また、この藩主不在の時期には藩の重臣ら、たとえば、越前藩の時代から引き続き後の越後騒動での首謀者の一人でもあった小栗美作の父にあたる小栗五郎左衛門正(重)高や同じく荻田主馬の父である荻田隼人らが(かれらは後述もするように、一般には七人の侍・与力大将と呼ばれている)ともに協力しては藩主に代わって藩政を担うことになったのだとも伝えられている。また、藩主不在の中での越前国から越後国高田への転封といった大事業を、また、かれらは新しく発足することになった越後高田藩における藩政の基礎を構築する任務とを、ともに担うことになったのだとも伝えられている。

第2項　越後高田への転封と当面した課題について

以上、越前(福井)藩主であった幼少の仙千代(光長)が転封によって越後高田藩の藩主になった経緯を考えると、江戸で養育されていた若い藩主に代わって新しく高田藩政を担うことになった特に重臣らの、また、七人のいわゆる侍・与力大将らの直面した課題は、大変、大きく、また、重いものがあったとも考えられる。以下、当時における七人の重臣らが直面することになった課題を確認すると、以下の事実などがまずは注目されるのではないかとも考えられる。

まずは第一には、ここで見られた藩主交替をみてみると、若い藩主越後守光長は、また、かれを支える重臣らは、これまでの所持領知高六八万石余りの越前国から一挙にその領知高を半分以上にまでも大幅に削減された上での越後高田藩への入封となった。このためにはまずはこれまで自分らが率いていた家臣団の思い切った整理・縮小・削減を余儀なくされたものと考えられる。他方、藩主光長に代わって新しく越前国に入封することになったかれの叔父にあたる松平伊予守忠昌は、逆にその領知高は、支藩の創設などもあってか、二倍余りの五二万石余りを与えられることになった。したがって、入封にあたっては新藩主光長とは逆に、かれはこれまで率いていた家臣団だけでは不足し、新しく所持領知高に見合った家臣団の増加とそれの拡大・再編成とが不可欠になったものと考えられる。このために両者間での相談の結果、あるいは、この間における公儀による助言などもあってか、家臣団の増強が不可欠となった藩主忠昌の率いる家臣団には、これまでの高田藩時代から率いていた三〇〇人(騎)に加えて、家臣団の縮小と整理とが不可欠になった藩主光長の率いた家臣団の中から、特に古くから付家老として越前藩主秀康に奉公し、藩の成立及び藩政の事情にも最も詳しい付家老であった本多伊豆守富正とかれが率いた一〇五騎とが、藩主忠昌の家臣団の中に新しく改めて編入されることになったのだと伝えられている(第Ⅱ編第一章第1節参照)。また、一般にかれらは一〇五騎と伝えられているように、藩主から知行地(給地)を与えられていた家臣ら、給人らがその中心であったと考えられる(詳細は第Ⅱ編第一章第1節第2項参照)。

この場合、これまでの領知高を半減以上も削減されて越前から新しく越後高田藩へと入封した松平光長及び七人の与力・侍大将らの率いた家臣たちは、それでも家臣団の規模が新しい領知高に比べてもなおも多く、さらにいわゆる禄米取りの家臣らをも加えた家臣らの削減措置などがさらに必要ではなかったかとも考えられる。ところが、それの実施如何が現在のところどのように実施されたのか、この辺の事情がよくわからない。場合によっては、高田藩二五万石に見合った家臣団の規模をも越えたままでの過剰な家臣らをも率いたままでの高田への入封となったのか、あるいは、場合によっては家臣団全体に対する一定の比率による所持石高の削減措置などが実施された上での高田藩への転封ではなかったかとも考えられる。さらには、場合によっては思い切った禄米取りの家臣らを中心とした削減措置が実施された上での入封となったのではないかともまた考えられるが、この辺の詳しい事情は現在のところ全く不明のままであり、今後における検討課題のひとつだとも考えられる。

なお、この点については、現在、残されている実録資料「越後記大全」の紹介にあたっては[3]、以下の記述なども また注目されるのではないかとも考えられる。

「越後守様の御勝手向の不如意になりし高田国替以来、減高に相成りましたれとも、家中の諸士はもとのまま多人数に御座りますれば、扶持方は追い追い困窮いたし、詰まるところ越後守様の御勝手向の痛みに罷り成り」ともある。ここでの記述が実録資料だとあっては、そこでの信頼性にいまひとつ欠けるかとも考えられるが、国替えの事情を考えると、また、当時は凶作などが続いていた事情などをも考えると、ここで語られている多数の家臣らをもさらに抱えたままでの入国はやはりある程度は事実ではなかったかとも考えられる。また、この記述に加えて特に禄米取りの家臣らが過剰であること、また、かれらの生活困窮が特に注目されている事実などが既に指摘もされているのである。

第二には、高田藩主光長の場合、所持領知高が入封とともに半減どころか、それ以上の大幅な削減だとあっては、それによって起きる財源の不足もまた深刻な問題であったと考えられる。これまでの藩政の運営規模が転封とともに一挙に大きく崩れるとすれば、家臣団の整理・削減だけではこの非常事態に対応することが恐らくは出来なかったのではないかとも考えられる。また、この入封を機会にさまざまな難しい問題が起こったこともまた考えられる。逆に松平伊予守忠昌の場合は、福井への入封によってその所持領知高は倍増し、そこからの収入もまた増加すると考えると、財源の確保は十分に保証されていたのではないかともまた考えられる。しかし、高田藩では逆にその領知高が半減どころか、それ以上だとあっては、それへの対応は、大変、難しいものがあったとも考えられる。入国を機会に、あるいは、それ以前から、入国と同時に、後述もするように、越後高田藩では積極的な新田開発や殖産興業政策の計画やそれの推進とが既に藩を挙げては実施されている事実は、この辺の事情とも深い関係があったのではないかともまた考えられるのである。

特に、この時期の家臣らに対しては、個々の家臣らにも新田の開発が積極的に奨励され、また、それを推進するために、開発された新田の一部（一割）を、たとえば、それを私有地（免田又は免租地）にすることが認められていたとも伝えられている。(4) ところが、これらの新田高は後の寛文・延宝年間を迎えて小栗美作らを中心とした藩政の改革が断行された結果、藩財政の困窮を補填するために改めて没収されることになったのだとも伝えられている。また、これを機会に実施されたいわゆる地方《じかた》知行から蔵米知行制への転換といった農政上の一大改革の実施の結果、特に家臣らによる個々の新田高の所持や自己の給地に対する直接的な支配は厳しく制限され、これらの措置に対する多くの家臣らによる不平・不満の声が後に小栗美作らに集中することになったのだともまた伝えられているのである。

第三には、藩主不在の時期が長く続けば続く程、また、その不在の時期は意外にも長期にわたったとも考えられ、だとすれば、藩主を中心とした領内に対する、具体的には藩領域内の家中や領民らに対する、藩主による一元的な支配体制の構築は、それだけにより遅れざるを得なかったものと考えられる。それどころか、既に指摘もしたように、入封と同時にいろいろと難しい課題に直面せざるを得ないと考えれば、それらの課題を克服しては藩政を軌道に乗せるためには、本来であれば藩主を中心とした挙国（藩）一致の体制の構築如何が何よりも強く求められ、また、それの実施が急がれたものと考えられる。ところが、その体制の中心となるべき藩主が不在だとあっては、藩の前途はそれだけより厳しくならざるを得なかったものと考えられる。

しかし、この事実は、また、その心配は、恐らくは公儀によっても既に早くから認識され、また、心配もされていたのではないかとも考えられる。とすれば、それに代わるべき体制の構築が、具体的には特定の重臣ら七人によるいわゆる侍・与力大将らの任命ではなかったかとも考えられる。また、かれらを中心とした挙藩一致の体制の新しい構築ではなかったかとも考えられる。恐らくは公儀によっても藩主不在の中での転封といった大事業を推進させるために、また、転封後における新しい高田藩政の基礎を確立させるための対策などがいろいろと考えられた末での、重臣七人らに対する侍・与力大将らへの任命ではなかったかとも考えられる。具体的には後述もするように、小栗美作・荻田主馬ら七人の重臣らに対してのみは、かれらの立場をより強化するために、具体的には七人の重臣らに対する特に与力及びかれらの生活を保証するための与力知の付与ではなかったかとも考えられるのである。なお、かれらについての詳細は、さらに小稿の最後でも改めてかれらの存在如何を再度、確認することにしたいと思う。また、転封当初から既に七人の侍・与力大将らの制度が既に成立していたのか、入国以降にそれの成立がより促進されたのかどうか、この辺の事実にはなおも検討の余地が残るものの[5]、基本的にはこの藩の場合藩主不在に代わって、七人の侍・与力大将らによる支配が成立・強化されたものと考えられる。

なお、本来であれば公儀は、そこでの藩の前途が特に心配された場合、いわゆる国目付を特に派遣してはそこでの藩政を監察させる制度が既に実施されるはずであったとも考えられる。しかし、こういった事実はこの藩の場合、現在のところみられない。とすれば、この七人の重臣らに対する侍・与力大将らの任命は、それに代わるものとして公儀によって認められ、実施もされたのではないかともまた考えられる。特にこの藩が徳川一門の大名ではあり、また、藩主及び特定の重臣らと公儀との間における以前からの強い信頼関係があって、藩主不在の時期を七人の侍・与力大将らに特に任せる形での、また、国目付の派遣に代わる措置としての、特定の重臣ら七人にそこでの全権を委任する形での新しい越後高田藩の再建が実施されることになったのではないかともまた考えられるのである。

第3項　江戸初期松平氏高田藩政の展開について

藩主光長の時代は、かれが寛永元年に家督を相続してから、後に越後騒動の責任を厳しく問われてかれが延宝九年六月(九月に天和と改元)に改易されるまで、凡そ五七年間余りの長期にわたって続く。しかも、かれは高田藩改易後もその身柄を一時期、他の大名に預けられ、貞享四年には許されて江戸に帰り、その後、後述もするように、一族から養子を迎え、そのかれが元禄一一年には大名に取り立てられ、越後国松平氏高田藩二五万石は今度は美作国(岡山県)津山藩一〇万石としてその再興を認められ、かれはそれを見届けた上で宝永四年一一月には九三歳で死去している。

そこでかれが高田藩主であった五七年間余りの時代をどのように時期区分をしながら以下、この藩における藩政の展開を考えるのかがまずは問題になる。現在のところは、ごく大まかには藩主光長の時代は、かれが江戸で養育された時期をも含めて、藩政の実権を小栗正高や荻田隼人らのいわゆる七人の侍・与力大将らが掌握し、かれらの努力もあっていわゆる「越後様の時代」として城下町高田が一時期、大変な賑わいをみせ、また、領内においても新田開発や殖産興業政策の実施がすすみ、これまでにない繁栄を謳歌することが出来たその前半の時期と、それ以降、これまで指導者として活躍していた小栗正高と荻田隼人の両人らとが寛文五年一二月末に起こった高田大地震によってともに圧死し、今度は、父小栗正高に代わって伜小栗美作が、やはり父荻田隼人に代わって伜荻田主馬らがともに藩政を担うことになったそれ以降の後半の時期とに、取り敢えずは大きくは二つに分けて考えることが出来るのではないかとも考えられる。

いうまでもなく、ここでの前半の時期は、既に指摘もしたように、いわゆる越後様の時代としてその繁栄が謳歌された時期でもあり、逆に後半の時期に至っては、入封にあたって藩自身が抱えていた財政的基盤の弱さや過剰な家臣団、あるいは、越前時代からの多くの重臣らをも抱えての入封などによる財政的負担の増大や政治的な諸矛盾などが表面化し、それらに対する小栗美作らを中心とした藩政の改革が相次いで実施された時期としても注目されるかとも考えられる。しかし、そこでのかれによる独善的な、また、硬直的な、藩政運営などが多くの家臣らの反感を、また、強い反対を招き、それ以降は、後述もするように、藩内における家臣ら相互間における対立・抗争とが続き、それらの動きがやがては収斂されては越後騒動へと発展することになったものと考えられる。この間の具体的な推移については、後述する越後騒動の検討においても詳しく説明を試みることとするが、まずは取り敢えずは藩主越後守光長による時代は、一応は寛文五年の大地震によってその前半の時代と後半の時代とに大きくは二つに分けて考えることが出来るのではないかとも考えられる。

そして、その前半の時代は「越後様の時代」としてそこでの賑わいと発展とが高く評価されているのである。しかし、地震以降の後半の時代になると、この時代は再び「越後騒動の時代」として、また、越後様による特に「重税の時代」として、多くの人々にそこでの苦しい生活が語り継がれては現在にまで至っているのである。

そこでいま少しかれの前半の時代にまでも立ち入ってそこでの実施されたと伝えられている諸政策についてみてみると、また、ここでは取り敢えずは既に作成されている「高田市史年表」によってこの間における主な事実をみてみることにしたいと思う。(6) まずは寛永元年に松平光長の入部によって松平氏高田藩政が成立して以降、同七年には藩主光長の妹寧子《やすこ》と高松宮好仁親王との婚礼、同一一年には藩主光長の母勝子(高田殿)の城下に対する地子銭免除、同一三年には高田での一文銭鋳造の開始、同一一年には大瀁《おおぶけ》の開墾事業の着手、正保三年には第一回大潟中谷内新田開墾に着手、慶安四年には藩主光長の従三位権中将就任、明暦元年には森源左衛門による大道郷開墾実施、同二年には領内鉱山採掘の許可、同三年には大鹿たばこの栽培奨励、寛文五年には横町と上呉服町では茶の専売を許可するなどといった記事が続く。

ところが、寛文五年の大地震以降になると、この地震による小栗・荻田両家老の圧死、翌六年には小栗美作が幕府から五万両を借用しては復興に努力、同一二年には高田姫の江戸での死去、延宝元・同二年には領内における凶作と飢饉、同二年には中江用水着手、同三年には同用水落成、同四年には城下での大火、同五年には光長の妻土佐の死去、同六年には大潟新田開墾終了、同七年には越後騒動が起こるとあって、同九年六月には藩の改易を迎えているのである。

以上、藩政における主な事項をみる限りでは、寛永一四年頃からはそれまで調査・準備されていた本格的な新田開発や殖産興業政策が具体的に開始され、これらに関する記述が注目される。もちろん、小栗美作が藩政に直接関与した寛文・延宝年間にも中江用水や大潟新田の開墾などの記述がみられるが、既にそれ以前においても同様の記述が多くみられることを考えると、新田開発や殖産興業政策の実施は、美作が藩政に直接、関与するそれ以前から既に開始されており、美作の時代から特に開始されたものではないことが注目される。むしろ美作による新田開発や用水開発事業などは、藩の基本方針としてそれ以前から、既に入国以降に既に開始されており、美作はそれらの方針を継承し、さらに推進させたものであったとも考えられるのである。

この点は、既に指摘もしたように、越後高田藩への入封が領知高を半減以上に大幅に削減された上での転封とあっては、当初からの藩財政の困窮は避けられず、入封とともに、あるいは、それ以前から、入封にあたって藩執行部は、また、小栗正高や荻田隼人らに代表された侍・与力大将らは、早くから新田開発や殖産興業政策の推進を至上命令として受け止め、入封と同時に調査に着手し、現状の把握にも心掛け、寛永の中期頃からはそれの具体化に必死の思いで取り組んだものと考えられる。あるいは、城下町高田の発展は、家康の六男であった松平忠輝によってはじめて高田城が築城されるなど、この時点から既に着手はされたとも伝えられている。しかし、なおも続く厳しい臨戦体制下とあっては、そこでの築城の完成や城下町の本格的な形成にはなおも程遠く、それらの整備と発展には、やはり一定の期間と安定した政権の存在とが不可欠であったものと考えられる。とすれば、松平忠輝の高田での在任期間は僅かに二年余り、酒井家の場合も二年六カ月余り、松平忠昌が五年余りとあってはそれらの本格的な整備・発展にはやはり程遠く、限度があったものとも考えられる。したがって、それらの一応の完成はやはり藩主越後守光長の時代になってからのことだとも考えられる(7)。この頃には、町の規模も拡大され、真偽の程はなお不明だとしても六〇〇〇軒を越える人々が既に居住し、城下は大変な賑わいがみられたとも伝えられ、いわゆる越後様の時代を大きく象徴するものになったと考えられる。

ともあれ、若い藩主光長に代わって重臣らが、また、かれらを代表した小栗正高・荻田隼人らに代表される当時における藩執行部による努力の結果が、藩主光長の前期における藩政の繁栄と発展とを支えていたものと考えられる。ところが、それとは逆に寛文・延宝期を迎えると、この藩では後述もするように、越後騒動が起こり、それ以前における城下町の繁栄とは全く対照的に、家臣ら相互間における対立・抗争が表面化することになったものと考えられる。また、そこで起こった騒動を藩主以下の当事者たちが何とか収拾し、対立する両政治勢力の和解に努力はしたものの、結果は失敗し、まさしく越後騒動は藩の命運をも左右することになったものと考えられる。

【注】

（1）ちなみに越後高田藩における歴代藩主の変遷については「高田市史」第一巻や「新潟県史」通史編三近世一などを参照。なお、松平氏支配下の越後高田藩二五万石の領知高の内容などは「高田市史」第一巻や「上越市史」通史編四近世などを参照。松平氏高田藩の改易後は、この地方は一時期幕領となり、いわゆる「天和の検地」が実施された。その後は再び相次いで大名領となり、最後には寛保元年に榊原氏一五万石が入封して維新を迎えている。

なお、越前藩主松平越後守光長の越後高田藩への入封事情については、「大猷院殿御實紀」巻二　寛永元年三月以下及び「高田市史」第一巻などを参照。また、御家騒動との関係でみると、この地方を最初に支配していた堀氏の場合、藩主堀直政が死去して若い忠俊が相続はしたものの、かれは一族間の紛争を収拾することが出来ずにそれが御家騒動にまで発展、それを理由に堀氏は家康によって改易されている（中沢肇「越後福島城史話」一八五頁以下、「三条市史」上巻三一〇頁以下）など参照。

（2）「福井市史」通史編二近世五一頁及び同五三頁などを参照。また、幼年であった藩主光長の越後高田への転封については、「台徳院殿御實紀巻六十」によると、「かつ越の国は寒威はげしく。風雪はなはだしきに。幼稚の仙千代丸おひ立なん事も。御心苦しく思召る。其うへ御母うへにも遠境に久しく住居し給はんも。御こころ安からねば、御母子とも江戸へ出府せらるべき旨を。清涼尼もて仰下さる」とある。なお、寛永元年の越後高田藩成立時には、藩主光長は一〇歳前後だと考えられ、寛永六年末には元服、同八年には長州萩藩主であった毛利秀就の娘土佐子と結婚、高田への初入部は寛永一一年、二〇歳とも考えられる。しかし、この時は将軍家光の上洛に同行するためにごく短期間の滞在であったともいわれ、以後、かれによる国元からの参勤交代が認められるのは寛永一九年頃、かれの二八歳頃からとも考えられ、とすれば、かれの江戸での生活は意外に長い期間ではなかったかとも考えられる(「上越市史」別編五藩政資料一所収、第二節大名家、家譜「光長卿」四〇五頁など参照)。

なお、国元における仙千代母子を特に江戸に迎えるために、老中秋元但馬守や番頭・目付などの一行が福井に到着、勝姫及び仙千代には家臣小栗五郎左衛門自身が特に付き添って江戸に向かったと伝えられている(同四〇三頁参照)。

(3)　実録資料「越後記大全」(近世物語文学第二巻「御家騒動実記」雄山閣)の一〇九頁以下参照、ここでは特に過剰な家臣らを召し抱え、なかでも扶持米取の家臣らの困窮が指摘もされている。

(4)　新田開発を奨励した場合、開発者には石高の十分の一を永代免租地として与えるといった制度が実施されていたといわれている(「十日町市史」通史編二近世一の一四一頁。「柏崎市史」中巻一六頁以下など参照)。

(5)　この点の理解如何については既に内野豊大「寛永から承応期における越後高田藩政」(「日本歴史」第六九一号)があり、これらの研究成果をも踏まえてのさらなる検討が必要ではないかとも考えられる。

(6)　「高田市史」第一巻所収、その冒頭にある「高田市史年表」による。

(7)　「同　市史」第一巻九八頁以下、「高田城主一覧表」参照。

第2節　家臣団の階層構成とその在り方如何について

第1項　残された「分限帳」について

既に第Ⅰ編第一章において越前藩、後の福井藩における家臣団の成立と構造とをめぐっての検討を試みることにしたが、それに引き続き、ここでも越後高田藩における家臣団の成立と構造とをめぐっての検討をいま少し試みることにしたいと思う(1)。また、ここでも第Ⅰ編第一章に続いて、家臣団の検討にあたっての基本的な文献のひとつである残されている「分限帳」の存在をまずは確認することからはじめたいと思う。なお、残されている「分限帳」そのものの形式及び内容その他については、既に一応の解説を第Ⅰ編第二章の最初に試みたので、ここではそれらについての説明は第Ⅰ編に譲ることにしたいと思う。

(1)分限帳一覧について

そこで残された分限帳であるが、この藩の場合、そこでの内容は大きくは二つの系統に分けることが出来るかと考えられる。まず第一は、当時における家臣団の中で知行取りの家臣(給人)らをその所持石高の大きい者から順次、小さい者へと並べ、次に特に禄米取りの家臣ら以下の者たちは、この藩の場合は、当時における各役職ごとに分けては所持石高順に並べた形式のものが残されている(これを仮に(A)群という)。第二は、当時、藩主一門とこの藩を代表した七人の侍・与力大将らからはじまって当時における家臣団の職制（組織）ごとに、それぞれの職種にそれぞれ所属した家臣らをその所持石高順に順次並べた分限帳とが残されている（これを仮にⒷ群という）。この場合は、そこでの藩の組織名は多岐・多様で、なかには後述Ⓑ群資料⑷にみられるように、二〇〇職種を越える分限帳もまた存在する。なお、第一のⒶ群の場合、その中には下代・足軽などをもとに含んだ分限帳とそれを含まないものもまた存在する。ここでは最初に以下、所持石高順に並べたⒶ群に属する分限帳を、次にⒷ群に属する各職種（組織）ごとに分かれてそれぞれに所属した家臣らを書き上げた分限帳の名称とを列記して紹介すると、以下の通りである。

Ⓐ群

（1）「越後従三位家御家中人別録」　愛山文庫（津山市立郷土博物館）

（2）「越州高田分限帳全」二冊　国立公文書館内閣文庫

（3）「越前越後両家分限帳」一冊（三冊綴りの最後の一冊）　松平文庫（福井県立図書館）

上記⑵の「越州高田分限帳全」とその内容は、五〇〇石以上の有力家臣らの場合は基本的には同じかとも考えられる

（4）「越州高田御家中」　愛山文庫（津山市立郷土博物館）、史料集「高田の家臣団」（「上越市史叢書5」）

（5）「給帳」　矢吹家文書（津山市立郷土博物館）

（6）「松平越後守光長卿諸士分限高略記」　「北越騒乱記」坤（国立公文書館内閣文庫）

（7）「越後分限帳」　　神宮文庫（三重県宇治山田市）

(B)群

（1）「松平越後守三位中将光長家中并知行役附」　愛山文庫（津山市立郷土博物館）、史料集「高田の家臣団」（「上越市史叢書」5）

（2）「越後高田惣家中知行并役附」（内扉「松越後守源光長公惣家中知行高諸役附」愛山文庫（津山市立郷土博物館）、史料集「高田の家臣団」（「上越市史叢書」5）

（3）「越後高田諸士分限帳」　愛山文庫（津山市立郷土博物館）

（4）「越州之士分限帳」　津山科学教育博物館（現津山自然ふしぎ館）所蔵、「新潟県史」史料編6）

（5）「中将殿御家門并惣家中知行高諸役付」「越後騒動日記」巻之十、（新潟県立図書館・長岡市立図書館互尊文庫・津山市立郷土博物館）

（6）「中納言様侍分限役付」　矢吹家文書（津山市立郷土博物館）

（7）「越後高田諸士簿」（内扉「越後中将様高田御家中諸士分限帳」）　神宮文庫（三重県宇治山田市）

（8）「越後守様御分限」　中村家文庫「家之記」（柏崎市立図書館）

以上である。現在のところその全ては写本だと考えられ、そこでの表紙に成立年代が明記されているものは一冊もない。既に指摘したように、藩主松平越後守光長による越後高田藩における治政は寛永元年から延宝九年（九月に天和元年）に至るまでの約五七年間余り、ここで紹介されている分限帳はそのすべてがその間に作成されたのか、それ以降に作成された分限帳及びその写しだとも考えられる。したがって、明確な成立年代はいずれも不明だとしても、それが藩政の前期頃の作成なのか、それ以降のものなのかについては、そこに登場する家臣ら個々人の名前や職制の変化、その他、さまざまな関連事項などから凡その推定は一応は可能ではないかとも考えられ、これらに対する詳細な検討が今後の検討課題としてなおも残されている。しかし、現在のところは、残された分限帳の全ては寛文・延宝期、特に延宝期頃のものではないかとも考えられている。

現在のところ、後述する越後騒動の展開過程を踏まえて考えると、藩主越後守光長による藩政の展開を越後騒動を中心に、それ以前における時期と、それ以降における時期とに大きくは二つに分けて考えてみると、高田藩政は当初は、藩主不在の時期が長く続いたために、七人の侍・与力大将らの支配下にあった。ところが、その後に越後騒動が起こり、藩の体制が大きく動揺し、また、藩執行部が分裂した結果、七人の侍・与力大将らによるこれまでの支配は崩れ、そこでの執行部の人数にはまた変動がみられるようになった。事実、藩執行部はこれまでの七人体制から一時はその内容に変動を余儀なくされている。したがって、この変化がみられる分限帳については騒動当時またはそれ以降の時期の成立ではないかとも考えられる。

同時に、騒動の過程で追い詰められた永見大蔵・荻田主馬らに率いられた美作反対派の家臣らの中には、後述するように、あくまでも自分たちの立場や主張を通すために、あるいは、反対の姿勢を貫き通すために、藩から脱藩する者たちもまた増加している。とすれば、脱藩者の増加はこれまでの家臣団の縮小を、また、家臣団の編成替をも強く促す結果ともなり、しかも、脱藩者らの中心が軍事編成の中核でもあった大番組一〇組にそれぞれ所属していたとも考えれば、そこでの大番組の編成替えをも促す結果ともなったものと考えられる。事実、騒動及びそれ以降にあっては、大番組は一〇組編成から八組編成へと変更を余儀なくされているのである(2)。

以上の事実などを踏まえると、残された分限帳は、既に整理を試みたように、所持石高の大きい家臣らからそれ以下の家臣らに至るまで、かれらを階層構成の在り方如何によって分類し、そこでの家臣団の実態を検討する場合にも、いま一歩、踏み込んで騒動以前における家臣団の階層構成と、騒動当時またはそれ以降における家臣団の階層構成の在り方如何とに分けての検討がまた可能ではないかとも考えられる。同時に、当時における藩の職制ごとに家臣団の在り方如何を検討する場合にも、騒動以前における職制の在り方如何と、それが起こった時点またはそれ以降における家臣団の職制の在り方如何とをともに検討することがまた可能ではないかとも考えられる。具体的には、大番組一〇組の時代における家臣団の職制の在り方如何と、八組になった時点におけるその職制の検討もまたある程度は可能ではないかとも考えられる。そこで、こういった視点から、最初に騒動以前における家臣団の階層構成の在り方如何を、次に騒動またはそれ以降における家臣団の階層構成の在り方如何とを、具体的には七人の侍・与力大将らの時代と、そこでの変化が見られる時代とに分けてはそれぞれ検討の対象にすることを考え、さらには、騒動以前における大番組一〇組時代における藩の職制の在り方如何とそれが編成替えによって八組に減少された時代における在り方如何についてもまた検討の対象にすることをも考え、検討を具体的に試みることにした。

ところが、こうした検討の試みを実施した場合、騒動当初またはそれ以降における政治的混乱のために、あるいは、高田藩そのものが、騒動開始後、三年目には既に改易されてしまったために、それらの政治的混乱が分限帳の内容にも大きく影響したためもあってか、あるいは、分限帳の作成に関与した人々が騒動による混乱に直接・間接に巻き込まれた結果もあってか、そこでの内容は正確さを欠き、資料として利用することには、ここではその詳細は省略するとしても、現在のところやはり大きな限界があると言わざるを得ないかとも考えられる。その意味もあって、今回は騒動の時点またはそれ以降における分限帳の内容についての検討は、思い切って後日に譲り、省略することにした。

（2）分限帳の作成年代について

次に、紹介を試みた各分限帳の成立年代であるが、既に指摘したように、残された各分限帳の表紙にはその作成年代を示すような記述は全くみられず、その全てが写本である。したがって、その記載内容から成立年代を推定するしか、現在のところその方法はない。

そこで(A)群所属の各分限帳をみてみると、所持石高の大きい有力家臣にはじまって順次、所持石高の少ない家臣らへと並んでいるが、その後に藩主一族などにそれぞれ付与された家臣らの所持石高がやはり紹介されている。また、そこではその冒頭にいずれも藩主越後守光長の後継者に決まった三河守綱国の名前が登場する。この記載はまた(B)群の分限帳でもまた同じである。そこで三河守が後継者に選出された経緯を考えると、藩主光長には一人息子であった下野守綱賢四二歳がおり、かれが健康であれば藩主光長の跡を継いで次の二代藩主になるはずであった。ところが、延宝二年にかれは病気により急死したために、これまた後述するように、藩主光長の後継者問題が浮上し、誰を後継者にするのかをめぐって藩内における意見の対立が表面化したものの、最後は三河守に決定した。また、この決定の時期は、なお正確な時期は不明だとしても延宝三年末以降だと伝えられている。とすれば、残された分限帳はその時期またはそれ以降における成立ではないかと考えられる。

ところが、各分限帳に記載された三河守綱国についての家臣団の紹介をみてみると、(A)群に記載された三河守に付与された家臣団の内容と(B)群に記載された三河守に付与された家臣団の内容とを比較・検討すると、前者では主に禄米取りの家臣らが付与されており、後者では特に付家老らが任命され、三河守の家臣団の主力が改めて給人らによって構成されている事実が特に注目される。とすれば、恐らく前者は三河守が後継者に選出されたその当初頃の状況を示し、後者はそれ以降、三河守の立場がさらに強化された頃の、騒動直前頃の状況を示しているのではないかとも考えられる。

そこで延宝期頃における藩政の推移を考えてみると、周知のように、延宝年間を迎えると、この藩では凶作や飢饉とが続き、それに加えて延宝四年には城下町高田では大火災が起こり、それに対する対応が緊急の課題となった。翌年にはそれ以前における寛文の藩政改革に続いていわゆる「巳の改め」、あるいは、「巳の四つならし(均)」とも伝えられているように、復興資金の調達をも含む徴税強化の政治路線が小栗美作らによって実施されることになった。現在のところ、ここでの小栗美作らによる延宝の改革は専ら徴税強化を目指したものとして評価されているが、それ以外にも綱紀の刷新や家臣団の整備などをもともに含む幅広いものであったことが考えられる。特に、これを機会に小栗美作らによる美作派強化のための人事の刷新が実施され、それの一環として三河守の立場を強化すべく美作の腹心であった安藤九郎右衛門や小岸藤右衛門らが三河守の付家老に特に任命されたのではないかとも考えられる。また、後述もするように、改めて給人らがそこでの家臣団の中核を占めるようになったのではないかとも考えられる。

とすれば、美作反対派は、当然のこととしてこの人事には強く反対し、それが後述する江戸表における第二回目の騒動にまで発展することになったものとも考えられる。そこでは美作反対派は新しく三河守の付家老に任命された安藤九郎右衛門の更迭を強く求めては出府してきた藩主光長に対する直訴の決行となったものとも考えられるのである。

以上の事情を考えると、現在のところなおはっきりと断定することは出来ないとしても、一応はⒶ群の分限帳は三河守の後継者決定当初頃の、Ⓑ群の分限帳は延宝の改め(改革)の実施またはそれ以降における家臣団の在り方如何を示しているのではないかとも考えられる。また、越後騒動の原因についてはいろいろの理由が考えられるにしても、その開始のひとつの引き金になったのは、小栗美作によって実施された延宝の改めとそこでの美作派強化のための人事の刷新の実施があったのではないかとも考えられる。

第2項　家臣団の階層構成について

(1)家臣団の全体像について

一応、この越後高田藩における家臣団の階層構成の在り方如何を探る前に、この藩における家臣団の全体像をまずは確認しておくことがやはり不可欠ではないかとも考えられる。その意味で現在のところ、それを示す資料として(A)群資料(1)である「越後従三位家御家中人別録」の末尾には、以下の記述が残されている。

一知行取　　三百五十九人　　一小役人下代萬番人下々迄　　五百十二人
一与力　　二百四十三人　　一本組・新組・旗組・郡足軽共　　九百三十二人
一切米取　　六百十二人
　　　　五口　二千六百五十八人
一出家女中扶持切米取　　六十六人
　　但切米扶持(者ヵ)右之内江入候

以上である。これによると、まずは家臣団の総数は五口合計二六五八人余りとある。また、その内訳は最初に給人（知行取り）らが三五九人、次に与力らが二四三人、禄米取りの家臣らが六一二人とある。この中での他の諸藩においてはその事例が現在のところ越前・福井藩、それに九州日田藩などを除いてはみられないかとも考えられる与力二四三人の存在が特に注目される。恐らく与力らは、藩主またはかれに代わって公儀が、特定の七人の重臣らに対して、既に指摘したように、藩主不在の時期に、しかも、そこでの領知高を半減以上もされた上での転封を推進させるために、特定の重臣らのために、また、かれらの地位・権限を強化するために、基本的には藩主直属の家臣らの中から特に選択しては特定の重臣らに対してそれぞれ付与された給人たちであったと考えられる。かれらは一般には広く見られる物頭らや郡奉行などの特定の職種に付与されていたいわゆる役与力または町方与力または同心らとは、その性格と果たす役割とは全く異なっていたものと考えられる（第Ⅰ編第二章第2節及び第Ⅱ編第二章第3節参照）。

なお、この分限帳では、個々の家臣らの所持石高を示す場合に、そこでの一部では、当時、この地方で行われていた独特の米の量り方である町升制度が採用されている事実もまた見逃せない。(3)

以上のように、給人・与力・禄米取りの家臣らがこの藩における家臣団の中心であったと考えられる。続いてかれら給人・与力・禄米取りらの家臣らの許にあって、かれらの日常生活を支えていたのが足軽たちをはじめとしてさまざまな名称で呼ばれていた同心・下代、そして、小役人・萬《よろず》番人らの存在であったと考えられる。特にここでは給人・与力・禄米取りの家臣らの総人数にも匹敵する計九〇〇人以上にも及ぶ多くの足軽たちが、本組・新組・旗組、そして郡足軽らとにそれぞれ分かれては家臣団に従属し、非常事態が起これば、ともに出陣しては家臣らたちとともに行動をともにしたものと考えられる。(4)当時はなおも厳しい臨戦体制下にあり、何時また戦乱が起こるかも知れず、それに直ちに対応出来る軍事力の保持が、足軽たちの存在をもまた含めては必要であったものと考えられる。

また、この時期における家臣団の全体像については、そこでの詳細は省略するとして、既に旧「高田市史」によると、[5]そこでの出典及びその時期はいまひとつ明確さを欠くが、この頃の家臣団としては七人の与力大将らの紹介、家臣らの内訳として一万石以上三人・一〇〇〇石以上二七人・侍分七一一人・与力二九三人・足軽八一七人、総計一八五一人といった紹介などや、さらにはこれ以外にも当時における職制の内容の紹介などがある。また、先行研究である「越後騒動」(渡辺慶一「越後騒動」北島正元編「御家騒動」上所収)でも「家臣団構成表」や「職制表」についての具体的な紹介がある。たとえば、ここでは家臣らと足軽、下代・番人らをも含めてそこでの総計は二七二二人といった紹介もある。[6]

なお、この越後高田藩二五万石における家臣団の規模・内容などを、既に第Ⅰ編第二章で検討を試みたように、福井藩における家臣団の在り方如何と比較してみると、そこでの詳細はここでは省略するとしても、家臣団の規模がやはり所持領知高に比べて過剰である事実は否めないようにも考えられる。しかし、この高田藩の場合、各給人らにそれぞれ所属した陪臣らや特に荒子《あらしこ》・中間などの存在などはここでは全く見られない。

(2)家臣団の階層構成について

以上のように、家臣団の内容は、有力重臣らにはじまって知行取り・与力たち・禄米取りの家臣らを中心に、それに足軽たちや家臣団のいわゆる底辺にあって家臣らの生活を直接支えていたさまざまな職種に従事していた者たちをも含めて多種・多様であった。そこで最初に、(A)群の資料を中心にして、当時における家臣団の階層構成の在り方如何について検討を試みることにしたいと思う。いうまでもなく(A)群の資料は家臣らに与えられた知行高の多い家臣らからはじまって所持石高の少ない家臣らに至るまでを順次、書き上げた資料であり、階層構成を知るためには基本的な資料として注目されるかと考えられる。そこで(A)群資料の中からどの資料を特に選んで具体的な検討を試みるかが問題となるが　ここでは資料(2)と同(3)とは、資料の所在は異なるものの、その内容は、細部についてはいろいろと違いがみられるものの、現在のところ基本的には同じではないかとも考えられるので、また、そこでの対象が藩主一門からはじまってその末端における零細な人々らに対しても、また、藩主の親族らをもともに含めて広く記載されているといった意味をも含めて、内閣文庫本の中の一冊を選択し、これによって出来るだけ幅広く家臣団の階層構成の在り方如何についての検討をまずは試みることにしたいと思う。

また、この資料によって家臣団全体を以下、第一には、藩主一門と与力らの所持をも特に認められた侍・与力大将らをも含めて給人らを中心とした家臣たちの階層構成を、第二には、給人らに続く禄米取りの家臣らについて、第三には、下代・足軽たちについて、第四には、それ以外の多種多様な職種を通して家臣団を支えていた者たちとに大きくは分けて、それぞれの部門に属した家臣団の階層構成の在り方如何を探ってみることにしたいと思う。

なお、既に指摘したように、この資料の最後には、三河守に付与された家臣らに続いては藩主一族でもある宝珠院様・御前様・源性院様などや女中・寄合・比丘尼などといった見出し項目が続き、かれらにもそれぞれ付与された家臣らの紹介が続く。しかし、今回は検討の対象を藩主後継者である三河守の場合にだけに留め、それ以下に続く藩主一族らにそれぞれ付与されている家臣らの実態如何などは、繁雑さを避けるために、思い切って今回の検討では省略することにした。また、かれらの詳細については、続いて検討の対象にする(B)群資料の中でも具体的な事例の紹介がいくつ

所持石高
50石7人扶持～30石4人扶持
40石6人〃～30石5人〃
25石5人〃～10石
30石5人〃～20石5人扶持
23石3人〃～15石3人〃・銀5枚
40石10人〃～銀10枚3人扶持
30石5人〃～10石7人半
300石　～10人扶持まで
30石5人扶持～次坊主8人を含む
10石5人〃～8石まで
415石5斗
〃
422石
417石
30石3人扶持～12石4人扶持
12石4人〃～10石2人〃
17石2人〃～12石2人〃
13石3人〃～8石2人〃
12石5斗　～5石5斗

照。なお出典も本文参照のこと。

表Ⅲ－1－①　藩主松平光長時代における家臣団の階層構成表

〈給人ら〉A表

所持石高	与力高	氏名	総所持高	%
2,000石		宝珠院		
4,000		永見大蔵		
3,000	12,050石	小栗美作	15,050石	
4,000	10,000	荻田主馬	14,000	
3,000	7,000	岡嶋壱岐	10,000	
3,300	5,000	片山主水	8,300	
2,000	1,500	本多左門	3,500	
2,000	1,250	〃　監物	3,250	
2,500	1,000	渥美久兵衛	3,500	35%
2,000	3人		6,000	
1,700	1		1,700	
1,500	4	20人	6,000	
1,400	1		1,400	
1,300	1		1,300	
1,000	10		10,000	16
900	1		900	
850	1		550	
800	1		800	
750	1	32人	750	
700	6		4,200	
600	5		3,000	
500	17		2,500	12
450	2		900	
400	15		6,000	
350	6		2,100	
300	56		16,800	
250	23	279人	5,750	
200	89		17,800	
150	45		6,750	
100	42		4,200	
50	1		50	37
計	340人余		163,360石余り	

〈禄米取ら〉B表

職種名	人数
(見出し項目なし)	50人
小拾人組	52
右筆大役人格	11
代官	10
代官役	19
諸役人	90
御馬役	9
御医師	21
坊主	28
御料理人	12
歩行組	岡田求馬 20
〃	岡嶋治部 20
〃	岡嶋将監 20
〃	佐久間主計 20
鷹師	14
餌刺	7
土蔵番	6
大工方	(不明)
米払下代	4
厩役人支配	14

(見出し項目なし)　以下、本文参

かみられ、また、その資料の多くが既に翻刻もされているので、これらに譲ることにしたいと思う。

以下、(A)群資料(2)・(3)を参考にして作成した家臣団の階層構成を示したのが表Ⅲ―1―①の中のA表である。これを基に各家臣らの実態をまずはみてみることにしたいと思う。

（A）知行取（給人）らの場合

まずは一門・七人の侍・与力大将らをも含む知行取り（給人）らによる階層構成を示したのが表Ⅲ―1―①(A)である。これによってかれらの内容をみてみると、その冒頭にはまずは藩主ら一門、次に続いていわゆる七人の侍・与力大将らの所持石高及びその名前とが並ぶ。そして、かれら以下に一般の家臣らの名前とが所持石高順に並ぶ。最初に一門としては、ここでは宝珠院（藩主光長の妹）と永見大蔵（藩主光長の異母弟）両人の名前とその所持石高とが並ぶものの、しかし、ここでは騒動での首謀者の一人でもあった小栗美作の伜掃部（後の大六）の名前はみられない。恐らくかれの一門への昇格は越後騒動直前の延宝五年末頃ではないかとも伝えられているのでこの表にはかれの名前はまだみられない。次に七人の侍・与力大将らが続くが、かれらの場合は最初にかれら個々人ごとの所持石高、次にかれらのみに特に与えられていた与力高（本来であれば、ここではその与力高に付随して与力らの人数、たとえば、与力何騎といった説明が付記されるはずであるが、ここではその紹介は省略されている。この点は第二節注（7）参照）[7]。そして、かれらの名前とを記入し、最後には所持石高と与力高とを合計したかれら個々人ごとの所持高合計をもとに記入することにした。

以下、七人の侍・与力大将らの内容をみてみると、所持石高の最高は荻田主馬の四〇〇〇石、次が片山主水の三〇〇〇石、小栗美作・岡嶋壱岐の各三〇〇〇石と続き、以下、本多左門・同監物・渥美久兵衛らもそれぞれ二〇〇〇石前後の所持石高を既に与えられ、かれらはいずれも藩を代表した有力家臣らであった。なお、かれら以下の家臣らをもみてみると、二〇〇〇石程度の所持石高を持った家臣らが他にも三人いることが見逃せない。かれらもまたその後の藩政においてそれぞれ活躍している有力家臣らたちである[8]。

次に、七人の侍・与力大将らのみに特に与えられた与力高についてみてみると、そこでの格差が特に著しいことが注目される。最高は小栗美作と荻田主馬の両人だけには一万石を越えた与力知（高）及び寄騎とがそれぞれ与えられている。次に岡嶋壱岐には七〇〇〇石（注（9）参照）、片山主水には五〇〇〇石の与力高が与えられている。ところが、残った両本多と渥美の三人には一五〇〇石から一〇〇〇石程度の与力高が与えられ、かれら侍・与力大将ら相互間における特に与力高の違いが著しい。同時に、この事実は、この資料では省略されているが、かれらに与えられている与力（寄騎）の人数でもその格差が著しいことをも示すものであったと考えられる。では、ここでの与力高の格差が何故生まれたのか、この辺の事情はよくわからない。しかし、恐らくは七人の侍・与力大将らの中にあっても小栗美作の父である同五郎左衛門正（重）高、荻田主馬の父である同隼人の両名は、ここではその詳細は省略するとしても、その経歴からみても、また、藩政運営に対する関与の在り方如何などからみても、当時における名実ともに藩を代表する実力者であったと考えられる。藩主及び公儀は、かれらの実力者としての存在を高く評価した上で、かれらに、藩主不在の時期に、そこでの領知高を半減またはそれ以上の削減をも覚悟した上での高田への転封といった藩にとっては大事業を特にかれらに任せることにしたのではないかとも考えられる。また、そこでの与力高の大きさは、藩主または公儀らが、かれら両人らに対して特に大きな期待を寄せていたその結果（証拠）ではなかったかとも考えられる。

以下、上位の家臣らからはじまって一〇〇石未満の家臣らに至るまでの家臣らの所持石高とそれをそれぞれ所持する家臣らとの人数とが続く。ここでは全体を仮に一〇〇〇石以上、二〇〇〇石まで、五〇〇石以上一〇〇〇石まで、五〇〇石または一〇〇石以上、五〇〇石までの家臣らとに大きくは三つに分けて、そこで各人ごとに与えられている所持石高の集計高をも踏まえて各クラスの家臣らのそれぞれの所持石高の総計が、全体の総知行高の中で占める割合をも算出してみたが、七大将らの占める総所持高の全体の中で占める比率は三五％程度、以下、二八％、そして五〇〇石以下の家臣らは三七％余りを占めている。また、家臣（給人）らの総数は三四〇人余り、所持知行高の総計は一六万三三六〇石余りとなっている。やはり知行高全体の中に占める七大将らの割合は三五％余りとかなり大きいものがあったと考えられる。また、一〇〇〇石以上の有力家臣らが三〇人余り、かれらが給地高合計の半分以上の所持石高をも占めるなど、特に有力家臣らの占める割合が特に高いことが注目される。また、かれらの中での特に有力家臣らがかつての戦国時代における、それぞれ一族郎党らを率いていた武将ら及びその後裔らであったと考えると、かれらの存在は、後に起こった越後騒動を考えた場合、見逃せない意味を持つのではないかとも考えられる。

同時に、既に前述した同じ一門であった越前藩の場合における家臣団の階層構成の在り方如何についての検討を既に試みることにした（第Ⅰ編第二章第2節参照）。また、そこでの検討結果は、下級家臣らは一〇〇石取りの家臣らよりむしろ二〇〇石取りの家臣らがむしろ多い事実を指摘した。この越後高田藩の場合もやはり二〇〇石取りの家臣らが計八九人と最も多く、以下、一五〇石取りが四五人、一〇〇石取りが四二人となっている事実がやはり注目されるのではないかとも考えられる。また、同時に三〇〇石取りの家臣らが五六人と一五〇石・一〇〇石取りの家臣らよりも多い事実もまた見逃せない。この高田藩の場合も戦闘の形式が騎馬戦であることをもなおも予想していたその結果なのかどうか、検討課題は尽きないようにも考えられる。

(B)禄米取らの場合

次に禄米取りの家臣らであるが、その内訳を表示したのが表Ⅲ―1―①の中での(B)である。これによると、禄米取りの家臣らの場合、特にこの藩ではそこでの職種ごとに家臣らの名前が記載されている事実がまずは注目される。以下、そこでの状態をみてみると、最初に特に何の見出し項目がないままに五〇人の家臣らの名前とその所持石高とが続き、続いて小従（拾または十）人組五二人・右筆大役人格一一人・代官一〇人・代官役一九人・諸役人九〇人・御馬役九人とが続き、そして、最後の大工方・米払下代・厩《うまや》役人支配などに至るまで、かれらが実に多くの職種にそれぞれ分かれていることが注目される。また、ここでは禄米取りの家臣らで歩行《かち》組の四組（岡田求馬・岡嶋治部・同将監・佐久間主計の率いた四組、各組二〇人、計八〇人）が編成され、いざ出陣とあれば奏者番がかれらを統率し、かれらが禄米取りの家臣らの中にあっては軍事力の中心となっている事実が注目される。さらに、禄米取りの中には御医師二一人（この中には三〇〇石取りが二人も含まれる）・鷹匠一四人・餌刺七人などもまたともに含まれている。なお、個々の職種にそれぞれ分かれていた家臣らのそれぞれの詳細については、今後とも引き続き検討されるべき課題が多く残されているかとも考えられる。

ともあれ、ここでの禄米取りの家臣らの中心は、一方では軍事力の担い手でもある見出し項目のない家臣ら五〇人余り（補注（1）参照）と小拾人組ら、そして、歩行（徒）組の四組など、他方ではいわゆる役方（行政）の担い手である代官や諸役人らとに大きくは二つの系統に分けられ、他には医者や鷹匠らなど、さらには土蔵番・大工方・米払下代・廐役人支配など、藩政の運営にとっては不可欠の人々が続いている。同時に、かれらにはそこでの生活を保証するために、それぞれ禄米・扶持米とが直接に与えられているといった意味では、かれらは広い意味ではあくまでも家臣らの一員でもあったとも考えられる。

（C）下代・足軽らの場合

既に家臣団の全体像を探るときにその存在を指摘したように、多数の与力たちと並んでこれまた多数の下代・足軽たちの存在が注目される。そこでかれらの存在形態であるが、以下、かれらの存在については余りにも人数が多く、また、そこでの職種などが複雑・多様だということもあって一括して表示することが難しく、以下、そこでみられる具体的な事例の一部のみを紹介する形で、それによってかれらの存在をみてみることにしたいと思う。まずは禄米・扶持米取りの最後である大工方四人・米払下代四人・廐役人支配らと続き、その後に何の見出し項目もないままに、以下の記述が続く。

三十石　九人(扶持)　萩野八右衛門　下代三人
九十石二十七人(同　)　松井久兵衛　下代九人
五十石　十五人(同　)　加藤善右衛門　下代五人
五十石　十五人(同　)　池上勘右衛門　下代五人
二十石　六人(同　)　高瀬市郎右衛門　下代二人

以下、省略する。

以上の記載例が続く。この記述をみると、家臣萩野八右衛門は自分の所持石高とは別に三〇石九人扶持で下代三人を雇っては働かせていたものと考えられる。また、下代といえば、この藩の場合、既に刊行されている市町村史の中にしばしば登場しているように、代官らの許にあって代官らを助けては農民らから年貢徴収の実務を担う役人だといった理解が既に広く知られているのではないかとも考えられる。しかし、下代は何も代官らだけとは限らず、後で紹介を試みる表Ⅲ─1─②によると、江戸常詰勘定や金奉行・金銀払方などの主に財務関係役人らの許でもともに働いていることが注目される。ここでの記載例によると、計三二人余りの家臣らが多い者で一〇人前後、少ない者で一人または二人の下代らの計八〇人余りをも従属させては働かせていたものと考えられる。

次に続いてこれまた特に見出し項目がないままに、以下、足軽らの記述が続く。引き続き足軽らの記載例を紹介してみると、以下の通りである。

三百三十石六十人（扶持）　林　新蔵　足軽三十人
二百二十石四十人（同）　加藤金兵衛　足軽二十人
同（同）　毛生川六右衛門　足軽二十人
同（同）　後藤茂左衛門　足軽二十人
同（同）　堀　勘解由左衛門　足軽二十人
同（同）　黒田彦四郎　足軽二十人
四百四十石八十人（同）　佐野五郎太夫　足軽四十人
以下、省略する。

表Ⅲ－１－②　足軽・同心・下代ら所持者一覧

老	4人	足軽20人・鷹方支配
物頭	15	足軽20人宛
町奉行	2	同心30人宛
江戸定詰物頭	4	足軽20人宛
旗大将	2	足軽20人宛
部組頭	3	足軽30人宛
吉利支丹奉行	1	足軽10人
寺社共		
江戸常詰勘定	1	下代２人
江戸聞番	2	役料金20両宛
		書役者１人宛
		小遣之者２人宛
勘定奉行	2	足軽15人宛・下代２人宛
郡奉行	6	足軽10人宛・下代５人宛
船奉行	1	下代２人・水主20人
		浦之水主支配
金奉行	2	下代２人宛
金銀払方	1	下代２人宛
江戸金銀払方奉行	1	下代５人
京都用人定詰	1	下代２人　刀指２人

注）前掲資料（B）－１による。

以上の記載例がその後も続く。最初の林新蔵は自分の所持した石高とは別に、藩から三三〇石六〇人扶持を貰っては足軽三〇人らを一括して統率し、一旦緩急の場合、かれらをも率いては出陣してともに戦っていたものと考えられる。したがって、足軽らを率いた家臣たちは、騎馬や鉄砲・弓・槍などで武装した軍隊を率いた番頭、特に物頭らがその中心であった。ここでの記載例によると、番頭・物頭らの家臣は計四八人余り、そのかれらにそれぞれ付属する足軽たちの総数は計九四〇人余りにも達する。配属された足軽たちの人数は四〇人組が一例、三〇人組が四例余り、二〇人単位の組が最も多く、次が一〇人単位が一〇例とがそれに続く。全体は足軽及び新足軽らで占められ、それに御旗組足軽二〇人が二組ある。また、金七九両五〇人扶持で奥守足軽一組の存在もまた見逃せない。

ところで、現在、残されている分限帳の中には、家臣団を構成する各役職の最初に、それの職種にそれぞれ付与されている下代・足軽・同心らの存在を注記したものがみられる。これを示したのが表Ⅲ―1―②である。

これによると、この時期には老(家老)四人にはそれぞれ足軽二〇人宛が事前に配置されている。次に、軍事力の中心となる物頭一五人にはそれぞれ足軽二〇人宛、江戸常詰物頭の四人にもそれぞれ足軽二〇人宛、旗大将二人にも足軽二〇人宛が配備されている。また、他に新組頭・切支丹奉行や勘定奉行・郡奉行らにもそれぞれ足軽たちが、下代は既に指摘したように、主に財務関係の役人らに、そして、町奉行には特に同心三〇人宛が配属されている。ただ現在のところ足軽と下代・同心らとのそれぞれの果たす役割や性格の違いなどははっきりしない。ともあれ、ここでは足軽・下代・同心らなどが各役職に事前に付与されており、その役職に就任した家臣たちは、自分がそれぞれ率いた家臣・陪臣らの他に、その役職に既に付与されていた足軽・下代らをさらに統率してはそれぞれの任務の遂行に励んでいたのではないかとも考えられる(10)。

(D)下代・足軽ら以外の零細な人々の場合

最後に、さらに続いてこれまた特に見出し項目がないままに、下代・足軽ら以外にも各種の零細な奉公人たちがそれぞれ家臣団をその底辺にあって支えて存在したいたものと考えられ、分限帳ではかれらについての紹介が続く。以下、最初の部分のみそこでの記載例を紹介すると、以下の通りである。

納米十八石十二人扶持　　　　　　作事口番六人
五十六石五斗　　荻野八左衛門　　飯炊二人
十五人半　　　　　　　　　　　　下男六人
八石一人半　　　松井久兵衛　　　惣食盛一人
一人五石二人(扶持)　藤岡源五右衛門　細工者一人
八十八石二十二人(同)　川村十右衛門　飛脚十一人
二百十四石四十人(同)　田中喜右衛門　同　二十六人
五十五両二分　　同　　　　　　　銀山足軽二十人
以下、省略する。

以上、最初の部分の事例のみを示すことにしたが、この事例の場合、形式の面では、そこでの中心になっている家臣らの名前が全く記入されていない事例がみられ、ここでの紹介の中では二例がみられる。また、全体を通してもまた家臣らの名前が欠落しているいくつかの事例がみられる。恐らくは何らかの役職または役所が、あるいは、そこでの関係家臣らが、その名前を省略しては直接、零細な人々を雇っていたのではないかとも考えられるが、詳しい事情まではわからない。しかし、ここでの基本はやはり足軽・下代らと同じように、これまで通りに一部の家臣らが藩から給米・禄米・扶持米を与えられ、これによってはさまざまな職種で働く者たちを直接雇っていたのではないかと考えられる。特に、ここでは川村十右衛門は八八石二二人扶持で飛脚一一人を雇い、次の田中喜右衛門は二一四石四〇人扶持でやはり飛脚二六人を使っては川村とともにやはり飛脚の手配を専ら実施していたのではないかとも考えられる。当時、必要不可欠であった飛脚の存在は、この藩の場合は正式な組織の中には特に含まれてはおらず、家臣である川村や田中らが飛脚の業務を専ら請け負っていたのではないかと考えられる。また、田中の場合は別に五五両二分を与えられ、これでかれは銀山足軽二〇人をさらに派遣または使役させていたものと考えられる。あるいは、ここでは省略したが、続いて塩焼蔵とあって刀差の名前があり、場合によっては塩は生活必需品でもあり、その生産に藩は直接関与していたのではないかとも考えられる。

いずれにしても、給人や禄米取りの家臣らに匹敵する程の多くの零細な人々が家臣団をその底辺にあって支え、ともに家臣団を構成していたものと考えられる。具体的には、既に表示したように、多種・多様な職種に属した零細な人々によっても家臣団は構成されていたものと考えられ、また、そこでの総数はこの分限帳では計三〇〇人余りにも達していたのではないかとも考えられる。

(E)一応の総括—雇用関係における家臣団の二重構造—

以上のように、家臣団はごく大まかには(A)知行取りの家臣ら、(B)禄米・扶持米取りの家臣ら、(C)下代・足軽・同心ら、(D)さまざまな職種に分かれては働いていた零細な奉公人たちとに、大きくは分けることが出来るのではないかと考えられる。

同時に、この分限帳の検討で最も注目されることは(A)知行取りの家臣、(B)禄米取りの家臣らは、いずれの家臣らも藩主から直接、給米または禄米(切米・扶持米)などを与えられ、そこでの多様な生活を藩主によって直接保証されていた存在であった事実が注目される。その意味では、かれらは文字通りの藩主直属の家臣らであったと考えられる。これに対して(C)下代・足軽・同心らは、(D)さまざまな職種に分かれては藩政のいわば底辺で働いていた零細な多くの人々らは、ともにかれらの場合は、たとえば、前者の足軽たちの場合は番頭、特に物頭らを通しては禄米を支給されていた者たちであった。また、下代らの場合もまた代官や財務関係役人らを通してはその生活を保証されていた存在であった。さらには、零細な人々の場合もかれらをそれぞれ直接管理する役所または関係役人らを通してはそこでの生活費を支給されていたものと考えられる。その意味では、かれらは間接的にそこでの生活を藩役人または役所らによって保証されていた存在であったものと考えられる。その意味では、当時における家臣たちは、それも足軽・下代以下、零細な奉公人らはかれらの管理者または役所を通しては間接的にそれぞれの生活を保証されていた存在であったものと考えられる。こういった直接・間接といった分離が何時の時点頃に成立したのかどうか、その過程の検討もまた残された課題のひとつではないかとも考えられる。

なお、この章の最後には、補注の形で残された家臣団の組織表をも参考のために紹介することにした。たとえば、ここでは物頭らがそれぞれ自分に与えられた所持石高とは別に、まとまった石高を藩から支給され、これによってかれらは、それぞれが足軽たちを抱えていた事実などが注目されるのではないかとも考えられる。

(3)藩主後継者三河守綱国の場合

最後に、家臣団以外に藩主後継者であった三河守の場合についてのみみてみることにしたいと思う。もちろん、かれら以外にも藩主一族らにはそれぞれ付与されていた家臣らについての紹介が続く。しかし、ここではその繁雑さを避ける意味もあって、既に指摘したように、以下、藩主後継者であった三河守綱国の場合についてのみ、簡単にそこでの家臣団の内容について見てみることにしたいと思う。

そこで三河守綱国の場合であるが、既に指摘したように、かれが後継者に選ばれた当初の段階における三河守の家臣団の中核またはその主体は、祿米取りの家臣らがその中心であった事実が注目される。そこで、当時における三河守の家臣団の階層構成を示したのが表Ⅲ—1—③Ⓐである。これによると、最初に特に見出し項目がないままに五〇石七人扶持以下の家臣たち五一人が存在する。何故、ここだけには見出し項目がないのかは現在のところ

表Ⅲ－１－③(A)　三河守付家臣ら

	人数	内　　訳
（見出し項目なし）	51人	50石７人扶持から30石４人扶持までなど
小従人組	22	30石５人扶持から銀10枚３人扶持など
医者	4	20両５人扶持から15人扶持まで
右筆	9	30石５人扶持から10石３人扶持まで
小算用組	18	20石３人扶持ずつから５両４人扶持まで
歩行者	18	計360石14人扶持
女中	4	５石２人扶持より５両２人扶持まで
料理方	6	15石４人扶持から10石２人扶持まで
坊主・次坊主・小坊主	12	13石３人扶持から10石３人扶持まで
（なし）	5	８石３人ずつ
220石40人扶持		水科新助　足軽20人
156石６斗４人扶持		中松与左衛門・安西平太夫　同32人
40石12人扶持		石黒酢右衛門　下代４人
以下省略（雑業専従者らが続く）		

注（１）記載内容に不明の部分が多く、再検討が必要。しかし、三河守の家臣たちが禄米取の家臣らで構成されている事実が注目される。
（２）「越州高田御家中」史料集「高田の家臣団」（「上越市史叢書」５）

表Ⅲ－１－③(B)　三河守付家臣ら

	人数	内　　訳
三河守殿衆家老諸役人	28人	700石安藤九郎右衛門、500石小岸藤右衛門以下諸役人ら400～100石まで
	1人	内水科新介300石外250石足軽30人預惣頭
小姓衆	16	いずれも100石
中小姓以下	17	〃
常詰小十人	14	30石５人扶持
御供小十人		25石５人扶持
歩行切米	16	（不明）
勘者并台所横目	6	100石ずつ
右之外諸役人数数多有		

注）「越後騒動日記」第10巻「中将殿御家門并惣家中知行高諸役付」による。

はっきりしない（本章の最後の補注参照）。次に小従（十）人組所属の家臣ら、かれらは三〇石五人扶持の家臣らがそこでの中心になって構成され、計二二人が続く。以下、表示されているように、医師四人・右筆九人・小算用組一八人、歩行者一八人、そして料理人・坊主などと続く。そして、水科新助や中松・安西両人らが率いた足軽計五〇人余りの存在や下代四人らの存在が注目される。

以上がそこでの基本であり、それ以外にもかれらの生活をさらにはその底辺にあって支えていた下男・下女らをも含めた五〇人余りの奉公人たちの存在もまた見逃せない。

ところが、延宝三年末頃にかれが正式に藩主光長の後継者に決定すると、これを機会にかれの率いた家臣団の再編・強化が実施されることになった。それを示したのが表Ⅲ―1―③(B)である。これによると、これまでとは違って三河守の率いた家臣団が禄米取りの家臣らから給米取りの家臣らに大きく転換している事実が注目される。具体的には、家臣団は七〇〇石の安藤九郎右衛門、五〇〇石の小岸藤右衛門ら両家老以下、一〇〇石以上の諸役人や小姓衆・中小姓衆、それに禄米取りの常詰小拾人や御供小拾人、歩行切米衆らによって構成されている事実が注目される。また、水科新助が自己の所持石高三〇〇石以外にも二五〇石を与えられ、足軽三〇人を預かっていることも見逃せない。そして、これ以外にも「右之外諸役人数数多有」と、多くの零細な奉公人らの存在がまた注記もされているのである。

以上であるが、他の残された分限帳によると、そこでの詳細は省略するとしても、家老安藤と小岸の両人がともに五〇〇石とあるものや、小岸が最初に存在し、安藤が遅れて登場する事例のある分限帳などもまた存在する。その意味では両者が一緒に家老に任命されたわけではないようにも考えられる。恐らくは安藤の家老就任には、かれが既に美作派に所属し、反対派からは既に批判の対象になっていた事情などを考えると、場合によってはかれの就任は少し遅れて家老になったのではないかともまた考えられる。また、かれが家老に任命されると、直ちに第一回目の騒動に前後して、それは恐らく第一回目の騒動の直後かとも考えられるが、直ちにかれに代わって新しく筋目の人物を改めて任命して欲しいといったかれの就任に対する反対の意見を述べた書簡が永見大蔵から松平大和守宛に出されている事実が注目される[11]。また、この事実をも踏まえて安藤九郎右衛門の家老就任に反対する動きが急速に広まり、後述もするように、それらが場合によっては第一回目の城下での騒動、続く第二回目の江戸表における家老安藤の更迭を求める騒動にまで発展することになったのではないかとも考えられる。いずれにしても、かれの家老就任を機会に、美作反対派と美作派の両者による対立・抗争はより激化することになったものと考えられる。

【注】

（1）残された分限帳についての検討を行う場合、この藩ではそこでの先駆的論文としては青木不二夫・桑原久・剣持利夫「松平光長に関する分限帳の一考察1家臣団研究の試み―」(中村辛一教授退官記念論集「歴史研究と社会科教育」所収)がある。また最近では残された分限帳の年代測定についての検討を試みた内野豊大「越後騒動の基礎的考察―高田藩分限帳の検討を通して―」(「上越市史研究」第七号)がある。これによると、計一三冊の分限帳が検討の対象にされ、そのすべてが延宝年間に作成され、それ以前の寛文年間のものは存在しないこと、また、全体は五系統の分限帳に分けることが出来るのではないかといった指摘などがある。あるいは、なお、この他にも成立年代が明記されていない上に個人の役職でもかなり変動があること、藩の公式の分限帳は伝存せず、個人の写しのため誤記が多いといった指摘などもある(「柏崎市史」中巻三〇頁)。

ところで、ここでの分限帳の一覧では、(A)群資料(2)と(3)との内容が、所在はそれぞれ異なるものの、現在のところそこでの基本は同じではないかと考えられ、ここでの検討の対象にすることにした。

(2)　大番組の組構成が美作反対派の家臣らによる脱藩騒動の結果、減少したことを示す資料としては、たとえば、「越州之士分限帳」(B)群資料(4)の七八頁)・「越後高田諸士分限帳」(B)群資料(3)などがある。また、「津南町史」通史編上巻二二四頁にも同様の指摘がある。

(3)　なお、(A)群資料の(1)では、身分の低い家臣らの所持石高は「町升」(取引上の升)で表現されていることが注目される(馬場章「越後国高田藩の量制統制」(「地方史研究」二二九号)参照。

(4)　特に足軽については中村憲三「城下町高田に残存せる足軽屋敷の分布」(「頚城文化」五号)は貴重な研究成果である。また、寛永後期かとも考えられるが、家中総知行高二五万九五九五石、内一萬石以上三人、千石以上二七人・侍分七一一人と二七七人、そして足軽八一七人、総計一八〇五人ともある(「中頚城郡誌」第一巻五八頁)、あるいは、侍屋敷与力共七七七軒　内二七七軒与力屋敷、足軽屋敷七一七軒ともある「同郡誌」第三巻六六三頁)。

(5)　「高田市史」第一巻一〇七頁以下にも与力大将らをも含む家臣団の構成や主要な身分及び職制などが紹介されている。

(6)　渡辺慶一「越後騒動」(北島正元編「御家騒動」)(上)二二三頁以下にも家臣団の構成や職制についての紹介がある。

(7)　具体的には、与力高に続いて、以下、示すように、与力の人数までが記載されている場合がみられる(B)群資料(2)。

一万七〇〇〇石小栗美作　　内古代御預与力六〇騎　　此給地一万二〇〇〇石
一万四〇〇〇石家老荻田主馬　　内一万七〇〇〇石中召抱　　与力五〇騎同国糸魚川
一万〇〇〇〇石岡嶋壱岐　　内七〇〇〇石新抱　　与力二五騎
　八三〇〇石片山主水　　内五三〇〇石新抱　　与力二五騎
七〇〇〇石本多七左衛門　　内五〇〇〇石新抱　　与力一五騎
四〇〇〇石本多監物　　内二二〇〇石新抱　　与力一二騎
三〇〇〇石渥美久兵衛城代　　内一〇〇〇石新抱　　与力一〇騎

以上である。ここでは小栗の場合は古代より与力たちを預かり、荻田主馬の場合は中途での召抱え、他は新抱えともあり、与力を与えられた時期に違いがみられる。新抱えは恐らくは城下北之庄(福井)から城下高田へ入封するにあたって新しく与えられたものではないかとも考えられるが、詳しいことまではわからない。

(8)　ここでの三人とは津田左門・小栗掃部・小栗右衛門である。いずれも後に藩政及び騒動では重要な役割を果たす人物である。

(9)　この岡嶋の場合、その先祖は小栗美作とともに、一時は仕置役(大家老)を務めていた。しかし、この時点では小栗・荻田に比べて与力高が低い。その理由についてはかれの先代が病弱で一時期、藩政から身を引いていたからだとも考えられている(『柏崎市史』中巻三一頁参照)。

(10)　なお、足軽たちは、騒動後は全員が浪人を余儀なくされた。しかし、その中の大半の人々が生活困窮などの理由でそのまま城下に留まることが許されたと伝えられている。また「高田市史」第一巻によると、軽輩者六一三人が出願の結巣、高田に残ることが許されたとあり、その主な内訳は足軽四八六人・若党七九人・掃除坊主一一人ら計六一三人であったともある(同一四五頁)。

さらに、足軽の外に下代がいる。かれらは農村を支配する代官らの許にあって、代官らを助けては租税徴収の実務を担う役人たちだと考えられてぃる(本山辛一「松平光長家の村落支配組織—越後国魚治郡を中心に—」(『頚城文化』三三号参照)。しかし、ここで紹介した表によると、かれら以外にも主に財務関係の役人らにもそれぞれ下代は与えられている。

(11)「大和守日記」「日本庶民文化史料集成」第一二巻芸能記録　三一書房）五〇八頁以下参照。

第3節　家臣団の職制（組織）について

第1項　検討の対象にする分限帳について

家臣団の階層構成の在り方如何に続いてここでは家臣団の職制（組織）の在り方如何についての検討を試みたいと思う。ところが、既に指摘もしたように、当時における藩の役職は多岐・多様な職種から構成されており、この藩の場合、既に指摘もしたように、現在、残された分限帳の中での一冊によると、その数は二〇〇職種を越えているものもある(1)。したがって、そのすべての職制にわたってそれぞれの職種にそれぞれ所属した家臣らをも検討の対象にすることは到底、不可能に近いかとも考えられる。そこで今回は検討の対象を藩の役職の中心だと考えられる上位一五職種余りを中心に、そこにおける有力家臣らの状況を直接、検討の対象にすることにしたいと思う。

同時に、ここで見られる各職種の在り方、たとえば、名称とそれに所属した有力家臣らには、時代の推移とともに年によっては変化がみられることが考えられる。その意味では、残された各分限帳ごとに、その分限帳が作成されたより正確な時期に関する検討が前以て強く要求されるかとも考えられる。しかし、この作業は残された分限帳の全てが複写・転写を繰り返した末での写本でもあり、同時に、まだ藩政の仕組みそのものが創設期でもあり、場合によっては試行錯誤の段階でもあったとも考えれば、さらには、さまざまな情報が飛び交い、そうした中での重要事項そのものをも記録する制度そのものがまだ十分には確立はされていない時代だともまた考えれば、分限帳の内容そのものが果たしてどの程度、そこでの実態を正確に反映しているのか、疑問は尽きないようにもまた考えられる。特に越後騒動が起こり、藩政が大きく動揺・分裂した時代における分限帳の内容には、この感が強い。

このためにまずは取り敢えずは(B)群の分限帳の中から、現在のところ最もその内容が詳しいかと考えられる資料(1)をまずは検討の対象にすることにした。(2) ここでは重要な職種ごとにそれを担う有力家臣らの所持石高とその名前とが記載されているが、この中にあってその役職を担う当人と、そのかれにもしも倅がおれば、当人とその倅との名前とがともに列記されていることがまずは注目される。現在のところ、この事実をどのように理解すべきかは不明だとしても、この事実が既に早くから見られることや、軍事力の中心であった大番組の組織化が、何らかの理由ですすまずに、大小姓番大番組として一三六人の大番組に属する給人らが帳面の上では一括されていること、また、主要役職には、それぞれ足軽または下代・同心らが既に付属(配置)されていることなどもあってか、今回は最初に検討の対象にすることにした。続く資料2(B)群資料の(2)の場合は、大番組が既に一〇組に組織化され、既に紹介を試みる資料(B)群資料の(1)に比べると、中小姓や近習などの藩主側近衆らの制度化がより進んでいるかとも考えられるので、そのこともあって検討の対象にすることにしたが、最後に資料5(B)群資料の(5)をも選ぶことにしたが、これは実録資料「越後騒動日記」巻十の巻末に収録されたもので、後に越後騒動が起こると、この騒動についての興味と関心とを寄せた多くの人々によって広く読まれ、また、参考にもされた事実もあって、あえてここでは検討の対象に加えることにした。

なお、残された各資料は、これまで検討の対象とした分限帳とは異なって、藩主に代わって藩政の最高責任者でもあった侍・与力大将七人らの存在が、後に騒動が起こって藩政が分裂したことによって変化し、たとえば、荻田主馬をも含めて九人(B)群資料の(3)になっているものや、また、かれを除いて八人(B)群資料の(4)となっているものなどが存在する。あるいは、複写・転写の手落ちか、七人の侍大将が六人大将になっている事例のものもまた含まれている。なかでも既に紹介を試みた資料(特に(B)群資料(3)及び同資料の(4))では、騒動が起こって多くの脱藩者らが出た結果だとも考えられるが、大番組の編成が一〇組編成から八組編成へと縮小されている事実がまた注目される。

いずれにしても、残された分限帳の中では、騒動が起こって藩政そのものが混乱した結果もあってか、理解に苦しむ内容のものもまた含まれ、今回はそこでの具体的な検討は見送らざるを得ないかとも考えられる。以上、取り敢えずは最初に紹介した三点の分限帳(一応、A・B・Cとに分ける)によってこの藩における重要役職の在り方如何やその役職を担った有力家臣らについて少しみてみることにしたいと思う。

第2項　主要な役職について

以上の経緯を踏まえて検討の対象とした分限帳の内容を、特に上位一五・一六番目辺りまでの、主要な役職名とそれを担った有力家臣らの人数をともに示したのが表Ⅲ―1―④である。これによって表の内容をみてみると、当時はまた何時戦乱が起こるかもわからず、いわゆる臨戦体制下とあっては、藩の職制は軍事力最優先の体制がまずは強く要請されていたものと考えられる。しかし、越後松平氏高田藩の場合、藩の創設は寛永元年からであり、既に藩主越後守光長の外祖父にあたる二代将軍秀忠はその職を退き(かれは寛永九年に死去)、代わって新しく三代将軍家光による幕政が開始されたばかりの時期であった。また、島原の乱が起こるその前の時期でもあった。

こういった時代背景などを考えた上で資料(A)以下の各資料の内容如何をみるためにまずは検討の対象にした各

表Ⅲ－１－④　主要役職者らの内訳について

	資料(B)－(1)	人数	資料(B)－(2)	人数	資料(B)－(5)	人数
1		／	一門	3人	一門	3人
2	侍・与力大将　▲	7人	家老并与力大将	7	家老并与力大将	7
③	老　▲	4	老中	4	老中	4
4	大名方　▲	17	大名分并詰衆大名分並	27	大名分	27
5	留守居老　▲	4	留守居番頭	2	留守居番頭	2
6	奏者番歩行者支配	3	大番頭	10(12)	大番頭	10
7	番頭　▲	10	無役新組頭	1	無役新組頭３人鉄砲組	3
8	小児頭　▲	2	大横目	4	大横目	3
9	大目付役	4	中小姓聞番	5	聞番	3
10	中小姓頭　▲	2	御近習小姓并並小姓	18	中小姓頭	2
⑪	物頭　▲	15	中小姓	22	中小姓	22
⑫	町奉行　▲	2	使番横目	13	御近習并並小姓衆	12
⑬	江戸常詰物頭　▲	4	御近習小納戸并小姓横目	7	使番横目	13
⑭	旗大将　▲	2				
⑮	新組頭　▲	3	無役番外	21	御近習小納戸并中小姓横目	7
			小十人頭	2	無役番21番外共	18
⑯	吉利支丹奉行	1	江戸常詰物頭	3	小十人組頭	2
17	使番	14	御持筒弓頭并御先鉄砲頭	14	江戸常詰物頭	4

▲忰の名前がある者たち。○足軽、下代らを附与されていた家臣たち。
(B)－１「松平越後守三位中将光長家中并知行役附」
(B)－２「越後高田惣家中知行并役附」
(B)－５「中将殿御家門并惣家中知行高諸役付」

資料ごとに、最初から記述されていた各職種ごとにそれぞれ通し番号を付けてはそこでの職種の内容をみてみることにした。

まずは資料の通し番号(1)では、その内容の記述は省略されて空欄になっているが、続く資料では、冒頭に藩主一門の三人の名前とがある。藩主光長の異母弟である永見市正・同大蔵の兄弟、同異母妹の子供で藩主にとっては甥にあたる小栗大六(美作の伜掃部)との三人の名前とが記述されている。この場合、美作の伜掃部が一門並に昇格したのは、恐らくは延宝五年末頃からともいわれているが、はっきりしない。また、永見市正は既にこの頃は死去し、遺子万徳丸が既に藩主後継者に任命されているかとも考えられるが、何故か、ここではかれの名前がともに記載され、一門の内容には疑問が残る。ともあれ、資料(B)での通し番号(1)では、そこが空欄だということは、まだ掃部が一門並に昇格するそれ以前の時期における資料であることをも示しているのではないかとも考えられるが、なおもはっきりしない。

次に、同じ通し番号(2)では、恐らく高田へ入封するにあたっての、また、当時における高田藩政の最高責任者でもあった侍・与力大将ら七人とがともに並んでいる。その次の通し番号(3)には、家老たち、当時、かれらはこの藩にあっては老または老中とも呼ばれていたが、計四人のそれぞれの所持石高とその名前とが記載されている。この場合、藩政における最高責任者であった七人の侍・与力大将らに対しては、資料(B)―(1)ではそのまま侍・与力大将と呼ばれているが、ところが、資料(B)―(2)・同(C)―(5)ではかれらはまた「家老并与力大将」とも呼ばれている。ところが、かれら七人の家老・与力大将らとは別に、通し番号(3)の各資料では、既に紹介したように、かれら以外にもこの藩にあっては老または老中と呼ばれていた計四人の名前とが並ぶ。また、かれらは一般にいう家老たちではなかったかとも考えられる。とすれば、侍・与力大将らはまた「家老并与力大将」とも呼ばれている者たちと、それに続く老または老中と呼ばれていた家老ら四人との関係如何がまずは問題になるかとも考えられる。では両者は一体、どういった関係にあったのであろうか。

なお、ここで紹介した七人の侍・与力大将らの場合、また、これ以降に紹介を試みる有力家臣らの場合、かれらに倅がおれば、父子ともにその名前がともに記載されていることが注目される。しかし、ここでの倅の有無までを記載すれば、繁雑さを避けることが出来ないために、以下、倅の存在はそこでの名前の末尾に取り合えずはそこでの有無如何を▲印で表現することにした。また、続いて各有力家臣らにはそこでの役職によっては、足軽・同心・下代などが配属されているので、そこでの配置状況は前述の第2節第2項「下代・足軽らの場合」の中にこの部分だけを表示して示すことにした。

そこで、ここで最初に問題にした七人の侍・与力大将らが、また、「家老并与力大将」とも呼ばれてもいたと考えると、続く老または老中とも呼ばれていた四人らの家老たちとの関係如何がまずは問題にならざるを得ないかとも考えられる。この点については、後に越後騒動が起こり、騒動関係者らが評定所に喚問され、公儀役人らからも、この両者の関係如何についてはは小栗美作に対しての尋問が行われている(3)。ここでの美作の返答によると、かれは父であった小栗五郎左衛門正高は寛文五年末に起こった高田大地震に巻き込まれ、荻田主馬の父であった同隼人とともに城中で圧死した。このために自分は急遽、江戸から帰国しては父正高に代わって仕置役として直接、藩政に関与することになったのだと答えている。また、かれは当初は先代の岡嶋壱岐と、かれが間もなくして死去したので代わって今度は荻田主馬とともに仕置役に任命され、二人でともに藩政に直接関与することになったのだとも答えている。このかれの返答によると、かれは七人の侍・与力大将らの中の一人であったが、かれらの中から特に選ばれては仕置役に任命され、最初は岡嶋、かれが亡くなると荻田とともに、両人が中心になって特に仕置役として他の老または老中ら四人たちとともに、また、かれら四人の家老たちの諮問にも応えて、藩政の運営に直接、関係していたのだと述べていることが注目される。

この事実をみると、藩主不在の時期には、侍・与力大将ら七人の中から特に仕置役二人が選ばれ、かれらが中心になって老または老中と呼ばれていた家老たちとともに、ともに藩政を推進していたものと考えられる。この場合、いわゆる実録資料である各種の騒動記の中では、かれらはまた一般の家老たちとは区別されて特に「大家老」と呼ばれている事実がまた注目される。これらの事実を考えると、当時は七人の侍・与力大将らの中で、美作と岡嶋、次に、美作と荻田主馬の両人とが、特に仕置役、実録資料ではまた大家老とも呼ばれて藩政に直接、関与し、老または老中と呼ばれていた当時における四人の家老たちとともに、藩政の実務を直接に担っていたものと考えられるのである。

次に、大名方または大名分として資料(B)―(1)では一七人の名前とその所持石高とが、次の資料(B)―(2)でも通し番号4番目には「大名分并詰衆大名分並」として二七人とが、続く資料Ⓑ—⑸ではやはり資料Ⓑ—⑴と同じく大名分とだけあり、しかし、そこでの人数は同Ⓑ—⑵と同じように、二七人とあってかれら個々人らの所持石高とその名前とが並ぶ。この大名分または大名方といった言葉（格式）は、家臣団が高田へ入封するそれ以前の越前（福井）藩の時代における分限帳でも同じように、その名称が見られる。かれらは恐らくは当時、そこでの由緒を誇った著名な武将たちか、あるいは、かれらの末裔または親族ではなかったのかとも考えられる。当時の越前藩の初代藩主、開祖でもあった松平秀康は、かれらを特に処遇するために、大名分または大名方といった名称をかれらに特に与えていたのではないかとも考えられる。

具体的には、藩主越後守光長の祖父にあたり、徳川家康の次男でもあった松平秀康が、関東下総国（現茨城県）結城の一〇万石余りの大名から越前国北庄（現福井市）六八万石の大名として抜擢、入封したときに、かれはこれまでの領知高であった一〇万石余りから一挙に七倍近い六八万石の大国の藩主に抜擢された。そのこともあって、秀康は急遽、その領知高に見合った家臣団を改めて整備するために、諸国から多くの武将らを集めなければならなかった。この時に、いち早く藩主秀康の許に馳せ参じてかれに協力した武将らに対しては、また、かれらの多くは戦国の乱世であれば、場合によっては大名として独立出来るその可能性をも秘めていた武将らでもあったがために、藩祖秀康はかれらに対して、また、かれらの末裔や親族らに対しても、かれらを大名分または大名方として特別に処遇することにしたのではなかったかと考えられる（第Ⅰ編第二章第3節参照）。また、この事実もあって越後高田藩でも、藩主光長はこの制度をやはりそのまま踏襲していたのではないかともまた考えられるのである[4]。

また、かれらは当初は一七人、後に「詰衆大名分並」らをも含めて計二七人になったのではないかとも考えられる。同時に、かれらが高田入封後に一七人から二七人に増加している事実は、かれらの藩政の中で占める地位と権限などが、やはり越前藩の時代と同じように、強いことを示すものとして注目されるかと考えられる。また、かれらと改めて新設された七人の侍・与力大将らをも含めると計三四人になるかとも考えられ、かれらが新しく発足した越後高田藩における重臣らの中核を構成することになったものとも考えられるのである。

とすれば、それ以前における越前時代六八万石の分限帳によると、ここでは藩主直属の家臣団以外に、計五〇人余りの有力家臣らが、そこでの冒頭に並び、かれらは藩主から宛行状の交付を受けては自己の給地を中心にそれぞれが領内にあっては非常事態に対応すべく待機し、いざ出陣とあれは、先手として、また、大名分として真っ先に戦闘で戦う体制が実施されていたと考えると、かれら及びかれらの後裔らの多くが越後高田藩の場合にも、転封を機会に藩主光長の支配下には一応は組み込まれては高田へ移住はしたものの、やはりかれら及びかれらの末裔たちも「大名分并詰衆大名分並」としてやはり非常事態に対応すべくまとまっては待機していたのではないかともまた考えられるのである。その意味では、かれらの存在は、越前藩の場合と同じように、藩主による家臣団に対する、特に重臣らに対する、一元的支配の確立がなおも不徹底であったその事実そのものをも示すものではなかったかとも考えられるのである。その意味では、後に正面から検討を試みる越後騒動の内容、特にそこでの舞台ともなった家臣団それ自身の、ここでの適当な表現が難しいものの、古い性格、特にそこでの家臣団の後進地的な性格をそのまま示したものとして特に注目されるのではないかとも考えられるのである。

五番目は留守居老、これが留守居番頭ともなってその人数は四人、次の資料からは二人となっている。臨戦体制下にあっては留守居老または同番頭の果たすべき役割は大きく、かれらはまた番頭ともいわれているように、藩主出陣後の留守部隊を率いては居城の警戒と国元における治安の維持などにあたっていたものと考えられる。そして、この資料では通し番号の六番目が奏者番歩行者支配の三人、続いて七番目には藩の軍事力を代表する主力部隊である大番組一〇組の各統率者(番頭)たち一〇人の所持高とその名前とがある。続く資料(B)―(2)・同(B)―(5)では、六番目には大番組一〇組の各統率者である有力家臣らの所持石高とその名前とが続き、次は無役新組頭となっており、やはり軍事関係の組織及びそこでの人数とが記載されている。また、資料(B)―(1)での藩主側近の奏者番は歩行《かち》者支配をも兼務し、一旦緩急の場合、歩兵部隊をも指揮することになっている事実もまた見逃せないかとも考えられる。ちなみに、この頃における軍事力の中心であった大番組一〇組の内容を参考のために、後述する本編第三章第2節第2項「脱藩者たちの実態」の中で表示して示すことにした。これによっても大番組は一〇組に分かれ、それぞれの組の番頭らの所持石高は最高一〇〇〇石から四〇〇石まで、一組平均一二人から一三人で構成され、そこで各組員の所持石高は二〇〇石が五十三人と最も多く、次が一五〇石が三〇人とあり、かれらが中核になって編成されていた事実がまた注目される。

ところで、八番目以下のところからは各資料との間では、以下、並ぶ各役職名にかなりの違いがみられるのではないかとも考えられる。何よりも大きな違いとしては、既に指摘したように、(B)―(1)の場合のみは、通し番号で分限帳の上位に並ぶ役職にそれぞれ所属した有力家臣らの殆どが、既に指摘もしたように、当人の名前だけではなく、かれらにもしも倅がおれば、その名前までがともに列記されているのである。この親子列記の記載形式が一体、何を意味するのか、その役職の継承が当人らの子供にまでも既に確約されていたその結果なのか、あるいは、厳しい臨戦体制下にあっては、戦場にあっては当人の負傷・戦死は当然のこととして起こり得ることが考えられる。とすれば、かれの倅が親に代わっては直ちにその指揮を取るために、あえて親子の名前とが列記されたのか、いろいろなことが考えられるにしても、そこでの本当の理由如何は現在のところ不明のままである。具体的には、一番目から一七番目位までに並ぶ役職の中で一門を除いては、奏者番歩行者支配三人と切支丹奉行一人のみについては、その列記の記載はみられない。しかし、残りの役職・職種についてはその中にもしも倅を持った者がおれば、親子の名前とがともに列記されている事実が注目される。

次に、資料(B)―(1)には、続く他の資料にはみられない新しい役職として町奉行二人と切支丹奉行一人とが特に上位に位置付けられている。一般に家臣団の在り方如何を考えた場合、体制が安定した時代における分限帳では、家臣らをまずは最初から大きくは番方(軍事)と役方(行政)とに分けてはその内容の紹介を試みる場合が多くみられるのではないかとも考えられる。また、最初に番方関係者らを、終わりに役方関係者らを記述した場合が殆どだとも考えられる。

しかし、時代はまだ戦時体制下であったと考えれば、この高田藩の場合、入封して暫くは領内に対する把握とそこでの統治の在り方如何に追われ、各役職・職種などを番方と役方とに大きく最初から分けては分限帳の内容を整理するなどの余裕は全くといってよい程考えられず、必要に応じては各役職・職種などを上位から設定していったものとも考えられる。したがって、当時にあっては、城下町はいうまでもなく軍事・経済の拠点でもあり、また、行政・治安・物流などのあらゆる分野の中心として何よりも早く藩主が直接に支配・掌握すべきところであったと考えられる。そのためには町奉行の任命と町奉行所との設置とは緊急の課題であったとも考えられる。また、その意味もあって町奉行は早期に他の役職の上位に位置づけられたものと考えられる。また、切支丹奉行の任命も一般には、支配体制が安定した時代の分限帳では、役方の最後に特に位置付けられている事例が多く見られるかとも考えられるが、しかし、親藩として公儀の意向をも尊重する意味もあってか、この分限帳では上位に位置づけられている。また、ここでは公儀の意向を守って切(吉利)支丹信者の取り締まりにあたることをも広く内外にも示したのではないかとも考えられる。

なお、当初の段階から家臣団の分裂を避けては団結を強化するために、また、家臣らに対する論功行賞を厳正に行い、戦闘能力の充実と家臣らの結束とを目指して、家臣らに対する監察制度が早くから実施される必要があったものと考えられる。このために大目付や横目などの設置などが早くから見られ、次に各番頭らの率いる大番組の充実と並んで鉄砲・槍・弓などで武装された物頭らがともに重視されている事実もまた見逃せないかとも考えられる。

なかには江戸にも常詰物頭が置かれている事実も、親藩であるこの藩の場合、江戸表における万一の事態を考えての任命ではなかったかともまた考えられる。

以上のように資料(B)―(1)と(B)―(2)、(B)―(5)との間には、上位から一〇番目前後以下になると、各分限帳ではかなりの違いがみられ、したがって、その成立年代も資料(B)―(1)の方が最初に作成されたのではないかとも考えられる。また、この藩においては当初の段階では、藩主が幼年のために江戸で養育され、藩主不在の時期が長く続くことになった。そのこともあってか、藩主側近衆らの設置も少し遅れ、続く資料の方が小姓・中小姓・近習らの職種がより充実されているようにも考えられる。同時に、この後者の二冊の分限帳での職種名をみると、大横目・小姓横目・使番横目や近習小姓并小姓衆・小十人頭・江戸常詰物頭など、ともに共通して見られる職種が多く、恐らくは両資料は同時期頃か、またはさほど離れない時期頃にともに作成されたのではないかとも考えられるが、詳しい事情まではわからない。

最後に、後述もするように、藩政の中心であった侍・与力大将らが、後に実施された第一次処分によって荻田主馬らの美作反対派の中心人物ら五人がそれぞれ松平一門である各大名らに預けられる形で処分され、それらに伴う執行部の変動によって残された分限帳では荻田の名前が消え、新しく任命された侍・与力大将らが加わってその人数は八人(ただし掃部が一門並に昇格し、かれを除くと、以前と同じように七人)となっている。また、軍事力の中心であった大番組はその後に起こった脱藩騒動のためにか、一〇組編成から八組編成へと縮小されている。そこで、この時期に作成されたかとも考えられる分限帳の内容の検討が次の検討課題になるかとも考えられるが、しかし、既に指摘もしたように、騒動による政治的混乱が反映されたその結果なのか、理由は不明だとしても、理解に苦しむ箇所が余りにも多くみられ、今回はそれらの検討は見送ることにした。その意味でも、なおも残された分限帳に関しては多くの検討課題が残されているものと考えられる。

以上、この藩における上位を占めた主要役職についての検討を試みたが、これに関連して越後騒動が起こったその当時における家臣団の組織の在り方如何をみるために、実録資料「越後騒動日記」第十巻の巻末にある「中将殿御家門并惣家知行高諸役付」の内容の骨子のみを参考のためにこの章の最後に付記として紹介することにした。

【注】

（1）(B)群資料(4)「越州之士分限帳」参照。

（2）(B)群資料(1)「松平越後守三位中将光長御家中并知行役附」参照。

（3）「大和」巻の一の一〇六頁。これも後述するように、「列侯深秘録全」に収録されている。

（4）第Ⅰ編第一章第2節の資料など参照。この高田藩でも越前藩と同じように、重臣らが大名分とよばれていた事実は、たとえば、「改訂越後頚城郡誌稿」下巻一の一二五頁など参照。

第4節　いわゆる七人の侍・与力大将らについて

第1項　侍・与力大将らとは

越後高田藩における家臣団の在り方如何を考えた場合、何よりも家臣団の中心であった七人の侍・与力大将らの存在が最も注目される。以下、この侍・与力大将らの実態についていま少しみてみることにしたいと思う（1）。いうまでもなく、当時における諸大名らは、その所持した領知高に対応した規模での家臣団をそれぞれが統率していたものと考えられる。また、そこでの家臣団の在り方如何は、公儀が制定した元和二年及び寛永一〇年に制定された軍役令に応じては基本的にはそれぞれが編成されていたものと考えられる。また、個々の家臣（給人）らはそのためにそれぞれが自分の所持石高に応じた陪臣らをもそれぞれが率いていたものと考えられる（越前藩の場合は、いこともあって、そこでの実態の解明は、現在のところ非常に難しい。また、検討が大幅に遅れているのではないかとも考えられる。同時に、この藩における侍・与力大将らの場合には、かれらには特に藩主から与力らが付与されているために、そこでの実態もより複雑にならざるを得なかったものと考えられる。特に、陪臣らと与力たちとの関係如何などは、現在のところよくわからない。しかし、この藩における特定の重臣ら、いわゆる七人の侍・与力大将らのみに与えられる与力の付与については、残された分限帳の末尾には、その内容が別個に記載されている場合が多くみられ、その意味では、陪臣らとは異なって与力らの実態如何はかなり追究することが可能ではないかとも考えられる（越前・福井藩の場合は、第Ⅰ編第二章第2節第2項、第Ⅱ編第二章第3節参照）。では、かれらに与えられていた与力とは、この藩にあっては一体どういった存在で、どういった実態の者たちであったのであろうか。

そこでまずは最初に、侍・与力大将らのみに与えられていた与力たちの人数如何を調査してみることにした。これを示したのが表Ⅲ―1―⑤である。

これによってまずは騒動以前における七人の侍・与力大将らに与えられた与力数は計二三九人、その内訳如何をみてみると、小栗美作と荻田主馬の両人には特に六〇人を越える多数の与力たちが与えられている事実がまずは注目される。次が岡嶋の四一人、さらに片山が二八人、それ以下の者たちはいずれも二〇人以下となっている事実が注目される。七人の侍・与力大将とはいっても、与力所持では格差が目立つことが注目される。次にそれぞれの侍・与力大将らに与えられていた与力らの所持石高をみてみると、最も多い与力らは一〇〇石取りの与力らで計九三人、次が一五〇石取りで五二人、続いて二〇〇石取りが三九人となっている。かれらが与力らの中ではその中心

表Ⅲ－１－⑤　与力らの所持石高の内訳

	小栗美作	荻田主馬	岡嶋壱岐	片山主水	本多七左衛門	本多監物	渥美久兵衛	計
500石	1							1
450								
400	3		1					4
350	1							1
300	2	2	1					5
250	6	1	2					9
200	11	16	6	3	2	1		39
150	13	19	10	3	4	1	2	52
100	25	28	17	7	3	7	6	93
100石以下		2	4		5	3	2	16
不明				15		4		19
計	62人	68人	41人	28人	14人	16人	10人	239人

注）前掲資料(B)－(1)による。なお(B)群の各資料によっては与力数のちがいが見られるが、基本的な在り方は変らない。

を占めている事実が注目される。なお、なかには五〇〇石取りの与力が一人、かれは小栗美作に与えられている。また、小栗・荻田・岡嶋の三人には三〇〇石以上の所持石高の与力らもまた含まれている。いずれにしても侍・与力大将七人とはいうものの、その中での小栗美作と荻田主馬の両人が多くの与力らを与えられて突出した存在であったことが注目される。同時に、後に起こった越後騒動ではこの両人とが、周知のように正面から互いに激しく対立することになったのである。

第２項　侍・与力大将らと与力たち
―特に与力らの編成如何を中心に―

次に、藩主から特に与えられた与力たちが、各侍・与力大将らの許でどういった状況下に置かれていたのか、また、与力たちはどういった形で新しく自分らの主人になった侍・与力大将らに奉公していたのか、以下、両者の関係如何を、また、与力部隊の編成の在り方如何についてみてみることにしたいと思う。特に、小栗美作と荻田主馬両人の場合、与えられた与力らの人数がどちらも六〇人を越えているだけに、その間の状態如何が検討の中心的課題になるかとも考えられる。そこで主に小栗・荻田両人らを中心に、他の侍・与力大将らの場合は、必要に応じて与力らとの関係如何についてみてみることにしたいと思う。このために侍・与力大将らと与力らの関係如何を示したのが、以下の表Ⅲ―1―⑥である。

最初に、まずはこの表の中から小栗美作に与えられた与力たちの実態をみてみると、与力たちは大きくは番頭らに率いられた軍事部門(番方)と家老・用人らを中心とした行政(役方)または家政部門との二つによって構成されている事実がまずは注目される。軍事(番方)部門を代表して美作の場合、番頭四人と番組勤三一人・横目四人らの与

表Ⅲ－１－⑥　７人の侍・与力大将らと与力たち

小栗美作与力			岡嶋壱岐与力		
番頭	4人	350～500	(記ナシ)	2人	250、400
掃部家老	1	350	用人	2	150、200
同用人	2	200、250	横目	2	150、250
同小納戸	4	100～250	小納戸	2	100
美作家老	2	250	足軽頭	1	70
江戸用人	1	250	手廻詰	5	100～700
用人	1	100	番頭(組ヵ)	27	60～200
小納戸	1	100	計	(41)	
横目	4	150	右之外扶持方切米取鷹匠帳付役品々有之		
無役	7	100～400	片山主水与力		
番組勤	31	100～250	家老	2人	200
隠居	4	100	式部	2	180
計	(62)		(記ナシ)	24	
右之外扶持方切米取大勢有之			計	(28)	
荻田主馬与力			本多七左衛門与力		
家老	2人	200、300	家老	2	200
用人	2	200	用人	2	150
江戸用人	2	200	横目	2	150
番頭	1	300	小納戸	2	120
奏者役	1	200	(記ナシ)	6	
歩行頭	1	100	計	(14)	
高田留守居役	1	150	本多監物与力		
町奉行	1	150	家老	1	200
勘定方	2	100	(記ナシ)	14	50～150
小納戸	4	100～130	計	(15)	
足軽頭	2	150、200	渥美久兵衛与力		
近習	4	150～200	家老	2	150
民部	1	100	用人	1	100
城中番役	38	100～250	小納戸	1	100
医師	4	100	(記ナシ)	6	50～100
小姓衆	3	70～100	計	(10)	
計	(69)				

注(B)群前掲資料(１)による。
　なお、与力の人数239人。

力たちの存在が注目される。かれらは与力たちの中核を担った者たちであったと考えられる。次に役方または家政部門を担った与力としては、美作付き家老が二人、江戸用人・用人・小納戸各一人が存在している。また、美作の場合、既に伜掃部（のち大六）が成人しているためにか、掃部付家老一人・同用人二人・同小納戸四人とがそれに加わっている。これ以外には無役七人・隠居四人、そして、与力総数は計六二人となっている。

以上であるが、かれらの存在は番方と役方とにはっきりと分かれ、全体を監察するための横目までもが任命され、それに続いて無役七人と隠居四人の名前とがある。いずれにしても、一旦緩急の場合は、番頭らがその中心になって全員が戦闘に参加して戦い、また、治安の維持にも当たり、平時にあっては、役方担当の家老以下の役人たちが日常生活における管理責任者としての業務を取り仕切ったものと考えられる。与力集団そのものが監察にあたる横目までをも所持し、一個の独立した軍隊または軍事集団であった事実が特に注目される。

なお、その中での職種には江戸用人一人もまた含まれている。かれがどういった形で江戸用人としての責務を果たしていたのか。藩の江戸屋敷に常住しては、小栗の指示で特定の公儀役人らとの接触などをも試みていたのかどうかなど、あるいは、場合によっては江戸屋敷とは別個に拠点を構えては、江戸にあって情報の収集と独自の対外交渉などをも行っていたのかどうかなど、美作が特に権謀術策の持主として広くその名前を知られている人物であるだけに、興味深いものがあるかとも考えられる。

次に、荻田主馬の場合であるが、かれも小栗と同じように、侍・与力大将に任命されてはいるものの、糸魚川（清崎城）を拠点にその周辺領域の支配をも任されていた人物であったと考えられる。その意味では、小栗美作とは対照的ないわゆる武断派的な性格の強い武将であったとも考えられる。また、かれらの祖先は上杉氏の遺臣でもあったとも伝えられている。

かれの場合は、表示されているように、そこでの役職もまた多様であった。かれもまた番頭・奏者番・歩行頭各一人・足軽頭二人、そして城中番役三八人らのいわゆる番方に属した与力たちを主に支配していたものと考えられる。これに対して家老・用人・江戸用人・勘定方各二人、小納戸四人らがいわゆる役方の任務をそれぞれ果たしていたものと考えられる。また、かれの場合は美作とは違っていわゆる御側衆として近習・小姓衆らが既にかれに仕え、医者が別に存在している。なお、当時にあっては、また、寛文・延宝年間を迎え、小栗美作らによる藩政改革が実施され、これを機会に高田藩でも地方知行から蔵米知行制への転換が実施されることになった。しかし、それまでは糸魚川でも地方知行が実施されていたものと考えられ、かれの場合は糸魚川城を拠点にその周辺一帯を直接支配し、隣の外様大名前田氏の侵入にも備えるためにも軍事力の維持・強化に努め、糸魚川には独自に町奉行を、城下高田にはやはり独自に高田留守居役を任命しては、そこでの支配領域の広さと軍事力の大きさをも誇示していたものとも考えられる。

その意味では、改革推進者としての小栗美作と、糸魚川城を拠点としてその周辺地域をも支配していた荻田主馬の両人とは、極めて対照的な存在ではなかったかとも考えられる。いうまでもなく後に起こった越後騒動の過程では、両者は鋭く対立することになった。

なお、かれの場合も、江戸用人二人の存在が見逃せない。かれに所属していた江戸用人二人がどういった形で、どういった役割とを果たしていたのかもまた興味深い。以前の越前藩の時代にあっては、そこでの付家老であった本多伊豆守富正の場合も、かれは既に指摘したように、江戸に個人的な性格の強い屋敷を構えていた事実をも既に指摘した。当時、徳川一門の諸大名らに仕えていた重臣らの中には、幕閣の実力者たちとの個人的な交流もなお多くみられ、そのためもあってか、江戸表に自分の屋敷を所持していた者もまた多かったのではないかとも考えられる。

あるいは、その直接的な理由としては、当初は徳川一門がそれぞれ独立した場合、かれらには当時、家康の側近衆や腹心の家臣らがいわゆる付人として派遣され、かれらが藩の要職を占め、藩の創設にあたってもその中心的役割を果たす場合が多くみられたものと考えられる。したがって、かれらと幕政を担う家臣らとの間では知己も多く、また、親族関係者らも多く、そういった事情もあってか、江戸との関係は密接なものがあったかとも考えられる。

あるいは、参勤交代が制度化され、江戸屋敷が設置され、江戸留守居が江戸にあって各種の情報活動にあたるといった体制が制度化されるまでは、また、その前後の時期ごろまでは、藩の重臣らが個人的に何らかの形での拠点を江戸に設ける慣習といった事例もまたみられたのではないかとも考えられるが、詳しい事情はわからない。同時に、江戸初期には公儀によって証人制度が実施され、たとえば、越前藩の場合は付家老本多氏の子供が江戸に証人として派遣されているように、重臣らの子弟らが代わって藩主の人質として江戸に派遣されていたとも考えられ、江戸との関係は深いものかあったとも考えられるが、この辺の事情もまたは現在のところよくわからない。

次に岡嶋壱岐の場合は、与力計四一人、そこでの職種名に不明の部分がみられるものの、そこでの中心はやはり番方と役方とによって構成されていたものと考えられる。以下、かれに続いて片山主水の場合は与力計二八人、本多七左衛門の場合は与力計一四人、本多監物の場合は計一五人、渥美久兵衛の場合は計一〇人の与力たちの存在が注目される。また、そこでの与力たちの存在は、また、そこでの人数はそれぞれ大きく異なるものの、そこにおける侍・与力大将らと与力たちの在り方如何は、基本的には小栗・荻田の場合と同じではなかったかとも考えられる。

以上、当時における侍・与力大将らと与力たちとの在り方如何についての検討を試みた、この場合、小栗美作についての与力の付与に続いて最後には「右之外扶持方・切米取大勢有之」といった記述がみられる。また、岡嶋壱岐の場合にも「右之外扶持方・切米取・鷹匠帳付品々有之」といった注記が付けられている。ここでの注記の内容をどのように理解すべきなのか、いま、ひとつ明確さを欠くが、いずれにしても七人の重臣らは、自己の率いた陪臣らを中心とした家臣団の他にそれぞれが自己に与えられた与力集団及びかれらに所属した禄米取りら以下の家臣らをまたともに含めては自己の立場をより強化していたものと考えられる。

なお、本来であればこの与力の制度は、藩主が必要に応じては自己の支配下にあった重臣らの軍事力を強化するために、その都度、派遣されるものであったと考えられる。その意味では、かれらの派遣は当初から暫定的な性格の強いものであったとも考えられる。しかし、それが取り巻く情勢の変化、なかでも、時代が安定化するに伴ってやがては固定化される方向へと動くことになったものと考えられる。

ところで最後に、ここでの越後高田藩の場合、藩主が幼少で江戸で養育されていた中での越前藩六八万石からそこでの領知高を半減どころかそれ以上に大幅な削減をされた中での越後高田藩二五万石への転封であった。そのために特に公儀によって選ばれたのが七人の侍・与力大将らの任命であったと考えられる。また、公儀はそのためもあって特にかれらのみには特に与力らを与えてはその地位の強化・確立をも援助したものと考えられる。しかし、既に第Ⅰ編第一章の中での分限帳の検討でも指摘したように、この藩では藩祖秀康が関東結城一〇万石余りから越前藩六八万石の大藩の藩主に抜擢されたために、早急にその所持石高に対応した家臣団を急遽、整備・強化しなければならなかった。また、そのためには全国から一族郎党らを率いた有力武将らが秀康の許に馳せ参し、当時はまた何時、戦乱が起こるかもしれないといった臨戦体制下でもあったために、藩祖秀康はかれらをそのまま自己の家臣らの中に組み込む余裕もないままに受け入れた結果、既に紹介したように、いわゆる「寄り合い所帯」的性格の強い家臣団が編成されざるを得なかったものと考えられる。その意味では公儀から特に選ばれた七人の侍・与力大将らもまたそれ以前と同じように、そこでの基本的な性格はそれと余り変わらないものであったともまた考えられる。

同時に、かれら七人の侍・与力大将らはそこでの結束を強めるとともに、何とか転封といった大事業を、また、六八万石から二五万石への転封を無事に成功させることが出来たものと考えられる。しかし、六八万石から二五万石への転封とあっては、そこで生まれる藩財政の困窮を解決するための財政の改革の実施は当初から必要不可欠であったと考えられる。また、そのための大規模な新田開発などの実施が積極的に推進されることになったものと考えられる。また、家臣団や領民らに対する徹底した緊縮政策などが実施されることになった。しかし、どんな改革の実施でも家臣らや領民らに対する痛みを伴うと考えれば、そこでの改革に反対する動きは避けられないものであったとも考えられる。特にそこでの痛みがより拡大されれば、家臣らからも、また、領民らからも、改革の実施に対する不平・不満は、また、改革に対する反対の動きが強まることになったものと考えられる。その動きが、また、それらの強い動きが、この藩にあっては政権を直接担うべき七人の侍・与力大将ら相互間における対立・抗争へと結果せざるを得なかったものと考えられる。特に、七人の侍・与力体制そのものがそれ以前における越前藩の時代における体質を、また、そこでの「寄り合い所帯」的な性格を引き継いだものと考えれば、そこでの結果は七人の侍・与力大将ら相互間における対立と分裂とに直接、結果せざるを得なかったものと考えられる。

【注】

(1)この藩における七人の侍・与力大将らの先祖及び来歴などについてはそこでの詳細は省略したが、内野豊大「越後騒動―藩政・家臣団の視点を含めた再検討―」(福田千鶴編「新選御家騒動」上所収)の中で小栗家・荻田家・岡嶋家・片山家・本多七左衛門家・渥美家・本多監物家の七家の系譜を中心とした紹介がある。また、小栗家については中江土地改良区からの「小栗家譜」・「小栗美作執政之間有功記」(ともに「頚城文化」一二号)があり、また、美作個人については、布施秀治著「小栗美作」、他に小栗・荻田・岡嶋家については「柏崎市史」中巻二八―三二頁などにもその紹介などがある。また、かれらの祖先はそれ以前の越前藩の時代からの有力武将らであり、当時における分限帳をはじめとした諸資料にもその名前がよく登場する。なかでも荻田氏の場合、越前時代、特に大坂の陣におけるかれら一族の活躍などがあってかれらは糸魚川(清崎)城の警備を任されたものと考えられ、同時に、行政的手腕で功績を挙げた小栗一族とも肩を並べたものと考えられる。その意味では、両者は対照的な存在でもあったものと考えられ、騒動の過程では、既に指摘したように、両者は鋭く対立する。

第一章補注

家臣団の階層構成を考える場合、この藩の場合は、既に指摘したように、知行取りの家臣らに続くいわゆる禄米取りの家臣らの場合、最初に登場した禄米取りの家臣ら五〇人（五〇人七人扶持から三〇石四人扶持まで）については、そこでは何の見出し項目もみられない。そして、次から小拾（十）人組五二人以下が続く。何故、見出し項目が付けられていないのか、その理由は現在のところわからない。恐らくはまだ臨戦体制下にあり、戦乱が続くとすれば、知行取りの家臣らには戦いで犠牲者が出る。そのための予備軍としてかれらが任命され、位置付けされていたのではないかとも考えられるが、果たしてそうなのか、他方、三河守の家臣らの場合もまた当初の段階、具体的には家臣らの中心が禄米取りの家臣らがその中心であったときには、当初の家臣らの在り方如何を示した表によると、冒頭に位置づけられた家臣らにはやはり見出し項目がみられない。何故なのか。恐らく前者の場合は欠員補充のために、後者の場合には、三河守の家臣らの編成替え、具体的には家臣らの中心を禄米取りの家臣らから知行取りの家臣らに転換させ、強化するための予備軍として取り敢えずは最初に冒頭に、何の見出し項目もなく、位置付けられたとも考えられるが、しかし、これまた現在のところ、そこでの理由はよくわからない。

付記　資料紹介　騒動当時における越後高田藩の家臣団の組織について
―「中将殿御家門并惣家中知行高諸役付」（「越後騒動日記」付録）の紹介―

以上、越後高田藩における職制（組織）の在り方如何についての検討を試みることにした。そこで最後に、当時における組織の全貌を窺うために、残された実録資料「越後騒動日記」第十巻所収の「中将殿御家門并惣家中知行高諸役附」の骨子のみを参考のために付記しておくことにしたいと思う。そこでの騒動当初における越後高田藩における職制の骨子及び給人らと足軽らとの雇用の在り方の違いなどをもみることにしたいと思う。なお、表示にあたっては、これまでの分限帳の場合と同じように、そこでの所持石高は算用数字で表現することにした。

〈藩主及びその一族〉

松平越後守源光長　　御領二五万石信州内五〇〇〇石
（以下、経歴は省略）

永見市正長頼　　領四〇〇〇石　長頼死去以後二〇〇〇石ハ永見大蔵渡ル
二〇〇〇石小栗掃部渡ル

永見大蔵長良　　同四〇〇〇石
二〇〇〇石ハ本地《ママ》
二〇〇〇石市正ハ市正地

小栗大六長治　　同二〇〇〇石　是ハ市正地
母ハ中将殿別腹之妹父ハ美作也

家老并与力大将

小栗美作　　一万七〇〇〇石内一万二〇〇〇石ハ与力六〇騎預

荻田主馬　　一万四〇〇〇石内一万〇〇〇〇石ハ与力五〇騎預

岡嶋壱岐　　一万石内七〇〇〇石ハ与力三〇騎預

已上家老

片山主水　　八三〇〇石内五三〇〇石ハ与力二五騎預

本多七衛門　　七〇〇〇石内五〇〇〇石ハ与力一五騎預

本多監物　　　　　　　　　　四二〇〇石内二二〇〇石ハ与力一二騎預
渥美久兵衛　　　　　　　　　三〇〇〇石内一〇〇〇石ハ与力一〇騎預
已上七人与力大将
老中大名分并詰衆大名分並
小栗右衛門　　　　　　　　　二〇〇〇石外に二〇〇石新組二〇人
林　内蔵介　　　　　　　　　一五〇〇石外ニ二〇〇石新組二〇人
本多次左衛門　　　　　　　　一五〇〇石外ニ右同断
安藤平六　　　　　　　　　　一五〇〇石外ニ右同断
已上老中
小栗兵庫・津田左門・野本右近・多賀谷内記・片山外記・本多伊織・摂津与市・小栗主殿・岡田求馬・片山式部・岡村内匠・遠山熊之助・戸田主膳・雪吹采女・嶋田左平太・山岡大五郎・多賀谷造酒助・荻田山三郎・金田兵太夫・星野主膳・藁科甚左衛門・志村七九郎・岡嶋杢太夫・片山治部・遠山八郎左衛門・山崎縫殿助・長谷川弥右衛門・(所持石高省略、二五〇〇石から三〇〇〇石余りまで)
已上二七人大名分
留守居番頭
小栗重蔵一〇〇〇石・中根長左衛門一〇〇〇石
大番頭
嶋田羽門・小栗市左衛門・岡嶋図書・片山重左衛門・天野一学・村田団右衛門・斎藤織部・渥美平内・安藤武左衛門・小栗四郎左衛門(已上一〇人、所持石高、一七〇〇石から五〇〇石まで)

無役新組頭三人鉄砲組
中川高左衛門三〇〇石外ニ一〇〇石新組二〇人・岡嶋主税四〇〇石外ニ一五〇石新組三〇人・斎藤権之助三〇〇石外ニ一〇〇石新組二〇人
大横目三人
渡部九重郎三〇〇石外ニ一〇〇石足軽一〇人・山崎九兵衛二〇〇石外ニ一〇〇石足軽一〇人・安藤治郎兵衛二〇〇石外ニ一〇〇石足軽一〇人
聞番三人
服部八郎左門三〇〇石江戸常詰・伊藤善八三〇〇石江戸常詰・高梨加兵衛三〇〇石
中小姓頭二人
神山市右衛門三〇〇石後ニ新組二〇人預・本田宇右衛門三〇〇石後ニ五〇石新組二〇人預
中小姓二二人
山田半六四〇〇石、以下、所持石高省略、四〇〇石から一〇〇石まで
御近習并並小姓衆一二人
岡田左京三〇〇石御近習以下、所持石高省略三〇〇石から一〇〇石まで
使番横目一三人
多田伴右衛門七〇〇石以下、所持石高省略七〇〇石から三〇〇石まで
御近習小納戸并中小姓横目七人
小栗七左衛門三〇〇石以下、所持石高省略、三〇〇石から四〇石六人扶持まで。
無役番二一人番外共

腹（原カ）権平五〇〇石以下、所持石高省略、五〇〇石から一〇〇〇石まで

小十人頭二人

小野里庄助三五〇石・萩原五左衛門二五〇石

江戸常詰物頭四人

加藤金兵衛三〇〇石、外ニ三五〇石足軽三〇人預、後藤儀左衛門五〇〇石、外ニ二二〇石、足軽二〇人預、美生川六右衛門三〇〇石、外ニ二二〇石、足軽二〇人預、林新蔵三〇〇石、外ニ三三〇石足軽三〇人預。

御持筒弓頭并先鉄砲頭拾人

堀勘右衛門四〇〇石外ニ二二〇石弓足軽二〇人・浦上次郎兵衛五〇〇石外ニ二二〇石弓足軽二〇人・林六兵衛二〇〇石外ニ二二〇石弓足軽二〇人・戸田庄右衛門四五〇石外ニ三三〇石鉄砲足軽二〇人・中川介右衛門四〇〇石外ニ二二〇石鉄砲足軽二〇人・岡上清左衛門右同断・岡嶋佐左衛門四〇〇石右同断・小須賀次右衛門六〇〇石右同断・大場十兵衛四〇〇石右同断・磯沼孫右衛門三〇〇石右同断

籏奉行三人

八屋孫左衛門三〇〇石外ニ一五〇石足軽三〇人・間嶋四郎兵衛三〇〇石外に一二〇石足軽二〇人・尾崎五郎兵衛二〇〇石外に一二〇石足軽二〇人

大番衆十組之内小栗市右衛門組一一人（以下、組頭は組員には含まれない）

守岡新五左衛門三〇〇石以下、所持石高三五〇石より一〇〇まで。

嶋田羽門組一一人

上坂半右衛門二五〇石以下、所持石高三〇〇石より一〇〇石まで。

片山重右衛門組一三人

大串弁之助四〇〇石以下、所持石高四〇〇石より一〇〇石まで。
天野一学(覚)組一三人
小寺三郎左衛門三〇〇石以下、所持石高三〇〇石から一五〇石まで。
斎藤織部組一四人
神山八郎左衛門二〇〇石以下、所持石高三〇〇石から一〇〇石まで。
安藤武左衛門組一一人
朝比奈善右衛門二五〇石以下、所持石高二五〇石から一〇〇石まで。
岡嶋図書組一三人
石川孫太郎三〇〇石以下、所持石高三〇〇石から一〇〇石まで。
村田団右衛門組一三人
落合善右衛門三〇〇石以下、所持石高三〇〇石から一五〇石まで。
渥美平内組一二人
本田弥五兵衛三〇〇石以下、所持石高三〇〇石から一〇〇石まで。
小栗四郎左衛門組一二人
林半左衛門三〇〇石以下、所持石高三〇〇石より一〇〇石まで。
江戸留守居小十人切米三〇石ニ五人扶持宛
野本左五右衛門以下一二人
関川番衆何茂一〇〇石宛八人
町奉行・郡奉行

　　三宅四郎左衛門四〇〇石外ニ二〇〇石本組足軽二〇人、外ニ一〇〇石新組足軽一〇人
　　大門与兵衛三〇〇石外ニ二二〇石本組足軽二〇人、外ニ一〇〇石新組足軽一〇人
　　鱸彦左衛門二〇〇石新組一〇人下代二人宛　以下七人郡奉行　他に六人二〇〇石宛
銀山横目二人　（付属足軽などの記載は省略する）。
勘定奉行・金奉行ら一一人、（いずれも付属する下代・足軽の記載は省略する）。
祐筆頭并並祐筆一六人（二〇〇石以下、詳細は省略）
常詰小十人四〇石ニ六人扶持宛・御供小十人三〇石五人扶持、計三七人
御刀番八人　（四〇〇石から二〇〇石まで）。
御膳番六人　（二〇〇石から一〇〇石まで）
御髪二人振舞奉行四人　（いずれも一〇〇石）
武具奉行七人、（二五〇石から五〇石まで）
煙硝蔵奉行一八人　切米　（現実は一七人、切米の内容は不明）
普請奉行并作事奉行　　八人　（下代の付属が注目される。手当は省略）
坊主頭并並坊主　　計一三人　（手当省略、手当とともに仕着支給とある）
歩行衆岡嶋将監組　　二〇人　二〇石三人扶持
今井式部組　　一六人　同
佐久間主計組　　二〇人　同
［　］浮組　　二〇人　同
代官役　　一一人　何茂知行一〇〇石宛

小算并小役人　一〇六人　何茂五〇石二一〇人扶持より一〇石二二人扶持宛
鷹匠頭　一七人　一五〇石から一〇〇石宛・切米三〇石二三人扶持、二〇石二三人扶持など
新御抱　三人　三〇〇石一人・三五〇石一人・山本勘兵衛四〇〇石、かれは山本勘介曾孫とある
江戸火消役江戸常詰　六人　二〇〇石から一〇〇石まで
大坂米払役　一人　北島庄右衛門　かれには切米一三石二人扶持か、他に手代三人と京都買物役下代三人ともある。
御合力知行并切米　九人　（三〇〇石から一〇〇石まで）
（藩主一族省略）
江戸常詰医師　七人　（四人は三〇〇石から二〇〇石まで、他は切米）。
国医師　一四人　（五人は三〇〇石から一〇〇石まで、他は切米）
蔵横目　七人　（所持高不明）
土蔵番　一一人　一三石五三人扶持
大工頭　四人　一五石三人扶持
厠奉行　一四人　一二石三人扶持
餌刺組頭　一二人　一二石四人扶持六人・八石二人扶持六人
絵師衆　狩野安左衛門外三人

以上であるが、引き続き三河守の場合、諸役人ら計二八人（七〇〇石安藤・五〇〇石小岸の両人らを含む）、それ以外に小姓衆三三人など、他に常詰小十人・御供小十人計一四人と歩行切米の一六人と勘者并台所横目六人などとが

続く、さらにはいわゆる七人の侍・与力大将らにそれぞれ所属した与力たちの内容となっている。

以上がその骨子である。これらをみると、以下の点が注目されるかと考えられる。

まずは冒頭における藩主一族の紹介に続いて何よりもこの騒動当時における越後高田藩二五万石の中枢部が、藩主自身というよりも、七人のいわゆる侍・与力大将らによって構成されている事実がまずは注目される。また同時に、家臣団の中で侍・与力大将ら七人と並んで「老中大名分并詰衆大名分並」といわれている計二七人の有力家臣らがさらに存在している事実がまた注目される。かれらは恐らくは高田以前からの、越前藩六八万石の時代からの、いわゆる大名分として特に処遇されていた有力家臣らの末裔・一族だとも考えられる。かれらの存在そのものが侍・与力大将らの存在とともに、藩主による家臣団に対する一元的支配の確立にとっては、この時点では大きな障害となっていたものと考えられる。

さらには家臣団は既に番方(軍事)と役方(行政)とに大きくは二つに分かれ、それぞれの組織化がすすんではいるものの、家臣団の周辺にはかれらの存在をはるかに越えた多くの足軽・下代などが存在していたものと考えられる。あるいは、個々の有力家臣らもまた先祖代々からのいわゆる陪臣らが奉公していたものと考えられる。さらには家臣団の底辺にあって個々の家臣らの生活を支えていたそれぞれの譜代の零細な人々もまた奉公していたものと考えられる。

その意味では、家臣団を中心に、かれらに奉公する多数の人々の存在がまた注目される。たとえば、弓・槍、特に鉄砲で武装していた物頭らは、具体的には、「御持筒弓頭并先鉄砲頭」一〇人の中の冒頭に位置づけられた堀勘右衛門の場合、かれは「四百石、外ニ二百二十石弓足軽二十人」とあり、かれは自分の知行高四〇〇石以外にも、二二〇石を貰い、これによってかれは弓足軽二〇人を支配していたものと考えられる。かれらは自分の所持石高とともに、別に藩主から所持石高を貰い、それによって多くの足軽・下代などをも支配する形式が既に実施されていたものと考えられる。その意味では、藩主と家臣らとによる主従関係とともに、個々の給人らと足軽・下代などとの関係などがまた同時に別個に成立していたものと考えられる。また、かれら足軽らの存在は給人らを中心とした家臣団の規模をもはるかに多いものであったと考えられる。その意味では、個々の家臣らと先祖代々からの陪臣らとの関係、また、家臣らと足軽・下代らとの関係、あるいは、個々の家臣らにそれ以前から奉公している多様な譜代奉公人らの存在など、各種の家臣たちをも含むいわゆる重層的な在り方如何の問題が、家臣団それ自体の階層構成や構造の問題とともに、これからは新しい検討問題となるものと考えられる。

第二章　越後騒動の展開と第一次処分の実施について

第1節　はじめに―越後騒動とは―

第1項　越後騒動について

いうまでもなく江戸時代を通しては、それぞれの発展の段階に応じてさまざまな名称と内容とを持った御家騒動が全国諸藩で起こることになった。また、藩政の成立と展開、そして、それの崩壊に至るまで、それぞれの段階における藩政の矛盾や諸対立などをもまた反映する形での多様な内容の御家騒動が相次いで起こることになった。この間における各藩で起こった主な御家騒動については、既に、一応の調査結果をも踏まえて、各騒動ごとにごく簡単な内容の紹介とその騒動に関係する主な文献名とを付記し、日本全国を東北地方からはじまって九州地方に至るまで、大きくは七区域に分けて、それぞれの地域ごとに、騒動の事例及び主な文献名とを年代順に並べては「家中騒動史年表」を作成し、それを発表することにした。また、そこでの中に含まれているいくつかの個別の御家騒動

については、個々の騒動をも対象にしてその内容についての具体的な検討をも一応、既に試みて発表することにした。(1)

そこで今回は、ここでの個別御家騒動研究についての検討をそのまま継続する形で、特に多くの御家騒動の中でも最もその騒動の名称を広く知られている越後騒動について、前回から引き続き、再度、もっと詳しい検討を、また、その騒動そのものの全体像の在り方如何を探るための作業を、以下、紹介するように試みることにしたいと思う。

では、ここで改めてその検討の対象とする越後騒動とは、一体、どういった内容と性格、そして、経緯をたどった御家騒動であったのであろうか。まずはこの騒動とは、越後国高田藩(現新潟県上越市)二五万石、藩主松平越後守光長の時代に、延宝七年一月から同九年六月末(同年九月に天和と改元)までの約二年半余りの長期にわたって続いた御家騒動であった。この騒動が起こった延宝七年といった時期は、全国的にみると、いわゆる幕藩体制が既に成立して約半世紀余りが経過し、一般的にはいわゆる寛文・延宝期ともいわれていわゆる幕藩体制は既に確立期を迎えた段階だとも考えられ、越後騒動はこの時期に起こった御家騒動のひとつとしても注目されてもいるのである。

次に、この騒動が起こった越後高田藩二五万石(実態はこれに一万石の高田殿の化粧料が加わる)は、既に紹介を試みたように、多くの藩の中では江戸幕府の創設者であった徳川家康の次男であった松平秀康をその開祖とした著名な徳川親藩のひとつでもあった(本書冒頭の越前松平氏の略系図参照)。(2)このために徳川親藩で起こった御家騒動だとあっては、騒動が起こると、そこでの騒動の内容及びその後の推移、なかでも騒動に対する収拾・和解如何については、幕閣はもちろんのこと、全国諸藩の大名らからも、また、それ以外の多くの人々からも強い関心と注目とが集まることになったものと考えられる。

なかでも、この騒動が徳川の親藩で起こったことから、当時の将軍であった四代将軍家綱や大老酒井雅楽頭忠清らの幕閣首脳部らによっても特に早くから注目され、かれらの積極的な指導・援助の許で騒動の収拾が開始されることになった。しかし、時の政権であった酒井雅楽頭や同じ一門・一族の大名らの積極的な援助・介入にもかかわらず、そこでの騒動収拾は結局は失敗し、代わって新しく登場した五代将軍綱吉及び大老堀田正俊らを中心として成立した新政権によって、騒動は改めて再度、審議の対象にされ、そこでの結果は、多くの大名らの期待に反して公儀による厳しい改易処分となった。その結果、騒動当事者らはそれぞれが処分され、藩主自身もまたその責任を厳しく問われて改易され、藩そのものの存在が否定され、その結果、多くの家臣らは浪人を余儀なくされることになった。同時に、この改易処分は多くの大名らや関係者らにも大きな衝撃をも与えるものとなったのである。

ところで、一般に御家騒動といった場合、たとえば、西の九州福岡藩での寛永九年に起こった黒田騒動、あるいは、東の仙台藩での寛文一一年に起こった伊達騒動などが全国的にその名前を広く知られているが、これらの藩はいずれも外様の大藩であった。しかし、それにもかかわらず、騒動後もその存続を許されることになった。ところが、ここでの越後高田藩で起こった越後騒動は、徳川親藩のひとつでありながらも、また、時の政権による積極的な指導・援助を受けながらも、改易処分となった。何故なのか、また、この騒動は多くの騒動の中でどういった特質を持ち、どういった展開の末に改易されたのであろうか、あるいは、ここでの親藩高田に対する改易処分には、一体、どういった幕閣の思惑が、また、目的などが含まれていたのであろうか。さらには、この騒動は御家騒動研究の歴史の中で、どういった位置を占めているのであろうか、話題は尽きないようにも考えられる。

そこで以下、越後騒動そのものに関する具体的な検討に入る前に、まずは最初に、この越後騒動とは、一体、どういった内容の騒動であったのであろうか、また、騒動では最初に、誰と誰とが、どういった理由によってまずは対立したのであろうか、また、そこでの両者による対立・抗争は、その後に、どういった形で推移したのであろうか、そして、そこでの騒動の結果は、どうなったのであろうか。ここでの騒動の原因や、騒動の実態、また、それの推移、そして、騒動の結果などをまずは一応は理解した上で、騒動に対する具体的な検討が試みられることが望ましい。では、これまでにこの越後騒動はどういった内容の、また、どういった性格の騒動だと理解されてきたのであろうか。

そこで最初に越後騒動に対するこれまでの理解を我々に直接示したものとしては、各種の「歴史辞典」の中における越後騒動に関する記述の内容もそのひとつではないかと考えられる。そこでまずは前以て騒動の凡その内容を知るために、たとえば、著名な「国史大辞典」(吉川弘文館刊)の中の「越後騒動」についての内容をまずは最初に紹介すると、騒動とは、現在のところ、以下のような内容の騒動だと理解されている[3]。

(A)越後騒動とは、寛永元年三月、これまで越前(現福井)藩六八万石の三代藩主であった幼少の松平越後守光長(当時、九歳か)が、改めて越後国高田藩二五万石の藩主に転封を命ぜられ、松平氏による越後高田藩政が新しく開始されることになった。しかし、この藩では幼少の藩主光長が江戸で養育されていたために、藩主不在の時期が長く続き、国政はもっぱら国家老らに任されていた。当時、藩政に重きをなしていたのは小栗美作・荻田主馬の両家老のほかに岡嶋壱岐・片山主水などの与力大将らがいたが、なかでも小栗美作は父祖以来の門地要職とその人物手腕において他を圧し、重臣らの嫉視をうけることが多かった。そのうえ美作の妻お勘が藩主の義妹であること、かれ自身の藩政運営が独断的であることなどから強い反感を受け、美作には主家横領の野心があるといった噂が広まることになった。こうした中て越後家では、美作派と美作反対派との対立の機運が強まりつつあったところに、藩主の継嗣者問題がそれにからまって両派による対立・抗争がさらに激しくなった。

(B)延宝二年に藩主光長の嫡子松平下野守綱賢が病死し、直系の跡継ぎが絶えたので重臣らは熟議を重ね、光長の異母弟永見長頼の遺児万徳丸を養嗣子に決めた。幕府もまたこれを認め、万徳丸は将軍家綱の一字を貰い、三河守綱国と改名し、継嗣問題はこれで解決したかにみえた。ところが、美作反対派は、美作はその子掃部(かもん)を藩主の養子に入れる計画があると吹聴しては自派の勢力の拡大を画策し、光長の異母弟(既に亡くなっていた兄長頼の弟)である永見大蔵を首領に立て美作打倒の体制を整えた。その党勢は永見大蔵以下、荻田主馬・岡嶋壱岐など八百五十名に及んだ。これに対する美作派は美作をはじめとして妹婿の本多監物や野本右近ら百三十余人、美作反対派は「お為方」、美作派は「逆意方」とも呼ばれたが、同七年正月九日夜、お為方の五百三十人余りが武装しては美作邸におしよせて騒動が本格化した。美作派は武力をもってこれに対抗することがなかったので、やがて武装部隊はひきあげ、両派による武力衝突そのものは避けられたが、しかし、美作は家中騒動の責任をとって家老職を辞任し、あとは為方である片山主水ら(実は為派ではなく中立派か)が藩政を担うことになった。

(C)この高田藩における騒動は幕府にも達したので、大老酒井忠清は吟味の結果、この事件は越後家親戚筋の諸家と相談して穏便に取り計らうようにと指示し、その旨の覚書が越後家に伝えられて紛争に一応の決着が与えられた。しかし、お為方では、この覚書は美作の偽作だと宣伝したので同年四月に騒動が再燃、激化した。そのために幕府評定所における詮議となり、この裁決では、雑説を流布して家中人心をまどわした罪によって、お為方の主な指導者であった五人が他家御預けまたは追放となった(いわゆる第一次処分の実施)。

(D)ところがお為方は、この裁決は美作による酒井大老への贈賄による片手落ちの処分だと憤り、争いはいっそう燃えあがった。この事態に藩の前途を悲しんだ二百五十名の藩士たちが自殺・遁世または他国へ流出したという。同八年五月に将軍家綱が病死し、弟綱吉が館林から入って五代将軍になると、酒井大老は職を辞し、綱吉の将軍就任に尽力した堀田正俊が大老として幕政の実権を握った。お為方はこの機会を利用しては堀田への運動を続け、それらが奏功して将軍綱吉による越後騒動親裁となった。天和元年六月二一日、江戸城大広間においてお為方・逆意方双方を対決せしめ、綱吉自らが審理裁決し、翌二二日にはその判決が宣告された。そこで美作・伜掃部の父子は切腹、そのほか流刑追放など両派の多くが処刑された（第二次処分の実施）。また、藩主光長は家臣統率力の欠如を理由に改易され、伊予松山城主松平定直に預けられて越後家は潰れ、遺領は幕府に取り上げられ、以後四年五カ月は勤番支配（天領）となった。元禄一一年、光長の養子宣富（長矩）の代にかれは美作国（現岡山県）津山藩一〇万石の藩主に封ぜられ、越後家は再興された。

以上が一応、越後騒動の内容・経緯、そして、騒動の結末である。また、この辞典の執筆者（中村辛一）は最後に この騒動を振り返って「この騒動は越後家の党争当事者が幕府の実力者に援を求めたため、幕府内の派閥抗争とからんで激化転変の後、将軍の裁決で一藩倒壊に至った江戸前期騒動の一典型である」[4]と、この騒動は江戸前期騒動の典型のひとつだと位置づけられていることが注目される。と同時に、敵対する自己の政治勢力を脱藩にまでも追い込みながらも、また、藩政の刷新に取り組みながらも、自らが関与した騒動における新しい時代の波に最後には翻弄されざるをを得なかった小栗美作に対する同情もあってか、そこでの理由はいまひとつ明確さを欠くものの、「なお、美作を極悪非道の悪人とする『徳川実紀』的考え方は改める要がある」といった指摘で終わっている。[5]

いうまでもなく、辞典といった強い制約の中での騒動に対する内容の説明ではあり、著者の立場からすれば、意を尽くさないところもまた多かったのではないかとも考えられる。しかし、この段階における騒動の全体像を、端的に、しかもコンパクトに、まとめて理解する上では、見逃せない研究成果のひとつではないかとも考えられる。

以上の紹介から、越後騒動とは、藩内における小栗美作派（逆意方）とかれらに反対する永見大蔵・荻田主馬らの美作反対派（お為方）らの藩を代表した重臣ら相互間で起こった対立・抗争であったこと、また、この両政治的勢力の対立・抗争に、藩主越後守光長自身による家督相続問題がそれに深く関与して起こった騒動でもあった事実がまずは注目される。さらには、この越後高田藩が特に徳川の親藩でもあったことから、この騒動の収拾・和解如何には、当初から時の政権、具体的には、四代将軍家綱及び大老酒井雅楽頭政権、続く五代将軍綱吉及び大老堀田正俊政権が深く関与し、かれらの意向などが騒動の収拾・和解如何にも深く関わって騒動の経緯がより複雑化せざるを得なかった事実などをも知ることが出来るかとも考えられ、結局、騒動の収拾は、いくつかの紆余曲折を経て将軍自らによる親裁へと持ち込まれざるを得なかったものと考えられる。

そこで、ここでの越後騒動についての解説を読む限り、果たしてここでの説明だけで十分かといえば、発表当時（昭和五五年〈一九八〇〉七月）における越後騒動研究の在り方如何などにも強く制約され、必ずしも十分だとはいい難い状況にあるかとも考えられる。たとえば、騒動での基本的な在り方のひとつである小栗美作及びかれを中心とした一派（逆意方）と永見大蔵・荻田主馬らの美作反対の一派（為方）との対立・抗争のひとつだけに限ってみてみても、最初に両政治勢力が対立・抗争するに至った美作らによって実施された藩政改革の実施如何をめぐっての最初に起こった対立・抗争の事実などが、ここでは全く見逃され、また、その後における両政治勢力の対立・抗争に決定的とも考えられる影響・役割を与えたとも考えられる美作反対派家臣らによるいわば捨て身の脱藩騒動の決行如何などが、単なる事実、あるいは、風聞としてのみ指摘されているに過ぎないなど、あるいは、騒動の経緯では、美作派が当初は時の政権であった酒井雅楽頭らに取り入っては第一次処分を実施させ、有利な立場を占めたが、第一次処分後では、今度は美作反対派が時の新しい政権である将軍綱吉及び大老堀田正俊政権に取り入っては今度は逆に美作派を追い込むなど、いわゆる美作反対派による巻き返し論がそこでの中心になっていることなど、いくつかの問題点がなおも残されている感は否めないようにも考えられる。

ところで、最近における越後騒動に対する研究状況をみてみると、騒動の舞台となった越後高田地方は、隣の直江津などをも含めて新しく「上越市」として生まれ変わることになった。また、その後、合併後三〇周年を記念した合併記念事業の一環として新しく「上越市史」資料編・本文編の編纂が本格的に開始され、それらに加えて「上越市資料叢書」や一時期は「上越市史研究」もまた刊行され、そこでは越後騒動関係の資料の発掘・調査・研究、そして基本的資料の翻刻もまた行われ、(6)騒動研究のための条件整備が急速にすすむことになった。また、この間には騒動研究のための意欲的な新しい論文などもまた既に発表されている事実などが注目される。(7)その意味では、越後騒動の研究はこの合併記念事業を機会に新しい段階を既に迎えることになったものとも考えられる。

とすれば、改めて現時点で越後騒動研究を振り返り、研究史の整理に努めると同時に、新しい史実をも踏まえて越後騒動に対する研究をさらにすすめるための努力が、強く要請されているのではないかとも考えられる。

以下、小稿では、それに向けての作業を、特に、これ以前における騒動研究をも踏まえて、それに継続する形で改めて騒動の検討を、そして、騒動の全体像を描く作業を継続して試みることにしたいと思う。

第2項　「越後騒動略年譜」の作成─騒動に対する時期区分の在り方如何を求めて─

次に、越後騒動の内容如何に加えて、この騒動は延宝七年一月に最初に城下で美作反対派の家臣らによる武装蜂起が起こってから、騒動関係者らが公儀によって評定所に呼び出され、半年間余りの審査の結果、延宝九年六月に裁決が決定するまで、約二年半余りの長期にわたって続くことになった。したがって、この間における騒動の過程を一応、理解するために、まずは最初に「越後騒動略年譜」を作成してみることにした。また、この中には、既に確認されている騒動関係の記事や、これまでの騒動に対する検討の過程で新しく確認することが出来た事実などをもともに加えて取り敢えずはまずは年譜を作成してみることにした。そして、まずは騒動に対する全体像を理解するための一助にすることにしたいと思う。

次に、これによって騒動の全体像の理解に努めるとともに、騒動に対する検討を試みる場合は、騒動全体に対する時期区分がまずは最初に必要になるかとも考えられる。したがって、この年譜を基に、前以て一応の時期区分をも考えることにしたいと思う。なお、この年譜の利用にあたっては、これ以前にも先学らによって藩主松平光長を中心とした「略年譜」の作成が既に試みられている。(8)また、市史編纂の過程においても藩主年譜「光長卿」が新しく資料集に収録されるなど、(9)新しい事実もまた追加されているために、検討にあたってはこれらの資料がともに利用されることが望ましいかとも考えられる。そこで取り敢えず作成した騒動年譜を紹介すると、以下の通りである。

越後騒動略年譜

寛永元年　三月	越前藩六八万石の三代藩主松平越後守光長、越後高田藩二五万石（これに母親高田殿の化粧領一万石が加わる）への転封を命ぜられ、また、この時期前後頃からは藩主不在のためもあってか、七人の侍・与力大将らが特に任命される。
同　六年　六月	仙千代（光長）元服、将軍家光の一字を貰って光長という。
同　八年　七月	毛利秀就（萩藩）の娘土佐と結婚。領内飢饉。
同一一年　六月	藩主光長、将軍家光の上洛に従うその途中、高田へ立ち寄る。
	寛永年間中期頃から　高田領内における新田開発・殖産興業政策などの開始、それ以降、一時期、城下が大変な賑わいをみせる。
慶安三年　九月	藩主光長の父である松平忠直、配流中の豊後国で死去、翌年、藩主光長が同国で生まれた異母兄弟を引き取る。同年、将軍家光死去、家綱が新将軍に就任する。
寛文五年末から	越後大地震起こる。侍・与力大将小栗正高・荻田隼人両人ら圧死、復興のため

に米三〇〇〇俵、金五万両を拝借する。なお、入封前に既に予想されていたように、藩財政が窮乏、翌年から小栗美作らによる藩政の改革が開始される。しかし、美作らによる硬直的な藩政運営もあってか、家臣らが美作を中心とした改革推進派とそれに対する反対派とに分裂、両者による対立・抗争が続く。

同一二年二月　藩主光長母勝子（将軍秀忠の娘）江戸で死去。

延宝二年　一月　藩主後継者松平綱賢が死去、後継者の相続をめぐって重臣らの意見が対立、藩主異母弟で既に死去した永見市正長頼の遺児万徳丸に決まる。また、これを機会に藩内における重臣ら相互間の亀裂がさらに拡大する。同二・三年を中心に凶作と飢饉とが続く。河村瑞賢を高田に招く。

同四年　三月　城下で大火災。翌年から改革（巳の改め）再開する。

同七年　一月九日夜　藩主越後守が隠居、かれの養子に美作伜掃部を充てる噂が広まり、それに反対する美作反対派による第一回目の騒動が起こる。美作反対派の家臣らが武装して城下で決起する。なお、同七・八年も凶作。

同　年　三月一六日頃　江戸下屋敷で美作反対派の家臣らが、藩主越後守の後継者である三河守の付家老安藤九郎右衛門の更迭を求めて出府した藩主に直訴を画策し、第二回目の騒動が起こる。

同　年　四月一八日頃　江戸重臣らから国元における重臣ら宛に美作反対派の徒党的行為を批判した書簡が届く。また、流言蜚語もあってか、城下において美作反対派の家臣らが武装して再度決起、第三回目の騒動が起こる。しかし、現在のところその実態などが必ずしも明確ではない。

同　年　九月二二日頃以降　藩執行部提案の人事構想、特に美作派からは美作の妹婿本多監物、美作反対派からは岡嶋壱岐を仕置役（大家老）に任命する案に美作反対派らの家臣らが江戸及び国元で集結しては反対して騒ぐ。

同　年一〇月一九日　第一次処分実施、大老酒井雅楽頭らによって美作反対派の中心人物五人が同じ松平一門の各大名らにそれぞれ預けられる。続いて美作反対派家臣ら、特に強硬派に対する取り締まりが強化される。また、それ以降、一部家臣らによる脱藩が既に開始される。

同八年　春頃以降　既に開始されていた美作反対派家臣らによる脱藩騒動が雪解けの時節を迎えて本格化する。

同　年　五月　八日　四代将軍家綱死去、代わって八月には新将軍に綱吉が就任する。

同　年　八月　美作反対派重臣の岡嶋壱岐・本多七左衛門の二人が江戸表で藩主らに脱藩を申し出る（藩執行部の崩壊）。

同　年　九月末　藩主光長帰国する。

同　年一二月末　公儀の命で騒動当事者一八人らに対する江戸への喚問が実施され、再審が開始される。また大老酒井雅楽頭が致仕する。

同九年　三月か　藩主光長出府する。

同　年　四（二）月か　目付中根主税と津田平四郎両人が高田へ派遣される。

同　年　六月一七日頃　再審終了する。

同　年　六月二一・二二日以降　「松平越後守家臣、於御前対決、同廿二日御仕置被仰出候」と、将軍綱吉の前で美作及び荻田主馬・永見大蔵らが対決、翌日以降、第二次処分（改易）が実施、騒動当事者らが処分され、越後高田藩は改易され、その後に公儀による「天和の検地」が実施される。

貞享四年一〇月　騒動の責任を問われて大名に預けられていた旧藩主光長父子は前後してその罪を許され、江戸に帰る（三万俵、柳原屋敷）。

元禄一一年正月　藩主光長の養子長矩（宣富）、美作国（岡山県）津山で一〇万石を与えられ、越後高田藩は津山藩として再興を認められる。

宝永　四年一一月　藩主光長死去、九三歳。

以上である。この作成された「越後騒動略年譜」によって、騒動の開始からそれの終焉に至るまでの騒動の経緯を一括して理解することが出来るのではないかとも考えられる。

そこで、ここで作成された騒動略年譜を基に、ここでは越後騒動の内容を大きく時期区分するとすれば、騒動は最初に、延宝七年一月九日夜の第一回目の騒動が起こって以降、騒動関係者らがそれを理由にそれぞれ処分されるまでの第一次処分の時期までと、その後、美作反対派家臣らによる処分反対の動きが表面化し、具体的には美作反対派の家臣らによる脱藩騒動が本格的に展開するまでの第二の時期、そして、この脱藩騒動の本格的な展開の結果、一方では、藩執行部それ自体が分裂して藩政の危機が表面化し、他方では、これまでの将軍家綱の死去、大老酒井雅楽頭政権に代わって新しく登場した五代将軍綱吉及び大老堀田正俊政権によって騒動に対する処分が本格的に実施され、騒動が終焉を迎えるまでの第三の時期とに、以上、騒動は大きくは三期に分けることが出来るのではないかと考えられる。

したがって、以下、小稿では、既に検討を試みた「第一章　松平氏越後国高田藩政の開始と家臣団の構造について」に続き、次に「第二章　越後騒動の展開と第一次処分の実施について」、さらに「第三章　脱藩騒動の展開と藩政の動揺・分裂について」、そして、最後に「第四章　再審の開始と第二次処分(改易)の実施について」と全体を大きくは四分野または時期とに分け、騒動そのものについては、以下、検討を試みるように、全体を三期間に分けては、それぞれの期間における騒動の内容及びそれらに対する藩の対応如何などを中心に、以下、順次、検討を試みることにしたいと思う。

【注】

(1) 拙著「御家騒動の研究」(二〇〇八年　清文堂出版)参照。
(2) ここで本書の冒頭に掲示した松平氏の系図によると、一般には越後高田藩はいわゆる徳川御三家(尾張・紀州・水戸)に次いで四家ともいわれている。
(3) 中村辛一「越後騒動」「国史大辞典」2(吉川弘文館)二八四頁以下参照。
(4)・(5) これも同解説による。
(6) 「上越市史」本文編・同資料編などは上越市誕生の三〇周年記念事業の一環として編纂されており、その内容は特に本文編・資料編・同資料編別巻などを含めて計二一巻、他に「上越市史研究」(一号から同七号まで)などから構成されている。
(7) 越後騒動に関係した意欲的な論文に当時、上越市史編纂の委員であった福田千鶴「幕藩政治史上の越後騒動」(「上越市史研究」第三号)、同旧委員内野豊大「前掲論文」(同七号)がある。
(8) 「松平光長の年譜」(『越後騒動と松平光長』新潟県社会教育研究会(資料三「越後騒動と松平光長」所収)参照。
(9) 藩主年譜「光長卿」(「上越市史」別編5藩政資料1所収)、なお、この資料はその性格もあってか、騒動関係の記述は乏しい。

第2節　越後騒動の展開とその実態について

第1項　相次ぐ騒動の展開について

既に紹介したように、越後騒動とは、二年半以上にわたって続いた騒動であった。また、そこでの各騒動の内容もまた多様で複雑であった。以下、最初の段階における各騒動の内容からみてみることにしたいと思う。

(1)延宝七年一月九日頃、城下における第一回目の騒動について

ここでの最初に城下町高田で起こった騒動は、藩主越後守光長自身が「去年之春、小栗美作世倅大六事、我等養子仕之旨虚説申習、永見大蔵・荻田主馬、其外一味之者共、密々家中之誓紙取固、其後私え申聞候、正月九日夜大蔵下知を以家中之者共、美作宅に押寄騒動仕候」と自ら述べているように[1]、小栗美作がかれの倅大六(掃部とも)を藩主光長が老齢のために隠居した場合、かれの養子にすることを画策し、その噂が急速に広まり、それに反対する永見大蔵及び荻田主馬らを中心とした美作反対派(為方)が、密かに誓紙を取り交わしては結束し、正月九日、雪の降る中を城下に集結しては美作の屋敷を取り囲み、町々の警戒にもあたるといった事件であった。しかし、美作はこの騒動が起こると、直ちに屋敷に籠もったまま事態をあくまでも静観し、馳せ付けた自己の与力や家臣らをも直ちに自分の屋敷に引き取らせたこともあって、これ以上の騒動には発展することもなく、終息している。けれども、

家臣らが互いに誓紙を取り交わし、血判した上で武装して団結しては決起するとあっては、城下は騒然となったものと考えられる。また、夜明けとともに事態は収拾されている。しかし、家臣らが団結し、徒党を組んで蜂起したとあっては、この事実は早速、公儀にも届けられ、注目を集めることになったのである。

なお、この騒動は残された実録資料などによると、一月一一日に藩の定めた蔵開きの日を待たずにそれ以前に、小栗美作が急遽、密かに藩役人らに命じては藩に預けていた資金(一〇〇〇両とも)を引き出し、自己の家臣らにそれを配分した。それが城下から美作派の家臣らが退散または出府するといった噂にまでも発展、その結果、それを阻止するために反対派家臣らによる決起となったのだとも伝えられている。(2) しかし、美作の口上によると、この年は既に参勤の予定があり、そのために家臣らに前以て資金を配分したのだとも答えている。けれども、ここでの資金配分如何と美作反対派の家臣らによる武装蜂起との関係は、いまひとつはっきりしない。恐らく美作反対派に属する家臣らが、自己の蜂起を正当化するために叙述したものだとも考えられるが、やはり真偽の程はよくわからない。

この場合、決起した美作反対派は、たとえば、実録資料によると、三五〇人とも、五〇〇人とも、あるいは、一五〇〇人とも、また、資料「天和聚訟記」では八三〇人または八七〇人余りともいわれている。(3) 他方、実録資料などによると、当時における美作派(逆意方)は一三五人ともある。あるいは、既に指摘もしたように、互いに誓紙を取り交わしては血判して結束を固めているが、「九日前は多く集不申」ともあり、(4) この決起を機会に美作自身が隠居に追い込まれ、また、騒動の翌日、美作の腹心の一人であった家老安藤治(次)左衛門が江戸に欠け落ちしたとの情報が一般に広く伝えられると、より多くの誓紙が集まったとも伝えられている。

騒動が起こると、藩主光長は一月一七日には先祖の霊を祀る長恩寺に参拝、その直後に家臣ら一同を集めては、改めて美作の伜大六(掃部)を自分の養子にする考えは無いことを「誓言」として家臣らの前で伝え、家臣らの動揺を抑え込んでいる。また、翌一八日にはそれ以前から既に隠居を願っていた小栗美作自身が、その家督を伜掃部に譲って隠居し、事態は一応、収拾されている。なお、この騒動において指導的役割を果たしたと考えられる永見大蔵については、「騒動以後、大蔵威勢と申、家中之者おもんじ申候體、就中越後守御当地に参府以後、国元に而之様子は絶言語たる儀と申候御事[5]」と、その権勢は絶大なものがあったとも伝えられている。

この騒動が起こると、騒動は直ちに江戸へも伝えられたが、江戸表ではさまざまな情報が乱れ飛び、たとえば、「松平大和守日記」(以下、「日記」という)によると、当初は「小栗美作ヲ死罪ニ不被仰付候者、覚悟仕候と申、中将(藩主光長)殿色々御詫有之候得共不承、江武へ御窺、其上ニ御老中御指図次第と被仰候得者、同五日ニ何も兵具かため下馬へ相詰、只今美作を退治仕と打立[6]」と、美作反対派らが決起し、これに対して「美作方にも一門一家ひいき侍」らが集結し[7]、事態は緊迫した。しかし、「中将殿色々なだめ先引候よし[8]」と、藩主光長自らの説得もあって大蔵・主馬らの家臣たちは退散したともある。あるいは、「不分明騒動者正月九日より十日昼時分迄ニ而有之、門々ヲ足軽大将守之、片山主水・岡嶋壱岐、与力同心ヲ招ニ而家中思々かけつけ候と云々[9]」と、騒動は正月九日から翌日にかけてのことであったともある。なお、現在のところその正確な期日は不明であるが(恐らく一月か)、この頃に国元の永見大蔵から江戸表の一門大名である松平大和守宛の書簡が紹介されている。その中では藩主後継者である三河守(綱国)に、これまでかれに付けられていた家老安藤九郎右衛門に代わってぜひとも「三河守え筋目之者付置申度存念耳ニ御座候[10]」と、安藤に代わって筋目の者(美作反対派か)を任命して欲しいといった安藤更迭の要求が既に出されている事実もまた見逃せない。

同時に、この第一回目の騒動の場合、既に紹介したように、誓紙を取り交わして結束した美作反対派が「隠居成共御改易成共切腹成共被仰付候得之由[11]」と、美作の藩政からの排除・更迭を強く藩主に強要するとともに、さらにこれに続いて「越後守殿美作御ひいき不被成事[12]」と、藩主の美作に対する贔屓をも強く否定することをも強く求めていることが注目される。さらには「世倅掃部へ新田五万石可被遣御内存無之段、家中之者へ大蔵殿始被仰達、事鎮候処」ともあって、[13] かれらの要求が美作の更迭だけではなく、既に老年であった藩主越後守光長（当時は六五歳余りか）が隠居した場合、藩主の養子に美作の倅掃部を迎えることがないようにと、それをも確約させることによって騒動が収拾されている事実もまた注目される。

ここでは既に美作の藩政からの退場とともに、かれがかねてから密かに画策していたと考えられる藩主隠居にあたっては隠居領五万石を分与、そして、倅掃部を越後守への養子に、さらには隠居した光長が亡くなった場合、養子掃部が隠居した越後守に代わって五万石の藩主として分知、自立するといった美作自身がそれ以前から思い描いていたと考えられる政治路線が、否定されることによって騒動がやっと収拾されている事実が何よりも注目されるのではないかとも考えられる。もちろん、これは実録資料「越後騒動記」の世界で専ら噂として語り継がれていたもののひとつであり、その真偽の程はよくわからない。しかし、この隠居領新田五万石の越後守への分与といった話は、江戸にあって騒動の収拾に自ら努力していた松平大和守自身もそれ以前から既に承知しており、あるいは、噂としては知っており、そのこともあってか、かれは日記の中でこの事実をも書き残したものとも考えられる。その意味では、この美作の密かな画策は、場合によっては、既に早くから一門の大名らの中でも話題になっていたのではないかとも考えられるが、もちろん、詳しい事情まではわからない。また、この噂を藩主自身が自ら否定したことで最終的には騒動は収拾されたものと考えられる。

(2)延宝七年三月一六日頃の江戸表（下屋敷）における騒動について

三月に入って藩主光長らが参勤交代のために出府、ところが、藩主光長が出府すると、かれを待ち構えていた下屋敷（麻布屋敷）を中心とした江戸表における大蔵・主馬らの美作反対派の家臣たちが、また、そこでの中心人物であった江戸留守居の中根長左衛門らが、互いに誓紙を取り交わしては今度は藩主光長の後継者である三河守（綱国）付けの家老であった美作派の安藤九郎右衛門の更迭を目指して藩主に直訴するといった事件が起こった。その規模は小さいものの、江戸表で、しかも、将軍の膝元で、起こった騒動としてはやはり見逃せない内容をもった騒動であったとも考えられる。結果は、後述するように、いくつかの曲折をへて九郎右衛門は後にその地位を追われ、かれに代わって中立派の家老片山主水が取り敢えずはその役職を一応、兼務することとなった。しかし、この騒動は、国元における大蔵・主馬らに代表される政治勢力と江戸表における中根長左衛門らを中心とした政治勢力とが、互いに連携しながらも行動を起こしたものとして注目される。この場合、連判者は下屋敷を中心として二八人余り、他の部署の家臣らをも含めて計七〇人余り、あるいは、実録資料などによると八九人余りともいわれている(14)。

当時、藩主後継者であった江戸の三河守綱国は、また、かれの付家老であった安藤九郎右衛門・小岸藤右衛門の両人は、以前から美作と昵懇の間柄にあり、特に安藤の存在如何は江戸表における大蔵・主馬ら一派の勢力拡大にとっては大きな障害になっていたものと考えられる。また、逆にその後におけるかれらの存在如何が、江戸表における両政治勢力の和解にとってもまた大きな障害になったとも考えられる。江戸表における両者の対立・抗争は、この安藤九郎右衛門の更迭（罷免）如何をめぐる騒動へと収斂されざるを得なかったものと考えられる。

また、この江戸表における三河守付家老安藤九郎右衛門の更迭要求の動きは、その正確な時期は不明にしても、既に指摘したように、国元の永見大蔵から大和守宛の書簡の中でもみられたように、早くから話題になっていたのではないかとも考えられる。そのこともあって、その収拾にあたる大和守らにとっては安藤の扱い如何が、当面した緊急の課題となったものと考えられる。当然のこととして安藤の罷免如何は、かれを支持する美作及び美作一派の強い反対を予想させるものであったし、何よりもかれを支持する三河守綱国自身の強い反発を招くものであった。事実、この問題が表面化すると、若い三河守は（一八歳頃か）強く反発し、「三河守殿あしき事書上候は、主馬仕わざ也と腹立候よし」[15]と、その背後における永見大蔵、ここでは特に荻田主馬らに対する批判・攻撃を強めている。しかし、安藤を擁護すれば、主馬・大蔵らの強い反対が予想され、安藤の扱い如何は大老酒井雅楽頭らをも巻き込んで幕閣内部でも話題になる程であったとも考えられる。結局、「九郎右衛門役儀かろく候間、大蔵殿・主馬方ニ而も無之、尤美作方にても無之、御家老一人可然」[16]と、九郎右衛門の地位と役目とを軽減し、かれの上に新しく中立派の家老であった片山主水（中立派、美作の姉婿）を、かれが病気で嫌がっているにもかかわらず、新しく任命するといった形でこの事態は一応はまず収拾されることになった。この事実は相互に激しく対立する両政治勢力による妥協の結果が片山主水の三河守の家老職兼務になったものと考えられる。

なお、この江戸表における騒動は、既に指摘したように、小栗美作らによって実施された寛文六年からはじまった藩政の改革に続き、延宝四年の城下における大火災に対応して翌五年から開始された城下の再建、そのための財源の確保を目指した延宝の藩政改革の一環として実施された美作派強化のための人事異動に、美作反対派が強く反発して起こした騒動でもあったとも考えられる。美作反対派は新しく三河守の付家老に就任した安藤九郎右衛門の更迭を求めては決起しているのである。

（3）延宝七年四月一八日前後頃における再度の城下での騒動について

この四月一八日頃に城下で再度、起こった騒動の原因及びその内容については、後述するように、明確さを欠く部分が余りにも多く、現在のところその真相の理解が大変、難しい。その意味では、逆にこの騒動の理解如何が騒動の内容・性格を考える場合、極めて大きい意味を持つかとも考えられる。この騒動は、一般には「美作屋敷より火事出可申哉」[17]とも、また、「美作下女町へ罷出候而申候者、今晩火を、家中迄人種を絶し可申と美作たくみ候由」[18]ともいわれ、真偽の程は全く不明にしても、美作の画策によって、また、かれの挑発によってこの騒動は起こったとも伝えられている。残された実録資料の殆どが、大蔵・主馬らの美作反対派（為方）を肯定する立場から叙述され、ここでの騒動は美作の陰謀によって、また、かれの挑発が原因で騒動は起こったのだとある。また、「天和聚訟記」の中でも、その吟味の対象になった為方の騒動関係者らが、騒動は美作の画策の結果、起こったものだと揃って証言している事実がまた注目される。

もちろん、美作自身はそれを頭から強く否定してはいるが、果たして真実は、と考えた場合、現在のところそれの解明は極めて難しい。事実は美作の屋敷に武器が運び込まれたとか、城下が大火災に見舞われるとか、美作が城下を退去するとか、美作一派が武装するとか、さまざまな流言・飛（蜚）語が飛交い、その結果、城下は騒然となったとも伝えられている。美作自身は騒動についての尋問に答えて、その事実を強く否定はしているものの、残された関連資料の多くが、また、それに対する関係者らの証言が、美作の陰謀によって、また、かれの密かな政治的工作の結果、起こったとあっては、やはり現在のところこの事実もまた見逃せないようにも考えられる。証言では「甲冑を帯候は正月のごとくに違無御座候」[19]ともいわれ、また逆に、「是は正月九日程には無御座と申候」ともいわれているが[20]、いずれにしても城下は大きな混乱になったのではないかとも考えられる。

同時に、同じ時期頃に後述もするように、美作反対派の家臣らによる「誓紙破り一件」が起こってやはり騒然となったとも伝えられている。また、そこでの詳細は不明であるが、同じ頃にいわゆる偽書一件もまた起こったとも伝えられている。しかし、現在のところ騒動の規模やそこでの内容如何についてはあまりにも不明の部分が多く、今後ともさらに継続した検討が必要である。

しかし、この四月一八日頃の国元における騒動は、江戸にあってその収拾に努力していた大和守らにとっては、当時、当面した課題に、特に安藤の扱い如何などに追われて、他の多くの情報を正面から受け止めるだけの余裕は到底、なかったものと考えられ、この騒動については「四月末ニも美作火ヲ出焼蔵《ママ》との沙汰に、騒動有之よし、初而聞也」といった叙述が日記ではみられるのみである。[21]

（4）同年九月二三日前後頃の国元及び江戸表における騒動について

以上、騒動は最初に延宝七年一月九日から翌日にかけて、次に三月一六日頃に江戸表での下屋敷でも起こり、さらには四月一八日前後には再度、城下高田でも再び騒動が起こることになった。しかし、これ以降、四月末から九月初旬にかけての五カ月間余りはこれといった目立った動きはみられない。むしろこの期間は、後述もするように、これまで美作派、美作反対派の両派にそれぞれ分かれて互い対立・抗争を続けていた両派の責任者らが、また、それぞれの派閥に所属した多くの家臣らが、公儀や藩主ら、それに騒動収拾のために特に選出されていた大目付渡辺大隅守や松平大和守らによる互いに対立した両政治勢力に対する和解の勧告を、また、後述もするように、そのための誓紙の再提出を一応は正面から受け止めて、双方がともに和解を目指して、また、対立する双方がともに誓紙の提出への努力を試みたその期間でもあったともまた考えられる。

しかし、これまた後述するように、この期間における和解工作は騒動の収拾・和解を推進する関係者らの思惑通りにはすすまず、また、この間には、和解工作の一環として新しい藩執行部の人事案が発表されることになった。ところが、この案に対する美作反対派の家臣らによる反対の動きが急速に再び表面化することにもなったのである。

具体的には九月末になると、江戸表に出府していた美作反対派の代表であった永見大蔵の屋敷に、反対派の家臣らが「次去廿二日・二三日、永見大蔵部屋へ越後守家来大勢入込候段承」[22]とか、「廿二日・廿三日、大蔵殿へ人多入込」[23]とか、また、現在のところその正確な情報には不足するものの、騒動は国元においても起こり、当時、騒動収拾の責任者でもあった大目付渡辺大隅守は騒動が拡大することを恐れ、永見に続いて出府してきた本多監物や荻田主馬らを至急帰国させることをも要請したとも伝えられている。関係者らの必死の努力もあって事態は何とか鎮静化してはいるものの、騒ぎは関係者らによって「越後守殿上屋敷ニ三日騒動有之由承候間(24)」と、この騒ぎは騒動として受け止められ、関係者らに深刻な影響を与えるものとなった。大老酒井雅楽頭は、この騒動を通して「主馬《(荻田)》など立退候へは、越後殿より雅楽頭殿以御内証、先逗留仕候様ニと被仰、事背候輩何程利ニ而もかへかたき事候間、打殺候而も能可有候(25)」と、場合によってはかれらの中からもしも脱藩者が出るようであれば、公儀の命による武力行使すらをも認める厳しい措置をとることが伝えられてもいるのである。

取り敢えずは以上が騒動の一応の経緯である。関係資料の不足のためにいまひとつ騒動の内容・規模などは不明ではあるが、後述するように、これまでの誓紙の提出を通しての和解への努力が、これによって水泡に帰し、騒動の収拾にこれまでの大目付渡辺や松平大和守らに加えてさらには大老酒井雅楽頭自身が乗り出し、そこでは騒動の収拾に対する公儀自身による毅然とした態度が示されているのである。また、ここでみられる公儀による決意表明は、後で記述するように、一〇月一九日の公儀によって実施される第一次処分の開始をも既に示唆するものであったとも考えられる。

以上が、越後騒動といった場合の具体的な騒動の内容とそれの経緯である。騒動は延宝七年の正月に始まり、九月末までも続き、それでも騒動は収拾することが出来ずに延宝七年一〇月一九日の、後述もするように、第一次処分の実施となった。その意味で、越後騒動は既に指摘したように、一回の騒動では終わらず、最初の国元における騒動に始まり、次に、それは江戸表における騒動へと発展し、それでもなおも終わらずに再び国元でも起こり、さらには、騒動はなおも収拾されずに国元でも、江戸表でも引き続き継続され、九月になって藩執行部から提案された人事案を軸に再度、対立する両政治勢力の衝突が予想されるといった最悪の状況を迎えることになったのである。そして、その結果が一〇月一九日に実施された第一次の処分の実施であったと考えられる。

以上のように、騒動は計四回にわたって起こっているが、なかでも第一回目の騒動と第三回目の騒動がともに美作反対派が武装しては城下に集結するなど、やはりその中心であったのではないかとも考えられる。

第2項　各騒動の性格如何について

(1)各騒動を通してみられる騒動の共通点について

以上、一般に越後騒動といった場合、騒動は単独の一回で終わったのではなく、既に紹介を試みたように、一応、その規模・内容・性格などにはかなりの違いがみられるものの、計四回にわたって起こっている事実がまずは注目される。しかも、そこで共通してみられる事実としては、いずれの騒動でも、その騒動を起こし、そこでの中心となったのはいずれも美作反対派の家臣らであった。それも最初は藩執行部をともに構成していた七人の侍・与力大将ら自身が美作派と美作反対派とに真っ二つに分裂し、そこでの美作反対派の重臣らがむしろ中心になって第一回目の最初の騒動は起こっているのである。また、続いて起こった第二回目の江戸表における騒動でも、やはり江戸における下屋敷の美作反対派の家臣らが中心になって騒動を起こしているのである。さらには、第三回目・第四回目の騒動も、そこでの騒動の性格・内容などには、後述するように、かなりの違いがみられるものの、いずれも騒動の中心はやはり美作反対派の家臣らがその中心になって起こした騒動であった。その意味では、すべての騒動は美作反対派の家臣たちが起こしたものであった。

次に、さらに各騒動に共通してみられる第二の特徴としては、騒動では最も規模が大きい第一回目の騒動と第三回目の騒動では、家臣らが城下で武装しては決起し、城下は騒然となったといわれている。もちろん、第二回目の江戸下屋敷での騒動でも家臣らが結束し、最後の第四回目の騒動でも国元及び江戸表でも美作反対派の家臣らが集結しては結束を固めたと考えれば、それらが場合によっては武力衝突にまでも発展する可能性は十二分にあったのではないかとも考えられる。ところが、いずれの騒動においても武力衝突は避けられているのである。また、それによるいわゆる流血の惨は、また、最悪の状態は、いずれも避けられているのである。そこでの最大の理由は、小栗美作自身が騒動が起これば、それが公儀が定めた徒党禁止令に違反し、もしも武力衝突にまで発展すれば、藩の存続如何にも発展しかねないといった判断がそこにあったからだと考えられる。そして、あくまでも自分の屋敷に籠もっては謹慎の態度を堅持し、かれを守るために馳せ付けた与力や家臣らにも自宅に帰ってあくまでも謹慎に徹すべき旨を指示したことによって、武力衝突を阻止することが出来たものと考えられる。その意味でもいずれの騒動でもいわゆる流血の惨は回避することが出来た事実が注目される。

さらに、第三には、騒動では第一回目の騒動でも、永見大蔵自身が美作反対派の家臣らに誓紙血判を自ら呼びかけては騒動を起こし、第二回目の江戸表における騒動では、かれは江戸留守居役の中根長左衛門と密かに提携し、かれを通しては江戸表における家臣らの結束と藩主への直訴を画策し、第三回目の騒動ではかれの関与は表面的には不明であるが、しかし、後述する誓紙破り一件などにも何らかの形でかれが関与したことも十二分に考えられ、さらには第四回目の国元・江戸表における騒動では、かれは出府中であったが、美作反対派の家臣らがかれ自身が居住した屋敷に連日詰め掛けては騒いでいる事実などを考えると、いずれの騒動の場合にもかれは直接、間接に騒動に関与していたものと考えられる。その意味ではかれの各騒動で果たした役割は極めて大きいものであったと考えられるのである。

(2)各騒動を通してみられる相違点について

以上、各騒動を考えた場合、いずれの騒動でもそこにみられる共通した事実をまずは確認することが出来るかと考えられる。とすれば、次には各騒動における相違点もまた見逃せないかとも考えられる。では、今度は各騒動における相違点を以下、考えてみることにしたいと思う。

いうまでもなく、既に指摘したように、いずれの騒動においても、騒動は美作反対派の家臣らが起こした騒動であった。しかし、そこでの内容に立ち入ってみると、第一回目の騒動、第二回目の騒動と、第三回目と第四回目の騒動とでは、その内容に大きな違いがみられるのではないかと考えられる。第一回目と第二回目の騒動は美作反対派の家臣らが互いに誓紙血判をした上でのかれらの決起であったと考えられる。その意味では、かれらの起こした騒動は、一致団結しては現状の打開を、また、自分たちの主義・主張を、また、自分たちによる政権獲得を直接、目指した騒動ではなかったかと考えられる。ところが、第三回目と第四回目の騒動は、むしろかれらが美作またはかれの率いた政治的勢力に追い詰められた結果、それを挽回すべく起こされた騒動ではなかったかとも考えられる。たとえば、第三回目の騒動は、場合によっては美作らの陰謀の結果、あるいは、かれによる挑発の結果、騒動になったともまた伝えられ、第四回目の江戸及び国元における騒動も、美作らによって作成された新しい藩執行部案に美作反対派の家臣らが強く反発しては起こした騒動であったとも考えられる。それだけ美作反対派らが追い詰められた末に起こした騒動ではなかったかとも考えられるのである。その意味では、騒動とはいっても第一回目・第二回目と、それに続く第三回目と第四回目とではやはり大きな違いがみられるのではないかともまた考えられる。

第3項　美作反対派による決起と誓紙の提出について

(1)誓紙の提出について

美作反対派の家臣らによる相次ぐ決起によって藩政の動揺と分裂は深刻であった。城下における決起はもちろんのこと、続く将軍の膝元である江戸表における美作反対派の決起も、その規模は小さいものの、与えた影響は極めて深刻であったとも考えられる。かれらによる決起のために、特に、最初の第一回目の騒動で美作自身が既に隠居に追い込まれたとすれば、美作反対派による政権奪取によって政局はむしろ安定の方向に向かったのではないかともまた考えられる。しかし、時代は戦国の乱世とは違い、既に徳川公儀政権の確立期でもあった。永見大蔵・荻田主馬らの美作反対派が起こした騒動であっても、逆に、小栗美作またはかれの意向に沿った美作一派が起こした騒動であっても、当時にあっては騒動そのものが、いわゆる徒党禁止を強く命じた天下の御法度に抵触し、絶対にあってはならないものであったと考えられる。理由はともあれ、また、その是非はともあれ、騒動を起こすことそれ自体が御法度であったと考えられる。当時にあっては、起こった騒動の多くは、また、そこでの騒動の収拾が少しでも遅れた場合は、いずれも喧嘩両成敗で対立していた双方がともに厳しくに処分される時代でもあったものと考えられる。あるいは、起こった騒動をそのまま放置または自ら収拾することの出来なかった場合も藩主またはその大名家は、公儀によって直ちに改易処分となり、藩そのものが取り潰される時代でもあったのである。

とすれば、騒動は一刻も早く自らの手で収拾・和解されるべきものであったと考えられる。また、だからこそ騒動を起こす家臣たちは、必死の覚悟で、それ以前における段階で、既に自分らの仲間と、また、運命をともにするであろう自分らの同志たちと、それ以前にそこでの結束を固めるために、互いに誓紙血判をも取り交わした上で行動に踏み切ったものと考えられる。ここでの越後騒動の場合も、美作反対派はまずは行動を起こすにあたっては、永見大蔵・荻田主馬らの命で美作反対派は互いに誓紙を取り交わし、その結束如何を互いに確認した上での行動に踏み切っている事実が注目される。では、そこでかれらが互いに取り交わした誓紙とはどういった形式で、どういった内容のものであったのであろうか。

現在のところ、そこでの中心になった人物は藩主一族でもあった永見大蔵かれ自身であったとも伝えられている。また、かれが中心になって仲間の同志たちに直接、強く誓紙の提出を呼びかけたともいわれている。では、かれらが決起する前に、提出したと伝えられている誓紙とは、どういった内容のものであったのであろうか。また、大蔵は二回にわたって同志たちに誓紙の提出を呼びかけたともいわれているが、それはどういった内容の誓紙であったのであろうか、現在、その誓紙そのものは残されていないが、その雛型はそれをみることが出来る。

第一回目の誓紙の骨子になった雛型は、以下の(A)及び(B)の通りであった[26]。

(A)騒動前

起請文前書之事

一小栗美作、近年驕長不忠之者に候間、向後御政道に構不申候様に奉願候、私儀於御為者何様之儀成共隋順可仕事

年號月日

(B)騒動前

起請文前書之事

一小栗美作事、不忠不義付而、両殿様御為不可然候と被思召候段、乍憚御尤至極奉存候、此上者私式も於御為之儀者何様にも御下知相背申間敷候、此趣於偽者

年號月日

右之誓詞人に存寄を以指出に付、文言品々相替候得共、大方は右弐通之文言之趣に而御座候

以上が騒動に直接参加した家臣たちが互いに誓紙を取り交わして結束した場合に提出した誓紙（起請文）の雛型である。家臣らたちはここで示された雛形（型）Ⓐまたは同Ⓑのいずれかを参考にしては、詳しいことはわからないが、また、いますぐには断定することは出来ないとしても、場合によっては最初は自分らが所属していた役職ごとに、まとまってはその趣旨に賛成である旨を連判状の形式で署名・捺印（血判）して提出したのではないかとも考えられるが、はっきりしない。また、かれらはその誓紙を永見やそれ以外のいわゆる為派に所属した重臣らにそれぞれ提出したのではないかとも考えられる。さらに、それぞれの家臣らが提出した誓紙の文面は、この雛型を参考にして書かれたと考えれば、基本的には同一の趣旨を盛り込んだものであったとも考えられる。同時に、その内容の骨子はいうまでもなく、これまでの小栗美作及びその一派らによる、これまでの政治姿勢を厳しく糾弾・批判する内容のものであった。

続く第二回目の誓紙はその冒頭に「騒動以後」との注記があり、恐らくは騒動直後に永見大蔵かれ個人の命で改めて再度、提出させたものではないかとも考えられる。しかし、ここでは正式の日時がはっきりしないが、その内容は以下の通りであった(27)。

騒動以後、大蔵為其身出せ候誓詞

起請文前書之事

一今度中将様（藩主光長）・三河守様御為、御家御長久奉願、大蔵殿迄一紙差出隋願仕候事

一自今以後中将様・三河守に弥無別心、忠義之志忘失仕間敷事
一雖為大蔵殿逆意之存念於有之者、即時申上、中将様・三河守様御下知次第可仕事
右於此儀偽者
年号月日

以上である。ここでも藩主及び藩主後継者である三河守にともに忠節を尽くすこと、次に「雖為大蔵殿逆意之存念於有之者」と、もしも大蔵自身にも少しでも逆意の行為がみられれば、直ちに藩主光長及び三河守綱国とにその事実を知らせては対処すべきだとあり、大蔵自身の必死の思いとその覚悟とを家臣らに直接、訴える内容になっていることが注目される。また、この誓紙は実録資料「北越噪乱記」上によると、「一人一枚ツツ致シ直シ」、または「早速各一枚ニ認直シサシ出シ候」ともあり、(28)この第二回目の誓紙の提出は連判の形式ではなく、一人一枚ずつにしては提出されたものと考えられる。

この最初の騒動に続いて三月一五・一六日頃には、江戸表における下(麻布)屋敷でも第二回目の騒動が起こり、この場合は、江戸留守居役の中根長左衛門がその中心になって美作反対派の家臣らから誓紙を集めては結束を固め、これを騒動後には国元の大蔵宛に送ったと伝えられている。しかし、ここでの誓紙の雛型及びそれを参考にして書かれたと考えられる誓紙そのものは残されていない。

以上のように、美作反対派の家臣らは互いに誓紙を提出しては結束を固め、第一回目の騒動、次に第二回目の騒動を起こしているのである。

(2)誓紙破り一件について

(A)江戸からの書簡の内容について

第一回目・第二回目の騒動に続いて国元で第三回目の騒動が起こることになった。ところがこの騒動の場合、計四回の騒動の中では最もその騒動の内容がわからない。流言飛(蜚)語のために起こったとか、その背後に美作による挑発があったとか、また、一部美作反対派家臣らによる誓紙破り一件がその発端になったとか、いろいろといわれているものの、はっきりしない。いずれにしてもその期日は四月または同一八日ごろとも伝えられているので、この時点で美作反対派の家臣らが武装しては城下に集まったことは事実であったと考えられる。そこでその騒動での直接の原因となった江戸表の重臣らから国元の重臣らに送られた書簡の内容がまずは注目される。現在のところ、いわゆる誓紙破り一件の発端になったとも考えられる書簡の内容をまずは紹介すると、以下の通りである。

なお、前以て江戸表における公儀の今回の騒動に対する受け止め方は、また、越後守や渡辺大隅守・松平上野介らの騒動収拾にあたる当事者らの騒動に対する対応は、国元において騒動を起こした永見大蔵・荻田主馬らの美作反対派らの家臣らの思惑と期待とは全く異なるものであったことがまずは注目される。相次ぐ騒動に対する公儀の意向は、既に江戸から国元に帰った使者や、江戸居住の重臣たちからも既に国元の個々の家臣らには伝えられていたものと考えられるが、以下、紹介する江戸の藩重臣らから国元の重臣ら宛に送られた書簡の内容にみられるように、国元や江戸表における美作反対派家臣らの思惑とは全く異なって、極めて厳しい内容のものであった。この書簡の美作反対派に与えた影響は極めて大きく、現在、残されている美作反対派を肯定し、かれらを支持・肯定する立場で叙述されているいわゆる実録資料「越後騒動記」などの多くには、この書簡の内容だけはそのままその全文が引用・収録されている程である。では、その内容とは、どういったものであったのであろうか、なお以下、ここで紹介する書簡には、その日時は四月とあるだけである。しかし、他の類似の資料には、四月一八日ともあり、四月一八日といえば、国元において第三回目の騒動が起こった同じ日である。また、その内容とは、江戸居住の多賀谷内記・小栗右衛門・荻田主馬・片山主水の四人の重臣らから国元における林内蔵助・片山外記両人宛に出されたものであった。その内容とは、以下の通りであった(29)。

一筆申入候
一今十八日御父子様、上野介様・渡辺大隅守殿御列座にて被仰渡候趣
一三河守様江片山主水当分御守被仰付、且御国之御仕置等も可致之旨、御老中御内意にて被仰付候、先主水儀御請仕候
一大蔵殿儀先達て被仰出候通、御仕置に御構之儀御無用之事
一大蔵殿御連枝之事候間、心底に存念有之候共、礼儀勤御出入如前之可致事
一美作事隠居就被仰付、只今迄出入候家中之面々憤相止、出入可申事
一美作儀逼塞不申、中将様・三河守様え窺御機嫌之儀遠慮有之間敷事、尤御目見等にも罷出可然との御事
一美作一家逼塞之體不宜被思召、騒動以後不致出仕、且御発駕之砌道中え以飛脚御機嫌不相窺候儀、何と哉覧事を構罷有候様に御老中被思召、中将様にも甚以不宜被思召候、尤只今迄遠慮之儀も可有之候得共、自今以後、左様之心底無之様に可致事
一雙方ケ様に被仰出候上者、彌御為存相慎可申候、以後、騒候儀於有之者、逆意と被思召事
一此上騒候儀、彌以在之間敷候へ共、猶更相慎可申候、若左様之儀於有之は、唯今迄御為と申上候儀、偽罷成候様被思召候事

一萬事御仕置家老共に被仰付、従脇々如何様之儀申上候共、家老共と御相談之上被仰付可然候事
一御家中之面々誰に不限、縦ば御為と云共大勢御下知背、又者仕方悪敷候者、公儀え被得御内意急度可被仰付事
右之趣御老中之内え被得御内意被仰渡之間、此旨大蔵殿・美作并一家・大将分・大名分頭分え微細可申渡と之御意候、尤此書状不残可為致被見之仰候、且又御仕置利儀者追而可被仰出之間、左様可被相心得候、恐惶謹言

四月

多賀谷内記
小栗右衛門
荻田主馬
片山主水

林内蔵介殿
片山外記殿

以上が書簡の全文である。まずはここで示された内容が、また、その趣旨が、藩主光長及びかれの後継者でもある三河守の親子、そして、一門である松平上野介、幕府大目付渡辺大隅守らと一緒の場で決定された内容である旨を最初にまずは伝えた上で、今回、三河守付の家老または守役には片山主水を新しく任命しては兼務させること、これは公儀老中らの内意をも踏まえた上での措置(人事)であること、また、本人もそれを既に了承している旨が告げられている。次に、騒動の中心人物であった永見大蔵については、今後は、かれが藩政に直接関与することは禁止すること、また、かれは藩主の親族(連枝、藩主光長の異母弟)なので、内心何らかの思いがあっても、礼儀勤めはこれまで通りに必ず果たすこと、他方、小栗美作に対しては、かれは騒動における責任を取って既に隠居しているが、美作に対して批判的な家臣らは、今後はその怒りを抑えてかれと接すること、また、美作本人に対しては、

かれは逼塞・隠居したとはいっても藩主父子への御機嫌伺いなどには遠慮なく出仕すること、さらには、藩主一族の送迎などにもこれまで通りに出仕することが命ぜられている。同時に、互いに対立する大蔵方と美作方の双方に対しては強く和解を命じた上は、これからは双方の者たちがそれぞれ自重し、互いに和解に努力すべきことが強く命ぜられているのである。あるいは、藩政の仕置きは既に家老らに任せているので、脇からとかく意見を述べることは控え、互いによく相談しては藩政の運営にあたることが指示されているのである。

なお、最後に「且又仕置之儀」は追って命ずるといった文面がある。この仕置きといった言葉の意味には、藩政の在り方如何といった意味と、処分といった意味とがともに含まれているかともまた考えられるが、もしも処分だと考えれば、国元及び江戸表での騒動関係者らに対しては、一方では和解を強く勧告すると同時に、他方では同時に、騒動を起こし、広く世間を騒がせた以上は、何らかの処罰や、責任の追及がまた必要である旨が既に考えられていたことをも示すものとして注目されるのではないかとも考えられる。しかし、これだけの表現だけでは、その処分の在り方如何についての詳しい内容までは全くわからない。同時に、それを伝えた重臣らの中には、既に出府していた騒動当事者の一人でもあった荻田主馬かれ自身の名前があることもまた見逃せないかとも考えられる。

いずれにしても、騒動での中心的役割を果たした永見大蔵には連枝(藩主一族)を理由に藩政に直接関与することが禁止され、他方、騒動のために既に隠居に追い込まれていた美作に対しては、それからの一部分の制約を解除する旨とが指示されるなど、この書簡の内容はどちらかといえば、騒動を起こした永見大蔵らに対しては厳しく、美作らにとってはやはり歓迎されるべき内容のものではなかったかとも考えられる。

以上、紹介したように、今回の騒動に対する公儀の意向は、騒動を起こした大蔵・主馬らの行為には批判的であった。かれらが互いに誓紙を取り交わしては結束を固め、徒党を組んで騒動を起こしたとすれば、それは当時にあっては当然のことであったと考えられる。果たしてその認識と自覚とが美作反対派の家臣らにどの程度、あったのか、なかったのか、この辺の事情はよくわからない。いずれにしても、大蔵・主馬らに代表される美作反対派は、これを機会に今度は自分らが徒党の罪で厳しく批判されることになったものと考えられる。また、逆に美作一派は、これを機会に自己の勢力の挽回をもねらう可能性が出たものとも考えられる。とすれば、それ以降も両者による対立・抗争はなおも続くことになったものと考えられる。

(B)誓紙破り一件について

江戸へ派遣された使者や江戸在府の家臣らからも幕閣における騒動に対する厳しい意見や批判が強いことが伝えられた結果、なかでも以上、紹介したように、四月になってから在府の藩重臣らから国元の重臣らに送られた書簡の内容が、大蔵及び荻田主馬らに率いられた美作反対派の家臣らに与えた影響は極めて大きいものがあったと考えられる。また、その結果、誓紙を提出した美作反対派の家臣らの中では大きな動揺が起こることになったものと考えられる。しかも、その動揺の中から一部の家臣ら(恐らくは二〇人前後か)が、誓紙の預け先である大蔵や同派の重臣らの許を訪ねては、一旦、提出した誓紙を取り戻し、それを破棄するといったいわゆる誓紙破り一件が発生することになった。かれらは自分らが提出した誓紙が藩主の命で提出されたものではなく、大蔵個人の命であったことを理由に、一旦は提出したその誓紙を取り戻しては破棄しているのである。たとえは、家臣らの一人であった能勢庄左衛門の場合は「大蔵殿御為宜儀思召立有之由及承、私儀も誓紙差上候、雖然殿様不被仰付候処、両度之誓紙差出候儀、御為不宜、且徒党之様に存候故、後悔仕、右之誓紙相破申候」といった理由で、一旦、提出した誓紙を取り戻し、それを破棄し、反省し、また後悔もしているのである(30)。

しかし、このかれらの行為は、ともに一緒に誓紙を提出した美作反対派の仲間たちからみると、それは自分らに対する裏切り行為であった。したがって、かれらは当然のことながらこれを機会に、かつての同志たちからの厳しい批判にさらされることになったものと考えられる。事実、残された実録資料「越後騒動記」などをみると、かれらはこれを機会にかつての仲間たちから厳しく批判され、迫害されることになった。このために当時は「其後判破と申事はやり申、無言と申事はやり申候、其後医者どめと申事御座候而、判不仕候方へは医者も不参候」[31]と、美作批判派の迫害によって病気になっても医者からの診察が拒否される有り様であったとも伝えられている。かえってこの誓紙破り一件は、家臣ら相互間における対立を鎮静化させるどころか、逆に対立の火種を新しく持ち込むことになったものとも考えられる。

同時に、この誓紙破り一件の発生は、また、それを騒動だと考えれば、四月一八日に起こったといわれる騒動は、この誓紙破り一件そのものをもともに含むものであったともまた考えられる。

ところで、既刊の「高田市史」や実録資料「越後騒動記」の世界では、騒動が起こると片山外記・渡辺九十郎の両人らを江戸表に派遣しては、騒動の内容を公儀に報告させることにした。これを聞いた大老酒井雅楽頭や大目付渡辺大隅守・一門松平大和守らは協議し、騒動を起こした両政治勢力が今後は互いに和解に協力すること、また、事態を穏便に収拾することを強く命じ、その趣旨を述べた覚書を携えてかれらは帰国した。ところが、美作反対派の小野里庄助らは、この覚書は美作の腹心の一人であった鰕原《えびはら》孫助に美作が書かせた偽書だと宣伝し、その結果、この流言が原因となって「四月一八日より騒動を重ぬるに至れり」[32]と、それが騒動にまでまた発展することになったのだともいわれている。果たしてこの覚書が書簡と同じ内容のものであったのか、どうか、いずれにしても、この覚書の内容が美作反対派らに与えた影響もまた極めて大きいものがあったとも考えられる。だから美作反対派は城下に集まってはそれがそのまま騒動にまでも発展することになったのではないかともまた考えられる。

他方、美作派にとっては、反対する一派の起こした騒動がこの覚書の内容によると、徒党の罪にあたるとすれば、それは美作派にとっては何よりも有利な証拠になったものと考えられる。だからこれを領内に出来るだけ広く紹介することにしたのではないかとも考えられる。それが現在、たとえば、旧高田藩領では藩境に位置し、僻地でもある福島県との県境に位置する入広瀬村の古文書の中にもこの書簡の内容が記録され、現在にまでも伝えられることになったのではないかとも考えられるのである。

いずれにしても、第一回目・第二回目の騒動に続いて起こった四月一八日頃の騒動の内容は、美作の挑発によって起こったとも、また、誓紙破り一件から起こったとも、さらには、美作反対派か江戸から到来した覚書が偽書だとして騒いだことから騒動になったともいわれ、そこでの原因はいろいろといわれてはいるものの、はっきりしない。恐らくはこういった流言蜚語が直接の契機になって騒動にまで発展したのではないかとも考えられる。

なお当時は美作反対派の家臣らは自分らの立場を有利にするために、選ばれた有志たちがいわゆる実録資料「越後騒動記」などを執筆しては各地にそれを配布した事実が注目される。その意味では両者による情報合戦もまた激しいものがあったのではないかとも考えられる(33)。

なお、この騒動から五カ月余り後の九月末には、後述するように、藩執行部から新しい人事案が発表され、これに不満であった美作反対派の家臣らが江戸及び国元で反対しては騒いだ第四回目の騒動が起こることになった。

【注】

(1)「天和聚訟記」(近世史料叢書「列侯深秘録全」歴史図書社刊所収)九七頁、以下、同書は省略して「天和」とする。

(2)残されたいわゆる実録資料の多くは、また、小稿で主に利用する「大和守日記」(「日本庶民文化史料集成」芸能記録編第12巻所収)と「天和聚訟記」とを除く他の資料の多くは、現在のところその殆どが美作批判の立場から、また、永見大蔵・荻田主馬らの行動をむしろ肯定する立場から、叙述されているかと考えられる。こういった立場から城下で起こった第一回目の騒動についてみてみると、美作が正月早々に自己の家臣らを集めては資金を配分することにした。ところが、これが美作一派が城下から退散または出府するといった噂になって広がり、そこでの美作らの動きに反対するために美作反対派の家臣らが結束し、急遽、武装して城下に集まり、その結果、騒動にまでも発展することになったのだと説明されている。しかし、美作にいわせると「越後守蔵に預置候金子、正月蔵開も無之已前、正月六日金子請取候事、越後守其年参覲にて御座候に付、私供に召連可申由被申候故其用意、其上私儀は常家来に五年三年に一度宛、正月切米為取申候事故、正月早々蔵より金子請取候事」（「天和」巻之三の一四八頁）ともあり、この正月早々の家臣らに対する手当の支給は、以前からも三年または五年ごとに実施されていたのだとある。もちろん、真偽の程は不明だとしても、ここでの美作反対派らに対する実録資料の中での説明は、自分らの起こした騒動をやはり正当化するために、あえて書かれたのではないかといった思いが強いかとも考えられる。いずれにしても、残された多くの美作批判の叙述の中から美作を、また、越後騒動の実像を、探るといった作業は大変、難しいものがあるかとも考えられる。

（3）なお、動員された人数は、たとえば、「天和」巻の三の一四八頁では八三〇人とか、あるいは、「同」巻の四の一七六頁では八七〇人ともある。また、他の実録資料では三五〇人とも、一五〇〇人ともある。あるいは、他の残された実録資料では、美作方は一三五人ともある。

（4）「天和」巻の三の一七四頁。

（5）「天和」巻の四の一八一頁。

（6）・（7）・（8）・（9）は、いずれも「松平大和守日記」五〇八頁参照。以下、この資料は「日記」と呼ぶ。

（10）・（11）・（12）・（13）は、いずれも「日記」五〇九頁参照。

（14）「天和」巻の三の一五五頁。

（15）・同（16）は、「日記」五一〇頁参照。

（17）「天和」巻之一の一一四頁。

（18）「天和」巻之三の一四六頁。

（19）「天和」巻之四の一七六頁。

（20）「天和」巻之三の一六九頁。

（21）「日記」五一九頁。

(22)・同(23)・同(24)・同(25)は、いずれも「日記」五三五頁から五三六頁まで参照。
(26)・(27)は「天和」巻の一の九九頁。
(28)「北越噪乱記」(国立公文書館内閣文庫所蔵)。
(29)「天和」巻の一の一〇一から一〇二頁。この資料は他にもいくつか残されている。
(30)「天和」巻之一の一〇〇頁。
(31)「天和」巻之三の一六四頁。
(32)「高田市史」八〇頁。
(33)「入広瀬村の近世」第2編近世六四頁以下参照。

第3節　騒動の収拾・和解を目指して

第1項　騒動の収拾・和解を直接担った人々

国元で第一回目の騒動が起こると、騒動の内容は直ちに江戸に派遣された家臣らによって公儀に、また、藩主後継者でもあった三河守や一門の大名らにもそれぞれ伝えられることになった。当時、公儀は大老酒井雅楽頭忠清を中心とした政権であったが、これを聞いて雅楽頭らは、騒動を起こした越後高田藩が幕府創業者であった徳川家康の次男であった松平秀康を開祖とする由緒ある家柄でもあり、御三家に次ぐ名門(四家)でもあったことから、この騒動を聞いて大きな衝撃を受けたものと考えられる。また、かれは直ちに騒動の早期解決を目指したものと考えられる。また、かれはそのために腹心であった大目付渡辺大隅守綱貞と出府中でもあった一門の大名であった松平上野介（松江広瀬藩主）の両人に直接騒動の収拾・和解にあたらせることにした。両人は当初、それへの就任にともに躊躇したとも伝えられているが、(1)雅楽頭の強い要請もあってその任務を引き受けることになった。また、上野介がその年の参勤が終わって帰国すると、今度はかれに代わって同じ一門の大名である松平大和守直矩（姫路藩主）が参勤のために出府し、かれが上野介に代わって騒動の収拾を引き継ぐことになった。かれはその任務を引き継ぐにあたっては、これまで通りの渡辺大隅守の協力をその条件として強く挙げている事実を考えると、(2)当時、渡辺と雅楽頭との関係は極めて密接なものがあったと考えられる

同時に、三月には高田藩主であった越後守自身が参勤のために出府し、いうまでもなくかれは騒動における当事者でもあり、かれにさらに江戸表における後継者でもあった三河守綱国をも加えた形での騒動収拾のための関係者らが一応、出揃ったものと考えられる。あるいは、同じ一門ではあり、藩主越後守の親族（娘婿）でもある伊達遠江守（宇和島藩主）夫婦が、側面からかれらに協力する体制が整えられたものと考えられる。

なお、国元における騒動に対する収拾・和解のための体制如何については、現在のところ国元にはこれといった関係資料の存在は確認されておらず、全くといってよい程、そこでの状況如何はわからない。また、重臣らが参勤した藩主に代わって藩政を担うとはいっても、そこでの中心であった七人の侍・与力大将らそれ自体が真っ二つに分裂し、しかも、中立派は片山主水一人だけだとあっては、そこでの騒動収拾のための体制を組むことそれ自体が既に不可能に近い状況下におかれていたのではないかとも考えられる。

たとえば、この年が藩主越後守が参勤ではなく、在国していたと考えても、藩の執行部それ自体が真っ二つに分裂していたと考えれば、また、既に指摘したように、藩主光長による家臣団に対する一元的な支配体制の確立そのものが、この藩にあっては大幅に遅れていたとあっては、そこでの収拾には早くから限界があったのではないかと

も考えられる。その意味では騒動の収拾と和解には、江戸表における大老酒井雅楽頭自身が終始関係せざるを得なかったものと考えられる。また、これらに加えて藩主松平光長自身が、後述もするように、他人の意見にすぐに同調しては自分の意見を変えるなど[3]、そこでの主体性に著しく欠ける人物だとあっては、国元における騒動の収拾・和解には程遠いものがあったとも考えられる。

いずれにせよ、各藩で騒動が起こった場合、その藩における自浄能力に余り期待が出来ないと考えれば、それに代わって第三者としての騒動の処理にあたる、そこに当時における公儀権力の存在理由のひとつがあったと考えれば、そこでの騒動の処理が江戸表において、また、大老酒井雅楽頭らによって、さらには、酒井の意向を強く受けた特定の人物、たとえば、大目付渡辺大隅守や一門の大名らによって実施されることは、至極当然のなりゆきではなかったかとも考えられる。

第2項　誓紙の再提出について

(1)再度、誓紙の提出について

美作反対派の家臣らによる互いに誓紙を取り交わしては結束を固め、互いに団結して起こした騒動は、騒動後に江戸から届いた一通の書簡によって、団結をさらに固めるどころか、美作反対派の内部における分裂を招き、それによって藩政は安定するどころか、むしろ逆に混乱の度合いをさらに深めることになったのではないかとも考えられる。

とすれば、改めて両政治勢力の対立を解消するためには、また、対立する両政治勢力を和解させるためには、何らかの方法が、また、両政治的勢力を和解させるための手段が、急遽、模索されたものと考えられる。そして、その末に考え出された手段のひとつが改めてその所属する党派の如何を越えて、全体の家臣らに対する再度の誓紙の提出ではなかったかと考えとも考えられる。騒動当初は、美作反対派によってかれらの結束を、また、かれらによる決起を固めるための手段のひとつとして実施されていたはずの誓紙の提出が、今度は互いに対立する両政治勢力をもともに含めて和解させるための手段として新しく実施されることになったものと考えられる。互いに対立する両政治勢力を抱えてなおも藩の存続と再生とを目指すとすれば、対立するどちらか一方の政治勢力を排除・処罰することは、また、それによって事態の収拾を目指すためには、その対象とする家臣らの人数が余りにも多く、また、たとえそれを断行したとしても、その後に再び対立・抗争の激化が予想されるとあっては、それの実施は到底、不可能であったものと考えられる。限られた短い期間の中で、激しく対立する双方を、一刻も早く和解させるための手段の選択は、それも公儀によって武力行使がきびしく禁止されているその中での方法は、極めて限られたものにならざるを得なかったものと考えられる。そして、そこでの方法が対立する両政治勢力をともに含めた誓紙の再提出であったと考えられるのである。

しかし、これの実施が何時頃から準備され、実施に移されるようになったのかについては、四月半ばには誓紙破り一件が起こったこともあって事態が混乱し、その実施は容易なことではなかったものと考えられる。誓紙破り一件以後、その正確な時期は不明であるが、江戸から重臣らの一人であった多賀谷内記が国元に帰り、藩内における家臣ら全員に改めて和解するための誓紙の再提出を命じたとも伝えられている。以下、実録資料「北越噪乱記」上によってこの間の事情をみてみると(4)、家臣らの中で、特に、美作反対派の家臣らは、自分たちは既にこれまでに二回にわたって誓紙を永見大蔵宛に提出しており、何故、また続いて第三回目の新しい誓紙を改めて提出しなければならないのか、といった強い反発の声があがったと伝えられている。また、その反対の声が余りにも強いために、多賀谷内記自身が立ち往生し、かれは病気を理由にそれの提出の延長を、また、それの留保をも、一時は検討せざるを得なくなったとも伝えられている。また、かれに代わって多田番(伴)右衛門が早速、事情説明のために出府したとも伝えられている。

この場合、家臣らに対して改めて誓紙の再提出が呼びかけられているが、そのためには既に提出すべき誓紙の雛型が同時に用意され、伝えられていたものと考えられる。また、その正確な日時は不明だとしても、その雛型の一部が現在もまた残されている。この雛型が最初にそれの提出を求めた多賀谷内記自身が持参したものかどうかまでは不明であるが、そこでその内容をみてみると、そこでの雛型は、当時における家臣団全体の在り方如何を反映して、(1)「家老面々、尤人持《与力持ち》之分」、(2)「番頭・物頭・其類之寄合い」、(3)「一等組中組外扶持取面々不残如件」、そして(4)「与力足軽之誓紙同之、一組切れ判」と、家臣団全体が四部門に分けられ、それぞれの部門にそれぞれ所属した家臣ら全員を対象にして、和解の督促を促す誓紙の再提出とが求められているのである。しかも、それにはさらに(5)「村々名主等」として、村々の名主たちまでもがそれに含まれ、いわば支配組織全体を全て動員した規模の大きい誓紙再提出の働きかけが命ぜられていることが注目されるのである。

本来であれば、それぞれの部門ごとにそこで提出すべき誓紙の雛型全文の内容をここでは紹介しなければならないが、それは省略するとして、最初にある「右者家老面々、尤人持之分」と、次の「番頭・物頭其類之寄合い」に所属したそれぞれの家臣らに対する誓紙雛型と、村々の名主たちに対する誓紙の提出に関するもののみを紹介すると、まず家老らの有力重臣らに対するものは、以下のような内容のものであった。(5)

一統之誓紙案文　　誓紙前書之事

一前後両度之御書出相守、弥両殿様御為第一奉存、御後闇儀聊以仕間敷候、勿論奉対御為、諸傍輩與以悪心申合一

味仕間敷事

一相役與中悪敷不仕、御為第一奉存、諸事致相談之時私を不立、多分に付沙汰可仕候、勿論相極候儀を影にて何角申間敷事

一諸役人書出僉議之時、此度出入之好之方、又者雖為中悪者、無贔屓偏頗有體落着可仕事

罰文

年號月日

これによると、藩主から特に与力を与えられている侍・与力大将らに対しては、これまでの提出された前後二回の誓紙提出の経緯をも踏まえて、何事も両殿様（藩主光長・三河守綱国）への奉公第一を心掛け、後悔するようなことや、仲間らと組んでは悪事を試みるようなことはあってはならないこと、また、同僚や仲間らとも殿様第一を心掛け、それに違反するようなことはあってはならないこと、あるいは、何事に対処する場合も、いわゆる公明正大に対処すべきことなどを互いに申し合わせている。本来であれば、家臣らに誓紙の提出を命ずる場合、まずは家老らが藩主の意向を受け止めて、家臣らに対して誓紙の提出を命ずる場合が多いかとも考えられる。しかし、この藩にあっては、既に指摘したように、侍・与力大将及び家老らの藩政に占める地位とその発言権とが極めて大きく、しかも、そのかれら自身による相互間における意見の対立・抗争とが余りにも激しいとあっては、まずはかれら自らが個々人ごとに、それぞれが誓紙の提出を実施せざるを得なかったものと考えられる。

以下の番頭・物頭らからはじまって各組ごとに所属した給人や切米・扶持米取りの家臣らに、さらには与力・足軽たちにも、両殿様第一に奉公すべきことが求められているのである。次に、軍事力の中核であった各大番組の統率者であった番頭らと、鉄砲・槍・弓などの武器で武装された各軍隊の各統率者らであった物頭らから提出される

誓紙雛型を紹介すると、以下のようになっている。(6)

誓紙前書之事

一今度御家中出入に付、松平上野介様・渡辺大隅守殿、雙方え御異見、一先無事罷成候処、不義成存念有之付被仰渡候趣承、何も奉誤候間、此上者何様之被仰出にても違背仕間敷候、尤存念不相達者も違背之儀右同前事

一前後両度之御書出相守、彌両殿様御為第一奉存、御後闇儀聊以仕間敷候、勿論諸傍輩與奉対御為以悪心申合一味仕間敷事

一番頭諸物頭相談之時、私を不立多分に付沙汰可仕候、勿論御役人書出、又は何に而も御用被仰付候節、此度之憒を不出無依怙贔屓善悪之儀有體可申上候、又々風説有之候者承届、家老中屁相達騒動仕間敷事

罰文(以下、省略)

ここでもその内容の骨子のみをみると、藩主の命に絶対服従すること、徒党を組まないこと、仲間らとの相談にあたっては我意を抑え、御用専一に努めること、風説に惑わされず、騒動を起こすようなことは絶対に慎むことなどが命ぜられている。

なお、この誓紙の提出が特に村々の名主たちにまでもが求められているが、この場合の誓紙の内容は、以下のような内容であった。(7)

起請文前書之事

一度々騒動之儀、百姓共迄承候風説之儀御座候共、御郡奉行様方へより無御下知候はば騒動申間敷候、若風説申来

者於有之者、其者之在所承届、御郡奉行迄急度可申上候事

罰文

右者村々名主等（以下、省略）

これによると、村々の名主たちへは、度々家臣らによる騒動が起こっている事実そのものを率直に通達し、また、その事実をも指摘した上で、郡奉行の指示がない限りは、村々で騒動を起こすようなことはあってはならないと命じている。また、騒動の風説を聞いた場合は、早速、郡奉行へ届け出ることが義務づけられている。その意味では、農民らが騒動に直接参加するその可能性をもまた踏まえた上でのそれの禁止令が出されていることが注目される。以上、ここでは藩首脳部及び軍事責任者らと村々名主らの場合にのみ限定しては誓紙の具体的な内容を例示したが、他の誓紙の内容をも含めて、そこでは一貫して家臣らや村々の名主らまでもが藩主に絶対服従することが強く求められているのである。

（2）再度、誓紙提出の督促について

既に指摘したように、家中相互間における対立・抗争がなかなか収拾されないために、家老多賀谷内記が帰国して家臣らに対して誓紙の再提出を命じたものの、家中の、特に美作反対派に属した家臣らの誓紙再提出に対する反発は強く、このためにかれは帰国はしたものの、立ち往生を余儀なくされてしまった。このために大和守の「日記」によると、五月中旬頃には江戸留守居役でもあり、江戸表における第二回目の騒動での首謀者でもあった中根長左衛門と小野里庄助、それに出府中であった多田番右衛門の三人とが国元に帰って家臣らに誓紙の再提出を呼びかけている。(8) また、実録資料「飯山記」などでは六月下旬頃には渡辺九十郎・戸田内膳らの両人がさらに国元に

帰っては家臣ら一同に誓紙の再提出を呼びかけている。既に指摘したように、四月一八日頃の国元における三回目の騒動以降、九月末の江戸表及び国元における美作反対派らによる藩執行部発表の人事案に反対するまでの五カ月余りの期間は、恐らくは藩を挙げての誓紙の再提出がすすめられていたものと考えられる。この間、たとえば、騒動収拾にあたる松平大和守の日記によると、江戸から第二回目の騒動の首謀者であった中根長左衛門らが国元に帰って家臣らに、特に、美作反対派のかつての同志らに誓紙の再提出を呼びかけ、そのこともあって誓紙の提出が具体化し、これを聞いた大老酒井雅楽頭が一時は大変、喜んだといった記述もみられる(9)。

しかし、ここでの誓紙再提出による騒動に対する収拾・和解への努力は、九月末の江戸及び国元における騒動、特に新執行部案の発表によって大きな転換期を迎えざるを得なくなったものと考えられる。同時に、誓紙の再提出が思うようにはすすまなかったその最大の原因は、誓紙の再提出が美作反対派の家臣ら一人一人に、あくまでもこれまで通りに美作らに反対するのか、妥協しては仲良くするのかを問ういわゆる「踏み絵」の役割をも果たすものだとあっては、特に美作反対派の家臣ら、その中でもそこでの強硬論者らにとっては、簡単にすぐに結論が出せるような状況にはなかったものと考えられる。とすれば、美作反対派の家臣らは、特にその中での強硬論者たちは、これまで通りの態度を、また、これまで通りの沈黙を、なおも持続するしか他に方法はなかったのではないかともまた考えられる。

ところで、九月頃になると、国元における家臣ら、特に美作反対派らを取り巻く空気はより厳しくなったものと考えられる。たとえば、美作反対派の中心人物であった永見大蔵らが江戸に呼ばれ、また、かれらに加えてやはり美作反対派の重臣であった岡嶋壱岐や、美作一族の本多監物らもまた江戸に呼ばれている。もちろん、美作反対派の重臣らが次々に江戸に呼ばれたその理由は、かれらを直接江戸に呼び、藩主自身の騒動収拾に対する強い願いを、また、その背後にあって藩主越後守光長らを援助している大老酒井雅楽頭らによる幕閣首脳部らの騒動収拾に対する強い思いをも直接、かれらに伝えることによって、かれらからもまた誓紙を再提出させるところにそのねらいがあったものと考えられる。その意味でもこの時期における国元からの重臣らの出府は、それ自体が強い政治的意図を持ったものであったと考えられる。

同時に、荻田主馬がこれを機会にこれまでの仕置役または大家老の地位を離れ、九月下旬頃になると、既にその一端を紹介し、さらに加えて再度、後述もするように、荻田主馬に代わって岡嶋壱岐が、また、美作派の小栗右衛門らに代わって本多監物らが新しく仕置役、大家老に選出されることになった。また、これと前後してはかねてからその去就が注目されていた三河守付きの家老であった安藤九郎右衛門が正式に更迭を命ぜられて取り敢えずは別の屋敷に移るとあっては、あるいは、騒動の当事者でもあった中根長左衛門らの処分如何が論議されるなど、これらの一連の動きは、美作反対派の家臣らにとっては、当然のこととしてそれらを放置・黙認することは到底、出来ないものであったと考えられる。

この新人事が発表されると、既に前節における相次ぐ騒動での具体的な事例のその中でも既に紹介を試みたように、かれらは永見の居住する江戸屋敷に詰め掛け、抵抗の意志表示を試み、また、国元においてもかれらの動向如何が、また、そこでの治安の維持如何が心配され、特に大目付渡辺大隅守はここでの反対派の動きが拡大されることを恐れ、急遽、美作反対派の重臣らの帰国を要請せざるを得ない状況となった。ここでの江戸及び国元における美作反対派家臣らによる集結と抵抗とを、騒動として理解すべきか、どうかについてはいろいろな意見が考えられるにしても、小稿では既に紹介したように、ここでの騒動が後述するように、第一次処分の実施とも深い関係にあることもあってあえてこれをも騒動の一環として理解することにした。

ところで、江戸及び国元において騒動が起こると、実録資料「飯山記」や同「越府記」・「御家一儀之節之事」などによると、それ以前における渡辺九十郎・戸田内膳両人らに続いて九月二二日・二三日の騒動直後には、九月二六日付けの特に大老酒井雅楽頭のいわゆる「内意三カ条」と大和守自身の直筆の書状とを持参して江戸表から磯文左衛門と館孫兵衛の両人とが国元に派遣されていることが注目される。では、かれらが特に持参した書類の内容とはどういったものであったのであろうか。ここでは「飯山記」によって雅楽頭の「内意三カ条」と大和守自身の直筆の内容とを紹介すると、まずは大老酒井からの「内意」三カ条の内容は、以下の通りであった(10)。

覚

一家中騒動尓今不相静沙汰仕候間、永見大蔵殿へ右之様子何茂被相尋事も難計候間、家中之面々出入無之御遠慮可然事

一荻田主馬儀、右騒動之分け(訳)被相尋事も可在之候間、先爰元ニ御留置可被成候事

一本多監物越州へ早々被差越、家中并百姓等ノ様子承届相達候様可被仰付事

九月二十五日

右者酒井雅楽頭殿御内意、松平大和守様御持参之書付如此ニ候、以上

ここでの大老酒井の内意三カ条が意味するものは、高田藩における家臣らによる騒動が現在に至るまでもなおも続いている現状に対応して、まずは取り敢えずは美作反対派の中心人物である永見大蔵と同派の家臣らとの出入りを禁止すること、次に、やはり永見大蔵とともに美作反対派の中心人物である荻田主馬に対しても、かれからもまた事情を聞くために、かれの身柄を江戸に留めておくことをも命ずるものであった。また同時に、国元における状況を調査・確認するために、出府していた本多監物を至急、国元に返しては、最近における家臣らの動向や領民らの状況如何をも調査・監察させることにしたというものであった。ここで特に注目されるのは、この時点で大老酒

井自身が、美作反対派の中心人物である永見大蔵・荻田主馬の両人をともに江戸表でその身柄を拘束することに踏み切ったことと、公儀執行部自身が、直接、越後騒動の収拾に直接関与することをも決意し、それを内外に示したことが注目されるかと考えられる。その意味では、この大老酒井による内意三カ条の意味するものは極めて重いものがあったと考えられる。事実、このかれの態度表明によって騒動の収拾は、これまでとは違って大きな転換期を迎えることになったものと考えられる。

また、大老酒井の内意三カ条とともに、家臣らに対して出された松平大和守自身の口上は、以下のような内容であった。(11)

一筆申入候、然者酒井雅楽頭殿御内意候御書付、松平大和守様御持参被成候、依之爰元に罷在候面々不残右書付ヲ以申渡候間、御国元エモ我等カタヨリ急度申遣静謐候様ニ可仕旨仰ニ候、此上静謐於無之者、御公儀御穿鑿在之処ニ相極候間、今度ノ儀ニ候条、何トソ静謐候様ニ何モ相談尤ニ被思召候、例之通右之書付為読聞、家中不残相達候様ニ頭分ハ支配方エモ急度可申渡候、恐惶謹言

九月廿六日

永見大蔵　(判)

松平大和守(判)

小栗　　掃部殿

本多七左衛門殿

渥美　久兵衛殿

林　　内蔵介殿

多賀谷　内記殿

片山　　外記殿

特にここでは、永見大蔵と松平大和守の両名の名前で「此上者静謐於無之者、従御公儀御穿鑿在之処ニ相極候間」と、騒動の収拾には公儀が直接、関与することになった旨が伝えられているのである。そして、そこでの混乱を避けるためにも、家臣たちが必ず和解のためにともに努力すべきことがともに強く命ぜられているのである。また、そうしなければ大変なことになると、家臣による対立・抗争を即刻、中断すべきことが命ぜられているのである。さらにその趣旨は、城下の対面所で大名分無役之面々から頭分以上、隠居・惣領に至るまでの家臣らが集められ、そこでその旨が直接に伝えられ、それ以外の者たちには各頭分からそれぞれその趣旨が伝達されることになっているのである。

一〇月に入ると、松平大和守の指示もあってこれまで誓紙の提出から漏れていた一部重臣（七人の侍・与力大将ら）が率いていた与力たち三〇〇騎余りらに対してもやはり誓紙の提出が命ぜられている。続いて正確な日時は各実録資料で異なるものの、一〇月一二日頃には摂津与市と横目役吉田庄左衛門の両人とがさらに国元に派遣されている。また、かれらが新しく持参した御老中御内意の覚書の骨子は、既にその存在を紹介した「越府記」によると、以下のような内容のものであった(12)。

覚

一美作奢并御養子之義風説ニ付而、誓詞両殿様奉対御為大蔵殿迄指上候義、不届とは不思召候、乍去其誓詞御取納一統之誓詞被仰付候間、家中無事ニ被成、互ニ出入可有之処ニ、誓詞ヲ背、物をも不申、不礼之輩多有之由、達御耳候、前方数通之書付誓詞ニ載候処、相背候事不届千万ニ思召候、定而左様之下知指引仕者も有之、右之通候哉、不審ニ思召候間、可申上候、此上者様子御覧候而、被成御穿鑿、急度被仰付ニ而可在之、江戸高田家中之面々為申

聞、誓詞を破り御下知ヲ背者於有之、急度可申上旨、被遊御意候間、左様ニ可被相心得者也

十月（二一日とも）

小栗右衛門
荻田　主馬
片山　主水
岡嶋　壱岐

これによると、江戸の重臣ら四人から国元における美作反対派の家臣らに対して、かつてかれらが二度にわたって互いに誓紙を取り交わして決起した、第一回目の城下高田における騒動も、また、続いてかれらが江戸においても誓紙を取り交わしては三河守付家老安藤九郎右衛門の更迭を求めた二回目の騒動も、不届きには思わないと、かれらのかつて行った行為に理解（容認）を示した上で、また、かれらに対して大幅に譲歩した上で、かれらに再度の誓紙の提出を求め、対立している美作派との和解が改めて強く勧告もされているのである。

ここでみられる騒動収拾へ向けての関係者らの必死の努力もあってか、また、摂津与市らの今回の勧告は、美作反対派には、一応は好意的に受け止められたものとも考えられ、そこでの反応をも踏まえて一〇月一八日には摂津与市らは、そこでの反応如何を早速、江戸表の関係者らに報告すべく国元を出発、なお、「飯山記」では国元を出発して両人らは途中の蕨《わらび》宿まで到着した。ところが、かれらの努力にもかかわらずに、皮肉にもかれらはそこで一〇月一九日に、江戸表において美作反対派の中心人物ら五人が、後述もするように、松平一門の各大名らにそれぞれ預けられることになったという第一次処分の結果を知らされることになったのである。(13)

この事実は、騒動収拾に直接、関与する姿勢を強めた大老酒井雅楽頭らの騒動収拾者たちが、一方では、これま

で通りに対立する双方の家臣に対してあくまでも強く和解することを強く勧告し、誓紙再提出の方法による騒動の収拾をあくまでも目指しながらも、他方では、既に対立・抗争を続けている双方の政治勢力の和解の難しさを、また、双方による自浄能力の限界をも強く認識させられたその結果、さらには、ここでの騒動の収拾が長引くことに対する取り巻く諸大名や多くの有識者らの批判の声がより拡大されつつあった現状をも踏まえて、あえて処分による局面の打開を目指したその結果が、後述する第一次処分の実施でもあったと考えられる。

(3)誓紙再提出の実態について—永見大蔵の場合を中心に—

以上のように、所属した党派の如何を問わずに家臣ら全員に対して誓紙の再提出が求められ、和解のための働きかけが実施に移されることになった。同時に、その目的を達成するためには、既に指摘したように、誓紙の再提出と同時に、騒動関係者らを直接江戸へ呼び寄せ、かれらに公儀の意向をも知らせて説得するのが一番の方策であったとも考えられる。事実、国元から主要な人物が相次いで江戸に呼ばれることになった。また、そこでは大老酒井雅楽頭らをはじめとした公儀執行部の積極的な援助・指導の許で和解が強く勧告されることになったものと考えられる。

ところが、国元における重臣らが江戸に呼ばれたその結果、既に紹介したように、一時は国元における治安の維持如何が心配される有り様であったとも伝えられている。たとえば、既に紹介したように、特に大目付として治安維持如何を最も心配した大目付渡辺大隅守は、国元における重臣らが少なくなったために、一時は本多監物や荻田主馬らを急遽、国元に返すことをも提案せざるを得なかったとも伝えられている。いうまでもなく、国元から重臣らや有力家臣らが江戸に呼ばれた最大の理由は、既に指摘したように、かれらからも直接和解に協力する旨の誓紙を提出させ、藩首脳部が一体となって騒動の収拾に努力することをも期待してのことであったと考えられる。また、一刻も早く騒動を収拾するための体制を固めるためでもあったとも考えられる。事実、永見大蔵や荻田主馬らの美作反対派の重臣らは、江戸に呼ばれて誓紙の再提出に自ら賛成し、誓紙を再提出しているのである。

ところが、そこで誓紙を提出し、結束を固めたはずの重臣らや有力家臣らが、特に美作反対派の家臣らが、果たして心から和解を願って結束することが出来たのかどうか、なおも問題が残されていたのではないかとも考えられる。以下、美作反対派を代表し、その中心人物でもあった永見大蔵個人の場合について、かれの考えを通して騒動収拾へ向けての動きを、また、その難しさをも少し考えてみることにしたいと思う。

現在、既に検討で利用している「天和聚訟記」には、江戸の永見大蔵自身から国元における同志たちに向けて出された一〇月一四日付けの「先年高田え遣候案紙」と、同じく一〇月一四日付けの「口上之覚」とがともに収録されている。この一〇月一四日とは、既に指摘したように、江戸から派遣された磯文左衛門・館孫兵衛の両人によって大老酒井雅楽頭の「内意三カ条」が伝えられ、騒動収拾に酒井自身が、また、公儀自身が、直接関与することをも伝えたそれ以降の時期にあたる。また、その内意の伝達によって騒動の収拾は新しい段階を迎えることになったが、その最中に永見大蔵自身によって国元の同志らに伝えられたものであった。ここでの永見大蔵から国元における同志たちへ伝えられたかれの意志表示は、その意味では、緊迫した状況下におけるかれ自身の騒動に対する考え方を、また、かれのいわゆる「本音・本心」とを端的に示すものとして見逃せないものがあるかと考えられる。これらはいずれもその宛先は、永見から国元における同志たち、特にその幹部たち、具体的には本多七左衛門・津田左門・多賀谷内記・岡田求馬・岡嶋治部・同将監らの美作反対派の幹部たち六人と藩政トップに位置づけられた大番組の各統率者ら、それに各種の武器によって編成された部隊の統率者である物頭たち及び総御物頭、続いて町奉行や諸奉行ら、そして、使番らのそれぞれの部署に所属していた美作反対派の各指導者たちであった。本来であれば、そこでの全文を紹介する必要があるかとも考えられるが、まずは「案紙」の一部のみを紹介すると、以下の通りである(14)。

「(前略)小野里勝(庄)介被帰候間令啓達候、先達而摂津与市・吉田庄左衛門被参候間、此元之様子可為演説候、度々如申越候、兎角此度相鎮不申候では前後不成事に候條、萬端抛来春御入国迄者御鎮候はでは不成事候、此一儀に付而最前公儀え御頼置被成上は、縦如何之儀被仰出候共、御違背被成道理無之と思召候、尤仰出共御心には不相叶儀も候得共、御自分様御仕置に成候へば思召入も可有之條、先此度総用静り申候へは、一入恩義と被思召候、ケ様に候へば兎角被致堪忍候事専一候、御為方存候者一人も不被捨置、且忠義と思食候へば、破候事不届に成可申候、不及申候得共、此度は是非御静り肝要候(後略)」と続く。

これによると、永見大蔵は国元における同志の者たちに対して、第一に、これまでの国元に派遣された家臣らからの報告を受け止めた上で、同志たちに対して静かにしているように、また、騒ぐようなことがないようにと、強く要請していることがまずは注目される。第二に、同志たちには、それは来春まで、藩主が参勤交代を終わって帰国するまでだと、特に期限を設けた上で、強く我慢することをも強く要請しているのである。そして、第三には、騒動の収拾に公儀自身が直接乗り出した以上は、いかなる処分案が出されても今回は堪忍に徹することをも、我慢することをも、強く命じているのである。そして、最後に第四には、「御自分様御仕置に成候へば」と、藩主越後守自身が参勤交代が終わって国元に帰国し、藩主自身による藩政が国元において再び開始されれば、藩主による思し召しも、また、そこでの美作反対派らに対する藩主の配慮も、また期待することが出来るのだといった理由で、同志の者たちには来春までは絶対に堪忍に徹することをも期限を切った上で強く命じているのである。

ここでは美作反対派の急先鋒でまたそこでの指導者でもあった永見大蔵自身も、江戸では自ら誓紙を提出していた。しかし、そこでの和解に一応は賛成はしていたにもかかわらず、かれの本心・本音はあくまでも期限付の賛成であり、また、かれはこのことをも国元における同志たちに告げた上で、来春まで、藩主が帰国するそれまではと、条件付での賛成を、和解に協力すべきことをも、特に強く命じているのである。藩主が帰国すれば、また必ずや再起の可能性があるのだと、かれらにもまた自分と同じように、当面はあくまでも期限付きでの賛成を強く求めていることが注目される。その意味では、その本音はあくまでも条件付きの賛成、表面的な賛成に過ぎないものであったと考えられる。とすれば、騒動はそれ以降もなおもやはり続かざるを得なかったものと考えられる。

また、続く「口上之覚」の内容もまた極めて興味深いものがあるかとも考えられる。やはりここでも騒動の収拾を公儀に任せた以上は、堪忍に徹することが強く命ぜられている。そして、続いて以下の文章が続く(15)。

「(前略)此度仰出違背候へば、春中よりの忠義無に罷成、中将様御心にもたがい甚不宜、国中御暇申上候はば、中将様御家立申間敷候、其せんは忠義を申上もの、以来とても御捨被遊間敷思召候、然ば各御暇申上立退候はば、中将様にも御国を被指上に而、千悔不返事に候、各御家つぶしには成間敷候哉、左候へば、不忠第一のもの罷成候、尤前々より存入無詮事成申候、是非御静り御堪忍専一候、又々此上不快成仰出有之共、来春御入国迄はひしと御だまり、御入国以後御なげき申上候はば、彌忠義に立可申候、上にも此御了簡御座候由候、不及申候へ共、御家つづき申儀は各之忠義より立候、此上に各御暇と候ては、各より御つぶしに罷成事と被存候(後略)」とある。

ここではもしも公儀による裁定が下り、それに堪忍することが出来ずに、家臣たちが暇を願っては藩を退去するようなことが起これば、また、家臣らによる脱藩騒動がもしも起こるようであれば、それは藩の滅亡にも発展しかねないのだといった強い警告が永見大蔵自身の口から語られている事実が特に注目される。そして、藩の存続如何は家臣らの忠義如何に、堪忍や我慢如何にかかっているその事実が強く指摘もされているのである。その意味では、永見大蔵個人が指摘する危機感を美作反対派の家臣らがともに共有することが出来るのかどうかに、騒動の当面した課題は絞り込まれていたものと考えられる。

ところが、後述するように、公儀自身による騒動の収拾では、永見大蔵自身が第一次処分によって処罰されることになったのである。この事実を果たして大蔵自身はこの段階で既に予想していたのであろうか、恐らくはこの時点ではかれにその認識は無かったのではないかとも考えられる。この事実は、かれの現状認識が一面では極めて甘いものであったことをも示すものとして注目される。しかし、かれの生い立ちや立場などをも考えると、また、ここではその詳細にまでは立ち入る余裕はないものの、かれの騒動の中で示された個々の行動如何を詳細に検討すれば、それはやはり当然のことではなかったかともまた考えられる。

ともあれ、現実は、永見個人の考えや思惑をも越えて既により大きな騒動に関する新しい動きが、永見大蔵自身らをも巻き込んで起こりつつあったのである。そして、かれ自身がそれに巻き込まれ、皮肉にも大蔵自身が既に予想もしたように、また、心配もしていたように、最悪の状況が、具体的にはかれが最も心配していたように、美作反対派家臣らによる脱藩騒動がやはり起こることにもまたなったのである。

ちなみに、また、後述もするように、騒動収拾を目指す酒井雅楽頭や渡辺大隅守・松平大和守らは、騒動の収拾にあたっては、事態が現状のままに推移すれば、参勤交代のために藩主越後守自身が来春に帰国すれば、再度、国元での騒動が起こることをも心配し、そのためにそれ以前に、何らかの処分がぜひとも必要だといった認識では既に一致していたものと考えられる。また、そのこともあって後述もするように、その背後では一〇月一九日における第一次処分の実施とそれの準備とが急がれていたのである。

第3項　騒動収拾当事者らの努力について

以上、既に紹介したように、当時、国元及び江戸表における藩執行部または重臣らにとっての最大の課題となったのは、最初は美作反対派の家臣らが自分らだけの結束を固めるために実施していた誓紙の提出を、今度は改めてその対象を家臣ら全員にまでも広げ、また、それに村々における名主らをもさらに含み込んで、支配組織そのものをも総動員した大規模な誓紙の提出が再度、実施されることになった。また、それらを通して相互に対立・抗争を続ける美作派と美作反対派との和解とが強く促されることになった。同時に、江戸表にあって騒動の収拾・和解に努力していた大目付渡辺大隅守や松平上野介・同松平大和守らにとっても、当時にあっては誓紙の再提出如何は最大の関心事であったものと考えられる。

しかし、大和守が残した「日記」によると、この誓紙提出にかれらが直接関係した記事は意外にも少なく、たとえば、誓紙提出を促すために、江戸から中根長左衛門や庄助（小野里）・伴右衛門（多田か）らの三人が国元に派遣されたといった記述がみられる程度にすぎない(16)。そして、かれらにとってむしろ当面した緊急の課題となっていたのは、江戸表における美作反対派の家臣らが起こした第二回目の騒動の原因となった三河守綱国付けの家老である安藤九郎右衛門の更迭要求に対して、どのように対処するのかが最初に直面した課題となったものと考えられる。

また、美作反対派の家臣たちが、公儀が定めた徒党禁止令に違反しては武装しては決起し、世間を驚かせたと考えれば、かれらの犯した罪は大きく、特に騒動を起こした指導的立場にあった家臣らは、何らかの形でその責任を取って謝罪すべき立場にあったものと考えられる。したがって、騒動収拾者に課せられた第二の課題は、安藤九郎右衛門の更迭問題とともに、騒動を起こした指導者らをどのような形で処分するのかも避けては通れない大きな課題になっていたものとも考えられる。

さらに加えて、騒動の続発によってこれまでの藩政を担ってきた藩執行部、この藩にあっては七人の侍・与力大将らを中心にした執行部体制そのものが美作派・美作反対派、そして、ごく少数ではあるものの、中立派とに分裂し、互いに対立・抗争を続けていたと考えれば、そこでの藩執行部それ自体の再建如何もまた当面した最重要課題にならざるを得なかったものと考えられる。しかし、かれらによる騒動の収拾は、後述もするように、失敗しては一〇月一九日の公儀による第一次処分の実施となったものと考えられる。とすれば、これまで検討を続けた家臣ら全員を対象にした誓紙の再提出とともに、次には江戸表にあって騒動収拾に必死に取り組んでいた責任者であった大目付渡辺大隅守や一門大名であった松平上野介・同大和守らによる騒動収拾のための努力の跡をもさらに続いて追ってみることがさらに必要ではないかと考えられる。

以下、第一には三河守付家老であった安藤九郎右衛門の更迭一件、次に第二には騒動首謀者らに対する責任追及の問題、第三には、藩新執行部の再建に対する取り組み如何とに分けて、その間における騒動収拾に対する関係者らによる努力の実態を追ってみることにしたいと思う。

(1)三河守の付家老安藤九郎右衛門更迭一件について

既にその内容を紹介したように、最初の一月九日に城下で起こった騒動に続いて、三月中旬には、江戸表で美作反対派の家臣らが互いに誓紙を取り交わし、結束を固めた上で、出府してきた藩主越後守に、後継者三河守綱国付きの家老である安藤九郎右衛門の更迭を求めて訴えるといった騒動が起こった。いうまでもなく安藤九郎右衛門は小栗美作の推薦によって三河守付の家老となっていたかれの腹心の一人でもあり、また、江戸表における美作派を代表する人物の一人でもあった。さらに、かれは城下高田で起こった最初の騒動の翌日に、美作の腹心であったがために反対派によって襲撃されることを恐れ、城下から欠け落ちして江戸に向かった家老安藤次左衛門の同族の一人(次左衛門の従兄弟か)でもあった。ここでの美作反対派による安藤九郎右衛門の更迭要求に対しては、もちろん、三河守は反対であった。その最大の理由は、いうまでもなくかれが藩主後継者になることが出来たのは、小栗美作の強い推薦があってのことであった。また、その小栗美作が推薦した付家老安藤九郎右衛門の存在とかれらの協力とがあってこそかれは藩主後継者としての地位を保証されていたものとも考えられる。だとすれば、その安藤を更迭するということは、これまで自分を支えてくれた美作及び美作派の家臣らを裏切ることにもなり、それは三河守にとっては到底、承服出来るものではなかったものと考えられる。

他方、藩主越後守としては、騒動が将軍の膝元である江戸表で起こったこともあって一刻も早く、この騒動は収拾されるべきものであったと考えられる。このためにかれは、むしろ美作反対派の要求に一応の理解を示すことによって、美作派と美作反対派との妥協と和解との道を至急、探らざるを得なかったものと考えられる。しかし、三河守があくまでも強く更迭に反対したために、両者の意見の違いはついには親子の対立にまでも発展することになったのである。

このために三河守に対しては、藩主光長の強い要請をうけた一門の大名らによる説得が度々行われ、なかでも一門大名の一人でもあった松平遠江守夫妻（伊予国宇和島藩主、妻は藩主光長の娘）らが説得にあたることになった。当時、三河守は一八歳前後かとも考えられ、血気盛んな青年であった。当初、かれは反抗的な態度をとり、異常な髪形をしては周囲の人々を驚かせ、また、腹心の家臣らを連れては物見遊山を繰り返すなど(17)、その行状が乱れたが、その後は関係者らの必死の努力もあって三河守が翻意して事態はやっと収拾されている。

その結果、まずは取り敢えずの措置として安藤に代わって家老片山主水が三河守の家老職をも兼務することになり、かれが安藤の部屋に移り、安藤はその脇の部屋へ、また、かれは住居を木挽町に移すことになった。巷間、伝えられているように、この収拾に直接関与した一人でもあった大和守は、三河守の扱い如何に苦労し、もしも三河守に代わるべき後継者が他におれば、すぐにでも三河守を寺入りさせたいとも語ったと伝えられている(18)。この両者の対立は、三河守が最後には説得を聞き入れることによって解消されてはいるが、一時は紛糾し、騒動の解決が容易ではないことをも内外に強く印象づけることになったものとも考えられる。

その後は、片山主水が病気を理由にその職を離れ、代わって三河守が推薦した林内蔵助が、また、これまではその態度が必ずしも明確ではなかったかとも考えられる野本右近が、曲折の末に林とともに家老職に就任した。しかし、三河守は一時は安藤九郎右衛門の更迭は、むしろこの両者が裏で密かに画策したその結果ではないかとも誤解し、暫くは両名の家老らの存在をも全く無視する態度であったとも伝えられている。あるいは、かれは美作反対派に対する中傷を老中宛にも密かに試みるなど、為政者としての資質に著しく欠ける人物であったともまた考えられる。

(2)騒動首謀者らに対する責任追及問題について

既に指摘もしたように、相次ぐ騒動を起こした指導者らが、当時、公儀が定めた徒党禁止令にいずれも違反し、騒動を起こしては多くの人々を驚かせ、秩序を乱したとすれば、かれらの責任もまた極めて大きいものがあったと考えられる。越後守をはじめとした騒動収拾者らにとっても、この問題の処理は、避けては通れないものであったと考えられる。ましてやこの騒動の推移如何に、また、そこでの処分の在り方如何に、多くの大名らや関係者らの関心と注目とが既に集まっていたと考えれば、それは無視することの出来ない大きな問題であったとも考えられる。このためもあって騒動収拾者らの間ではそのための論議が早くからはじめられていたものと考えられる。

しかし、騒動を起こした首謀者らに、また、騒動に参加した家臣らに、果たして公儀が出した徒党禁止令に違反するといった認識が、また、騒動を起こして自らがその責任を取るといった覚悟とが、どの程度あったのか、なかったのか、この辺の事情は恐らくは各個人によっても大きく異なっていたものと考えられる。かれらが互いに自らが誓紙血判を取り交わした上で行動に踏み切ったと考えれば、その成否はともあれ、何らかの処分を受けることは既に覚悟の上のことであったとも考えられる。しかし、果たしてそこまでの覚悟がすべての家臣らに既に出来ていたのかといえば、恐らくそれは当初においては、また、これ以降も、後述するように、かれらの多くが追い詰められて脱藩騒動を起こす頃までは、それはごく少数の家臣らのみに限られていたのではなかったかともまた考えられる。他方、騒動の収拾に直接あたるべき関係者ら自身にとっても、そこでの騒動が与えた社会的な影響を、また、そこでの騒動が世間を驚かした事実を、どの程度重くみていたのかどうか、そこでの危機意識は、また各個人らによってもそれぞれ異なっていたものと考えられる。

いずれにしても、藩政の直面した危機に対する認識が強ければ強い程、騒動の指導者らに対する責任追及とその処分の内容とは重くならざるを得なかったものと考えられる。また、そこでの責任追及の問題は、藩主や騒動収拾者らだけの問題ではなく、公儀にとってもまた見逃すことの出来ない問題であったとも考えられる。したがって、騒動に対する責任の追及は公儀大目付であった渡辺大隅守らの意向をも踏まえてはすすめられざるを得なかったともまた考えられる。なかでも騒動を未然に阻止することの出来なかったと考えれば、藩主越後守自身の立場と責任とはまた極めて重いものがあったとも考えられる。

なお、この問題については、既に藩の一部の重臣らにとっては、早くから自覚もされ、予想もされていた問題でもあったとも考えられる。既に紹介を試みたように、四月になって一部の家臣らによるいわゆる誓紙破り一件が起こった。また、この事件の直接の契機になったのは四月一八日頃に江戸居住の重臣らから国元の重臣ら宛に出された一通の書簡であった。この書簡の内容については、既にその全文をもそのまま紹介し、そこでの問題点についても考えてみたが（第3節第2項（3）参照）、江戸居住の重臣たちは、騒動が公儀が定めた徒党禁止令に抵触すること、また、このために騒動を起こした関係者らには何らかの処罰が必要であることをも書簡の中で既に指摘もしていたのである。また、それが騒動に関係した家臣らの責任問題にまでも発展するであろうことをもはっきりと指摘し、そのためには何らかの対応が必要であることをも早くから既に訴えてもいたのである。さらに、そこでの江戸表における重臣らの中には、騒動当事者の一人でもある荻田主馬自身の名前もまた含まれていたのである。

ところで「日記」によると、誓紙破り一件を起こした家臣らの取り扱い如何を記述したその後に、第一回目の城下での騒動で美作反対派の家臣らに誓紙の提出を呼びかけ、騒動での指導的立場にあった永見大蔵と、第二回目の江戸表で起こった騒動でやはり美作反対派の家臣らに誓紙の提出を呼びかけ、ここでの騒動での指導的役割を果たした中根長左衛門の両人に対する処分の在り方如何が早速、論議されている。そこでは「大蔵殿事は御舎弟之事（藩主の異母弟）、其上中将殿（藩主光長）御為と被存被取立候間、当分御対面有間敷よし、長左衛門（中根）儀弥不届候得共、今度之使首尾能仕候間御免、於爰元閉門被仰付候、此品中将殿御自筆ニ御書可被相渡と定、則御書付渡辺隅州（大隅守）被請取候よし」とある[19]。まずはここでは永見大蔵に対しては、騒動を起こした直接の責任者として藩主越後守との対面（面会）禁止の措置が取り敢えずは必要であること、次に江戸留守居であった中根長左衛門に対しては、かれは今回の美作反対派の家臣らからの誓紙の提出にあたっては、他の二人の家臣らとともに国元に派遣され、国元における家臣らに、特に、自分と同じ美作反対派の家臣らに対しても、強く誓紙の再提出を促したとして、そこでの功労をも考慮しては改易処分に代わって閉門を命ずるということが決まっている。また、これらの内容を藩主が自書しては公儀大目付で騒動収拾者でもある渡辺大隅守に渡している。また、この処分の内容を松平上野介が大老酒井雅楽頭と老中稲葉美濃守らにも説明し、かれらの了承をも取り付けた上で、両人に対してその処分を申し渡すことになっていた。

ところが、その直前になって「弥可被申付との相談候処、又俄中将殿（光長）御心かはり大蔵殿御不通ハ成間敷由被仰遣ニ付」[20]と、越後守自身が俄にここでの処分案に反対し、このためにこの処分案は撤回されざるを得なくなっているのである。また、この処分案作成に努力していた上野介は、ここでの藩主越後守の心変わりに失望した結果、「上野介殿談合人ニ加り候事御断御申可有之」[21]と、一時はこの論議に加わることをも辞退したいとも表明しているのである。その後、この藩主自身の心変わりのために、この案はその内容が改められ、取り敢えずは大蔵とは「当分御対面有間敷可被仰遣と、挨拶可有候よし」と、対面出来ない期間を当分の間と縮小しては処分が実施されることになった(22)。

また、第二回目の騒動での主謀者でもあった中根長左衛門に対しては閉門の措置となったが、これらの決定を通して藩主越後守は「越後殿ふるふると御ふるい候程御苦労之躰」であったと伝えられている(23)。かれが騒動関係者らに対する処分如何を大変、心配した最大の理由は、「大蔵殿誓紙被請取候故御不通ニ定候は、誓紙書候八百人余之者又騒動可申被仰よし、根元ハ側ニ被仕扈従主馬にてつよく申進候様子之よし」とあり(24)、美作反対派の中心人物である荻田主馬自身が、もしも永見大蔵らに対する処分を厳しくすれば、八〇〇人余りの美作反対派の家臣らが黙ってはおらず、再び騒動を起こすであろうといった強い政治的圧力を藩主光長にかけたその結果であるとも伝えられているのである。そのために越後守は再度、主馬らの率いる美作反対派の家臣らが騒動を起こすことを恐れ、その心配もあってかれは処分の軽減を俄に命じたとも伝えられているのである。もちろん、藩主越後守はその生い立ちから考えても、優柔不断、決断力が不足し、他人の意見にすぐに左右される人物だとして早くから話題にされていたが、それにしても、公儀の了解をも既に事前に取った上の決定を、美作反対派による政治的圧力に負けてはすぐに撤回するとあっては、騒動当事者らに対する責任の追及は、また、藩主自身、かれが先頭に立っての処分は、到底、無理であることをも内外に広く暴露する結果となったものと考えられる。

以上のように、騒動を起こしたその責任者である永見大蔵・中根長左衛門の両人らに対する責任の追及は、中途半端なものに終わらざるを得なかったものと考えられる。とすれば、騒動の収拾にあたるべき渡辺大隅守や松平上野介・同大和守らによる騒動収拾の前途は、全く不透明なものにならざるを得なかったものと考えられる。この間の事情を「日記」でみてみると、関係者らの間では「越後守家来出入一通ハ相済候ニ似候得共、実ハ何共無心元旨申者其通也」ともいわれ(25)、あるいは、「越後殿家中出入、何も誓紙ヲ書一通雖相済、又破近殊御父子挨拶無心元思召候」とか、[26]また、出府してきた小栗右衛門の報告によると、国元では「誓紙故双方無事ニハ候へとも、大蔵殿主馬方七八百ニ而有之は、美作方ハ面も不向様ニ罷成今日今日と相過候(中略)、只今延引ニ成候は万一事破候而ハ如何と存候」[27]と、国元においては、以前と同じように、美作反対派と美作派とが互いに睨み合う状況か続き、その後の推移如何が心配もされているのである。このままの状況が続けば再度、また騒動が起こり兼ねないといった思いは、関係者らの間では共通したものになっていたのである。

こういった中で、「とかく公儀へ被出双方御詮議之上、急度被仰付無之而ハ、鎮り申間敷候条」[28]と、このままの状態が続けば騒動の収拾をむしろ公儀に任せるべきだといった意見が既に関係者らの間で出されている事実が注目される。あるいは、この頃になると、一方では、騒動における首謀者五、六人を処罰すれば、かれらに属している七、八〇〇人の家臣らは「下ハ鎮可申との積と相見得候」[29]と、混乱した事態はむしろ収拾されるのではないかといった楽観論があるかと思えば、他方では「七八百之もの一同ニ申合候は、何とも鎮申間敷」といった悲観論もあり、[30]事態は複雑であった。しかし、騒動当事者らの処分をむしろ公儀に任せるべきだといった意見が次第に強くなったものと考えられる。

(3)藩執行部の再建をめぐって

以上のように、騒動収拾者らは三河守の付家老安藤九郎右衛門の更迭問題、続いて騒動を起こした指導者らに対する責任の追及など、難しい問題の対応に追われたが、それらとともに、既に動揺・分裂した藩体制そのものを、また、新しい藩執行部を如何にして再建するのかも直面した緊急の課題であったものと考えられる。「日記」によると、七月末に既に参勤が終わってもなお高田藩の状況が心配で帰国を延ばしていた松平上野介に対して、渡辺大隅守が以下の内容について語っている事実が注目される。

その内容を要約すると、まず第一に、国元にいる永見大蔵を将軍とのお目見えを理由に江戸に呼び寄せること、第二に、新しい藩執行部には「荻田主馬・中根長左衛門ハ役儀被免、仕置者ニは主馬方よりハ岡嶋図書（壱岐か）、美作方よりハ、本多監物一人ツツ御申付」とあり、[31]主馬方、つまり美作反対派からはその代表として岡嶋壱岐が、美作派からは本多監物の各一人ずつを選び、かれら両人がともに協力しては仕置役（大家老）として藩政を担う体制を構築することが提案されているのである。この発言がこの時点における渡辺大隅守の個人的な意見なのか、あるいは、既に大老酒井や老中らとの間で密かに相談されていたその結果なのか、この辺の事情は全く分からない。また、ここでの人事構想は「日記」によると、八月末にも酒井雅楽頭らを交えた席上でもまた話題にされ、次第に騒動収拾のための公儀執行部案として具体化されるようになったものとも考えられる。その結果、八月二七日には越後守から国元における永見大蔵宛に、かれの出府を促す書簡が出されている。[32]また、続いて岡嶋・本多の両人に対しても出頭の指示が出されている。

九月の一四日には国元から永見大蔵が江戸表に到着、続いて二〇日には、岡嶋壱岐と本多監物の両人とが出府している。続いて二二日には以下の方針が関係者らに示されているが、そこでの骨子は以下のような内容のものであった。[33]第一は、荻田主馬は病気のためもあって役儀御免、糸魚川に帰って親隼人の跡を継いでこの方面の治安の維持と警戒とにあたること、第二は、片山主水も病気のために、かれの以前からの願いを入れて役儀御免、具体的には三河守付家老職の兼務をも解任するが、しかし、そこでの後任がはっきりするまでは江戸表に留まること、第三は、出府した岡嶋壱岐と本多監物の両人に対しては、改めて仕置役（大家老）に任命ずること、以上のような骨子であった。

ところが、この再建案が発表されると、既に紹介したように、美作反対派の家臣らが急遽出府した永見大蔵の屋敷に詰め掛け、特に岡嶋壱岐・本多監物両人の仕置役（大家老）就任に強く反対することになった。特にかれらが本多監物の就任に強く反対したそこでの理由は、本多監物は美作の妹婿でもあり、かれの仕置役就任は、既に隠居していた美作の指示通りにかれが働く可能性が高く、もしそうなれば、本多監物の仕置役就任はまた以前と同じように、美作の時代に逆戻りする可能性があるといった心配からであったものと考えられる。同時に、美作反対派を代表しては岡嶋壱岐がその候補になっているが、かれは主馬の親類ではあり、家柄・格式は申し分ないものの、先代は既に亡くなってその跡を相続したばかりの若輩であった。また、発言能力にも劣り、一方の領袖に、美作反対派の代表にするにしては不安があるということも、美作反対派がこの人事構想に反対であった理由のひとつであったこともまた見逃せないかとも考えられる。

この人事構想が発表されると、既に紹介したように、美作反対派の家臣らが集結しては騒ぎ、治安の維持にあたるべき立場でもあった大目付渡辺は、国元における騒動の拡大をも恐れ、万一に備えて出府してきた本多監物と荻田主馬の両人とを至急国元に帰すことを要請するなど、事態は緊迫し、また、その対応に追われることになった。しかし、「廿二日廿三日、大蔵殿へ人多入込、其以後ハ左程ニ無之よし」ともいわれ、[34]関係者らの必死の努力もあってか、事態は鎮静化の方向に向かっている。また、この騒動を機会に一時は美作反対派の家臣らの江戸からの退去も心配されたが、その報告を受けた大老酒井雅楽頭は、これらの動きに対しては、ひとまずは保留を命じ、場合によっては「打殺候而も能可有候」[35]と、さらには、「其外大勢立退候はかへり討被成可申候」[36]と、毅然とした態度で対応することを命じていることが注目される。また、大和守は二六日には、「存念有之は、此上ハ御老中へ相達、御さばきニ成候間、左様ニ可被存心得候よし」[37]と、騒動の処理を場合によっては、公儀に任せることをも既に宣言しているのである。

既に指摘し、紹介をも試みたように、酒井雅楽頭自身による高田領内に対する「内意三カ条」の通達は、以上の経緯を踏まえた上での措置であったとも考えられる。他方、これまた既に紹介したように、家臣ら全員からの誓紙の再提出が急がれていたが、この段階になると、酒井雅楽頭からの内意三カ条が家臣らにも伝えられ、同時に、これもまた既に紹介したように、かつて永見大蔵らが誓紙血判を取り交わして決起した第一回目、第二回目の騒動に対しては、かれらのこの行動を不届きとは思わない旨の趣旨が美作反対派の家臣らに対して示されているのである。

ところで、本来であれば、また、もしも騒動が無事に収拾されたと考えれば、これまでのこの藩における七人の侍・与力大将らに代わって藩主越後守光長自身を中心とした新しい藩執行部の構築が、また、藩主自身による家臣らに対する一元的な支配体制の構築が急がれるはずであったと考えられる。しかし、現状はなおも対立・抗争を続ける両政治勢力とが互いに対立し、抗争を続けていたと考えると、そこでの藩執行部の構築は、やはり対立する両派の政治勢力の存在を前提に、その枠組の中で、それぞれ代表者を選び、そこで選ばれた仕置人または大家老らがまずはともに協力しながら藩政の再建にあたるといった旧来からの体制を、また、枠組を、やはり選択するしか、外に選択の余地はなかったものとも考えられる。しかし、取り敢えずはその原点に立ち戻って和解にともに努力するその体制そのものを構築するその矢先に、美作反対派による反対運動が、また、この計画に対する抵抗の動きとが再び広まるとあっては、越後高田藩はまさしく危機存亡の時期を迎えざるを得なかったものと考えられるのである。

【注】

（1）渡辺・松平上野介両人らがやむを得ず騒動収拾のための責任者に命ぜられた経緯の一端については、たとえば、「天和」巻の一の九八頁以下など参照。

（2）松平大和守の就任事情については、「日記」五二一頁参照。

（3）たとえば、まずは三河守については「三河守殿、心底短気候哉と御尋故、若御座候へハ、移気ニ而側之者杯申事ヲ取立、たとへハ私共、異見申、其座ニ合点ニ候而、帰宿候而又其趣内証ニて有之、如何と申者有之は、其儘へんし、先刻ハ合点仕候へ共罷成間敷と申様ニ有之も相違し」ともいわれ、他人の意見にすぐに同調することが指摘されている。また、父である越後守光長については、続いて「其上越後守も人儘ニ有之故、朝之相談夕ニ違候付、相談ニ相加無詮段委相達、依之断申候旨相達之」（ともに「日記」五八四頁）ともいわれ、人の意見にすぐに左右される事実が家臣らによっても批判もされている。

（4）前掲実録資料「北越噪乱記」参照。

（5）・（6）は「天和」巻の一の一〇二頁及び同頁から一〇三頁。

（7）「天和」巻の一の一〇三頁。

（8）「日記」五一三頁。

（9）「日記」五一五頁。

（10）・（11）実録資料「飯山記」（国立公文書館内閣文庫）による。

（12）実録史料「越府記」（島原市立図書館松平文書・「御家一儀之節之事」（「新潟県史」資料編編6近世1上越編所収）参照。

（13）「飯山記」による。

（14）「同先年高田え遣候案紙」は「天和」巻二の一四二頁。

（15）「口上之覚」は「天和巻の二の一四二頁から一四三頁参照。

（16）「日記」五一三頁。

（17）・（18）三河守の乱行については「日記」五七三頁など、また、かれの寺入については同五一九・五二六頁など参照。

（19）「日記」五一八頁。

（20）・（21）・（22）・（23）・（24）・（25）・（26）までは日記五一九頁。

（27）「日記」五二六頁。

（28）「日記」五二〇頁。

（29）・（30）・（31）は「日記」五二一頁。

（32）・（33）は「日記」五三一頁。

（34）・（35）・（36）・（37）は「日記」五三五頁。

第4節　騒動収拾の失敗と第一次処分の実施について

第1項　第一次処分に至るまでの経緯について

大和守の「日記」によると、一〇月一〇日には、渡辺大隅守と松平大和守の両人とが会談し、この席ではじめて騒動を起こした当事者である永見大蔵・荻田主馬らを松平一門の各大名らにそれぞれ預けるといった処分案が論議されている。また、その直接の理由としては「越後守殿家来共当分鎮り候も、後ニ事ニ発可申との下心にて、越後守来年帰国待我か侭ニ可仕内意之段相達候条、何も返し候而は、後悔可有之候間[1]」と、もしもこのままの緊迫した状況が続けば、来年春に越後守が参勤を終わって帰国した場合、藩主の帰国を待ち構えて再度、国元における騒動が起こることが心配される。だからその前には、藩主帰国の前には、何らかの処分の断行がぜひとも必要だという認識が既に収拾当事者らの間では広まっていたものと考えられる。

また、その具体的な内容としては、「只今越後殿より以書付御詮議之上、一門共へ御預可被下候間と御願候様ニ尤ニ存候[2]」と、藩主越後守自身から特に公儀に願い出る形式で美作反対派である荻田主馬・永見大蔵・片山外記・中根長左衛門・渡辺九十郎らの特に五人を吟味が既に終了したので、かれらを一門の各大名らに預かって欲しいと願い出ることが論議されているのである。もしも、騒動の当事者らをこちらで吟味しなければ、公儀に願って吟味したのでは「乍然従高田美作等被召寄、御詮議有之は、死罪・流罪も出来、越後殿御為ニ弥不宜事也」(3)と、もしも公儀による詮議が実施されれば、当然のこととして死罪・流罪などの処分者を出さざるを得ない。これを避けるためにも、藩主自身から既に吟味は終わったとして、かれらの身柄を一門の各大名らにそれぞれ預かって欲しいと願い出れば、死罪・流罪の処分者を出すこともなく、騒動当事者らを預けることが出来るのだといった処分の内容であった。そこには大老酒井雅楽頭忠清らによる徳川一門である越後高田藩に対する特別な配慮があったものと考えられる。

以上の処分案を確認したうえでその処分実施の準備が一〇日以降から直ちに実施されることになった。一〇月一三日には、早速、この旨が藩主越後守光長宛に大老酒井雅楽頭自身から直接、伝えられることになった。しかし、かれはこれに対しては「中将殿へ被仰候ハ尤至極存候得共、今少御詮議御待被下候得、何分にも静シテ見可申と、御申候得共、大和守（余）も渡辺（隅州）も末之段無心元候旨、色々相達、中将殿御泗くミ御手を合、達而被仰候故、雅楽頭殿も左様ならハと被仰候而、御あくみ候躰故」(4)とあり、越後守は手を合わせ、涙を流してはこれに強く反対し、あくまでも自分が騒動を鎮めるので、自分に任せて欲しいと願っているのである。また、こういった越後守の強い嘆願の前に、大老酒井雅楽頭は一旦は躊躇を余儀なくされているのである。しかし、大和守や渡辺らの強い要望もあって越後守も最後には承服せざるを得なかったのである。

一〇月一〇日以降、処分が実施された同一九日までの間、処分案を踏まえたさまざまな折衝が、また、いろいろな対策とが協議されることになった。本来であれば、日を追ってその間における関係者らの動きを「日記」によって検証しなければならないとしても、ここでは省略するとして、たとえば、その中からごくごく一部を紹介すると、以下の事実などが注目される。

処分案が一応決定された一〇日には、論議が終わって大和守から渡辺宛に、これ程の重大な決定を自分らだけの限定された人間のみで決定していいものかどうか、それが心配だといった趣旨の発言があった。これに対して渡辺からは、藩主後継者である三河守にすら相談はしていない旨の返答が行われている。この事実は、日毎に激しく変化する政治の動きが、特定の個人の意志・覚悟如何によって左右されることをも示したものとして興味深いものがある。同時に、ここでの方針が既に渡辺によって、また、かれと大老酒井雅楽頭らのごくごく限られた特定の人物らの間で密かに以前から画策されていた処分案ではなかったかともまた考えられる。

いずれにしても、一〇日の処分案は、後述するように、その後における政局の推移を大きく左右するものであったと考えられる。続く一二日には本多監物が帰国、国元での混乱如何に対応することになり、一三日には、既に紹介したように、この処分案に越後守自身が強く反対したものの、かれを納得させ、また、これ以上、今回の処分案についての詮議はしないことをも互いに確認している。また、国元において「在所へ飛脚遣之、此便ニ越後殿出入破ニ成候は、高田にて何様事可有之も難計、其心得可仕よし」と、国元における万一の事態に対応するために、警戒を厳重にすべきことが指示されている(5)。一五日以降もこの処分案の実施によって起こるさまざまな事態に対する対応策が考えられ、たとえば、美作反対派の中でも強硬論者の多い岡嶋一族の動向如何なども心配されている。また、その処分が公儀に任されたために、各老中らに対する折衝や、処分の伝達には大目付彦坂壱岐守自身があたることなどが決定されている。あるいは、越後守の意向もあってか、騒動当事者五人に加えて片山主水・林内蔵助をも加えて計七人を評定所に呼び出すことになった。その意味では、処分はこれまで藩主に代わって、藩政の実権を掌握してきたいわゆる七人の侍・与力大将らによる支配体制そのものが、その善悪とが、真っ正面から公儀によって審議の対象にされることになったのである。

第2項　第一次処分の実施について

(1)処分者らについて

江戸初期に起こった御家騒動の場合、処分者らをそれぞれ各大名らに預けるといった処分方法は、各騒動に共通してみられた方法のひとつであったと考えられる。たとえば、小稿でも既に江戸初期に越前(後の福井)藩で起こった久世(越前)騒動の内容についても検討を試みたが、ここでも騒動に直接関係した家臣らの処分は、かれらを諸大名らに預けるといった処分方法であった(6)。しかし、そこでの各大名らがどういった理由で選ばれ、かれらが何故罪人らを引き受けなければならなかったのかといった理由についてはいまひとつ明らかではないように考えられる。その意味では、越後騒動の場合、一門・一族の大名らにそれぞれ騒動関係者らを分けて預けることになった。その意味では、一門・一族の大名らに、騒動を未然に防ぐことが出来なかったその責任を問い、一族・一門に連帯責任があることをも広く内外に示したものとして注目されるかとも考えられる。

しかし、預ける相手が身内である一族・一門の家臣だとあっては、そこでの処罰の内容には、また、騒動当事者らに対する扱い如何については、選択の幅が大きく、たとえば、騒動を起こした当事者らに対する処罰の在り方如何にも恣意的な意見や行為が介入される可能性もまた考えられ、その意味では、騒動当事者らを罪人として扱う場合には、どうしても徹底さを欠く事例が生まれる可能性もまた否定出来ないようにも考えられる。ともあれ、当時にあっては騒動当事者らを一族・一門に預けるといった処分方法は、恐らくはじめての実施例ではなかったかとも考えられる。事実、騒動当事者らを預かることになった一門の大名らは、かれらをどのように処遇すべきなのか、何しろはじめての実施ではあり、その処遇如何に困惑もしてもいるのである。このために取り敢えずは疑問が生まれた場合は、直ちに大目付渡辺大隅守によく相談するようにとの指示が出されている事実が注目されるかとも考えられる。

ところで、第一次処分の対象になった五人の騒動当事者らであるが、残された実録資料によると、その意味ではその内容に正確さをいまひとつ欠くこともまた考えられるにしても、一応、かれらの名前とその所持石高及び役職などについて、以下、各個人ごとに少しかれらの実態如何をみてみることにしたいと思う。(7) まずは最初に、かれらはいずれも美作反対派の中心人物であった。しかし、その全てが有力家臣らだけとは限らず、かれら個々人ごとにその身分や所持石高にかなりの違いがあることがまずは注目される。

最初に注目される永見大蔵は、所持石高四〇〇〇石、既に紹介したように、藩主一門（連枝）であり、かれは藩主越後守の異母弟にあたる。藩主越後守光長の父であり、越前（福井）藩の二代藩主でもあった松平忠直は、周知のように、その後に行状が乱れ、公儀によって改易を命ぜられて豊後国（現大分県）萩原、後に津守（森）に配流されることになった。その後、かれがその地で妾腹に生ませた子供ら三人の中でのひとりが永見大蔵であった。その意味ではかれは藩主越後守の異母弟にあたる。その藩主自身の弟でもある永見大蔵が、また、藩主越後守とは一心同体であるべきはずのかれが、特に第一回目の騒動では、美作反対派の家臣らに直接、誓紙の提出を強く呼びかけ、かれが首謀者となって起こしたのが一月九日の城下高田における第一回目の騒動であった。

次の荻田主馬一万四〇〇〇石、これまで既に紹介したように、かれはこの藩にあっては七人の侍・与力大将らの中にあって小栗美作とともに特に仕置役に選ばれた最高権力者の一人であった。その意味では、越後騒動とは、藩の執行部を構成した有力重臣ら相互間における、また、小栗美作と荻田主馬に代表される両政治的勢力による権力闘争が騒動の本質のひとつであったことをも示唆するものであったとともまた考えられる。

残る片山外記（七五〇石）・中根長左衛門（一〇〇〇石）・渡辺九十郎（三〇〇石）の三人は、いずれもその所持石高には違いがみられるものの、永見大蔵・荻田主馬ら両人に代表される美作反対勢力の中にあってそこでの中心人物であった。具体的には、美作反対派を結集する場合も、また、美作反対の派閥を成立させるにあたっても、その中心として活躍した人々であったと考えられる。片山の場合は、かれはそれ以前、江戸にあって既に亡くなった藩主後継者でもあった松平綱賢の家老を務めたとも伝えられ、江戸と国元における事情に最も詳しい人物。中根長左衛門は江戸留守居の立場にあって江戸表における美作反対派の中心人物。残った渡辺九十郎は目付役として家臣らに対して大きな影響力をやはり発揮していた人物でもあった。また、かれは兄である小野里庄助とともに、美作反対派による派閥の形成にとっては不可欠の人物でもあった。残された「越後騒動記」の世界では、かれら兄弟による政治的野望・野心によって、また、かれら兄弟の画策によって、越後騒動は起こされたとさえ評価されている人物であった。いわゆる裏社会における黒幕の中心人物であったと噂された人物であったと考えられる。以上、挙げた五人が第一次処分では、処分の直接の対象になっているのである。

では続いてかれらは、どういった理由によって処分を命ぜられたのであろうか、当時における公式の罪状の内容は、以下のようなものであった。まずは永見大蔵であるが、かれは藩主越後守光長が在国していたにもかかわらず、かれの意見も聞かず、美作反対派の家臣らに誓紙の提出を直接呼びかけ、徒党を組んで美作の屋敷を取り巻き、騒動を起こしたとして、また、以前に出府したときに、美作反対派の頭取らと度々密談を重ねたとして、本来であれば遠島の処分を命ずべきであるが、今回はそれは容赦して長門国（現山口県）萩の藩主松平大膳太夫に預けるというものであった。

次に荻田主馬の場合は、藩主越後守が在国していたにもかかわらず、かれとの相談やその指示にも従わずに、勝手に永見大蔵方に味方し、誓紙の提出に加わってともに徒党を組み、藩主参勤後は、その行為を反省する旨の誓紙を既に提出したにもかかわらず、その後もそれに違反し、我が儘な行為を繰り返したとして、本来であれば切腹を命ずべきではあるが、先祖以来の功労もあり、今回は切腹を容赦しては出雲国(現島根県)松江の藩主である一門の松平出羽守に預けるというものであった。

片山外記に対しては、永見大蔵に味方し、藩主越後守の意向をも無視しては江戸及び国元において騒動を起こさせ、藩主の命によってこれまでの行為を反省する旨の誓紙を一旦は提出しておきながらも、それ以後もそれに違反して不届きだとして伊予国(現愛媛県)宇和島藩主伊達遠江守に預けるというものであった。

中根長左衛門に対しては、江戸留守居の地位にありながらも藩主の意向を無視しては大蔵の命で江戸の家臣らから誓紙を取って密かに国元に送り、これまでの行為を反省する誓紙を提出しながらもそれ以降もそれに違反し、騒動を起こさせたとして越前国(現福井県)の藩主松平越前守に預けるというものであった(かれの処分如何についての詳細は、第Ⅱ編第三章第3節第4項(4)参照)。

最後の渡辺九十郎の場合は、(8)目付役の地位にありながらも永見大蔵・荻田主馬らに味方して騒動に参加し、一旦は反省する旨の誓紙を提出しながらも、騒動に加担したとして播磨国(現兵庫県)姫路藩主であった松平大和守に預けるというものであった。

以上であるが、騒動当事者らに対する詮議を既に終了したからといった理由でかれら五人を一門の各大名らにそれぞれ預けるといった処分の方法は、既に指摘したように、何しろはじめてのことでもあり、前例がないだけに、処分の在り方や処遇の方法も全くの手探りの状況にあったものと考えられる。この中で子供の扱いだけは、男子の場合は父親と一緒、女子はその妻や家族と一緒と決められていたものと考えられる。しかし、それ以外の扱いは、既に指摘したように、大目付渡辺に相談して、かれの指示に従うことになっていたものと考えられる。

(2)処分の実態について

ここでの五人が一門の各大名らにそれぞれ預けられたものの、かれらがそれぞれの場所でどのように処遇されていたのかどうか、詳しい事情はよくわからない。しかし、その中での特定の人物には、そこでの預け先の大名家に、かれらに関する資料が残されており、十分ではないものの、個々の人物については、そこでの生活の一端は知ることが出来るのではないかとも考えられる。

たとえば、残された大和守の「日記」によると、かれは第一次処分の実施にあたっては、松平一門であるために、渡辺九十郎を姫路で預かることになった。そこで一〇月一九日にはかれの身柄を江戸の評定所で受け取ると、自分の在所である播磨国(現兵庫県)姫路に護送することになった。その道中では、罪人であるために渡辺から刀を取上げ、姫路に到着したその時点で帯刀を許可している。また、その道中は物頭一人、侍二人と足軽ら一〇人らとがかれの護送にあたっている。国元に到着すると、五人扶持を与え、親族との文通は禁止、使用する諸道具類は越後から取り寄せることを許し、昼夜、番所が設けられてそこでは足軽たちが交代でかれの監視にあたることになっている。また、門外へ出ることも禁止されている。

また、福井藩に預けられた中根長左衛門の場合も、渡辺の場合と同じであったと考えられる。ただ、後述するように、藩主一族であった永見の場合は、二〇人扶持が与えられ、中根の場合は五人扶持と、かれら五人はその身分によってそれぞれその扱い如何も異なっていた事実が注目される。あるいは、居住先への道中の扱いもそこでの生活の実態も基本的には同じであったと考えられる。しかし、身分によってその扶持が異なるとあっては、その扱いは同じであっても、かれら個々人の生活の内容にはやはり違いがみられたものと考えられる。屋敷から出ることは禁止され、国元との文通もまた禁止されていた。しかし、屋敷内での行動などは比較的自由であった。監視の中での生活が続き、何か特に必要があれば、必ず許可を受けることが義務づけられている。

また、永見大蔵を預かった長州萩藩の場合は、この間の事情を記録したものとして「永見大蔵御預リ之控」などが残されている(9)。これによると、処分の前日の一八日に月番老中から連絡があり、藩では関係役人らや大目付渡辺らと連絡を取っては大蔵の身柄を受け入れる体制(乗物駕籠一挺・馬乗二・歩行一〇・足軽二〇人など)を整え、翌一九日には早速、評定所に出頭、大蔵の身柄を受け取って青山屋敷にまで運んでいる。この場合、かれを駕籠に乗せて鎖をかけて運び、到着すると、かれを竹矢来の中に入れ、番所を設けては足軽たちが昼夜、警戒にあたるといった厳重さであった。藩主一族でもあり、大蔵の身の回りを世話する者の必要性が関係者らの中で話題となり、六人の候補者の中から四人(内二人は前髪)、後にかれらと大蔵との関係如何などが話題にされているが、それらは省略。また、待遇は藩主一族といった事情もあり、江戸では二汁五菜、夜は吸い物に肴一種と酒ともある。同年一一月一三日には江戸を出発、家来の帯刀は許すものの、本人からは刀・脇差を取上、城下萩に到着すると、帯刀を許可している。道中は物頭二人・侍四人・足軽二〇人らが中心に計一〇四人が警護にあたり、途中、箱根・今切両関所では手形は不要、大坂まで一四日泊り(宿場は事前に指定)、大坂からは瀬戸内海を船で護送して三田尻まで、三田尻からは再び陸路で城下萩に向かっている。

当初、萩ではかれの扱い如何がわからず、以前に預かった島田淡路守の前例にならったとも伝えられているが、その後の事情はよくわからない。東海道を一四日泊り、大坂から船を利用して瀬戸内海を通っているが、大坂での滞在が天候その他の理由で遅れた場合、大坂の奉行所に何らかの付け届けが必要ではないかといったことが話題になっている。しかし、これは不要だということになっている。東海道を一四日泊り、その警護の人数は一〇〇人以上、そこでの費用もまた大変であったと考えられる。大蔵は藩主一門ではあり、二〇人扶持を与えられている。外出及び越後との連絡は禁止、道具類は改めた上で渡すことになっていた。

なお、ここではその詳細は不明だとしても、かれの処分中に、国元から美作反対派の家臣らが密かに城下萩に潜入しては、二回にわたって大蔵との接触を試みていることが注目される。第一回目は延宝八年二月二〇日、萩呉服町の町年寄であった長井太郎右衛門宅を越後浪人である中村嘉右衛門(五〇歳位か)ら計四人が訪ね、大蔵の安否を心配してかれの付き添いを希望、かれらは国元を正月一五日に出発、二〇日には江戸に到着、屋敷には立ち寄らずに二月一五日には大坂に到着、大坂からさらに陸路で萩に到着している。また、かれらは去る一二月一日に浪人した家臣たちであったともある。かれらは大蔵が無事であることを確認した上で二月二三日には萩を出発、かれらが国境を越えるまでは中間がそれを見届けたとも伝えられている。かれらが大蔵自身と直接面会することが出来たのかどうかまではわからない。

次に、同年五月四日に、大蔵の拘束先の屋敷の門番に、小倉助八・磯平介両人の旅人が立ち寄り、役人らとかれら両人とが面会している。役人らの質問に答えて両人は、四月一一日に越後を出発、途中、伊勢神宮に参拝してはお札を貰い、大蔵の安否を心配して城下萩に到着したのだと答えている。役人らは大蔵が無事であることを伝えてかれらを追い返しているが、この場合も役人らはかれらが三田尻から船で帰国するまでをも見届けさせたともある。訪問者らが果たして大蔵と直接面会することが出来たのか、どうか、恐らくそれは無理ではなかったかと考えられる。しかし、こういった旧家臣らの動きを広い意味での脱藩者(美作反対派)らによる組織的な援助のための動きの一環として理解することもまた出来るのではないかとも考えられる。

最後に、ここでの第一次処分の実施によって、処分の対象になった騒動当事者らのその後の行末如何がまずは問題になるかと考えられる。かれらは後述するように、延宝八年末には公儀による騒動に対する再審がはじまったことを機会に、翌年にかけて再び江戸表に呼び返されることになった。また、評定所に呼び返されたかれらに対してその尋問とそれに対するかれらの返答とが行われ、そこでの問答の内容を記録した資料として、既に指摘し、既に利用をも試みた「天和聚訟記」が現在、残されている。

なお、ここでの五人の処分の内容については、さらにいくつかの関係資料が残されており、今後におけるさらに詳細な検討が望ましいかとも考えられる。

【注】

(1)・(2)はともに「日記」五四二頁。

(3)「日記」五四四頁。

(4)「日記」五四三頁。

(5)「日記」五四四頁。

(6)本書第Ⅰ編第三章第3節第4項参照。

(7)以下の記述は「天和」巻の一の一〇五頁以下参照。

(8)渡辺九十郎の場合は「日記」五五二頁。

(9)なお、萩藩に預けられた永見大蔵については、「永見大蔵御預リ之控」・毛利宇右衛門「越後一巻之事」などの記録が山口県立文書館に残されている。以下の記述はそれらの資料によるが、さらなる検討の継続が必要である。

第三章　脱藩騒動の展開と藩政の動揺・分裂について

第1節　はじめに—新執行部と脱藩騒動—

第1項　第一次処分後の新執行部の成立について

延宝七年一〇月一九日、第一次処分の実施によって美作反対派であった永見大蔵・荻田主馬ら五人が松平一門の各大名らにそれぞれ預けられ、これを機会にこれまでの藩執行部に代わって新しい執行部が成立することになった。これまでの執行部から処分された藩主一門でもある永見大蔵や侍・与力大将でもあった荻田主馬の二人が一門の各大名らにそれぞれ預けられ、かれらに加えてさらに藩政中枢部をともに構成していた中根長左衛門や片山外記・渡辺九十郎らもまたそれぞれが処分されたとあっては、新しい藩新執行部の選出は、その意味では、当然のことであったとも考えられる。

しかし、ここで新しく成立した新執行部の内容如何をみてみると、これまでの美作派からは美作の親族（美作の妹婿）である本多監物や、同じく一族である小栗右衛門らが、他方、美作反対派からはこれまでの永見大蔵・荻田主馬らに代わって若い岡嶋壱岐や本多七左衛門らがともに選出されることになった。ここでみられる新執行部の構成は、これまでの旧執行部が美作派と、かれに反対する美作反対派からの代表者らによって構成され、かれらが一方ではともに協力しながらも藩政を担い、他方では、互いに強く反発・対立しながらも共存するといった体制であったことを考えると、基本的にはそれ以前における藩執行部の構成と同じ枠組みの中で選出されたものと考えられる。また、表面的には新執行部の顔触れがそれ以前における旧執行部に比べて確かに一新はされているとはいっても、ここでの新執行部の誕生が、具体的には、美作の妹婿である本多監物の新執行部入りに強く反対していた美作反対派らを抑え込んだ上での成立でもあったことをも考えると、また、美作反対派らが江戸表及び国元において互いに集結した上で起こした騒動の動きをも、封じ込めた上での実現した新執行部であったことを考えれば、新執行部運営の実権は既に美作派が掌握していたものとも考えられる。その意味では、第一次処分後に成立した新執行部の本質は、そこでの政権の枠組自体は同じであったとしても既に美作派または隠居していた美作の意向に沿った政権であったものと考えられる。新政権の内容及びその性格はそれ以前における政権の内容・性格とはやはり大きく異なっていたものと考えられる。

したがって、新執行部誕生の意味は、これまでに互いに対立・抗争を続けた両政治勢力が、藩政トップに限ってだけは、一応、和解が既に成立したことをも、内外に広く示すといったところに一定の役割があったものとも考えられる。あるいは、この体制を再構築するその過程で、これまで互いに対立・抗争を続けてきた両政治勢力がともに和解に向かって努力を続けているのだといったその姿勢そのものを広く内外に印象付けるといった意味では、なおも一定の役割を果たすものであったとも考えられる。しかし、それはあくまでも建前だけの、表面だけのものであり、その実態は、また、そこでの藩政の実権は、既に美作派によって握られていたのではないかとも考えられる。

とすれば、この新しく誕生した新政権は、また、新執行部は、後述もするように、追い詰められた美作反対派家臣らによる脱藩騒動もあっていずれは早かれ、遅かれ、崩壊するであろうことをも既に予想させるものであったとも また考えられる。

ところで、新執行部の選出がこの藩における家臣団の基本的な構造如何を前提に、これまでの選出方法と同じ枠組みの中で、それを踏まえて選出された以上は、新執行部の構成も、それ以前のそれと基本的には同じであることが強く求められたものと考えられる。とすれば、これまで小栗美作と並んで大きな地位と権限とを与えられていた荻田主馬が、また、藩主一門である永見大蔵の両人とが、第一次処分によって失脚したとあっては、かれらに代わるべき美作反対派を代表する人物が必要であったと考えられる。それが新しく選出された岡嶋壱岐と本多七左衛門の両人らであったものと考えられる。しかし、荻田に代わった岡嶋壱岐は、既に指摘もしたように、その年齢が若く、その意味では美作反対派の家臣らからは必ずしも歓迎されたわけではなかったものと考えられる。かれの先祖が一時期、美作とともに仕置役・大家老として藩政に関与していたといった由緒とこれまでの高い家柄・格式などもあって、かれが選出されることとなったものと考えられる。また、かれとともに重臣らの一人であった本多七左衛門もやはり美作反対派を代表しては代わって新しく選出されることになった。

同時に、荻田主馬が処罰されたために、かれの立場を特に強化するために与えられていた与力及びその与力高の再配分如何が話題となったものと考えられる。この間の事情を引き続き「日記」でみてみると、ここではまずは最初に糸魚川(清崎)城の警備如何が問題になり、これまでの城代でもあった荻田主馬に代わって一時は片山主水がその候補となっている。しかし、その理由がいまひとつ不明ではあるが、さらにかれに代わって最後には岡嶋壱岐がその候補となっている(1)。また、それに関連して、これまでの荻田に与えられていた与力及び与力高の再配分如何が当面した課題ともなっているのである。いま、「日記」によると(2)、第一次処分後の翌一一月はじめ頃には、これまでの検討を踏まえて、新しく美作・主馬両者に代わって本多監物(美作派)、岡嶋壱岐(美作反対派)の両人らが正式に仕置役・大家老に任命され、かれら両人を中心とした新執行部が誕生することになった。また、新執行部に選出された特定の重臣らに対しては、改めて所持石高及び与力及び与力高の再配分も決まっている。

この間の経緯については、いまひとつはっきりしないところもあるが、たとえば、そこでの論議の一環として最初に「所《糸魚川》ハ主馬代々なじみ之土地ニ有之候へは、他人参候よりハ、壱岐《岡嶋》参候は、与力町百姓迄存付、堺目ノ守ニも能可有之と存候よし相達者、雅楽頭殿も同意ニ思召との事也、次小栗右衛門、今度事能仕方と被仰也、与力割高覚荻田主馬一万石之内二千石片山主水、千二百石本多七左衛門、千四百石本多監物、千四百石渥美久兵衛、新ニ二千石ツツ林内蔵助、小栗右衛門、如此可遣かとの儀、糸魚川へ岡嶋壱岐被遣候は、与力も此内ヲ千石も増遣之、主水へは二千石之加増ヲ少ニ可仕かの事」といった配分案が提出もされている。続いて大和守からも、ここではその内容の詳細は省略するとしても、再度、修正案が提出もされている[3]。また、こういった検討をも踏まえた上でこれまで続いていた七人の侍・与力大将体制が更新され、新しい藩執行部の再編成が実施に移されているのである。

その結果は、新執行部の内訳は岡嶋壱岐・本多七左衛門の両人は美作反対派(為方)、本多監物・小栗右衛門・林内蔵助、それに加えて小栗大六(掃部、しかし、かれはこれを機会に藩主一門として新しく位置づけられる)は美作支持派(逆意方)、片山主水・渥美久兵衛(後に美作派か)は一応、中立派とも伝えられている。また、この中で特に美作反対派である岡嶋壱岐と美作派である本多監物の両人とは、既に指摘したように、仕置役・大家老に新しく就任している事実が注目される。この両人は、残りの侍・与力大将らを代表しては、これまでと同じように、仕置役または大家老として家臣団の上に君臨し、家老らの補佐及びかれらの諮問にも応ずる体制をも再度、構築することをも目指したものと考えられる。

また、この場合、これまでは七人の侍・与力大将の中で仕置役または大家老と呼ばれてそこでの実権を握っていた小栗美作と荻田主馬の両人に代わって、今度は本多監物と岡嶋壱岐の両人とが就任し、これまでの荻田主馬は失脚したとすれば、あくまでも建前はこれまで通りに七人の侍・与力大将らが、なかでも本多監物と岡嶋壱岐の両人とが、ともに協力しながらも藩政の再建に、また、対立する両政治勢力の和解に向けて互いに努力することになったものと考えられる。

なお、参考のためにこれ以降、特に騒動終息期頃の、また、再審の時期頃における藩内の党派別の内訳としては、たとえば、実録資料「北越噪乱記」下では、以下の紹介がある(4)。ただ実録資料であるために、正確さを欠き、また、当時における情報の乱れなどもあってか、その所持石高などをはじめとして問題点もまた多く含まれてはいるものの、参考のために最後に一応、その内容を紹介すると、この時期におけるいわゆる美作派の勢力回復もあってか、最初に逆意方(美作派)として家老小栗右衛門(四〇〇〇石)・同小栗兵庫(二〇〇〇石)、肩書きなしで兵庫の弟である小栗十蔵(一〇〇〇石)、次いで家老与力持ちとして林内蔵助(二五〇〇石)、大家老与力持ちとして本多監物(三〇〇〇石)、そして美作伜の与力持ちの小栗大六(一万七〇〇〇石)や三河殿家老安藤九郎右衛門(二三〇〇石)らが、特に安藤にはその肩書に「為方ヲ讒言発頭人」といった注記もある。他方、中立派としては与力持ちの片山主水(八〇〇〇石)・城代渥美久兵衛(二五〇〇石)・大名分野本右近(一〇〇〇石)らの名前がある。さらにまた、為方(美作反対派)としては大家老与力持岡嶋壱岐(一万四〇〇〇石)・与力持本多七左衛門(三七〇〇石)の両人がいる。なお、それ以外に家老病気引込居候多賀谷内記(一〇〇〇石)、江戸留守居山崎九郎兵衛(五五〇〇石)といった名前もある。以前と比べて美作反対派の凋落ぶりが目立つことが注目される。

なお、若い岡嶋壱岐が為方を代表しては仕置役・大家老に就任することになった。かれは既に指摘したように、荻田主馬失脚後は隠居した美作の跡を継いだ本多監物と並び立つ高い地位を占めることになった。しかし、かれは亡くなった先祖の跡を継いだばかりで年齢が若く、既に指摘したように、美作反対派の一部家臣らからはその発言能力などの乏しさなどが既に指摘され、心配もされていた人事でもあったこともまた見逃せないかとも考えられる。いずれにしても、第一次処分の実施後に成立した新執行部にとっての当面した最大の課題は、以下、これから具体的に検討を試みるように、美作反対派家臣らによる脱藩騒動の展開に如何に対応しながらも、騒動それ自体の収拾・和解に努力するのかが、内外から厳しく問われることになったものと考えられる。

第2項　脱藩または脱藩騒動とは

江戸時代における脱藩とは、いうまでもなく歴代藩主にこれまで代々仕えていたそこでの家臣らが、藩主に特に願い出て藩から脱藩しては一介の浪人になることであったと考えられる。具体的には、これまで由緒のある家柄を誇っていた親藩越後高田藩における家臣らの中から、そこでの先祖伝来からの名誉や誇りとを自ら投げ捨て、かれ及びかれの家族らが（一部では陪臣らをもまた含めて）、これからは全くの生活の保証がない流浪の旅に、または、全くの未知の世界に飛び込んで、自力で生計を立てていくことを意味するものであったと考えられる。したがって、現実の家臣としての生活に絶望し、あるいは、代わっては全くの未知の世界に飛び込むとあっては、さらには逆に、自己の能力をさらに生かすために、あえてこれまでの世界とは全く違っては生活の保証のない世界へ飛び込むとあっては、また、信仰や芸能・学問などのさまざまな世界などにも飛び込むとあっては、それはいずれにしても自己否定の行為そのものであったとも考えられる。もちろん、そこではさまざまな理由が、また、さまざまな多彩な人間模様とが展開されたとしても、そこでみられる家臣らによる思い切った転身は、あるいは、捨て身の行為そのものは、それはあくまでも家臣ら個々人の問題ではあり、また、家族らの問題でもあったものと考えられる。また、こういった行為や事例は、極めて少ないものの、藩政当初から既にみられた事実ではなかったかとも考えられる(5)。

また、こういった事例は、当人に強い目的とその意志とがあれば、たとえば、家督相続の場合に一族の了解さえあれば、代わって後継者を立てることなどの方法によってはまた可能ではなかったかとも考えられる。

しかし、それが個々の家臣らに留まらずに、複数の家臣らが互いに結束を固めた上での藩からの離脱を考えた場合には、また、かれらが集団で脱藩を考えた場合には、それは当時にあっては異例の事態ではなかったかとも考えられる。そこでのかれらの行為は、直ちに公儀による徒党禁止令に抵触するものであったと考えられる。何故ならば、一度に家臣らが集団で脱藩を決行するとあっては、それは当時における家臣団の在り方そのものに大きな影響を与え、場合によっては家臣団の維持そのものが不可能になるその可能性すらも秘めていたからだと考えられる。

ところが、この越後高田藩の場合、第一次処分が実施されると、家臣らによる集団的な脱藩行為か表面化することになった。また、こういった事例は、それ以前、たとえば、藩主後継者でもあった三河守綱国が藩主光長から付家老安藤九郎右衛門の更迭を命ぜられ、これに三河守が強く反対、それが親子の対立にまで発展した事実をも既に紹介したが、怒った三河守が自分の支配下にあった美作反対派の家臣らを追放するといった事件にまでもそれが発展することになった。このためもあってか、また、これに憤慨した家臣らの間では衝撃が走り、追い詰められた一部の家臣らの中では一時期、脱藩の可否が真剣に話題にもなったものと考えられる。また、こういった事実もあってか、既に紹介を試みたように、心配した指導者でもあった永見大蔵は、江戸表から国元の家臣らに対して、第一次処分の実施の前には、脱藩に踏み切ることがないようにと強く命じてもいたものと考えられる。けれども、第一次処分が実施されると、美作反対派の家臣らにとっては脱藩の可否が避けては通れない大きな課題になったものと考えられる。事態は一段とより緊迫したものと考えられる。

同時に、こういった事態に対しては、藩執行部の強い取り締まりの強化もあって、当時にあってはまとまった形態での脱藩は許されず、それは藩の許可を得た上での三々五々とあくまでも分散した形での脱藩が表面化することになったものと考えられる。美作反対派の家臣らが、互いにその意志を確認した上で脱藩を考え、それを決行したと考えれば、その形態がたとえ分散を余儀なくされたとしても、かれらによる継続的なその行動の結果は、また、そこにおける家臣らの自己否定の行動は、その結果において当時における藩執行部に、また、家臣団の組織的維持に大きな打撃を与えるものであったと考えられる。その意味では、この藩における家臣らによる脱藩は、藩執行部に対する抵抗運動としても位置付けられ、評価されるべきものであったともまた考えられる。

ところで、領主の支配下におかれていた農民たちであれは、領主による圧政に抵抗しては農民らによる集団的な逃散が既に中世末期頃から近世初頭にかけて、さらにはそれ以降においても度々みられることが注目される。ところが、為政者としての家臣らによる逃散、言葉を代えての脱藩といった行為が、果たして度々、みられるのかどうか、家臣団の研究が大幅に遅れている現在、家臣らによるいわゆる脱藩騒動は、現在のところ極めてその事例が限られ、既に具体的に検討を試みたように、現在のところ羽後国（秋田県）亀田藩における脱藩騒動（宝暦一〇年）(6)及び豊前国（大分県）小倉藩における白黒騒動（文化一一年）の事例がみられる程度ではないかとも考えられる(7)。

しかし、いわゆる幕藩体制の創設当初から確立期にかけては、藩主たちによる領内に対する、また、家臣団に対する、一元的な支配が確立するまでは、一部の家臣らによる脱藩騒動は案外、なおも動揺・流動化していた社会状況をも反映しては、一部ではみられたのではないかともまた考えられる。既に検討を試みたように、同じ一族でもある福井藩においても、延宝年間には藩主の家督相続をめぐっての騒動の中で一部家臣らによる脱藩騒動が起こっている事実を既に紹介したが（第Ⅱ編第三章第3節参照）、あるいは、元禄末にも越後に近い美濃国岩村藩では藩主の実施した政策の是非をめぐって御家騒動が起こり、それに反対した家老が家臣らに太刀を持たせ、福井藩における事例と同じように、正装しては堂々と城下を退去した事例を既に紹介することにしたが(8)、こういった事例は探せばさらに増える可能性があるのではないかとも考えられる。特に検討の対象とする越後高田藩における家臣らによる、特に延宝八年になって本格化した美作反対派の家臣らによる脱藩騒動は、その規模も大きく、全国的にみてもやはり注目されるべき事例ではないかとも考えられる。

同時に、いうまでもなくこの越後高田藩においてみられる家臣らによる脱藩騒動は、美作反対派の家臣らが当面した政争に敗れた結果、起こされたものであった。また、脱藩といった自己否定をも決意した家臣らが、その結果として起こるであろう藩政の混乱を、また、家臣団そのものの組織的維持が崩れるであろうことなどをも、どの程度、意識して、また、予想もして、脱藩を決行したのかについてまではよくわからない。しかし、かれらの自己否定の行動そのものが、その結果として藩執行部を追い詰め、また、世間の人々の注目と関心とを広く集め、公儀をしていわゆる幕藩体制そのものの直面した危機の深刻さを、強く認識させることになったのは事実であったと考えられる。その意味では脱藩騒動といったいわば捨て身の行動は、また、自己否定の行動は、それがたとえ三々五々に分散した形態で実施されたとしても、権力に対する抵抗運動の一環としてやはりそれを理解することがまた出来るのではないかとも考えられる。

なお、さらに付言するとすれば、この越後高田藩の場合、後述もするように、脱藩した家臣たちの多くは、藩主から給地(知行地)を与えられ、かれらの多くは、先祖代々からの自己の陪臣らや、多くの下人・下女らをも引き連れて、あるいは、かれらとの先祖代々にわたる深い絆《きずな》を自らあえて断ち切って、流浪の旅に出たものと考えられる。その意味でも、脱藩といった行為は、当人及び家族らはもちろんのこと、かれの率いていた陪臣らをも、さらには、さまざまな形でその主人に奉公していた下人・下女らをも含み込んで、多くの人々にも深刻な打撃を与える行為でもあったと考えられる。

とすれば、脱藩といった行為は、それぞれが、一応、そこでの生活を保証された上での家臣たちが、互いに誓紙を取り交わして結束し、その結束を前提に団結して実力行使に踏み切って何らかの騒動を起こしたとしても、また、それがたとえ失敗しても、処分または追放にでもならない限りは、かれらに対する最低生活は、また、かれらにともに仕えていた与力たちや陪臣らは、さらには、かれらに奉公していた多くの人々をも含めてその生命・財産などはなおも保証されていたものと考えられる。その意味では、騒動への参加と脱藩といった行為とは、両者は決定的に異なるものであったとも考えられる。前者では、たとえ反抗または違反行為を実行したとしても、処分をされない限りは不名誉としてその汚名は負わざるを得ないとしても生命・財産は一応、保証され、後者の場合は、その行為そのものが自己否定であり、場合によってはそれは一族をも含めた小集団の自己否定、自殺行為にも発展するものであったとも考えられる。特に後者の行為は、いわゆる騒動一般とは本質的に異なるものであったとも考えられる。それの拡大は、かれらがそれぞれ属する家臣団そのものの分裂と崩壊とに直結し、藩体制の維持如何にも深刻な影響をまた与えるものであったと考えられる。それは公儀にとっては決して見逃すことの出来ない行為でもあったとも考えられる。

同時に、脱藩といった行為は、そこでの強い決意と何事にも屈しない強い意地、気概とがあって初めて実行出来るものであったとも考えられる。そこでの気概と決意とが、いわゆる戦国の乱世を生き抜いてきた武士たちの中でともに共有されていた意識だとしても、そうした堅い決意がなければ、脱藩といった行為は、また、そこでの捨て身の行動は、通常の状況では到底、みることが出来ないものであったともまた考えられる。特に、生存競争の厳しい戦国時代や、なおも淘汰の続く江戸初期であれば、家臣らが浪人しても、再度、仕官する機会もまた多かったものと考えられる。しかし、既に社会が一応、安定し始めたいわゆる寛文・延宝期とあっては、仕官の途もまた厳しく、そういった生活の保証が極めて乏しい中での脱藩といった行為は、また、それの決行は、容易なことではなかったものと考えられる。そこでみられる家臣らの精神構造をどのように考えるのかも、脱藩騒動における重要な検討課題のひとつだとも考えられる。

以下、残された脱藩騒動関係の資料を検討の対象に選び、そこでの脱藩の実態如何を探る作業にまずは取り組むことにしたいと思う。

【注】

（1）岡嶋壱岐一族と藩政との係わり、特に、所持石高の推移などについては、「柏崎市史」中巻三一頁に一応の説明がある。

（2）・（3）は「日記」五五一・五五二頁参照。

（4）「北越噪乱記」下（前掲第二章第2節の注記参照）による。なお、脱藩騒動前後の時期における藩首脳部の状況如何についてははっきりしない部分が多い。特に重臣らに与えられた与力の実態や所持石高などについてもその感が強い。なお、ここで既に紹介した「北越噪乱記」下以外にも、たとえば「天和越後騒動記」（東北大学「狩野家文書」）の中にも同様の紹介がある。これを参考のために紹介すると、以下の通りとなっている。

四〇〇〇石	小栗右衛門、	与力持家老ニ成	逆意方（美作派）
二〇〇〇石	小栗兵庫	家老ニ成	同（同　）
一〇〇〇石	小栗十蔵	同	同（同　）
二五〇〇石	林内蔵助	与力持家老ニ成	同（同　）
三〇〇〇石	本多監物	大家老与力持	同（同　）美作妹婿
八〇〇〇石	片山主水	与力持	中立
一万七〇〇〇石	小栗大六	同	逆意方（美作派）年一九
二五〇〇石	渥美久兵衛	城代	中立
一万四〇〇〇石	岡嶋壱岐	与力持大家老	為方（美作反対派）
三七〇〇石	本多七左衛門		為方（同　）
一〇〇〇石	多賀谷内記	家老	病気中引込罷申候

一〇〇〇石　野本右近　　大身（名）分　　　　　逆意方（美作派）

以上である、やはり実録資料であるために所持石高その他にも問題点が含まれているかとも考えられるが、ここでは渥美が中立派、野本はここでは逆意方となっている。いずれにしても、ここでもやはり為方（美作反対派）の凋落ぶりが著しい。

（5）たとえば、越後騒動後に幕政で活躍した新井白石（正徳の治）の父子もやはり脱藩者らの一人であった。
（6）拙著「御家騒動の研究」第五章第一節「羽後国亀田藩『家中脱藩騒動』について」参照。
（7）同　第五章第二節「豊前国小倉藩『白黒騒動』について」参照。
（8）同　第七章第二節「美濃国岩村藩『岩村騒動』について」参照。

第2節　脱藩騒動の実態について（上）―実録資料「飯山記」を中心に―

第1項　実録資料「飯山記」について

現在、脱藩者らの一部の実態を記録した実録資料「飯山記」（内閣文庫または小浜市立図書館酒井家本）が残されている。以下、この残されている「飯山記」によって、脱藩騒動の実態如何をまずは少し探る作業を試みることにしたいと思う。

そこでまずはこの実録資料の表題になっている飯山とは、一体、何を意味するのかが問題だと考えられるが、これは地名である。現在、長野県の善光寺を起点にして北に向かってＪＲ信越本線（または北陸新幹線）が北上しては難所である妙高高原を経由しながら北陸に入り、当時、日本海沿岸の著名な湊町である直江津(新幹線では糸魚川)に到達する。この出発点である長野を出て間もなくして途中の駅である豊野に到着すると、そこからはさらに分かれてJR飯山線が旧飯山街道に沿って北上する。その沿線にあるのがかつての飯山街道沿いの宿場町である飯山である(1)。また、この飯山は寛永一六年から元禄九年までは、藩主松平忠倶《ただとも》が支配する四万石の城下町でもあった。

逆に北陸の湊町直江津から南下して長野の善光寺に至る場合は、江戸時代においては直江津を出発し、すぐ途中の城下町である越後高田を経由し、本来であれば、妙高高原を越える北国街道を利用しては長野の善光寺に到着するコースが一般的であったと考えられる。しかし、これ以外にも城下町高田から新井を通って小出雲で分かれ、姫川原・除戸《のぞきと》・猿橋・長沢村を経由しては飯山に至るコースがあり、高田藩からの脱藩者の殆どがこの脇街道を利用してはまずは飯山に到着し、ここから改めて飯山街道を利用しては長野の善光寺に到着していたものと考えられている。また、実録資料などによると、越後騒動がはじめて起こった延宝七年正月九日の翌日に、小栗美作の有力な腹心の一人であった家老安藤治(次)左衛門が城下から欠け落ちして江戸に向かっているが、かれもまた城下から退去するときにもこの脇街道を利用しては飯山に出て、今度は飯山街道を利用しては善光寺に到着、ここから江戸に向かったとも伝えられている。北国街道沿いの関川には既に藩の番所が設置され、関守の役人らが常住していたものと考えると、ここを避けて国外に出るためには脇街道である飯山道が専ら利用されていたものと考えられる。

かれらはさらに善光寺を拠点に、ここから小諸・軽井沢をへて関東へ、また、さらに南下しては松本・塩尻を経由して木曽谷を利用しては城下町名古屋方面へ、あるいは、伊那谷を利用しては太平洋方面へと、さらには諏訪を経由しては甲府方面へと向かったのではないかとも考えられる。

現在、残されている資料「飯山記」(内閣文庫本では巻一から巻六まで、小浜市立図書館酒井本では計八巻)は、この飯山を経由した脱藩者らについて記録した貴重な実録資料だと考えられる。もちろん、脱藩者らの中には、特に越後高田藩改易後には、一族郎党らをも含めてそのまま旧高田藩の領内に、また、その周辺部に新しい居住の地を求め、帰農した者もまた多かったものと考えられる。また、かれらについては既に先学の実態調査をも踏まえた貴重な研究業績が現在、残されている(2)。あるいは、西に向かって糸魚川方面や、東に向かって越後国方面へ出た者たちもまた考えられ、そのすべてが飯山を経由したわけではない。その意味では脱藩者らの行手は多様であったとも考えられる。

しかし、糸魚川方面はこれまで親藩高田が外様大名加賀藩前田氏一〇〇万石を監視するために、糸魚川に城（糸魚川城または清崎城）を構え、与力大将でもあった荻田主馬父子が長い間、城代としてこの地を支配し、かれが第一次処分によって松平一門の大名らに預けられると、今度は代わって同じ侍大将・与力大将でもあった岡嶋壱岐がその地の警戒にあたることになった。しかし、これまでの加賀藩と高田藩との緊迫した関係などを考えると、この方面への出国は、また、その途中に「親不㆑知」の難所もあり、恐らくはかなり難しいかとも考えられる。他方、東に向かった場合も、この越後方面には小藩が分立してはいるものの、この地方が江戸時代にあっても早くから江戸への出稼者らの供給地でもあったことなどをも考えると、そこへの可能性もまた乏しく、やはりその大半は城下及びその周辺で浪人として帰農するのか、飯山を経由しては国外へ出るのか、そのいずれかが主な落ち着き先ではなかったのかとも考えられる。

実録資料「飯山記」をみると、高田藩の改易直後には、特に美作一派（いわゆる逆意方）に対する一般の人々からの批判の声が強く、かれらは改易されると、一時的に近くの柏崎付近に集住しては批判の声が鎮まるのを待ち、それ以降に退散したとも伝えられており、詳しい事情はよくわからない。やはりその多くは飯山経由で藩外へ、また、その残りはそのまま旧藩領域やその周辺で帰農したものとも考えられる。

次に、この「飯山記」の成立年代及びその著者が問題となるが、内閣文庫本では脱稿したのが貞享四年一〇月下旬とあり、酒井本では、全く分からないが、その内容は延宝九年一二月までとなっている。また、内閣文庫本では、その著者は「北越高田散人無字於東陽書也」とあり、とくに北越高田散人とだけ記され、その実名まではわからない。また、酒井本では全くその記述がみられない。その記述内容については、特に内閣文庫本では「騒動根元ヨリ未（延宝七）ノ五月迄ハ通夜物語ニ委ク記録スユエ是ヲ畧ス、其後サマザマノ事是アルトイヘ共、我聢不覚九牛ノ一毛ナカラモ連日書トメタル所ヲ筆ニノコス、某住国ナレバ此書ヲ飯山記ト名付ル者也」とあり、いわゆる実録資料である「越後騒動記」や「越後騒動通夜物語」などが延宝七年五月までで終了していることから、引き続きそれ以降からの内容を記述しはじめたのだといった言葉がある。

これによると、実録資料として当時、既に一般に流布していた「越後騒動通夜物語」または「越後騒動根元記通夜物語」などを著者は既に読んでおり（たとえば、他に「大和守日記」を読むと、大和守自身もまたこの越後騒動記を借用しては一読した事実が記載されている[3]）、あるいは、その執筆にも場合によっては何らかの形で参加または協力していたこともまた考えられ、そこでの擱筆の時期が延宝七年五月までなので、これ以降を特に補充・補足する目的もあって実録資料「飯山記」を書き残したのではないかともまた考えられる。もちろん、その身分は高田藩の脱藩家臣らの一人であり、美作批判派（為方）に属したかなりの地位にあった人物ではなかったかとも考えられる。また、既にかれ自身も脱藩者の一人でもあり、少なくとも飯山を経由して脱藩してきた家臣たちを一応、把握することが出来る立場にあった有力な人物の一人ではなかったのかとも考えられる。また、場合によっては、脱藩してきた家臣たちに何らかの形で援助・協力していた人物だとも考えられる。あるいは、そこでの叙述内容からもかなりの学識のあった人物であったとも考えられる。

既に、第一次処分によって騒動関係者五人が一門大名らにそれぞれ預けられていたが、城下萩に幽閉されていた永見大蔵の許には、騒動関係者らの代表が密かに訪れている事実をも指摘した。したがって、場合によっては早くから脱藩者らを密かに援助するための組織またはそのルートが、かれらをも含めて存在していた可能性もまた考えられる。いずれにしても、脱藩者らに対する援助を密かに実施していたこともあってその情報がかれの許に集まり、かれはその集まった情報を踏まえてはその内容を記録し、かれの居住地の名前をつけて実録資料「飯山記」を書き残したものだと考えられる。

第2項　脱藩者たちの実態について

(1)飯山経由の脱藩者たち

実録資料「飯山記」には、飯山を経由した脱藩者らの個々の氏名が記録されている。また、その多くにはかれらによる出国の時期、その役職名またはその身分、そして、知行高などがともに記載されている場合が比較的多くみられるが、なかには職名も所持高も全くわからず、ただ名前だけの者も、また、職名はあるものの、その所持高がないものなど、統一性を欠き、給人の場合は一応、所持石高の記載はみられるが、禄米取りの家臣らに至ってはその所持高の記載は全くみられない。また、出国の時期も、時期ごとにまとめて整理された上で記載されている訳ではなく、恐らく「飯山記」の筆者は、脱藩者らに関する何らかの情報を聞けば、その場でそのまま記載したものとも考えられ、そのために順不同で記入されざるを得なかったものとも考えられる。そこで取り敢えずは一応、かれら全員を記載順に並べて、仮に「脱藩者名簿」といったものを自分なりに作成してみることにした(その名簿は繁雑さを避けるために、ここではその紹介は省略)。しかし、各個人ごとにその記載の様式、内容などがばらばらであるために、そこからすぐに脱藩者家臣らに共通してみられる特徴などを直ちに汲み取って指摘することはかなり難しい。

けれども、それでも作成した名簿を通して、現在までのところ、そこから読み取ることの出来るかと考えられる特徴や問題点などを以下、少し紹介してみることにしたいと思う。

実録資料「飯山記」によって個々の脱藩者たちを集計してみると、その人数は凡そ二一〇人余りではないかとも考えられる。何しろ藩の厳しい規制もあって三々五々と分散した形で脱藩しては飯山に到着するとあっては、また、現在のところかれらを密かに受け止めて何らかの援助を試みるための組織の存在は不明で、かれらの名前や人数をその都度、正確には確認出来ないままに、一応、それを書き留めた「飯山記」の内容は、正確さを著しく欠いたものにならざるを得なかったものと考えられる。それでも、「飯山記」の記載内容をみてみると、既に指摘したように、記載されている脱藩家臣らの人数は約二一〇人余りである。ただ中には親子や兄弟でともに参加する者もあるなど、より正確な人数まではわからない。

ところで、ここでの記載内容の順序をみてみると、まずは最初には家臣ら自らで脱藩を決意した家臣らではなく、第一次処分(延宝七年一〇月一九日)が実施された結果、これに関連して、江戸表を中心に美作反対派の家臣らに対する暇を命ずる形での追放処分が最初に実施され、それに関する記述が最初に書かれていることがまずは注目される。特に藩主後継者でもあった三河守の屋敷を中心に計二六人余りの家臣らが既に追放されている。また、ここでの冒頭には小野里庄助・水科新介・多賀半市や三河守の屋敷における美作反対派の家臣らの名前とが続く。周知のように、主人三河守は江戸表における美作派を代表する人物であり、かれは早くから自分の家臣らの中での美作反対派の家臣らを排除・追放する旨をも公言していたとも伝えられ、その結果が三河守による美作反対派の家臣らに対する江戸からの追放処分の実施であったとも考えられる。

次に、新しい年である延宝八年を迎えると、大番組渡部十兵衛(二〇〇石)・留守居年寄岡嶋治部(一〇〇石)の二人の給人と徒頭《かちがしら》三人と平徒一二人余りの名前とが続き、その終わりには一族を集めては酒宴を催し、その直後に父子ともに自害して果てた三原田六郎左衛門の名前とが記載されている。この場合、渡部・岡嶋の場合は、かれら両人は強硬な美作反対派だと考えれば、最初に脱藩したことも考えられるが、次に続く徒頭三人と平徒一二人余りらは身分が低く、何故、かれらが禄米取りの家臣らとして最初に脱藩したのかが、いまひとつその理由がわからない。場合によってはかれらは既に第一次処分で処分された五人の中心人物らと深い関係があって早く脱藩に踏み切った者たちだとも考えられるが、この辺の事情は不明のままである。また、ここでは詳しいことは省略するが、二月二三日の三原田父子の自害は、その当時における美作排斥派と美作派との厳しい対立の中で自己の生き方如何に悩んだ末での事件の一齣(自害)であったともまた考えられる。

以下、翌延宝八年二月中旬頃から美作反対派による脱藩が続いて同年末の一二月頃まで続くことになるが、この飯山記の著者はその間においては脱藩家臣らを十二分に整理する余裕もないままに、かれらについての紹介が続く。特に雪解けの季節から五月にかけては、当時における家臣団の中核でもあった大番組に所属していた家臣らによる脱藩が本格的に開始されたものと考えられる。また、特に大番組所属の家臣らがその先頭に立って本格的な脱藩が開始されている事実が注目される。続いて国元及び江戸での物頭たちや中小姓頭・大名分・使者・寄合・作事や蔵奉行らをはじめとする給人らや各種の職種、たとえば、小十人組や徒行・小役人・膳番や料理人・右筆・腰物番・児小姓・坊主らに至るまでの禄米取りの家臣らがその後に続いている。特に、かれらを集団としてみると、大番組所属の家臣らが計五〇人余りで最も多く、次に与力ら二〇人余りが多い。

いうまでもなく大番組は一〇組で編成され、既に指摘したように、家臣団の中での中核を担う最精鋭部隊でもあり、その中心でもあった。ここから多くの脱藩者が出ている事実そのものが、また、かれらが先頭に立って決起していることが、ここでの越後騒動の深刻さを、また、それの重大性をも自らが示しているものと考えられる。

同時に、与力たちの存在もまた無視出来ない。かれらは特に既に指摘したように、本来は藩主直属の家臣らであった。そのかれらが、藩主不在で、しかも、その所持領知高を大幅に削減された上での高田への転封といった緊急の事態に対応するために、特に任命された七人の侍・与力大将らにそれぞれ分けては配属させられていた存在であった。ところが、ここでの侍・与力大将らそれ自身が真っ二つに分裂した結果が与力らの脱藩にも結果したものと考えられる。本来であれば、かれらの派遣の目的は藩主の意向を受け止めて侍・与力大将らの団結と軍事力とを強化・補強するところにその派遣の目的があったものと考えられる。ところが、侍・与力大将らを援助し、ひいては藩主の許に軍事力を結集すべき役割を与えられていたにもかかわらず、かれらがその本来の役目を忘れ、配属先の主人らのためにのみ専ら奉公するとあっては、あるいは、その主人が脱藩またはそれを決意した場合、かれと運命をともにするとあっては、それは与力制度そのものが既にこの段階では制度としての存在の意味を無くしていたものとも考えられる。

また、脱藩した与力たちをみると、たとえば、美作反対派である本多七左衛門所属の与力ら六人余りがまとまって脱藩している。この事実は派遣された与力らと主人との間における深い信頼関係とがあって、かれらはともに脱藩したものと考えられるが、それにしても本来の主君である藩主にあくまでも忠節を尽すのではなく、むしろ預けられていた主人にむしろ奉公するとあっては、その意味ではやはり異常な行動ではなかったかとも考えられる。

他方、脱藩した与力の中には、美作派の本多監物所属の与力らの三人の名前もある。かれらの場合は預けられた主人が美作派であり、自分の属する一族郎党は、また、派閥は、美作反対派であったものと考えられる。この場合は、そこでの与力は預けられた主人に奉公すべきであったが、現実は主人ではなく、かれよりも自分が属する派閥・一族郎党をも優先させては脱藩に踏み切ったのではないかともまた考えられる。その意味でも、与力の制度は既に早くから形骸化していたのではないかとも考えられる。

同時に、禄米取りの家臣らからも多くの脱藩者らが出ている。しかも、かれらの中には膳番や料理人・医者までがそれに含まれている。何故なのか、恐らくかれらもまた美作反対派の者たちと同じ派閥、同じ一族郎党らとに属し、そのこともあって仲間らとともに、脱藩したのではないかとも考えられる。そこでは本来、自分に与えられた職務よりも、むしろ自分と同じ一族を、派閥の方を優先させては、ともに脱藩に踏み切ったのではないかとも考えられる。そこではあくまでも主君のためにといったいわゆる近世的秩序の成立とは程遠く、むしろ戦国の乱世を生き抜いた一族郎党といった仲間意識の方がより強く、これらをも踏まえた上での脱藩ではなかったかとも考えられる。あるいは、そこでの仲間意識の方が、あるいは、そこでの絆の方が、優先されたその結果ではなかったかとも考えられる。

ともあれ、脱藩者一覧の二一〇人余りから最初の追放処分者二五人余りを差し引くと、脱藩者の実数は一八五人余りではなかったかとも考えられる。しかし、実録資料「飯山記」の成立事情などをも考えると、そこでの人数にはなおも誤差も含まれ、今後ともより緻密な検討がさらに必要ではないかとも考えられる。

ところで、ここで利用した「飯山記」によると、別の箇所には以下紹介する記述がみられる。「(美作反対派)ノ面々去春当春ヨリ極月ニ至リ暇遁世ノ者彼是三百五十人ニ及リ、イカニ越後ノ家中家古ルクトテモ侍三百餘人減シケレハ人ナキ様ニソ見ヘニケル」とある。ここでの三五〇人といった脱藩者らの人数の総計が、飯山経由の脱藩者たちだけの総数なのか、あるいは、この藩における脱藩者ら全体の総数なのか、この点がはっきりしない。いずれにしても、脱藩といった行為が場合によっては密かに、また、混乱の中で決行されたとあっては、そこでの正確な人数の追究は容易ではないが、この数字は恐らくは脱藩者らの総数を示しているのではないかとも考えられるが、さらに検討の継続が必要だとも考えられる。

表Ⅲ－3－⑦　大番組の構成

番頭たち	所持高	構成員	400石	350石	300石	250石	200石	150石	100石	計
小栗市左衛門組	500石	11人			2	2	4	2	1	11
嶋田波門組	500	12			2	3	3	4		12
月山十右衛門組	700	13	1		2	1	4	3	2	13
天野一学組	900	12			1	1	7	2	1	12
斉藤織部組	500	14				5	4	4	1	14
安藤武左衛門組	500	11				2	6	2	1	11
岡嶋図書組	400	13			1		8	3	1	13
村田団右衛門組	1000	13			1	1	6	3	2	13
渥美平内組	700	12			1		6	3	2	12
小栗四郎右衛門組	1000	12			2		5	4	1	12
計		123人	1		12	15	53	30	12	123

注)資料「越後高田惣家中知行高諸役附」(「高田の家臣団」所収)による。

(2)大番組と脱藩者たち

以上、実録資料「飯山記」によって脱藩者らの実態の検討を少し試みたが、その中で最も注目される事実のひとつとして脱藩者らの中で集団としてみた場合、大番組一〇組をそれぞれ統率していた番頭とかれの支配下にあった美作反対派の家臣たちとが、ともに行動をともにしたことも考えられるが、むしろその事例は極めて少なく、むしろそこでの実態は、各組に分散していた美作反対派の家臣たちが、それぞれ所属していた組の枠を越えて互いに結束しては脱藩に踏み切った事例の方が多かったのではないかとも考えられる。いずれにしても家臣団の中でその中核となった最精鋭部隊から計五〇人余りと最も多くの脱藩者らが出ていることそれ自体が、家臣らによる脱藩といった行為が、家臣団の崩壊をも直接に示唆するものとして見逃せない意味を持っているものと考えられる。

なお、取り敢えずは延宝期頃に作成されたであろうかと考えられる「分限帳」によって、家臣団の中での大番組の編成についてみてみると、それは表Ⅲ―3―⑦の通りである。これによると、大番組は当時、表示されているように、全体で一〇組構成で編成されている。第一組の大番頭である小栗市左衛門組をはじめとして第一〇組のやはり小栗四郎右衛門組に至るまで、全体が一〇組で構成され、組ごとにその人数をもともに表示することにした。組は一二人から一三人、最も多い組が一四人、少ない組は一一人の家臣らで編成されている。また、その人数を集計してみると、全部で一二三人である。また、かれら個々人の所持石高をも調査してみると、二〇〇石クラスが最も多くて五三人、次が一五〇石クラスの三〇人が多い。最高は片山十右衛門組の四〇〇石が一人、次は三〇〇石クラスが一二人、最低は一〇〇石クラスの家臣らで一二人となっている。いわゆる大番組の主力を構成していた家臣らがその中心となっている事実が注目される。その中で資料「飯山記」でみられるように、計五〇人余りが大番組からの脱藩者であったと考えると、かれらは大番組全体の中で四〇％余りを占めていたことになる。また、それは三人に一人以上の割合で脱藩者が出ていることになる。それはまさしく大番組それ自体の弱体化または崩壊をも示すものとして見逃せないものであったと考えられる。事実、その結果はこれまでの大番組一〇組の編成は、これを機会に縮小を余儀なくされては、計八組の編成になっているのである。

この場合、脱藩者らの中心は大番組の各組に所属し、そこでの組の統率者であった番頭らの許で統率されていた主力の構成員たちであったと考えられる。しかし、当時はなおも大番組それ自体も美作派（逆意方）に所属していた大番組の番頭及びかれの統率下にあった構成員である家臣らと、美作反対派（逆意方）の番頭及びかれらに率いられていた美作反対派の家臣らとに大きくは二つに分かれていたのかどうか、あるいは、ある程度はそれぞれの構成員の派閥などをも意識しながらも編成されていたのかどうか、さらには、全く派閥如何は無視され、軍事力強化のみの視点からのみ編成されていたのかどうか、家臣団の編成に関する検討が大幅に遅れている現状では、この辺の事情は現在のところ全くわからない。恐らくは各組々に広く分散していた美作反対派の同志たちが組の枠を越えては互いに結集しては脱藩騒動に参加していたのではないかとも考えられるが、この辺の検討も、残された今後の課題のひとつではないかとも考えられる。いずれにしても、この藩における家臣団の中核を占める大番組計一二三人の中から五〇人余り、全体の四〇％を占めた家臣らが脱藩している事実そのものが、家臣団の維持にとって極めて深刻な打撃を与えている事実が注目されるのではないかとも考えられる。

【注】

（1）実録資料「飯山記」（国立公文書館内閣文庫所蔵）による。なお、飯山それ自体についての詳細については「飯山市誌」歴史編第六章三八二頁参照、また、飯山街道については「新井市史」上巻三四五頁以下参照、他に「新潟県の地名」（平凡社「日本歴史地名大系15」「北国街道」）二四頁など参照。

（2）渡辺慶一「越後松平家没落に於ける家臣の土着形態の一例」（「頸城文化」第1号）が注目される。また、同氏には他に「交通史料から見た越後騒動後日談」（「同」25号）がある。

（3）「日記」五九二頁。

第3節　脱藩騒動の実態について（中）
―実録資料「越後騒動日記」巻末資料を中心に―

第1項　実録資料「越後騒動日記」全一〇巻の巻末資料について[1]

既にその内容の紹介を試みた資料「飯山記」以外にも、脱藩者らを記録した資料としては実録資料「越後騒動日記」第十巻の巻末に記載されている脱藩者らについての名簿がある。そこでこの「日記」の著者がまず問題となるが、この実録資料の最後（巻末）には、これを筆写した時期とこれを自ら筆写した人物の名前とが残されている。これによると、「明和二年乙酉春書写也、越後州魚沼郡反目邑水落信衛門二十三歳」とあり、この日記は新潟県魚沼郡反目村居住の水落信右衛門二三歳によって明和二年に筆写されたものであった。ところが、筆写するそれ以前の原本及びその著者名などは不明のままである。したがって、誰か、何時頃に執筆したのか、また、どういった資料などをも参考にしたのか、あるいは、そこでの内容をみると、一人だけの執筆ではなく、恐らくは複数の人々の支援や協力によって記述されたものとも考えられるが、現在のところ、その成立事情についても詳しいことは全くわからないままである。

また、この巻末には、脱藩者らの名前を紹介する名簿の前に、「中将(光長)殿御家門并惣家中知行高諸役付」といった名称で、当時における家臣団全体の各役職ごとに、そこでの各役職にそれぞれ所属していた家臣らの人数及び個々の名前などとを書き上げた、それも禄米取り以下の家臣らに至るまでをもともに含めた、主要な家臣団の内訳を詳細に書きあげたいわゆる「分限帳」が収録されている(付記された第一章巻末資料参照のこと)。また、ここでの主要な役職については、小稿における第一章の家臣団の構造如何を検討する場合に、既にそこでの一部は利用することにした。そこで、この分限帳における主要な役職者の紹介に続いて、ここではそれに続く脱藩者らについての名簿から、この藩における脱藩者らの実態如何を探る作業を少し試みることにしたいと思う。

第2項　脱藩者たちの実態について

(1)「制法之面々」らの実態について

ここで紹介された脱藩者らについての名簿は、二つの系統に分けられ、最初の一つには、「延宝丁未(七年)一〇月一九日、永見大蔵以下、御預より同九年酉六月迄、御制法之面々」とあり、他のひとつには「遁世欠落」の面々といった見出し項目が付けられている。

そこで前者の場合であるが、越後騒動において第一次処分が延宝七年一〇月一九日に実施され、美作反対派（為方）の中心人物である五人の責任者らがそれぞれ一門の各大名らに預けられたが、それ以降、翌々年の九年六月に入って公儀による再審（予審）の結果が発表されるまで、その間に実施された「制法」によって、具体的には藩が制定した法的手続きによって、脱藩することを特に藩執行部に願って正式に許された者たちが「制法之面々」であったと考えられる。また、その人数を表示したのが表Ⅲ―3―⑧である。ここでは第一次処分者である五人をも含めて脱藩者らは計一一六人余り、その内訳はいわゆる給人らが六五人、禄米取りらが五〇人余りとなっている。当時は飯山経由の脱藩者以外にもさまざまなルートの存在もまた考えられ、そこでの実態はさらに多かったものと考え

表Ⅲ－3－⑧　脱藩者（A）制法の面々

	氏　名	職務内容
4,000石	永見大蔵	一門衆
14,000	荻田主馬	侍大将
2,500	津田左門	大名方（分）
1,000	中根長左衛門	留守居老
1,000	村田團右衛門	大番頭
800	片山外記	大名方（分）
800	岡嶋杢太夫	大番頭
700	多田伴（番）右衛門	便番
600	岡嶋将監	奏者番歩行者支配
500	岡嶋治部	留守居老
500	斎藤織部	大番頭
500	原権平	無役衆
500	高坂介右衛門	便番
400	渡部九重郎	大目付
400	岡嶋作右衛門	物頭
400	大場重兵衛	物頭
400	大津弁助	
350	小野里庄助	中小姓頭
350	細井小平太	使番
300	中川重太夫	中小姓頭
300	斎藤六太夫	無役衆
300	水科新介	三河守付人小納戸
300	杉野勘兵衛	大小姓大番役
300	山岡久左衛門	
300	渡部治郎太夫	
250	6	
200	15	
150	15	
100	3	
計	64	
禄米取り	47	
医者	3	
計	50	
総計	114人余り	

表Ⅲ－３－⑧　脱藩者(B)
遁世欠落ちの面々

	氏　　名	職務内容
1,700石	岡嶋図書	老(家老)
1,300	遠山熊之助	大名方(分)
1,000	荻田山三郎	〃
600	多賀谷造酒之助	無役(衆)
〃	岡田政之助	大名方(分)
〃	摂津十郎右衛門	〃
500	中川助左衛門	物頭
〃	天野一学(覚)	番頭
〃	後藤儀左衛門	江戸常詰物頭
400	白石源蔵	刀番
〃	三宅四郎右衛門	町奉行
〃	望月五左衛門	
350	杢弥三右衛門	
300	林新蔵	江戸常詰物頭
〃	美生川六左衛門	江戸常詰物頭
〃	芳賀三郎四郎	
〃	松田権六	無役(衆)
〃	岡田藤左衛門	
〃	小寺重兵衛	
〃	岡上清介	
250	1	
200	14	
150	6	
100	2	
計	43人	
禄米取り	47	
その他	2	
計	49人	
総計	92人	

注)両資料とも「中将殿御家門并御家中知行高諸役付」(「越後騒動日記」巻之10)による。なお、資料の最後に「已上二百五人永見大蔵方」とある。

られる。特に、ここでは給人らの場合、所持石高三〇〇石以上の家臣らについてはかれらの役職をも調査してともに表示することにした。これによると、侍・与力大将らをも含めて大番頭・物頭ら、大名分・奏者番・大目付なども含めて有力家臣らが脱藩者の中に含まれている事実が注目される。あるいは、むしろかれらが中心になって脱藩が決行されている事実が注目される。たとえば、大名分津田左門・大番頭村田団右衛門・同岡嶋杢大夫・同斎藤織部や使番多田伴(番)右衛門、奏者番歩行者支配岡嶋将監・留守居老岡嶋治部らの存在が注目される。いずれにしても、有力役職者らが自ら脱藩に踏み切っているのである。かれらはいわゆる給人らが六四人余り、切米取りらが五〇人、計一一四人余りとなっている。

(2)「制外(遁世)之面々」らの実態について

他方、「遁世欠落ち」の面々とある名簿の方は、既に指摘したように、脱藩者らには藩の許可を得て脱藩した者たちと、藩による規制(制法)を嫌って勝手に、また、密かに、自分勝手に脱藩した家臣らもまた多かったとも伝えられている。そのためにかれらは特に「遁世欠落ち」の面々だと呼ばれていたものと考えられる。また、かれらは計九〇人余りとなっているが、その内訳は表示されているように、給人が四三人余り、切米取りが四九人余り、計九二人余りとなっている。また、ここでも三〇〇石以上の家臣らの氏名とその所持石高及び役職名をともに注記することにしたが、老(家老)である岡嶋図書、大名分遠山熊之助・同荻田山三郎・同岡田政之助・同摂津十郎右衛門、無役多賀谷造酒之助、物頭中川助左衛門と江戸常詰物頭後藤儀左衛門、番頭天野一学らの存在などが注目される。

以上であるが、制法の面々と遁世欠落ちの面々とを比較すると、遁世の面々が脱藩する場合、その手続きが省略されている関係もあってか、禄米取りの人数が制法の面々の方に比べて多いのではないかとも考えられるが、ここでは同じ程度ではないかとも考えられる。また、双方ともに大番組を構成する番頭らや物頭らがともに含まれているが、恐らくかれら番頭や物頭らに率いられた大番組所属の構成者や、物頭らに率いられた各部隊の中からも脱藩者らが多く出ていることが考えられる。

なお、これによると、両者を合せると脱藩者の総数は計二〇六人余り、その内訳は制法の者が計六六人・切米取りの方が五〇人、計一一四人余り、制外の者たちは給人らが四三人余り、切米が四九人、計九二人余り、全体に制法の者が多いものの、しかし、特に目立つような違いではないようにも考えられる。いずれにしても、両者合計二〇〇人以上の家臣たちが脱藩に踏み切っている事実が注目される。

この藩の場合、現在のところ、切米取りの以下の家臣の総数が正確には不明であるが、給人らの場合、その総数三四〇人余りである。その中から計一〇七人余りの脱藩者らが出ているので、かれら脱藩者の給人らの中に占める比率は三一%余りとなる。つまり三人に一人の割合で脱藩したことになるかと考えられる。また、この数字は既に示した大番組一〇組の場合、その中で脱藩者らの占める割合は既に指摘したように四〇%余りであった。その意味では、対立・抗争を続ける相手方の三割以上をも脱藩にまで追い込んだその事実をどのように評価すべきなのか、美作の勝利・成功と評価すべきなのか、最後には新将軍綱吉の登場による新しく起された時代の波にかれ自身も呑み込まれ、処刑されざるを得なかった美作を悲劇の主人公として受け止めるべきなのか、あるいは、歴史自身が持つ非条理と理解すべきなのか、話題は尽きないとも考えられる。

いずれにしても、ここで見られる家臣らによる脱藩の動きは、藩主による家臣団に対する一元的な支配が既に確立しておれば、それは本来はあってはならないものであったと考えられる。また、ここでの脱藩者らの人数は、それを示した資料が実録資料だとあっては、その人数にいまひとつ明確さには欠けるものの、やはり注目されるべき人数ではないかとも考えられる。とすれば、それを可能としたこの藩における家臣らの、特に重臣らにみられるかつての古い一族郎党意識を自らが自覚し、それを否定・克服しない限りはなおも続くことになったのではないかとも考えられる。その意味では、この藩の直面した危機は極めて深刻なものがあったと考えられる。

【注】

（1）「越後騒動日記」は、各地に残されているが、ここでは長岡市立図書館互尊文庫所蔵分を利用することにした。なお、脱藩者らの中には、いわゆる知行取りの家臣らとともにそれ以下の扶持米・切米取りの家臣らが多く含まれている事実が注目される。その理由としては、当初における有力家臣らの中での、たとえば、福井藩における重臣狛氏の場合について具体的検討を試みたように（第Ⅱ編第二章第4節参照）、かれは当時における残された寛永末の「宗門改帳」によると、多くの与力らや先祖伝来からの陪臣ら、そして、多数の奉公人らをも率いていた事実をも紹介した。こうした家臣団の在り方如何があって、また、そこでの家臣ら相互間における強い結束もあって、主人が脱藩した場合、零細な家臣らや奉公人らまでがともに主人と行動を共にしたのではないかとも考えられる。

第4節　脱藩騒動の実態について(下)―「松平大和守日記」を中心に―

第1項　資料「松平大和守日記」について

最後に、この越後騒動の収拾に直接関与した松平大和守が残した「日記」によって、当時、江戸にあって大和守自身が国元における家臣らによる脱藩の動きをどのように受け止めていたのかを少し探ってみることにしたいと思う。脱藩は本格的には延宝八年に集中して起こっているが、江戸表にあった大和守がこの事実を正面から受け止めたのは、「日記」によると、同年夏頃、特に国元における執行部の中心人物であった本多七左衛門・岡嶋壱岐の両人とが江戸表において特に藩主らに対して暇を願ったその時点ごろからではないかとも考えられる。

もちろん、家臣らによる脱藩の動きはそれ以前からも注目はされてはいたが、大和守らをはじめとして江戸表にあって騒動の収拾に直接関与していた関係者らは、それ以外にも当面した課題に追われ、とても正面からこの家臣らによる脱藩といった事態に対応するだけの余裕はなかったのではないかとも考えられる。「日記」をみると、延宝八年になると、早速、第一には新しい年を迎え、去年春以来の参勤交代が無事終了したこともあってか、藩主越後守の帰国如何の問題がまずは起こり、第二には四代将軍家綱自身が体調を崩し、五月には死去して代わって五代将軍に綱吉(館林藩主)が就任するなど、公儀における政権の交代が続き、藩執行部及び騒動収拾にあたる当事者たちは、むしろそれらに対する対応に追われることになったものと考えられる。第三には藩主後継者でもあった三河守と藩主越後守とが、三河守の付家老であった安藤九郎右衛門の更迭如何とをめぐって意見が対立し、安藤に代わって新しく片山主水が、その片山が国元に帰ると、林内蔵助が、さらにはかれとともに野本右近の両人とがともに付家老に就任はしたものの、三河守がこれに強く反発し、二人とも出仕が出来ずにしばらくは宙に浮く始末であった。また、三河守は常軌を逸した身なりと行動などで周囲の人々を驚かし、収拾当事者らの中から一門の大名らが協力してかれの説得にあたることが提案はされてはいるものの、最後には「三河殿遁世有之ハ、結局句能事」と、むしろかれの遁世が話題にされる有り様であった。(1)

なかでも、藩主越後守の帰国如何の問題は、国元においても家臣らによる脱藩の動きが本格化したとあっては、その立場上、一刻も早く帰国しては全力を挙げてそれらの阻止にあたるべきであったと考えられる。ところが、越後守の態度は何時も通りの優柔不断、その主体性に欠け、もし帰国しても他人の意見にすぐに左右されるかれの性格がむしろ心配される有り様であった。ともあれ、以下、日記によってそこで記述された記事から、脱藩の事実如何を少し追ってみることにしたいと思う。

第2項　脱藩者たちの実態について

以下、「日記」に残された脱藩者らに関する記述を抽出・紹介してみることにしたい。

(1)二月一〇日　「御側へ寄候様ニ御用有之と被仰、寄ハ越後殿家来、小野里庄助、多賀半一杯、御当地ニ有之ニ付、見出次第討捨と、御代官所杯断有之由」(2)

(2)同　二四日　誓紙提出の者へ「岡嶋壱岐・小栗右衛門、被見ノ上、返候輩二、三人ツツ暇もらい候」とあり、ま

た、大蔵一味の「甚之丞立候以後廿人斗モ暇ノコト申出候ものもありと承よし、最早予不構旨可申達と云也」(3)

(3)四月　六日「家来大勢暇遣候と及承候旨申ハ、脇にては三四百人も暇被下候と申と被仰故、脇より承候而書付申候、百人斗者可在之哉と申ハ、其妻子可有之候間、外にて申も断と被仰ニ付、当年御暇事能可有之とも、気遣ニ存候とも、たしかにハ不快申候」(4)

(4)四月一〇日「上州（上野介）御国本ハ鎮候哉と御申、中将殿いかにも鎮候、其内ニ不心得成者ハ、暇被遣よし御申ニ付、予言うハ脇々にてハ、大勢之様ニ申候と相違者、いや左様ニは無之、頭立候者二、三人、其下之者少々有と御申、津田左門も暇被下哉と相尋ハ、其通と御座申也」(5)

(5)四月一六日「其後不届者有之、三四十人暇遣候と被仰候故、鎮候得は、一段事と申候」(6)

(6)七月　一日「頃日も軽キ侍、二人懸落いたし候よし、只今三河殿近習之者二十人程御身方有之、是等ハ安藤九郎右衛門方、最前遊興之相手也、林内蔵、野本右近方、近習十人程有之、出会候而も無言之よし」(7)

(7)八月　七日「今日越後浪人、渡部十兵衛方より聞、高田ニ而去月百姓八万人斗訴訟ニ出云々」(8)

(8)八月一〇日「高田にて、いまた暇もらい候哉と尋ハ、今ニ至申入者も有之と及御聞候よし」(9)

(9)八月一四日　家老本多七左衛門、暇を貰うために三日前に出府、また、「岡嶋壱岐、図書も暇貫つもり、江戸詰之侍も半分暇願殊右之状ニ付、急ニ暇申入沙汰、此状は先頃暇之申所ニより、閉門御申付ニ而少ひかへ候者多故、扨ハ急度御申付候者、暇貫有間敷と、美作積り之よし、渡部十兵衛来申よし」(10)

(10)八月二四日「今日聞、越後殿家老岡嶋壱岐、暇申入候よし、御預之五人同心ニ有之、早々暇可申入候得共、越後殿御仕合見届可申ト延引仕候と申入よし」(11)

(11)八月二六日　本多七左衛門重貞から家臣宛の書簡の全文が紹介されている（その内容の骨子は病気療養のために出

府、この機会に藩主へ脱藩を願うことにする)(12)。

(12)八月二七日　松平上野介の言葉として「乍然壱岐、七左衛門始、暇申候へは、越後殿御為ニハ不宜候条、御留御尤と言事御申、くるしからす思召よし」(13)

以上、「日記」の中でみられる家臣らの脱藩関係の記述を抽出してそのまま示すことにした。また、脱藩とは直接には関係がみられないものの、当時における状況を考える上で見逃せないかと考えられる記述をもとに付記することにした。すべては日記からの抽出だとはいっても、前後の記述を全く無視または省略しては関係箇所のみの記述部分を紹介したために、文意を読み取ることが難しい場合がみられるが、ともあれ、江戸における収拾当事者らも脱藩の動きを一応、受け止めては話題にはしているのである。

また、ここで抽出した資料の内容についていま少し解説を試みると、たとえば、資料(1)は、既に資料「飯山記」の紹介でも指摘したように、江戸では最初に小野里庄助(渡辺九十郎の兄)や多賀半一らが、かれらは美作反対派の中でも強硬論者でもあったが、既に暇を命ぜられていた。ところが、その追放処分にもかかわらず、かれらがなおも江戸に居住していたので、厳しい処分を命じたものとして注目される。同(2)は、誓紙提出者に対しては岡嶋壱岐・小栗右衛門の両人が一応、面接を試みていたが、その中からも脱藩者が出ている事実や永見大蔵(為方)に所属していた甚之丞が退去した後も二〇人余りの脱藩者らがあったことが伝えられている。同(3)は、収拾当事者間での会話の一場面、脱藩者の場合、家族をもともに含めた人数と、当人らだけの人数には違いが出ることが話題になっている事実は興味深い。同(4)は、騒動当初、それの収拾当事者に任命されていた松平上野介が参勤が終わって国元に帰ると、かれに代わって松平大和守が今度は騒動の収拾を引き継ぐことになったことは既に指摘したが、かれが新しい年を迎えて再び参勤のために出府、越後守と面会している。その時の両者の会話の一場面、上野介が脱藩者が大勢出ている事実を指摘したのに対して、越後守が「いや左様には無之」と、直ちに反論している事実は、越後守の苦しい胸の内を示したものとして見逃せない。同(5)も、越後守の帰国如何をめぐっての大和守と越後守との会話の中での一場面、特に美作反対派の家臣らに対して暇を命じ、かれらをむしろ追放処分にしている事実が注目される。同(6)は、七月当初頃の江戸麻布屋敷における状況、ここでは特に脱藩者らの有無よりも江戸屋敷における美作派とそれに対する反対派との対立の状況如何が注目される。ここでは三河守の味方として近習二〇人程の存在が指摘され、かれらはかつて更迭の対象となった安藤九郎右衛門の「遊興之相手也」とある。他方、安藤に代わった林内蔵助と野本右近の味方は、近習一〇人程であり、かれら双方は出会っても互いに挨拶も交わさない険悪な状況にあった事実が注目される。

同(7)は、脱藩者らとは直接関係はないものの、延宝八年頃の高田藩領内における民衆の動向を伝えたものとして注目される。既に脱藩していた越後浪人渡部十兵衛の話によると、去る七月に農民ら八万人余りが藩当局に対して訴訟を行ったとある。一介の浪人の話ではあり、その真偽の程はわからないとしても、農村でも治安が乱れていたことは事実であったと考えられる。また、現在のところ、この年の作柄は不明であるが、凶作のために村々では餓死者が出る状況ではなかったかとも考えられる。事実、そのための被害状況の調査が、その規模は現在のところ不明であるが、一部村々では既に実施されている。また、この事実をも示す資料がまた残されていることが注目される。

同(8)は、延宝八年八月の段階でもなおも家臣らによる脱藩が続いている事実が注目される。同(9)以下、同(12)までは、本多・岡嶋ら藩執行部を構成していた両重臣らの脱藩に関する記述である。かれらの脱藩は、後述もするように、第一次処分後に成立した新執行部が、長く続く美作派・美作反対派の両者による対立・抗争を抑え込み、両者の和解を試みたものの、それに完全に失敗した事実を広く内外に示すものであったと考えられる。そして、執行部それ自体が既に崩壊に直面していたのである。

以上、「日記」によっても最後に家臣らの脱藩の動きを確認することにしたが、家臣らによる脱藩と同時に、一部の美作反対派の家臣らに対しては、それも美作反対派の中でも特にその中心のメンバーらに対しては、暇を命ずる形での藩からの追放処分が、ともに実施されている事実が注目される。また、この追放処分にさらに反発・反対する形でまた脱藩といった行為がより加速もされたものとも考えられる。いずれにしても、この脱藩騒動の広まりは、内外の人々によって注目もされることになったものと考えられる。

なお、これまで検討に利用した「天和聚訟記」にも、騒動を起こした中心メンバーの探索が行われているが、それと関係して断片的ではあるが、脱藩者らについての記述がいくつかみられる。たとえば、以下の事実などが注目される。「岡嶋壱岐え尋候返答之覚　一此度暇申入候は、知行取五六十人も御座候、足軽等掛候はば二百人近く可有御座候」ともある。[14]また、布施秀治「小栗美作」では、脱藩者らの人数は二五〇または二六〇人。既に紹介したように、実録資料「越後記大全」でも三五〇人、[15]この三五〇人といった人数は、実録資料「飯山記」と同じであり、実録の世界では専ら三五〇人説がかなり広まっていたものと考えられる。

【注】

（1）「日記」五七五頁。
（2）「日記」五五九頁。
（3）「日記」五六〇頁。
（4）「日記」五六二頁。
（5）「日記」五六三頁。
（6）「日記」五六四頁。
（7）「日記」五七五頁。

（8）及び（9）「日記」五八〇頁。

（10）「日記」五八一頁。

（11）・（12）・（13）は五八三頁。

（14）「天和」巻の一の一一五頁。これによると「今度暇申入候は、知行取五・六十人も御座候、足軽等掛候はば二百人近く可有御座候、以上」ともある。

（15）また、布施秀治「小栗美作」（上越市立図書館蔵）によると、延宝七年一二月の追放者として岡嶋四天王として同将監・同図書・同治部・同杢太夫の四人の名前が、さらには脱藩者の総数は、延宝八年末までに二四〇人から二五〇人（同二四頁）ともある。あるいは、片山・本多・多賀谷・山崎らは加賀との藩境で追放されたともある（同五〇頁）。

また、実録資料「越後記大全」（三田村鳶魚「柳澤・越後・黒田・加賀・伊達・秋田騒動實記」博文館刊）によると、脱藩者らの総数はやはり三五〇人（一八七頁）とあり、実録資料「飯山記」三五〇人と同じである。

あるいは、こうした家臣らによる脱藩の結果、第一次処分後の状況については、以下の記述がある。「雖然諸士一同無承伏、猶又騒動止事なく、或暇を請、或立退、国内静兼、隣国の大名・小名是を気遣、常に高田江間者を入て窺之云々、終ニ騒乱難治」（「越後国高田城請取雑記」上『越佐叢書』第三巻六頁）と高田周辺の諸大名らがそれぞれ高田に間者を派遣しては、状況の掌握に努める有り様であった。

さらには第一次処分の実施以降、一方では美作反対派の強硬論者らの脱藩が、他方では家臣らの対立・抗争をあくまでも収拾するためになおも村々の役人らをも含めて誓紙提出に対する努力が続けられている。この間の事情については、以下の記述が注目される。「其（第一次処分）以後茂高田ニ而小野里庄助殿追詰ニ成、岡嶋図書殿・番右衛門殿・主税殿其外拾人［　］拾三人御いとま出申候由、未極月廿六七日ニ高田御立被成何方へか御越被成候由、則未御検見様方御廻り被成候以後御郡代松井仁右衛門様在々庄や共方より大肝煎本ニ而せいし御取被成候、其のちも御下代野神又右衛門様御廻候て、寺社方よりせいし御取被成候」ともあり、一方では小野里らの脱藩が、他方では、和解のための誓紙の提出が寺社をも含めてともに実施されていることが注目される（関村佐藤治郎兵衛家「代々諸事覚書帳」〈「塩沢町史」資料編上巻四八六頁〉参照）。

第5節　脱藩者らの増加と藩政の動揺・分裂について
—特に「飯山記」での関連記事の紹介を中心に—

第1項　「飯山記」からみた脱藩者らの増加と欠員の補充について

以上のように、越後高田藩で起こった越後騒動の結果、多くの美作反対派の家臣たちが脱藩に踏み切ったものと考えられる。とすれば、反対派家臣らがそれまでそれぞれ所属していた職場・職種では欠員が生まれ、そこへの家臣らの補充が次に不可欠になったものと考えられる。しかし、その当時にあっては、そこまでの補充・整備に対する用意は全く出来てはいなかったものと考えられる。とすれば、それは至急、何らかの方法が考えられ、補充がされなければならなかったものと考えられる。既にその内容を紹介した実録資料「飯山記」の後半の部分には、以下、ここでの資料紹介を試みるように、家臣らの脱藩の結果、生まれた欠員をどのように補充したのかに関する資料が掲載されていることが注目される。本来であれば、そこでの資料の全文をそのまま紹介すべきかとも考えられるが、ここでは思い切ってそこでの骨子のみを紹介することにしたいと思う。

なお、当時にあっては、家臣らの中で脱藩者が出た場合は、そこでの生まれた欠員に対しては、家臣団を構成する各組織・各部署に所属する家臣らが互いに協力しては、早急にそこでの欠員を補充することが必要になったものと考えられる。また、こういった動きは当然のこととしてやがては家臣団の再編成へと発展せざるを得なかったものとも考えられる。とすれば、以下、そこでの骨子を紹介する資料及びその内容は、家臣団編成の在り方如何に関する貴重な記述だとも考えられる。

実録資料「飯山記」を書き残した著者自身の言葉によると、「右ハ新知加増役替被呼出候儀者、我等覚候分ン、記シ侍ルナリ」とあり、これは著者自身があくまでも現在、覚えている、または記憶している、その内容だけの記述であることが最初に指摘もされている。あるいは、「逆意方ノ仕置ニテ新知加増役替被呼出候モノ注シ侍ル」ともある。また、そこでの内容は、この資料によると、以下、紹介するように(A)新知之覚、(B)加増之覚、(C)禄米加増之覚、(D)役替之覚、(E)新規ニ被呼出候覚、といった五分野に分かれている。また、これによってそれぞれの分野において欠員が生まれた場合、どのようにしては欠員を埋めたのかは、一応は、理解することが出来るのではないかとも考えられる。しかし、当時における家臣団全体の組織及び職制の在り方如何それ自体が不明だとあっては、そこでの充分な理解にはやはり程遠いかとも考えられる。いずれにしても、この資料によって取り敢えずは欠員補充に関する動きの一端は知ることは出来るのではないかとも考えられる。また、そこでの内容は極めて興味深いものがある。以下、その内容の骨子のみを紹介することにしたいと思う。

(1)新知之覚

まずは「新知之覚」であるが、家臣らの脱藩の結果、空席になったその役職を埋めるために、給人らや禄米取りの家臣らの中から改めて特定の家臣らが抜擢・登用され、それぞれに新しく知行が与えられているが、かれらの人数はここでは計四五人とある。また、そこでの内訳は、五〇〇石取り二人、二五〇石取り二人、二〇〇石取り一二人、一五〇石取り二五人、一〇〇石取り四人、計四五人となっている。この中で最も注目されるのは、半数に近い二一人余りは「小十人ヨリ大番へ入ル」とあって、大番組に欠員が生まれたために、禄米取りの家臣らの中で最上位に位置付けられていた小(十)従人組から大番組に抜擢された家臣らの存在である。また、かれらにはいずれも新しく一五〇石が与えられていることが注目される。他に最も石高が大きいのは医師吉田玄周の五〇〇石と重臣片山主水の次男である寄合席の片山助六郎が五〇〇石を与えられている。当時、残された分限帳によると、脱藩者らの増加によって大番組それ自体が恐らくは一〇組編成から八組編成へと縮小を余儀なくされたとも考えられるが、それでもまた新しい補充が必要ではなかったかとも考えられる。他に「新知之覚」の中の家臣たちは、与えられた石高の大きさでは医師吉田玄周への五〇〇石、次に重臣であった片山主水の次男片山助六郎(寄合)への五〇〇石が注目される。その他の者たちは二〇〇石から一〇〇石の所持石高の者が多い。

なお、当時にあっては家臣団の中で特にその主力となる大番組に抜擢されることは、家臣たちにとっては大きな誇りでもあったと考えられる。たとえば、以下の説明が行われている。「其外家中ノ二番子三番子迄呼出シ、又ハ役替等申付ケル程ニ彼へツラヒノ侍トモハ能折カラ生合タリ、イサヤ監物(本多監物)・右衛門(小栗右衛門)方へ手入ヲ致シ加増、新知フトラントテ監物・右衛門門前ハサナカラ市ノ如ク也」ともある。当時における執行部の中心人物であった本多監物・小栗右衛門両人の屋敷の前は、新しく役職を求める家臣たちで市のような賑わいであったとも記述されているのである。逆に、美作反対派の家臣たちは、「カクテ逆意一統ノ代トナリ、御為方ト申ハ過半立退、残リケル御為方ハ陰モナク、当年(延宝八年)餘日モナク、其上雪中ナレハ妻子ノマトヒモ成カタキユへ、年ヲ越へ馬足ノ通路モ自由ナラン時、立退ハヤト思ヒ何茂諸道具ヲ払ヒ、旅ノ支度ヲ致ケル也」ともある。美作反対派の家臣らは、その家族をも含めて脱藩するために家財道具なども既に売り払い、悲惨な状況にあった事実が注目される。

また、脱藩にあたっては最初は許可制度が実施され、小栗美作らによる指示で、一度に大勢の脱藩は許されず、なるべくその事実が目立つことがないようにと、日程の調整が実施されていたとも伝えられているのである。また、最初は許可が必要であったが、後にはそれを無視しては脱藩に踏み切る家臣らが増加し、その結果、かれらは「遁世(とんせ)之輩」とも言われたとも伝えられている。

(2) 加増之覚

改めて旧高に加える形でさらに加増された家臣らとして計二六人の氏名がある。その加増高の内訳は、一〇〇〇石の加増が一人、四〇〇石加増と三〇〇石加増が各一人、次が二〇〇石加増が三人、一〇〇石が一八人、五〇石が二人、計二六人となっている。また、加増された結果、かれらはそれぞれこれまで与えられていた石高に加増分が加算されて、その所持石高はいずれも増加しているが、その結果の内訳は、一七〇〇石が一人、八〇〇石が一人、七〇〇石が二人、五〇〇石が二人、四〇〇石が六人、三〇〇石が九人、二五〇石が三人、一五〇石が一人、不明一人となっている。

この中では加増によって五〇〇石から一七〇〇石、三倍以上の所持石高になった安藤九郎右衛門の存在が特に注目される。次に、三〇〇石から八〇〇石になった小岸藤右衛門の存在もまた見逃せない。いうまでもなくこの両人は、江戸表にあって三河守付の家老として活躍していた人物である。かれらはともに美作支持者でもあった三河守の腹心としてかれを助け、なかでも安藤は江戸表における美作支持派(逆意方)の中心人物の一人でもあった。また、そのためにかれは三月に江戸表で起こった第二回目の騒動では、中根長左衛門らを中心とした美作反対派から強く批判され、その地位からの更迭を強く求められた人物でもあった。

そのために藩主越後守は事態を早急に収拾するために、安藤の更迭を三河守に強く要求したものの、三河守がそれに強く反対した結果、それが親子の対立にまで発展したことは、既に指摘した通りである。結局、かれは三河守の強い支持にもかかわらず、その職務を解任されて国元に返されたが、そのかれに三河守は一〇〇〇石もの加増を与え、その結果、かれは一七〇〇石となっている。また、安藤と並んで小岸藤右衛門もまた三河守の腹心の一人であったが、かれは三〇〇石加増されて八〇〇石となっている。かれは改易の結果、三河守とともに一時、大徳寺に身をよせ、改易による混乱の結果、乱死したとも伝えられている。

また、かれ以外に政変（第一次処分）によって新執行部の中心となった本多監物の弟である本多宇右衛門が二〇〇石加増で計四〇〇石となり、また、かれは小姓頭から奏者番に抜擢されており、派閥人事の典型的な事例のひとつではないかとも考えられる。さらに、実録「越後騒動記」などにその名前がよく登場する戸田内膳が四〇〇石を加増されて七〇〇石となっていることも見逃せない。あるいは、家臣らから改めて誓紙を集めた大目付の山崎九郎兵衛が二〇〇石を加増されて五〇〇石となり、改めて江戸留守居年寄に昇格している事実もまた注目される。

(3)切米加増之覚

次に、切米加増の覚えとして計八人の家臣らの紹介がある。いずれもかれらは給人以下に位置付けられているが、その中で三〇石五人扶持が一人、二五石五人扶持が三人、二三石三人扶持・二〇石三人扶持が各一人、不明二人となっている。この場合、それ以前の所持高は全く不明である。新執行部による家臣らに対する論功行賞は切米取りの家臣らをもその対象にするものであったと考えられる。

(4)役替之覚

さらに、家臣らに対する役職の異動が実施されている。その規模は二一人とある。その内容は、所持石高の大きい者からみると、一〇〇〇石一人、七〇〇石一人、六〇〇石一人、五〇〇石二人、四〇〇石二人、三五〇石一人、三〇〇石六人、二〇〇石二人、一五〇石と一〇〇石が各一人、四〇石七人扶持と四〇石五人扶持各一人、不明一人となっている。この中には禄米取り二人（いずれも児小姓から膳番へ）も含まれるが、他は給米取りの家臣らであるが、その中での異動としては三〇〇石取りの家臣らが六人と最も多い。最も石高の大きい者は小栗兵庫である。かれは美作の弟の一人、その地位が大名分から老中に変わり、隠居を余儀なくされていた兄の美作に代わって藩政の表舞台に登場し、実務を担うようになったものと考えられ、かれの参加はそれだけ新執行部が美作の直接支配下になったことを示すものだとも考えられる。なお、かれは美作から大目付渡辺大隅守への強い要請もあってか、早くから渡辺大隅守によって新藩執行部入りの候補者として推薦もされていたが、しかし、荻田主馬らの美作反対派の強い反対もあってなかなかそれが実現出来ない状況に置かれていたものと考えられる。

他は七〇〇石の佐野彦九郎が使番から持筒頭に、六〇〇石の小須賀次右衛門が物頭から江戸定詰物頭へ、五〇〇石の金田兵太夫が近習から中小姓頭に、同片山治部が寄合から大番頭への異動となっている。あるいは、大番から使番へが二人、やはり大番から金奉行や旗奉行に各一人ずつ、使番から物頭へ二人、同使番から小性頭・郡奉行へ各一人の異動などがみられる。

(5)新規ニ被呼出候覚

家臣らの脱藩によって給人や禄米取りの家臣らの間で生まれた欠員を補充するための措置として、新しく家臣らを採用せざるを得ないことになったものと考えられる。その人数がここでは計二九人となっている。かれらをみると、その全てが禄米取りの家臣らであった。やはり給人らの間で生まれた欠員は、禄米取りの家臣らをそれぞれ昇格させては補充する対策がその基本であったものと考えられる。それもかれら当人らの兄弟(親族)やかれの子供を充てる方針であったものと考えられる。全くの新しい採用は、医者二人だけであり、かれらはともに二〇人扶持を与えられている。また、かれら以外の者の内訳は四〇石七人扶持が六人、二四石四人扶持が一人、二〇石五人扶持が九人と二〇人扶持ずつが一一人となっている。また、医者を除くと、後の二七人の内訳は、子供八人、兄弟一九人となっている。やはり家臣らの家督相続は長男が親の跡を継ぐことが原則であり、他には新規に家臣と認められた者たちはそのすべてが当主の兄弟（部屋住み）たちか、かれの子供たちであったと考えられる。

以上のように、脱藩者らの増加は、現実の家臣団の在り方そのものに大きな影響を与えるものであった。果たして当時における脱藩者らに自分らの脱藩が家臣団の在り方如何にどういった影響を与えるものであったのか、なかったのか。そこでの自覚が、どの程度、あったのか、なかったのか。当人たちにとってみれば、全くの生計の保証のない未知の世界に飛び込むとあっては、到底、それどころではなかったものとも考えられる。しかし、そこでの改易による結果は、当人らの予想に反しては極めて深刻な事態の到来を、また、藩そのものの改易処分に結果することになったものと考えられる。一応、これを機会に新しく抜擢された家臣はそれこそ大喜びであったものと考えられる。しかし、その喜びも束の間、藩の改易、全員、浪人だという改易処分が待ち構えていたのである。

そして、最後に「右ハ新知加増役替被呼出候者、我等覚候分ン記シ侍ルナリ」といった言葉で終わっているのである。

以上のように、この越後高田藩にあっては、延宝八年の雪解けの時期を迎えると、美作反対派の家臣らによる脱藩騒動が一挙に表面化することになった。しかし、この事態に対しては藩執行部は全くそれを放置していたわけではない。恐らくは執行部は執行部なりに、全力を挙げてはそれの防止または阻止に努めていたものと考えられる。噂では家臣らが集団で脱藩すれば、その事実が表面化するために、それを避けるために、時期を区切っては出来るだけそこでの人数を調整しては、かれらの脱藩を認めたとか、さまざまな対策の実施が伝えられている。あるいは、責任者であった山崎九郎兵衛は家臣らに対しては再度、藩主に忠誠を尽くすべき旨の誓紙の再提出を強く求め、それに応じた家臣らは、美作反対派の家臣らからは「念入りの誓紙組」といわれ、厳しく批判されることになったとも伝えられている。

また、ここではその詳細は省略するものの、家臣らの脱藩者らに対しては、それも特に有力者らには、執行部によってそこでの脱藩先を、たとえば、松平一門などの大名らの所在地を特に指定しては、そこへの居住を強制していたとも伝えられている。それが脱藩者らの存在をあえて隠蔽するための措置であったのか、あるいは、逆に本人のその後における救済をも考えての措置であったのか、恐らくは前者ではなかったかとも考えられるが、いずれにしても、脱藩者らのその後における追跡調査が、現在のところ帰農した者たちに対する調査のみに限られているために、その後におけるかれら個々人らの推移如何についてはは全くといってよい程わからない。

あるいは、脱藩者らの場合、その中にはここではその詳細などは省略するとしても、それ以前からの美作らによる藩執行部と公儀政権との折衝などが盛んであった事実をも踏まえて、個々の公儀要人らからの紹介によっては高田藩の家臣に新規に採用されていた家臣らもまた含まれていた。しかし、かれらの配属先の都合などもあってか、かれらの中からもまた脱藩を余儀なくされた事例などをもまた見ることが出来る。いずれにしても家臣らによって決行された脱藩には、さまざまな個々の家臣らの、また、さまざまなその後における苛酷な人生とが、待ち構えていたものと考えられる。

第2項　脱藩と藩執行部の分裂について

(1)藩を取り巻く政治情勢の変化について

延宝七年一〇月一九日の第一次処分後、新しく発足した新執行部による騒動の収拾が実施されることになった。また同時に、第一次処分の実施を機会に、美作反対派の中でもいわゆる強硬論者や急進派とみられた特定の人物または一族らに対する排除が、暇を命ずるといった形で同時に実施されている事実もまた見逃せない。いずれにしても新執行部の陣容が固まり、収拾に本格的に取り組むためにはやはり一定の時間とがやはり必要であったものと考えられる。ところが、翌延宝八年を迎えると、第一次処分の実施や美作反対派に対する締め付けに反対して、また、雪解けの季節を迎えたこともあって、既にこれまでにも具体的な検討を試みたように、美作反対派家臣らによる脱藩騒動が本格的に開始されることになったのである。また、新執行部はこれ以降、それらの対応に追われることになったものと考えられる。

ところが、この延宝八年に入ると、幕閣においては四代将軍家綱が体調を崩し、五月には死去、また、家綱の遺言もあって新しい五代将軍にはかれの弟である綱吉(上野館林二五万石藩主)が就任することになった。また、この新将軍の就任は、これまで四代将軍家綱の許で下馬将軍ともいわれて幕政を一手に掌握し、越後騒動の収拾にも協力的であった大老酒井雅楽頭自身及びかれに代表される公儀執行部の動揺とかれらの退場とを既に予想させるものであったとも考えられる。巷間、広く伝えられているように、また、その真偽の程がいまひとつ不明であるとしても、大老酒井雅楽頭忠清は綱吉の将軍就任には反対し、代わって京都から皇族を将軍に迎えることをも密かに画策していたとも伝えられ、忠清と新将軍に就任した綱吉との間における深刻な確執とが既に噂もされはじめていたものと考えられる(1)。その意味では、越後高田藩を、また、藩主越後守光長とを、取り巻く政治状況は、これ以降、大きく変化することになったものと考えられる。

また、既に紹介もしたように、国元における美作反対派の家臣らによる脱藩騒動が春を迎えて本格化したと考えれば、この時期には藩主越後守は既に参勤を終了しており、一刻も早く帰国しては、国元における藩執行部とともに、脱藩する家臣らを説得し、かれらによる脱藩の動きを阻止することが至上命令であったとも考えられる。しかし、越後高田藩は徳川家の一門でもあり、将軍が死去するとあっては帰国もままならず、また、かれがたとえ帰国したとしても、その優柔不断の性格もあってか、その帰国には賛否両論が出る始末であったとも考えられる。あるいは、前年から続く後継者三河守の付家老安藤九郎右衛門の更迭如何をめぐる藩主及び三河守親子による意見の対立などもあってか、むしろその跡始末に追われる有り様ではなかったかともまた考えられる。いずれにしても、脱藩騒動に対する藩を挙げての、また、江戸及び国元とが結束しての、それの収拾は思うに任せない状況にあったものと考えられる。

大和守が残した「日記」によると、八年九月の段階になると、大目付渡辺大隅守が越後守に預けていた自分の腹心らを急遽、江戸に呼び返しては密談し、また、その背後では「いまた小栗凶事不止と云々」といった断片的な記述もみられ[2]、隠居していた小栗美作の暗躍なども予想され、直面した事態はより深刻なものがあったとも考えられる。そういった中で一二月を迎えると、公儀による騒動関係者らに対する江戸への召喚が実施されることになったのである。しかし、騒動収拾の責任者の一人であった大和守は、「中将殿(光長)為不宜事非本意、壱岐・七左衛門負ニ成候而成共、中将殿御家宜様ニ仕度旨申よし」[3]と、なおも藩の存続にその願いを託していたのである。

(2)重臣らの退去と藩執行部の分裂について

延宝八年八月二六日には、国元における美作反対派の中心人物の一人であり、いわゆる侍・与力大将でもあった本多七左衛門から江戸表の家臣宛に一通の書簡が届けられている。本来であれば、その書簡の内容をここでそのまま紹介すべきかとも考えられるが、長文でもあり、ここでは省略するとして、その内容の骨子を紹介すると、以下の通りであった[4]。

(1)自分は病気療養のために特に暇を願い、江戸への出府が許された。

(2)去年、国元では家臣らによる出入り(第一次処分)が起こり、それの収拾にあたる大和守からの要請もあって、自分は家臣らを説得しては事態の鎮静化に努め、その結果、一応、事態は収拾されることになった。

(3)しかし、「其後暇給候者共多在之候、依之従下或は暇ヲ願罷出、或ハ致発心者数多有之、且越後殿為一筋ニ自滅仕候者も御坐候」とあり、その後も藩主または執行部から暇を賜り、つまり追放処分になった者もまた多く、さらに、自分から暇を願い、自ら脱藩を決心する者もまた多く増加し、しかも、なかには藩主越後守への忠節を誓って自害する者までが出る始末である。

(4)以上のような状況にあるが、家臣らが一度に脱藩を願うとあっては、越後守のためには好ましいことではないと自分は遠慮していた。また、そのためには「追々罷出候と相見へ申候」と、家臣らは三々五々と脱藩している状況にある。ところが、今回は家臣らが「大勢暇申立候者御座候」と、大勢で暇を願うことになった。

(5)そこで自分も「私儀御預之五人之者、其外暇給候者共与心底同事御坐候得共、只今迄暇之願相待申候儀、越後守殿為并大和守様御意之趣奉重延引仕候」と、既に自分は一門に預けられた美作反対派の五人や脱藩を命ぜられ、追放処分を受けた者たちとも全く同じ考え方の者でもあり、これまでは越後守や大和守の意向をも尊重しては国元にそのまま留まっていた。

(6)しかし、このまま家に留まっていても仕方がないので今日、自分もまた脱藩を決意することにした。その旨をぜひとも関係者らに披露して欲しいと願っているのである。

以上が書簡の骨子である。一〇月一九日の第一次処分以降も高田藩にあっては美作反対派に対する処分は続き、また、そのこともあって美作反対派の家臣らはそれに強く反対しては既に脱藩を決心し、さらにはそれを実行する者たちが増加していたのである。また、こういった状況の中にあって、これまで美作反対派を代表する形で藩執行部に参加していた重臣の一人でもあった本多七左衛門自身もまた脱藩を遂に決心しているのである。しかも、それは本多七左衛門だけではなく、第一次処分によって処分された荻田主馬に代わって新しく仕置役または大家老に任命されていた岡嶋壱岐自身の場合も、本多とともに既に脱藩を決意していたのである。とすれば、この中心人物二人の脱藩は、またそこでのかれらによる脱藩表明は、これまでの藩執行部それ自体の分裂・崩壊の事実を、その結果において広く内外に暴露することになったものと考えられる。

この藩執行部の中にあった両人らの退去、脱藩についての意思表明に対しては、越後守や三河守自身による強い慰留とそのための説得とが度々行われている。しかし、かれらの意志は固く、そこでの説得は難航を極めることになった。藩主親子による強い嘆願もあってかれら両人は、最後には「先今度越後殿、御在国之様子次第と申、暇中事当分相止候ニ付、以下之面々も、両人ヲ目あてニ仕、不申出、越後守御悦帰国之由」(5)と、最後には越後守の帰国とそれ以後における国元での家臣らの動きなどをもみた上でといった条件付で最終的な決断は先延ばしされることになった。その意味では、当面した危機は一応は回避することが出来たものの、けれども、両人らが江戸で脱藩を訴え出たといった事実そのものは、また、それを機会に、さらに多くの家臣たちが相次いで脱藩を既に決意しているといった噂は、さらにはそれを現実に実行するといった事実が、江戸表においてもさらに広がることになったものと考えられる。それは騒動の収拾如何に強い関心を寄せていた公儀役人らの間でも既に広く伝えられることになったものと考えられる。

ところで、この両人の脱藩に対する覚悟とそこでの行動は、後述もするように、年末から翌九年にかけて実施された公儀による再(予)審の場でもまた問題として審議の対象にされている。以下、公儀役人から両人に対して、何故、脱藩を決意したのか、といったその理由についての尋問が行われている。これに対する両人の返答もまた行われているが、その内容を紹介すると、以下の通りであった。資料(A)は岡嶋壱岐の場合、同(B)は、本多七左衛門の場合である。(6)

（A）

岡島壱岐口上聞書

一糸魚川之城を預加増迄給候処、其節は申請、家中騒動漸鎮り候後、暇申入候段不届之事
最前城地を預り加増被申付候節、辞退可申儀に候へ共、一旦請不申候段慮外に存、且は騒動未鎮節に御座候故無其儀候、然共同意之者共皆暇出申候故、左候へば越後守心にも叶不申、其上同意之者共暇を取候処、私計罷在候而は一分も立不申候故、暇之儀申入候事、以上

（B）

本多七左衛門口上聞書(7)

一加増をも給、与力等をも被申付候処、其節者申請、家中騒動漸鎮り候以後、暇申入候段不届之事
最初加増給、与力等も被申付候節辞退可申儀に候へ共、一旦請不申候段慮外存、其上騒動も未鎮節に御座候付無其儀候、然共同意之ものは暇を取候故、私儀も暇申入候事、以上

三月十六日

これらによると、岡嶋壱岐に対しては、新しく糸魚川城を預かり、しかも加増もされたにもかかわらず、何故、騒動が一段落した現在、暇を願うのか、これは不届きだとした上で、その理由が問われている。また、本多七左衛門に対しても、同様の尋問が実施されている。これに対する岡嶋の返答は、当時は糸魚川城を預かり、加増されることに反対すれば、藩主の意向にも背き、また、騒動がまだ鎮静化されてもいないこともあってやむなく自分は引き受けた。しかし、自分らと「同意之者」たちが既に暇を願い、あるいは、暇を命ぜられた現在、このままでは「同意之者」たちに対して顔向けが出来ないので暇を特に願ったのだと答えている。本多の場合も自分と同じ考えの「同意」の者たちが、既に暇を願ったので自分もまた暇を願うことにしたのだとも答えている。

ここでの両者に共通して見られる理由は、たとえどんなことが起こっても藩主に絶対に忠節を尽くすべきだと

いった考え方よりも、また、他の特に譜代の諸藩では既に成立していたと考えられる家臣団の中での藩主を中心としたいわゆる近世的秩序の形成が、具体的には、家臣である限りはどんなことがあっても藩主に忠節を尽くすべきだといった考え方や、給地をめぐっての御恩・奉公といった上下の関係よりも、自分らの所属する一族・一門、またはそこでの一族郎党らによる結合如何を、またはそこでの絆を、何よりも優先させるべきだといった考え方がなおもそこでは強く支配していたものと考えられる。

それが脱藩によって解体の危機に直面するとあっては、それを基盤としたこれまでの自分の存在理由もまた無くなるとして、両人らはともに脱藩を強く藩主に願い出たものと考えられる。また、そこでは戦国の乱世をともに生き抜いた派閥意識が、一族らによる徒党意識が、何よりも優先されているのではないかとも考えられる。さらに、この意識が脱藩といった行動をその背後にあって支えていたのではないかとすらも考えられる。ここでの「同意之者」とは、自分らの属する仲間たち、自分らの属する同じ一派、同じ派閥、同じ一族郎党だ、といった強い思いが恐らくはかれらの脱藩行為そのものをその背後にあって強く支えていたのではないかとも考えられるのである。またこの高田藩の場合、こういった戦国時代における徒党意識が江戸時代になってもその姿を変えては以前と同じように、その内部では再生産され続けられていたのではないかとも考えられるのである。

いずれにしても、藩執行部の中にあって、そこでの中心メンバーであった岡嶋壱岐・本多七左衛門両人の江戸表における脱藩表明は、藩執行部それ自体の分裂と崩壊そのものを内外に広く暴露するものであったと考えられる(8)。

とすれば、次の残された検討課題は、ここで登場した有力家臣らを中心としたいわゆる一族郎党らの実態そのものの解明ではないかとも考えられる。この点の解明にあたっては、後述もするように、この藩では、藩改易後に新しく関係資料を集めては編纂された「光長公領知没収之節控」計一四冊が残されている。今回の越後騒動の検討では、まずは騒動の全体像を一度、ぜひとも描くことを直接の目的にした関係もあってか、この資料の詳細な検討は見送らざるを得なかったが、この中には公儀の命によって提出された有力家臣らに対する特に閨閥・派閥関係の調査の結果もまた含まれている。これらの残された資料を中心に、検討にあたっての繁雑さを避けることなく、当時における有力家臣らを中心としたいわゆる一族郎党らの在り方如何の実態の追及こそが、次の当面した残された検討課題となるものと考えられる。一族郎党といった言葉の内容は、たとえば、中世末から戦国の時代にかけてのそれと、江戸期のそれとは恐らくその内容・性格などはやはり異なっていたのではないかとも考えられる。そこでの違いの検討が次の検討課題となるものと考えられる。

【注】

（1）酒井と綱吉の確執をめぐっては、三上参次「江戸時代史」以降、桑田忠親「徳川綱吉と元禄時代」などをも含めて多くの著作で取り上げられている。あるいは、この説に特に深くこだわった作家綱淵謙錠「越後太平記」上・下巻（中央公論社）もある。また、これらの説を否定したものとしては辻達也「江戸幕府政治史研究」、特に第五章がある。小稿では今回は、その事実のみを指摘するに留めた。

（2）「日記」五八五頁。

（3）「日記」五八六頁。

（4）「日記」五八三頁。

（5）「日記」五八五頁。

（6）・（7）「天和」巻之三の一五六頁参照。

（8）なお、家臣らの脱藩については実録資料「飯山記」によると、延宝三年三月上旬には、脱藩希望者らに対する許可が出されているが、その中では「此上御宥免ヲ以て誤差暇被下、奉公天下御構并住所ハ高田ヨリ江戸迄ノ道中、江戸二十里内方、京・大坂・伏見・大津・奈良・堺御一門中ノ御城下、右之御構ヒ候侭、此段申渡シ候」といった言葉がある。恐らくこれらは脱藩先の指定ではないかとも考えられるが、現在のところ、詳しい事情はわからない。また、指定されたからといってその場所で脱藩者らが集住したといった情報もないようにも考えられる。

　また、脱藩者らの中には、公儀役人らの紹介で高田藩の家臣に新しく取り立てられ、その配属先の事情もあって脱藩を余儀なくされた者たちも存在していたことが注目される。たとえば、大番組所属の春日又兵衛三〇〇石は、公儀大目付渡辺大隅守の依頼で小栗美作が仕置役のときに採用された家臣であった。大番組所属の本多次郎左衛門二五〇石は「先年雅楽頭殿無心ニテ中将殿（藩主光長）に被呼出」と酒井雅楽頭の依頼で藩主が特に召し抱えた家臣であった。かれもまた春日又兵衛とともに暇を願っている。あるいは、山本勘兵衛四〇〇石は久世大和守の依頼で家臣に取り立てられていたが、かれもまた為方に所属したために、暇を願っている。

第四章　再審の開始と第二次処分(改易)の実施について

第1節　はじめに―再審とは―

第1項　再審に至るまでの経緯について

(1)再審の開始に向けて

以上、越後騒動の展開とそれに対する第一次処分の実施(第二章参照)、次に新執行部の成立と新しくはじまった脱藩騒動に対する収拾の過程(第三章参照)などについての検討を試みた。しかし、結局は新執行部による脱藩騒動に対する収拾は行き詰まり、執行部そのものを自ら構成していた岡嶋壱岐及び本多七左衛門の両人らによる江戸表における脱藩表明によって、騒動の収拾・和解に完全に失敗した事実は、江戸表においても多くの人々らに広く知られるようになったものと考えられる。また、この時期には、既に紹介したように、これまでの大老酒井雅楽頭忠清らによる公儀政権に代わって新しく五代将軍綱吉及び大老堀田正俊らに代表される新しい政権が既に誕生していたが、かれらにとっても越後騒動の収拾・和解の失敗は、この藩が特に徳川本家の親族でもあるといった事情などもあって、また、それ以前から既に多くの大名らや役人らによって注目もされていたこともあって、収拾の失敗によってやはり深刻な打撃を受けることになったものと考えられる。したがって、新しく成立した新将軍綱吉を中心とした公儀新政権の許での再度、騒動に対する再審が開始されることになったものと考えられる。

では脱藩騒動の展開中に、また、それと前後した時期に、新しく成立した公儀新政権は、これまでの騒動収拾の過程などを踏まえては、どのように新しく対応しようとしたのであろうか、あるいは、騒動失敗によって起こされた政治的・社会的動揺・混乱を、どのように受け止め、どのようにそれに対処しようとしたのであろうか、さらには、そこでの騒動の収拾を通してどういった新しい政治体制の構築をも目指したのであろうか。新しく開始されることになった再審（本来は、現在では既に廃止されている予審の実施を意味するが、ここでは第一次処分に続く再度の審議だといった意味で再審といった言葉を使う）の果たすべき使命と役割とは、大変、大きく、また、重いものがあったものと考えられる。

同時に、この新政権が直面したこの騒動に対する対処如何は、これからはじまるであろう新将軍綱吉によるいわゆる「天和の治」及びそれ以降における幕政の在り方如何をも、また、そこでの命運如何をも、左右する重要な試金石にならざるを得なかったものともまた考えられる。

この場合、公儀による再審開始の直接の契機になったのは、既に紹介もしたように、当時、高田藩を代表していた執行部の中心メンバーであった岡嶋壱岐と本多七左衛門の二人の重臣らが、江戸表でともに藩主らに直接暇の願いを提出したことにはじまったと考えられる。二人は越後守・三河守親子による強い説得と慰留との前に、一旦はそれの延期を承諾はしたものの、しかし、その後もその気持ちは変わらず、特に本多七左衛門は病気のためにそのまま江戸に留まっていたが、伜八太夫を国元に派遣しては、暇の願いを正式に許可するようにと継続しては藩主らに嘆願し、また、岡嶋壱岐も藩の許可を得て脱藩を強く願う気持ちは変わらなかった。このためにかれらの執行部入りが、かつての酒井雅楽頭らに代表される幕閣老中らによる事前の承認を得て任命されたその経緯などをも踏まえ、実録資料「飯山記」によると、かれらの願いをむしろ「上聞ニ達し」と、正式に公儀に届け出ることにしたのだとも伝えられている。また、そこでの判断を「上意次第」と、公儀に任せることにしたのだともいわれている(1)。この事実は既に政権担当者自身が持つ支配・統治機能の放棄をも、また、それの縮小をもともに意味するものではなかったかともまた考えられる。それだけに、そこでの事実の評価・理解如何が極めて難しい。

しかし、その手続きは終わったものの、待ってもなかなかその許可が降りずに延宝八年一二月上旬を迎え、やっとこの時点で小栗美作・岡嶋壱岐、そして、本多七左衛門らに対しては江戸評定所への出頭命令が出され、このために奏者番の佐久間主水が直ちに国元に出向いてはその旨を伝えることになった。恐らくはこの間に公儀においても一応は越後騒動の扱い如何に対する何らかの対応策が既に検討され、準備もされたのではないかとも考えられる。しかし、そこでの詳しい内容などは現在のところ全くわからない。あるいは、脱藩者らの中にはその一族に幕閣関係者らと深い交流のある者らもまた含まれ、かれらをも通しても高田藩における内情は早くから公儀新執行部には伝えられていたものとも考えられる。けれども、この辺の事情についてはなおも不明な点が多く、今後とも継続した検討が必要ではないかとも考えられる。

なお、残された資料「越後騒動記」の殆どは、周知のように、美作反対派の動きを強く肯定する立場から書かれたものが多く、その中には荻田主馬が将軍綱吉に直訴した結果、開始されたのだともいわれている(2)。しかし、第一次処分で預けられた騒動責任者らはやはり一門の大名らの強い監視下に置かれ、そういった自由な行為がとても出来るような状況にはなかったのではないかとも考えられる。

ところで、ここでの再審の実施を考えた場合、脱藩騒動の展開の過程で、旧藩執行部によって脱藩した家臣らに対しては、また、それを推進した美作反対派勢力の中心になっていたいわゆる強硬論者や急進派の家臣らに対しては、既に越後守が暇を与えるといった形での追放処分が既に実施されていた事実が注目される。たとえば、松平大和守の「日記」によると、延宝七年末の時点では「今日御城にて、越後殿被仰は、御国本無別条、乍然岡島杢太夫、同将監、最前之心底不改様子共有之ニ付、改易御申付候よし」(3)と、美作反対の強硬論者でもあった岡嶋一族の者らに対しては改易が命ぜられている。現在のところその人数などの詳細は不明であるが、既に紹介したように、実録資料「飯山記」によっても既に脱藩者らの紹介のその前に、ここでもその冒頭に江戸表での美作批判の急進派家臣らに対する改易処分が既に実施され、かれらの氏名とが最初にともに列記されていた事実を既に指摘することにした。とすれば、そこでの処分の実施は、公儀による再審の実施にとっては、かれらが既に不在だとあっては、その障害にならざるを得なかったものとも考えられる。そこでは騒動に直接関係した者たちは既に処罰されて不在だとあっては、そこでの実態の解明はそれだけ不徹底なものにならざるを得なかったものと考えられる。

事実、再審の実施によって出頭を命ぜられた騒動当事者らに対する尋問がその後に実施されてはいるが、そこでは騒動での中心的役割を果たした家臣らが既に一部は処分されて不在のために、あるいは既に自ら脱藩しているために、騒動の実態の解明がなかなかすすまず、審議に平行する形での騒動に詳しい首謀者や頭取らは誰か、といった質問とか、また、かれらの探索とが、ともに実施されている事実がまた注目されるかとも考えられる。その意味では、再審は一定の制約の中でそれは実施されざるを得なかったものと考えられる。

さらにこの場合、藩主越後守が当時、藩執行部の中心人物であった本多・岡嶋二人の処分を、具体的には二人からの暇（脱藩）の要請如何を公儀の判断に任せてから再審に至るまで、政権の交替もあってか、その開始までには一定の期間が経過することになった。この間、新政権の内部で騒動に対する対応如何がどの程度すすめられていたのか、どうか、既に美作らに対する処分(切腹)がもしも早くから既に決定されておれば、それに続く再審の内容は、そのための単なるセレモニーにもなりかねないものであったと考えられる。また、逆に全くの白紙からの出発だと考えれば、再審の果たすべき役割は極めて大きくならざるを得なかったものと考えられる。その意味で再審の位置づけ自体もまた大変、難しい問題ではないかとも考えられる。

なお残された実録資料「越後騒動記」などの中では、そこで実施された再審の内容を具体的に述べたものもまた含まれている。たとえば、新将軍綱吉の面前で行われたと伝えられている小栗美作及び荻田主馬・永見大蔵ら両者による対決の様子や、それに加えて小栗美作と老中阿部美作守(後の豊後守)正武らとのやりとりなど、迫力のある場面がそこでは度々登場する。その意味では極めて興味深いものがある。また、それはそれとして見逃せない資料だとも考えられる。しかし、果たして真偽の程はと考えると、そのままそれを研究に利用するにはなお多くの検討課題が残されているようにも考えられる。

(2)再審開始とさまざまな動きについて

ともあれ、藩執行部から岡嶋・本多の両重臣らが自ら藩からの脱藩を表明したことによって、これを機会に、改めて公儀による再審が開始されることになった。同時に、この再審が実施されると、あるいは、それの実施以前から、再審の実施についてのさまざまな憶測や噂、さらには流言・蜚語などが飛び交い、その進行の過程においてもまたさまざまな予測や噂などが関係者らの間では話題になっている事実がまた注目される。

たとえば、江戸表において騒動収拾にあたっていた松平大和守自身の残した「日記」によると、既に指摘したように、騒動収拾の直接の責任者であった大和守自身は、たとえ再審が実施されたとしても、開始当初の一二月末の段階では「中将殿御家宜様ニ仕度旨申よし(4)」と、松平家の存続には強い期待を寄せていた。しかし、翌年四月当初頃になると、「越後殿家来御穿鑿きびしき噂、越後殿御為不宜沙汰、うた殿《（雅楽頭）》、能登殿、隅州も此儀ニ而、不首尾之風聞」(5)と、当事者である越後守らにとっては極めて厳しい内容のものにならざるを得ないのではといった噂が、また流布されるようになっている事実が注目される。

あるいは、翌月末になると、以下、紹介するような記述がまた見逃せない(6)。

「廿七日己卯天曇、
一、此間之世間沙汰、去十日筧新兵《（ママ）》よりも云来、其りも《（ママ）》聞候得共、後日口入事も哉与思付、記之、越後守家来之儀ニ付、前ゟ家御つぶし可被遊哉と尾州黄門へ御直之御相談有之は、謹而御請ニ越後守家は惣領筋、殊ニ先代大坂ニ而、御奉公振も有之は、三家よりも大切之家と奉存候、第一公儀へたいし候儀無之、其身不調法故家来之出入斗之儀ニ御座候、然処御つぶし被成候而は、向後三家之中ニ不調法之者有之時、又御つぶし被成候而は、天下薄罷成候様奉存候、御思案可然と御申候とも申、又ハ御つぶし可被遊候は、能々御思案御尤奉存候、黄門も帰宿仕思案仕弥御つぶしニ相極候は又存念可申上候、御つぶし被遊間敷候は、存念無御座、御尤と奉存と御申退出、紀州黄門へ御出、右之段御物語候へは、紀伊殿も御尤と被仰候よし、其上にて尾張殿被仰は世間ニは摂津守ヲ跡職ニと申よし候、人之家ヲつふし子ヲ入候事申上候様ニ、気味悪敷候間、此段は達而、御断申へく杯被我仰候よし、沙汰有」とある。

これによると、そこでは越後守らに対する処分の在り方如何が、当時における尾張・紀伊・水戸の御三家の間でもまた話題になっているのである。また、そこでの内容は極めて興味深いものがあるかとも考えられる。まずはそこでは越後騒動の原因そのものが、この藩における家臣ら相互間における対立と相互の争いにあり、公儀に対する謀反ではないことをもはっきりと確認した上で、もしも越後守家が、藩内で起こった家臣ら相互間における対立・抗争を自ら抑え込み、これを自分らで解決出来ずにもしも処分されたとすれば、同様の危険はどの大名家にあってもそれは起り得ることが考えられる。御三家といえども場合によっては家臣ら相互間における騒動は起こることが予想される。とすれば、騒動が起こるたびにその家が潰されるといった厳しい処分が実施されるとすれば、御三家もまたそれによって潰される可能性が考えられる。その意味でも藩を潰すような処分は到底考えられず、また、あってはならないのだと考えられている事実が特に注目される。また、この尾張藩主の意見に紀州家の藩主もまた賛成しているのである。

しかし、後述もするように、越後高田藩は家臣ら相互間における騒動の責任を問われて、改易といった厳しい処分が実施されることになった。その意味では、これからその内容の検討を試みる越後騒動における処分の結果は、御三家による期待と思惑をも大きく越えるものであったことか注目される。では、そこに至るまで、公儀による再審は、どういった手続きをへて、そこではどういった事実が検討の対象になったのであろうか。

第2項　再審の内容について—資料「天和聚訟記」を中心に—

(1)資料「天和聚訟記」と再審の規模及び期間などについて

現在、越後騒動における再審実施の内容を記録した唯一の資料である「天和聚訟記」は、巻一から巻四まで、計四巻から構成されている。その中で巻一の後半からが再審についての具体的な記録となっている。いま、その内容の構成をごくおおまかに示したのが表Ⅲ—4—⑨である。まず、これによって再審の対象になった騒動関係者らは小栗美作以下、既に紹介したように、計一八人である。また、かれらの一部は延宝八年の一二月末には江戸表に喚問され、年末には既に再審が開始されている。しかし、一度に全員らに対して尋問が開始されたわけではなく、計

表Ⅲ－４－⑨　「天和聚訟記」の凡その内容について

	巻の一 申12.26頃より 酉2.12頃まで	巻の二 申2.14頃より 酉3.2頃まで	巻の三 酉3.12頃より 酉4.16頃まで	巻の四 酉5.10頃より 酉6.17頃まで
小栗美作	○○		○○○	○
〃　大六				○○○○○○
岡嶋壱岐	○○○		○○○	
本多七左衛門	○○○○		○○○	
渡辺九十郎	○	○○○○○	○	
中根長左衛門			○○○	
荻田主馬		○○	○○○	○
永見大蔵		○○	○○○○	○○
片山外記		○	○○○	
安藤次左衛門			○○○○	
小栗右衛門			○○○○	○○
〃　兵庫				○○
〃　十蔵				○○
片山主水				○○
渥美久兵衛				○○
林内蔵助				○○○
野本右近				○○○
安藤平六				○

注１)出典「天和聚訟記」(近世史料叢書「列侯深秘録全」所収)
２)○印は各出頭者らが公儀役人からの尋問に答えた凡その回数を示す。そこでの質問及び回答の内容は多岐多様であり、さらなる検討の継続が必要である。
３)現在のところ、本書の内容と「越後一件」「越獄記」(ともに国立公文書内閣文庫の２冊)もまた同じ内容ではないかとも考えられる。

四回に分けてはそれぞれ実施されていることが注目される。表示されているように、延宝八年一二月から翌九年二月までは、小栗美作をはじめとして岡嶋壱岐・本多七左衛門・渡辺九十郎・中根長左衛門らの直接騒動に関与した計五人に対しての尋問が行われ、次に同九年二月から同三月にかけては渡辺九十郎は再度、それに新しく荻田主馬・片山外記・永見大蔵の三人とが加わっている。騒動の中心であった永見と荻田の両人とが何故、最初の尋問にはその対象にはならずに第二回目になったのか、この辺の事情は全くわからない。同九年三月から同四月にかけての三回目では、これまで審査の対象になった者たちに新しく安藤治左衛門と小栗右衛門の両人とが加わって全員の計一〇人に対しての吟味が実施されている。恐らくはこの三回目の審査を通して公儀役人らによる騒動全体に対する基本的な調査は、場合によっては一応は終了したのではないかとも考えられる。最後に同年五月から六月一七日に至るまでの四回目の審査では、小栗・荻田・永見・安藤の他に、新しく小栗大六(掃部)・片山主水・渥美久兵衛・小栗兵庫・林内蔵助・安藤平六・野本右近・小栗十蔵らの計一二人とが呼び出され、かれらに対する尋問が行われている。この四回目の審査は、その中には美作派に所属した家臣らが多く含まれているが、かれらの意見をも聞いた上で、場合によってはこれまでの審査結果をもさらに確認し、補充する意味もあって実施されたのではないかといった印象が強いようにも考えられるが、もちろん、詳しいことはわからない。

以上が再審の対象になった騒動関係者らと、そこでの再審の手続き、順序である。審査が本格的に開始されたのが延宝八年の一二月末から、それが一応、終わったと考えられるのが翌九年の六月中旬までであった。その間の約半年間が審査の期間に充てられたものと考えられる。対象者は計一八人、審査の回数も計四回に分けては実施されている。恐らくはこの間にかなりの徹底した審査が実施されたものと考えられる。そして、ここでの審査の結果を踏まえて判決が言い渡されたのが六月二一・同二二日頃だと考えると、審査終了から判決に至るまでの期間は僅かに三日間余り、極めて短い。その意味でも、第三回目の審査頃には既に審査に対する一応の結論(処分)の大枠がほぼ固まっていたのではないかとも考えられるが、これまた詳しい事情はよくわからない。

巷間、広く伝えられているように、最終的な決定が将軍綱吉自らの前での対立する両者による直接対決如何によって決定されたとあっては、それ以前における審査結果をも踏まえた一応の処分案と、対決の結果での処分案との間では違いが生まれる可能性もまた考えられる。また、これらの審査の過程を通してはさまざまな新事実が新しく明らかにされたとしても、その中でのどの事実が決め手になって、また、何が特に重要視されて、処分の内容、たとえば、切腹・島流し・大名預け・追放などといった処分の違いが生まれたのか、この辺の事情もまたここでの再審の過程だけではよくわからない。

いずれにしても、処分の最終決定に至るまではなおも多くの問題点が残されているようにも考えられる。あるいは、ここでの再審が開始されたその時点では、既に紹介したように、計一八人の騒動関係者らが喚問されている。しかし、その時点までには既に騒動関係者らに対する処分、たとえば、藩主から既に暇を命ぜられ、追放された重臣及び家臣らが存在することが、既に指摘したように、考えられる。また、なかには自ら暇を願って脱藩した者たちも多かったものと考えられる。とすれば、その中には実質的に騒動で主導的役割を果たした人物も、また、そこでの首謀者らや、美作批判の先頭に立った強硬派の人々もまた多く含まれていたはずだとも考えられる。しかし、これらの人々は、審査の対象からは既に除外されていたものと考えると、騒動関係者らに対する喚問にも自ずから限界があったのではないかとも考えられる。

あるいは、一二月末に「美作・壱岐・七左衛門被為召、御詮儀之沙汰を言遣処、是非ニ付、中将殿《(光長)》為不宜事非本意存、壱岐・七左衛門負ニ成候而成共、中将殿御家宜様ニ仕度旨申よし」ともあり(7)、かれらはたとえ自分らが再審の場で破れたとしても、また、負けたとしても、藩主にだけは、御家の存続にだけには、迷惑をかけることがないようにと、そこでの発言内容を互いに強く自己規制しては再審の場に臨んでいたとも伝えられている。あるいは、実録資料などによると、藩主にとって迷惑になるようなことは絶対に喋らないと互いに堅く申し合わせては再審の場に臨んでいたとも伝えられている。しかし、その結果は、かれらの願いも空しく、高田藩は改易され、藩主父子もまた他の大名らにその身柄を預けられることになったものと考えられる。その意味では、再審の結果は家臣らの予想をもはるかに越えた厳しい内容のものであったと考えられる。

ところで、既に指摘したように、再審の一応の終了と、新将軍による越後騒動に対する再審開始との間が余りにも短い事実が注目される。当時、公儀新政権は成立して一年余りを経過したばかりであり、また、その間は一方では新将軍綱吉及び大老堀田正俊の両人とが、他方では下馬将軍ともいわれた酒井雅楽頭らとが、当初は極めて短い期間、三カ月余りか、ともに共存し、幕政をともに担う立場にあったものと考えられる。もしも新将軍綱吉と大老酒井雅楽頭との確執と対立とが早くから世間の噂として広がっていたと考えれば、極めて短い期間とはいえ、両者の共存は到底、考えられず、新将軍就任とともに、大老酒井は直ちに罷免されたはずであったとも考えられる。

ともあれ、当初は新政権の基盤はまだ充分には確立されてはおらず、世間の噂によると、いわゆる宮家から新将軍を迎えるべきだと主張する大老酒井雅楽頭らと、それに反対する新将軍綱吉との間での確執が専ら噂されるとすれば、あるいは、既に指摘もしたように、親藩高田の存続に理解を示した尾張藩主らを中心とした政治勢力の存在などをも考えれば、新将軍綱吉の立場は必ずしも安定していたわけではなく、こういった事情などをも考えると、綱吉政権がむしろ先手を取って直ちに処分を強行したこともまた考えられるが、もちろん、真偽の程はわからない。いずれにしても、この辺の事情の検討は、また、別個の立場で、たとえば、江戸時代における裁判制度の在り方如何などの検討の場でも改めて検討されるべき課題ではないかとも考えられる。

(2)再審の内容について

いうまでもなく公儀による再審実施の目的は、高田藩の家臣らが公儀が定めた徒党禁止令に違反して起こした騒動の実態如何を明らかにするために実施されたものであった。そのために主な騒動関係者ら、ここでは計一八人の騒動関係者を喚問しては、公儀役人らがそれぞれ手分けをしては個々の家臣らに騒動の内容如何をそれぞれに尋問したのではないかと考えられる。また、そこでの尋問の結果をまとめたものが、また、編集されたそこでの結果が、「天和聚訟記」計四巻であったと考えられる。そこでは計一八人に対する尋問とそれらに対する個々の家臣らによる返答の内容とがまずは口頭で実施され、それを立ち会った役人らが一応、その後に整理しては記録として書き残したのか聚訟記なのか、あるいは、尋問に対しては個々の家臣らが前以て一応、文書の形で事前に既に提出し、それを第三者の役人らが整理してはまとめて提出したのが聚訟記なのか、さまざま成立事情が考えられるにしても、この辺の事情がよくわからない。いずれにしても、最後は第三者によって編集されたものではなかったかと考えられる。

次に、そこでの再審の対象であるが、騒動は既に紹介を試みたように、計四回にわたって行われている。しかし、聚訟記では第一回目の騒動と第三回目の騒動とがそこでの取り調べの対象の中心になっている事実が注目される。第二回目の江戸下屋敷における騒動は、それへの参加者が少ないこともあってか、一応、その対象にはなっているが、詳しい審議は省略されている。第四回目の騒動については、全くそれに対する審議はみられない。

そこでは計一八人の再審対象者らに対しては、第一回目、第三回目、いずれも城下で起こった騒動に、計一八人の家臣らがそれぞれどのようにそこで起こった騒動に直接または間接に関与したのか、そこでの関与の具体的な在り方如何が問われている事実がまずは注目される。計一八人の中には、そこで起こった騒動に主体的に関与した者もあれば、騒動の現場にいなかった者もまた含まれるが、それはそれとして、そこでの見聞した事実なとが聴取されている。しかし、そこでは騒動が起こったその原因や、それの歴史的背景などについては全くといってよい程、省略されており、騒動そのもの、実態そのもの、そして、それに対する関与の在り方如何に絞り込まれた尋問とそれに対する回答とが行われている事実が注目されるかと考えられる。再審の目的が騒動関係者らに対する処罰如何を直接の目的に実施されたと考えれば、それは当然のことであったともまた考えられる。

以上の事実もあって騒動の内容を出来るだけ詳しく理解する目的で、この「天和聚訟記」の記載内容は、既に紹介を試みたように、本編第二章の「越後騒動の展開と第一次処分の実施について」の中でも、出来るだけそこでの騒動の具体的な内容をみるために、既に検討の対象にすることにした。また、そこでの騒動に直接関係した記述についても、出来るだけ騒動の内容を究明するために、既に参考にすることにした。

しかし、本来であれば、対象になった計一八人の個々の家臣らごとに、かれらに対する質問とそれらに対するそれぞれの回答内容とを確認し、それらを踏まえては、そこから考えられる共通した回答内容を集約する作業を実施することが望ましいかとも考えられるが、何しろその人数が多く、また、個々の家臣らの回答内容もまた多岐多様であり、それらを絞り込む作業もまた現在のところ、容易なことではないようにも考えられる。したがって、そこでの処理方法の在り方如何をも含めて、今後ともさらなる検討の継続が必要ではないかとも考えられる。

ところで、ここでの「天和聚訟記」によると、騒動以外の記述もまた多くみられる。そこでこれらをも利用しては以下、今回の騒動における一方の指導者でもあった小栗美作個人についていま少し、具体的な検討を継続することにしたいと思う。

第3項　再審などから見た小栗美作の人間像について

越後騒動における中心人物の一人である小栗美作については、関連資料が極めて乏しく、また、かれ自身が第一回目の騒動が起こると直ちにその責任を取っては隠居したために、それ以降における騒動の過程でかれがどういった役割などを果たしていたのかなどについては詳しいことは全くといってよい程わからない。しかし、越後騒動を考えた場合、かれの果たした役割は極めて大きいものがあったとも考えられる。そこで、ここではまずは最初に、かれ個人の人物像と、次に騒動との関連も含めてかれ自身の家督相続問題についての二点に対象を絞っては、以下、少し検討を試みることにしたいと思う。そして、最後に、かれによる最後の藩政改革とも考えられているいわゆる「巳の改め」、具体的には延宝五巳年に実施された改革の具体的な内容などについて、以下、検討を試みることにしたいと思う。

（1）美作とその性格について

この騒動の時代に美作が実施した諸政策には、一面では見るべきものが多いことが注目される。しかし、その政策の断行にあたっては、かれの性格を反映してかなり独断専行的な傾向が強いものであったことはやはり否定出来ないように考えられる。

再審の過程では、騒動関係者らから美作の治政方針やかれのそれらの実施にあたっての厳しい姿勢に対する非難や批判の声が多く寄せられていることがまずは注目される。それに対して公儀役人らからは、かれに対して何故、助言・忠告を試みなかったのか、何故、強く美作に反対しなかったのか、といった質問が多く出されていることが注目される。ところが、かれらは異口同音に、美作は他人の意見にすぐに耳を傾けるような人物ではないといった反論が多く寄せられている事実が注目される。それだけかれの厳しい態度・性格や治政方針があったがために、改革では一定の成果を挙げることが出来たとも考えられるが、他方、それだけにかれの実施した政策は、また、かれのそれらに対する政治姿勢は、柔軟性・弾力性などを欠き、より反対派からの強い抵抗と非難とをうけざるを得なかったとも考えられる。そして、何よりもその結果においては農民らに、あるいは、下級家臣らに、大きな犠牲をも強いるものであったとも考えられる。

その意味では常に人間の評価には硬軟両様の意見が付きまとうとしても、一途に目標に向かってすすむその姿には、一面では肯定されるべきものもあるかとも考えられるが、しかし、それは結果において多くの人々に苦しみを与え、かれらから強く非難も受けることにもなったものと考えられる。あるいは、かれのこういった性格があったがために、かれが理想とした政策を実施することが出来たものとももまた考えられる。

(2)美作とその側近たちについて

どの時代のどの政治家にあっても、その政策を遂行する過程では有能な家臣らを積極的に登用することが望ましい。これは美作の場合もまた同じであった。しかし、かれらの多くが自分を抜擢してくれた当主と癒着し、いわゆる側近政治や密室政治といった風評が広まるとあっては、あるいは、かれらが当主に取り入り、その権威を自分のために利用するようになると、かれらは寵臣として多くの人々から強い非難を受けることになった。美作の場合もそういった具体例をいくつかみることが出来る。

たとえば、当初から美作の側にあって美作を支えた家老の一人に安藤治(次)左衛門がいる。かれは後述もするように、美作の意を受けて侼掃部の養子問題などにも深くかかわり、延宝七年一月九日に城下で第一回目の騒動が起こると、翌日には身の危険を感じてか、城下から欠け落ちして江戸に向かった。かれはその後、江戸にあって藩主光長のために密かに行動し、後の再審実施にあたっては呼び出され、他の関係者らとともに処分されている。その意味では、藩主及び美作と運命をともにした人物ではあったが、美作の腹心または寵臣としても非難の対象にされた人物の一人でもあったと考えられる。

また、江戸にあって藩主後継者でもあった三河守の付家老に任命されていたのが同じ一族でもあった安藤九郎右衛門であった。かれは既に指摘したように、江戸における美作派を代表する人物の一人でもあった。そのためにかれは永見大蔵や中根長左衛門らの批判の矢面に立たされ、かれらによる更迭要求のために、ついにその役目を解かれて国元に帰らざるを得なかったと考えられる。あるいは、当時、信濃国に属していた坂(逆)木領の代官であった長谷川安左衛門も美作の腹心の一人として活躍し、美作とともに出府し、また、上方に一緒に出張するなど、とかくの噂のある人物であった。あるいは、かれの与力でもあった田鍋平左衛門も美作から特別に目を掛けられ、かれの伜は与力の子は近習などにはなれないといった規定に反しては美作の伜掃部(大六)の小姓に取り立てられ、反対派からは厳しく批判されている。あるいは、この親子は、たとえば、五〇〇石以上の者でないと駕籠に乗ることが許されないその中でそれを利用するなど、親子の行動が批判の対象にもされているのである。

(3)美作とその奢りについて

美作自身が行った身勝手な行動もまた見逃せないかとも考えられる。この場合、それを示す具体例としてよく指摘されているものの一つに美作による下屋敷の新築問題がある。この原因は美作自身にいわせると、藩主光長が城下町の外に新しく屋敷を求めていたので、自分が持っていた下屋敷を藩主に譲ることにした。そのために自分はまた別に土地を探して下屋敷を改めて建築することにしたのだとある。しかし、かれは屋敷の建築にあってその屋敷地内にある水田をその収穫を待たずに潰し、寺を追い立て、さらには農民らにも迷惑をかけたので、このかれの身勝手な行動が厳しく批判の対象にされているのである。あるいは、これに伴って道路が狭くなり、人々の通行にも迷惑をかけることにもなり、さらには、ここを利用する隣りの加賀藩の飛脚らからもまた苦情が寄せられるなど、いろいろと問題を起こしている。

あるいは、実録資料「越後騒動記」の世界では、藩主らを度々遊覧に誘い、豪華な接待で処遇したとか、また、藩主に取り入るために、側室らをも懐柔したとか、さまざまな事例が批判の対象になっていることも見逃せない。多くの農民や家臣らが生活の困窮に追い込まれているその中での行動であっただけに、多くの人々から強く批判されたものと考えられる。あるいは、美作が江戸聞番(後の江戸留守居)であった高梨加兵衛を懐柔しては公儀との接触を意図し、そのために資金が動いたことも考えられ、後に江戸における批判の声が高まると、かれもまた身の危険を感じてか、江戸から欠落ちしたとも伝えられている。さらには、美作は当時、幕閣を代表していた大老酒井雅楽頭に取り入るために、酒井の腹心であった勅使河原三太夫と接触し、高梨を通してはかれの懐柔にも努めたとも伝えられている。

なお、当時にあっては藩の重臣らの中には、自分の屋敷を江戸に持っていた事例が報告されている。美作の場合も、既に指摘したように、かれの所持する与力たちの中には、それを示す事実もまた含まれていることが見逃せないかとも思われる。小栗美作・荻田主馬らが江戸表に自分の屋敷を、また、それに類似した拠点を構えていた事実は、やはりかれらと公儀及び関係役人らとの結び付きの強さを示すものであったとも考えられる。あるいは、かれらが、あるいはその親族らが、藩の証人(人質)としても江戸に居住していたのではないかともまた考えられる。既に紹介したように、越前藩の場合も、そこでの付家老でもあった本多伊豆守富正も同じように、江戸に自分の屋敷を構えていた事実は見逃せないかとも考えられる。

(4)美作と実録資料「越訴記」・「越後記」について

最後に、越後騒動における中心人物であった小栗美作については、かれの為政者としての資質や、かれの実施した政策などをも含めて、多角的にかれを批判した資料として「越訴記」が現在、残されている。[8] また、この小栗美作を真正面から批判した「越訴記」とともに、今度は江戸表における三河守の付家老でもあった安藤九郎右衛門を同じ目的で批判した「越後記」がまた残されている。[9] この両資料はともにその著者をはじめとして成立年代も、その作成された目的も、何の記述もないためにわからない。しかし、その内容や記述は、両者ともごく簡単な具体例を挙げては小栗と安藤の両者らをともに批判・紹介するといった形式がとられており、しかも、「越訴記」の場合は、何と一一〇カ条余りにわたって逐一、美作に対して短い事例を踏まえての批判が行われており、「越後記」の場合は、同じ形式でその内容は二二カ条余りにわたって安藤九郎右衛門の行為が批判の対象にされているのである。

恐らくその内容から考えると、美作反対派に属する家臣ら、それも複数以上の家臣らの協力によって、美作及び九郎右衛門を厳しく糾弾する目的のために両資料はともに作成されたものだと考えられる。

いうまでもなく、美作は騒動の中心人物であり、安藤九郎右衛門の場合は、第二回目の江戸表における騒動では、三河守の付家老として美作反対派の家臣らから強くその更迭を求められた人物であった。この両者がともに反対派による家臣らから批判・攻撃されているのである。その内容が簡単な事例をも踏まえての叙述内容となっているため、一人だけでの執筆とは到底、考えられず、数人の仲間らの結束と協力とによって、あるいは、そこでの協力者の中の一人が、そこでのグループを代表する形で執筆したものだとも考えられる。既にこの両資料とは別に、恐らく騒動の最中に、しかも、自己の属する派閥（美作反対派）の結束を固め、同時に、自分らを取り巻く社会情勢を有利に展開させる目的で、数人の志を同じくする人々の協力によっていわゆる実録資料「越後騒動記」などが数多く作成され、それが各地に配布された事実をも既に紹介したが、この両資料の場合も、こういった行為の一環として実現されたものだと考えられる。

また、ここでの両資料が既に指摘したように、極めて短いながらも個々の事例を挙げての批判であり、その内容には、研究にあたってはみるべき内容のものもまた含まれていることが考えられ、ここではその内容の具体的な検討は一切、見送るとしても、今後とも実録資料「越後騒動記」などと並んで無視することの出来ない資料だとも考えられる

なかでも小栗美作についての批判は一一〇カ条余りの多きにおよび、一個人に対して一〇〇カ条以上の批判点を挙げることそれ自体が、むしろ一般には不可能に近い、異常な行為だとも考えられる。また、こういった事例は、これまでの歴史上における悪評の高い人物にも皆無に近いのではないかとすら考えられる。この事実は、騒動に直接関係した人々の間での、特に脱藩を余儀なくされた家臣らの中での、美作に対する恨みつらみを、なかでも美作

による権謀術策の結果、脱藩に追い込まれた家臣らの、恨みつらみや、そこでの苦労や悔しさが、また、美作らから与えられた非情な仕打ちに対する怨念などが、こういった資料を生み出すその背景になったのではないかとも考えられる。

第4項　小栗美作と家督相続問題について

(1)藩主越後守光長の後継者問題について

高田藩主越後守の後継者問題は、延宝二年一月末に、藩主光長の一人息子であった松平下野守綱賢が四二歳で病死するといった全く予想もされていなかった事態が起こり、そのために藩主光長の次の後継者を急遽、選出することが当面した最重要課題となった。既に末期養子の制が実施に移されていたとはいうものの、他に実子がいないとあっては、また、越後守光長自身も既に騒動当時は六五歳余りで当時にあっては既に老齢に達していたために、誰を養子に迎えるのかは越後高田藩松平家の存亡如何にとっては極めて重大な問題になったものと考えられる。早速、重臣らによって寄合が持たれたが、一応、そこでの候補者になったのは、以下の四人であったと伝えられている。(10)

(a)越後守の異母弟にあたる永見大蔵。
(b)同じく大蔵の兄にあたり、既に死去していた永見長頼の遺児である万徳丸。
(c)御三家である尾張藩六一万石の二代藩主松平光友の次男義行。
(d)美作の子供であり、藩主光長の甥にあたる掃部(後の大六)。

既に本書の第Ⅰ編で越前(後の福井)藩の創設期についての検討を試み、その中で既に紹介したように、初代越前藩六八万石の藩主には、家康の次男であり、越後守光長にとっては祖父にあたる松平秀康が任命されていた。その秀康が三四歳の若さで亡くなると、かれの跡は光長の父である忠直が継いで二代藩主となった。ところが、周知のように、後に父忠直の行状が乱れ、かれは公儀によって配流・改易を命ぜられ、豊後国(現大分県)に流されることになった。このために忠直の長男でもあった光長が越前国を相続はしたものの、かれは当時、僅かに九歳であった。このために二代将軍秀忠は、光長の母(秀忠の娘、通称高田殿という)が自分の娘でもあり、また、生まれた光長は外孫にもあたるために、かれの行く末如何を心配した結果、大藩越前の藩主には光長の叔父にあたり、これまで越後国高田藩二五万石の藩主であった松平忠昌を改めて越前藩主に任命し、代わって光長はその所持領知高を大幅に削減されては叔父の跡である越後国高田藩二五万石(他に高田殿の化粧領をも含む)の藩主に移されることになったのである。

その後、豊後国に配流されていた父忠直には、妾腹に男子二人・女子一人の子供が生まれた。慶安三年、父忠直が五六歳で配流先の津守(森)で亡くなると、配流先で生まれた三人の子供たちは越後高田藩主であった光長にそれぞれ引き取られることになった。

以上の経緯もあって、藩主光長の一人息子であった綱賢が亡くなると、その候補者には、まずは藩主光長の父忠直の遺児たちがその候補となった。最初には藩主光長の異母弟にあたる永見大蔵が、次には、かれの兄で既に亡くなった永見市正長頼の遺児である万徳丸が、そして、御三家である尾張藩六一万石の二代藩主であった松平光友の次男である義行が、その候補となった。さらには、藩主の父である忠直には永見長頼・同大蔵の兄弟の他に娘お堪が生まれていたが、そのお堪は後に小栗美作の妻となり、伊賀・左衛門・掃部の三人の男子が生まれた。しかし、兄の二人は早死して当時は掃部(後の大六)だけが残されていた。かれもまた藩主光長にとっては甥にあたることから、一応、その候補に加えられたものと考えられる。

以上がその候補者たちである。この中で永見大蔵は四三歳余り、万徳丸は一三歳または一四歳、小栗掃部はその一歳年上かとも考えられるが、協議の結果は、養子には万徳丸（後の三河守）が決まった。また、かれは将軍家綱からその一字を貰って三河守綱国と名乗っている。この候補者の選出をめぐってどのような議論が重臣らの間で行われたのかは、現在のところ全くわからない。巷間、伝えられるところでは、重臣らの中には御三家である尾張藩主松平光友の次男である義行を推す声が高かったが、高田藩における財政難その他の理由もあって、また、美作らの反対もあってこれは見送られ、次に、重臣荻田主馬らは藩主の異母弟である永見大蔵を強く推薦したが、年齢その他の理由で意見がまとまらず(11)、他方、美作の子供である掃部は、兄たちが既に死去して小栗家の一人息子となったために見送られ、結局、美作らが強く推した万徳丸に決まったと伝えられている。事実、かれはこの美作の推薦に感謝し、既に紹介したように、騒動の過程では江戸表における美作派の中心人物の一人として活躍することになった。

以上、越後守の後継者選びの事情を考えると、もしも仮に藩主の異母弟である永見大蔵に最初から藩主の養子になるといった強い野心があったと考えると、それを阻止して万徳丸を強く推薦した美作らの行為は、かれにとっては到底、承服出来るものではなかったと考えられる。また、そこでの怨念が後に大蔵と美作との対立・抗争にまで発展するひとつの要因になったことも充分に考えられる。また、世間の噂もその通りであった。他方、美作の伜であった掃部が、後述するように、越後守の甥として大蔵と同じように、家門並に、また、連枝として扱われるようになったと考えると、かねてから美作らによる独断的な治政に苦しんでいた多くの家臣たちが、また、以前から大蔵の屋敷に出入りしていた家臣たちが、この間の事情をも踏まえて大蔵に同情し、その味方になり、かれを支持したことも充分に考えられる。この養子問題が起こったのが延宝二年頃だと考えると、その五年余り後の同七年一月九日には、第一回目の越後騒動が起こっている。とすれば、この相続問題は騒動とは全く切り離しては考えられないようにも思われる。しかし、とはいうものの、騒動が起こった直接の原因は、既に指摘したように、藩主越後守が隠居した場合、小栗美作の伜掃部をかれの養子にするといった伜掃部の越後守への養子説にあったものと考えられている。

この越後守の後継者問題と並んで永見大蔵の場合、残された実録資料「越後騒動記」などによると、この藩においては既にその成立期に領内における新田開発が活発に行われ、そこで開発された新田高を前提に、大蔵自身は一時は分家大名としての独立を願っていたとも伝えられている。また、そのこともあってかれはぜひとも出府し、幕閣の老中らにも目通りすることをも強く願っていたとも伝えられている。しかし、かれの父である忠直が公儀の命に反抗しては改易され、配流先の豊後国で死去するといった事情などもあってか、美作らをはじめとした当時の藩執行部は、かれの希望には必ずしも賛成ではなかったとも噂されている。とすれば、大蔵と美作との関係はさらに悪化せざるを得なかったものとも考えられる。

あるいは、美作と永見大蔵とが対立するようになったその間柄については、再審の場で公儀役人から美作宛に直接質問が行われている。これに対して美作は、大蔵には一人娘がおり、かつて大蔵から美作の息子である掃部との縁組如何についての相談を受けた。しかし、美作も掃部が兄たちが既に亡くなって一人息子になったので、この申し出を断ったとある。こういった事情も加わってか、自分と大蔵との間柄が悪くなったのだとも答えている。

あるいは、なおも付記するとすれば、実録「越後騒動記」の世界では、かつて行政的な手腕を発揮していた小栗美作の先代の時代に、武断派的な性格の強い荻田主馬の先代が石高五〇〇〇石を減封されるといった事情があり、これが美作と荻田の両者の対立のひとつの原因になったとも伝えられている。

(2)美作伜左衛門の養子問題について

美作はまた早くから自分の伜たちの養子問題には非常に熱心であったといわれている。真偽の程は全く不明であるが、巷間、伝えられている噂では、藩主越後守の後継者であった亡くなった綱賢がまだ生存中に、かれに子供がいなかったために、美作は伜左衛門をかれの養子にと早くから画策していたとも伝えられている。しかし、かれが亡くなったために、この話はそのままになったとも伝えられている。また、綱賢の後室であった源性院に対しても、伜を養子にすることをも強く願い、それに反対されたとも伝えられている。これらは伜左衛門が藩主越後守の甥にあたることもあって、それを見込んだ上での政治的な画策の一環ではなかったかとも考えられるが、もちろん、そこでの真偽の程はよくわからない。

(3)美作伜掃部(大六)の越後守光長への養子説について

さて、ここで検討の対象にする美作伜掃部(大六)を藩主越後守光長の養子にするといった養子説は、これが越後騒動が起こる直接の理由のひとつになったという意味では、無視することの出来ない重要な問題だと考えられる。

まず美作は兄たちが亡くなって一人息子になった掃部に対しては、かれを特別に処遇し、その通行にあたっては家来らに槍などを持たせてはその周囲を警護させるなど、特別な配慮を行い、城中にあっても特別に扱い、他の重臣らとの接触を極力避けさせるなど、さらには、家臣らに対しては掃部に臣下の礼を取らせることをも強要するなど、さまざまな事実が多くの家臣らからは批判の対象にされている。この美作の伜に対する強い思いは、後に掃部を永見大蔵と同じように、いわゆる家門並みに、また、連枝として処遇させるようにとの働きかけにも連なり、それを成功させると同時に、また、かつて大蔵の兄であり、既に亡くなった永見長頼に与えられていた石高三〇〇〇石（四〇〇〇石とも）を、特に割いてはその中の二〇〇〇石は永見大蔵に、残りの一〇〇〇石（または二〇〇〇石）は伜掃部に与えさせることをも画策し、それをも実現させたことによっても、如何に美作が伜掃部に大きな期待を寄せていたのかを知ることが出来るのではないかとも考えられる。

こういった小栗美作の伜掃部に寄せる強い期待が具体化され、発展させられたのが一人息子になった伜掃部を、いずれは隠居するであろう藩主越後守の跡に、かれを養子として送り込むといった伜掃部の越後守への養子説であったと考えられる。また、隠居した越後守に隠居領として新田五万石を与えるという領地割譲説であったとも考えられる。

美作はこれを成功させるための手段として、実録資料「越後騒動記」の中でいろいろと語られているように、また、現在にまで巷間、広く伝えられているように、越後守に対してはさまざまな機会を利用しては種々の働き掛けが行なわれたものと考えられる。たとえば、美作自身が越後守を自分の屋敷に度々招いては接待を繰り返し、また、腹心であった安藤治左衛門に命じては越後守への働き掛けを行い、さらには、特に京都から美女らを招いては越後守に奉公させ、彼女たちを通してもまた掃部の養子説の実現を画策するなど、それこそ各種の藩主越後守に対する懐柔策が実施に移されたものと考えられる。また、越後守自身も甥である伜掃部が早くして母を失い、兄弟もいなくなったことから、掃部を不憫に思い、また、かれに同情し、かれを城中に招くなどしては慰めたとも伝えられ、こういった事実なども加わって掃部の養子説は、家臣らの中にも広く伝わるようになったものとも考えられる。そして、掃部の越後守への養子説に対する反対の声が、また、美作糾弾の動きが、特に永見大蔵らを中心とした美作反対派らの家臣たちによる互いに誓紙を取り交わし、結束を固め、遂には実力行使に踏み切った第一回目の城下での騒動にまでも発展することになったものと考えられる。

現在のところ、騒動関係者らに対する再審の内容を記録した「天和聚訟記」の中では、越後守隠居、隠居領新田五万石分与（地）といったその記述は、この資料が公式記録としての性格が強いこともあってか、何故かそれをみることが出来ない。しかし、いわゆる実録資料「越後騒動記」の世界では、騒動の内容を面白く、興味深く、脚色するためもあってか、また、そこでの小栗美作の悪政とかれの野心とを、たとえば、御家横領説を糾弾する目的もあってか、特に新田五万石割譲説は、美作の政治的野心を示すものとしてその内容が強調されて記述もされているのである。では、果たしてこの新田五万石割譲説は、現実に存在していたのであろうか。騒動の収拾に直接関与した松平大和守の「日記」の中では、三回目の騒動が城下で起こった年である延宝七年四月一八日には、以下のような記述がみられる(12)。

「十八日壬午　天朝風吹雨降、午刻より晴、今日晩松平上野介殿被出、一門中用多有之、越後中将殿家来出入之一巻、あらあら御語、又頃日事発候儀も御咄、小栗美作奢候而、万悪事ハうたがひ無之、大蔵殿荻田主馬方七八百有之、然処美作当正月以林内蔵助私仕置仕様、御為被不宜候由及承候、御為ニ成事候者、隠居成共御改易成共切腹成共被仰付候得之由訴訟申入、依之足弱共ハ除候、支度仕候ヲ主馬方承禁紙連判ニ而騒動有之、美作可立退ハ虚説之段分明ニ有之而、越後守殿美作御ひいき不被成事、世倅掃部へ新田五万石可被遣御内存無之段、家中之者へ大蔵殿始被仰達、事鎮候処」とある。

これによると、四月一八日には、一門である松平大和守（姫路藩主）と松平上野介（出雲広瀬藩主）の両人とが一緒になって一月九日に城下高田で起こった第一回目の騒動が話題にされ、そこでの模様が日記には記述されている。そこで日記の内容を要約してみると、騒動では美作反対派の家臣たち七、八〇〇人が互いに誓紙を取り交わしては結束し、騒動を起こしていること、また、この騒動の原因は小栗美作の奢りにあったこと、そして、この騒動は越後守自身による家臣らに対する釈明（誓言）によって収拾されていることがまずは指摘されている。さらには、そこでの越後守の釈明の内容は、これからは小栗美作を特別に贔屓にはしないこと、また、美作の倅には特に新田五万石を与えるようなことはしないことをも越後守自身が家臣らの前で確約することによって騒動の収拾が行われている事実が特に紹介されているのである。

この場合、大和守が騒動が起こるそれ以前から、早くから美作が藩主越後守に隠居領として新田五万石を与える計画を考えていたことを一門であるがために既に知っていたから、騒動が起こると、日記にその事実を書き残したのか、あるいは、騒動が起こってその噂を初めて聞いたので、その旨を、特に新田五万石の割譲説を日記に書き残したのか、この辺の事情がいまひとつはっきりしない。もしも既に知っていたと考えれば、新田五万石の割譲説はかなりの計画性の高いものであったとも考えられる。もしもそうだと考えれば、隠居した越後守が死去した場合、伜掃部は隠居領五万石を踏まえて分家大名としての独立が保証されるはずであったとも考えられる。と考えれば、永見大蔵にも藩主越後守の養子になる野心が以前と同じようにあったとすれば、かれにとっては掃部の越後守養子説はあってはならないものであったと考えられる。だからこそかれは掃部の養子説が表面化すると、直ちに自らが美作反対派の家臣らに対して反対である旨の誓紙・血判を呼びかけたものと考えられる。それも二回にわたって実施したものと考えられる。

なお、既に紹介したように、この時期にあっては、新田開発が進み、それを前提にした藩主一門が分家大名として独立する事例は、必ずしも珍しいことではなかったとも考えられる。だからこそ既に指摘したように、藩主越後守の異母弟であった永見大蔵自身も、一時は新田の割譲を見込んだうえでの自立を考えたものと思われる。また、永見大蔵がこの思いになおも強く執着していたと考えれば、美作による伜掃部の藩主養子説は、到底、許されることではなかったと考えられる。だからこそ大蔵は、美作反対勢力の先頭に立ち、自ら家臣らに対しては誓紙・血判の提出を呼びかけたものと考えられる。また、越後守はこの養子説は「家中之者共へ虚説之旨直ニ申聞」[13]と、あくまでも虚説に過ぎないとして、これを藩主自らが家臣らの前で誓言することによってやっと事態の収拾に成功したものと考えられるのである。

ところで、これまでの越後騒動に対する研究史を考えると、騒動における美作による「簒奪（さんだつ、帝位を奪い取ること）説」がかつては主張されている事実が注目される。いうまでもなくこの主張は、美作伜掃部が藩主越後守の養子になった場合、越後守が亡くなれば、伜掃部はその隠居領を引き継いで分家大名としての独立が保証される。とすれば、公儀から越後守に与えられたはずの領知高が、その結果においては、家臣である掃部によって奪われる、簒奪される、その事実を踏まえての考え方であったと思われる。

現在のところ、藩主越後守に隠居領として新田五万石を与えるといった事実は、既に指摘したように、実録資料を除けば、松平大和守の「日記」によってしかそれを確認することが出来ない。それもかれが噂を聞いたので日記に記載したのか、一門で既に噂になっていたので記載したのか、はっきりしない。しかし、掃部が延宝六年二月には将軍との目通りが許され、かれが一門並み、連枝として処遇されるようになったと考えれば、それらをも踏まえてもなおも簒奪説は成立するのであろうか、この時期には積極的な新田開発の結果を前提に、藩主一族による分家大名の創出の事例が必ずしも珍しいことではなかったとも考えられ、また、こういった方針が大老酒井雅楽頭政権によってもなおも肯定・継承されていたのかどうか、この辺の検証がなおも残された課題として存在はするものの、もしも酒井忠清政権が分知大名の創出に肯定的であったとすれば、この伜掃部の隠居した藩主光長への養子説は、これまでの大老酒井と美作との密接な関係如何を考えた場合、かなりの可能性を秘めたものであったとも考えられる。とすれば、越後騒動における小栗美作及びその一派と、荻田主馬及び永見大蔵らによる対立・抗争は、美作伜掃部と、永見大蔵両人らの分知大名の創設をめぐっての争いでもあったとまた考えられる。もちろん、それの具体化は、将軍家綱の思いもよらない死去によって、また、大老酒井の失脚によって夢物語に終わったとしても、美作伜掃部の養子説には、なおも検討すべき課題が残されているのではないかとも考えられる。

なお、越後騒動とは、既に紹介したように、二年半の長期にわたった御家騒動であった。また、その間には、藩政の再建をめぐっての小栗美作による改革と、それに反対する勢力との対立・抗争など、新旧両政治勢力の対立・抗争もまた激しいものがあった。また、この藩における藩主不在の時期を乗り切るために設置された七人の侍・与力大将らによる支配機構の動揺と分裂、そこにおける美作派とそれに反対する政治勢力の確執は、また、そこでの勢力争いや権力争いもまた深刻なものがあった。あるいは、脱藩騒動の展開にみられるように、家臣団そのものの分裂と対立もまた深刻なものがあった。当時における藩政の抱えたさまざまな矛盾と対立とか一挙に表面化したのが越後騒動だと考えれば、そこでの騒動の原因も、また、騒動の形態も、内容も、また多岐にわたるものであった。それらをどういった視点で総括し、そこでの騒動の実像をどのように描き、理解すべきなのか、何とか騒動の全体像を掴む努力はしたものの、騒動の総括は、そこでの本質如何の追究は、これからもなおも残された課題のひとつではないかとも考えられる。

第5項　小栗美作と藩政の改革について

(1)美作による藩政の改革について

寛文五年の城下における大地震によってこれまで藩政を指導していた侍・与力大将らの代表でもあり、大家老とも呼ばれていた小栗五郎左衛門正（重）高と荻田隼人の両人とがともに圧死し、代わって江戸から帰国した小栗美作と、国元の荻田主馬との両人らが父に代わって藩政を新しく担うことになった。地震の被害は予想以上に大きく、かれらは直ちに城下の復興に追われたものと考えられる。公儀からの資金五万両の借用などを基金として城下町の再建に努力し、続いて延宝二・三年には凶作とそれによる飢饉とが起こったために、領民らに対する救済措置の実施などにもまた追われることになったものと考えられる。あるいは、それに追い打ちをかける形で延宝四年には城下で大火災が起こるとあっては、それこそ多忙を極めたものと考えられる。

こういった中での小栗美作らによる藩政の改革は、詳しくは寛文六年から本格的に開始された城下町の再建を目指した改革と、飢饉後の延宝五年から新しく開始されたいわゆる「巳の改め」（改革）とをともに含むものであったと考えられる。ここでの最初の改革での具体的な内容は、大きくは第一には、父五郎左衛門正高らの跡を継いで領内における土木治水事業及びそれによる新田の開発または殖産興業政策の推進、第二には、藩財政の困窮もあって家臣らに対する地方知行から蔵米知行制への転換、第三には、知行制度の転換に伴って起こった支配組織の再編と整備、そして、租税徴収体制の整備と強化、それらに加えてさらには第四には、家臣団の再編成如何など、凡そ以上の四点に要約することが出来るのではないかとも考えられる。

まずは第一の課題を推進するためには、大規模な労働力の動員とそこでのかれらによる奉仕とが、第二の課題を実施するためには、広く家臣らによる同意と協力とが、また、それに対応した形での新しい行政組織の整備などが、第三の課題を進めるためには、多くの多種・多様な隷属農（いわゆる名子百姓）らの存在にみられるこの地方特有の後進地的な農村構造の在り方如何を踏まえての、また、連年の凶作・飢饉に苦しむ領民らの現実を前にしての、一方では撫育と救済との実施が、他方では藩財政維持のための徴税強化といった相互に矛盾・対立した難しい対応とが特に必要であったものと考えられる。そして、第四の課題を推進するためには、家臣らの、なかでも有力家臣らやいわゆる七人の侍・与力大将ら自身による全面的な理解と協力とが不可欠ではなかったかとも考えられる。

いずれにしても、政治勢力の結集を背景とした強力な指導力と、より現実に対応した弾力的な、より柔軟な、対応とが強く求められたものと考えられる。その意味では美作らの直面した課題は大変、難しく、また、重いものがあったと考えられる。

第一の課題については、現在に至るまで美作らの功績としては、寛文地震前後からの城下町の復興とそれ以前から既に継続されていた新田開発と殖産興業政策の実施など、たとえば、直江津の築港、それに関川の改修や土木工事、さらには新田開発の促進、中江用水の開削、さらにはそれらに続く大潟中谷内新田や保倉谷開墾事業、大鹿たばこ改良増産、銀山の採掘事業などの実施が広く知られている。また、かれの功績は「小栗美作執政之間有功記」やかれと河村瑞賢との交遊などによってもまたそれを知ることが出来る。(14) いま、個々の事業の内容にまで立ち入った説明は一切省略するとしても、これらの事業はやはり美作による強力な指導力によってはじめて実現可能であったとも考えられ、かれの果たした功績は極めて大きいものがあったと考えられる。同時に、これらの政策は、なかでも新田開発や殖産興業政策の実施は、既に父小栗正高や荻田隼人らの率いた前執行部によっても早くから既に着手され、さらにはこれらが両人らの伜たちにも引き継がれてさらに発展させられたものだと考えられる。

第二の課題については、寛文の地震の翌年頃からこの藩においても家臣らに対して地方知行から蔵米知行制への転換が実施されている事実が注目される。たとえば、「地震之時分五万両之拝借、以下、家中知行も召上、蔵入に仕、自分々々之新田取上迷惑仕候」ともあり、(15) 家臣らはこれまでは自分が直接支配していた知行地を取上げられ、藩執行部が一般の家臣らに代わっては領内村々を直轄地として管理・支配するといった大転換が実施に移されているのである。また、その結果、「家中之諸侍、前々は隠居扶持・惣領扶持少々当て行ひ候処、美作仕置に罷成相止、或は地方に而知行為取申候を蔵米に而相渡候、小身者には馬之飼料等遣候、是又取上、新田迄も取上旁以家中之侍困窮仕候、并町人土民迄も掛難儀仕候」ともあり、(16) 地方知行から蔵米知行制への転換とともに、家臣らに対しては隠居扶持・惣領扶持の廃止など、それに加えてさらに新田開発を促進するために実施されていた新田高の一割を自分の所有地（免租地）とする特典までもが廃止され、それらが財源確保のために没収され、さらには町人や農民らには新しく課税がさらに付加されるなど、厳しい政策が実施されているのである。あるいは、古役に加えて酒・茶・白布・縮・たばこなど、多くの小物成(小役金)などが付加されているのである。

また、ここでみられる地方知行から蔵米知行制への転換は、これまでの農村支配の中心であった郡奉行らの権限・機能の縮小と、かれらに代わっての租税徴収の実務を担う代官・下代らの増加とを促し、さらにはこれを機会に家臣らには「免租四つならし」が実施されるなど、美作らによって実施された新政策は家臣らに対する経済的な負担の増加にも結果したものと考えられる。とすれば、家臣らによる改革反対の動きが当然のこととして表面化することになったものと考えられる。既に紹介を試みたように、同じ松平一族が支配していた福井藩にあってもこの頃には地方知行から蔵米知行制への転換がやはり五代藩主光通《みつみち》の時代には同じく試みられることになった。ところが、この藩の場合は、家臣らの反対もあってそれが途中で中止に追い込まれている事実が見逃せない(第Ⅱ編第二章第2節参照)。その意味では、この藩の場合には、それが実現している事実が注目される。また、それが実現した最大の理由は、小栗・荻田らの父である小栗正高・荻田隼人両人らの時代である寛文二年に、藩財政の困窮を理由に、この藩では特に有力重臣らの所持する給地の一部を既に藩主自身が借り上げては管理するいわゆる借知政策が既に実施されていたことにあるかとも考えられる(17)。その意味では前政権の果たした役割があってはじめて美作らの時代にはそれの実現が可能であったものとも考えられる。

しかし、その結果、家臣らによる美作らの政策に対する批判の声はより高まることになったものと考えられる。家臣たちの多くが美作らによる藩政の改革に反対する理由に、この地方知行から蔵米知行制への転換を挙げている事実は、この間の事情を窺わせるものとして大変、興味深いものがある。特にこの藩の場合、家臣団の構造の中で有力家臣らの占める役割やそこでの発言権が特に強いとあっては、それはなおさらのことであったとも考えられる。

第三の課題については、寛文の地震が知行制度の改革を、延宝の城下における大火災がその後における「巳の改め」の契機になったと考えると、そこでの至上命令はやはり何よりも直接には、これらの相次ぐ災害を克服するための財源の確保ではなかったかとも考えられる。また、そのためには徹底した倹約や式法改革、年貢・小物成・口米などの強化と新田の開発などが、さらには三〇種類、また、それ以上をも上回る異常としかいえない徹底した小役銀の徴収などが必要ではなかったかとも考えられる。同時に、いわゆるさまざまな零細農らをも組み込んだ形での役屋制度の拡大とかれらからの足役銀の徴収などが必要であったものと考えられる。しかし、これらの政策の推進は、相次ぐ災害や凶作・飢饉に苦しむ領民らに対する救撫や貧民救済、さらには勧農政策の推進を、その結果においては犠牲にせざるを得ないものであったとも考えられる。確かに一部では穀留や貧民救済のための措置がみられるものの、むしろそれらを押さえ込むかのように、美作らによる一連の徴税強化の政策が実施に移されているのである。そして、そこでの結果は、現在に至るまで「領民其苛斂誅求に苦しむ口碑今に存し、越後様の重税と云ふ」[18]と、なおも越後様の重税として語り継がれることになったものと考えられる。

第四の課題である家臣団に対する編成替えを中心とした改革は、その対象となった家臣たちは、既に指摘もしたように、それ以前における越前（福井）藩の家臣たちがその中心であった。とすれば、既に第Ⅰ編で具体的な検討を試みたように、藩祖秀康が父家康からこれまでの関東結城一〇万石余りから越前藩六八万石の大々名へと抜擢されたこともあって、当初は全国各地から有力武将らを呼び集め、その結果、かれの許には全国から馳せ参じた多くの武将らによる寄り合い所帯的な性格の強い家臣団が既に形成されていたものと考えられる。しかも、当時はなおも厳しい臨戦体制下にあったと考えれば、そこでの中核を占めた有力な家臣たちは大きな編成替えにも直面することもなく、そのまま越後高田へ新しく入封したものと考えられる。だとすれば、そこでの家臣団に対する何らかの抜本的な編成替えや改革などがともに必要ではなかったかとも考えられる。同時に、公儀が示した軍役令に対応した家臣団の再編成などが不可欠ではなかったかとも考えられる。

具体的には、公儀によって実施された元和二年の知行高五〇〇石から一万石まで、続く寛永一〇年の知行高二〇〇石から一〇万石に至るまでの軍役規定に基づく家臣団の再編成は不可避ではなかったかとも考えられる。事実、この越後高田藩においても公儀が示した軍役令に対応する形で家臣団に対する編成替えが実施されることになったものと考えられる。たとえは、まずは家臣らを統制するために「軍中法度」や「留守居法度」などがまずは制定され、これらを通しても綱紀の刷新などが試みられている[19]。しかし、そこでは上級家臣らに対する統制はいまひとつ徹底しなかった事実が既に指摘もされている。同時に、家臣団に対するこの編成替えを目指してこの藩独自の軍役令もまた制定はされてはいるが、しかし、現在のところ公儀における慶安二年の軍役令と高田藩における寛文一二年の軍役令とを比較検討した研究結果によると[20]、また、ここではそこでの詳細は省略するとしても、高田藩の場合は大きくは一五〇〇石以上の家臣らと、それ以下の家臣らの場合とでは、その記載形式が異なり、特に五〇〇石以下の家臣らの場合、そこでの負担が公儀のそれに比べて著しく重く、逆にいわゆる有力武将らに対する負担は、幕府のそれに比べて著しく少ないことなどが既に指摘もされている。この事実などは、高田藩における家臣団に対する編成替えや改革などが有力家臣らによる強い反対や抵抗などもあってか、不徹底なものにならざるを得なかったことをも示すものではないかとも考えられる。

以上、各分野ごとに小栗美作らが実施した藩政の改革を概観してみたが、そこから見える美作の為政者としての功罪如何については、いろいろの評価が考えられる。中でも凶作・飢饉が続いたこともあってか、かれによる苛斂誅求の側面もまた特に目立つようにもまた考えられる。

(2)美作と「巳の改め」について―特に足役銀の徴収を中心に―

(A)足役銀とは

以上、小栗美作らの実施した改革の内容については、たとえば、地方知行制から蔵米知行制への転換など、当時にあっては評価出来るものがあるかと思えは、反面では藩財政の困窮もあってか、領民らに対するいわゆる苛斂誅求の側面もまた強いことが注目されるかとも考えられる。特に、その中でのかれによって実施された農政の在り方如何については現在のところ、その評価が大変、難しい。そういった意味では、かれが領内における凶作や飢饉、それらに加えて城下で起こった延宝四年の大火災の翌同五年に、特に領内で実施したいわゆる「巳の改め」と、それの一環として出された足役銀の取り立てに関する法令の施行とが、かれのこの時期における農政に対する基本的な姿勢を示したものとして特に注目されるのではないかとも考えられる。

そこで新設されたこの藩における足役または足役銀とは、本年貢・小物成(小役銀)・高掛役(銀)・夫役(銀)といった各種の租税負担の中では広い意味では夫役に属し、江戸当初にあっては農民らは各種の租税を負担するとともに、他にも陣夫役としても自らが動員され、戦場における物資の輸送や陣地の構築など、さまざまな形での労働奉仕を担っていたものと考えられる。それが後に社会が安定すると、直接の労働奉仕である夫役から夫銀の納入へと、さらには財政が困窮すると、今度は個々の農民らが住む家の大小にまでもが課税の対象になり、その結果、いわゆる軒役といった形での新しい課税が実施されることになったのではないかとも考えられる。

現在のところ具体的には、農民らが家族とともに住む独立した家を役家または本屋と呼び、この役屋が上納する役金を足役銀と呼び、かれらが上納する役金を、たとえばそれを一とすると、相屋はそれの半分の二分の一、名子屋は本屋の三分の一、小名子屋は本家の五分の一といったように、課税されたのではないかとも考えられている。(21)

いずれにしてもそこでの対象となる各役屋の区別（基準）とそれに対する足役銀の課税の実態とには不明の部分が多く、しかも明確さを欠くために、恐らくは足役銀の徴収にあたる村役人たちからも、また、それを負担する農民たちからも、恐らくは早くから悪法のひとつとして忌避されていたのではないかとも考えられる。また、こういった他の諸藩ではその実施例が全くといってよい程みられない悪法でもあったがために、いわゆる「巳の改め」ではその内容が改正されることになったのではないかとも考えられる。では、それは延宝五年末には、どのように改正されたのであろうか。以下、この法令改正の内容を紹介すると、次のような内容の法令であった[22]。

足役取立之覚

一高持百姓仮雖為高多少本役之事
一前々高持百姓雖為壱軒役、其高之内子孫兄弟他人ニ分け為持候共、わけ持之百姓本役之事
一前々相屋并名子役たりとも高持百姓ハ向後本役之事
一不高持百姓ハ名子役之事
一新田家本田百姓同前之事
一仮其村其所ニ家不持、他村他郷并町等より高掛持候共、其村之高持家同前ニ本役之事、附　つぶれ百姓田地主無之、其村支配之内ハ足役赦免之事
一名子家増減次第役用捨之事
右之通、当巳ノ年より足役銀可取之旨被仰出候間、各与下へ急度申渡役銀上納申候様ニ可被申付候、委細御代官より可被申渡候、以上

巳閏十二月十三日

松　治兵衛
松　仁右衛門
大肝煎中

以下、ここでの各条文のそれぞれの内容をみてみると、

第一条では、農民らにたとえ僅かでも所持石高があれば、これからは本役（一人前の負担）を務めること。

第二条では、以前から所持石高を持っては壱軒（本）役を務めていた農民らであっても、その所持していた土地を子孫兄弟または他人らに分けてはともに耕作させている場合には当主ではなく、その土地を直接に耕作している各個々人らがこれからはそれぞれ本役を負担すること、

第三条では、これまでは相家・名子屋（役）であっても、所持石高があれば、これからは一人前の百姓として認め、その代わりに本役を務めること、

第四条では、所持石高の無い農民は、これまでと同じように名子役を負担すること、

第五条では、新田開発の結果、新田を所持することが出来た農民らも、これまでと同じように本田を所持していた農民らも、これからはともに同じように取り扱うこと。

第六条では、仮にその村に自分の家がなく、他村・他郷・町に土地を持ち、納税を果たしている者は（具体的には大地主などか）、これからはそれぞれの土地に住む者と同じように、そこでの本役をも務めること、なお、附則として、潰れ百姓の土地を村で管理している場合は、その土地に対する足役は免除すること、

第七条では、今後増減が考えられる所持石高のない名子家については、その推移如何によってはそこでの負担は免

除すること

以上がその主な内容である。ここで明確になった事実をみると、たとえ少しでも所持石高のある旧来からの農民であっても、また、新田開発の結果、新しく新田を少しでも所持した農民であっても、これからはともに一人前の農民として認め、取り扱うこと。同時に、かれらに対してはともに本役の負担を命じている事実がまずは注目される。これまで課税の対象になっていた本屋・相家・名子屋・小名子屋の制度は、これを機会に既に廃止されているのである。次に、一族や他人らと一緒に、土地の管理・耕作をともに担っている者たちに対しては、ここでの経営形態は恐らくは大家族制または他人をも含む複合大家族制だとも考えられるが、そこでの形態を解体または否定しては、そこでの個々の農民らに自立を強く促しては独立した農民になることをも奨励している事実などが特に注目されるのではないかとも考えられる。さらには、自分の住む場所以外にでも土地を所持している者、たとえば、大地主などの場合でも、それぞれの村でやはり本役を勤めることが命ぜられている事実もまた見逃せない。ここでは一方では、いわゆる単婚小家族（いわゆる小農）の自立が特に奨励されるとともに、他方では、自立した農民らに、それも零細な土地所有者らに対してまでもが一人前の農民として認められ、代わって本役、一人前の負担の上納とが強く命ぜられてもいるのである。

以上であるが、ここではたとえ僅かであっても土地を所持していた農民らは一人前の農民としての自立が認められ、また、これまでの多くの零細農をも抱え、あるいは、一族でともに広い農地を一緒に耕作していたような有力農民らの場合は、それらを解体させてはそこでの個々の農民らをそれぞれ自立させるといった方針が示されている事実もまた特に注目されるのではないかとも考えられる。

ところで、これを機会に既に紹介を試みた延宝五年の「足役取立之覚」が新しく実施されることになったが、それ以外にもそれ以前における農政に関する主な法令の内容をここでは少しみてみると、この藩においては寛文年間には、同四年には郡奉行から一八カ条の農民らに対する法令が出されているが、この中には農民ら相互間における土地の売買については、必ず大肝煎の証明(裏判)が必要であることが命ぜられている。(23) 続いて同一〇年にも、将来、土地売買における紛争を未然に阻止するために、今度は土地売買証文には大肝煎ではなく必ず郡奉行自身の証明(裏判)が必要であるとの法令が出されている事実が注目される。(24) いうまでもなく、寛文年間は城下で大地震などが起こった時代でもあったが、また、土地の売買を通しては農民層の分解が心配もされていた時代でもあり、それに対する対応策が既に実施されている事実が注目される。

続いて延宝年間になると、同二年には、郡奉行八人から領内における治安維持を目的とした七カ条の法令が、そして、同五年には、既にその内容を紹介した足役銀に対する法令が出され、さらにはその実施の直前の同五年三月には、農政に直接、関係する代官・下代、そして大肝煎らに対しては百姓らに対して依怙贔屓や年貢米に対する不正を厳しく禁止する旨の法令とが出されている。そして一二月六日には、以下のような骨子の法令がまた出されているることが注目される。(25) それは「先月廿九日両旦那より被仰遣候通各組下家改之儀、惣而組下家大小共ニ高持・高不持并寺社方・門前・神子・山伏・行人・座頭以下、不依何者ニ家持候分、相家共ニ不残帳面ニ付立可被申候」といった法令が、しかも、ここに例示した者以外にも、なおも附則の形でそれ以外にもさらに茶屋・えびす・渡守などをも含めたすべての者たちに対する家改めの実施と、しかも、そこでの結果を必ず帳面に記載することか命ぜられてもいるのである。続いて翌月の閏一二月一三日には「足役取立之覚」の発布と同じ日付で今度は、別に「家数改に付足役免除」の者たちの再確認の指示とがともに出されている。(26) 具体的にはこれまで既に足役を免除されていた者たちである「宿場并諸関所、大肝煎・庄や・組頭、寺社方・神子・山伏・行人・座頭、其外道心者・えびす・茶屋・渡守・穢多等」など、それに加えてさらには郡方足軽衆もまた足役銀の上納は免除する旨がともに布告もされているのである。また、ここでは村役人らもまた足役銀の課税を免除されている事実が注目される。

以上のように、足役銀の改正にあたっては、既にそれ以前には農民層の分解を阻止するための法令が、続いて農民の支配にあたる代官・下代らには厳正な農政の執行とが命ぜられ、そして、各村々における足役銀の納入の対象になった各家々に対する調査（帳面作成）と、これを免除する者たちとの再確認のための作業とが同時に実施されている事実が注目されるかとも考えられる。さらにはそれらを実施した上での新しい足役銀の取り立てに対する法令の布告となったものと考えられる。その意味では新しい足役銀の実施には、美作らによる藩執行部のいわゆる小農自立に対する強い思いと姿勢とが込められていたのではないかとも考えられる。

（B）足役銀徴収をめぐっての問題点について

以上、新しく実施されることになった足役銀の改正とそれの実施は、その後にどのような推移をたどったのであろうか。この法令が出されたのが延宝五年の閏一二月一三日、この法令が具体的に施行されたのは翌年からであったと考えられる。ところが、延宝六年を迎えると、これまで対立していた小栗美作に代表される改革推進派と、これに反対する永見大蔵・荻田主馬らに代表される改革反対派による対立・抗争が表面化し、それらが激化して翌七年正月九日には、美作反対派の家臣らによる最初の城下における武装蜂起となった。とすれば、その前年の同六年には家臣ら相互間における対立・抗争の激化もあって、現実は農民らに対する足役銀の課税の実施どころではなくなったものと考えられる。その意味では、小栗美作らによる農政の改革はまさにその出鼻（端）をくじかれることになったものと考えられる。現実は新しい法令の施行どころではなくなったものと考えられる。

現在のところ、生産力の高い平野部は別にして自然条件の厳しい山間僻地を多く含む地域における農民らの状況、特に家族の在り方如何については、延宝六年以降においても相変わらず大家族または複合家族がそれぞれの村の中での中心を占めている事実が注目もされている。現実は、いわゆる単婚小家族の成立どころではなく、また、法令の発布にもかかわらずに、以前のままの状況が相変わらずに続くことになっている事実が報告もされているのである。たとえば、魚沼郡の場合、「役屋制度改定後の家族労働力構成は、魚沼郡各村の平均人口をみると、九人あるいは一一人というものが多く、少ないものも七、五人にもなり、複合家族を中心とすることにおいては改定以前と基本的には変化がなかった」ともいわれているのである(27)。

以上の事実を考えると、いわゆる小農自立を促進するための「巳の改め」は、また、他方では大家族または複合大家族制の解体をも促す「巳の改め」は、法令発布直後に起こった藩内における家臣団の分裂などによって、具体的には美作派とそれに反対する永見・荻田一派による対立・抗争の激化の結果、そこでの施行はそのまま放置されざるを得なかったものとも考えられる。とすれば、その後に続いた二年半に及ぶ越後騒動の展開の中で、そして、それに続く越後高田藩の改易、さらにはその後における旧藩領域に対して実施されたいわゆる「天和の検地」の実施に至るまでは、農村の中ではどういった混乱が、また、その混乱の中でどういった農民らによる新しい動きなどが、あるいは、変化などが、生まれることになったのであろうか、騒動から取り残された村々における状況如何についてては、さらなる検討の継続が必要ではないかとも考えられる。

ところで、現在のところ「巳の改め」といった場合は、それはこれまでの農民らを対象にして実施されていた足役銀の廃止と、それを機会に実施されるはずであったいわゆる小農の自立を促す政策だとして理解されているのではないかとも考えられる。しかし、こういった農村を対象にした政策の実施と並んで、この延宝期には新しく藩主後継者に任命された三河守綱国の立場をより強化・確立するために、かれの率いた家臣団の編成替が既に実施されている事実がまた注目されるのではないかとも考えられる。具体的には、藩主後継者に決まった三河守綱国に対しては、既にこの藩における家臣団における階層構成の在り方如何についての検討を試みることにしたが（第一章第

2節参照)、そこでは特に藩主後継者に決定した三河守に対しては、かれに仕えていた家臣らが、これまでの切米取り・扶持米取りの家臣らに代わって知行取り・給米取りの家臣らにと大きく切り替えられている事実が注目される。また、この編成替えによって三河守の立場がより強化されることになっているのである。しかも、そこでの編成替えの最後には、その就任の時期がなおも正確さを欠くものの、これまでの付家老であった小岸藤右衛門にさらに加えて、また、かれの上席に、新しく美作の腹心の一人であった安藤九郎右衛門が改めて付家老に任命されているのである。

しかし、かれの付家老への就任は、いうまでもなく美作反対派らの家臣たちは反対であった。直ちに永見大蔵からは一門である松平大和守宛に、安藤の付家老就任に反対する抗議の書簡が出されている(28)。さらには、江戸留守居であった中根長右衛門らの美作反対派は、その後、藩主光長が出府すると、かれの出府を待ち構えては、安藤排斥のための直訴を決行しているのである。その意味では、安藤の三河守付家老への任命は、これまでの家臣団の中での対立・抗争をより激化させることになったものと考えられる。なお、この安藤九郎右衛門の付家老就任がもしも延宝五年頃だと考えれば、この美作派強化の動きも、いわゆる「巳の改め」の実施と密接不可分の関係にあったのではないかともまた考えられる。

いずれにしても、美作らによる三河守に対する家臣団の編成替えは、かれの立場をより強化することを目指すものであったと考えられる。とすれば、美作反対派らの家臣らとの対立・抗争は、これを機会により深刻になったものと考えられる。

同時に、延宝六年を迎えると、美作の倅掃部(後の大六)が藩主光長の甥にあたることもあって一門並みに昇格しており、かれと公儀を代表した酒井雅楽頭らとの間におけるお目見えなどが実現したと考えれば、これらの動きもまた美作反対派にとっては好ましいことではなく、反発の動きはさらに激化したのではないかとも考えられる。そして、さらに続いては藩主光長が老齢のために、かれの養子に掃部をといった掃部の養子説が新しく噂として流布されるようになると、家臣らの相互間における対立・抗争はより深刻化することになったものと考えられる。そして、そこでの対立・抗争の結果が翌延宝七年正月早々に城下高田における美作反対派家臣らによる第一回目の武装蜂起に発展したものと考えられるのである。

この場合、さまざまな噂は、また、それらの噂の流布は、そこでの真偽の程はともあれ、騒動開始に向けての導火線の役割を果たすものであったとも考えられる。

【注】

(1)再審実施の直接の理由は、美作反対派の代表であった岡嶋壱岐・本多七左衛門の両人が藩主に脱藩を申し出たことによるものと考えられる。かれらの先祖はともに家康のかつての腹心たちであり、特に藩主光長の付人を命ぜられた以上は、辞める場合にも藩主の了解とともに、特に実録資料「飯山記」にもあるように、公儀(老中ら)の許可がまた必要ではなかったかとも考えられている。

(2)「越後騒動未御仕置之一件」(国立公文書館内閣文庫)参照。

(3)「日記」五五六頁。

(4)「日記」五八六頁。

(5)「日記」五九〇頁。

(6)「日記」五九四。なお、藩主光長の処分の在り方如何をめぐっての将軍綱吉政権と御三家との意見の対立などについては「御当代記」(「東洋文庫」平凡社643)での一五頁以下などに詳しい。

(7)「日記」五八六頁。

(8)・(9)ともに島原市立図書館「松平文庫」による。この両資料は一冊にまとめて収録されており、最初が「越訴記」、後者が「越後記」となっている。

(10)「高田市史」第１一二八頁以下参照。

(11)永見大蔵の場合、「大内蔵殿内々御養子之儀御望有之候得共、御年ふさせ不相応万徳丸殿御養子と相定、江戸表御目見首尾能相済」とあり、かれの年齢如何が問題になったものと考えられる(「日本塩業史大系」史料編近世3の六〇六頁)参照。
(12)「日記」五〇九頁。
(13)「天和」巻の1の九七頁。
(14)「頸城村史」資料編五五頁。
(15)「天和」2の一二四頁。
(16)「天和」2の一四一頁。
(17)「入広瀬の近世」第2編上巻四〇頁。
(18)以前から越後様の重税は広く伝えられ、たとえば、「高田市史」第1集一三一頁や「上越市史」普及版一二七頁などにも関係記述がみられるが、やはり具体的には領民らがそこでの困窮を直接上使に訴えた延宝九年酉六月、梶尾村を含む計五カ村々から提出された言上書(「吉川町史」資料集第6集二〇頁)や、藩の改易にあたって伝えられている「酉の御赦免」(「津南町史」通史編上巻)二一七頁)の言葉などでもその事実を知ることが出来るのではないかとも考えられる。
(19)・(20)松永靖夫「「松平光長高田藩の藩政機構について」(「日本歴史」326号)参照。
(21)ここでの詳細は「津南町史」通史編上巻二〇〇頁以下など参照。
(22)この資料はいくつかの市町村史に収録されているが、ここでは本山幸一「「松平光長家の村落支配組織―越後国魚沼郡を中心に―」(「頸城文化」33号)による。
(23)・(24)「入広瀬の近世」第2編上巻四二頁・五〇頁。
(25)・(26)「堀之内町史」資料編編上巻三〇二頁及び三〇三頁。
(27)松永靖夫「越後の天和検地と農村構造の展開」(「史林」63巻1)。)
(28)「日記」五〇九頁。

第2節　第二次処分（改易）の実施について

第1項　再審の結果について―その処分の内容をめぐって―

まずは再審に直接関係した公儀役人らであるが、正確なことはわからないが、以下、美和信夫「老中一覧」（『国史大辞典』巻14）などによると、(1)一応、当時における主な人々らを知ることが出来る。これらをみてみると、延宝八年一二月には当時の大老酒井雅楽頭忠清が致仕したために、老中は稲葉正則・大久保忠朝・堀田正俊・板倉重種・阿部正俊らの五人、それに寺社奉行や町奉行らが直接処分の決定には参加したものと考えられるが、なお、検討の継続が必要かとも考えられる。また、たとえば、北町奉行であった嶋田利木は、詳細はなおも不明だとしても小栗美作と既に交際もあり、一説によると、美作伜掃部の養子の件では美作から賄賂を受け取り、また、美作一派の家臣らとも交流があり、それを理由に自ら役儀免除を願い、跡役には北条氏平が任命されたとも伝えられている。次に、騒動の糾明にあたっては老中稲葉美濃守正則が特に主査を担当、評定所には寺社奉行・両町奉行及び目付らが出座しては、正確なことはなおも不明であるが、審議が実施され、時々は老中稲葉及びかれ以外の老中らや側用人牧野成貞らもそれに加わったとも伝えられている。また、国元にいた藩主光長は例年よりも早く三月中旬には既に江戸に到着している。さらに、四月になると、高田藩の事情調査のために幕府目付中根主税正利と書院番津田平四郎正常の両人とが越後高田藩に派遣されたとも伝えられている。

以下、これまでの約半年間余りにわたる審議を踏まえた「越後守家来裁決書」によると[(2)]、天和元年六月二一日に「松平越後守家臣於御前対決」と、五代将軍綱吉の面前での小栗美作と永見大蔵・荻田主馬らによる対決が行われ、翌日二二日にはその結果（判決）の発表となった。

そこでの内容は、小栗美作と倅大六（掃部）親子はともに切腹であった。また、その罪状は「美作儀度々御僉鑿之上、御直にも被聞召候処、数年之奢、不忠之仕合候、依之父子共切腹被仰付者也」とあり、その理由は将軍綱吉自らがその場に立ち会った上での明らかにされた美作の数年に及ぶ奢りと不忠とであった。美作は預けられていた松平越前守（福井藩主）、大六は松平伊豫守（備前岡山藩主）の江戸屋敷で直ちに処刑されたものと考えられる。なお、大六の場合については、ここではそこでの詳細は後述するとして、後述するように、当時の処分に関する状況の一端を示す資料もまた残されている。

次に、永見大蔵・荻田主馬の両人らは八丈島への流罪であった。やはり処分の申し渡しは、両人に対する度々の詮議を踏まえての「御直にも被聞召候」と、将軍自らが尋問の内容をも聞いた上での流罪処分であった。

続く岡嶋壱岐・本多七左衛門の両人は三宅島へ、小栗美作の弟である小栗兵庫・同十蔵の両人と美作の腹心でもあった安藤治左衛門の三人は大島への流罪であった。また、この五人の処分も度々の詮議の結果、不届きだといった理由での流罪であった。さらに以上の計七人に対しては、家来一人宛との注記があり、当人の身の回りなどを世話する家来を連れて行くことが特に認められている。

翌二三日には評定所において公儀大目付・両町奉行・目付らが出座したその中で残りの騒動当事者である三人が呼び出され、それぞれ大名らに預けられている。その内訳は片山外記は稲葉右京（豊後臼杵藩主）へ、中根長左衛門は水谷左京亮（備中松山藩）へ、渡辺九十郎は伊東出雲守（日向飫肥《おび》藩）へ、それぞれ預けられている。また、渥美久兵衛・林内蔵助・野本右近・小栗右衛門・安藤平六の五人は追放処分であった。そこでの居住範囲は、既に立ち入りを禁止されていた国々に加えて、現在の居住地である越後、その隣りの越前両国と東海道・木曽路がそれに追加されている。

以上が主な騒動当事者らに対する処分の内容であるが、二二日には切腹を命ぜられた美作の「種替り」の兄、異母兄にあたる戸川主水(御小姓組)がやはり大名に預けられるとともに、もしもなお美作に親類がおれば、今日明日中には必ず届け出ることが命ぜられている。同時に、流罪を命ぜられた者たちの「親類縁者又従弟迄」を至急、調べては報告することが命ぜられている。二三日には、永見・荻田・小栗美作の三人とさらには流罪を命ぜられた者たちの親類縁者又従弟迄の公儀への報告が命ぜられている。二五日になると、流罪になった本多七左衛門の子供二人と安藤治左衛門の子供一人(いずれも年齢不明、恐らく成人か)がそれぞれ各大名らに預けられている。

翌二六日には、高田藩主越後守光長自身が井伊掃部頭の屋敷で改易を命ぜられ、その結果、その身柄は松平隠岐守(伊予松山藩主)に、かれの後継者である三河守綱国も酒井修理大夫の屋敷でやはり改易を命ぜられ、その身柄を水野美作守(備後福山藩主)に預けられることになった。越後守の道中は京極備中守が、三河守の道中は黒田甲斐守がそれぞれ警護のために同道することになった。また、越後守には一万俵、三河守には三〇〇〇俵が御合力として与えられている。同時に、家来を召し連れることが認められているが、そこでの人数はこの資料では不明との注記がある。この場合、預けられた藩主越後守光長個人のその後の日常生活を中心としたその暮らしぶりについては、既に詳細な内容の検討が試みられ、そこでの調査結果が既に発表もされている(3)。

翌二七日には、国持大名・万石以上の大名らが登城を命ぜられ、白書院において老中列座の中で松平越後守と同三河守の両人を家中騒動を起こし、不調法だといった上意によってそれぞれ大名に預ける旨が通達されている。また、この通達が終わって散会した後で、松平日向守・秋元摂津守の両人が上使として越後国の仕置きにあたることが命ぜられ、かれらに対しての差添人三人とが指名されている。続いて代官三人・御勘定組頭一人・御勘定人二人が指名され、また、高田城請取二人・同所御目付二人・同所在番二人・糸魚川城請取在番一人とがまた命ぜられているが、なお、後述もするように、この資料によると、たとえば、越後高田城請取りとしては本来、三人の大名らが任命されたはずだと考えられるが、ここでは榊原式部大輔・牧野駿河守の二人の名前しか見られず、この辺の説明がいまひとつ正確さが欠けているのではないかとも考えられる。(4)また、同日には騒動の収拾・和解に全力を挙げて取り組んでいたはずの一門である松平大和守と松平上野介の両人の屋敷にそれぞれ上使が派遣され、両人に対して「取曖始終風不届被思召候」といった理由で閉門が命ぜられている。

さらには大目付渡辺大隅守が「御直参之者は家中出入之儀、一切取曖仕間敷旨、御法度之処、御條目違背、其上御役儀を相勤候者、重々不届被思召候」といった理由で八丈島へ流され、かれの伜三人がまたそれぞれ大名らに預けられている。渡辺大隅守と松平大和守両人とが酒井雅楽頭から越後騒動に対する収拾を命ぜられた時に、両人はともにその役目を一旦は強く辞退したものの、酒井の要請が強く、後には承諾したとも伝えられているが、その背後で当初から恐らくはさまざまな思惑や心配などが既にあったのではないかとも考えられるが、詳しいことまではわからない。

二八日には、改易処分によって家臣らは浪人を余儀なくされることになったが、「越後浪人之儀、親類縁者由緒有之分、御当地侍屋敷に差置候ても不苦、越後近国は不及申、何れの国にても無遠慮可被差置候」といった指示が出され、また、その旨が御三家をはじめとして諸国の大名らにもまた通達されている。ここでのその詳細は省略するとしても、なおまた、昨夜、「三河守殿、昨夜被致乱心候由」といった乱心事件が起こっている。ここでのその詳細は省略するとしても、三河守の側近であった家来三人が乱心事件を起こし、その中で付家老でもあった小岸藤右衛門と他に戸田五郎兵衛の両人とが乱死したともいわれ、そのために公儀目付らがその事後処理にあたり、二人の身柄(死骸)は松平出羽守が受け取ったともある。(5)

三〇日には、藩主であった越後守が、翌月の二日にはかれの後継者であった三河守が、それぞれ指定された大名らに預けられるために江戸からの出発が予定され、そのために両者には昨日、護送の責任者らに加えてまた御徒目付二人ずつが差添えられている。また、今回の越後騒動でその収拾に深く関係した大老酒井雅楽頭と老中久世大和守の両人に対しては「越後守殿家来出入之儀、取曖不調法」といった理由で、当人らがこの時点では既に死去していた関係もあって、かれらの子供である酒井河内守・同下野守と久世出雲守の三人とがそれぞれ逼塞を命ぜられている。七月二日には、特に旗本らに対して、これまで処分された切腹・遠島・御預・追放者などの「親類差掛り候分、且亦舅小舅聟御番遠慮、右之外は不苦候間」と、一族以外の者らは、これまで通りの勤務が認められている。また、「閉門之衆一類」もまた同じように、それ以前の勤務に戻ることが許されている。当時は、処分された者の親類縁者など、また、それ以外の周辺の者たちも、その具体的な内容がいまひとつ不明だとしても、謹慎を命ぜられ、あるいは、自ら謹慎していたものと考えられる。

同四日には、美作の「種替り兄」、異母兄にあたる本多不伯(一五〇〇石)が秋田信濃守に預けられ、さらに小栗美作の弟である小栗兵庫の子供七人(一七歳から二歳まで)の中で上の三人が松平陸奥守(仙台)に、残りの四人が細川越中守(熊本)へ預けられ、同じく小栗十蔵の子供二人(一三歳と四歳)は南部大膳大夫に預けられることになった。

ところで、騒動に対する処分は、以上、「家来裁決書」にある家臣ら以外にも、将軍綱吉・大老堀田正俊政権の強化・確立を背景に、たとえば、騒動収拾に努力した一門の松平大和守が姫路藩主一五万石から九州日田藩主七万石へと、減封された上で左遷され、また、松平上野介がやはり出雲広瀬三万石を減封されて一万五〇〇〇石になるなどの処分が続いている。あるいは、改易の結果、高田城が明け渡されているが、後述もするように、高田藩の責任者を務めた重臣の片山主水が、そこでの不始末の責任を問われて追放されている。また、騒動以前の藩執行部の中心でもあった美作派の本多監物もまた江戸から追放されていることも見逃せない。

以上のように、処分の内容は騒動当事者らを、それも美作派も美作反対派らをもともに含めた上での、さらには、かれらの親族たちからはじまって騒動の収拾・和解に日夜苦労していた一門の大名ら、あるいは、かつての大目付であった渡辺大隅守をはじめとして当時、政権を担っていた大老酒井雅楽頭や老中久世大和守及びその子供らをもともに含めて広い範囲にわたって実施されている事実が注目される。同時に、いうまでもなく処分の内容はいわゆる喧嘩両成敗であり、藩主父子自身らもまたその責任を厳しく問われて改易され、残った多くの家臣たちはその全てが浪人に追い込まれるなど、極めて厳しいものであったことが注目される。また、そこでは美作派も美作反対派の家臣らもともに含めて全員が改易のために処分されているのである。その意味では一般に広く流布されている第一次の処分実施は、美作派が大老酒井雅楽頭らに取り入っては、また、賄賂を送っては実施させたものであり、これに対して第二次処分の実施は、今度は代わって美作反対派が大老堀田正俊らに取り入った結果、それの実施が可能であったとする美作反対派らの家臣らによるいわゆる巻き返し論とは全く無縁のものであったとも考えられる(6)。そこでの結果は対立・抗争を続けた両派閥の当事者どころか、藩主をも含めて高田藩それ自体が改易を命ぜられた結果、越後高田藩そのものも消滅させられているのである補注(1)。

ただこの場合、騒動処分当時の主査であった老中稲葉美濃守正則の娘は、大老堀田の妻であり、老中稲葉と大老堀田との関係如何は、既に指摘したように、騒動の収拾過程を考える場合(7)、見逃せない意味を持ったのではないかとも考えられる。しかし、現在のところ両者の間でどういった情報や意見の交換などがあったのか、なかったのか、それらについては全くわからない。

第2項　再審の在り方如何について

以上が越後騒動における第二次処分の主な内容である。また、ここで紹介した内容についてはまた別に「再審処分一覧」が既に作成され、処分者らを一門・藩内・幕府関係者などにまずは大きく分け、かれらを順次、その処分日ごとに並べ、処分された騒動当事者らのそれぞれ属した派閥（小栗美作派・荻田主馬派・中立派）とその氏名、処分の内容などをも注記した一覧表が既に作成されて発表もされている(8)。

そこで、これまでにみてきた処分の内容及び「再審処分一覧」を基に、また、これまでに既に指摘してきた騒動収拾における問題点などをも再度、確認しながら、また、そこでの重複をも厭わずに、改めて再度、再審の在り方如何について少し考えてみることにしたいと思う。

いうまでもなく、ここでの処分は、既に検討を試みたように、延宝八年一二月末から翌九年六月一七日頃まで、約半年間にわたって行われた公儀による騒動当事者ら計一八人に対する尋問とそれについての個々の回答の結果をも踏まえて実施されたものであった。ところが、そこでは既に指摘したように、この再審が実施されるそれ以前に、美作反対派に属していた家臣らの中で、特に強硬論者や急進派、そして、騒動での首謀者らが、脱藩騒動の展開の過程で、また、処分と前後しては藩主越後守や既に隠居していた小栗美作の背後からの密かな働き掛けなどもあってか、あるいは、美作派がその中心になっていた藩執行部によって、強制的に暇を命ずる形での追放処分によって、あるいは、当人らが自ら藩を脱藩する形での、現在のところ、そこでの人数は実録資料では一般には三五〇人余り。その正確な人数を把握することは難しいとしても、既に多く家臣らが藩から既に排除され、または自ら脱藩している事実が注目される。

そのために公儀役人らによる騒動に対する真相解明は強い制約をうけざるを得ず、出頭した騒動当事者らに対してまでもが、騒動の首謀者は誰か、騒動での頭取は誰か、などといった尋問が度々行われている事実などが注目される。また、そこで出頭を命ぜられた者たちに対する尋問と並んで、「天和聚訟記」では、既に処分または脱藩した者たちの中での首謀者らに対する探索とがともに平行した形で実施されている事実などがやはり見逃せないかとも考えられる。

その意味では、再審の結果、実施された第二次処分の内容は、出頭を命ぜられた有力家臣らだけに対する処分であり、そのすべてではないことが注目される。とすれば、ここでの公儀による処分内容は必ずしもその全体像を正しく伝えているとは言い難く、騒動における責任追及の問題は、脱藩者らや既に暇を命ぜられた家臣らをもともに含めてはさらに継続した検討がなおも必要ではないかとも考えられる。

次に、再審を踏まえた処分者発表の経緯をみると、既に指摘したように、再審が終了したのが既に指摘したように、六月一七日頃であった。そして、将軍綱吉の前での騒動当事者らの対決が実施されたのが六月二一日、翌二二日には美作父子の切腹が決定し、直ちにその処刑が実施されたものと考えると、その間は僅か三日間余り、既に指摘したように、それは余りにも短いようにも考えられる。公儀役人らによる騒動に対する調査が行われた場合、そこでの結果を将軍及び老中らにまずは上申し、そこで一応の処分案が絞り込まれるまでには、やはり一定の期間が必要ではなかったかとも考えられる。また、将軍綱吉はそこでの絞り込まれた原案を持って、騒動当事者らの将軍の面前における対決の場に臨んだのではないかとも考えると、その間の時期はやはり余りにも短いようにも考えられる。

もしそうだと考えれば、処分の実施は最初の予定よりも、何らかの政治的な事情などによって急遽、早められたとも考えれば、そこでの事情如何の検討が次の課題にならざるを得ないかとも考えられる。巷間、広く伝えられているように、将軍綱吉の決定をめぐっては大老酒井雅楽頭らと綱吉らとの確執の問題や、あるいは、既に紹介したように、越後高田藩に対する改易処分には、御三家、特に尾張・紀州藩主らは、また、酒井をはじめとした旧執行部はともに反対であった事実などを考えると、当時における綱吉政権は成立してからまだ一年余り、なおも成立当初の段階にあり、必ずしも安定した状況にはなかったとも考えられ、取り巻く政治的状況は将軍綱吉にとっては、なおも厳しいものであったともまた考えられる。そのこともあってこれまた既に指摘したように、将軍綱吉は反対派の機先を制して、先手を取って、処分に踏み切ったのではないかとも考えられるが、もちろん、真偽の程は全くわからない。

同時に、既にそれ以前における将軍家綱及び大老酒井雅楽頭の政権時代にも、特に寛文期ごろには、代官や大名らに対する綱紀の刷新や支配・監察の強化策が既に実施されていることをも考えると(9)、また、このために代官や大名らが既に処分されている事実などをも考えると、将軍綱吉による厳しい処分は、一面では、それ以前から既に実施されていた厳しい政治路線の継承といった側面もまた考えられ、いずれにしても、この時期における将軍綱吉の位置づけについては継続した検討がなおも必要ではないかとも考えられる。

さらには、騒動関係者らに対する処分が決定されるまでには、そこでの事前における準備もまた必要であったと考えられる。たとえば、騒動当事者らが配流されるとあっては、かれらに対する護送手続きや配流先における受け入れ体制の整備などが既に完了していることが必要であった。また、その身柄が大名らに預けられるとしても、そこでの大名らに対する事前における連絡とそこでのそのための準備とが必要であった。ところが、既に指摘したように、「家来裁決書」によると、たとえば、高田城請取りのための大名らの名前が揃わず、その意味では、処分に対する準備は必ずしも十分ではなかったようにもまた考えられる。特に越後高田藩が改易されるとあっては、城下に居住する家臣らの改易に対する抵抗を考えれば、また、突然、浪人を余儀無くされた家臣たちの不満・不平を抑え込むためには、城請取りのための軍事動員は絶対に必要であったと考えられる。また、そのための準備などが事前には必要不可欠であったとも考えられる。しかし、城の明け渡しを命じた藩主光長によるいわゆるお墨付きそのものの到着が遅れ、後述もするように、家臣たちの一部には、改易に反対してはかれらが城に籠城するといった噂も広がり、そのために城の請取りを命ぜられた藩では急遽、そこでの状況を事前に把握するために、密かに自分らで隠密を派遣する始末であった。(10)その意味では、事前に充分に準備された改易処分ではなかったのではないかともまた考えられる。

いずれにしても、改易処分に関しては再審の終了時期と処分開始の時期との関係、また、処分実施に伴う準備の在り方如何をめぐる問題など、さらには、ここでの越後騒動に対する関係諸藩における軍事動員の実態の検討など、(11)なお、いくつかの重要な検討課題が残されているものと考えられる。あるいは、ここでの軍事動員が大坂の陣、島原の陣、そして慶安の変から越後高田藩への出兵へと続くとすれば、各軍事動員実施の中での特に高田藩における動員が、他の動員とは違ってどういった点にその特質がみられるのかなどをも含めても、残された興味と検討課題とは尽きないようにも考えられる。

さらには、この処分に関連しては実録資料「越後騒動記」などによると、周知のように、越後騒動における騒動当事者らに対する将軍の前での対決の場面が登場する。また、このための再審の場における将軍綱吉をはじめとして主要大名らの配置図などがいくつか残されている。また、この配置図は「大和守日記」の中でも同じく掲載されている。(12)また、将軍の面前における対立する両者の対決が、そして、そこにおける将軍のいわゆる「鶴のひと声」によって処分が直ちに決定されたのだといった理解が一般的には広く伝えられているのではないかとも考えられる。

しかし、そこでの現実は、既に紹介したように、資料「家来裁決書」によると、六月二一日には将軍綱吉の面前に、小栗美作・永見大蔵・荻田主馬の三人が呼び出され、双方の対決が行われ、それを踏まえて翌日二二日に、最終的な処分の発表となったのではないかとも考えられ、また、そこでの発表と同時に、美作親子は直ちに切腹を命ぜられたものと考えられる。そして、主な騒動当事者らに対する処分が一応、終了したその後の二七日に、いわゆる万石以上の大名らが白書院に集められて藩主越後守親子に対する改易処分が一同に伝えられたのではないかとも考えられる。また、それの散会後に事後処理のための大名らが、それぞれ任命されたのではないかとも考えられる。

また、そこでの処分の内容をみると、処分が騒動当事者らだけではなく、かれらの親族までをも含み、中でも騒動当事者らの場合、親類縁者又従弟までの報告が義務づけられている。その結果、美作の異母兄である戸川主水（小姓組御番衆）・本多不伯の二人とがそれぞれ大名に預けられ、美作の弟である小栗兵庫の場合、子供七人が三人と四人に分けられてそれぞれ大名らに、また、同十蔵の子供二人は一人の大名に、そして、流罪の本多七左衛門の子供二人も、安藤治左衛門の子供一人も、かれらが成人していたためにか、一人ずつ大名らに分けて預けられている。さらに、八丈島に流罪になったかつての大目付渡辺大隅守の子供三人もそれぞれ三人の大名らに分けては預けられている。

成人しておれば一人ずつ大名に、子供の場合は、そこでの人数が多ければ、たとえば、小栗兵庫の場合のように、七人の子供は二つに分けてそれぞれ二人の大名らに分けられ、十蔵の場合は二人の子供が一人の大名に預けられている。また、かれの場合、その子供の年齢は一七歳と二歳の子供であった。

なおこの場合、江戸初頭に起こった御家騒動では、騒動当事者らの子供は、たとえ子供の年齢がどんなに若くても、たとえば、乳幼児であったとしても、探し出しては殺害した事例が見られる(13)。しかし、この騒動の場合、たまたま美作父子に乳幼児がいなかったからかれらは処分の対象にならなかったのか、どうか、あるいは、寛文・延宝の時期になると、美作父子を除いてはすべての子供は一応、大名預けであったかとも考えられる。江戸初頭の場合、たとえ幼児であってもそのかれが後に成人すれば、なおも一族郎党らの中心に位置づけられ、または擁立される、その可能性が考えられ、それを心配しての厳しい処置ではなかったかとも考えられる。当時における家臣団の構造そのものが、また、そこでの家臣ら相互間における主従関係などが、いわゆる藩主を中心とした近世的秩序の成立には程遠く、なおも戦国の乱世を生き抜いた強固な一族郎党らの意識によって支えられていたと考えれば、あるいは、いわゆる近世的な秩序の成立がその中核となるべき家臣団の中でもそれらが大幅に遅れていたと考えれば、それが確立されるまでは、藩主及びその一族には厳しい処分が続かざるを得なかったものともまた考えられる。そこでの在り方如何の問題も避けては通れない問題点のひとつだとも考えられる。

同時に、今度は各大名らに預けられた者たちがその後にどのように処遇されたのか、また、その後において処分者らに対してはどういった措置が、具体的には刑期の縮小または赦免などといった措置が実施されたのかどうかなど、検討すべき課題は尽きないように考えられる。その意味では、残されている既に大名らに預けられた騒動当事者らに対する追跡調査の結果は、たとえば、仙台藩に預けられた小栗一族に対する追跡調査の結果は、大変、貴重なものだとも考えられる。ここでは仙台藩に預けられていた美作の一類たちは、その後、次々に死去し、最後の一人は何と四〇年後の享保五年にやっとその罪を許され、かれは再び仙台藩に召し抱えられ、家臣としての奉公を許されているのである。恐らく肥後熊本藩に預けられていた他の兄弟もこの時点でやっと釈放されたのではないかとも考えられる(14)。

ちなみに、実録資料「越後騒動記」などでは、その騒動記を記述したとして坊主(黄檗宗)一音が八丈島に流罪になったともある(15)。しかし、これらは専ら騒動記の世界で噂されており、現在のところ、その名前は確認することが出来てもかれの具体的な存在を直接示すような資料は残されていないようにも考えられる。あるいは、三河守の江戸屋敷引き払いに関しては家老本多監物が追放され、また、国元では、後述するように、城明け渡しで不手際を起こしたとしては片山主水がその責任を問われて追放されるなど、家臣らに対する処分がその後も継続している事実もまた見逃せない。

あるいは、改易を命ぜられた藩主越後守と三河守の両人は、それぞれ大名らにその身柄を預けられているが、この場合、公儀によってかれらには家来を連れていくことが認められている。そこでの詳細は省略するとしても、公儀から割り与えられた人数の中には足軽もまた含まれていた。ところが、この足軽たちに代わって家臣（給人）ら自身が身代わりとなってそれに参加し、これが後で発覚しては問題になっている事実なども見逃せない。

あるいは、藩主父子が配流先に連れていった家臣らはその全てが逆意方、美作派の家臣たちであった。また、かれらは後に藩主がその罪を許されて江戸に帰って後に養子を迎え、その養子が改めて元禄一一年、新しく美作国（岡山県）津山一〇万石を与えられて越後高田藩は津山藩としてその再興を許されることになった。この場合、津山藩の家臣団の中心になったのは、苦楽をともにした旧家臣ら、それも極刑に処せられた美作父子に所属していた逆意方、美作派の家臣たちであった。

第3項　高田城明け渡しについて

再審によって実施された越後高田藩に対する改易処分は、決定されると直ちに江戸家老から国元に早飛脚によって、あるいは、既に国元に藩内事情探索のために特に派遣されていた中根主税・津田平四郎両人へも公儀から伝えられるなど、さまざまなルートを経由しては国元に伝えられ、それらの結果、城下は騒然となったと伝えられている。当時、家臣らの多くは騒動によって美作派と美作反対派とに分かれ、なおも対立を続けていたものと考えられ、なかには既に脱藩を覚悟し、家財道具などの処分を考えていた家臣らもまた含まれていたものと考えられる。しかし、この非常事態に対する対応如何は、党派の違いを越えて家臣ら一同にそれこそ深刻な衝撃を与えたものであっ

た と考えられる。

たとえば、当時の状況を記録した「飯山記」によると、家臣らの中には、特に美作反対派の家臣らの中には、既に籠城を覚悟し、また、越後の藩境にまでも出兵し、あくまでも藩領を守ることを主張する急進派の家臣らの動きなどが記述されるなど、あるいは、美作反対派の家臣らが既に城に集まり、一五〇人余りの家臣らがあくまでも城を守って戦うべく連判したとも伝えられている。また、こうした噂は、領内各地に残された地方《じかた》文書の中にもまた記載されている。

しかし、こういった混乱を心配した中根・津田の両人は、多賀谷内記らの重臣らを直接呼んでは冷静に対処すべきことを諭し、こういった中で六月二九日付けの藩主越後守自身からの「高田并糸魚川之城無相違可被相渡候」といったいわゆる御墨付が届き、事態はやっと鎮静化されたとも伝えられている。

しかし、突然、浪人を余儀なくされた家臣らの動揺は大きく、一部の家臣らの中からは城に保管されている一万五〇〇〇両余りの藩金を家臣らへ配分すべきだといった強い要求が主張されていることが注目される。けれども、これに対して責任者であった片山主水は、この藩金は江戸から到着した公儀目付らによって管理されるはずだと伝えられ、混乱はさらに助長されることになった。家臣らの要請が余りにも強いこともあって、片山主水は、当時、柏崎に保管されていた藩米を家臣らに配分することを決意し、これを船に積んでは城下高田に回しては家臣らに配分することにしたとも伝えられている。後に片山主水は追放されているが、恐らくはこの措置に対する責任などを厳しく問われたためではないかとも考えられる。

高田城請取には松平大蔵大輔(富山)・榊原式部大輔(村上)・牧野駿河守(長岡)らの率いる各部隊が七月二〇日には高田に到着、二五日に城請取りが決定、当日は追手口は榊原軍が、搦手は松平軍が、不明門は牧野軍が、時刻を定めては一斉に城内に乗り込み、高田藩の方はそれ以前の指示によって城警備の当番のみが警備にあたっていたが、請取りのための軍隊らが入城するとともに、かれらはその場から直ちに撤退している。なお、城明け渡しの詳細や、城に保管されていた諸道具など、あるいは、明け渡しに関連したさまざまな事項については、現在、残されている「越後光長公御領没収之節御用控」計一四冊に詳しい。

ちなみに、その詳細は省略するとして、実録資料「北越噪乱記」などによると、動員された城明け渡しのための軍隊は「都合騎馬合六百三十八騎、雑兵二万七千六十人余り」ともあり、まさしく公儀権力の強大さを広く内外に誇示するものであった。これに対して入城当時にかれらを迎えた越後側の責任者は片山主水親子・城代多賀谷内記・大目付山崎九郎兵衛らであった。かれらは「何茂上下《かみしも》ヲ着シ罷向テ平伏ノ由、知行取り百十二人、内六十人役人」ともあり、責任者は上下の装束で平伏して城受け取りの軍隊を迎えている。当時の城下高田は「侍屋敷八百軒、町屋六千軒」ともあり、この年は引き続き凶作(飢饉)であったために城下は「困窮ニ依テ餓死ニ及フ者二千人余リ」ともいわれ[16]、これらが越後高田藩松平氏が終焉を迎えたときのその状況であった。また、大和守の「日記」にも同様の記述がみられる。家臣らが、一方では、自分らのおかれていた現状に、また、直面していた危機に目をつぶり、他方では、徳川親藩であるといった存在を過大に評価し、それに甘えては権力闘争に明け暮れていたその結果が改易処分であったとも考えられる。

なお、城請取を命ぜられた三人の大名らがそれぞれ布告を出しており、その内容にはいくらか違いもみられるが、たとえば、札の辻には七カ条の高札が立てられたとも伝えられ、その内容の一つは、以下の通りとなっている[17]。

高札

一就今度当領被召上候、高田城者松平大蔵大輔・榊原式部大輔・牧野駿河守請取之、在番水野隼人正・溝口信濃守被仰付候、家中之者城下引払候節、当地ニ在之度与申族者、遂穿鑿、可指置之、立退度与於相望者無違乱可借宿旨、

御目付中より証文可被出候事
　附リ家中之輩、武具諸道具可任其身心事
一糸魚川者、堀左京亮請取、則以其人数可破却之旨被仰出候事
一家中之族、城下引払之儀、従到着可為三十日事
一家中并侍屋舗、町等迄、火之用心急度可仕事
　附明屋舗番之儀、其所之町人百姓可申付事
一喧嘩口論停止事、若違乱之輩在之者、双方可為誅罰之、万一令荷担者其咎可重本人事
一在番中人返候儀一切可為無用、於背申旨者、在番相済以後可有沙汰事
一竹木一切不可伐採并不可押買狼藉之事
　附借物者可為證文次第事
右之條々堅被仰出候所也、若違背之族有之者、速ニ可被處厳科、惣而御法度之趣可相守者也、仍下知如件
　　延宝九年七月日
　　　　　　　　秋元摂津守
　　　　　　　　松平日向守

　これによると、城下にそのまま居住を希望する家臣らは、一応は調査した上でそのまま居住を認め、退去を希望する者は借宿を目付宛に届け出ることが命ぜられている。果たして退去してすぐに借宿が確保出来たのかどうか、城下に留まることが出来る期限が城請取りのために進駐してきた家臣らが三〇日間の在駐中までとあっては、それはかなり難しい条件ではなかったかとも考えられるが、この辺の詳しい事情はよくわからない。また、武具の所持がそのまま認められているが、恐らくは浪人した家臣らが将来、どこかに再仕官することをも前提にした措置では

なかったかとも考えられる。しかし、いわゆる幕藩体制創設期から約半世紀を経て体制確立期を既に迎えており、浪人した家臣らの再仕官はかなり難しいものがあったとも考えられる。また、一国一城令の中でなおもその存続を特に認められていた糸魚川(清崎)城がこの時点で破却されていることも注目される。この城の存在理由が無くなったことは、それだけ将軍を中心とした支配体制の基盤がより強化されたことをも示すものであったとも考えられる。具体的には、公儀による外様大名ら、たとえば、隣の加賀前田氏らをも含めて諸大名へ対する統制がある程度、徹底したその結果だとも考えられる。以下、火の用心、喧嘩口論の停止、在番中の心得、竹木伐採の禁止などを命じた条文が続いている。また、これ以外にも改易にあたっては関所・番所の廃止など、さらにさまざまな対応措置がまた必要であったものと考えられる。

なお、家臣らによる脱藩騒動が本格化すると、かれらが家財道具などを処分するために、それらを買い取るために、多くの商人らが既に城下に集まることになった。また、これまでの家臣らが抱えていた借財の決済如何などの問題も起こることになったものと考えられる。あるいは、非常事態に備えて城内に備蓄されていた武器類や食料の処分、また、その他、書画骨董類に至るさまざまな品物の処理などが、問題になったものと考えられる。これらもまた別個の独立した視点から今後とも継続した検討が強く望まれるかとも考えられる。その意味では、既にその存在を指摘した「没収之節御用控」は見逃せない貴重な資料だとも考えられる。あるいは、改易にあたっても、既に指摘したように、公儀の軍隊として長岡藩をはじめとして計三藩の軍隊が動員され、その間の事情が、たとえば、「高田城請取記」などといった表題の資料としていくつか残されているが、これらの資料も軍事動員の実態や当時における家臣団の構造分析のためには不可欠な資料だと考えられる。また、同時に、高田藩が改易によって消滅し、その領知は在番の役人らによって管理され、その後に公儀によって旧領内に対するいわゆる「天和の検地」が実施されることになった。この検地の実施如何とそれが何を目指して実施されたのかは、越後騒動の在り方如何とも密接に関係するものであったと考えられる。その意味で先学らによる研究は見逃せないと考えられる[18]。同時に、旧家臣らの中にはそのまま高田周辺に残って帰農した者たちもまた多く、かれらの実態調査の結果もまた発表されている[19]。

改易処分の結果、家臣団が解体されているが、当時における家臣団そのものの構造がいわゆる給人（知行取）や禄米（切米・扶持米）取りの家臣らによって基本的には構成されていたと考えても、各給人らには先祖伝来からの陪臣らが、また、それに加えて特定の重臣らには藩主から特に与えられた与力たちが、そして、多くの個々の家臣らの日常生活では、かれらを支えるために、多くの陪臣や譜代の下男・下女らがともに生活していたものと考えると、改易処分は家臣らだけではなく、かれらの生活をいわば底辺で支えていた多くの人々をも含めて、かれらの生活基盤そのものが、根底から崩壊されることをも意味するものであったと考えられる。同時に家臣団には、恐らくはそれに匹敵する程の、現在のところその存在と性格、果たす役割などの実態が、全くといってよい程、解明されていないが、別に多くの足軽・下代・小者たちが存在していたものと考えられる。かれらもまた改易によって大きな打撃を受けたものと考えられる。

いずれにしても、改易処分の実態の解明は、御家騒動とは違ってまた別の視点から今後ともに継続して解明されるべき課題のひとつかとも考えられる。御家騒動が、また、それに伴う改易処分が、いわゆる幕藩体制創設当初から既にはじまっていたと考えると、いわゆる士農工商の身分制の中における士（侍）の存在には、また、かれらの個々の再生産の中には、侍の身分以外のともに生活を同じくする数多くの零細な人々が多く存在していたものと考えられる。とすれば、かれらをもともに含み込んだ生活集団が、改易の実施によって消滅せざるを得ないかと考えると、それの崩壊は、城下及びその周辺の村々をはじめとして遠隔地の村々にまでも深刻な影響を与えるものであったとも考えられる。

【注】

(1)「国史大辞典」(吉川弘文館)14巻七五五頁、美和信夫「老中一覧」参照。

(2)「松平越後守家来裁決書」(近世史料叢書『列侯深秘録全』歴史図書社刊)所収一九九頁以下参照。以下、「裁決書」と言う。後述する引用箇所は特に注記しない限り、本書による。

(3)内野豊大「『御預』大名の生活と家臣団―越後騒動後の松平光長家―」(森安彦編「地域社会の展開と幕藩制支配」所収)参照。

(4)なお、高田城受け取りには三人の大名らが任命されてはいるものの、ここでは二人の名前しかない。資料作成時の不手際か、あるいは、この年は対象となった大名が在府ではなく、国元にいたために公儀からの連絡(奉書)が遅れたのか、恐らくは後者ではなかったかとも考えられるが、詳しい理由はわからない。

(5)ここでの「家来裁決書」にある三河守の家臣らによる乱心事件の内容については、「史籍集覧」第16冊　目録第238「越後家一件」によると、六月二八日に三河守らが天徳寺に宿泊したときに「松平三河守殿、昨夜被致乱心候由、三河どのに附罷在候家来三人之内、小岸藤右衛門・戸田五郎兵衛と申者も、昨夜致乱心候由、依之御目付田中孫十郎殿・藤堂主馬殿、酒井修理大夫宅へ被参候処、乱心無疑」ともあり、乱心の様子が記録され、また乱死した両人の死骸は松平出羽守が引き取ったともある。

(6)渡辺慶一「越後騒動」(北島正元編「御家騒動」(上)新人物往来社刊)二六二頁参照。

(7)戸田茂睡「御当代記」(「東洋文庫」643平凡社)二八頁。

(8)内野豊大「越後騒動―藩政・家臣団の視点を含めた再検討―」(福田千鶴編「新選御家騒動」上二七八頁以下)参照。

(9)辻達也「江戸幕府政治史研究」第4章参照。

(10)高田藩改易が決定すると、近くの長岡・村上・富山の三藩が高田城受け取りのために派遣されることになった。しかし、高田では家臣たちがこれに反対して城に籠城するといった噂が流れ、長岡藩では七月には「高田城内家中在々為物見、奉行壱人、七月二日、彼地へ遣之」と、高田へ探索のために奉行を派遣し、翌日にも歩行者を引き続き派遣している(「御附録」越佐叢書第13巻二二一頁)。あるいは、「隣国の大名・小名是を気遣、常に高田江間者を入て窺之」

(「越後国高田城請取雑記」越佐叢書第3巻6頁)ともある。

(11)この場合、高田藩の改易処分は「高田城請取と在番は、寛永以後では最大の動員であった」といわれている(「新潟県史」通史編3近世七一頁)。

(12)「日記」五九五頁。

(13)拙著(「御家騒動の研究」第一章第三節「讃岐国高松藩『生駒騒動』について」)一〇八頁以下参照。ここでは幼子までもが死罪となっている事実が注目される。

(14)「日記」五九五頁、現在のところ、かれの名前だけは確認することが出来る。

(15)以下の記述は、実録資料「飯山記」や「北越噪乱記」などによる。また、こういった城下における混乱の状況は、遠隔地である村々でも話題になったものと考えられ、たとえば、以下の記述が残されている。「高田御家中侍衆・役人・足軽・与力、不残御城内へ取込、御城相渡シ申間敷由ニ付、領内ニ御座候諸役人衆不残高田へ御上り被成候由ニ而さわがしく候由」(「入広瀬の近世」第2編近世六八頁)とあり、やはり高田城籠城が一時は美作反対派の家臣らによって強く主張されたことは事実であったと考えられる。この当時における美作反対派(いわゆる急進派)の精神構造をどのように考えるべきなのか、興味深いものがある。

(16)「日記」五九八頁。

(17)この法令は「高田市史」・「高田市史」第1巻などいくつか残されているものの、立ち入ってみると、ここでは省略するが、各条文の表現にはいくらかまた違いもみられる。

(18)越後騒動終了後、旧藩領に対しては公儀によって天和二年四月から七月迄全領内に対する検地が実施されることになった。何故、公儀が騒動後の旧高田藩領に対する検地を早速実施したのか、また、そこではなぜ信州松代・同飯山・同高島(諏訪)・陸奥(津軽藩)がそのために動員されたのか。その理由はいろいろと考えられるとしても、現在のところこれに直接関する研究としては、松永靖夫「越後の天和検地と農村構造の展開」(「史林」63巻1号)・同「越後の天和検地と小農自立」(「地方史研究」21巻の5号・同「越後の天和検地の実施と検地役人」(「新潟県史研究」3号)などがある。

(19)既に第三章第3節第2項でも紹介したように、渡辺慶一「越後松平家没落後に於ける家臣の土着形態の一例」（「頸城文化」1号）などがある。他に「高田市史」第1巻一四五頁などにもその紹介がある。

第四章補注

第二次処分の実施をめぐるさまざまな問題点について

(A)第二次処分の位置づけをめぐって、

現在のところ第二次処分の位置づけをめぐっては、既に指摘したように、将軍綱吉が就任して一年余り、まだ政権それ自体の基盤などがまだ充分には確立してはいなかったためもあってか、また、高田藩の改易処分には御三家をはじめとしてそれ以前の政権の担い手であった酒井雅楽頭らに代表される旧政治的勢力もまた反対であったために、こういった中での将軍綱吉がむしろ先手を取っては処分（改易）を強行したといった考え方があることが注目される。しかし、同時に、酒井雅楽頭政権それ自身も既にそれ以前から幕臣らに対する綱紀の刷新には努力し、そのために関係者らに対する統制もまた厳しいものがあったとも伝えられている（辻達也「江戸幕府政治史研究」第4章参照）。とすれば、新将軍綱吉による騒動に対する厳しい処分は、前政権酒井雅楽頭らの実施した厳しい政治的路線をさらには継承したものだといった意見もまた成立するのではないかとも考えられる。この辺の理解如何と評価とが難しい。

(B)第二次処分の理解如何をめぐって―いわゆる騒動における巻き返し論について―

再審の実施を考えた場合、第一次処分の実施では、美作反対派の家臣ら五人がそれぞれ松平氏一門の各大名らに預けられることになった。また、この処分は、小栗美作らが当時における酒井雅楽頭政権に取り入っては両者が結託して実施されたものであったとして美作反対派の家臣らはこれに強く反発した。ところが、酒井雅楽頭政権に代わって新しく将軍綱吉政権が誕生すると、今度は美作反対派の家臣らが新しく成立した綱吉政権に取り入っては第二次処分を実施させたといった美作反対派の家臣らによるいわゆる巻き返し論が主張されている事実がまた注目される。さらには、ここではその具体的事例としては、(1)津田左門（一五〇〇石）は大老堀田正俊と古くから血縁関係があった。(2)旗本神尾孫兵衛は荻田主馬の実弟であった。(3)岡嶋将監の娘が旗本三枝摂津守の子と結婚している。(4)戸田庄右衛門

（四五〇石）は館林の藩士戸田大炊と伯父・甥の関係にある。(5)小野里庄助の娘が数年前から老中阿部豊後守の愛妾である。そして、かれらによる大老堀田正俊への働きかけが功を奏して、今度は美作派が処分されることになったとするいわゆる巻き返し論が提起されていることが注目される（渡辺慶一「越後騒動」）。しかし、大老酒井が解任されたのは延宝八年一二月九日とも言われ（福田千鶴「酒井忠清」人物叢書の年譜二五三頁）、この年は既に美作反対派の家臣らによる脱藩騒動が本格的に実施されており、こういった政治的工作が出来るような状況にはなかったものと考えられ、また、再審の結果は喧嘩両成敗であり、美作反対派もまた処分されることになったのである。

（C）第二次処分の実態をめぐって

美作父子の処刑（切腹）の状況については、父美作の場合は一門である福井藩主松平綱昌の江戸屋敷で行われ、そこでの状況は「国事叢記」三（「福井県郷土叢書」第七集二五九頁参照）など、なお、真偽の程は不明であるが、小栗美作と掃部の罪状は最初は死罪（打首）であったが、綱吉の夫人が「小栗父子は光長の義弟であり甥でもあることから、罪一等を減じて切腹にして欲しいと綱吉に頼み、切腹となった」とも伝えられている（今川徳三「八丈島流人帳」八四頁）。

伜掃部（大六）の場合は、かれの身柄を預けられ、切腹に至るまでを詳細に記録した「天和元年小栗大六御預」（「吉備群書集成」10巻七二―八三頁）が残されている。これによると、岡山藩がかれの身柄を江戸屋敷で引きとった時点からかれの切腹が決まってその用意を行い、かれの切腹に立ち会った検死役人や介錯人、かれの処分後の処置、特にかれの遺骸を甕に入れ、最初はそれを不忍池の近くの法林寺に送る予定であったが、「大六事御にくみ深きものなれば、上野へ度々御成ある近所如何なり、芝筋の寺然るべしと、濃州（老中稲葉）の指図にて、急に法林寺を断り、東禅寺内の心源寺へ移す」ともある。また、死骸の衣服に残されていた小銭の処理、大六の寝具・衣類・道具などは坊主に渡すともある。そして、最後に以下の言葉が記載されている。「右大六は小栗美作が嫡子なり。此父子は松平越後守の家にて権威肩を比ぶるなく、其上同家は将軍の御会釈格別なりけるゆへ、常々簡倣なりしは勿論なり。それに慣て御預けの間、諸士へ対し甚不遜なり、況其以下の者へは己が奴僕を使ふ如し。され共生得の大身育と見へて虚飾ならねば、さまで憎しと思ふ人もなかりしとぞ。其身は重き刑にも当りまじきとおもい、御免蒙る後の事のみ物語したりけるが、終に御ゆるしなかりき」とあり、当人は切腹は全く予想もしていなかったのだともある。

また、渡辺大隅守は島送りの流罪であったが、かれの子供たち三人もそれぞれ大名らに預けられている。この中で長男だと考えられる渡辺半右衛門は「相馬弾正へ御預け」であった。この決定に従って相馬藩では、かれを預かるための対応措置が必要となった。この間の事情は、「相馬藩世紀」第一御年譜九(昌胤)の一の二一七―二一九参照。なお、この藩は高田藩改易後は在番を命ぜられているが、この藩における越後高田への軍事動員の在り方なども また同資料などに詳しい。

(D)処分者らのその後の推移について

処分者らに対する追跡調査として現在、渋谷鉄五郎「仙台小栗氏について」(「頸城文化」第22号)が最も注目される。ここでは切腹を命ぜられた小栗美作父子の一族で、美作の弟には小栗兵庫・同十蔵の二人がおり、美作一族のために両人とも大島に流された。また、兵庫には七人、十蔵には三人のそれぞれ男子があった。かれらは父が遠島処分となったために、かれらの子供もまた各大名らに預けられることになった。兵庫の場合、七人の子供は上から三人は仙台藩に、残りの子供四人は九州細川(熊本)藩にそれぞれ預けられ、十蔵の子供三人もそれぞれ他の藩に預けられることになった。ところで、彼ら子供らのその後であるが、現在のところ渋谷氏の追跡調査の結果では、仙台藩に預けられた三人の兄弟の行く末しか分からない。同氏の調査によると、かれら兄弟は仙台藩にその身柄も預けられ、幽閉生活を余儀なくされていたが、三〇年後には長男が、次に次男が、相次いで死去し、残った三男が何と四〇年後の享保五年にやっとその罪を許されている。また、かれは仙台藩の好意もあって家臣に取り立てられ、ここではその詳細は省略するとしてその子孫は代々仙台藩の家臣として維新を迎えているのである。かれの場合、四〇年間といった長い幽閉生活の末にやっと許されたとあっては、また、かれが家臣に取り立てられているとあれば、その生活に対応出来る教育は一応何らかの手段で身につけていたとも考えられるが、いずれにしても、長期にわたる幽閉生活であったと考えられる。

また、熊本藩に預けられた他の兄弟たちもその時期までに生存していた者は、「小栗家譜」(中江土地改良区「頸城文化」22号)によると、やはり享保五年には許され、同藩に仕官が許されている。いずれにしても御家横領の張本人の一族だとはいうものの、この時期における処分の厳しさを痛感させられる一例ではないかとも考えられる。現在のところ、他の預けられた者たちの行末如何についてはわからない。

また、騒動の首謀者で八丈島に流された永見大蔵・荻田主馬の行く末もまた悲惨であった。かれらはいわゆる政治犯であるために、付人(召使い)の同行を許され、必要な生活費の持参もまた許され、一般の罪人らとは違って別囲《べつかこい》として処遇されていたともいわれている。しかし、当時における八丈島での生活は、度々飢饉に見舞われ、餓死者が続出するなど、そこでの詳細は省略するとしても、極めて厳しいものがあった。たとえば、そこでの状況は「老幼餓死スル者幾百人、彼大身タル永見大内蔵サエ樫立村ニ於テ黄金千両ヲ枕トシテ餓死ニ及フ」(「八丈島実記」第6巻四〇六頁)と、かれらについては現在に至るまでも千両箱を枕に餓死したとも伝えられている程であった。なお、越後騒動関係者については菊地和雄「八丈島に流された越後騒動関係者」(「頸城文化」12号参照)があり、他に今川徳三「八丈島流人帳」八〇頁以下をはじめとして葛西重雄・吉田貫三「八丈島流人銘々伝」や「八丈実記」計七巻、「八丈島誌」・都史紀要12号「江戸時代の八丈島」など、他に「東京都大島町史」・池田信道「三宅島流刑史」などがある。あるいは、東京都公文書館蔵「流人御赦免覚」(古文書)の中には永見大蔵・荻田主馬両人の死亡期日及びかれらの家来の名前とがある。なお、実録資料の中で自ら食を断って自害したとされる渡辺大隅守も病身のためもあってか天和二年二月には病死している。

(E)松平光長家の再興をめぐって

最後に、越後騒動が起こってそこでの責任を問われた藩主松平光長は、四国松山藩にその身柄を預けられ、かれの後継者であった三河守綱国は福山藩にその身柄を預けられることになった。また、かれらにはそれぞれ合力米が与えられている。その後、旧藩主光長は六年一〇カ月余りの流罪の後に貞享四年一〇月にはその罪を許されて江戸に帰り、綱国もまた一二月末にはやはり許されて江戸に帰ることが出来た。また、旧藩主光長は江戸で柳原屋敷を与えられ、合力米三万俵が与えられている。同時に、これまでかれらと苦楽をともにした家臣たちもまた帰国することになった。さらに旧藩主光長は改めて一族から養子を迎え、その養子が元禄一一年に新しく作州(美作国)津山藩一〇万石を与えられ、越後家は津山藩としてその再興を許されることになった。旧藩主越後守光長はそれを見届けた上で宝永四年一一月、九三歳でその長い波乱に富んだ生涯を終わることになった。

また、新しく発足することになった津山藩の家臣たちは大きくは、これまで松山・福山で藩主父子らと苦楽をともにした家臣ら、主に四一家の家筋の者たちが譜代と呼ばれて家臣団の中核を占め、次に、藩主一門で五家からもそれぞれ家臣らの割譲を求め、その家筋の家臣たち二七家が古参の家筋として譜代と並んで藩政に参加することになった。それに加えて藩創設までに新しく参加したいわゆる新参者らがそれに加わり、家臣団の骨格が編成されたと伝えられている（「津山市史」第四巻近世2・「岡山県史」第7巻近世2など）参照。

なお、現地に伝わる「松平長矩美作之内拾万石拝領之事附松平氏由来之事」（「岡山県史」第27巻近世編纂物）によると、「後貞享四年光長幽を免され、江戸柳原邸ニ帰るも其促なりしを、忠臣山田主膳・大熊帯刀・関弥治郎・荻田主馬等越後家再興に尽力・奔走して止まず、終ニ水戸御隠居西山ニ依りて其願望を訴ふ、終ニ西山之を同感して大ニ助くる処ありて綱吉将軍へ取成せらるる処となり」とある。また、同じ趣旨の記録が「松平長矩光圀公へ面会之事附光圀公ノ講和記録之事」と収録されており、水戸光圀が越後家再興のために奔走している事実が注目される。同時に、以前の藩主後継者であった三河守綱国が津山で一〇〇〇石を与えられ、客分として処遇された事実の紹介もある。あるいは、美作評としては、当時における風潮を代表して小栗美作に対しては「君家を奪ハんと叛謀を取巧ミ、佞人奸者を語らい忠臣を退け」と、手厳しいこともまた見逃せない。

なお、前章で紹介したように、この貞享年間には同じ松平一門である福井藩に対しては、家督相続をめぐる藩政の混乱もあってその責任を問われてこの藩は一旦は改易を命ぜられ、その直後、直ちに領知高を半減されてそのまま存続を許されている。これがいわゆる「貞享の大法」の実施である。同じ時期頃に一方では同じ松平一族である福井藩に対しては公儀による厳しい処分が、他方では同じ一族である越後高田藩松平一族に対する藩の再興とが認められている事実が注目される。

（F）騒動関係者らの年齢及び処分（預け先）などについて

なお、騒動当事者らの年齢如何については、前掲補注（2）の「国事叢書」3によると、以下の記述がみられる。なお、所持石高については、さらなる検討が必要かとも考えられる。

永見大蔵　四〇〇〇石　五〇歳　岡嶋壱岐　一万五〇〇〇石　二一歳
荻田主馬　一万五〇〇〇石　四二歳　伊達遠江守　一万石　七六歳
片山外記　八〇〇石　五八歳　中根長左衛門　一〇〇〇石　不明
渡辺九十郎　三五〇石　三八歳　本多七左衛門　四五〇〇石　三八歳
安藤次左衛門　一〇〇〇石　四三歳　松平綱政（岡山藩主）　不明
小栗大六　一〇〇〇石　一八歳　渡辺久兵衛（九十郎か）　四三歳
林内蔵助　四五〇〇石　五八歳　安藤平六　一五〇〇石　二六歳
小栗兵庫　一〇〇〇石　四三歳　野本右近　一五〇〇石　三二歳
小栗右衛門　四〇〇〇石　三五歳　小栗十蔵　一〇〇〇石　四〇歳

以上の他に小栗美作は切腹のときは五六歳とも伝えられている。既にかれの人物像については一応、紹介を試みたが、他にもかれは肥満体、「才気横溢辨舌流るる如し」（布施秀治「小栗美作」）ともある。

なお、主な処分対象者の一族の処分（預け先）については、以下の記述が見られる。

本多七左衛門　子供二人兄八太夫は浅野式部に預け居城不詳
　弟小膳は九鬼和泉守　摂津三田三万六〇〇〇石（外様）
安藤治左衛門　子供　次郎兵衛　京極甲斐守但馬豊岡三万五〇〇〇石（外様）
小栗美作別種　兄　戸川主水　南部遠江守奥州八戸二万石（外様）
同　弟　本多不伯　秋田信濃守三春五万石（外様）
小栗兵庫　子供八人　四人は　松平陸奥守仙台六二万石（外様）
　四人は　細川越中守熊本五四万石（外様）
小栗十蔵　子供　二人は　南部大膳太夫盛岡一〇万石（外様）
越後守姪　二の宮　江戸高田馬場下屋敷
大目付渡辺大隅守子息半左衛門は　相馬彈正中村六万石（外様、後に譜代）

松平大和守は閉門
松平上野介は閉門
高田城請取　榊原式部太輔は越後村上一五万石（譜代）
　牧野駿河守は越後長岡　七万四〇〇〇石（譜代）
　溝口信濃守は越後新発田五万石（外様）
　松平大蔵太輔は富山一〇万石（外様）
上使　松平日向守は下野古河八万石（譜代）、
同秋元摂津守は甲州之内谷村藩か、（譜代）
使番　前田八郎左衛門三五〇〇石
高田在番　水野隼人正は信州松本七万石（譜代）
　内藤紀伊守は奥州棚倉五万右（譜代）
　相馬彈正は奥州中村六万石（譜代）
　秋田信濃守は奥州三春五万石（外様）
　堀周防守は信州飯田二万石（外様）
　井上相模守（実は遠藤氏か）は美濃之内五万石（譜代）
　溝口信濃守は新発田六万石（外様）
　糸魚川在番堀左京亮は越後村松三万石（外様）

なお、出典は実録資料「越後騒動日記」巻の十、実録資料のために、いまひとつ正確さを欠くかとも考えられるが、この中で騒動当事者らの一族はその殆どが外様大名らに預けられている事実が注目される。それも西の肥後（熊本）藩から東の仙台藩まで大藩をも含んでいる。恐らくは御家騒動の処分の厳しさを全国の諸大名ら、特に外様大名らに示す政治的意図があったのではないかとも考えられる。城請取りと在番の大名らは、外様と譜代大名らがともに協力する体制になっている事実もまた見逃せないかとも考えられる。

終章　おわりに―一応の総括と残された課題など―

以上、第一章からはじまって第四章に至るまで、越後騒動についての全体像を一応、自分なりに描くための作業を試みることにした。最後にこれまでの検討を終わるにあたって、また、これまでの作業の総括として、騒動における推移とそこでの問題点について、以下、再度、確認することにしたいと思う。

この越後騒動をいわゆる幕藩体制の発展の中で、たとえば、体制の成立期・確立期・発展期・動揺期・崩壊期などといった形で分けてみると、騒動が起こったいわゆる寛文・延宝期は、幕藩体制の確立期にあたり、越後騒動はこの時期における最も代表的な御家騒動のひとつでもあったとも考えられる。既に体制成立期から半世紀余りを経過し、長く続いていた戦乱も一応、収拾され、社会も何とか安定し、その意味では、これからはじまるであろう新しい藩政の在り方如何が改めて問われる時代を迎えることになったのではないかとも考えられる。そして、そこでの新しい藩政の在り方如何が厳しく問われた結果が、今回、検討の対象とした越後高田藩二五万石で起こった越後騒動であったとも考えられる。

では越後騒動とは、どういった歴史的背景の中で、一体、何が原因となって起こった騒動であったのであろうか、また、どういった経緯をたどりながらもそれが騒動にまでも発展し、何故、この藩は徳川の親藩であったにもかかわらずに最後には改易されたのであろうか。当時、多くの藩でも新しく寛文・延宝期を迎え、藩政当事者らは、藩政当初から抱えていたさまざまな課題を何とか克服しながらも新しい時代に対応していくことになったものと考えられる。とすれば、何故、この藩だけが騒動を起こし、その結果が改易処分となったのであろうか、興味と疑問は尽きないようにも考えられる。

ところで、何事にも原因があって結果があると考えれば、この越後高田藩で起こった越後騒動とは、そこでの内容を一応、要約するとすれば、以下のような騒動ではなかったのかとも考えられる。

第1項　騒動の直接の原因について

(A)藩政改革の実施について

小栗美作が仕置役に任命されると、表面化した藩財政の困窮もあって、また、入封当初からの家臣団がそれ以前から既に抱えていた諸問題、たとえば、公儀によって示された元和・寛永期の軍役令に対応した家臣団の整備・再編成如何の問題や、後に帰国した藩主を中心とした家臣団に対する一元的支配体制の構築などの課題の解決が急がれたものと考えられる。しかし、美作らによる藩政の改革は、既に指摘したように、第一には、土木治水事業・新田開発・殖産興業政策の推進、第二には、地方知行から蔵米知行制への転換、第三には、農村支配組織の整備と租税徴収体制の強化などが最優先され、家臣団の再編成如何などは、それらを徹底すれば美作ら自身の権力基盤でもある侍・与力体制そのものをも自ら否定せざるを得ず、その意味では、なおも徹底さを欠ぎ、越前藩の時代からの古い体質、たとえば、各重臣らによるいわゆる「寄り合い所帯」的な体質などをもそのまま残す結果となったものと考えられる。

また、相次ぐ災害や藩財政の困窮もあって、改革の実施は農民らはもちろんのこと、家臣らに対しても、たとえば、地方知行から蔵米知行制への転換などはかえって家臣らに重い負担を強要する結果ともなり、その結果、一部の家臣らによる強い改革反対運動が起こることにもなったものと考えられる。このために家臣団は美作らを中心とした改革推進派（逆意方）と藩主一族でもあった永見大蔵、糸魚川の城代をも兼ねていた荻田主馬らに代表される改革反対派（お為方）とに大きくは二つに分裂し、新旧両派による対立・抗争がより激化することになったものと考えられる。

いずれにしても、越後騒動の場合、騒動における最初の対立・抗争が、藩執行部を構成していたいわゆる七人の侍・与力大将らそれ自体が真っ二つに分裂し、そこでの対立・抗争が一般の家臣らをも上から巻き込んでは騒動へと発展することになったのである。同時に、介在する中立派の重臣らが極めて少ないとあっては、騒動に対する収拾・和解のための努力などはより長期化せざるを得なかったものと考えられる。

（B）藩主松平光長の家督相続問題について

以上のこの藩における藩政の改革の実施如何をめぐっての対立・抗争の中で延宝二年、藩主光長の唯一の後継者でもあった松平下野守綱賢四二歳が突如死去するといった全く予想もされなかった事態が発生した。後継者を誰にするのかをめぐって重臣ら相互間での意見の違いが起こり、美作及び改革推進派は藩主の異母弟で既に亡くなっていた永見市正長頼の遺児である万徳丸（後の三河守綱国）を、改革反対派の荻田主馬らは、同じく藩主異母弟である永見大蔵を、強く推薦し、両派が互いに対立することになった。そこでの結果は、万徳丸が後継者に決まり、これを機会にさらに両派による対立・抗争はより激化することになったものと考えられる。

その後、延宝六年末頃になると、美作の伜掃部（後の大六）が、藩主光長の甥にあたることもあって、また、かれが一門並み（連枝）に昇格していたこともあって、かれを藩主越後守が老年（六五歳前後か）で隠居した場合、かれを藩主光長の養子にするといった伜掃部の越後守養子説が噂として、これが単なる噂なのか、美作または美作一派による具体的な画策の結果なのかについては、現在のところ不明の部分が余りにも多いとしても、広く流布することになった。また、これに加えて藩主光長に隠居領五万石を与えるといった領知割譲説が、さらには、隠居した光長がもしも死去した場合、美作の倅掃部が養子として藩主に代わって隠居領五万石を踏まえては分知大名として自立するといった噂が、広まることになったものと考えられる。同時に、実録資料「越後騒動記」の世界では、藩主異母弟である永見大蔵自身も、かつては新田開発の結果、造成された領知(新田)高を分割させては分知大名としての独立を強く求めていたとも伝えられ、また、かれはそのために公儀老中らとの事前における目通りをも強く希望していたとも伝えられている。

以上の経緯もあって、特に永見大蔵は美作倅掃部の養子説に激しく反発、直ちに翌延宝七年正月には、かれ自身が自ら先頭に立って美作反対派らの家臣らに誓紙・血判を呼びかけ、それも二回にわたって呼びかけては結束を強化、正月九日には美作反対派家臣らによる第一回目の城下における武装蜂起となったものと考えられる。その意味では、越後騒動とは、分知大名の独立如何をめぐる美作派とそれに反対する一派とによる対立・抗争でもあったものとも考えられる。

第2項　相次ぐ騒動について

(A)第一次・第二次騒動について

騒動は、既に指摘もしたように、一回では終わらずに計四回にわたって続くことになった。また、この場合、これらの騒動に共通してみられる特徴のひとつとして、美作反対派の家臣らが自ら武装しては決起はしたものの、それが血を流すような流血の惨を起こすこともなく、いずれの騒動も収拾されている事実がまずは注目される。永見大蔵が自ら美作反対派の家臣らに誓紙・血判を呼びかけている以上は、また、二回にわたって強く訴えている以上は、それが美作反対派の家臣らの全てであったのか、どうかまでは不明だとしても、少なくとも騒動首謀者らには、決起した自分らの行動が、公儀による徒党禁止令に既に抵触するといった自覚は、また、その認識は、既に存在していたものと考えられる。だからこそかれらはその決起にあたっては互いに誓紙・血判を取り交わした上での行動に踏み切ったものと考えられる。

ところが、小栗美作は騒動が起こると、かれの屋敷に応援のために馳せ参じた自分の家臣らや与力らに対しては、すぐに自宅に帰って謹慎しているようにと強く命じたと伝えられている。また、「其上美作存忠義相慎仕方能候故、不及狼藉相止候」(1)と、美作があくまでも謹慎といった慎重な態度を取ったがために、反対派らによる城下での結集は、戦乱にまでは、また、流血の惨にまでは、発展しなかったのだとも伝えられている。これ以降における騒動でも、美作の考えと態度とは変わらず、いずれの騒動も流血の惨を招くこともなく収拾されている事実が注目される。ここでみられる両者による現状認識の違いが、一体、何を意味しているのか、美作反対派には高田藩が徳川一門でもあるといった自負の念が、また、たとえ騒動を起こしたとしても、それが御家の滅亡にまでは至らないであろうといった甘えとが、他方、美作派には、江戸初期における御家騒動の多くが戦乱にまでも発展、あるいは、そこでの喧嘩両成敗の結果、藩自身が改易されているといった事実の認識とが、かれらの行動如何に直接反映されていたのではないかとも考えられる。

同時に、続いて起こった三月一六日頃の江戸表における美作反対派家臣らによる藩主後継者である三河守綱国付の家老安藤九郎右衛門に対する排斥・更迭要求の騒動もまた流血の惨に至ることもなく収束されている。

（B）第三次・第四次騒動について

相次ぐ騒動の中では、既に指摘もしたように、三回目の四月一八・一九日頃の城下での騒動の内容が、果たして美作らによる挑発の結果、起こったのかどうか、現在のところなおもはっきりしない。美作が広く伝えられているように、権謀術策の持ち主だと考えれば、美作にとっての反対派に対する戦略・戦術がもしもあったと考えれば、かれは極力、あくまでも武力衝突を避け、相手の行動の不正（非）を、また、それが徒党禁止令に抵触するものであることをも広く世間に訴え、相手を窮地に追い込むところにその狙いがあったものとも考えられる。その意味では、既に紹介したように、四月以降頃から起こったとされるいわゆる誓紙破り一件または偽書一件とは、かれの陰謀によって起こされたとする意見と共通するものがあったともまた考えられる。

そして、第四次の騒動では、これを騒動だと断定することにはいろいろと問題があるかとも考えられるが、それが江戸表において、また、国元においても起こり、公儀大目付渡辺大隅守自身が急遽、国元における重臣らの不在による騒動の拡大を心配しては出府中の本多監物と荻田主馬らの帰国を強く要請するとあっては、また、ここでの美作反対派らによる新執行部案に対する反対は、それが直接、後述する第一次処分の実施にも深く関係するとあっては、やはり騒動として見逃せないものがあったとも考えられる。

他方、それは騒動収拾に直接関与していた大老酒井雅楽頭や江戸表における騒動収拾の中心人物であった大目付渡辺大隅守や松平大和守らにも騒動収拾の難しさを、また、続いて検討の対象にする誓紙再提出による家臣ら相互間における和解の限界をも、改めて強く自覚・再認識させることになったものと考えられる。

第3項　騒動の収拾と和解工作について

(A)騒動と誓紙の提出について

騒動が相次ぐとあっては、また、そこでの情報が広く伝えられたと考えれば、騒動の収拾・和解如何には、世間の注目と強い関心とが広く集まることになったものと考えられる。それが特に徳川御三家に次ぐ四家とも呼ばれた由緒ある越後高田藩で起こったとあっては、そこでの騒動の収拾如何には多くの大名らや関係者らによる注目や強い関心とが寄せられたものと考えられる。同時に、騒動当初から既に騒動の収拾に深く関係した当時の大老酒井雅楽頭政権の動向如何についても、また、強い関心が寄せられていたものと考えられる。いずれにしても、一刻も早い騒動の収拾・和解が強く求められていたものと考えられる。

しかし、そこでの騒動の規模が余りにも大きく、互いに対立するどちらかの政治勢力を一方的に処分するにしても、そこでの反対派の強い抵抗が予想され、再び騒動が起こりかねないとあっては、また、当時における藩執行部それ自体が、また、七人の侍・与力大将らの当時における最高権力者らそれ自体が、真っ二つに分裂しては互いに対立し、なかでも中立派の存在が極端に少ないといった状況下にあったと考えれば、そこでの収拾の手段は極めて限られたものにならざるを得なかったものと考えられる。

こういった中で決定された新しい手段が、対立する両政治勢力が、今度はそこでの党派の如何を問わず、また、そこでの理非の如何をも問わず、家臣ら全員とが今後はともに和解に向かって互いに努力する旨を誓う誓紙の再提出であったものと考えられる。また、騒動当初は美作反対派らの家臣らが互いに結束を固めるために取り交わした誓紙の提出が、今度は代わって家臣ら全員が、ともに和解に協力する旨を誓うための手段として改めて再度、提出されることになったものと考えられる。また、ここでの誓紙の再提出を通して、相互に対立する両政治勢力の和解とが強く、また急いで、求められることになったものと考えられる。四月の城下における再騒動以後、九月末に再び騒動が起こるまでの期間は、藩を挙げての誓紙の再提出が、また、和解に向かっての努力とが、ともに強く求められていたものと考えられる。

同時に、他方では既に紹介もしたように、両者の和解にとって不可欠の条件となった江戸表における三河守の付家老安藤九郎右衛門の更迭問題の処理が急がれ、また、騒動を起こし、世間を騒がせたとしてそれの関係者らに対する責任の追及も、また、かれらに対する何らかの処分の実施も急がれたものと考えられる。この場合、付家老安藤の更迭如何は三河守と越後守との親子の対立にまでも発展したものの、何とか解決の目鼻が付き、騒動当事者らに対する責任の追及も、途中、越後守自身の態度豹変によって形式的なものにならざるを得なかったものの、ともかくも実施され、それに加えて騒動収拾のための新執行部案も美作反対派の強い反発をも抑え込んだ末に実現することになったものと考えられる。

(B)誓紙再提出の失敗について

ところが、誓紙の再提出は、その結果においては家臣らに、それも美作反対派の首謀者らに、また、反対の強硬論者らに、これまで通りに美作らに反対するのか、途中で美作派と妥協しては仲直りをするのか、かれらの態度と意志とを再確認するためのいわゆる「踏み絵」の役割をも果たすものであったと考えられる。と同時に、この段階にあっては、双方による武力行使が公儀によって厳しく禁止されていたと考えれば、それに代わるものとしての役割をむしろ果たすものとなっていたのではないかとも考えられる。とすれば、対立する両者の対立・抗争は誓紙の提出如何のその一点に絞り込まれざるを得なかったものと考えられる。だとすれば、この誓紙の再提出如何には対立する双方の命運如何が秘められていたものと考えられる。

とすれば、強硬論者らに直ちに結論を求めることは難しく、そこでの提出如何は、また、交渉如何は、困難を極めざるを得なかったものと考えられる。しかも当面した騒動を早期に解消するためには、取り敢えずはこれしか和解の方法が考えられないとあっては、関係者らによる説得はなおも続き、最後には、かれら美作反対派らが、かつて第一次・第二次騒動において互いに誓紙を取り交わしては武装して決起した美作伜掃部の藩主養子説撤廃のための要求をも、第二次騒動で起こした江戸表における三河守付家老であった安藤九郎右衛門の更迭要求を出府した藩主越後守光長に直接、訴えた騒動そのものをも、不届きだとは思わないと、かれらに大幅に譲歩した上での誓紙の再提出が強く督促もされることになったものとも考えられる。しかし、誓紙の再提出は必ずしも騒動の収拾にあたる関係者らの期待通りにはすすまず、最後は、大老酒井雅楽頭自身による「内意三カ条」とが示され、騒動の収拾・和解には公儀自身が直接、乗り出さざるを得なくなったものと考えられる。

第4項　第一次処分の実施と新執行部の選出について

(A)第一次処分の実施について

既に紹介したように、誓紙の再提出は藩執行部による努力もあって、一応は多くの誓紙を集めることが出来たものの、最後には一部美作反対派の強い拒否によって行き詰まることになった。同時に、この事実は既に一部の騒動収拾にあたる当事者らにとっては早くから予想もされ、解決のためにはやはり何らかの処分が必要だといった認識は、既にかなり広がっていたものとも考えられる。そして、そこでの結果が一〇月一九日に実施された第一次の処分の実施であったと考えられる。

また、これを機会に既に指摘したように、騒動の収拾が改めて公儀に任され、直接には当時、幕政の最高責任者でもあった大老酒井雅楽頭忠清らに任されることになった。この場合、酒井や大目付渡辺、それに現在のところ、そこでの詳細は不明だとしても騒動収拾に深く関与していたと思われる久世大和守や稲葉美濃守らが、騒動の収拾に当たってどんな考えで、また、どんな方針で、対応しようと考えていたのであろうか。そこでのかれらの収拾方針は、「争《いかで》で君の御家門第一の越後殿の御家を、我々の料簡を以て、御改易にとは勿体なし、何とぞ取繕い、中将（藩主光長）殿御家さへ恙《つつが》なく渡らせ給へば」(2)と、かれらはあくまでも越後高田藩の維持・存続とを願う気持ちで一杯であった。その責任を取らせてかれを処分するといった考えは全く存在せず、その意味では、騒動当事者らに対する処罰・処分の方針も最初から徹底さを欠き、まずは取り敢えずの措置にならざるを得ないものであった。また、それは四代将軍家綱から政権を委譲されていた大老酒井雅楽頭政権そのものの限界をも示すものであったとも考えられる。

ここでは騒動関係者ら五人の中心人物らを公儀にその吟味に任せれば、そこでは公儀による吟味の結果、かれらは遠島・追放・禁錮などといった罪人を出さざるを得ない。しかし、既に吟味は内々には終了したといった理由で、また、騒動の収拾には一門大名らにも強く連帯責任があるとして、五人の身柄をそれぞれ一門の各大名らにそれぞれ預けるといった方法による処分が実施されることになったのである。そして、誓紙再提出の障害になっていた美作反対派の中心人物ら五人を取り敢えずはまずは排除することにしたのである。とすれば、対立する両派に対する誓紙の再提出は、それ以降もなおも継続されることになったものと考えられる。

当時、幕政の最高責任者でもあった四代将軍家綱は病気中でもあり、かれに代わって大老酒井や老中稲葉美濃守正則らが将軍から幕政をあくまでも委任されていたと考えれば、かれらに取っての騒動の収拾方針は、あくまでもその委任の枠内での処理しか、具体的には将軍及びその一族の存続とその繁栄とをあくまでも保証するものでなければならなかったと考えられ、それ以外の選択の余地はかれらにとっては本来、あり得ないことであったと考えられる。その意味では、第一次処分の実施は、あくまでも中途半端な性格のものにならざるを得ず、むしろ事態の収拾を先送りする結果ともなったものと考えられる。

（B）新執行部の選出について

既に紹介したように、誓紙再提出の督促とともに、一方では騒動の収拾が長引くこともあって、当時における藩執行部に代わる新執行部のあり方如何が論議されることになった。しかし、美作派と美作反対派による両政治勢力がなおも対立・抗争を続けるとあっては、そこでの騒動収拾のための体制は、やはりこれまでの枠組みの中でその人選はすすめられざるを得なかったものと考えられる。具体的には、これまでの美作派からは美作（または倅掃部）に代わって本多監物（美作の妹婿）が、美作反対派からは荻田主馬に代わって岡嶋壱岐（主馬の甥）の両人とが、仕置役（大家老）として藩政の再建に取り組み、老中または老と呼ばれていた家老たちとともに改めて騒動の収拾・和解にあたることになった。さらに、これまでの侍・与力大将らの顔触れも一新されることになった。

ところが、この人事案が表面化すると、美作反対派の家臣らがこの構想に激しく反発し、既に指摘もしたように、江戸表はもちろんのこと、国元においても反対派が集結し、一時は騒然となった。また、この動きは騒動収拾にあたる当事者らにとっては騒動として認識され、大老酒井雅楽頭自らが美作反対派に対する徹底した弾圧をも示唆する程であった。

そこでの反対派の主な反対理由は、選出された本多監物は美作の妹婿でもあり、かれは既に早くから隠居していた美作の指示通りに動く可能性が考えられ、再度、美作による藩政が再現されるであろうといった心配からであったと伝えられている。他方、美作反対派を代表した岡嶋壱岐は、先代の父岡嶋の死去に伴って家督を相続はしたものの、年齢もまた若く、発言力も弱く、その意味では、充分な働きが期待出来ないといった不安があったこともまた見逃せないかとも考えられる。しかし、この美作反対派らによる主張と行動の開始とは、大老酒井以下の毅然とした態度もあって抑え込まれざるを得なくなったものと考えられる。その意味では、成立した新執行部の内容は、美作派の発言力が強く、早くも新執行部それ自体の崩壊をも既に予想させるものであったとも考えられる。けれども、そこでの実態如何にもかかわらず、対外的には、これまで対立・抗争を続けた両政治勢力が、藩政トップに限ってはともに一体となって騒動の収拾・和解に努力していくといった政治姿勢を内外に広く訴えるといった意味では、また、それらを強く世間に訴えるといった意味では、一定の役割をも果たすものであったとも考えられる。

ところが、この第四回目の騒動を何とか抑え込んで、また、封じ込めて、実施されたのが一〇月一九日の第一次処分の実施であった。しかし、そこでの処分の実態は、既に指摘したように、中途半端な性格のものにならざるを得なかったものと考えられる。

しかもこれを機会に、新執行部の実権を掌握した美作派は直ちにその本性を暴露し、誓紙の再提出に強く反対していた家臣らに対する暇を命ずるといった形での追放処分が実施されることになった。何故、かれらが主導権を掌握するや否や、暫くはその後における事態の推移を見守るといった余裕すらも全くないままに、直ちに、急いで、反対派の排除・弾圧に乗り出したのかについては、現在のところその理由がはっきりしない。互いに対立する両政治勢力の対立・抗争が余りにも緊迫化していたその反動の結果なのか、また、騒動の収拾が長引くことに対する世間の批判が、以前とは比較にならない程に強まりつつあったその結果なのか、あるいは、美作反対派の家臣らによる脱藩の動きが既に一部では表面化しつつあったそのためなのか、さらには公儀自身が騒動の収拾に直接、乗り出すなど公儀執行部による圧力が日毎に強まったその理由もあってか、さまざまな理由が考えられるにしてもはっきりしない。いずれにしても、美作派を中心として成立した新執行部それ自体も、取り巻く周囲の圧力に既にまた巻き込まれざるを得なかったとも考えられる。

第5項　脱藩騒動について

(A)脱藩騒動とは

以上のように、第一次処分の実施によって、また、誓紙の再提出を通して、態度如何を鋭く問われた美作反対派はより追い詰められることになった。かれらに残された選択は、執行部の意向を受け止めて誓紙の再提出に同意するのか、あくまでも反対するのか、二者択一でしかあり得なかったものと考えられる。もしも反対した場合、またはそこでの自分の主張または強い意志・意地をもあくまでも貫くとすれば、残された最後の選択は藩からの脱藩でしかなかったのではないかとも考えられる。また、脱藩といったその行為そのものは、本来、藩の許可を得てはじめてそれが認められていたと考えれば、残された課題は、何を理由に、何時の時点で、誰が中心になって、どういった形で脱藩を決意するのかなどが、取り敢えずは課題になったものと考えられる。果たしてかれらに自分らの脱藩が、当時における高田藩政の在り方如何にどういった影響を与えるのか、そこまでも考えるだけの余裕があったのか、無かったのか、この辺の事情もよくわからない。しかし、残された選択が自分の本来の意志をも曲げての誓紙の再提出か、脱藩か、この両者の中でのいずれかの選択でしかなかったと考えれば、そこでの美作反対派の家臣らにとっての選択如何は、また、一人一人の家臣らにとっては、さらには、かれらの家族らにとっては、極めて重いものがあったものと考えられる。

この藩の場合、当初の脱藩は、集団でのそれが厳しく規制されていたと考えれば、そこでの形態は三々五々にと、分散した形態にならざるを得なかったものと考えられる。しかし、その行為が増加するに伴って、藩による取り締まりをも無視しては脱藩を決行する者もまた現れ、既に紹介もしたように、脱藩者らは制法の者と、制外(または遁世）の者とに大きくは分かれざるを得なかったものと考えられる。

ところで、脱藩といったいわば捨て身の行動をその背後にあって支えていたのは一体、何であったのであろうか。既に利用した「天和聚訟記」によると、藩から暇を命ぜられるといった形での追放処分を受けた者たちが、また、既に脱藩していた者たちが、藩領域周辺にそのまま留まっては、藩内に残ったかつての同志たちと密かに連絡をとり、また、第一次処分によって既に処分された者たちを、たとえば、城下町萩に預けられていた永見大蔵を密かに二度にわたって訪ねたり、また、同志たちが互いに協力しては自ら実録資料「越後騒動記」を執筆してはそれを各地に配布し、美作派批判のための宣伝活動を幅広く展開するなど、美作反対派によるその結束は極めて強いものがあったと考えられる。こういった仲間意識が、また、同志としての結束と団結とが、脱藩といった事実をも広い意味では支えていたものと考えられる。

また、家臣らによる脱藩は、家臣団の中核であった大番組に所属していた家臣らがそこでの中心になって、また、かれらが先頭に立って、決行されている事実もまた見逃せない。この場合、大番組一〇組そのものの編成の原理またはその在り方如何がはっきりしないために断定することは出来ないとしても、恐らくは大番組に所属した美作反対派の家臣たちが、それぞれの所属したその組の枠を越えて互いに結集しては脱藩を決行した事例が多かったのではないかとも考えられる。また、そこでの基本はやはり組またはその所属の枠組を越えて成立した美作反対派らの家臣たちによる同志的結合がその中心であったものと考えられる。

（B）新執行部の分裂について

相次ぐ美作反対派による脱藩の結果は、実録資料「飯山記」や「越後騒動日記」などによると、より正確な人数は不明だとしても飯山街道を中心にした知行取りの家臣らは一〇七人余り、当時における給人らの総数は三四〇人余り、三人に一人の割合であった。もちろん、全員が美作反対派の家臣らであった。しかし、これ以外にも切米取りの家臣らや、あるいは、膳番や料理人らまでもが含まれていることもまた注目される。また、かれらはあくまでも飯山経由の者たちがその中心であり、それ以外のルートや、遁世の者たちをも加えると、かれらの総数は「飯山記」や「越後記大全」などによると、計三五〇人余りにも達したとも伝えられている。同時に、ここでの多くの脱藩者らは家臣団の現状維持にとっても深刻な影響を与えるものであったと考えられる。たとえば、軍事力の中核であった大番組は一〇組から八組編成へと縮小を余儀なくされ、それらの内外に与えた影響などもまた極めて大きいものがあったと考えられる。

こういった中での藩政トップの、これまでの侍・与力大将らの中での、美作反対派の重臣ら二人が、江戸表で脱藩を自ら表明したことは、藩の執行部にとっても、また公儀における酒井雅楽頭らにとっても、致命的とも考えられる深刻な影響を内外に広く与えることになったものと考えられる。また、これまでの酒井に代わって新しく登場した五代将軍綱吉及び大老堀田正俊政権にとっても、高田藩政の再建の難しさを、また、その行詰まりとを、深く再認識させることになったものと考えられる。既に第一次処分の実施とともに、新しい藩執行部が発足はしたものの、そこでの執行部は、表面的には美作派と美作反対派重臣らから構成され、ともに騒動の収拾に協力する旨を内外に強く訴えるものであった。しかし、そこでの実態は、既に指摘もしたように、美作派による重臣らによって掌握され、美作反対派の重臣らは既に名目的な存在ともなり、そこでの政権運営の難しさが、その脆さが、早くから心配され、事実、発足から一年も経たない八月には、美作反対派の代表であった岡嶋壱岐、そして本多七左衛門の両人らによる江戸表における脱藩表明となったものと考えられる。

では、かれら両人の脱藩にあたっての直接の理由は一体、何であったのであろうか、かれらはともにその理由として、自分が所属していた一族郎党らの仲間たちが、また、自分が統率していた一族郎党たちが、既に相次いで脱藩し、また、暇を命ぜられ、自分らだけが取り残されてしまった。このままでは脱藩したかつての仲間または同志たちに対しては顔向けが出来ないといった理由で脱藩を表明しているのである。また、自分と同じ考えであった侍・与力大将らをも含めて五人の仲間らが既に第一次処分によって一門の各大名らにそれぞれ預けられ、自分らだけが取り残されてしまった。このままでは自分らの存在理由は既に無くなったので、だから脱藩を決意したのだとも答えている。ここでは藩主にあくまでも忠誠を尽くすといった考えはなく、自分の所属した一族郎党らがあってこそ、自分の存在もまた保証されているのだといった強い思いが、かれらの脱藩といった事実と行動とを支えていたものと考えられる。もしもその思いを、また、ここでの連帯感を、いろいろと問題があるとしても、仮にあえて絆《きずな》と呼ぶことが許されるとするならば、そこでの自分らは一族郎党だといった強い思いが、また、そこでの絆が、脱藩を決行した家臣らを背後で支え、かれらに脱藩を決行させたものだとも考えられるのである。

ところで、騒動が起こった場合、そこでの対立・抗争に打ち勝つためには、より自分らの所属した派閥を、また、そこで派閥・党派をそれぞれ構成していた一族郎党らによる結束をより強化する必要があったものと考えられる。そこではかつてのかれらが戦国の乱世をともに生き抜くために不可欠であった一族郎党らによる結束を、また、そこでの強い団結と連帯とを、再度、より強化する必要があったものと考えられる。その意味では、この藩の場合、藩主不在の時期が長く続き、藩主による家臣らに対する一元的支配の成立が大幅に遅れていたために、依然として家臣団の中では、それ以前における古い体質が克服出来ないままに残り、そこでの一族郎党らによる結合・連帯の核であった絆の必要性が再度、認識され、復活もさせられることにもなったものと考えられる。そこでは何事も藩主のためにといったいわゆる近世的秩序の形成は大幅に後退せざるを得なかったものと考えられる。そして、岡嶋・本多両人の江戸表における脱藩表明は、これまでの美作反対派の凋落ぶりを、また、そこでの党派の崩壊をも、さらには、執行部自体の分裂・解体をも、内外に広く暴露することになったものと考えられる。

この藩の場合、脱藩した家臣たちの多くが、かつて戦国の乱世を生き抜くための一族郎党らによる結束を、また、そこでの仲間意識を、さらには絆による連帯を、結集の基本として脱藩を決行したと考えれば、それは公儀政権が目指す家臣ら相互間におけるいわゆる封建的主従関係の構築や、石高制の実施を通して実現した御恩・奉公に基づく近世的秩序の形成とは全くの無縁の行動であり、公儀政権にとっては、絶対に認められない、また、あってはならない行為であったとも考えられる。何故ならば、公儀政権の誕生そのものが、戦国末にみられたいわゆる国人一揆に最も象徴される家臣ら相互間における結束と連帯とを否定し、それを克服すべく登場していると考えれば、それは絶対にあってはならない行為であったとも考えられる。とすれば、脱藩者らを取り締まることの出来ない藩権力及びそこでの藩主の存在そのものは、たとえ越後高田藩が徳川の一門であっても、到底、藩としてのその存続は認められないものであったとも考えられる。むしろ脱藩の事実そのものが、当時にあっては、あってはならない行為であったとも考えれば、その後における美作反対派の没落は必須であたとも考えられる。まさに美作反対派らの家臣らによって決行された脱藩騒動は、また、かれらを脱藩にまで追い込んだ美作の行為そのものは、到底、認めることは出来ないものであったと考えられる。まさに脱藩は藩の命運をも左右するものとなったものと考えられる。

第6項　再審の実施と第二次処分の実施について

(A)再審開始について

再審は延宝八年の春頃から本格的にはじまった美作反対派の家臣らによる脱藩騒動の展開の結果、それに対応して同年末頃から翌年にかけて開始されることになった。そして、翌年の六月頃までの半年間、継続して実施されることになった。また、この間における具体的な内容などは、既に紹介したように、「天和聚訟記」などに詳しい。

　ところでこの藩の場合、評定所における審議が、延宝八年一二月末から開始されたとしても、それ以前に、藩の存続如何に直接関係するような騒動が起こった場合、既にどういった手続きで、どういった形式による、公儀による審査が実施されていたのか、この辺の事情がまずはよくわからない。既に指摘したように、この藩における家臣らの前身は越前(福井)藩の家臣らであった。この越前藩では慶長末にはやはり御家(久世)騒動が起こることになった(第Ⅰ編第三章参照)。しかし、この騒動ではまだ臨戦体制下といった事情などもあってか、家康の命でまずは後の大老土井利勝が前以て対立する双方の関係者らに対する調査にあたり、かれの報告を踏まえて家康自身が騒動当事者らを自ら鷹狩りを実施していた現地に直接呼び付け、かれらの主張をその場でそれぞれ聞いた上で、その直後に直ちに処分を申し渡している。騒動が起こった慶長末は、まだ幕藩体制創設期でもあり、臨戦体制下でもあったがために、そこでは即断即決が強く求められていたものと考えられる。しかし、越後騒動の時代になると、いわゆる裁判・吟味の形式や制度も次第に整備されるようになったものと考えられる。しかし、この騒動の場合、既に一応、制度化されていた仕組みにしたがって騒動関係者らが評定所に呼び付けられ、半年に及ぶ審議が実施されることとなったのか。また、越後騒動が特に起こったために、これを機会に特に新しく裁判に関する組織の制度化が改めて検討され、それを踏まえての審議が開始されたのか、この辺の事情もまたよくわからない。

　同時に、既にこれまた紹介もしたように、この騒動の場合、御三家をはじめとした他の大名たちの多くは、さらに、前政権の担い手であった酒井らは、改易といった厳しい処分には反対であった。こういった取り巻く厳しい政治情勢の中にあって騒動に対する再審は継続され、また、継続されざるを得なかったとも考えられる。いずれにしても、この時期に実施された再審の実施とそこでの内容などについては、また、別個の視点から、たとえば、江戸時代における各時期の裁判の在り方如何に関する研究の中などで改めて論議されるべき課題だとも考えられる。

（B）第二次処分（改易）の実施について

ところで、裁判の結果は、周知のように、藩は改易、喧嘩両成敗、美作父子のみは切腹、他は遠島・大名預け、追放などの処分であった。また、重罪で処分された小栗美作父子の公的な処分の理由は、かれの奢りと不忠とにあった。同時に、ここでの騒動のひとつの本質は改革推進派と改革反対派、新旧両政治勢力の対立・抗争でもあったと考えると、新勢力の中心人物であった小栗美作父子は切腹、旧勢力の中心人物らは、しかも騒動を起こした当事者らは島送りなどであった。また、改易された藩主父子は処分の結果、それぞれ大名らにその身柄を預けられることになった。

この場合、藩主父子らは美作派の家臣らを自分の付人らに選び、後に藩主越後守光長父子がその罪を許されて江戸に帰ると、旧藩主光長は一族から松平宣富（長矩）を改めて養子に迎え、かれは元禄一一年、美作国（岡山県）津山で一〇万石を与えられ、これを機会に改易されていた越後高田藩は新しく津山藩一〇万石として再興を認められることになった。この時に藩の家老以下の重臣らは、藩主光長に従っては苦楽をともにしたかつての美作派の付人らの中から選ばれたとも伝えられている。そこでは同行者らの主人であった美作は切腹、反対派の中心人物らは遠島であった。

この騒動の場合、騒動の原因を、たとえば、藩政改革の実施を通して、また、藩主の家督相続を通して、騒動の原因を作ったのは美作及び美作派の家臣たちであった。これに対して強く反対し、武装蜂起してむしろ騒動そのものを起こしたのはいずれも永見大蔵や荻田主馬らの美作反対派であった。そして、そこでの処分の結果はいずれも喧嘩両成敗であった。しかし、騒動の原因をむしろ提起した美作父子のみは切腹、他の騒動そのものをむしろ起こした反対派の中心人物らはいずれも遠島・追放、そして、他の大名らにそれぞれその身柄を預けられることになった。

特に極刑に処せられた美作の場合は、騒動の過程を通して美作自身は既に第一回目の騒動での責任を問われて既に早くから隠居に追い込まれ、歴史の表舞台から既に早くから退場を余儀なくされていた。しかし、にもかかわらず、かれは続く第二次・第三次、そして、第四次の騒動においてもその背後にあって藩政のいわば黒幕としての役割を十二分に発揮し、美作反対派らを脱藩にまで追い込むことに成功はしたものとも考えられる。けれども、政争に打ち勝ったかれ自身もまた当時における、また、自らも関与した、大きな歴史的転換の波の中に、具体的には将軍家綱の死去、かれの協力者でもあった大老酒井雅楽頭らの退場、代わっての五代将軍綱吉及び大老堀田正俊政権の誕生といった新しい大きな時代の転換の波に巻き込まれ、かれはこれまでの奢りと不忠といった理由によって歴史上からは抹殺されてしまったのである。残されたかれの最後の辞世（「五十余年夢、覚来帰一元、截箭離弦時、清響包乾坤」）は、恐らくは後世の人々らによって、また、歴史の不条理を痛感させられた人物によって、かれの最期の心境が詠まれたのではないかといった思いが強い。

いずれにしても、新将軍綱吉はその前の大老酒井雅楽頭らや老中稲葉美濃守らによる政権が病気中の将軍家綱からあくまでも幕政を委任されたその枠内での対応でしか出来なかったのとは違って、かれは新将軍として思い切った幕政の運営を、また、かれの幕政に対する危機感に即応した考え方と行動とを決断することが出来る立場にあったものと考えられる。そして、そこでの結果が大老酒井や御三家などの強い反対を押し切って実施されたのが越後高田藩に対する改易処分の実施ではなかったのかとも考えられる。また、これに続いて実施されたのが自己の権力基盤に対する今度は「天和の改革」の実施ではなかったかとも考えられる。

第7項　残された検討課題について

以上、越後騒動の開始からはじまってその後における騒動の展開、続いて実施された第一次処分の実施とそれに反対して再び起こった美作反対派家臣らによる脱藩騒動の展開、そして、それによって藩新執行部が分裂・崩壊して公儀新政権である五代将軍綱吉、大老堀田正俊政権らによる第二次処分の実施(改易)に至るまでの約二年半にわたった騒動の推移を整理しながらも騒動に対する検討を試みることにした。以下、一応の検討を終わるにあたってなおも残された個々の検討課題をさらに確認することもまた必要かとも考えられるが、しかし、それらは省略するとして、取り敢えずは今回の検討では放置せざるを得えなかった資料のみを挙げておくことにしたいと思う。

まずは最初に小稿では、騒動後に騒動関係資料を集めては収録された「越後光長公御領没収之節御用控」計一四冊の検討がなおも未処理のままで残されている。この中には当時におる家臣団のいわゆる一族郎党らの在り方如何を直接示すような資料が、たとえば、有力家臣ら相互間における閨閥・派閥関係の資料などもまた含まれている。これらの資料は当時における家臣団の一族郎党の在り方如何を考える場合、無視出来ない資料のひとつではないかとも考えられる。また、他にも注意すべき資料も多く、今後はこれらの資料の徹底した検討と利用とが必要不可欠ではないかとも考えられる。

次に、この藩にあっては周知のように、越後騒動関係者、特に美作反対派家臣らによって作成された各種の実録資料「越後騒動記」が各地に配布されて残されている。恐らくはこの資料もいくつかの系統に分類することが出来るかとも考えられるが、これらの検討を通しての騒動の実態解明もまた必要不可欠ではないかとも考えられる(3)。同時に、越後騒動が全国諸藩の各大名らによって特に注目された関係もあって各地の大名家の所蔵資料の中にも越後騒動関係資料が残されている可能性があることもまた考えられる。これら残された騒動関係資料を利用してさらに騒動の実態如何が明らかにされることを強く期待したいと思う。

同時に、検討課題としては、騒動の舞台となった越後国がいわゆる山間僻地をも多く含み、そこでのいわゆる後進地的村落の在り方如何などが、家臣団の在り方如何に始まって騒動そのものにもいろいろと大きな影響を与えている可能性が考えられる。既にこの地方における農村の実態如何は既に先学らの努力もあってかなりの研究成果の蓄積が残されている。あるいは、これらを踏まえての騒動の検討もまた必要ではないかとも考えられる。

あるいは、騒動での中心人物である小栗美作・荻田主馬・永見大蔵らの個々人らについての検討や侍・与力大将らの個々の人物像の追究如何もまた興味ある検討課題だとも考えられる。特に美作自身に伜掃部を隠居する藩主の養子にといったいわゆる「簒奪説」が成立するのかどうか、現在のところ美作による藩主後継者であった三河守に対する地位の確立への努力やいわゆる巳の改めの実施などが、反対派の怒りを直接には招いたとも考えられ、この説は騒動における導火線の役割を果したに過ぎないとも考えてはいるが、ともあれ、永見・荻田らをも含めての登場人物らに対する追究もまた残された課題のひとつではないかとも考えられる。いずれにしても検討課題はなおも尽きず、さらなる検討の継続が強く期待されているものと考えられる

【注】

（1）「天和」巻の一の九七頁。

（2）「校訂村上直『武野燭談』(江戸史料叢書)」巻之二十「稲葉泰翁越後中将家中騒動の儀申上ぐる事」三〇六頁参照。

（3）たとえば、実録資料「越後騒動記」調査の必要性を訴えたものに佐藤宏一「歴史・実録・講談」(「歴史評論」694号)などがある。

終章補注

越後騒動研究といわゆる実録資料「越後騒動記」について

現在、全国各地には、越後騒動の内容を記述したいわゆる実録資料「越後騒動記」が数多く残されている。たとえば、その名称だけをみても「越後騒動記」をはじめとして「越後通夜記」・「越後騒動根源記」・「越後騒動根源記通夜物語」・「越訴記」・「越後記」・「北越喿乱記」・「越後記大全」・「越後騒動覚書」・「越後騒動御仕置一件」・「天和越後騒動記」・「遺老物語」・「越府記」・「柳営史記」・「東北元正記」・「飯山記」・「天和聚訟記（越獄記）」・「越後騒動日記」・「天和記」など、そこでの名称はさまざまである。

また、現在のところ越後騒動についての実録資料を一応、複数まとめて保管しているところとしては、国立公文書館内閣文庫をはじめとして新潟県立図書館・東北大学附属図書館狩野文庫・津山郷土博物館愛山文庫・島原市立図書館松平文庫などがある。また、さまざまな名称で呼ばれているいわゆる騒動記などをそれぞれ単独で所蔵している図書館としては東京大学附属図書館・岡山大学附属図書館など、他に宮城県図書館・名古屋市立鶴舞図書館や秋月郷土館、それに萩・姫路・高田（上越市）・大聖寺（現加賀市）などの各市立図書館、他には酒田光丘文庫や岩瀬文庫（西尾市）などがある。また、騒動における第一次処分に関係する資料としては山口・福井の両文書館がある。何しろこれまでに組織的な調査が全く実施されていないこともあって、そこでの詳細はなおも不明のままである。

最後に、参考のために、既に翻刻されて一般の人々にも広く読まれていたと考えられる三田村鳶魚校訂「越後記大全」（「柳澤・越後・黒田・加賀・伊達・秋田騒動實記全」博文館刊　帝国文庫第15篇　原本は内閣文庫）と小稿でも研究に利用した「越後騒動日記または大全」（新潟・長岡・津山）の中での新潟本の目次の部分だけを参考のために取り敢えずは最後に紹介すると、以下の通りである。

（A）「越後記大全」の場合

黄門秀康卿御由緒の事并本多重次子孫越前家へ仕ふる事

三河守忠直卿始終の事

伊予守忠昌卿御家盛衰の事

仙千代丸殿高田の城主と成り給ふ事
永見市正同く大蔵兄弟行跡の事
萬徳丸母子へ美作入魂の事
越後家三舊臣加増の事并林内蔵助が事
安藤治左衛門・同九郎右衛門立身の事
荻田主馬老職となる事并片山式部召出さるる事
下野守殿逝去の事并近臣等へ遺言の事
萬徳丸殿御家督養子の事并萬徳丸殿不行跡の事
軍書講談に托し美作逆意を述る事
光長卿へ美作妾を進め心を蕩かす事并永見大蔵方へ掃部を養子に遣んと謀る事
小栗美作上臈お吟の方を尊敬する事并美作光長卿へ山屋敷を差上る事
美作山屋敷代地拝領の事并岡嶋将監美作が家来共と口論の事
光長卿古田の社御参詣小田の岬御遊覧の事并美作お吟の方密通雑説の事
小栗美作酒井雅楽頭殿へ手入の事并勅使河原三左衛門礼状間違の事
家中の諸士小栗父子へ追従の事并田邊平左衛門が事
小栗掃部御一門並と成事并掃部元旦登城大手番衆と口論の事
美作掃部を上臈の養子にせんと謀る事并安藤治左衛門主馬に辱しめらるる事
奸臣烏蛇の毒酒を用んと謀る事
田口・市原・川上等三河守殿附と成る事并荻田三十郎召出さるる事
光長綱国御父子山屋敷御遊興の事并荻田三十郎罪に陥いれらるる事
野呂勘兵衛美作を討んと窺ふ事
主馬間者を探る荒川房右衛門深慮の事并井出斎宮反間露見出奔の事

郡七九郎三科重左衛門を殺害する事并裁判の事
光長卿掃部方へ御入お吟の方愁訴の事并掃部御隠居の養子に内談調ふ事
渡辺九十郎秘事を間出す事
家中初めて騒動の事并忠士等永見大蔵方にて評議の事
永見・荻田以下の士美作が不義を訴ふる事
永見大蔵・小栗十蔵へ内意の事并小栗方逆徒会合評定の事
野本右近美作へ一味せし由緒の事
逆徒等異変美作密謀の事并家中再度騒動の事
片山主水組下手配の事
安藤治左衛門高田出奔の事并六人の忠臣追馳引戻す事
小栗美作隠居掃部継目御禮の事
安藤治左衛門御暇給はる事并光長卿御誓書の事
東武使節三原六郎右衛門父子自盡の事
重而東武へ使節の事并酒井雅楽頭殿御挨拶の事
美作一味の者徒党蜂起の事并中将光長卿御参観の事
摂津与市江戸へ御使の事并御一門高田表仕置御指図の事
小栗美作再度騒動を起さんと謀る事并家中の諸士動ざる事
多田伴右衛門東武へ使節の事并江戸より再び御下知の事
永見大蔵江戸表へ呼るる事
家中確執の事并九郎右衛門退役加増の事
江戸表より下知に依て高田家中和談の事
永見大蔵・荻田主馬評定所にて御預けと成事

御為方の諸士評議の事并高田近領の諸侯用心の事
片山主水閉門服部八郎左衛門押籠らる事
岡嶋将監浪人の事并掃部継目出府小栗大六と改名の事
岡嶋壱岐・本多七左衛門加増の事并上臈を江戸へ迎ふる事
山崎九郎兵衛念入誓紙を取集める事
御為方無二の面々長誓紙を差出す事
御為方の諸士暇願追々立退事
岡嶋壱岐・本多七左衛門暇願の事
岡嶋図書高田を立退事并壱岐再び暇願ひ（の事か）
本多七左衛門再度暇願ひの事
岡嶋・本多・小栗等江戸へ召る事
美作江戸表にて謀略の事并小栗・本多・岡嶋の三人御預けに成る事
壱岐・七左衛門再び評定所へ召出さるる事
御為方より美作が不義の趣を訴へる事
阿部豊後守殿御器量の事并美作閉口の事
光長卿御参観の事并雅楽頭殿以下不首尾の事
三人の忠臣安藤治左衛門を捕る事
阿部豊後守殿・安藤治左衛門内吟味の事
高田領内の百姓巡見衆へ目安を差出す事
殿中に於て御内談の事并井伊掃部頭殿異見の事
御本丸大広間に於て御直御裁許の事
阿部豊後守殿御詮議美作伏罪の事

美作父子切腹諸士流罪追放の事并越後守殿御父子屋敷を退去の事
松平但馬守殿井伊掃部頭殿へ内談の事
越後守殿父子御預の事
高田城渡し家中の諸士離散の事
逆異方の諸士御金配分せんと乞事
松平大和守殿・同上野介殿落着大隅守殿遠流の事
越後守殿御父子御帰参御家再興の事

以上

次に「越後騒動日記」であるが、現在のところ新潟県立図書館や長岡市立図書館・津山市立郷土博物館愛山文庫などに存在するが、そこでの内容は、度々転写が繰り返されたと考えられ、そこでの表現には異なる記述が多いかとも考えられるが、しかし、そこでの基本はあまり変わらないかとも考えられる。ただ、最後の部分はその違いが大きいかとも考えられる。

（B）新潟本の「日記」の内容は、以下の通りである。

越後騒動日記巻之一
1）越後高田大地震并中将殿御帰国
2）小栗美作越後国仕置并御拝借金御手当
3）岡嶋壱岐家老役并倹約壁書
4）少将殿於江府御患ニ付従越後小栗美作被召寄并越後家中四人之用人加増
5）永見万徳丸殿御行跡御糞
6）小野里庄助・渡辺九十郎修学
7）永見大内蔵御目見人内談并日光社参願
8）荻田主馬家老役被仰付

9)荻田主馬嶋之御普請ニ付恨美作

越後騒動日記巻之二

1)小栗美作・渡辺九十郎政道閑談
2)渡辺九十郎立身密謀独巧心中
3)堀・岡嶋一統於永見大蔵所ニ小栗美作噂語り
4)少将殿御煩医療并御逝去御葬之次第
5)渡辺九十郎大望之企密談小野庄助語ル
6)庄助・九十郎密謀騒動根源之根元と成ル
7)中将殿御養子御頼并永見万徳丸殿養子ニ定ル
8)中将殿御山屋敷見立
9)高田寺町騒動并来迎寺・極楽寺開寺
10)小栗美作山屋敷代地
11)渡辺九十郎隠密之金子借用露見

越後騒動日記大全　巻之三

1)万徳丸殿出駕并御目見之節被任三河守
2)中将殿江戸御老中饗応并三河守殿麻布住移
3)越後高田大火事并御拝借願
4)小栗美作山屋敷寓居并田辺平右衛門奢侈
5)多賀谷内記恨小栗美作意趣
6)三河守殿日光社参并荻田主馬・安藤九郎右衛門不和
7)永見大蔵殿恨美作并九十郎知略之謀
8)渡辺九十郎頼大蔵ヲ味方之首将

越後騒動日記　巻之四

1)渡辺九十郎語荻田主馬
2)小野里庄助兄弟語岡嶋一家
3)越後高田町役之仕掛并諸人恨美作
4)渡辺九十郎・林内蔵助ニ密談
5)中将殿居田遊興并加賀飛脚口論
6)大蔵方訴訟内談并諸国聞崩之手段
7)中将殿家中為御鎮掃部御家門並

越後騒動日記大全巻之五

1)渡辺九十郎於大蔵方頼御家中ヲ一味之内判
2)廻国之座頭聞鐘声ヲ
3)大御前様御病脳并御逝去
4)右之仕合ニ付大蔵殿一味之者共訴訟内談
5)荻田主馬仁政并高田町役方便(慈育)之赦免
6)永見大蔵・荻田主馬中将殿え諌言之密書(訴)
7)従大蔵殿美作所え林内蔵助内意之役
8)於大蔵殿所野本右近連判違背
9)小栗美作金銀配分

越後騒動日記(大全)日記　巻之六

1)永見・荻田家中一列之訴訟取次
2)正月九日家中騒動
3)同九日晩従片山主水方より大蔵所え使者

4）御家中騒動之儀戸田・三原田江戸え注進并安藤次左衛門遂電（送状林内蔵助）
5）安藤遂電ニ付家中之面々重而大蔵殿ニ味方
6）正月一七日中将殿御誓紙（言）
7）中将殿御誓言ニ付又連判（催ス）
8）永見大蔵知略之音信并片山主水別心

越後騒動日記大全　巻之七
1）小栗美作隠居願ニ付掃部家督并為江戸注進両使片山外記・渡辺九十郎高田発足
2）中将殿御逝参勤并従江戸重而被仰付上意趣
3）徒党判破之訴訟并多田伴右衛門江戸往復
4）御為方以不用上意ヲ又重而被仰付条々
5）永見大蔵方え誓紙被仰付并三河守殿御意之趣
6）従江戸永見被召寄并仰渡之条々
7）越後惣家中以下町在迄被仰付誓紙之趣

越後騒動日記（大全）　巻之八
1）中将殿江戸御老中参謁（廻り）大蔵以下御預ケニ付（并）中将殿御直判之御書越後え下ル
2）岡嶋壱岐・小栗掃部両人御目見え被仰付（并於江戸元服名を大六と改る）
3）安藤九郎右衛門（以下）奢侈并江戸下屋敷騒動
4）逆意方奢侈依而（依奢侈）御為方鬱憤之密談
5）三原田父子自害并戸田庄右衛門残生之落書（不仕之落書）
6）御為方騒動記流布并於相州箱根被焼捨

越後騒動日記大全　巻之九
1）公方様御逝去并越後浪人内訴之催

2)上者汁を吸て悦増上寺身をハ上野え扱取連之(て)
(堀田備中守出頭并越後牢人密事内通)
3)岡嶋壱岐・本多七左衛門御暇申入ニ付為詮議両人并小栗美作江戸え被召寄御尋条々
4)酉年御評定始并越後家中之面々江戸被召寄
5)於評定所小栗美作懐中探并阿部・小栗口論
(阿部美作守御役替并評定所口論批判)
6)六月二十日御前対決并越後騒動落着
7)御前対決之義御城中取沙汰聞書之写

越後騒動日記(大全)　巻之十
1)越後家中面々死罪流刑并小栗父子切腹辞世
2)中将殿御父子御預之次第
3)越後高田之城被召上ニ付御制法之次第
4)安藤次左衛門遂電以後騒動物語
5)永見・荻田後悔物語
6)小野里庄助餞別之詩歌
7)中将殿御家系并永見大蔵由緒物語
8)小栗美作由緒物語
9)荻田主馬由緒物語
10)小栗美作山屋敷要害并出火物語
11)田鍋平左衛門自滅物語并騒動始終惣評判
12)中根長左衛門知前日之評(右カ)定并越前家須藤・斎藤切腹咄
13)戸田五郎兵衛・小岸藤左衛門無力之喧嘩物語

14）越後騒動落書目録

越後騒動日記　附録

　藩主系図と一族

　分限帳

越後騒動落着御制法之次第

越後騒動日記十一惣尾

以上である。この新潟本の日記大全は計三冊、ここで巻之一以降、順次、そこでの見出し項目を紹介することにした。また、ここでその項目を紹介した新潟県立図書館本の見出し項目は、たとえば、巻之一での最初は「越後高田大地震并中将殿御帰国」とだけあるが、愛山文庫本ではその項目の最後には「中将殿御帰国之事」といった表現で全体が統一されている。その意味では、より丁寧な表現となっている。これらの残された実録資料から越後騒動の実態如何を、また、そこでの特に骨子如何を探る作業が次の検討課題としてなおも残されているかとも考えられる。同時に、これらの実録資料は一般には美作反対派の家臣らによって美作派を糾弾するために意図的に作成され、また、各地に配布されたともまた伝えられている。だとすれば、これらの評価をも踏まえた上での理解と利用とが望ましいかとも考えられる。

あとがき

かつての勤務先であった愛知教育大学を定年退職すると、直ちに大学時代の先輩であった故宮地茂氏が創設された私立福山大学に改めて勤務することにした。そして二〇〇七年三月には勤務先を退職することにした。丁度、その頃には二〇年間以上も関係してきた「新修名古屋市史」の編集・執筆の仕事からもまた解放されることになった。さらには赴任先の住所であった尾道からも引き上げて、以前からの居住地でもある現在の岡崎での生活にまた戻り、文字通りの年金生活に入ることになった。

この時点で特に考えさせられたのは、これからの残された僅かの人生を何を目標に生きていくべきなのかといった課題であった。そこでまずは考えられたのは、これまでに直接関与してきた地元三河地域における「新編岡崎市史」・「新修刈谷市史」などや、尾張地域における「新編一宮市史」・「新修名古屋市史」などでの資料編及び本文編の編纂などを通して、また、その間における三河・尾張両地方での資料調査や市史の本文編・資料編作成などでの経験をも生かしては、さらには、その間においていろいろと考えさせられた問題点、たとえば、尾張地域と三河地域とにおける相違点などをも踏まえては、これからは地域史研究をさらに継続・発展させるための仕事に取り組むべきなのか、あるいは、新しく居住地を尾道に移して以降、かねてから一度、取り組みたいと考えていた江戸時代における諸藩で起こった御家騒動に対する研究をさらには継続させるべきなのか、といった選択如何に関する課題であった。また、それを出来るだけ早く決定する必要に迫られることになった。

しかし、赴任先での多忙な生活の中で何とか江戸時代における全国諸藩で起こった御家騒動に対する調査・検討の結果をも既にまとめては一応、著書として刊行しており(『御家騒動の研究』二〇〇八年九月、清文堂出版)、それに対する強い反省点をもまた多く抱えていたこともあって、御家騒動の検討をさらに継続させるといった強い思いをどうしても絶つことが出来ずに、今後はさらに御家騒動の研究を継続させることにした。

同時に、この方向での検討の継続を選択したもうひとつの大きな理由としては、著者はこれまでに全国の県立図書館などを訪問しては御家騒動関係資料の蒐集を実施することにした。また、そこでの調査結果は著書の中では御家騒動の事例を東北からはじまって九州地方に至るまで、全国を七区域に分けては、それぞれの地方における諸藩で起こった御家騒動の事例とそれに対する主な研究業績などを記載してはその結果を「家中騒動史年表」としてまとめ、それをも著書の中でともに収録することにした。それらの作業の中で、現在に至るまでも最も強く印象に残ったのは、当時にあっては数多い県立図書館の中で福井県立図書館の場合にだけは、旧藩主松平家に伝わる大量の松平文書が既にマイクロ化され、それが製本化されては図書館の中で既に公開されているといった事実であった。研究者はそこでの撮影・複写本を何時でも自由に手に取っては必要な箇所を読み、また、それを直ちにコピーすることが出来る体制が既に整っているといった事実であった(しかし、現在はこの県からは著名な作家が多く出ているために、館内には文学館が新しく併設され、そのために松平文庫の内容の公開は場所が狭くなったために中断され、資料は同館内に併設されている県立文書館に移管され、閲覧のためには再び一定の手続きがまた必要となった。なお、自身が直接に関係した「新修名古屋市史」関係の撮影複写資料は、現在、名古屋市政資料館でかつての福井図書館と同じように公開中である)。

この事実を前に、その頃から既にもしも再び研究の機会があれば、そこでの松平文庫の資料内容を自ら時間をかけては調べてみたいといった強い願望を持つようになっていた。また、同じ越前松平一族でもあった藩主松平光長の支配下にあった越後高田藩で起こった著名な越後騒動についても、一応の検討は既に試みたものの、さらには機会があれば、時間をかけては再度、最初からもう一度検討をやり直したいとの希望を強く持っていた。そこで今回は改めて研究対象をまずは越前松平一族が支配していた越前藩と、この藩はその後、同じ一族間における藩主の交代の結果、福井藩とその名称が変わるが、この越前・福井の両藩に検討の対象を絞り込み、さらはに越後騒動についても最初からもう一度、考え直すことにした。具体的には本稿では、第Ⅰ編として越前藩における家臣団の形成と御家騒動、次に第Ⅱ編としては今度は福井藩における家臣団の形成と御家騒動、そして、第Ⅲ編としては越後高田藩における家臣団の形成と越後騒動とに分けては検討を再開させることにした。

そこで居住地である岡崎を朝早く出発しては途中、新幹線をも利用しては福井県立図書館には開館直後には到着、駅前のビジネスホテルに連泊しては松平文庫の内容をみるための調査を継続させることにした。図書館への連絡バスの中からみた夏から秋にかけての季節は、図書館の周囲は一面、黄金色の稲穂の波に囲まれ、冬はまた図書館の周囲一面が真っ白な雪に包まれ、その中に図書館の煉瓦色の赤い高い建物の姿が鮮やかに浮かぶその風景がいまもなお目の前に浮ぶ。ともかく何とか松平文庫の開架資料の内容や関係の市町村史の検討をも一応は終わることが出来、さらには調査対象地を越後高田（現上越市）や新潟・津山・島原などにまでも延長しては越後騒動についての再調査をも実施することが出来た。そして、今回はそれらの調査結果を何とか一書にまとめて刊行することが出来た。

ところで、今回の家臣団及び御家騒動の検討を通しては、大学の同窓でもある隼田嘉彦氏（元福井大学教授、福井県史・同市史の近世部門の責任者のひとり）や印牧信明氏（市立郷土歴史博物館）をはじめとして多くの研究者及び諸施設に勤務されている職員の方々には、大変、お世話になった。また、直接の研究にあたっては多くの先学の方々の長年にわたる研究成果を利用させていただくことにした。特に先学の方々による資料の発掘と優れた研究とがあってはじめて現在の自分の研究成果があるといった強い思いを痛感させられている。特に越前・福井藩の時代については既に「福井県史」通史編及び資料編の編纂が既に終わり、続いて編纂された「福井市史」通史編及び資料編の編纂がやっと終わったその直後から研究を開始した関係もあってか、特にこの思いが強い。また、越後高田藩の場合も既に「新潟県史」資料編及び通史編の編纂が終わり、特に高田藩の場合には、そこでの越後騒動の舞台となった高田市は、上越市とその名称が変わり、そこでの合併を記念するために、新しく本格的な「上越市史」資料編及び通史編が刊行され、ここでの成果をもこれまた研究に利用させていただくことが出来た。

関係者各位に厚くお礼申しあげるとともに、今回の著作の刊行を通しては、今後は本書が多くの研究者らによって批判的に受け止められ、検討の対象とした江戸時代における特に初期家臣団の研究とそこで起こった騒動の実態とが今後もさらに明らかにされることを強く期待したいと思う。

なお、私ごとで大変申し訳ないが、本著原稿提出に前後してこれまで一緒に地元での三河地域史研究会でともに研究に励み、特に会の事務の一切を引き受けていただいていた神谷和正・田中康弘の両氏に相次いで先立たれるといった思いもよらない不幸に直面することになった。それ以前には既に村瀬正章先生、続いて友人新行紀一氏が亡くなり、その寂しさに胸を締め付けられる思いである。会の事務を改めて引き受けていただくことになった愛知大学文学部歴史学科が三河地方における地域史研究の拠点としてこれからも大きく発展することを強く期待したいと思う。

最後に今回の研究でもまた相棒（妻博子）には大変、世話になった。老人二人でともに小舟に研究といった大きな荷物を積んでは必死で漕ぎ続け、何とか沈没することもなく、無事に対岸にたどり付けたことに深く感謝したいと思う。

同時に、前著の刊行にも御協力をいただき、また、それに続いてまた本書の刊行にもまたご協力をいただくことになった清文堂出版の社長前田博雄氏、編集の実務を担当していただいた松田良弘氏には特に原稿の内容の修正や適切な助言などを頂き大変、お世話になった。最後に厚くお礼申し上げたい。

二〇一八年七月

卒寿を迎え、かつての広島で被爆した若い頃を思い出しながら、

吉永　昭

吉永　昭（よしなが　あきら）

［略　歴］
昭和２年（1927）　熊本県菊池郡（現）菊陽町に生まれる。
同　26年（1951）　広島文理科大学卒業
　その後、文部省史料館（現国文学研究資料館）・開成学園高等学校・東京女子体育大学・相模女子大学を経て、
昭和42年（1967）　愛知教育大学助教授就任
同　46年（1971）「近世専売制度の研究」によって広島大学文学博士
同　47年（1972）　愛知教育大学教授昇任
同　59年（1985）　同大学付属高等学校長兼任
平成３年（1991）　３月　同大学退官
同　３年（1991）　４月　福山大学教授就任
同　19年（2007）　３月　同大学退官
現在、愛知教育大学名誉教授・福山大学名誉学長

［主　著］
「近世の専売制度」（昭和48年　吉川弘文館刊）
「愛知県の教育史」（昭和58年　思文閣出版刊）
「御家騒動の研究」（平成20年　清文堂出版刊）
「御家騒動の展開」（平成30年　同　　出版刊行予定）

［主な論文］
　一連の御家騒動研究の論文以外にも「製糸業の発達と糸会所の機能―信州松代藩の場合―」（「史学雑誌」68-２号）「紬市の構造と産物会所の機能―信州松代藩の場合―」（「歴史学研究」204号）・「幕末における専売制度の性格と機能―信州松代藩の場合―」（「同」218号）・「松代商法会社の研究」（「社会経済史学」23-３号）・同「伊勢商人の研究―伊勢射和富山家の場合―」（「史学雑誌」71-３号）・「城下町御用商人の経営構造―宝暦・天明期を中心に―（広島大学「史学研究」100号）・（「北信地方の製糸業」（日本産業史大系」第５巻　所収　東京大学出版会）・「商家奉公人の研究―信州松代八田家の場合を中心に―」（「信濃」24-３号）・「商家における『家政改革』について―信州松代八田家の場合―」（愛知教育大研究報告22輯）・「城下町御用商人の性格について」（「近世社会経済史論集」福尾教授退官記念事業会編　吉川弘文館刊　所収）・「藩専売制度の基盤と構造―松代藩産物会所仕法をめぐって―」（「日本経済史大系」４　近世下　所収　東京大学出版会刊）・（「近世の塩専売制」（「日本塩業史体系『近世編』所収　日本専売公社刊）・「国産奨励と藩政改革」（「岩波日本歴史講座」第11巻近世３所収）など。他に地域史関係論文としては「領主の資金調達について―鈴木忠兵衛家文書を中心に―」（「岡崎市史研究」７号）・「三河木綿と木綿中買商の経営―深見紀兵衛家を中心に―」（「日本歴史」493号）などがある。
［関係市町村史の編纂］
「新修刈谷市史」・「新編岡崎市史」・「新編一宮市史」・「新修名古屋市史」での各近世編の資料編及び本文編の編纂及び一部執筆など、以上。

御家騒動の展開

2018年９月19日　初版発行

著　者　吉永　昭©
発行者　前田博雄
発行所　清文堂出版株式会社

〒542-0082　大阪市中央区島之内2-8-5
電話06-6211-6265　FAX 06-6211-6492
ホームページ＝http：//www.seibundo-pb.co.jp
メール＝seibundo@triton.ocn.ne.jp
振替00950-6-6238

印刷：亜細亜印刷株式会社　製本：渋谷文泉閣
ISBN978-7924-1088-9　C3021

御家騒動の研究　吉永　昭

人間社会の普遍的病弊ともいうべき御家騒動。二一件の御家騒動を九類型に分けて論じた本文と「家中騒動史年表」より成る本書の余韻は深い。　一八五〇〇円

近世政治社会への視座
―〈批評〉で編む秩序・武士・地域・宗教論―　高野信治

時代を問わない権力を持つ（預かる）者と人々が日々活動する社会の関係を、平易な語り口で総合的に観察・解析していく。　三八〇〇円

近世日本の対外関係と地域意識　吉村雅美

平戸藩を舞台に、英蘭商館の記憶や唐船打払い、異国船出没から地道な海上警備を含む辺境の「武」を担う機関としての「藩」意識の芽生えを描く。八七〇〇円

東方正教の地域的展開と移行期の人間像
―北東北における時代変容意識―　山下須美礼

晴耕雨読に勤しむ東北の給人たちが藩の崩壊に直面した矢先、改革期ロシアの申し子ニコライと出会い、新たな指針を得るに至る道程を描出する。　七八〇〇円

近世大名家における「家」と「御家」
―萩毛利家と一門家臣―　根本みなみ

宝暦期の毛利重就とその子孫、天保期の敬親を軸に、傍流出身の当主たちが一門家臣との新たな関係構築に腐心する姿から「御家」の問題を考察する。　七八〇〇円

価格は税別

清　文　堂
URL=http://seibundo-pb.co.jp　E-MAIL=seibundo@triton.ocn.ne.jp